특별형법

이동희 · 류부곤

박영사

제5판 서문

본서 『특별형법』이 2019년도의 [제4판]에 이어 2년 만에 [제5판]의 발간을 맞이하게 되었다. [제4판]이 발간된 후 독자분들의 많은 관심과 응원 덕분에 추가적인 인쇄분까지 모두 소진된 터라 새롭게 [제5판]을 발간하게 되었다.

지난 2년간 단행되었던 관련 법령의 개정사항을 반영하고, 새로운 판례를 추가할 필요가 있었다. 주요한 개정내용으로는 「특정범죄 가중처벌 등에 관한 법률」의 경우 어린이 보호구역에서 사고운전자 처벌을 강화한 이른바 민식이법의 입법과 음주 또는 약물의 영향으로 정상적인 운항이 곤란한 상태에서의 선박운항을 가중처벌하는 선박위험운항죄의 신설이 있었다. 「성폭력범죄의 처벌 등에 관한 특례법」에서는 딥페이크(deepfake) 범죄에 대한 처벌규정의 신설과 더불어 이른바 'N번방' 사건으로 촉발된 성착취 형태의 사이버성범죄에 대한 적극적인 대응으로서 카메라 등 이용 촬영죄에 대한 일부 수정 및 법정형의 상향, 상습범 가중처벌 및 예비음모의 처벌 강화 등이 이루어졌다. 「아동·청소년의 성보호에 관한 법률」에서도 종전에 13세 이상의 아동·청소년에 대하여 간음 등을 한 경우에는 특별한 처벌 규정이 없었으나 13세 이상 16세 미만의 아동·청소년의 궁박한 상태를 이용하여 간음하거나 추행하는 경우를 처벌하는 규정을 신설했고, 위계 또는 위력으로써 13세 미만의 아동·청소년을 간음하거나 추행한 자에 대해서도 공소시효를 적용하지 않도록 하는 개정 등이 있었다.

아울러 변호사자격시험의 출제범위에 포함되는 「변호사법」을 본서 제9장에 새롭게 추가하였다. 초판의 5개 법률에서 시작한 이래 지난 [제4판]에서 「아동·청소년의 성보호에 관한 법률」과 「교통사고처리 특례법」의 2개 법률을 추가한 것이 더하여, 이제 본서에서 다루는 특별형법은 「폭력행위 등 처벌에 관한 법률」, 「특정범죄 가중처벌 등에 관한 법률」, 「특정경제범죄 가중처벌 등에 관한 법률」, 「특정강력범죄의 처벌에 관한 특례법」, 「성폭력범죄의 처벌 등에 관한 특례법」, 「아동·청소

년의 성보호에 관한 법률」, 「교통사고처리 특례법」, 그리고 「변호사법」의 총 8개의
법률로 확장되었다. 새롭게 추가된 「변호사법」은 변호사법위반의 죄를 중심으로 서
술하였는바, 이들 죄는 형사특별법의 범주로 분류할 수 있는 부분이 주를 이룬다.

　　본서의 발행처인 도서출판 박영사의 제안으로 이번의 [제5판]은 표지를 두꺼
운 양장본으로 제본하여 도서의 보존성을 높였다. 새로운 장의 추가와 맞물려 책
자의 부피가 늘어난 것에 대해 독자분들께 너그러운 양해를 구한다.

　　본서의 증보와 개정에 적극적인 제언과 도움을 주신 박영사 측에 감사드리고,
본판의 교정을 꼼꼼하게 맡아주신 박영사의 장유나 과장님께도 감사의 말씀을 드
린다.

저자 이동희 · 류부곤

제4판 서문

본서 『특별형법』이 이제 제4판의 발간을 맞이하였다. 2006년의 초판, 2009년의 개정판, 2015년의 제3판에 이어 '제4판'이자 '개정증보판'의 이름으로 새롭게 발간하게 되었다.

본서의 초판은 동 서문에서 언급한 바와 같이 당시 '특별형법'을 학습하고자 하는 이들에게 적합한 교재가 없었던 상황에서 형사실무에 종사하게 될 경찰대학생의 교육용 교재로서 활용함을 일차적 목적으로 하여 발간하게 되었다. 초판부터 이어져온 본서의 특징으로는 우선 제1장 '총설'을 두어 형법 총칙과 구별되는 특별형법의 주요한 특성을 별도로 정리함으로써 특별형법 영역에 적용되는 체계적인 이론의 정리를 시도해보려고 했다는 점을 꼽을 수 있다. 아울러 제2장 이하에서는 형사특별법의 범주에 속하는 주요 법률별로 각 조문에 대한 해설을 붙이고 있는 것 외에 해당 법률의 입법취지 및 제정경위, 개정의 연혁을 자세히 소개하고 있다는 점도 특징이다. 그리고 각 법률별로 주요한 판례는 각 장의 후미 제3절에 조문 순서에 따라 정리해둠으로써 판례에 대한 체계적인 이해를 돕고 독자의 가독성도 높이고자 했다.

이번 제4판에서는 그 사이 일부 조항의 삭제나 형법전에의 편입 등으로 대폭 축소된 형태로 변모한 폭처법(폭력행위 등 처벌에 관한 법률)의 개정 사항을 반영하였다. 또한 특가법(특정범죄 가중처벌 등에 관한 법률), 특경법(특정경제범죄 가중처벌 등에 관한 법률), 성폭력처벌법(성폭력범죄의 처벌 등에 관한 특례법) 등의 개정사항을 반영하고, 새로운 판례들도 보충하였다.

그리고 아동·청소년의 성보호에 관한 법률(약칭, 아동청소년성보호법)의 장을 본서 제7장에 새롭게 추가하였다. 성폭력처벌법과 더불어 형법상 성범죄에 대한 형사특별법에 해당하는 아동청소년성보호법을 추가함으로써 성범죄의 전체적인 처벌규정에 대한 이해에 도움이 되기를 기대한다. 덧붙여 제8장에는 교통사고처리특례법(약칭 교특법)을 추가하였다. 본서의 '총설' 부분에서 설명하는 바와 같이 특별형법 중 형사특별법의 범주를 중심으로 기술했던 본서의 기존 판본에서 행정형법의 범주에 포섭되는 교특법을 제4판에 추가한 것이다. 이는 본서에 특별법범 중에서 매우 높은 비중을 차지하고 있고, 일선 경찰실무에서 사용빈도가 높은 교통관련사범에 대한 내용을 추가한 것이자 행정형법 중 교통형법 분야의 주된 내용을 가미했다는 의미를 가진다.

이번 제4판부터는 공저자로서 경찰대학 법학과 류부곤 교수님이 참여하였다. 경찰대학으로 자리를 옮겨 본인과 교육과 연구의 길을 함께 하게 된 것이 큰 계기가 되었고, 앞으로 경찰수사와 형사사법 실무에서 중요한 부분을 점하고 있는 특별형법의 대계를 공동으로 저술해나가길 바라고 있다.

최근 이곳 경찰대학에서는 교육과정에 적지 않은 변화가 있었다. 기존의 경찰대학생 4년 학부과정에 더하여 2017년도부터 변호사 경감경력채용과정의 기본교육을 담당하게 되었고, 올해 2019년도부터는 경찰간부후보생 1년 기본교육과정도 이곳 아산캠퍼스에서 함께 이루어지고 있다. 경찰수사의 큰 축을 담당해야 할 예비경찰관이 특별형법을 학습하는 데에 이 책이 도움이 되기를 바라는 마음이다.

제4판은 여러 사정을 고려하여 출판사를 기존의 '경찰대학 출판부'에서 '도서출판 박영사'로 변경하게 되었다. 법학서적 발간에 전문성이 높은 도서출판 박영사 측에서 본서의 출판을 적극적으로 제안해주신 것에 대해 감사드리고, 교정을 맡아주신 박가온 편집위원님에게도 지면을 빌어 감사의 마음을 전한다.

2019년 3월
경찰대학교 아산캠퍼스 연구실에서
이 동 희

제3판 서문

2006년 8월 발간되었던 본서 『특별형법』이 2009년 개정판을 거쳐 이제 제3판에 이르렀다. 첫 발간으로부터 올해 2015년 제3판까지 햇수로는 10년차가 된다. 10년이면 강산도 변한다고 했는데, 원래 빈번히 제·개정이 이루어졌던 형사특별법 분야는 그 사이 많은 변화가 있었다.

지난 개정판 서문에서 언급했던 바와 같이 폭처법의 주·야간의 구분에 따른 법정형 차등의 철폐, 특가법의 운행 중인 자동차 운전자에 대한 폭행·협박죄와 위험운전치사상죄의 신설, 부패사범에 대한 처벌 강화 등에 따른 특가법 및 특경법의 일부개정, 13세 미만의 미성년자에 대한 처벌 등을 대폭강화한 성폭력처벌법의 개정 등이 이미 2009년 이전에 이루어졌다.

2009년 이후에도 법률의 한글화 등 법문장의 순화를 위한 개정이 현행법률 전반에 걸쳐 있었고, 양벌규정에 관한 위헌결정에 따른 개별 법률의 순차적 개정도 이어져 왔다. 특가법의 경우 해상 선발충돌사고 후 도주한 행위를 가중처벌하는 조항의 신설이 있었고, 2000년 12월 13일 우리나라가 서명한 「국제연합국제조직범죄방지협약」(United Nations Convention against Transnational Organized Crime) 및 「인신매매방지의정서」의 국내적 이행을 위한 입법으로서 형법 일부개정(2013년 4월 5일 법률 제11731호)에 따라 특가법상의 약취·유인죄의 가중처벌과 절도단체의 조직죄의 삭제 등 형법으로의 흡수·통합이 이루어졌다. 특강법은 '특정강력범죄'의 대상범죄에 성범죄 등 일부범죄가 추가되는 개정이 있었고, 특가법과의 이중적 누범 가중처벌에 대한 헌법재판소의 위헌결정(2008년 12월 26일 2007헌가10)에 따른 법조항 정비도 있었다.

본서의 마지막 장에 해당하는 성폭력처벌법의 경우 가장 많은 변화가 있었다. 2010년도 개정에서 13세 미만의 미성년자에 대한 성폭력범죄의 처벌을 강화하고,

음주 또는 약물로 인한 심신장애 상태에서의 성폭력범죄에 대해서는 형법상의 형의 감경규정을 적용하지 않을 수 있도록 했다. 미성년자에 대한 성폭력범죄의 공소시효는 해당 성폭력범죄로 피해를 당한 미성년자가 성년에 달한 날부터 진행하도록 하고, DNA 등 과학적 증거가 있는 경우에는 공소시효를 10년 연장하며, 성인 대상 성범죄자의 신상정보를 인터넷에 등록·공개하도록 하는 등의 개정이 있었다. 이 개정 이후에도 성폭력범죄자의 재범방지에 필요한 수강명령 또는 치료프로그램의 이수명령을 형벌과 병과하는 규정의 신설, 장애인에 대한 성폭력범죄의 유형화와 처벌강화, 13세 미만의 미성년자 및 장애인에 대한 성폭력범죄의 공소시효 적용을 배제했다. 또한 성범죄에 대한 형법 개정에 수반하여 강간죄의 객체를 '여자'에서 '사람'으로 확대하고, 친고죄를 폐지하는 등의 개정도 있었다.

위 이외에도 본서에서 인용하고 있는 여타의 관련법령의 개정이 있었고, 새로운 판례가 적지 않게 등장했기에 내용의 정확성을 높이기 위해 이러한 법령과 판례의 변화를 확인하여 반영하였다. 그리고 종전의 판본에서 학습자의 편의를 위해 주요한 형사특별법의 법 전문을 책 뒷부분에 부록으로 첨부해두었으나, 본 제3판에서는 책의 두께와 분량을 줄이는 차원에서 이를 삭제하였다. 개정판까지는 사실상 경찰대학의 내부교재용으로만 사용되었으나 제3판부터는 경찰대학출판부에서 시중판매를 한다는 점을 감안하였다.

본 제3판에서도 초판 및 개정판과 마찬가지로 폭처법, 특가법, 특경법, 특강법, 성폭력처벌법의 5개 법령을 검토대상으로 하고 있다. 아동·청소년의 성보호에 관한 법률, 성매매알선 등 행위의 처벌에 관한 법률 등에 대한 기술의 추가는 다음으로 미루고자 한다. 제3판에 이어지는 후속의 개정을 앞당기겠다는 자기 약속으로 미진한 부분에 대한 변을 대신하고자 한다.

2015년 2월 경찰대학 연구실에서
저자 이 동 희

개정판 서문

경찰대학의 강의교재로서 사용할 목적으로 서둘러 집필했던 본서 『특별형법』이 발간된 지 어느덧 3년이 되었다. 그 동안 본서에서 다루고 있는 형사특별법령 중에 일부 개정이 있었고, 관련 판례에도 변화가 있었다. 2006년판이 처음 발간된 다음 약간의 내용을 증보한 2007년판이 이듬해 발간되었으나, 이러한 법령과 판례의 변화를 반영할 필요가 있기에 올해 2009년판을 새롭게 발간하게 되었다.

법령의 경우를 보면, 본서에서 다루는 형사특별법에 관한 여러 차례의 일부개정이 있었다. 각 형사특별법마다 대소의 차이는 있지만, 전체적으로 적지 않은 개정이 이루어졌다. 폭처법의 경우 주·야간의 구분에 따른 법정형의 차등이 철폐되었고, 특가법에서는 운행 중인 자동차 운전자에 대한 폭행·협박죄와 위험운전치사상죄가 신설되었다. 부패사범에 대한 처벌 강화 등에 따른 특가법 및 특경법의 일부개정이 있었고, 최근 사회적 이목을 집중시킨 미성년자에 대한 흉폭한 성범죄가 연이어 발생함에 따라 특히 13세 미만의 미성년자에 대한 처벌을 대폭강화한 성폭력처벌법의 개정도 이루어졌다. 위 이외에도 본서에서 인용하고 있는 다양한 참고 법률의 개정이 있었다. 특별법의 개정이 빈번한 현실에서 이를 반영하는 작업이 다소 번거롭기는 하지만, 내용의 정확성을 높이기 위해 법령의 변화를 일일이 확인하여 반영하였다.

판례의 경우를 보면, 특히 양벌규정에 있어 책임주의원칙을 강조한 2007년 11월의 헌법재판소결정이 있었다는 점을 특기할 수 있다. 이 결정에 의해 정책목적만을 앞세운, 특별형법의 일반적인 특성의 하나였던 양벌규정의 위헌성이 확인됨에 따라 양벌규정에 관한 서술의 수정이 요구되었다. 본서에서 다루는 형사특별법과 관련된 새로운 판례도 등장했다. 본 개정판에서는 이러한 판례의 변화를 빠짐없이 수록하고자 노력했다.

아울러 학습자의 편의를 위해 주요한 형사특별법의 법 전문을 책 뒷부분에 부록으로 첨부해두었던바, 본 개정증보판 발간에 맞추어 2009년 7월 말 기준의 최신 법조문을 붙여두었다.

본 2009년판에서는 기존의 초판과 마찬가지로 폭처법(폭력행위 등 처벌에 관한 법률), 특가법(특정범죄 가중처벌 등에 관한 법률), 특경법(특정경제범죄 가중처벌 등에 관한 법률), 특강법(특정강력범죄의 처벌 등에 관한 법률), 성폭력처벌법(성폭력범죄의 처벌 및 피해자보호 등에 관한 법률)의 5개 법령을 검토대상으로 하고 있다. 부록에 수록해둔 청소년의 성보호에 관한 법률이나 성매매알선 등 행위의 처벌에 관한 법률 등에 대하여도 본 개정판에 수록하고 싶은 의욕이 있었으나, 개인적인 여러 집필업무로 인해 이번에 반영하지 못하게 된 것을 아쉽게 생각하고 있다.

아쉬운 점이 적지 않지만, 나름대로 본 개정판에서는 가능한 한 최신의 내용을 담고자 노력하였기에 특별형법 중 특히 형사특별법을 학습하는 이에게 새로 반영된 내용이 도움이 되기를 희망하고 있다. 본서에 대한 지속적인 지적과 조언을 바탕으로 보다 다듬어진 교재로 발전시켜 갈 수 있기를 소망한다.

2009년 7월 경찰대학 연구실에서
저자 이 동 희

저자 서문

본서는 형사실무에 종사하게 될 경찰대학생의 교육용 교재로서 활용함에 일차적인 목적을 두고 집필한 것이다. 경찰대학의 학사커리큘럼 변경에 따라 2006년도 2학기부터 특별형법 교재가 필요한 상황이었다. 특별형법 분야에 대한 연구나 학문적 성찰이 충분하지 못한 초학자임에도 서둘러 본서를 발간하게 된 이유이기도 하다.

주지하다시피 우리나라 형사실무에서는 범죄와 형벌에 관한 기본법인 형법전보다 오히려 특별형법이 적용되는 경우가 더 많은 것이 현실이다. 특별형법이 형법전보다 더욱 많이 활용되고 있는 이상, 형사실무에 직접 종사하거나 종사할 이들에게는 형법전 못지않게 특별형법에 대해서도 자세한 이해가 필요하다.

그러나 그간 특별형법에 규정된 다양한 범죄유형과 벌칙규정에 대한 연구가 충분하지 못했던 것이 사실이며, 또한 특별형법을 학습하고자 하는 이들이 적합하고 체계적인 교재를 찾기도 쉽지 않은 실정이다. 미흡하나마 본서가 이러한 요구에 부응하는 역할을 일정 부분 담당할 수 있기를 바라고 있다.

특별형법을 형사실무에서 제대로 적용하기 위해서는 특별형법의 전반에 대한 총체적인 이해와 더불어 개개의 특별형법에 규정되어 있는 세부적인 벌칙 규정 등을 제대로 숙지하고 있어야 한다. 특히 개별 법률에 산재되어 있는 벌칙규정을 형법각칙상의 범죄 이상으로 충분히 이해하고 기억하고 있어야 한다는 점은 더욱 강조되어야 할 부분이다.

이러한 목적에 따라 본서는 우선 제1장 총설에서 특별형법의 의의와 분류체계, 특별형법의 주요 특성, 주요 특별형법의 입법연혁 및 활용 현황, 현행 특별형법의 문제점에 관한 논의 등을 정리하였다. 그리고 각론에 해당하는 제2장 이하에서는 다수의 특별형법 중에서 소위 형사특별법에 해당하는 주요한 단행법률을 선별하여 이에 대하여 검토하고 있다. 구체적인 검토대상 법률은 폭력행위 등의 처벌에 관한 법률, 특정범죄 가중처벌 등에 관한 법률, 특정경제범죄 가중처벌 등에 관한 법률, 특정강력범죄의 처벌에 관한 특례법, 성폭력범죄의 처벌 및 피해자보호 등에 관한 법률 등 형사실무에서 그 활용도가 높은 6개 법률이다. 각 장별로 해당법률의 제정경위 및 개정연혁, 그리고 처벌규정 등 주요조문에 대한 해설을 붙이고 관련판례를 조문 순에 따라 정리하여 수록해 두었다.

한편, 법 개정이 수시로 이루어지고 있는 현실을 감안하여 학습자의 편의를 위해 본서에서 다루고 있는 주요 특별형법의 법전문을 책 뒷부분에 부록으로 첨부해두었다.

본서는 특별형법이라는 서명을 사용하고 있지만, 그 내용이 특별형법의 총설 부분과 형사특별법 부분만을 다루고 있다는 점에서 보면 『특별형법 제1권 -총설 및 형사특별법편-』에 해당한다. 본서에 이어 연간될 수 있는 제2권 이하는 행정형법의 다양한 분야를 대분류하여 기술하는 내용, 즉 경제형법편, 환경형법편, 풍속형법, 노동형법편, 의료형법편, 교통형법 등이 될 수 있을 것이다.

본서에서는 「총설」 부분을 별도로 두어 특별형법의 일반적인 사항을 정리하여 소개하고 있다. 그러나 형법학적인 관점에서 보면 총체적으로 정리되었다고 보기에는 미흡한 점이 적지 않다. 주지하다시피 형법 제8조에 의해 형법상의 총칙규정은 모든 특별형법에 대하여도 일반적으로 적용되므로 본서에서 특별형법의 총론에 해당한 부분을 '총론'이나 '총칙편'이 아닌 '총설'로 격하하여 1개의 장(본서 제1장)으로 구성하고 있는 이유이기도 하다.

아마 특별형법의 「총설」 부분을 보다 상세하게 집필한다면, 형법총론의 이론체계와 유사하게 특별형법의 범죄론, 구성요건론, 위법성론, 책임론, 공범론, 미수론, 죄수론 등의 구성형태가 필요할 수도 있을 것이다. 물론 형법총칙상의 규정이 원칙적으로 특별형법에도 적용되므로 기본적으로 형법총론의 이론들이 원용되겠지만, 현행의 다양한 특별형법에는 형법총칙규정의 적용을 배제하는 특칙을 두고 있거나 형법규정들과 구별되는 나름대로의 독자적인 특성을 가진 규정들이 산재되어 있으므로 이러한 내용들이 각각 개별이론의 주된 내용이 될 수 있을 것이다.

본서의 부족한 점에 대한 많은 학문적 조언은 물론, 오류나 독단적 견해 등에 대해서도 비평과 지적을 받고 싶은 마음이다. 이런 과정을 통해 연구를 축적해감으로써 보다 충실한 교재를 발간할 수 있기를 소망하고 있다.

2006년 8월 법화산 기슭에서
저자 이 동 희

목 차

제1장

특별형법

총 설

제1장

총 설

제1절 | 특별형법의 의의

Ⅰ. 개념

　'**형법**'이라는 용어를 넓은 의미로 사용할 때에는 범죄와 이에 대한 법률효과 인 형사제재(刑事制裁: 형벌 및 보안처분)를 규정한 법규범의 총체를 의미하며, 이를 '**실질적 의미의 형법**' 또는 '**광의의 형법**'이라고 한다. 이를 좁은 의미로 사용할 때 에는 1953년 9월 18일 법률 제293호로 제정된 「형법(刑法)」이라는 명칭을 가진 구체적인 법률, 즉 **형법전**(刑法典)을 의미한다. 이를 '**형식적 의미의 형법**' 또는 '**협 의의 형법**'이라고 한다.

　이와 같이 실질적 의미의 형법(광의의 형법)은 형법전(협의의 형법)과 형법전 이 외의 범죄와 형사제재를 규정한 법규범의 총체로 구성되는바, 이 중 후자를 일반 적으로 「**특별형법**」이라고 부르고 있다. 따라서 「특별형법」이란 형법전 이외에 범 죄와 형사제재를 규정한 법규범의 총체라고 정의할 수 있다.

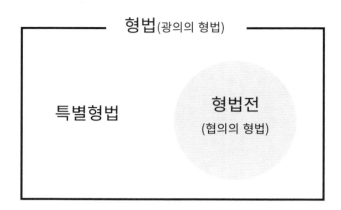

특별형법이라는 용어 사용과 관련하여, 이와 상대적인 개념으로 일반형법(一般刑法) 또는 보통형법(普通刑法)이라는 용어를 사용하기도 한다.[1) 이때 일반형법 또는 보통형법의 개념은 특별형법 이외의 형법, 즉 형법전을 의미한다.

독일의 경우에는 독일의 형법전을 기본형법[(基本刑法: Grundstrafrecht) 또는 주형법(主刑法: Kernstrafrecht)]이라고 부르고, 그 이외의 일체의 형법을 부수형법(付隨刑法: Nebenstrafrecht) 또는 파생형법(派生刑法)이라고 부르는 경향이 있다. 그리고 특별형법(Sonderstrafrecht)이라는 용어는 보통형법(Allgemeines Strafrecht)의 상대적인 개념으로 특정한 사람에게만 적용되는 형법을 가리키는 매우 좁은 의미로 사용되고 있다. 한편, 일본에서는 특별형법에 상대적인 개념으로서 형법전을 지시할 때에는 일반적으로 '보통형법'이라는 용어를 사용하고 있다.[2)

---

1) 배종대, '특별'형법을 '보통'형법으로 만들기, 형사정책 제18권 제1호, 한국형사정책학회, 2006, 9면 이하에서는 '일반형법' 및 '보통형법'이라는 용어를 사용하고 있다.
2) 伊藤栄樹 외, 註釈特別刑法 [第 1 巻], 立花書房, 1985, 5면 참조.

Ⅱ. 입법목적 및 필요성

현대의 사회현상이 복잡하고 다양해지면서 새로운 형태의 공동체의 질서에 위반하는 행위가 등장함에 따라 이를 범죄로 규정하여 형벌을 부과해야 할 필요성이 대두되거나 시대적인 요청에 따라 일정한 범죄에 대하여 기존의 형법에 비하여 이를 가중하여 처벌해야 할 필요가 있는 경우도 있다.

그러나 기존의 형법전에 대한 적극적인 해석론만으로는 새로운 형태의 공동체 질서위반행위에 적절히 대응하기가 쉽지 않을 뿐만 아니라 그때마다 기본법인 형법전을 일일이 개정하는 것이 용이하지 못한 경우도 있다. 형법전을 개정하는 것보다는 특별법을 제정하여 이에 대처하는 것이 편리한 경우가 있고, 특히 특정한 시대의 일시적인 사회적 요구에 부응하기 위한 경우라면 한시적인 특별법의 제정이 오히려 바람직하다고 볼 수 있다.

한편, **자연범**(自然犯)의 성격을 가진 전통적인 범죄 이외에 국가행정의 발달에 따라 국민에게 여러 가지 새로운 의무들이 부과되면서 행정상 의무에 대한 준법을 확보하기 위한 수단으로 의무위반행위에 대하여 형벌을 가하는 소위 **행정범** 영역이 확대되어 왔다. 행정목적에 기초하여 범죄화된 행정범의 경우, 다양한 행정의무 위반에 대한 처벌규정을 형법전에 이를 총체적으로 규정하는 데에는 한계가 따른다. 입법자의 입장에서 보면, 당해 행정사항을 규정하고 있는 개별 행정법규에 벌칙규정을 두는 것이 입법기술상 편리한 면이 있으며, 또한 당해 행정의무와 그 벌칙규정이 하나의 법률에 함께 규정되어 있음으로 해서 처벌법규의 취지가 상대적으로 명확해질 수도 있다.

이와 같이 형법전 이외에 특별형법을 두고 있는 주된 이유는 일정한 영역의 범죄를 형법전의 내용과 달리 이를 가중하여 처벌할 필요가 있거나, 형법전에 규정되어 있지 않은 새로운 구성요건을 범죄로 규정함으로써 처벌의 공백을 메운다는 점, 그리고 행정의무에 대한 이행력을 확보한다는 점 등에서 찾을 수 있다. 아울러 한시적인 입법의 필요성이나 입법상의 편의성 등도 특별형법이 확대된 이유라고 볼 수 있다.

제2절 | 특별형법의 분류체계

I. 분류의 기준 및 방법

많은 수의 개별 특별형법을 일정한 분류기준에 따라 그룹으로 묶어서 파악하는 것이 특별형법을 체계적으로 이해하는 데 도움을 준다. 특별형법을 분류하는 방식에는 여러 가지 기준이 사용될 수 있지만, 대표적인 방식으로는 우선 ① 형법전과 마찬가지로 범죄와 형사제재에 관한 내용을 주된 내용으로 하고 있는 법률과 ② 행정법적인 내용을 주된 내용으로 하고 부수적으로 벌칙규정을 두고 있는 법률로 구분하는 방식을 꼽을 수 있다.[3] 일반적으로 전자를 **형사특별법**,[4] 후자를 **행정형법**이라고 부르고 있다.

양자의 구별방식은 범죄의 유형을 **형법범**(刑法犯; 자연범)과 **행정범**(行政犯; 법정범)으로 구별하는 방식과도 같은 맥락에 있다. 전자는 예컨대 살인죄나 강도죄 등과 같이 법규범의 설정을 기다릴 필요도 없이 행위 그 자체가 반윤리적이고 반사회적인 범죄를 말하며, 이러한 의미에서 **자연범**(自然犯), 즉 '그 자체로서 악(惡)'(mala in se)이라고도 부른다. 독일의 형법학자 마이어(M.E. Mayer)는 자연범을 문화규범(Kulturnormen)에 위반한 행위라고 정의하고 있다. 이에 비하여 후자의 행정범은 행위 그 자체가 사회적·윤리적으로 비난되는 것이 아니지만 국가가 행정상의

---

3) 오영근·안경옥, 형사특별법의 제정실태와 개선방안, 한국형사정책연구원, 1996, 13면; 이기헌·박기석, 형법 및 형사특별법상 유사처벌조항 정비방안, 한국형사정책연구원, 1998, 19면 이하; 오영근, 형법총론[제2판], 대명출판사, 2002, 3~6면 등. 한편 국내문헌 중에는 특별형법의 개념을 '형사특별법'을 의미하는 것으로 제한하여 사용하는 용례도 발견된다. 예컨대, 정대관, 한국 특별형법의 문제점 소고, 비교형사법연구 제6권 제1호, 한국비교형사법학회, 2004, 271~273면 등 참조.

4) '형사법(刑事法)'이란 용어는 실체법인 형법은 물론 절차법인 형사소송법을 포함하는 개념이다. 따라서 '형사특별법(刑事特別法)'은 그 표현상 형법적인 내용뿐만 아니라 형사소송법적인 내용에 관하여 규정하고 있는 법규범의 총체라는 개념으로 인식될 수 있으며, 이러한 의미로 '형사특별법'이라는 용어를 사용하는 것이 타당할 수도 있다고 본다. 다만, 본서에서는 형법적인 내용에 관하여 서술하고 있는 만큼, 검토대상으로 삼고 있는 형사특별법의 범주를 실체법적 측면에 한정하고 있다.

목적을 위하여 일정한 행위를 금지시키는 구성요건을 설정함으로써 비로소 범죄가 되는 경우를 말한다. 이러한 의미에서 **법정범**(法定犯), 즉 '**금지된 악**(惡)'(mala prohibita)이라고 부른다.

이러한 양자의 본질적인 차이점은 처벌규정의 기술방식에 있어서 서로 차이를 보이는 이유가 되고 있다. 예컨대, 형법범을 규정한 기본법인 형법(刑法)의 경우, "사람을 살해한 자는 사형, 무기 또는 5년 이상의 징역에 처한다"라고 규정하고 있으며(제250조 제1항), "사람을 살해해서는 안 된다"는 금지규정을 명문으로 규정하고 있지는 않다. 사람을 살해하는 행위가 범죄라는 점이 사회일반의 인식에 공유되어 있으므로 굳이 금지규정을 별도로 둘 필요가 없기 때문이다. 이에 대비하여 행정범의 경우에는 먼저 "~한 행위를 해서는 안 된다"는 금지규정을 둔 다음, "제○○조의 규정에 위반한 자는 ~한 형에 처한다"는 기술방식을 일반적으로 사용하고 있다.

물론, 개개의 범죄행위가 자연범과 법정범으로 명쾌하게 구별되지 않는 경우도 적지 않다. 왜냐하면, 자연범인지 법정범인지의 여부는 그 시대의 일반적인 도덕관념이나 사회정황에 따라 상이한, 유동적인 개념이기 때문이다. 예컨대, 환경범죄와 같이 과거에는 법정범으로 볼 수 있었던 것이 자연범으로 인식되어 가는 경우도 있고, 형법상 간통죄와 같이 자연범이었던 것이 비범죄화되기도 한다.[5]

이와 같이 특별형법은 형사특별법과 행정형법으로 구분되며, 형사특별법은 형법과 마찬가지로 형법범에 대하여 규정하고 있다는 점에서 행정형법과 구별된다. 이러한 의미에서 보면, 형사특별법은 형법전 이외에 형법범과 이에 대한 형사제재를 규정한 법규범의 총체라고 정의할 수 있고, 행정형법은 행정범과 이에 대한 형사제재를 규정한 법규범의 총체라고 정의할 수 있을 것이다.

---

5) 자연범(형법범)과 법정범(행정범)의 구별은 역사적이고 상대적인 것에 지나지 않으며, 그 구별기준이 불명확하다는 비판이 있다. 필자 또한 이러한 비판의 취지를 이해하는 입장이지만, 우리나라 현행 특별형법을 체계적으로 이해하기 위한 개념으로서의 유용성이 인정되므로 본서에서는 이를 수용하고 있음을 밝혀둔다.

《특별형법의 분류체계》

본서의 서술체계는 이러한 형사특별법과 행정형법으로 구분하는 특별형법의 분류방식에 기초하고 있다. 특별형법 제1권 「형사특별법편」에 해당하는 본서에서는 양자 가운데 형사특별법으로 분류될 수 있는 성격의 법률을 우선적인 검토대상으로 삼아 서술하고 있으며, 본서 제2장 이하에서 다루고 있는 법률들이 주로 이에 해당한다.

Ⅱ. 형사특별법

현행 특별형법 중 형사특별법에 해당하는 법률들은 이하와 같이 다시 형량가중적 형사특별법, 형벌신설적 형사특별법, 그리고 형량감경적 형사특별법으로 분류해 볼 수 있다.6)

1. 형량가중적 형사특별법

현행 형사특별법 중에는 형법상 규정되어 있는 범죄유형에 대하여 형량을 가중하여 처벌하는 형량가중적 형사특별법이 있다. 「폭력행위 등 처벌에 관한 법률」, 「특정범죄 가중처벌 등에 관한 법률」, 「특정경제범죄 가중처벌 등에 관한 법률」, 「성폭력범죄의 처벌 등에 관한 법률」 등이 이러한 예에 해당한다. 예컨대, 폭력행위 등 처벌에 관한 법률의 경우, 제정 당시 형법상 이미 범죄로 규정되어 있는 상해, 폭행, 협박, 체포, 감금, 주거침입, 퇴거불응 등 일정한 범죄에 대하여 그 행위

---

6) 이와 유사한 구분방법을 취하는 예로는 이기헌·박기석, 형법 및 형사특별법상 유사처벌 조항 정비방안, 21면 이하; 윤동호, 특별형법전의 정비를 위한 기초연구, 한국형사정책연구원, 2005, 22면 등.

가 '집단적', '상습적' 또는 '흉기 그 밖의 위험한 물건을 휴대하여' 행해진 경우 등에 이를 가중하여 처벌함을 주된 목적으로 삼고 있었다. 특정범죄 가중처벌 등에 관한 법률의 경우에도 형법상의 뇌물죄나 알선수재(형법 제129조, 제130조, 제132조 등), 직권남용에 의한 불법체포·감금죄 및 폭행·가혹행위죄(제124조, 제125조), 약취·유인죄(제287조), 상습강·절도죄(제329조 내지 제331조 등) 등을 가중하여 처벌하고 있다.

한편 이 법률들에 규정되어 있는 범죄유형 중에는 형법에서는 범죄로 규정하지 않는 행위를 처벌대상으로 삼고 있는 부분도 포함하고 있으므로[7] 이러한 점에서 보자면 다음의 형벌신설적 형사특별법의 성격도 가지고 있는 것이다.

2. 형벌신설적 형사특별법

형사특별법 가운데에는 그 전체적인 성격이 형법에 없는 별도의 새로운 구성요건을 신설하여 범죄로서 처벌하고 있는 경우도 보인다. 예컨대, 「성매매알선 등 행위의 처벌에 관한 법률」에 규정되어 있는 성매매 관련범죄나 「범죄수익은닉의 규제 및 처벌 등에 관한 법률」에 규정되어 있는 범죄수익은닉 관련범죄 등은 형법에 규정되어 있지 않은 새로운 유형의 구성요건으로 볼 수 있다.[8]

형벌신설적 특별법에 해당한다고 볼 수 있는 이 법률들은 규정되어 있는 범죄의 구성요건이 형법범의 성격이 강하다는 점에서 형사특별법의 유형으로 분류할 수 있다. 이 법률들은 법 전체가 형법각칙과 마찬가지로 범죄의 구성요건과 이에 대한 처벌에 대하여 규정하고 있으며, 반대로 행정형법에서 볼 수 있는 행정법

---

7) 예컨대, 「특정범죄 가중처벌 등에 관한 법률」 제12조의 [외국인을 위한 탈법행위](외국인에 의한 취득이 금지 또는 제한된 재산권을 외국인을 위하여 외국인의 자금으로 취득하는 행위)나 「특정경제범죄 가중처벌 등에 관한 법률」 제9조의 [저축관련부당행위의 죄](저축을 하는 자 또는 저축을 중개하는 자가 금융기관의 임·직원으로부터 당해 저축에 관하여 법령 또는 약관 기타 이에 준하는 금융기관의 규정에 의하여 정하여진 이자·복금·보험금·배당금·보수 외에 명목 여하를 불문하고 금품 기타 이익을 수수하거나 제3자에게 이를 공여하게 하는 행위 등) 등은 형법에 없는 별도의 구성요건을 신설한 예로 볼 수 있다.

8) 이기헌·박기석, 형법 및 형사특별법상 유사처벌조항 정비방안, 21면 및 윤동호, 특별형법전의 정비를 위한 기초연구, 22면은 「환경범죄의단속에관한특별조치법」(2005년 7월 29일 일부개정 법률명 변경, 법률 제7643호, 현행 「환경범죄 등의 단속 및 가중처벌에 관한 법률」)을 형벌신설적 형사특별법으로 분류하고 있다.

적인 사항들에 관한 규정은 거의 포함되어 있지 않다. 또한 전술한 처벌규정의 기술방식의 측면에서 보더라도 형법각칙과 마찬가지로 하나의 조문에서 범죄의 구성요건과 형벌을 함께 규정하는 형식을 취하고 있기도 하다.

3. 형량감경적 형사특별법

위 양자 이외에도 경미한 불법행위를 형법에 비하여 가벼운 형벌로 처벌하는 성격을 지닌 형량감경적 형사특별법도 발견할 수 있다. 이에 해당하는 것으로는 「경범죄 처벌법」을 꼽을 수 있다. 이 법은 대체로 형법범적인 성격으로 볼 수 있는 범죄와 이에 대한 형사제재9)를 규정하고 있다는 점에서 보면 형사특별법적인 성격을 가지고 있고, 형량의 측면에서 형법에 비하여 경하게 처벌하고 있기 때문이다.

그러나, 경범죄 처벌법은 형법과 동일한 구성요건을 처벌대상으로 하는 것이 아니라, 형법에 대한 보충법의 성격을 가지고 있다는 점에 유의할 필요가 있다. 즉, 형법이 적용될 수 있는 경우에는 형법이 우선적으로 적용되어야 하며, 본법은 형법이나 다른 법률이 적용되지 못하는 경우에 보충적으로 적용되는 보충규범에 해당한다는 것이다. 예컨대, 형법상 공연음란죄와 유사한 경범죄 처벌법(법률 제14908호, 2017. 10. 24., 일부개정) 제3조 제33호의 '과다노출'은 성욕을 자극하여 성적수치심을 침해하지 않는 정도로 노출한 경우에만 적용되며, 또한 형법상 사기죄와 유사한 경범죄 처벌법 제3조 제39호의 '무전취식'은 고의에 의한 기망행위가 없는 경우에만 보충적으로 적용된다.

---

9) 경범죄 처벌법을 위반하는 자에 대하여는 10만원 이하의 벌금, 구류 또는 과료의 형으로 처벌한다(경범죄 처벌법 제3조). 다만, 동법상의 일정한 범죄에 대하여는 통고처분(通告處分)을 통해 범칙금(犯則金)을 납부하게 할 수 있다.

Ⅲ. 행정형법

특별형법 중 형사특별법 이외에 벌칙규정을 두고 있는 법규범의 총체인 행정
형법은 우리나라의 현행 법률 가운데 태반이 이에 해당할 정도로 다수를 차지하
고 있다(자세한 내용은 본장 제4절 '특별형법의 입법연혁 및 현 상황' 참조). 이러한 행정형
법을 재분류하는 가장 일반적인 방법으로는 전문분야별로 이를 분류하는 방식을
들 수 있다. 경제형법, 노동형법, 의료형법, 정보통신형법, 교통형법, 환경형법, 보
건형법, 풍속형법, 건설형법, 생명윤리형법 등으로 분류하는 방식이다. 경제형법의
경우에는 다시 관세형법, 조세형법, 증권형법, 기업형법, 공정거래형법, 금융형법
등으로 세분화하여 분류하기도 한다.[10]

이러한 분류방식을 취할 경우, 예컨대 노동형법의 범주에는 현행법상 근로기
준법, 노동조합 및 노동관계조정법, 노동위원회법, 근로자직업능력 개발법, 근로자
참여 및 협력증진에 관한 법률, 근로자퇴직급여 보장법, 선원법, 근로복지기본법,
직업안정법 등이 포함될 수 있고, 환경형법의 범주에는 대기환경보전법, 악취방지
법, 먹는물관리법, 물환경보전법, 토양환경보전법, 폐기물관리법, 자연환경보전법,
해양환경관리법, 유해화학물질 관리법, 대기관리권역의 대기환경개선에 관한 특별
법, 백두대간 보호에 관한 법률, 오존층 보호를 위한 특정물질의 제조규제 등에
관한 법률, 환경보건법, 환경친화적 산업구조로의 전환촉진에 관한 법률 등이 포
함될 수 있을 것이다.

위 분류방법 이외에도 행정형법을 국회의 상임위원회별로 분류하거나 해당법
률의 소관부처인 각 행정부처별로 분류할 수 있다는 견해도 제시되고 있다.[11] 이
에 따르면, 행정형법은 법제사법형법, 행정안전형법, 기획재정형법, 교육형법, 과
학기술형법, 정보통신형법, 통일형법, 외교형법, 국방형법, 문화체육관광형법, 농
림축산형법, 산업통상자원형법, 보건복지형법, 환경형법, 고용노동형법, 여성가족
형법, 국토교통형법, 해양수산형법 등으로 분류되게 된다.

위와 같이 행정형법은 일정한 기준에 따라 하위영역으로 분류될 수 있지만,
각각의 하위영역은 상호간에 중복되는 부분이 있다는 점에 유의할 필요가 있다.

---

10) 경제범죄론, 사법연수원, 2005 참조.
11) 윤동호, 특별형법전의 정비를 위한 기초연구, 24면.

제3절 │ 특별형법의 주요 특성

특별형법에서는 형법전과 비교해볼 때 이와 구별되는 몇 가지 점을 발견할 수 있다. ① 형법총칙규정의 원칙적 적용과 그 예외로서의 특례규정의 존재, ② 형벌법규의 성문법률주의 원칙과 위임입법의 존재, ③ 백지형벌법규의 활용, ④ 처벌규정의 기술방식에 있어서의 차이점, ⑤ 양벌규정의 존재, ⑥ 공무원 의제규정의 존재 등이 그것이며, 이는 형법과 비교되는 특별형법 나름의 독자적인 법체계 토대가 될 수 있다.

Ⅰ. 형법총칙의 원칙적 적용과 특별형법상의 특례

형법 제8조는 "본법 총칙은 타법령(法令)에 정한 죄에 적용한다. 단, 그 법령에 특별한 규정이 있는 때에는 예외로 한다"라고 규정하고 있다. 즉, 개별 특별형법에 특별한 규정이 없는 한 형법총칙의 규정이 그대로 적용되는 것이 원칙이라는 점을 밝히고 있는 것이다. 이러한 의미에서 보면, 형법 제1편 총칙은 형식적 의미의 형법뿐만 아니라 우리나라 법령 중 형벌(형법 제41조에서 규정하고 있는 9가지 종류의 형)을 규정하고 있는 벌칙을 포함하고 있는 모든 특별형법에 있어서의 총칙규정이라고 말할 수 있다.

통상 특별형법 가운데 형법총칙에 상응하는 수준의 별도의 체계적인 총칙규정을 가지고 있는 경우는 찾아볼 수 없고, 다만 개별 특별형법에 따라서는 필요한 경우에 형법총칙상의 다양한 규정 가운데 일부에 대한 적용상 특례를 두고 있는 경우는 발견할 수 있다. 예컨대 관세법(법률 제17758호, 2020. 12. 29., 일부개정)의 경우, 제278조[12]에 관세법에 따른 벌칙에 위반되는 행위를 한 자에게는 형법 제38조 제1항 제2호[13] 중 경합범과 처벌례에 있어 벌금경합에 관한 제한가중규정을 적용

---

12) 관세법 제278조 (「형법」 적용의 일부 배제) 이 법에 따른 벌칙에 위반되는 행위를 한 자에게는 「형법」 제38조 제1항 제2호 중 벌금경합에 관한 제한가중규정을 적용하지 아니한다. [전문개정 2010. 12. 30.]
13) 형법 제38조(경합범과 처벌례) ① 경합범을 동시에 판결할 때에는 다음 각 호의 구분에 따

하지 아니한다고 하는 '형법(총칙) 적용의 일부 배제'의 특칙을 두고 있다. 즉 '다 액에 그 2분의 1까지'만 가중하도록 제한하고 있는 형법총칙의 적용을 배제시켜 벌금액을 그 이상으로 가중할 수 있도록 하고 있는 것이다.

> **[참고]** 2010년 1월 1일 개정 이전의 구 관세법의 경우에는 현행 관세법 제278조에 비하여 형법총칙규정을 보다 폭넓게 배제하는 특칙을 두고 있었다. 즉, 구법 제278 조[14])에서 관세법위반의 행위를 한 자에 대하여는 징역을 처하는 경우를 제외하고 는 형법 제9조의 형사미성년자 면책조항, 제10조 제2항의 심신미약자의 필요적 감 경조항, 제11조의 농아자에 대한 필요적 감경조항, 제16조의 법률의 착오에 정당 한 이유가 있는 경우의 불처벌 조항, 제32조 제2항의 종범의 형의 필요적 감경조 항, 제38조 제1항 제2호의 경합범과 처벌례에 있어 벌금경합에 관한 제한가중 관 련조항과 제53조의 정상 참작에 의한 작량감경의 조항을 적용하지 아니한다고 하 는 '형법(총칙)규정의 배제'에 관한 특칙을 두고 있었다.

또한 조세범 처벌법(법률 제17761호, 2020. 12. 29., 일부개정)의 경우에도 이와 마 찬가지로 동법 제20조에 형법 제38조 제1항 제2호의 벌금경합에 관한 제한가중규 정의 적용을 배제하는 특칙을 두고 있다.[15]) 이와 같은 취지의 규정은 지방세기본 법[16])과 수출용 원재료에 대한 관세 등 환급에 관한 특례법(법률 제17339호, 2020. 6.

라 처벌한다. 1. 가장 무거운 죄에 대하여 정한 형이 사형, 무기징역, 무기금고인 경우에 는 가장 무거운 죄에 대하여 정한 형으로 처벌한다. 2. 각 죄에 대하여 정한 형이 사형, 무기징역, 무기금고 외의 같은 종류의 형인 경우에는 가장 무거운 죄에 정한 장기 또는 다 액에 그 2분의 1까지 가중하되 각 죄에 대하여 정한 형의 장기 또는 다액을 합산한 형기 또는 액수를 초과할 수 없다. 다만 과료와 과료, 몰수와 몰수는 병과할 수 있다. 3. 각 죄에 대하여 정한 형이 무기징역, 무기금고 외의 다른 종류의 형인 경우에는 병과한다. ② 제1항 각 호의 경우에 있어서 징역과 금고는 같은 종류의 형으로 보아 징역형으로 처벌한다.

14) 구 관세법 제278조(형법규정의 배제) ① 이 법에 의한 벌칙에 위반되는 행위를 한 자에 대 하여는 형법 제9조·제10조 제2항·제11조·제32조 제2항·제38조 제1항, 제2호와 제53조 의 규정을 적용하지 아니한다. ② 형법 제16조를 적용하는 경우에 있어서는 법률의 착오 에 정당한 이유의 유무를 불문한다. ③ 제1항 및 제2항의 규정은 징역형에 처하는 때에는 예외로 한다.

15) 조세범 처벌법 제20조(「형법」 적용의 일부 배제) 제3조부터 제6조까지, 제10조, 제12조부터 제14조까지의 범칙행위를 한 자에 대해서는 「형법」 제38조 제1항 제2호 중 벌금경합에 관한 제한가중규정을 적용하지 아니한다.

16) 지방세기본법 제110조(「형법」 적용의 일부 배제) 제102조 및 제107조에 따른 범칙행위를 한 자에 대해서는 「형법」 제38조 제1항 제2호 중 벌금경합에 관한 제한가중규정을 적용하 지 아니한다.

9., 일부개정)[17])에도 반영되어 있다.

　　그리고 경범죄 처벌법(법률 제14908호, 2017. 10. 24., 일부개정) 제4조(교사·방조)에서는 경범죄처벌법위반의 "제3조의 죄를 짓도록 시키거나 도와준 사람은 죄를 지은 사람에 준하여 벌한다"는 규정을 두고 있다. 이는 경범죄처벌법위반의 방조범의 경우에는 방조범(종범)의 형을 정범의 형보다 감경하도록 한 형법 제32조의 적용을 배제하는 특칙에 해당한다.

　　이와 같이 특별형법에는 별도의 체계적인 총칙규정을 두지 않고 형법각칙과 마찬가지로 주로 범죄의 구성요건과 이에 대한 형벌이 규정되어 있으며, 예외적인 특례조항을 제외하고는 형법전의 총칙규정이 원칙적으로 적용된다는 특성을 가지고 있다.

> ▶ 심화학습: 행정범과 형법총칙(일본학계의 논의)
>
> 　　일본형법의 경우에도 우리나라 형법과 마찬가지로 형법적용상의 여러 가지 원칙들을 형법총칙 부분에 규정하고 있는 동시에 제8조에 "이 편(編: 주, 총칙편)의 규정은 다른 법령의 죄에 관하여도 적용한다. 다만, 그 법령에 특별한 규정이 있는 때에는 그러하지 아니하다"라는 규정을 두고 있다.
>
> 　　이러한 형법총칙의 적용범위 등과 관련하여 종래 일본의 공법전문가들 가운데에는 행정범은 형법범과는 성격이 다르며 도덕위반을 벌하는 것이 아니고, 행정시책 실현이라고 하는 합목적성에 주안을 두고 있으므로 형법의 일반원칙, 특히 책임에 관한 원칙에 따르지 않는 것이 오히려 당연하다고 보는 시각이 있었다. 예컨대, 책임능력이 없는 형사미성년자나 정신장애자이더라도 일정한 유형의 행정범은 성립된다고 보거나, 또는 단속을 철저하게 하기 위해 고의(故意)는 처벌의 요건이 아니고 과실만 있으면 족하다고 보거나 아예 과실조차 필요하지 않다고 보는 견해가 그것이다.
>
> 　　그러나 현재는 행정형법의 대상이 확대되어 있고, 제재의 수단도 벌금뿐만 아니라 자유형 등의 중한 형벌을 과하고 있다는 점 등이 고려되어, 적어도 형법의 전문가들 사이에서는 형법의 일반원칙, 특히 **책임원칙**이 행정형법에도 적용되어야 한다고 보는 데 의견이 일치되어 있는 상황이다. 행정형법이 합목적성을 요구하는 행정시책 실현의 수단이라고 하더라도 적어도 형벌이라고 하는 엄격한 제재수단을

---

17) 수출용 원재료에 대한 관세 등 환급에 관한 특례법 제23조의4(「형법」 적용의 일부 배제) 이 법에 따른 벌칙에 해당하는 행위를 한 자에게는 「형법」 제38조 제1항 제2호 중 벌금경합에 관한 제한가중규정을 적용하지 아니한다. [본조신설 2015. 12. 15.]

사용하는 이상, 형법의 일반원칙을 배제할 수 없다고 보는 것이 주된 논거이다.

Ⅱ. 성문법률주의와 형벌법규의 위임입법

앞에서 언급한 형법 제8조를 보면, "본법 총칙은 타법령(法令)에 정한 죄에 적용한다. 단, 그 법령(法令)에 특별한 규정이 있는 때에는 예외로 한다"라고 규정하고 있다. 이 표현에 따르면, 죄(罪)가 규정되어 있는 대상으로는 '법령(法令)', 즉 법률은 물론 그 하위법령도 전제로 하고 있다.

헌법 제12조 제1항은 "누구든지 … 법률(法律)과 적법한 절차에 의하지 아니하고는 처벌(處罰)·보안처분(保安處分) 또는 강제노역을 받지 아니한다"고 규정하여 **죄형법정주의 원칙**을 천명하고 있다. **성문법률주의**는 죄형법정주의 원칙에서 파생되는 원칙이며, 이때 성문법률이란 국회가 헌법에 규정된 절차에 맞추어 제정한 법률을 의미한다. 다만 입법자는 경우에 따라 법률에서 구체적으로 범위를 정하여 행정부 등에 형벌법규의 제정을 위임할 수 있다(헌법 제75조 및 제95조 참조).[18]

예컨대 구 수산자원보호령(1970년 6월 11일 제정, 2010년 4월 23일 폐지)의 경우, 동령에서 금지하고 있는 위반행위를 한 자에 대한 벌칙규정을 제37조 내지 제39조에 두고 있었다. 그 형벌은 제37조의 경우 500만원 이하의 벌금, 제38조의 경우 300만원 이하의 벌금, 제39조의 경우 200만원 이하의 벌금에 각각 처하도록 되어 있었다. 이 대통령령에 있는 형벌법규는 당시 상위법인 수산업법 제53조 및 제77조에 위임입법 규정에 그 근거를 둔 것이다.[19] 이후 수산업법은 2009년 4월 22일자로 전면개정(공포 후 1년이 경과한 날인 2010년 4월 23일부터 시행)되었으며, 이

---

18) 헌법 제75조 "대통령은 법률에서 구체적으로 범위를 정하여 위임받은 사항과 법률을 집행하기 위하여 필요한 사항에 관하여 대통령령을 발할 수 있다." 헌법 제95조 "국무총리 또는 행정각부의 장은 소관사무에 관하여 법률이나 대통령령의 위임 또는 직권으로 총리령 또는 부령을 발할 수 있다."

19) 구 수산업법 제53조(어업조정에 관한 명령) ① 어업단속·위생관리·유통질서, 그 밖에 어업조정을 위하여 다음 각 호에 관하여 필요한 사항은 대통령령으로 정할 수 있다. (중략) ② 제1항의 규정에 의한 대통령령에는 필요한 벌칙을 둘 수 있다. ③ 제2항의 벌칙에는 500만원 이하의 벌금·구류 또는 과료의 규정을 둘 수 있다. ④ (생략); 동법 제79조(자원보호에 관한 명령) ① (생략) ② 제1항을 위반한 경우에 관하여는 제53조 제2항부터 제4항까지의 규정을 준용한다. ③ (생략)

전면개정 법률에 의해 위 벌칙위임규정이 삭제되었다.

그러나 형벌법규의 입법을 위임하는 경우에도 범죄의 성립요건과 형벌의 종류 및 범위는 구체적으로 제한되어야 하며, 이러한 제한에 반하는 위임법률과 이 위임에 근거하여 제정된 하위의 형벌법규는 죄형법정주의에 반하여 위헌무효가 된다. 이와 같이 위임기준의 불명확성으로 인해 죄형법정주의에 위배되고 위임입법의 한계를 벗어나 위헌으로 본 헌법재판소 판례로는 아래 1995년 9월 28일 선고 93헌바50 위헌결정이 있다. 이 판례는 특정범죄 가중처벌 등에 관한 법률 제4조 제1항의 "정부관리기업체"의 개념정의와 그 소속 간부직원의 범위에 대한 위임기준의 불명확성으로 인해 위헌결정된 사안이다.

> [참고] 헌법재판소결정 1995. 9. 28. 93헌바50(특정범죄가중처벌등에관한법률 제4조 위헌소원)
>
> 《판결요지》 [1] 형사처벌의 대상이 되는 범죄의 구성요건은 형식적 의미의 법률로 명확하게 규정되어야 하며, 만약 범죄의 구성요건에 관한 규정이 지나치게 추상적이거나 모호하여 그 내용과 적용범위가 과도하게 광범위하거나 불명확한 경우에는 국가형벌권의 자의적인 행사가 가능하게 되어 개인의 자유와 권리를 보장할 수 없으므로 죄형법정주의의 원칙에 위배된다. [2] 헌법 제75조에서 "법률에서 구체적으로 범위를 정하여 위임받은 사항에 관하여"라고 함은 법률 그 자체에 이미 대통령령으로 규정될 내용 및 범위의 기본적 사항이 구체적으로 규정되어 있어서 누구라도 당해 법률 그 자체에서 대통령령에 규정될 내용의 대강을 예측할 수 있어야 함을 의미하고, 그렇게 하지 아니한 경우에는 위임입법의 한계를 일탈한 것이라고 아니할 수 없다. [3] 특정범죄가중처벌등에관한법률 제4조 제1항의 "정부관리기업체"라는 용어는 수뢰죄와 같은 이른바 신분범에 있어서 그 주체에 관한 구성요건의 규정을 지나치게 광범위하고 불명확하게 규정하여 전체로서의 구성요건의 명확성을 결여한 것으로 죄형법정주의에 위배되고, 나아가 그 법률 자체가 불명확함으로 인하여 그 법률에서 대통령령에 규정될 내용의 대강을 예측할 수 없는 경우라 할 것이므로 위임입법의 한계를 일탈한 것으로서 위헌이다.
>
> 《재판관 조승형, 재판관 신창언의 반대의견》 [3] 특정범죄가중처벌등에관한법률 제4조 제1항 소정의 "정부관리기업체"라는 개념 정의는 관련법규정 및 법률이론에 의한 법관의 보충적 해석을 통하여 충분히 개념을 명확히 정의할 수 있다 할 것이므로, 정의규정이 없다는 점만으로 이를 추상적이라거나 모호하다고 할 수는 없으

며, 일반형법 또는 다른 특별형사법에서 규정하고 있는 용어들과 비교하더라도 정부관리기업체라는 용어가 지나치게 추상적이라거나 모호하다고 할 수 없다.

판례도 처벌법규의 위임입법을 긍정하지만, 죄형법정주의와 위임입법의 한계상 처벌법규를 위임하기 위해서는 "특히 긴급한 필요가 있거나 미리 법률로써 자세히 정할 수 없는 부득이한 사정이 있는 경우에 한정되어야 하고, 이 경우에도 법률에서 범죄의 구성요건은 처벌대상인 행위가 어떠한 것일 것이라고 이를 예측할 수 있을 정도로 구체적으로 정하고, 형벌의 종류 및 그 상한과 폭을 명백히 규정하여야 한다"라고 하여 위임입법의 자세한 기준을 밝히고 있다.[20]

한편, 법률의 위임이 있는 경우에 자치단체의 조례에 의해 형벌을 부과할 수 있는지가 문제된다. 1994년 3월 16일 개정 이전의 지방자치법은 조례에 의하여 "3월 이하의 징역 또는 금고, 10만원 이하의 벌금, 구류 과료" 등의 형벌을 과할 수 있다는 규정을 두고 있었으나(개정 전 지방자치법 제20조),[21] 1994년에 개정된 지방자치법 제20조는 형벌권을 삭제하고 지방자치단체는 조례위반행위에 대하여는 행정벌인 1천만원 이하의 과태료만을 부과할 수 있게 하였다. 아울러 동법 제15조의 '조례'에서 "주민의 권리제한 또는 의무부과에 관한 사항이나 벌칙을 정할 때에는 법률의 위임이 있어야 한다"는 점을 규정하여 법률의 위임에 의한 조례상의 벌칙규정의 가능성을 열어두기도 했다[현행 지방자치법(법률 제16057호, 2018. 12. 24.) 제22조 '조례'에 상응].

Ⅲ. 백지형법의 활용

백지형법(백지형벌법규)이란, 법률 자체가 형벌을 과하고 있는 행위의 구체적인

---

20) 헌법재판소 1991. 7. 8. 91헌가4; 헌법재판소 1994. 6. 30. 93헌가15·16·17 [병합]; 헌법재판소 1995. 10. 26. 93헌가62. 한편, 법규명령이 모법의 위임없이 부당하게 형벌의 범위를 확장하는 것은 죄형법정주의 원칙에 위배되고 위임입법의 한계를 벗어나는 것으로 무효가 된다는 보는 판례로는 대법원 1990. 11. 27. 선고 90도1516; 대법원 1991. 10. 22. 선고 91도1617 등이 있다.
21) 구 지방자치법 제20조 (벌칙의 위임) 시·도는 당해지방자치단체의 조례로서 3월 이하의 징역 또는 금고, 10만원 이하의 벌금, 구류, 과료 또는 50만원 이하의 과태료의 벌칙을 정할 수 있다.

내용을 정하는 것을 하위의 명령이나 법규의 성질을 가진 행정처분에 위임하여, 이에 의해 구체적으로 규정된 사항에 위반한 때에 법률에 규정되어 있는 형벌을 부과한다는 취지를 정한 법규를 말한다.

현행 형법전에서는 중립명령위반죄(형법 제112조)[22]만이 백지형법의 예에 해당하지만, 특별형법 특히 행정형법 가운데에는 이러한 예를 쉽게 찾아볼 수 있다. 예컨대, 도로교통법(법률 제17891호, 2021. 1. 12., 일부개정)의 경우, 최고속도·최저속도의 제한(법 제17조), 정차·주차의 방법 및 시간의 제한(법 제34조[23])) 등 각종 제한이나 금지행위와 관련하여 제한 또는 금지의 구체적인 내용은 대통령령이나 행정안전부령에 위임하고 있고, 그 위반행위 자체는 도로교통법에 의해 "20만원 이하의 벌금이나 구류 또는 과료"로 처벌하고 있다(법 제156조). 이에 따라 최고속도·최저속도의 제한에 관한 구체적인 내용은 행정안전부령인 도로교통법 시행규칙 제19조에 규정되어 있고(<예시1> 참조), 정차·주차의 방법 및 시간의 제한에 관한 구체적인 내용은 대통령령인 도로교통법 시행령 제11조[24])에 규정되어 있다. 즉, 법률에 결여되어 있는 구체적인 처벌의 내용에 관한 '공백(空白)'이 대통령령이나 행정안전부령에 의해 보충됨으로써 특별형법이 완결되는 형식을 취하고 있는 것이다.

---

22) 형법 제112조(중립명령위반) 외국간의 교전에 있어서 중립에 관한 명령에 위반한 자는 3년 이하의 금고 또는 500만원 이하의 벌금에 처한다.

23) 제34조(정차 또는 주차의 방법 및 시간의 제한) 도로 또는 노상주차장에 정차하거나 주차하려고 하는 차의 운전자는 차를 차도의 우측 가장자리에 정차하는 등 대통령령으로 정하는 정차 또는 주차의 방법·시간과 금지사항 등을 지켜야 한다.

24) 도로교통법 시행령 제11조(정차 또는 주차의 방법 등) ① 차의 운전자가 법 제34조에 따라 지켜야 하는 정차 또는 주차의 방법 및 시간은 다음 각 호와 같다. 1. 모든 차의 운전자는 도로에서 정차할 때에는 차도의 오른쪽 가장자리에 정차할 것. 다만, 차도와 보도의 구별이 없는 도로의 경우에는 도로의 오른쪽 가장자리로부터 중앙으로 50센티미터 이상의 거리를 두어야 한다. 2. 여객자동차의 운전자는 승객을 태우거나 내려주기 위하여 정류소 또는 이에 준하는 장소에서 정차하였을 때에는 승객이 타거나 내린 즉시 출발하여야 하며 뒤따르는 다른 차의 정차를 방해하지 아니할 것 3. 모든 차의 운전자는 도로에서 주차할 때에는 지방경찰청장이 정하는 주차의 장소·시간 및 방법에 따를 것 ② (생략)

〈예시 1〉

도로교통법 제17조 (자동차등과 노면전차의 속도) ① <u>자동차등(개인형 이동장치는 제외한다. 이하 이 조에서 같다)과 노면전차의 도로 통행 속도는 행정안전부령으로 정한다.</u> ② 경찰청장이나 시·도경찰청장은 도로에서 일어나는 위험을 방지하고 교통의 안전과 원활한 소통을 확보하기 위하여 필요하다고 인정하는 경우에는 다음 각 호의 구분에 따라 구역이나 구간을 지정하여 제1항에 따라 정한 속도를 제한할 수 있다. 1. 경찰청장: 고속도로 2. 시·도경찰청장: 고속도로를 제외한 도로 ③ <u>자동차등과 노면전차의 운전자는 제1항과 제2항에 따른 최고속도보다 빠르게 운전하거나 최저속도보다 느리게 운전하여서는 아니 된다.</u> 다만, 교통이 밀리거나 그 밖의 부득이한 사유로 최저속도보다 느리게 운전할 수밖에 없는 경우에는 그러하지 아니하다.

도로교통법 시행규칙 제19조 (자동차등의 속도) ① 법 제17조 제1항에 따른 자동차등(개인형 이동장치는 제외한다. 이하 이 조에서 같다)과 노면전차의 도로 통행 속도는 다음 각 호와 같다. 1. 일반도로(고속도로 및 자동차전용도로 외의 모든 도로를 말한다)가.「국토의 계획 및 이용에 관한 법률」제36조 제1항 제1호 가목부터 다목까지의 규정에 따른 주거지역·상업지역 및 공업지역의 일반도로에서는 매시 50킬로미터 이내. 다만, 시·도경찰청장이 원활한 소통을 위하여 특히 필요하다고 인정하여 지정한 노선 또는 구간에서는 매시 60킬로미터 이내 나. 가목 외의 일반도로에서는 매시 60킬로미터 이내. 다만, 편도 2차로 이상의 도로에서는 매시 80킬로미터 이내 2. 자동차전용도로에서의 최고속도는 매시 90킬로미터, 최저속도는 매시 30킬로미터 3. (생략) ②③④⑤ (생략)

도로교통법 제156조 (벌칙) 다음 각 호의 어느 하나에 해당하는 사람은 <u>20만원 이하의 벌금이나 구류 또는 과료에 처한다.</u>
1. 제5조, 제13조 제1항부터 제3항(제13조 제3항의 경우 고속도로, 자동차전용도로, 중앙분리대가 있는 도로에서 고의로 위반하여 운전한 사람은 제외한다)까지 및 제5항, 제14조 제2항·제3항·제5항, 제15조 제3항(제61조 제2항에서 준용하는 경우를 포함한다), 제15조의2 제3항, 제16조 제2항, **제17조 제3항**, 제18조, 제19조 제1항·제3항 및 제4항, 제21조 제1항·제3항 및 제4항, 제24조, 제25조부터 제28조까지, 제32조, 제33조, 제34조의3, 제37조(제1항 제2호는 제외한다), 제38조 제1항, 제39조 제1항·제3항·제4항·제5항, 제48조 제1항, 제49조(같은 조 제1항 제1호·제3호를 위반하여 차 또는 노면전차를 운전한 사람과 같은 항 제4호의 위반행위 중 교통단속용 장비의 기능을 방해하는 장치를 한 차를 운전한 사람은 제외한다), 제50조 제5항부터 제7항까지, 제51조, 제53조 제1항 및 제2항(좌석안전띠를 매도록 하지 아니한 운전자는 제외한다), 제62조 또는 제73조 제2항(같은 항 제1호는 제외한다)<u>을 위반한 차마 또는 노면전차의 운전자</u>

환경사범을 처벌하고 있는 대기환경보전법(법률 제17797호, 2020. 12. 29., 일부개정)에서도 유사한 예를 볼 수 있다. 이 법의 경우, 제46조 제1항에서 자동차제작자에게 환경부장관이 정하는 자동차에서 배출되는 오염물질의 허용기준에 적합하게 자동차를 제작하도록 하는 의무를 부과하고 있고, 그 위반행위에 대한 벌칙은 동법 제89조에서 "7년 이하의 징역 또는 1억원 이하의 벌금"에 처하도록 규정하고 있다. 법 제46조 제1항에서 공백상태로 두고 있는 구체적인 배출허용기준은 환경부령인 대기환경보전법 시행규칙 제62조(동 별표 17)에 규정되어 있다(<예시2> 참조).

〈예시 2〉

대기환경보전법 제46조 (제작차의 배출허용기준 등) ① 자동차(원동기를 포함한다. 이하 이 조, 제47조부터 제50조까지, 제50조의2, 제50조의3, 제51조부터 제56조까지, 제82조 제1항 제6호, 제89조 제6호·제7호 및 제91조 제4호에서 같다)를 제작(수입을 포함한다. 이하 같다)하려는 자(이하 "자동차제작자"라 한다)는 그 자동차(이하 "제작차"라 한다)에서 나오는 오염물질(대통령령으로 정하는 오염물질만 해당한다. 이하 "배출가스"라 한다)이 <u>환경부령으로 정하는 허용기준(이하 "제작차배출허용기준"이라 한다)에 맞도록 제작하여야 한다.</u> ②③④(생략)

대기환경보전법 시행규칙 제62조 (제작차 배출허용기준) 법 제46조 및 영 제46조에 따라 자동차(원동기를 포함한다. 이하 이 조, 제63조 부터 제67조까지, 제67조의2, 제67조의3, 제68조부터 제70조까지, 제70조의2, 제71조, 제71조의2, 제71조의3, 제72조부터 제77조까지에서 같다)를 제작(수입을 포함한다. 이하 같다)하려는 자(이하 "자동차제작자"라 한다)가 <u>그 자동차(이하 "제작차"라 한다)를 제작할 때 지켜야 하는 배출가스 종류별 제작차배출허용기준은 별표 17과 같다.</u>

대기환경보전법 제89조 (벌칙) 다음 각 호의 어느 하나에 해당하는 자는 7년 이하의 징역이나 1억원 이하의 벌금에 처한다. 1.~6의2. (생략) <u>7. 제48조 제1항을 위반하여 인증을 받지 아니하고 자동차를 제작한 자</u> 7의2. (이하 생략)

위와 같은 백지형벌법규는 교통사범이나 환경사범, 경제사범 등의 단속법규를 비롯하여 다양한 행정형법 분야에 산재되어 있으므로 특별형법의 주요한 특성 중 하나로 볼 수 있다.

IV. 처벌규정의 기술방식

특별형법의 경우, 범죄와 형벌을 당해 법률에 기술하는 데에는 크게 두 가지의 방식이 이용되고 있다.

첫 번째는 형법각칙과 마찬가지로 통상 범죄의 구성요건과 이에 대한 법적효과로서의 형벌을 동일한 조문 내에서 함께 규정하는 방식이다. 즉, "… (구성요건) …한 자는 … (형벌) …에 처한다"라는 형식이다. 예컨대 폭력행위 등 처벌에 관한 법률(법률 제13718호, 2016. 1. 6., 일부개정) 제2조 내지 제5조,[25] 특정범죄 가중처벌 등에 관한 법률(법률 제16922호, 2020. 2. 4., 일부개정) 제2조, 제3조, 제4조의2 내지 제5조의12,[26] 특정경제범죄 가중처벌 등에 관한 법률(법률 제15256호, 2017. 12. 19., 일부개정) 제3조 내지 제9조,[27] 범죄수익은닉의 규제 및 처벌 등에 관한 법률(법률 제17263호, 2020. 5. 19., 일부개정) 제3조, 제4조[28] 등이 이러한 방식을 취하고 있다 (<예시3> 참조).

---

25) 제2조(폭행 등), 제3조(집단적 폭행 등), 제4조(단체 등의 구성·활동), 제5조(단체 등의 이용·지원)

26) 제2조(뇌물죄의 가중처벌), 제3조(알선수재), 제4조의2(체포·감금 등의 가중처벌), 제4조의3(공무상 비밀누설의 가중처벌), 제5조(국고 등 손실), 제5조의2(약취·유인죄의 가중처벌), 제5조의3(도주차량 운전자의 가중처벌), 제5조의4(상습 강도·절도죄의 가중처벌), 제5조의5(강도상해 등 재범자의 가중처벌), (제5조의6, 제5조의7, 제5조의8은 각 삭제), 제5조의9(보복범죄의 가중처벌 등), 제5조의10(운행 중인 자동차 운전자에 대한 폭행 등의 가중처벌), 제5조의11(위험운전 등 치사상), 제5조의12(도주선박의 선장 또는 승무원에 대한 가중처벌)

27) 제3조(특정재산범죄의 가중처벌), 제4조(재산국외도피의 죄), 제5조(수재 등의 죄), 제6조(증재 등의 죄), 제7조(알선수재의 죄), 제8조(사금융 알선 등의 죄), 제9조(저축 관련 부당행위의 죄)

28) 제3조(범죄수익등의 은닉 및 가장), 제4조(범죄수익등의 수수)

〈예시 3〉

폭력행위 등 처벌에 관한 법률 제2조 (폭행 등) ① 삭제 [2016.1.16] ② <u>2명 이상이 공동</u>
<u>하여 다음 각 호의 죄를 범한 사람은 「형법」 각 해당 조항에서 정한 형의 2분의 1까지</u>
<u>가중한다.</u> 1. 「형법」 제260조 제1항(폭행), 제283조 제1항(협박), 제319조(주거침입, 퇴
거불응) 또는 제366조(재물손괴 등)의 죄 2. 「형법」 제260조 제2항(존속폭행), 제276조
제1항(체포, 감금), 제283조 제2항(존속협박) 또는 제324조 제1항(강요)의 죄 3. 「형법」
제257조 제1항(상해)·제2항(존속상해), 제276조 제2항(존속체포, 존속감금) 또는 제
350조(공갈)의 죄 ③④(생략)

특정범죄 가중처벌 등에 관한 법률 제2조 (뇌물죄의 가중처벌) ① 「형법」 제129조·제130
조 또는 제132조에 규정된 죄를 범한 사람은 그 수수(收受)·요구 또는 약속한 뇌물의
가액(價額)(이하 이 조에서 "수뢰액"이라 한다)에 따라 **다음 각 호와 같이 가중처벌한**
다. 1. 수뢰액이 1억원 이상인 경우에는 무기 또는 10년 이상의 징역에 처한다. 2. 수뢰
액이 5천만원 이상 1억원 미만인 경우에는 <u>7년 이상의 유기징역에 처한다.</u> 3. 수뢰액이
3천만원 이상 5천만원 미만인 경우에는 <u>5년 이상의 유기징역에 처한다.</u> ② <u>「형법」 제</u>
<u>129조·제130조 또는 제132조에 규정된 **죄를 범한 사람**</u>은 그 죄에 대하여 정한 형(제1
항의 경우를 포함한다)에 수뢰액의 2배 이상 5배 이하의 벌금을 병과(倂科)한다.

둘째는 해당 법률 앞부분에 먼저 **금지규정**(명령규정)을 기술한 다음, **처벌규정**
은 금지규정과는 별도로 해당 법률의 뒷부분에 위치한 '벌칙'의 장(章)이나 절(節)
또는 개별조항에서 따로 규정하는 방식이다. 즉, 당해 법률상의 금지규정과는 별
도로 벌칙 부분에 "…제○○조(금지규정)에 위반한 자는 …(형벌)…에 처한다"는 규
정을 두는 형식이다. 예컨대 도로교통법상 처벌되는 음주운전의 경우, 이에 대한
금지규정은 동법 제44조(술에 취한 상태에서의 운전금지) 제1항에 "누구든지 술에 취
한 상태에서 자동차등, 노면전차 또는 자전거를 운전하여서는 아니 된다"라고 규
정되어 있으며, 그 처벌규정은 동법 '제11장 벌칙' 중 제148조의2 (벌칙) 제1항에
서 "다음 각 호의 어느 하나에 해당하는 사람은 1년 이상 3년 이하의 징역이나
500만원 이상 1천만원 이하의 벌금에 처한다. 1. 제44조 제1항을 2회 이상 위반
한 사람으로서 다시 같은 조 제1항을 위반하여 술에 취한 상태에서 자동차등 (중
략)을 운전한 사람", 동조 제2항에서 "제44조 제1항을 위반하여 술에 취한 상태에
서 자동차등을 운전한 사람은 다음 각 호의 구분에 따라 처벌한다. 1. 혈중알코올
농도가 0.2퍼센트 이상인 사람은 2년 이상 5년 이하의 징역이나 1천만원 이상 2

천만원 이하의 벌금 2. 혈중알코올농도가 0.08퍼센트 이상 0.2퍼센트 미만인 사람은 1년 이상 2년 이하의 징역이나 500만원 이상 1천만원 이하의 벌금 3. 혈중알코올농도가 0.03퍼센트 이상 0.08퍼센트 미만인 사람은 1년 이하의 징역이나 500만원 이하의 벌금"이라고 규정하고 있다(<예시4> 참조).

〈예시 4〉

도로교통법 제44조 (술에 취한 상태에서의 운전금지) ① 누구든지 술에 취한 상태에서 자동차등(「건설기계관리법」 제26조 제1항 단서에 따른 건설기계 외의 건설기계를 포함한다. 이하 이 조, 제45조, 제47조, 제93조 제1항 제1호부터 제4호까지 및 제148조의2에서 같다), 노면전차 또는 자전거를 운전하여서는 아니 된다. [개정 2018. 3. 27.] [시행일 2018. 9. 28.] [시행일 2019. 3. 28.: 노면전차의 도입에 관한 사항]

도로교통법 제148조의2 (벌칙) ① 제44조 제1항 또는 제2항을 2회 이상 위반한 사람(자동차등 또는 노면전차를 운전한 사람으로 한정한다. 다만, 개인형 이동장치를 운전하는 경우는 제외한다. 이하 이 조에서 같다)은 2년 이상 5년 이하의 징역이나 1천만원 이상 2천만원 이하의 벌금에 처한다. [개정 2020. 6. 9.] ② 술에 취한 상태에 있다고 인정할 만한 상당한 이유가 있는 사람으로서 제44조 제2항에 따른 경찰공무원의 측정에 응하지 아니하는 사람(자동차등 또는 노면전차를 운전하는 사람으로 한정한다)은 1년 이상 5년 이하의 징역이나 500만원 이상 2천만원 이하의 벌금에 처한다. ③ 제44조 제1항을 위반하여 술에 취한 상태에서 자동차등 또는 노면전차를 운전한 사람은 다음 각 호의 구분에 따라 처벌한다. 1. 혈중알코올농도가 0.2퍼센트 이상인 사람은 2년 이상 5년 이하의 징역이나 1천만원 이상 2천만원 이하의 벌금 2. 혈중알코올농도가 0.08퍼센트 이상 0.2퍼센트 미만인 사람은 1년 이상 2년 이하의 징역이나 500만원 이상 1천만원 이하의 벌금 3. 혈중알코올농도가 0.03퍼센트 이상 0.08퍼센트 미만인 사람은 1년 이하의 징역이나 500만원 이하의 벌금 ④ 제45조를 위반하여 약물로 인하여 정상적으로 운전하지 못할 우려가 있는 상태에서 자동차등 또는 노면전차를 운전한 사람은 3년 이하의 징역이나 1천만원 이하의 벌금에 처한다.
[전문개정 2018. 12. 24.]

앞에서 언급한 바와 같이("제2절 특별형법의 분류체계" 부분 참조) 형법범(자연범)과 행정범(법정범)의 본질상 위 두 가지 처벌규정의 기술방식 중 전자는 일반적으로 소위 형사특별법의 경우에 주로 사용되고 있고, 후자는 특별형법의 대다수를 차지하고 있는 행정형법에서 일반적으로 사용하는 방식이다.

하지만 이러한 구분방식은 현행법상 반드시 엄격하게 지켜지고 있는 것은 아니며, 대체로 그러한 형식을 취하고 있다는 의미이다. 예컨대 가정폭력방지 및 피해자보호 등에 관한 법률과 성매매알선 등 행위의 처벌에 관한 법률은 형사특별법적인 성격도 일부 가지고 있는 법률이지만, 그 처벌규정은 금지규정과 별도로 당해 법률의 맨 뒷부분인 '벌칙'에 두고 있다. 또한 구 성폭력범죄의 처벌 및 피해자보호 등에 관한 법률(2010년 4월 15일 폐지)과 같이 하나의 법률에 위 두 가지 규정방식이 혼재되어 있는 경우도 있었다.[29]

V. 양벌규정(兩罰規定)

특별형법의 또 다른 주요한 특성 중 하나는 형법전에서는 찾아볼 수 없는 양벌규정을 두고 있다는 점이다. **양벌규정**이란 형벌법규를 위반한 행위자인 자연인을 벌하는 외에 그 행위자와 일정한 관계를 맺고 있는 법인이나 고용주 등을 함께 처벌하는 규정을 말한다.

종전까지 양벌규정은 통상 "법인의 대표자, 법인 또는 개인의 대리인, 사용인 기타 종업원이 그 법인 또는 개인의 업무에 관하여 ……의 위반행위를 한 때에는 행위자를 벌하는 외에 당해 법인 또는 개인에 대하여도 …의 벌금형을 과한다"라는 규정형식을 취하고 있었다(<예시 5> 참조).

그러나 이러한 기존의 양벌규정이 종업원 등의 법 위반행위에 대한 관리자의 예방교육이나 방지대책의 유무와 관계없이 무조건적으로 처벌하는 입법형식을 취하고 있다는 점에 문제가 있었다. 즉 관리자의 처벌을 통해 담보하려는 형사정책의 목적만을 앞세운 나머지 노력을 처벌하게 되는 소위 책임주의원칙에 위배되는 입법이라는 비판이 제기되어 왔던 것이다. 이러한 비판 가운데 2007년 11월 헌법

---

29) 구「성폭력범죄의 처벌 및 피해자보호 등에 관한 법률」의 경우, 동법 제5조 내지 제14조의 2에는 형법각칙과 마찬가지로 범죄의 구성요건과 형벌을 동일한 조문에 규정하고 있고 [형사특별법에 해당], 동법 제4장 '벌칙'의 제35조에는 금지규정과 별도로 '벌칙' 규정을 두고 있다[행정형법에 해당]. 동법이 2010년 4월 15일에 폐지된 후 전자의 형사특별법에 해당하는 부분은 「성폭력범죄의 처벌 등에 관한 특례법」으로, 후자의 행정형법에 해당하는 부분은 「성폭력방지 및 피해자보호 등에 관한 법률」로 각각 분리입법되었다.

재판소가 기존의 양벌규정에 대하여 위헌결정을 내렸고, 이에 따라 특별법에 산재되어 있던 양벌규정이 전체적으로 새로운 표현으로 정비되는 개정이 단행되었다. 아래 <예시 6>에서 확인되는 바와 같이, 기존의 양벌규정 표현형식(<예시 5> 참조)과 달리 "법인이 그 위반행위를 방지하기 위하여 해당 업무에 관하여 상당한 주의와 감독을 게을리하지 아니한 때"에는 벌하지 아니한다는 취지를 부가하여 책임주의원칙을 명문으로 밝히고 있다.

<예시 5>

구 건축법 제81조 (양벌규정) ① <u>법인의 대표자, 법인 또는 개인의 대리인ㆍ사용인 기타 종업원이 그 법인 또는 개인의 업무에 관하여</u> 제77조의2<u>의 위반행위를 한 때에는 행위자를 벌하는 외에 당해 법인 또는 개인을</u> 10억원 이하<u>의 벌금에 처한다.</u> ② 법인의 대표자, 법인 또는 개인의 대리인ㆍ사용인 기타 종업원이 그 법인 또는 개인의 업무에 관하여 제77조의3ㆍ제78조ㆍ제78조의2ㆍ제79조 또는 제80조의 위반행위를 한 때에는 행위자를 벌하는 외에 **당해 법인 또는 개인에 대하여도** 각 해당 조<u>의 벌금형을 과한다.</u>

<예시 6>

건축법 제112조 (양벌규정) ① 법인의 대표자, 대리인, 사용인, 그 밖의 종업원이 그 법인의 업무에 관하여 제106조의 위반행위를 하면 행위자를 벌할 뿐만 아니라 그 법인에도 10억원 이하의 벌금에 처한다. 다만, <u>법인이 그 위반행위를 방지하기 위하여 해당 업무에 관하여 상당한 주의와 감독을 게을리하지 아니한 때에는 그러하지 아니하다.</u> ② 개인의 대리인, 사용인, 그 밖의 종업원이 그 개인의 업무에 관하여 제106조의 위반행위를 하면 행위자를 벌할 뿐만 아니라 그 개인에게도 10억원 이하의 벌금에 처한다. 다만, <u>개인이 그 위반행위를 방지하기 위하여 해당 업무에 관하여 상당한 주의와 감독을 게을리하지 아니한 때에는 그러하지 아니하다.</u>

[헌법재판소 2007. 11. 29. 자 2005헌가10 결정]
[1] 종업원의 위반행위에 대하여 양벌조항으로서 개인인 영업주에게도 동일하게 무기 또는 2년 이상의 징역형의 법정형으로 처벌하도록 규정하고 있는 '보건범죄단속에 관한 특별조치법' 제6조 중 제5조에 의한 처벌 부분(이하 '이 사건 법률조항'이라 한다)이 형

사법상 책임원칙에 반하는지 여부(적극)

[2] 이 사건 법률조항에 대해 위헌선언을 하면서 위헌주문에 대한 이유에 있어 재판관들의 의견이 상이한 사례

[결정요지]

[1] (1) 재판관 이강국, 재판관 김종대, 재판관 민형기, 재판관 목영준의 의견

이 사건 법률조항이 종업원의 업무 관련 무면허의료행위가 있으면 이에 대해 영업주가 비난받을 만한 행위가 있었는지 여부와는 관계없이 자동적으로 영업주도 처벌하도록 규정하고 있고, 그 문언상 명백한 의미와 달리 "종업원의 범죄행위에 대해 영업주의 선임감독상의 과실(기타 영업주의 귀책사유)이 인정되는 경우"라는 요건을 추가하여 해석하는 것은 문리해석의 범위를 넘어서는 것으로서 허용될 수 없으므로, 결국 위 법률조항은 다른 사람의 범죄에 대해 그 책임 유무를 묻지 않고 형벌을 부과함으로써, 법정형에 나아가 판단할 것 없이, 형사법의 기본원리인 '책임없는 자에게 형벌을 부과할 수 없다'는 책임주의에 반한다.

(2) 재판관 이공현, 재판관 조대현, 재판관 김희옥, 재판관 송두환의 의견

일정한 범죄에 대해 형벌을 부과하는 법률조항이 정당화되기 위해서는 범죄에 대한 귀책사유를 의미하는 책임이 인정되어야 하고, 그 법정형 또한 책임의 정도에 비례하도록 규정되어야 하는데, 이 사건 법률조항은 문언상 종업원의 범죄에 아무런 귀책사유가 없는 영업주에 대해서도 그 처벌가능성을 열어두고 있을 뿐만 아니라, 가사 위 법률조항을 종업원에 대한 선임감독상의 과실 있는 영업주만을 처벌하는 규정으로 보더라도, 과실밖에 없는 영업주를 고의의 본범(종업원)과 동일하게 '무기 또는 2년 이상의 징역형'이라는 법정형으로 처벌하는 것은 그 책임의 정도에 비해 지나치게 무거운 법정형을 규정하는 것이므로, 두 가지 점을 모두 고려하면 형벌에 관한 책임원칙에 반한다.

[2] 이 사건 법률조항이 위헌이라는 의견이 8인으로서 위헌심판의 정족수를 넘으므로 위헌선언을 한 예

재판관 이동흡의 반대의견

이 사건 법률조항은 문언상 자신의 '업무'에 관하여 종업원의 '위반행위'가 있는 영업주만을 처벌하도록 규정하고 있으므로, 일관된 대법원 판례와 같이 '영업주의 종업원에 대한 선임감독상의 과실'이 있는 경우에만 처벌하는 것으로 보는 것은 문언해석의 범위 내에서 허용되는 합헌적 법률해석이라 할 것이고, 이를 전제로 할 때에 위 법률조항은 책임주의원칙에 위반되지 아니하며, 국민건강이라는 보호법익의 중대성과 영업주라는 지위에 대한 비난가능성 등에 비추어 보면, 영업주의 선임감독상 과실의 죄책은 직접행위자와 동등하게 평가될 수도 있는 것이므로, 영업주에게도 종업원과 동일한 법정형

을 규정하였다고 하여 입법재량의 한계를 벗어나 책임과 형벌의 비례성원칙에 위반된다
고도 볼 수 없다. 보건범죄단속에 관한 특별조치법(1990. 12. 31. 법률 제4293호로 개
정된 것) 제6조 중 "개인의 대리인·사용인 기타 종업원이 그 개인의 업무에 관하여 제
5조 의 위반행위를 한 때에는 행위자를 처벌하는 외에 개인에 대하여도 본조의 예에 따
라 처벌한다"고 규정한 부분

한편, 위 양벌규정의 예시조항을 세분화하여 보면, 행위자 외에 양벌규정으로
처벌되는 대상에는 '법인'과 '개인'의 두 가지가 있다. 이 두 가지 처벌대상 가운데
형사실무에 있어서 양벌규정이 큰 의미를 가지는 것은 주로 법인에 대한 부분이
다. 왜냐하면, 자연인인 '개인'에 대하여는 양벌규정이 없더라도 형법 제30조 이하
의 공범규정에 의거하여 처벌을 확보할 수 있는 길이 있는 반면, '법인'에 대하여
는 형법총칙상 처벌의 근거규정을 마련해두고 있지 않기 때문이다.

법인처벌을 위한 근거규정으로서 중요한 의미를 갖고 있는 양벌규정은 형법
전에는 없지만, 특별형법의 경우에는 오히려 양벌규정을 두고 있는 경우가 공통적
인 입법형식으로 일반화되어 있다. 이러한 의미에서 보자면, 양벌규정은 특별형법
에 관한 한 사실상 총칙규정으로서의 위치를 구축하고 있는 셈이다.[30]

VI. 공무원 의제규정

특별형법에는 정부관리기업체 등에 종사하는 직원 등과 같이 공무원에 준하는
역할을 담당하고 있는 자를 공무원으로 의제하는 규정을 두고 있는 경우가 있다.
특별형법상에 **공무원 의제규정**을 둠으로써 원래 공무원만이 주체가 되는 범죄이지
만, 공무원에 준하는 신분에 있는 자에 대하여도 처벌의 범위를 확대하고 있는 것이다.

이러한 공무원 의제규정은 형사특별법은 물론, 행정형법에 속하는 많은 단행
법률에서 그 예를 찾아볼 수 있다. 한편, 이 의제규정에 의해 확대적용되는 공무
원범죄의 범위는 다음과 같이 크게 두 가지 형태, 즉 형법상 뇌물죄에 대하여만
적용하는 경우와 형법 및 기타 법률상의 모든 공무원범죄 일반에 대하여 적용하
는 경우로 구분되어 있다.

---

30) 신동운, 형법총론(제8판 보정판), 법문사, 2015, 111면.

1. 형법상 뇌물죄(제129조 내지 제132조)[31])의 적용에 있어서의 공무원 의제

　형사특별법에 해당하는 「특정범죄 가중처벌 등에 관한 법률」의 경우, 법 제4조 제1항 (뇌물죄 적용대상의 확대)에 "다음 각 호의 어느 하나에 해당하는 기관 또는 단체로서 대통령령[32])으로 정하는 기관 또는 단체 간부직원은 형법 제129조 내지 제132조를 적용할 때에는 공무원으로 본다"는 규정을 두고 있다. 각 호의 예로서는 "1. 국가 또는 지방자치단체가 직접 또는 간접으로 자본금의 2분의 1 이상을 출자하였거나 출연금·보조금 등 그 재정지원의 규모가 그 기업체 기본재산의 2분의 1 이상인 기관 또는 단체 2. 국민경제 및 산업에 중대한 영향을 미치고 있고 업무의 공공성이 현저하여 국가 또는 지방자치단체가 법령이 정하는 바에 따라 지도·감독하거나 주주권의 행사 등을 통하여 중요사업의 결정 및 임원의 임면 등 운영전반에 관하여 실질적인 지배력을 행사하고 있는 기관 또는 단체"를 규정하고 있다. 그리고 동법 제4조 제2항에는 "제1항의 간부직원의 범위는 기업체의 설립목적, 자산, 직원의 규모 및 해당 직원의 구체적인 업무 등을 고려하여 대통령령으로 정한다"고 규정하여 간부직원의 자세한 범위는 동법 시행령에 위임하고 있다.[33])

---

31) 형법 제129조 (수뢰, 사전수뢰), 제130조 (제3자 뇌물제공), 제131조 (수뢰후 부정처사, 사후수뢰), 제132조 (알선수뢰)

32) 특정범죄 가중처벌 등에 관한 법률 시행령 제2조(기관 또는 단체의 범위) 「특정범죄 가중처벌 등에 관한 법률」(이하 "법"이라 한다) 제4조 제1항에 따른 기관 또는 단체의 범위는 다음과 같다. 〈개정 2020. 12. 8.〉 1. 한국은행 2. 한국산업은행 3. 중소기업은행 4. 한국조폐공사 5. 한국수출입은행 6. 신용보증기금 7. 기술보증기금 8. 금융감독원 9. 한국거래소 10. 한국소비자원 11. 한국국제협력단 12. 한국소방산업기술원 13. 국립공원공단 14. 한국마사회 15. 한국농수산식품유통공사 16. 한국농어촌공사 17. 한국전력공사 18. 대한석탄공사 19. 대한무역투자진흥공사 20. 한국광물자원공사 21. 한국전기안전공사 22. 한국지역난방공사 23. 한국가스공사 24. 한국가스안전공사 25. 한국에너지공단 26. 중소벤처기업진흥공단 27. 한국석유공사 28. 한국방송통신전파진흥원 29. 한국환경공단 30. 국민건강보험공단 31. 근로복지공단 32. 한국산업인력공단 33. 한국토지주택공사 34. 한국수자원공사 35. 한국도로공사 36. 한국관광공사 37. 「한국부동산원법」에 따른 한국부동산원 38. 인천국제공항공사 39. 한국공항공사 40. 국가철도공단 41. 한국방송공사 42. 농업협동조합중앙회 및 그 회원조합 43. 수산업협동조합중앙회 및 그 회원조합 44. 산림조합중앙회 및 그 회원조합 45. 「항만공사법」에 따른 항만공사 46. 「한국철도공사법」에 따른 한국철도공사

33) 동시행령 제3조(간부직원의 범위) 법 제4조 제2항에 따른 정부관리기업체의 간부직원의 범위는 다음과 같다. 다만, 다른 법령에 의하여 공무원 또는 공무원에 준하는 신분을 가지

행정형법 영역에 속하는 관광진흥개발기금법 제13조(벌칙 적용 시의 공무원 의제)에도 위와 같은 취지의 규정을 두고 있다. 즉, "(법) 제3조 제2항에 따라 고용된 자는 형법 제129조부터 제132조까지의 규정을 적용할 때에는 공무원으로 본다"라고 규정하고 있다.

〈예시 7〉

특정범죄 가중처벌 등에 관한 법률 제4조 제1항(뇌물죄 적용대상의 확대) ① 다음 각 호의 어느 하나에 해당하는 기관 또는 단체로서 대통령령으로 정하는 기관 또는 단체의 간부직원은 「**형법**」 **제129조부터 제132조까지의 규정을 적용할 때에는 공무원으로 본다.** (이하생략)

관광진흥개발기금법 제13조(벌칙 적용 시의 공무원 의제) 제3조 제2항에 따라 고용된 자는 「**형법**」 **제129조부터 제132조까지의 규정을 적용할 때에는 공무원으로 본다.**

이와 같이 형법 제129조 내지 제132조의 공무원을 신분범으로 하는 뇌물죄에서 공무원으로 의제되는 자에 대하여 확대하여 적용하고 있는 예로는 위 이외에도 건축법 제105조,[34] 건설기술관리법 제45조,[35] 대기환경보전법 제88조,[36] 악취

는 경우에는 그 법령의 적용을 배제하지 아니한다. 1. 제2조 제1호부터 제44호까지, 제53호 및 제54호의 정부관리기업체와 농업협동조합중앙회, 수산업협동조합중앙회 및 산림조합중앙회의 임원과 과장대리급(과장대리급제가 없는 정부관리기업체에서는 과장급) 이상의 직원 2. 한국방송공사, 지역농업협동조합, 지역축산업협동조합, 품목별·업종별협동조합 및 품목조합연합회(「농업협동조합법」에 따라 설립된 것을 말한다), 지구별수산업협동조합, 업종별수산업협동조합, 수산물가공수산업협동조합, 지역산림조합 및 품목별·업종별산림조합의 임원

34) 건축법 제105조(벌칙 적용 시 공무원 의제) 다음 각 호의 어느 하나에 해당하는 자는 공무원이 아니더라도 「형법」 제129조부터 제132조까지의 규정과 「특정범죄가중처벌 등에 관한 법률」 제2조와 제3조에 따른 벌칙을 적용할 때에는 공무원으로 본다. 1. 제27조에 따라 현장조사·검사 및 확인업무를 대행하는 자 2. 제37조에 따른 건축지도원 3. 제65조 제2항에 따른 인증기관의 임직원 4. 제82조 제4항에 따른 기관 및 단체의 임직원 5. 제89조에 따른 건축분쟁조정위원회의 위원

35) 건설기술관리법 제45조(감리원의 공무원 의제) 제27조 및 제27조의2의 규정에 의하여 그 업무를 행하는 감리원은 「형법」 제129조 내지 제132조의 적용에 있어서는 이를 공무원으로 본다.

36) 대기환경보전법 제88조(벌칙 적용에서의 공무원 의제) 공무원이 아니더라도 제64조 제1항에 따른 정밀검사업무에 종사하는 자와 제87조 제2항에 따라 위탁받은 업무에 종사하는 법인이나 단체의 임직원은 「형법」 제129조부터 제132조까지의 규정에 따른 벌칙의 적용에서는 공무원으로 본다.

방지법 제25조,[37] 자동차관리법 제77조의2 등이 있다.

2. 형법 및 기타 법률상의 모든 공무원범죄의 적용에 있어서의 공무원 의제

「독점규제 및 공정거래에 관한 법률」의 경우, 법 제65조의2에 (벌칙 적용에서의 공무원 의제)규정을 두어 공정거래위원회의 위원 중 공무원이 아닌 위원에 대하여도 형법이나 다른 법률에서 처벌하고 있는 공무원의 범죄에 있어서는 공무원으로 의제하여 처벌하고 있다. 이 규정은 <예시 8>에 보는 바와 같이 당해 법률에서 언급되고 있는 특정한 신분에 있는 자를 "형법이나 그 밖의 법률에 따른 벌칙의 적용에서는 공무원으로 본다"는 형식으로 규정되어 있다.

<예시 8>

독점규제 및 공정거래에 관한 법률 제65조의2 (벌칙 적용에서의 공무원 의제) ① 공정거래위원회의 위원 중 공무원이 아닌 위원은 **「형법」이나 그 밖의 법률에 따른 벌칙의 적용에서는 공무원으로 본다.** ② (생략)

도로교통법 제118조 (전문학원 학감 등의 공무원의 의제) 전문학원의 학감·부학감은 기능검정 및 수강사실 확인업무에 관하여, 기능검정원은 기능검정업무에 관하여, 강사는 수강사실 확인업무에 관하여 **「형법」이나 그 밖의 법률에 따른 벌칙을 적용할 때에는 각각 공무원으로 본다.**

형법상 공무원을 **신분범**으로 규정하고 있는 대표적인 범죄로는 직무유기(제122조), 직권남용(제123조), 공무상 비밀의 누설(제127조), 공무원의 뇌물죄(제129조 내지 제132조) 등이 있으며, 이러한 공무원범죄들은 독점규제 및 공정거래에 관한 법률에 의해 공무원으로 의제된 자에게도 적용되게 된다. 한편 형법 제124조(불법체포, 불법감금), 제125조(폭행, 가혹행위), 제126조(피의사실공표), 제128조(선거방해) 등은 각각 재판, 검찰, 경찰, 인신구속이나 범죄수사에 관한 직무를 수행하는 자 등

---

37) 악취방지법 제25조(벌칙적용에 있어서의 공무원 의제) 제18조 제1항의 규정에 따라 악취 검사업무에 종사하는 악취검사기관의 임·직원은 형법 제129조 내지 제132조의 적용에 있어서는 이를 공무원으로 본다.

특정한 직무를 수행하는 공무원에 한정되는 범죄이므로 이 독점규제 및 공정거래에 관한 법률에 의해 공무원으로 의제된 자에 대하여는 적용될 여지가 없다. 또한 형법 제135조, 즉 "공무원이 직권을 이용하여 형법 제7장(공무원의 직무에 관한 죄) 이외의 죄를 범한 때"에는 그 죄에 정한 형의 2분의 1까지 가중하도록 하는 규정은 위 공무원으로 의제된 자에 대하여도 적용되는 것으로 보아야 한다.

그리고, 그 밖의 다른 법률에 공무원에 대한 벌칙을 규정하는 예로서는 특정범죄 가중처벌 등에 관한 법률 제2조, 제3조 등이 있다. 공무원으로 의제된 자에게는 수뢰액의 가액에 따라 뇌물죄를 가중처벌하고 있는 동법 제2조와 알선수재에 관하여 가중처벌하고 있는 동법 제3조가 적용된다. 이외에도 형법 및 그 밖의 다른 법률상의 모든 공무원범죄의 적용에 있어서 공무원으로 의제하고 있는 예로는 도로교통법 제118조(<예시 8> 참조), 한국은행법 제106조[38] 등이 있다.

이상의 공무원 의제규정은 형법총칙이나 각칙에서는 찾아볼 수 없는 특별형법에 있어서의 특징적인 규정에 해당한다.

---

38) 한국은행법 제106조(벌칙적용에 있어서의 공무원의제) ① 금융통화위원회 위원과 한국은행의 부총재보·감사 및 직원은 형법 기타 법률에 의한 벌칙의 적용에 있어서 이를 공무원으로 본다. ② 제1항의 규정에 의하여 공무원으로 보는 직원의 범위는 대통령령으로 정한다. 한국은행법 시행령 제19조(벌칙적용에 있어서의 공무원 의제) 법 제106조 제2항의 규정에 의하여 형법기타 법률에 의한 벌칙의 적용에 있어서 공무원으로 보는 한국은행의 직원의 범위는 다음 각 호와 같다. 다만, 형법 제129조 내지 제132조의 규정의 적용에 있어서는 모든 한국은행직원을 공무원으로 본다. [개정 2003.12.30., 2011.12.16.] 1. 국장 2. 실장 및 원장(국장 밑에 두는 실장 및 원장을 포함한다) 3. 지사무소장 4. 법 제65조에 따른 금융기관에 대한 긴급여신 업무를 수행하는 직원 5. 법 제80조에 따른 영리기업에 대한 여신 업무를 수행하는 직원 6. 법 제87조에 따른 자료제출요구 업무를 수행하는 직원 7. 법 제88조에 따른 공동검사 또는 「외국환거래법」 제20조에 따른 검사를 수행하는 직원

제4절 | 특별형법의 입법연혁 및 입법실태

여기서는 현행 특별형법에 대한 이해를 돕기 위해 우선 주요한 형사특별법의 입법취지 및 제·개정 경과 등 그 연혁에 대하여 살펴보고, 특별형법에 해당하는 법률이 현재 어느 정도 입법되어 있으며, 전체 법률 중 그 비율은 어느 정도인지 그 실태를 확인해보고자 한다.

I. 주요 형사특별법의 입법연혁[39]

기본법인 형법은 1953년 제정된 후 기본적인 내용에 큰 변화 없이 반세기 이상이 지났다. 최근 2020년 12월 8일자 일부개정까지 총 25차에 걸친 형법 개정이 있었고, 이 중 정부조직법상의 부처명칭 변경이나 타 법률의 개정에 수반된 부수적인 개정을 제외한 형법 자체의 개정은 22회였다. 전체적으로 보면 약간의 일부개정을 제외하면 형법의 기본적인 내용은 제정 당시의 기본적인 골격이 큰 변화 없이 유지되어 왔다.

이러한 상황 속에서 그 동안 정치, 경제, 사회 등의 여러 분야에서 새롭게 형사제재의 필요성이 제기되는 문제가 발생할 때마다 기본법인 형법의 개정보다는 주로 특별형법의 제정이나 개정이라는 방법을 통해 시대변화에 대처해왔다고 평가할 수 있다. 특히 형사특별법 영역은 이러한 시대변화에 따른 사회적 요구를 직접적으로 반영한 측면이 더욱 뚜렷하게 나타난다.

광복 이후 주요한 형사특별법의 입법 연혁을 순차적으로 보면, 우선 1948년 8월 15일 정부수립 직후인 1948년 12월 1일에 제정된 「국가보안법」을 꼽을 수 있다. 현행 형법(1953년 9월 18일 제정)보다 앞서 제정된 이유는 1948년에 11월에

---

39) 여기서는 본서에서 주된 검토대상으로 삼고 있는 형사특별법에 대하여 그 개괄적인 입법연혁을 정리해둔다. 주요 형사특별법의 제정취지 및 개정경과에 관한 자세한 내용은 본서 제2장 이하의 개별 법률별로 기술한 부분을 참조.

발생하였던 여순사건을 계기로 좌익세력이 전국적으로 확대되는 것을 막고 신생 대한민국의 기반을 확고히 해야 한다는 시대적 요청에 따른 것이다.[40] 동법의 제정은 정부입법 형태가 아닌 국회가 직접 주도하여 제정하였다는 특색을 가지고 있기도 하다. 제정 1년 후인 1949년 12월 1차 개정을 통해 정부참칭(政府僭稱)·국가변란(國家變亂) 목적의 결사 또는 집단을 구성한 자에 대하여 사형이 가능하도록 하였고, 미수죄를 신설하는 한편 단심제(單審制)를 도입하기도 하였다. 이후 이 법은 정권교체기마다 시대적 상황이 반영된 개정이 여러 차례 이루어졌으며, 지난 노무현 대통령의 참여정부에 들어서는 그 존폐론이 중요한 사회적 이슈로서 부각되기도 하였다.

1950년대에 들어서는 사회질서 문란행위 등 경미한 범죄를 처벌하고자 하는 취지에서 「**경범죄 처벌법**」이 제정되었다(1954년 4월 1일 제정, 법률 제316호).[41] 최초 제정 시에는 위반행위를 총 45개 호로 규정하는 한편, 구류 또는 과료로만 처벌하되 병과할 수 있도록 되어 있었다(법 제1조). 통고처분제도를 도입한 것은 1980년 개정 시이며, 종전에 구류 또는 과료로 벌하던 것을 10만원 이하의 벌금으로도 벌할 수 있도록 한 것은 1994년 개정 시이다. 제정 이후 현재까지 여러 차례의 개정을 통해 새로운 유형의 질서문란 행위를 경범죄로 추가하고, 더 이상 현실에 맞지 않는 행위유형들은 삭제해왔다. 특히 2012년 3월 21일 전면개정(법률 제11401호)이 단행되었는바, ① 목적규정을 신설하여 법체계를 정비, ② 시대변화에 따라 처벌할 필요성이 감소한 비밀춤 교습 및 장소제공 등의 범죄를 삭제, ③ 새롭게 처벌할 필요가 있는 지속적 괴롭힘 등의 범죄는 경범죄로 추가, ④ 통고처분 대상의 범위를 확대하는 등 조항을 정비하여 시대적인 변화를 법에 반영, ⑤ 출판물의 부당게재 등 경제적 부당이득을 취하는 행위에 대한 처벌을 강화, ⑥ 법 문장의 표기를 한글화하고 국민이 법 문장을 이해하기 쉽게 정비하였다. 지난 2016년 1월 22일 일부개정에서는 범칙금을 대통령령으로 정하는 범칙금 납부대행기관을 통하여 신용카드, 직불카드 등으로 납부할 수 있도록 했고(제8조의2 신설), 2017년 10월 24일 일부개정에서는 '과다노출' 규정이 명확성 원칙에 위배된다는 헌법재판소의

---

40) 국가보안법의 제정경위에 대한 자세한 내용은 박원순, 국가보안법연구, 역사비평사, 1992 참조.
41) 이 법의 제정과 더불어 기존의 '경찰범처벌규칙(단기 4245년 총령 제40호)'은 폐지되었다.

위헌결정(2016헌가3)에 따라, 이를 보다 구체적으로 규정하기도 했다.[42]

　　현행 「**폭력행위 등 처벌에 관한 법률**」은 군사정권 초기에 비상입법기구인 '국가재건최고회의'의 의결로 1961년에 제정된 것이다. 집단 또는 상습적으로 폭행행위를 자행하여 사회질서를 문란케 하고 사회불안을 조성하는 자를 처벌함으로써 사회질서를 바로잡고 사회불안을 해소한다는 목적이었다. 그 후 몇 차례의 개정을 거치면서 형이 가중되고 그 적용범위가 확대되는 경향을 보였다. 그러나 2006년 개정에서 전기문명의 발달로 야간에 이루어진 폭력범죄를 가중처벌할 합리적 근거 내지 현실적 필요성이 크게 줄어듦에 따라 주·야간 구별에 따른 법정형 구분을 폐지했다. 헌법재판소가 형법과 동일한 구성요건을 규정하면서 법정형만 상향한 규정은 형벌체계상의 정당성과 균형을 잃어 헌법의 기본원리에 위배되고 평등의 원칙에 위반된다는 이유로 위헌결정을 내린 이후 최근 2016년 개정에서는 이러한 헌법재판소의 위헌결정 취지를 존중하여, 위헌결정 대상조항 및 이와 유사한 가중처벌 규정이 대폭 정비되었다.

　　1961년도에는 외국으로 밀항한 내국민이 밀수범죄나 해외도피 등으로 국가위신을 실추시키는 경우가 빈번하자 이에 대한 처벌을 강화하기 위해 「**밀항단속법**」을 제정하기도 하였다. 밀항자를 3년 이하의 징역에 처함을 물론, 교사·방조범도 정범과 동일한 법정형으로 처벌하고, 상습범을 가중처벌하는 것을 주된 내용으로 하고 있었다. 이후 1963년 국가재건최고회의의 의결을 통한 개정으로 예비죄에 대한 처벌조항을 신설하는 등 몇 차례 개정을 통해 밀항사범에 대한 벌칙을 강화하였으나, 1989년 개정 시 국민의 해외여행 자유화 등 사회상황의 변화에 따라 벌칙을 완화하여 법정형을 낮추고 징역형 이외에 벌금형을 선택적으로 과할 수 있도록 하였다.

　　1961년 7월에는 군사정권이 국가재건의 제1목표로 내세웠던 반공체제 확립이라는 과업을 실현하기 위해 「**반공법**(反共法)」을 제정하였다. 공산계열의 노선에

---

42) 경범죄 처벌법 제3조 제33호 '과다노출'이 개정 전의 "여러 사람의 눈에 뜨이는 곳에서 공공연하게 알몸을 지나치게 내놓거나 가려야 할 곳을 내놓아 다른 사람에게 부끄러운 느낌이나 불쾌감을 준 사람"에서 개정 후에 "**공개된 장소에서** 공공연하게 **성기·엉덩이 등 신체의 주요한 부위를 노출하여** 다른 사람에게 부끄러운 느낌이나 불쾌감을 준 사람"으로 변경되었다.

따라 활동하는 '반국가단체'에의 가입이나 가입권유, 반국가단체나 그 구성원의 활동에 대한 찬양·고무 및 회합·통신 등을 처벌하는 규정을 신설하고, 신고자에 대한 상금제도 등을 도입하였다. 이 법은 이후 4차례의 개정이 이어진 다음 1980년 12월에 폐지되어 국가보안법에 흡수·통합되었다.

「특정범죄 가중처벌 등에 관한 법률」은 군사정권이 집권한 이후 밀수, 탈세 등의 경제범죄나 공무원의 독직행위가 증가하는 것에 대응하기 위해 1966년에 제정된 것이다.[43] 최초에는 공무원 뇌물사범, 조세 및 관세포탈사범, 마약사범 등을 대상으로 하고 있었으나, 이후 현재까지 20여 차례 개정을 거치면서 유괴사범, 차량도주사범, 상습 강·절도, 고문사범, 인신매매사범 등에 이르기까지 소위 강력범죄의 상당부분을 그 적용대상으로 확대시켜 왔다. 2007년에는 자동차 운전자에 대한 폭행·협박 및 동 치사상의 처벌에 관한 특별규정을 신설하였고, 아울러 음주 또는 약물의 영향으로 정상적인 운전이 곤란한 상태에서 자동차를 운전하여 사람을 상해하거나 사망에 이르게 한 경우를 가중처벌하는 소위 위험운전치사상죄를 신설한 바 있다.

1966년 3월에는 「군용물 등 범죄에 관한 특별조치법」도 제정되었다. 국군 및 미군의 군용물에 대한 범죄가 증가하였으나 형법상 이들 범죄에 대한 처벌이 미약하자 이를 가중하여 처벌하기 위해 제정된 것이다. 군용물에 대한 강도·절도 및 손괴의 죄를 범한 자를 무기 또는 1년 이상의 징역에 처하도록 하였고, 군요새 진영 또는 함선·항공기 등에 침입한 자는 5년 이하의 징역 등에 처하도록 하는 내용이었다. 1965년에 제출된 최초 정부입법안은 일반민간인의 군용시설 및 군용물에 대한 범죄를 군형법과 동일한 중형으로 처벌하는 내용 등을 포함하고 있었으나, 이 정부안은 폐기되고 일반민간인을 군인과 동일하게 처벌하는 조항을 삭제한 국회 법제사법위원회의 수정안이 입법화되었다.[44] 이 법은 현재까지로 유효한 법률이지만 형사실무상 적용되는 예를 찾아보기 힘든 수준이다.

---

43) 동법이 입법된 형식적인 배경으로는 군사정권 초기에 제정되었던 특정범죄처벌에관한임시특례법(1961년 7월 1일 제정, 법률 제640호)이 새 헌법 시행 후로는 적용될 수 없다는 대법원 판결(1965년 5월 15일자)이 나옴에 따라 위 임시특례법을 대체할 법률의 제정이 필요하게 되었다는 사실에 있었다. 법무부사 편찬위원회(편), 법무부사(法務部史), 법무부, 1988, 354면.

44) 오영근·안경옥, 형사특별법의 제정실태와 개선방안, 한국형사정책연구원, 1996, 35~36면.

「**특정경제범죄 가중처벌 등에 관한 법률**」은 신군부 출범 이후 '장영자 어음사기 사건', '명성 사건', '영동개발진흥 사건' 등 경제범죄와 외화도피범죄가 빈번이 발생하자[45] 이에 대한 비판적인 여론을 배경으로 1983년에 제정되었다. 건전한 국민경제 유지에 반하는 거액경제범죄 및 재산국외도피사범에 대한 법정형을 대폭 강화하고, 금융기관 임직원의 금품수수 등 비위를 엄벌함과 아울러 범법자들의 경제활동을 제한하는 것 등이 주된 내용이었다. 이후 1990년도 개정 시에는 경제 규모의 확대와 맞추어 구성요건에 해당하는 금액을 상향조정하였고, 경제사범에 대하여 극형인 사형까지 처할 수 있도록 한 조항은 삭제되었다.

「**특정강력범죄의 처벌에 관한 특례법**」은 1990년 노태우 정부가 범죄와의 전쟁을 선포한 이후 이를 실행하기 위한 한 방안으로서 제정되었다. 당시 흉악범죄의 빈발로 인해 민생치안에 대한 불안감이 사회적인 이슈로 부각되자 이에 대한 처벌을 강화하였던 것이다. 동법은 형법에 규정된 특정범죄의 형만을 가중하는 것에 그치지 않고, 폭력행위 등 처벌에 관한 법률이나 특정범죄가중처벌 등에 관한 법률에 규정된 범죄에 대하여 재차 그 형을 가중했기 때문에 특별법의 특별법이라는 옥상옥의 성격도 가지고 있었다.

1994년에 제정된 「**성폭력범죄의 처벌 및 피해자보호 등에 관한 법률**」은 성폭력범죄의 증가에 따라 여성들의 불안심리가 고조되면서 성폭력범죄를 효과적으로 규율하기 위해 특별법의 입법이 필요하다는 여성단체를 위시한 각계의 주장이 관철되어 입법되었다.[46] 입법과정에서 적지 않은 논란이 있었다. 성폭력범죄에 대한

---

45) 1982년에 권력형 부정비리의 희대의 어음사기로 평가되는 장영자 사건이 발생하였으며, 이듬해 1983년 8월에는 '명성 사건'이 터졌다. 명성 사건은 김철호가 1979년 4월부터 부정한 은행거래를 통해 거액을 빼내어 기업 확장에 사용해 21개 계열사를 거느리는 재벌회장이 되었으나, 원리금도 상환하지 않은 채 1,066억원을 횡령하고, 46억원을 탈세한 사건이다. 같은 해 10월에는 조흥은행 중앙지점 직원들과 영동개발진흥이 공모하여 어음 부정보증을 하는 방법으로 1,019억원을 빼낸 '영동개발진흥 사건'이 발생했다. 이 사건들은 모두 은행과 사채시장이 유착한 지하경제의 비리가 드러난 사건들이며, 5공화국의 3대 대형금융사건으로 꼽히고 있다.

46) 성폭력관련 특별법의 제정 필요성은 실제 성폭력피해여성 등을 위한 상담활동을 해오던 민간여성운동단체들에 의해 1991년에 처음 제기되었다. 한국여성단체연합 소속 성폭력특별법추진특별위원회가 구성되어 자체적으로 국회에 성폭력특별법을 청원하였으며, 1992년 대선 직전 각 정당이 여성유권자를 의식하여 선거공약으로 성폭력특별법의 제정을 약속하였고, 각 당별로 소속의원들의 의원입법으로 제각기 법률안을 제출하였다. 1992년 7

처벌규정을 신설 또는 강화하고 성폭력범죄에 대한 수사, 재판 등에 있어서의 특례 등을 규정하고 있는 이 법의 경우, 법체계상 특이한 점은 하나의 특별법 안에 법의 실체법적인 면, 절차법적인 면, 행형과 보안처분, 성폭력상담소의 운영 등의 행정적 사항 및 피해자 구제절차까지 망라하여 규정되어 있다는 점이다. 존속 등 연장의 친족에 의한 강간 및 강제추행을 각각 5년 이상 및 3년 이상의 징역으로 가중처벌하고(법 제7조), 동법에 규정된 성폭력범죄에 대하여는 형사소송법 제224조 (고소의 제한)규정에도 불구하고 자기 또는 배우자의 직계존속을 고소할 수 있도록 하는 특례를 두었다(제18조). 또한 통상 친고죄의 고소기간이 범인을 알게 된 날부터 6개월로 제한되어 있는 형사소송법 제230조에 대한 특칙으로 성폭력범죄에 대하여는 범인을 알게 된 날부터 1년까지로 고소기간이 연장되었다(제19조). 동법은 성폭력범죄의 처벌이라는 형사특별법의 부분과 피해자보호 등의 행정법 부분이 혼합되어 있다가 2010년 4월 15일 전자의 형사특별법에 해당하는 부분은 「**성폭력범죄의 처벌 등에 관한 특례법**」으로, 후자의 행정형법에 해당하는 부분은 「**성폭력방지 및 피해자보호 등에 관한 법률**」로 각각 분리 입법되었다.

한편 「**청소년의 성보호에 관한 법률**」이 2000년 2월 3일 제정(법률 제6261호)되었다. 청소년의 성을 사는 행위, 성매매를 조장하는 중간매개행위 및 청소년에 대한 성폭력행위를 하는 자들을 강력하게 처벌하고, 성매매와 성폭력행위의 대상이 된 청소년을 보호·구제하는 장치를 마련함으로써 청소년의 인권을 보장하고 건전한 사회구성원으로 복귀할 수 있도록 하는 한편, 청소년을 대상으로 하는 성매매 및 성폭력 행위자의 신상을 공개함으로써 범죄예방효과를 극대화하는 것을 입법목적으로 표방하였다. 이후 동법은 여러 차례 일부개정 및 전면개정을 거치면서 법률명은 「**아동·청소년의 성보호에 관한 법률**」(2009년 6월 9일 전면개정)로 변경되었고, 청소년 대상 성범죄자의 신상정보 등록 및 열람의 강화, 청소년 대상 성범죄자에 대한 취업제한 확대, 법정형의 상향, 아동·청소년이용음란물 소지죄의 신

월 13일 민주자유당의 주양자 의원 외 20명이 '성폭력예방 및 규제등에 관한 법률'안을, 같은 해 7월 22일에는 민주당 소속 박상천 의원 외 95명이 '성폭력예방 및 규제등에 관한 법률'안을, 같은 해 10월 31일에는 통일국민당 변정일 의원 외 29명이 '성폭력행위처벌등에 관한 법률'안을 각각 발의하였다. 이상의 내용은 오영근·안경옥, 형사특별법의 제정 실태와 개선방안, 51면.

설, 음주 또는 약물로 인한 감경을 배제하는 특례규정의 신설, 공소시효에 관한 특례규정 - ① 해당 성범죄로 피해를 당한 아동·청소년이 성년에 달한 날부터 공소시효가 진행되고(현행법 제20조 제1항), ② 아동·청소년에 대한 강간·강제추행 등의 공소시효는 DNA증거 등 그 죄를 증명할 수 있는 과학적인 증거가 있는 때에는 형사소송법상의 기존 공소시효가 10년 연장되며(동조 제2항), ③ 13세 미만의 사람 및 신체적인 또는 정신적인 장애가 있는 사람에 대한 강간·강제추행 등의 죄에 대해서는 공소시효의 적용을 배제 - 신설 등의 개정이 이루어져 왔다.

환경오염물질의 불법배출 등 환경범죄가 증가함에 따라 이에 대한 처벌을 강화하기 위한 특별법 제정도 이루어졌다. 1991년에 제정된 「**환경범죄의 처벌에 관한 특별조치법**」(1991년 5월 31일, 법률 제4390호)이 그것이다. 전문 6개조와 부칙으로 구성된 동 법률은 환경오염물질을 배출하여 공중의 생명 또는 신체에 위험을 발생시킨 경우에 대하여 형을 강화하는 한편,[47] 업무상과실로 이러한 죄를 범한 경우를 처벌하는 규정(제3조)과 누범의 특수가중조항(제4조) 등을 마련하였다.

이후 오염물질의 불법배출에 대한 지속적인 단속에도 불구하고 환경범죄가 감소되지 아니하고 환경오염행위가 날로 증가함에 따라 1999년 12월 31일 법률 제6094호로 전면개정을 단행했으며, 법률명도 「**환경범죄의 단속에 관한 특별조치법**」으로 변경되었다. 이 개정을 통해 환경범죄에 대한 형사처벌의 범위를 확대하고, 오염물질의 불법배출동기를 억제하기 위하여 오염물질의 불법배출로 인하여 얻은 불법배출이익을 국가에서 환수하도록 하는 규정을 신설하였다. 2011년 개정에서는 법률명을 「**환경범죄 등의 단속 및 가중처벌에 관한 법률**」로 변경하였고, 신고포상금 지급대상 확대, 환경감시관 제도 도입, 환경감시조직의 업무범위 확대 등의 개정이 이루어졌다.

---

47) "사업활동에 수반하여 수질환경보전법 제2조 제3호의 규정에 의한 특정수질유해물질, 대기환경보전법 제2조 제8호의 규정에 의한 특정대기유해물질 또는 유해화학물질관리법 제2조 제2호의 규정에 의한 유독물 등을 배출하여 공중의 생명 또는 신체에 위험을 발생시킨 자"는 1년 이상의 유기징역에 처하고, 이 죄를 범하여 "사람을 사상에 이르게 한 자"는 무기 또는 3년 이상의 징역에 처하도록 하였다(제정시 동법 제2조).

Ⅱ. 특별형법의 입법실태

대한민국의 현행법률 중 특별형법이 총 몇 개에 이르는지 정확한 수치를 파악하는 것은 쉽지 않은 일이다. 대법전 등을 이용하여 대한민국 현행법률 중 벌칙 조항을 가지고 있는 단행법률을 일일이 확인하는 방법도 가능할 수 있지만, 국회에서 수시로 법률이 제정되거나 폐지되고 있다는 사실을 감안하면 이 방법으로는 정확한 수치를 확인하는 데 한계가 있을 수밖에 없다.

다행히 현재 법제처가 인터넷상에서 제공하고 있는 국가법률정보센터 검색시스템을 통해서 최신의 법률정보를 확인할 수 있는 방법이 있다. 이러한 검색시스템을 통해 확인해본 바에 의하면,[48] 2018년 12월 30일자 기준으로 대한민국의 현행법률은 총 1,442개로 확인된다. 이 전체 현행법률 가운데 **'벌칙'**이라는 조문의 표제어를 사용하고 있는 단행법률의 수는 총 959개에 달했다. 이는 전체 현행법률 중 66.5%에 달하는 비율이다.

한편 형사처벌 규정을 두고 있는 특별형법에 속하는 법률이지만, 이 중에는 '벌칙'이라는 조문 표제어를 사용하고 있지 않는 법률도 있다. 이러한 예는 주로 형사특별법에 해당하는 법률에서 찾아볼 수 있으며, 구체적으로는 폭처법, 특가법, 특경법, 특강법, 범죄수익은닉법, 국가보안법, 환경범죄 등의 단속 및 가중처벌에 관한 법률, 경범죄 처벌법, 밀항단속법(1961년 12월 13일 제정, 법률 제831호), 군용물 등 범죄에 관한 특별조치법(1966년 3월 29일 제정, 법률 제1769호) 등이 이러한 유형에 해당한다.[49]

따라서 이러한 법률의 수를 감안하면, 특별형법의 총수는 2018년 12월 30일 기준 약 970여 개 정도로 추산된다. 이 중 형사특별법은 10여 개 정도이고, 그 나머지는 행정형법에 해당하는 법률의 총수이다.

---

48) 윤동호, 특별형법전의 정비를 위한 기초연구, 한국형사정책연구원, 2005, 21면 및 배종대, '특별' 형법을 '보통' 형법으로 만들기, 형사정책 제18권 제1호, 한국형사정책학회, 2006, 11면은 이와 유사한 검색방법을 사용하고 있다.

49) 형사특별법으로 볼 수 있는 법률 중 「성폭력범죄의 처벌 등에 관한 법률」, 「성매매알선 등 행위의 처벌에 관한 법률」과 그 외 「가정폭력방지 및 피해자보호 등에 관한 법률」, 「성매매방지 및 피해자보호 등에 관한 법률」 등은 당해 법률 안에 '벌칙' 이라는 표제어를 사용하는 조문이 포함되어 있다.

970여 개의 단행법률에 포함되어 있는 전체적인 범죄 구성요건의 개수가 몇 개나 될지는 헤아리기조차 어려운 작업일 것이다. 벌칙이라는 표제어를 사용하는 조문 수만도 대략 2,700개가 넘는 상황이고, 각 조문 하나에도 항(項)이나 호(号)별로 여러 개의 세부적인 처벌규정이 포함되어 있다는 점을 감안하면, 전체 범죄 구성요건의 개수는 수만 개에 달할 것으로 추산된다.

제5절 | 특별형법의 활용 현황[50]

형사실무에 있어서 970여 개에 달하는 특별형법이 실제 어느 정도 활용되고 있는 것일까. 이러한 특별형법의 구체적인 활용 현황은 ① 특별형법을 위반한 범죄, 즉 '**특별법범**'이 각각 어느 정도 발생·검거되고 있으며, 기본법인 형법전을 위반한 범죄, 즉 '**형법범**'과 비교해서 상대적으로 어떠한 특성을 보이고 있는지(특별법범의 발생 및 검거 현황), ② 특별법범은 구체적으로 어떠한 법률을 위반한 범죄들로 구성되어 있는지(죄종별 분포), 그리고 ③ 특별법범의 구속율·기소율·재판결과 등 형사처분 현황은 어떠하며, 형법범과 비교하여 상대적으로 어떠한 특성을 보이고 있는지(특별법범의 처분현황) 등을 살펴봄으로써 확인할 수 있을 것이다.

Ⅰ. 특별법범의 발생 및 검거현황

1. 특별법범·형법범의 발생 추이

우선 특별법범의 2008년부터 2017년까지의 10년간 발생현황을 보면(<표 1> 참조),[51] 2008년도에 1,286,951건, 2009년도에 1,167,591건, 2010년도에 973,715건, 2011년도에 901,871건, 2012년도에 897,244건, 2013년도에 939,685건, 2014년도에 917,626건, 2015년도에 972,970건, 2016년도에 1,002,601건, 2017년도에 866,011건이 발생하였다. 2008년도를 지수 100으로 환산해보면, 약간의 증감변동은 있지만, 전체적으로는 감소하는 추세를 보여 왔다. 특히 최근 2017년에는 2008년

---

50) 형사실무상 특별형법의 활용 현황을 확인해봄으로써 개별 특별형법별로의 활용빈도를 가늠할 수 있다. 이를 통해 현행 특별형법의 운용현실 및 그 문제점을 이해하는 한편, 형사실무에 종사하거나 종사할 이들이 실무에 있어 우선적으로 이해하고 있어야 할 단행법률이 어떠한 것인지를 파악하는 데 도움을 줄 수 있을 것이다.

51) 이하의 통계수치는 대검찰청이 발간하고 있는 『범죄분석』에 의한다. 경찰청에서 매년 발간하고 있는 『경찰통계연보』 및 『경찰백서』에도 특별법범 및 형법범의 발생 및 검거에 관한 통계가 제공되고 있으나, 여기서는 우리나라 모든 수사기관에서 취급한 전체 통계를 확인하기 위해 대검찰청의 통계를 이용한다.

도 대비 35.6%가 감소하여 가장 낮은 발생건수를 기록했다.

이러한 특별법범의 발생건수를 형법범의 발생건수와 비교하면, 2010년도까지는 오히려 특별법범의 전체 발생건수가 형법범보다 더 많았으나, 이후 2011년도부터는 형법범의 발생건수가 약간 더 많은 상황이다.

| 표 1 | 형법범·특별법범의 발생건수 및 발생비 추이(2008년-2017년)   (단위: 건, 발생비, %)

연 도	형법범죄			특별법범죄		
	발생건수	발생비	증감율	발생건수	발생비	증감율
2008	902,501	1,821.7	−	1,286,951	2,597.8	−
2009	998,594	2,006.3	10.1	1,167,591	2,349.8	−9.5
2010	943,585	1,867.9	2.5	973,715	1,927.6	−25.8
2011	1,000,849	1,972.7	8.3	901,871	1,777.6	−31.6
2012	1,037,166	2,035.7	11.7	897,244	1,761.1	−32.2
2013	1,056,704	2,066.2	13.4	939,685	1,837.4	−29.3
2014	1,016,209	1,979.8	8.7	917,626	1,787.8	−31.2
2015	1,047,761	2,033.3	11.6	972,970	1,888.2	−27.3
2016	1,005,689	1,945.4	6.8	1,002,601	1,939.4	−25.3
2017	958,865	1,851.9	1.7	866,011	1,672.5	−35.6

| 그림 1 | 형법범죄와 특별법범죄의 발생비 추이(2008년~2017년)

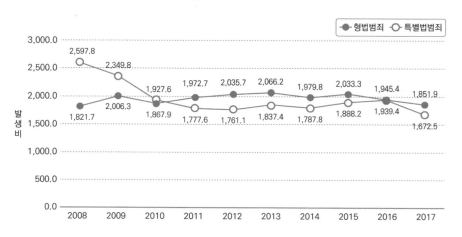

그러나 이 수치는 다소 보정이 필요하다. 왜냐하면, 아래 <표 2>에서 제시되어 있는 바와 같이 실제는 특별법범이지만, 검찰의 통계산출에 있어서 형법범으로 편입된 것이 적지 않기 때문이다. 구체적으로는 2003년도에 성폭력범죄의 처벌 등에 관한 특례법, 특정경제범죄 가중처벌 등에 관한 법률, 특정범죄 가중처벌 등에 관한 법률을 통계상 형법범으로 분류했고, 2004년도에 폭력행위 등 처벌에 관한 법률, 2009년도에 아동·청소년의 성보호에 관한 법률, 2015년도에 아동학대범죄의 처벌 등에 관한 특례법, 전기통신금융사기 피해 방지 및 피해금 환급에 관한 특별법, 국민체육진흥법(도방개장 등), 한국마사회법(도박개장 등), 2016년도에 보험사기방지 특별법, 부정청탁 및 금품 등 수수의 금지에 관한 법률이 각각 형법범으로 분류되었다. 이러한 부분을 보정하여 통계에 반영한다면, 전체 발생범죄 가운데 특별법범이 차지하는 비율이 오히려 형법범에 비하여 높게 나타나고, 이를 통해 형법전에 비하여 특별형법이 적용되는 사례가 수치적으로 더 많다는 것을 확인할 수 있을 것이다.

| 표 2 | 연도별 '형법범'에 포함된 '특별법범'의 현황

형법범죄에 포함된 특별범범죄	포함연도
성폭력범죄의 처벌 등에 관한 특례법	2003년
특정경제범죄 가중처벌 등에 관한 법률	2003년
특정범죄 가중처벌 등에 관한 법률	2003년
폭력행위 등 처벌에 관한 법률	2004년
아동·청소년의 성보호에 관한 법률	2009년
아동학대범죄의 처벌 등에 관한 특례법	2015년
전기통신금융사기 피해 방지 및 피해금 환급에 관한 특별법	2015년
국민체육진흥법(도박개장 등)	2015년
한국마사회법(도박개장 등)	2015년
보험사기방지 특별법	2016년
부정청탁 및 금품 등 수수의 금지에 관한 법률	2016년

2. 특별형법·형법범의 검거건수 및 검거율 비교

대검찰청 통계에 의하면 최근 2017년의 경우, 전체 형사사건 발생건수 총 1,824,876건 중 형법범이 958,865건으로 전체의 52.5%를 차지했고, 특별법범은

866,011건으로 47.5%를 차지했다. 다음 표에서 확인되는 바와 같이 특별법범의 검거율이 형법범에 비하여 상대적으로 높다는 점도 주목된다. 2017년도의 경우, 형법범의 검거율이 78.5%(=752,903/958,865)인 것에 비하여 특별법범의 검거율은 92.8%(=804,060/866,011)에 달했다.

| 표 3 | 특별법범 · 형법범의 발생/검거 비율(2017년도)　(단위: 건)

구 분	발생건수 (비율, %)	검거건수 / 검거율 (비율, %)
특별법범	866,011 (47.5)	804,060 / 92.8
형법범	958,865 (52.5)	752,903 / 78.5
합 계	1,824,876 (100)	1,556,963 (100)

3. 특별법범 · 형법범의 수사단서 및 검거단서의 현황

(1) 2009년 기준

특별법범의 수사단서 및 검거단서의 내역은 다음과 같다. 2009년도의 경우, 특별법범에 대하여 수사기관이 수사를 개시하게 된 계기인 수사의 단서는 세분하여 볼 때 현행범체포가 21.1%로 가장 많고, 그 다음이 피해자신고 20.8%, 불심검문 14.3%, 고발 9.9%, 타인신고 7.1%, 고소 6.9% 등의 순이다. 이는 같은 해 형법범의 수사의 단서가 피해자신고 32.3%, 고소 22.3%, 현행범체포 18.8%, 타인신고 2.4% 등의 순인 것과 비교하면 다음과 같은 특성을 가지고 있음을 확인할 수 있다(<표 4> 참조).

첫째는 특별법범의 경우, 형법범에 비하여 고소사건은 매우 적고, 고발사건은 상대적으로 매우 많다는 점이다. 형법범의 경우 고소사건이 전체의 22.3%에 이르고 있으나 특별법범의 경우에는 그 비율이 6.9%에 불과하다. 반면 고발사건은 형법범의 경우 0.8%에 불과하지만 특별법범의 경우에는 9.9%를 차지하고 있다. 실무상 특별형법에 위반하는 범죄들은 다수가 행정기관이 직접 범죄사실을 적발하여 고발하는 행정법규 위반사범이므로 고발에 의한 수사단서가 많은 비율을 차지하고 있는 것으로 이해된다.

둘째, 불심검문에 의해 수사가 개시되는 경우는 주로 특별형법에 해당하는 특별법범이 많다는 점이다. 특별법범의 경우, 불심검문이 수사의 단서인 비율이 14.3%에 이르고 있으나, 형법범의 경우에는 그 비율이 0.8%에 그치고 있기 때문이다.

| 표 4 | 특별법범 · 형법범의 수사단서 현황(2009년도) (단위: 건)

구 분		특별법범		형법범	
합 계		1,175,049		993,136	
신 고	고 소	80,971 (6.9%)	570,821 (48.6%)	221,576 (22.3%)	604,611 (60.9%)
	피해자신고	244,089 (20.8%)		320,489 (32.3%)	
	고 발	116,245 (9.9%)		7,453 (0.8%)	
	자 수	18,048 (1.5%)		900 (0.1%)	
	진정투서	28,193 (2.4%)		30,536 (3.1%)	
	타인신고	83,275 (7.1%)		23,657 (2.4%)	
미신고	불심검문	168,240 (14.3%)	356,209 (30.3%)	7,451 (0.8%)	201,773 (20.3%)
	피해품발견	165 (0.0%)		1,202 (0.1%)	
	변사체	275 (0.0%)		682 (0.1%)	
	탐문정보	46,594 (4.0%)		58,123 (5.9%)	
	여 죄	14,778 (1.3%)		74,322 (7.5%)	
	기 타	126,157 (10.7%)		59,993 (6.0%)	
현행범체포		248,019 (21.1%)		186,752 (18.8%)	

(2) 2017년 기준

한편, 최근 2017년도의 경우, 특별법범의 수사단서 및 검거단서의 현황은 다음과 같다. 특별법범에 대하여 수사기관이 수사를 개시하게 된 계기인 수사의 단서는 세분하여 볼 때 피해자신고 29.3%로 가장 많고, 그 다음이 불심검문 21.3%, 타인신고 10.2%, 고발 6.7%, 고소 5.2% 등의 순이다. 이는 같은 해 형법범의 수사의 단서가 피해자신고 42.5%, 고소 21.7%, 현행범체포 12.7%, 진정투서 11.2% 등의 순인 것과 비교하면 다음과 같은 특성을 가지고 있음을 확인할 수 있다(<표 5> 참조).

첫째는 특별법범의 경우, 형법범에 비하여 고소사건은 적고, 고발사건은 형법범(0.6%)에 비해 상대적으로 매우 많다는 점이다. 형법범의 경우 고소사건이 전체의 21.7%에 이르고 있으나 특별법범의 경우에는 그 비율이 5.2%에 불과하다. 반면 고발사건은 형법범의 경우 0.6%에 불과하지만 특별법범의 경우에는 6.7%를 차지하고 있다. 실무상 특별형법에 위반하는 범죄들은 다수가 행정기관이 직접 범

죄사실을 적발하여 고발하는 행정법규 위반사범이므로 고발에 의한 수사단서가
많은 비율을 차지하고 있는 것으로 이해된다.

둘째, 불심검문에 의해 수사가 개시되는 경우는 주로 특별형법에 해당하는 특
별법범이 많다는 점이다. 특별법범의 경우, 불심검문이 수사의 단서인 비율이
21.3%에 이르고 있으나, 형법범의 경우에는 그 비율이 0.1%에 그치고 있기 때문
이다.

| 표 5 | 특별법범 · 형법범의 수사단서 현황(2017년도) (단위: 건)

구 분		특별법범		형법범	
합 계		866,011		958,865	
신 고	고 소	44,873 (5.2%)	486,057 (56.1%)	207,783 (21.7%)	753,715 (78.6%)
	피해자신고	256,057 (29.3%)		407,375 (42.5%)	
	고 발	58,425 (6.7%)		5,594 (0.6%)	
	자 수	9,813 (1.1%)		510 (0.1%)	
	진정투서	31,142 (3.6%)		107,518 (11.2%)	
	타인신고	87,982 (10.2%)		24,935 (2.6%)	
미신고	불심검문	184,421 (21.3%)	359,742 (41.5%)	1,229 (0.1%)	83,053 (8.7%)
	피해품발견	116 (0.0%)		1,849 (0.2%)	
	변사체	36 (0.0%)		444 (0.0%)	
	탐문정보	19,144 (2.2%)		22,523 (2.3%)	
	여 죄	21,085 (2.4%)		19,834 (2.1%)	
	기 타	134,940 (15.6%)		37,174 (3.9%)	
현행범체포		20,212 (2.3%)		122,097 (12.7%)	

4. 특별법범 · 형법범의 검거단서의 현황

(1) 2009년도 기준

2009년도의 경우 특별법범의 검거단서는 현행범체포가 22.5%로 가장 많고,
그 다음은 수사기관 자체활동 21.9%, 피해자신고 17.4%, 고발 9.6%, 타인신고
7.3%, 고소 5.5% 등의 순이다. 형법범의 검거단서와 비교하면, 수사기관의 자체
활동 비율이 상대적으로 높고, 고소의 비율이 낮다는 점 등을 확인할 수 있다.

| 표 6 | 특별법범 · 형법범의 검거단서 현황(2009년도) (단위: 건)

구 분	특별법범	형법범
합 계	1,097,467	836,099
현행범체포	247,265 (22.5%)	195,806 (23.4%)
피해자신고	191,445 (17.4%)	191,478 (22.9%)
고 소	59,909 (5.5%)	194,523 (23.3%)
고 발	105,148 (9.6%)	5,225 (0.6%)
자 수	26,968 (2.5%)	2,703 (0.3%)
민간체포	138 (0.0%)	616 (0.1%)
진정투서	11,931 (1.1%)	17,731 (2.1%)
타인신고	80,607 (7.3%)	17,238 (2.1%)
수사기관 자체활동	240,365 (21.9%)	140,273 (16.8%)
기 타	133,691 (12.2%)	70,506 (8.4%)

(2) 2017년도 기준

한편, 2017년도의 경우 특별법범의 검거단서는 수사기관 자체활동 26.8%로 가장 많고, 그 다음은 피해자신고 23.7%, 타인신고 10.9%, 고발 6.5%, 고소 2.9% 등의 순이다. 형법범의 검거단서와 비교하면, 특별법범은 수사기관의 자체활동, 타인신고, 고발의 비율이 상대적으로 높고, 고소의 비율은 상대적으로 낮다는 점 등을 확인할 수 있다.

| 표 7 | 특별법범 · 형법범의 검거단서 현황(2017년도) (단위: 건)

구 분	특별법범	형법범
합 계	1,097,467	836,099
현행범체포	17,468 (2.2%)	103,277 (13.7%)
피해자신고	190,710 (23.7%)	286,056 (38.0%)
고 소	23,539 (2.9%)	173,442 (23.0%)
고 발	52,568 (6.5%)	4,183 (0.6%)
자 수	13,898 (1.7%)	1,436 (0.2%)
민간체포	29 (0.0%)	252 (0.0%)
진정투서	13,596 (1.7%)	69,227 (9.2%)
타인신고	88,026 (10.9%)	22,499 (3.0%)
수사기관 자체활동	215,087 (26.8%)	45,257 (6.0%)
기 타	189,139 (23.5%)	47,274 (6.3%)

Ⅱ. 특별법범의 죄종별 분포

특별법범은 구체적으로 어떠한 법률을 위반한 범죄들로 구성되어 있는 것일까. 특별법범의 죄종별 분포를 확인해 봄으로써 개별적인 특별형법이 적용되는 상황을 확인할 수 있다.

1. 2009년도 기준

대검찰청 통계자료인『범죄분석』에 의하면 2009년도의 경우, 특별법범 중 가장 많은 발생건수를 기록한 것은 도로교통법위반 사건이다. 도로교통법위반 사건이 431,929건(이 중 음주운전이 290,280건, 무면허운전이 98,234건, 음주측정거부가 3,054건임)으로 전체 특별법범 총 1,175,049건 가운데 36.8%를 차지하고 있다. 또한 교통사고처리특례법위반 사건은 199,816건이 발생하여 전체 특별법범의 17.0%를, 특정범죄 가중처벌 등에 관한 법률위반 중 도주차량에 해당하는 범죄도 13,717건으로 전체의 1.2%를 각각 차지했다. 이와 같이 교통관련사범이 특별법범의 54.9%로 전체의 약 2분의 1을 차지하고 있다.

교통관련사범 이외에 대검찰청 통계자료상 2009년도에 총 발생건수가 10,000건 이상인 범죄는 총 10개이다. 구체적으로는 저작권법위반 59,586건, 도로법위반 51,984건, 근로기준법위반 43,669건, 자동차관리법위반 43,058건, 자동차손해배상보장법위반 40,100건, 성매매위반 24,424건, 향토예비군설치법위반 14,677건, 부정수표단속법위반 13,951건, 정보통신망 이용촉진 등에 관한 법률위반 12,465건, 식품위생법위반 12,212건의 순이다. 이 10개 법률에 위반한 범죄는 전체 특별법범의 26.9%에 해당하는 비율이다. 따라서 위 교통관련사범과 10개 법률위반 범죄를 합하면 전체의 81.8%를 차지하게 된다.

| 표 8 | 주요 특별법범의 죄종별 분포(2009년도) (단위: 건)

구 분			발생건수	비율(%)	소계(%)
특별법범 합계			1,175,049	100	100
교통 관련 사범	도로교통법	음주운전	290,280	36.8	54.9
		무면허	98,234		
		음주측정거부	3,054		
		기 타	40,361		
	교통사고처리 특례법		199,816	17.0	
	특가법(도주차량)		13,717	1.2	
도로법			51,984	4.4	21.5
근로기준법			43,669	3.7	
부정수표 단속법			13,951	1.2	
자동차관리법			43,058	3.7	
향토예비군설치법			14,677	1.2	
음반 · 비디오물 및 게임물에 관한 법률			357	0.03	
식품위생법			12,212	1.0	
병역법			7,857	0.7	
수산업법			5,090	0.4	
저작권법			59,586	5.1	
기 타	청소년 보호법		8,476	0.7	23.6
	석유사업법		26	0.002	
	건축법		5,099	0.4	
	그 외		263,545	22.4	

출처: 대검찰청 『범죄분석』 통계자료에 기초하여 재구성함

　　이상의 범죄를 제외하고 2009년도에 총 발생건수가 10,000건 미만 1,000건 이상인 범죄는 모두 합하여 31개이다. 이를 가나다 순으로 열거하면, 개발제한구역의 지정 및 관리에 관한 특별조치법위반 2,039건, 건축법위반 5,099건, 공유수면관리법위반 1,279건, 농산물품질관리법위반 2,590건, 대기환경보전법위반 2,144건, 대부업 등의 등록 및 금융이용자 보호에 관한 법률위반 2,492건, 마약류 관리에 관한 법률위반 6,875건, 병역법위반 7,857건, 사행행위 등 규제 및 처벌특례법위반 5,575건, 산림자원의 조성 및 관리에 관한 법률위반 1,046건, 산업안전보건법위반

1,688건, 상표법위반 5,281건, 수산업법위반 5,090건, 수산자원보호령위반 1,968건, 약사법위반 2,925건, 여객자동차운수사업법위반 1,700건, 여신전문금융업법위반 2,903건, 외국환거래법위반 4,649건, 유사수신행위의 규제에 관한 법률위반 1,633건, 유선 및 도선사업법위반 1,666건, 유해화학물질관리법위반 1,370건, 의료법위반 2,591건, 조세범처벌법위반 3,604건, 주민등록법위반 2,081건, 직업안정법위반 1,550건, 청소년보호법위반 8,476건, 청소년의 성보호에 관한 법률위반 1,107건, 출입국관리법위반 3,023건, 컴퓨터프로그램보호법위반 2,096건, 폐기물관리법위반 2,468건, 항만운송사업법위반 1,154건이다.

2. 최근 2017년도 기준

최근 2017년도의 경우에도 특별법범 중 가장 많은 발생건수를 기록한 것은 도로교통법위반 사건이다. 도로교통법위반 사건이 296,097건(이 중 음주운전이 178,693건, 무면허운전이 47,087건, 음주측정거부가 2,805건, 기타 67,512건임)으로 전체 특별법범 총 866,011건 가운데 34.2%를 차지하고 있다. 또한 교통사고처리특례법위반 사건은 185,509건이 발생하여 전체 특별법범의 21.4%를, 특정범죄 가중처벌 등에 관한 법률위반 중 도주차량에 해당하는 범죄도 4,811건으로 전체의 0.6%를 각각 차지했다. 이와 같이 교통관련사범이 특별법범의 56.2%로 전체 특별법범의 2분의 1을 상회하고 있다.

교통관련사범 이외에 대검찰청 통계자료상 2017년도에 총 발생건수가 10,000건 이상인 범죄는 총 7개로 확인된다. 구체적으로는 근로기준법위반 44,323건, 자동차손해배상보장법위반 43,035건, 자동차관리법위반 25,013건, 근로자퇴직급여보장법위반 14,003건, 저작권법위반 13,998건, 정보통신망 이용촉진 및 정보보호 등에 관한 법률위반 13,389건, 성매매알선 등 행위의 처벌에 관한 법률위반 10,415건의 순이다. 이 7개 법률에 위반한 범죄는 총 164,176건으로 전체 특별법범의 19.0%에 해당하는 비율이다. 따라서 위 교통관련사범과 7개 법률위반 범죄를 합하면 전체의 75.2%를 차지하게 된다.

| 표 9 | 주요 특별법범의 죄종별 분포(2017년도)   (단위: 건)

구 분			발생건수	비율(%)	소계(%)
특별법범 합계			866,011	100	100
교통 관련 사범	도로교통법	음주운전	178,693	34.2	56.2
		무면허	47,087		
		음주측정거부	2,805		
		기 타	67,512		
	교통사고처리 특례법		185,509	21.4	
	특가법(도주차량)		4,811	0.6	
	도로법		2,195	0.3	14.2
	근로기준법		44,323	5.1	
	부정수표단속법		1,946	0.2	
	자동차관리법		25,013	2.9	
	예비군법		8,085	0.9	
	게임산업진흥에 관한 법률		7,343	0.8	
	식품위생법		8,933	1.0	
	병역법		7,317	0.8	
	수산업법		4,822	0.6	
	저작권법		13,998	1.6	
기 타	청소년 보호법		9,082	1.0	29.6
	성매매알선등처벌법		10,415	1.2	
	건축법		4,430	0.5	
	경범죄 처벌법		6,491	0.7	
	근로자퇴직급여보장법		14,003	1.6	
	마약류관리에 관한 법률		9,190	1.1	
	자동차손해배상보장법		43,035	5.0	
	정보통신망 이용촉진 및 정보보호법		13,389	1.5	
	그 외		136,502	15.8	

이상의 범죄를 제외하고 2017년도에 총 발생건수가 10,000건 미만 1,000건 이상인 범죄는 모두 합하여 42개이다. 이를 가나다 순으로 열거하면, 개인정보보호법위반 1,199건, 건설산업기본법위반 3,861건, 건축법위반 4,430건, 게임산업진흥에 관한 법률위반 7,343건, 경범죄 처벌법위반 6,491건, 고용보험법위반 2,271건, 공유수면관리 및 매립에 관한 법률위반 1,087건, 공중위생관리법위반 1,594건, 관

세법위반 1,017건, 국토의 계획 및 이용에 관한 법률위반 1,569건, 농수산물의 원산지표시에 관한 법률위반 3,318건, 대기환경보전법위반 2,725건, 대부업 등의 등록 및 금융이용자 보호에 관한 법률위반 1,386건, 도로법위반 2,195건, 마약류 관리에 관한 법률위반 9,190건, 병역법위반 7,317건, 부정수표단속법위반 1,946건, 산업안전보건법위반 6,439건, 산지관리법위반 2,649건, 상표법위반 3,587건, 석유 및 석유대체연료사업법위반 1,019건, 선박안전법위반 2,290건, 수산업법위반 4,822건, 수산자원관리법위반 1,584건, 물환경보전법위반 1,842건, 식품위생법위반 8,933건, 아동복지법위반 3,649건, 약사법위반 1,151건, 여객자동차운수사업법위반 1,827건, 여신전문금융업법위반 2,259건, 예비군법위반 8,085건, 위험물안전관리법위반 1,125건, 의료법위반 2,864건, 전자금융거래법위반 6,048건, 조세범처벌법위반 3,358건, 주민등록법위반 1,912건, 청소년보호법위반 9,082건, 축산물위생관리법위반 1,730건, 출입국관리법위반 2,407건, 폐기물관리법위반 1,638건, 화물자동차운수사업법위반 2,110건이다.

한편 위 총 49개의 법률 이외에 총 970개 정도로 파악되는 많은 특별형법 가운데 각각의 법률이 어느 정도로 적용되고 있는지 정확히 파악하기는 쉽지 않다. 대검찰청 통계자료(범죄분석)의 경우, 2015년도에 특별법범 중 발생빈도가 많고, 국가적·사회적으로 중요하거나 일상생활과 밀접한 관련이 있는 법률을 위반한 범죄 114개를 선정하였는바, 따라서 이 이외의 특별법범에 대해서는 구체적인 죄명별 발생건수를 파악하기 어렵다. 또한, 법원행정처가 발행하는 사법연감의 경우, 특별법범이 유형을 총 174개의 법률, 즉 173개의 단일법률 및 1개의 기타 유형으로 구분하고 있다. 따라서 현재 확인가능한 공식통계를 통해서는 전체 특별형법 중 170개 정도의 단행법률에 대하여만 실무상 활용정도를 확인할 수 있는 상황이다.

Ⅲ. 특별법범의 형사처분 현황

1. 경찰의 송치현황

특별범에 대한 경찰의 자세한 처분상황은 매년 발간되고 있는 『**경찰통계연보**』를 통해 확인해 볼 수 있다. 이에 의하면, 2009년도의 경우 특별법범으로 검찰에 송치된 피의자 수는 총 1,200,652명이며, 이 중 기소의견으로 송치된 인원이

898,994명(구속 10,708명, 불구속 888,286명), 불기소 의견으로 송치된 인원이 239,966명(기소유예 19명, 혐의없음 66,215명, 죄가안됨 1,240명, 공소권없음 172,359명, 공소보류 133명)이며, 그 밖에 기소중지 50,477명, 참고인중지 3,181명, 타관이송 7,897명, 소년부송치 116명, 가정보호송치 21명이었다(<표 10> 참조). 기소의견이 전체 송치사건의 74.8%에 달하고, 불기소 의견이 14.4%, 기소중지 및 참고인중지가 4.9%를 차지하고 있다.

한편 같은 해 경찰의 형법범 처분내역을 보면 검찰로 송치된 형법범 피의자 총 인원은 1,165,687명이었고, 이 중 기소의견으로 송치된 인원은 695,171명(구속 29,048명, 불구속 666,123명), 불기소 의견으로 송치된 인원은 312,703명(기소유예 28명, 혐의없음 186,295명, 죄가안됨 2,201명, 공소권없음 123,745명, 공소보류 434명)이었다. 그 외 기소중지 106,637명, 참고인중지 13,264명, 타관이송 36,932명, 소년부송치 532명, 가정보호송치 448명이다.

| 표 10 | 특별법범 · 형법범의 경찰처분 현황(2009년도) (단위: 명)

구 분		특별법범		형법범	
합 계		1,200,652		1,165,687	
기 소	구 속	10,708	898,994 (74.8%)	29,048	695,171 (59.6%)
	불구속	888,286		666,123	
불기소	기소유예	19	239,966 (20.0%)	28	312,703 (26.8%)
	혐의없음	66,215		186,295	
	죄가안됨	1,240		2,201	
	공소권없음	172,359		123,745	
	공소보류	133		434	
기소중지 / 참고인중지		50,477 / 3,181 (4.5%)		106,637 / 13,264 (10.3%)	
타관이송		7,897 (0.7%)		36,932 (3.2%)	
소년부송치		116 (0.0%)		532 (0.0%)	
가정보호송치		21 (0.0%)		448 (0.0%)	

출처: 경찰청 『경찰통계연보』 통계자료에 기초하여 재구성함

한편, 경찰통계의 경우 2011년도부터 형법범과 특별법범으로 구분하던 기존의 통계방식을 폐지하고, '경찰통계연보' 등의 통계자료상 범죄유형을 강력범죄, 절도범죄, 폭력범죄, 지능범죄, 풍속범죄, 특별경제범죄, 마약범죄, 보건범죄, 환경범

죄, 교통범죄, 노동범죄, 안보범죄, 선거범죄, 병역범죄, 기타범죄 등으로 구분하고 있다. 이 때문에 경찰 발간의 공식통계자료로서는 형법범과 특별법범의 발생 및 검거 현황을 명확히 구분하기 어렵게 되었다. 이와 같은 경찰의 통계분류 방식의 변경은 현행의 기본법인 형법을 위반한 형법범과 특별형법 중 행정형법 위반행위를 중심으로 구성되었던 특별법범이라는 양대 구도를 해체한 것으로 볼 수 있다.

그러나 이러한 구도와 통계분류 방식의 변경은 특별법범 위반행위가 자연범 성격의 형법범과 행정범 성격의 특별법범을 사회 일반으로 하여금 동일한 수준으로 범죄로 인식시키게 할 우려가 있다는 점, 행정범 성격의 특별법범이 포함된 전체 발생범죄가 우리나라의 범죄정세를 나타내는 통계수치로 활용되는 것은 다른 외국에 비해 상대적으로 범죄가 많이 발생하는 것으로 비춰질 우려가 있다는 점[52], 경찰단계 이후의 검찰단계와 법원단계의 통계수치와의 상호 연계성을 떨어트리고 통계수치의 비교를 어렵게 한다는 점, 한 국가의 범죄는 기본법인 형법을 중심으로 죄명 및 범죄유형이 체계화되어야 한다는 점에서 볼 때 행정형법 위반의 특별법범을 앞세운 범죄유형의 추가는 범죄의 과다계상은 물론 실질적 분류에 반하는 측면이 있다고 본다. 더욱이 우리나라의 경우 경찰이 입건하여 수사한 사건은 검찰에 모두 송치해야 하는 이른바 **전건송치주의** 하에서는 고소, 고발 이후 무혐의로 종결되는 사건들도 모두 범죄 발생건수에 계상되고 있어 이러한 문제를 더욱 심화할 우려가 있기도 하다.

---

52) 우리나라와 유사한 형법 체계를 가지고 있는 일본의 경우에는 경찰이나 검찰, 법원이 발간, 공표하는 여러 공식통계상으로는 '형법범'을 중심으로 범죄통계를 산출하여 대외적으로 공표, 제시하고 있다. 특별법범의 통계를 따로 제시하고는 있지만, 통상의 범죄정세를 나타내는 통계자료에서는 대부분 형법범을 중심으로만 기술하고 있다. 나아가 일본의 경우 형법범 중에서도 상당 비율을 점하고 있는 교통사고 관련 범죄, 즉 업무상 과실치사상 등의 죄의 경우 등은 통상 '형법범'의 통계수치에서도 제외하여 발표하고 있기도 하다. 이 때문에 현재 양국의 경찰백서 등에서 확인되는 범죄 통계수치를 피상적으로 보면, 한국이 일본에 비해 상대적으로 훨씬 범죄가 많이 발생하고 있는 것으로 보이고 있다. 이는 국가별 범죄정세나 치안상황을 동일한 기준에서 객관적으로 비교해야 한다는 점에 있어서도 문제를 드러내는 것이다.

2. 검찰의 처분현황

(1) 2009년도 기준

특별법범에 대한 검찰의 전체적인 처분상황을 보면(<표 11> 참조), 2009년도의 경우 전체 특별법범 피의자 총 1,400,984명 중 기소된 자가 796,382명이었으며, 불기소된 자는 523,166명이었다. 이 이외에 기소중지된 자가 69,214명, 참고인중지된 자가 5,738명, 소년보호송치가 5,872명 등이었다. 전체적으로 보면 특별법범의 경우, 기소율이 56.8%, 불기소율이 37.4%이며, 기소중지가 5.0% 등으로 처분되고 있는 것이다. 같은 해 형법범의 기소율은 32.0%에 불과하였다.

이와 같이 특별법범의 경우에는 형법범에 비하여 기소율이 매우 높다는 특징을 보이고 있다. 불기소율도 같은 해 형법범의 불기소율인 55.9%보다 상대적으로 18.5%가 낮은 수준이다. 이러한 양상은 앞에서 본 경찰의 처분결과에서도 확인할 수 있다.

한편 특별법범 중 기소된 자의 검찰처분 내역을 구체적으로 보면, 정식공판을 청구한 인원이 63,909명(구속 11,553명, 불구속 52,356명)이고 약식명령을 청구한 인원이 732,473명이었다. 특별법범의 경우, 전체 기소인원 796,382명 중 8.0%만 구공판으로 처리되고 있고, 92.0%는 구약식으로 처리된 것이다. 같은 해 형법범의 경우에는 전체 기소된 인원 357,990명 중 정식공판이 청구된 자는 90,587명으로 (구약식은 267,403명) 그 비율이 전체의 25.3%를 차지했다.

| 표 11 | 특별법범 · 형법범의 검찰처분 현황(2009년도) (단위: 명)

구 분			특별법범		형법범	
합 계			1,400,984		1,118,253	
기 소	구공판	구 속	11,553 (0.8%)	796,382 (56.8%)	27,900 (2.5%)	357,990 (32.0%)
		불구속	52,356 (3.7%)		62,687 (5.6%)	
	구약식		732,473 (52.3%)		267,403 (23.9%)	
불기소	기소유예		210,793 (15.1%)	523,166 (37.4%)	254,662 (22.8%)	625,474 (55.9%)
	혐의없음		97,866 (7.0%)		213,087 (19.0%)	
	죄가안됨		1,202 (0.1%)		2,312 (0.2%)	
	공소권없음		213,305 (15.2%)		155,413 (13.9%)	
기소중지/참고인중지			69,214 (5.0%) / 5,738 (0.4%)		86,892 (7.8%) / 15,927 (1.4%)	

구 분	특별법범	형법범
합 계	1,400,984	1,118,253
소년보호송치	5,872 (0.4%)	27,477 (2.5%)
가정보호송치	27 (0.0%)	4,492 (0.4%)
성매매보호송치	583 (0.0%)	0 (0.0%)

출처: 대검찰청 『범죄분석』 통계자료에 기초하여 재구성함

　이러한 검찰처분 내역을 통해서는 특별법범이 형법범에 비하여 상대적으로 정식공판이 청구되는 비율이 낮다는 점을 확인할 수 있다. 형법범의 경우 대략 4명 중 1명이 정식공판을 받는 것에 비하여, 특별법범은 12.5명 중 1명꼴로 정식공판을 받고 있는 셈이다.

　또한 특별법범의 경우, 기소된 인원 중 구속되는 비율이 형법범에 비하여 낮다는 점도 확인된다. 형법범의 경우 전체 기소인원 중 구속된 인원의 비율은 7.8%(=27,900명/357,990명) 수준임에 비하여, 특별법범의 경우에는 전체 기소인원 796,382명 중 구속된 인원은 11,553명으로 1.5%에 그치고 있는 것이다.

(2) 2017년도 기준

　최근 2017년도의 경우, 특별법범에 대한 검찰의 전체적인 처분상황을 보면 (<표 12> 참조), 전체 특별법범 피의자 총 942,624명 중 기소된 자가 503,586명이었으며, 불기소된 자는 404,470명이었다. 이 이외에 기소중지된 자가 25,699명, 참고인중지된 자가 1,436명, 소년보호송치가 4,270명 등이었다. 전체적으로 보면 특별법범의 경우, 기소율이 53.4%, 불기소율이 42.9%이며, 기소중지 및 참고인중지가 2.9% 등으로 처분되고 있는 것이다. 같은 해 형법범의 기소율 30.3%에 비하면 상대적으로 특별법범의 기소율이 높다. 불기소율은 같은 해 형법범의 불기소율인 60.8%보다 상대적으로 17.9%가 낮은 42.9%이다.

　한편 특별법범 중 기소된 자의 검찰처분 내역을 구체적으로 보면, 정식공판을 청구한 인원이 73,206명(구속 8,327명, 불구속 64,897명)이고, 약식명령을 청구한 인원이 430,380명이었다. 특별법범의 경우, 전체 기소인원 503,586명 중 14.5%(=73,206명/503,586명)만 구공판으로 처리되고 있고, 85.5%(=430,380명/503,586명)는 구약식으로 처리된 셈이다. 같은 해 형법범의 경우에는 전체 기소된 인원 259,207명 중

정식공판이 청구된 자는 121,387명으로 전체의 46.8%를 차지했다.

| 표 12 | 특별법범·형법범의 검찰처분 현황(2017년도) (단위: 명)

구 분			특별법범		형법범	
합 계			942,624		974,656	
기 소	구공판	구 속	8,327 (0.9%)	503,586 (53.4%)	22,092 (2.3%)	259,207 (30.3%)
		불구속	64,879 (6.9%)		99,295 (10.2%)	
	구약식		430,380 (45.7%)		173,820 (17.8%)	
불기소	기소유예		120,325 (12.8%)	404,470 (42.9%)	210,468 (21.5%)	592,787 (60.8%)
	혐의없음		110,650 (11.7%)		215,807 (22.1%)	
	죄가안됨		292 (0.0%)		3,148 (0.3%)	
	공소권없음		173,203 (18.4%)		163,364 (16.8%)	
기소중지/참고인중지			25,699 (2.7%) / 1,436 (0.2%)		42,487 (4.4%) / 5,122 (0.5%)	
소년보호송치			4,270 (0.5%)		20,251 (2.1%)	
가정보호송치			108 (0.0%)		18,501 (1.9%)	
성매매보호송치			844 (0.1%)		2 (0.0%)	
아동보호송치			2,211 (0.2%)		299 (0.0%)	

출처: 대검찰청 『범죄분석』 통계자료에 기초하여 재구성함

이러한 검찰처분 내역을 통해서는 특별법범이 형법범에 비하여 상대적으로 정식공판이 청구되는 비율이 낮다는 점을 확인할 수 있다. 2017년도의 경우 형법범의 경우 대략 2명 중 1명이 정식공판을 받는 것에 비하여, 특별법범은 7명 중 1명 정도가 정식공판을 받고 있는 셈이다.

또한 특별법범의 경우, 기소된 인원 중 구속되는 비율이 형법범에 비하여 낮다는 점도 확인된다. 2017년도의 경우 형법범의 경우 전체 기소인원 중 구속된 인원의 비율은 8.5%(=22,092명/259,207명) 수준임에 비하여, 특별법범의 경우에는 전체 기소인원 중에서 구속된 인원은 1.6%(=8,327명/503,586명) 수준에 그치고 있다.

3. 법원의 처분현황

(1) 2009년도 기준

특별법범에 대한 법원의 제1심 형사공판사건 처분 상황을 보면(<표 13> 참

조), 2009년도의 경우 전체 특별법범으로 처분된 인원 총 157,577명 중 사형 2명, 자유형 69,118명(이 중 무기형이 18명, 유기형이 20,175명, 집행유예가 48,925명), 재산형이 58,959명 등이다. 전체적인 비율로 보면, 특별법범의 경우 자유형이 전체의 43.9%, 이 가운데 집행유예의 비율만 전체의 31.0%를 차지하고 있다. 또한 재산형은 전체의 37.4%라는 높은 비율을 보이고 있다.

같은 해 형법범의 처분상황을 보면, 자유형이 61,844명으로 전체 형법범 처분결과의 49.9%를 점했고, 재산형은 43,335명으로 전체의 35.0%를 점했다. 이와 비교해 볼 때, 특별법범은 상대적으로 자유형의 비율이 낮고 재산형의 비율은 약간 높다는 특징을 보이고 있다.

| 표 13 | 특별법범 · 형법범의 법원처분 현황(2009년도) (단위: 명)

구 분			특별법범		형법범	
합 계			157,577		123,918	
판 결	사 형		2	69,120 (43.9%)	4	61,848 (49.9%)
	자유형	무 기	18		52	
		유 기	20,175		27,686	
		집행유예	48,925		34,106	
	자격형		0	67,569 (42.9%)	7	50,167 (40.5%)
	재산형		58,959		43,335	
	선고유예		2,471		2,378	
	무 죄		3,603		2,637	
	형면제		56		129	
	면 소		126		43	
	관할위반		4		3	
	공소기각		2,350		1,635	
소년보호송치			825 (0.5%)		1,146 (0.9%)	
기 타			20,063 (12.7%)		10,757 (8.7%)	

출처: 법원행정처 『**사법연감**』 통계자료에 기초하여 재구성함

(2) 2017년도 기준

최근 2017년도의 경우 특별법범에 대한 법원의 처분상황을 보면(<표 14> 참조), 전체 특별법범으로 처분된 인원 총 129,898명 중 사형은 없었고, 자유형 66,805명(이 중 무기형이 3명, 유기형이 19,460명, 집행유예 47,342명), 재산형이 43,057명 등

이다. 전체적인 비율로 보면, 특별법범의 경우 자유형이 전체의 51.4%, 이 가운데 집행유예의 비율만 전체의 36.4%를 차지하고 있다. 또한 재산형은 전체의 33.1% 라는 높은 비율을 보이고 있다.

같은 해 형법범의 처분상황을 보면, 자유형이 83,190명으로 전체 형법범 처분결과의 60.9%를 점했고, 재산형은 35,534명으로 전체의 26.0%를 점했다. 이와 비교해 볼 때, 특별법범은 상대적으로 자유형의 비율이 낮고 재산형의 비율은 높다는 특징을 보이고 있다.

| 표 14 | 특별법범 · 형법범의 법원처분 현황(2017년도)   (단위: 명)

구 분			특별법범		형법범	
합 계			129,898		136,535	
판 결	사 형		–	66,805 (51.4%)	–	83,190 (60.9%)
	자유형	무 기	3		29	
		유 기	19,460		40,787	
		집행유예	47,342		42,374	
	자격형		–	52,121 (40.1%)	2	42,573 (42.6%)
	재산형		43,057		35,534	
	선고유예		1,621		1,748	
	무 죄		5,502		3,414	
	형면제		68		176	
	면 소		63		41	
	관할위반		1		1	
	공소기각		1,609		1,657	
소년보호송치			388 (0.3%)		1,428 (1.0%)	
기 타			10,784 (8.3%)		9,732 (7.1%)	

출처: 법원행정처 『사법연감』 통계자료에 기초하여 재구성함

제6절 | 현행 특별형법의 문제점에 관한 논의

우리나라의 현행 특별형법 체계나 특성 등과 관련하여 많은 비판과 개선론이 전개되고 있다. 일반법과 특별법의 역할이 전도되어 있는 문제나 국가 형벌권의 남용 문제, 일벌백계식의 무분별한 형벌가중과 중복규정 내지 유사처벌조항의 범람 등의 문제를 위시하여 법 제정의 남발, 입법과정의 졸속성, 법률내용의 불명확성, 법률 명칭의 비통일성 등이 이에 해당한다. 여기서는 이러한 현행 특별형법의 여러 문제점 가운데 주요한 논점에 대하여 요약·정리해둔다.

Ⅰ. 일반법과 특별법의 전도현상

1. 일반법과 특별법의 관계

일반법과 특별법의 관계상 특별법의 입법은 필요최소한도의 범위 내에서 제한적으로 입법되어야 하고, 그 적용이나 활용도 어디까지나 예외적 수준에 머무는 것이 원칙이다. 일반법에 해당하는 형법전이 범죄와 형벌에 관한 주된 법률로서 기능해야 하며, 특별형법은 형법전을 보충하는 예외적인 규범으로서 제한적인 목적 하에서 활용되어야 한다.

일반적으로 특별법은 일반법의 제정 이후 사회적 변화를 반영하여 일반법을 일정 범위에서 보완하거나 이를 대체하기 위해 제정되므로 일반법에 우선하여 적용되는 특성을 가지고 있다. 따라서 특별법의 제정은 일반법의 개정이 용이하지 않은 경우, 예컨대 특정 시기의 사회적 요청에 한시적으로 사용되는 경우 등과 같이 일반법의 개정으로 대응하기에 부족할 경우나 여타의 이유로 일반법의 개정이 어렵거나 불필요한 경우 등에 한하여 제한적으로 입법될 때에 그 입법의 정당성이 확보될 수 있다.

2. 원칙과 예외의 역전: 형법의 사문화

그러나 우리나라 현행 특별형법 체계의 두드러진 특성은 특별형법의 종류와 규율범위가 매우 광범위하고, 형사실무상 일반법인 형법에 비하여 특별형법이 적용되는 비율이 매우 높다는 점이다. 특별형법의 과다입법으로 말미암아 일반법의 예외인 특별법이 오히려 원칙화되어 원칙과 예외가 뒤바뀌는 현상이 초래되고 있는 것이다.[53]

이와 같이 특별형법의 과다 입법은 일반법과 특별법이 주객전도되는 기형적인 결과를 야기하고 있으며, 결국 일반법인 **형법의 사문화**(死文化) 현상을 초래하고 있다는 비판이 가해지고 있다.[54]

Ⅱ. 국가 형벌권의 남용

1. 특별형법의 과다입법

앞서 특별형법의 입법 현황에서 살펴본 바와 같이 범죄와 형벌을 규정하고 있는 단행법률 수는 대략 970여 개로 우리나라 전체 법률의 태반을 차지하고 있다. 또한 전체 법률 가운데 '벌칙'을 표제어로 사용하고 있는 조문 수도 1,400여 개에 달하며, 각 벌칙 조항마다 세부적인 여러 개의 처벌규정이 포함되어 있다는 점을 감안하면, 실질적인 전체 처벌규정 수는 이보다 몇 배로 늘어난다.

특별형법의 입법영역은 일반적인 형사범 이외에 행정목적의 달성이나 치안질서의 유지 등을 위한 수단으로 다양한 영역에서 손쉽게 활용된 결과, 이미 광범위한 분야에 확대되어 있다. 환경·보건 분야는 물론, 경제·조세·금융·산업·노동·교육·문화·복지·언론 분야 등에 두루 걸쳐 있는 상황이다.

---

53) '법률의 홍수(Gesetzesflut)'나 '규범의 범람(Normenschwemme)'은 법체계에 혼란을 가져와 법적 안정성을 해칠 뿐만 아니라 규범의 효력을 저하시키는 요인이 되기도 한다. 오영근·안경옥, 형사특별법의 제정실태와 개선방안, 15면; Vogel, Zur Diskussion um die Normenflut, JZ 1979, 323면.

54) 이러한 지적으로는 한인섭, 특별형법의 기본적 문제점, 인권과 정의 제170호, 대한변호사협회, 1990, 8면; 오영근·안경옥, 형사특별법의 제정실태와 개선방안, 13면 이하; 배종대, '특별'형법을 '보통'형법으로 만들기, 10면 이하 등.

　　이렇게 다양한 특별형법에는 국가형벌권을 반드시 발동하지 않아도 될 수준의 위반행위에 대하여 일일이 형벌을 부과하고 있는 경우가 적지 않다. 행정형법 영역에서는 법익침해가 경미하고, 반사회성이 약한 행정의무 위반행위들은 형벌이 아닌 행정제재 정도로도 족할 수 있다.[55] 그리고, 시민의 자율에 맡겨도 될 정도의 경미한 질서위반 행위에 대하여 형벌을 가하고 있는 예들은 경범죄 처벌법 등에서 발견할 수 있다. 경미한 행위에 대한 국가형벌권의 발동은 법의 권위를 실추시킬 뿐만 아니라, 국민의 준법의식을 약화시키고 법경시 풍조를 만연시키는 원인이 될 수 있다.

2. 형벌의 최후수단성 원칙에 위배

　　형벌은 반사회적 평가를 받는 행위라는 사회적 합의가 존재하고, 다른 수단을 통해서는 그 행위를 효과적으로 견제할 수 없을 때 최후의 수단으로 과해짐이 원칙이다. 그런데 자연범이 아닌 법정범 기타 질서위반범이나 일상생활의 사소한 영역에 대하여 형벌이 손쉽게 과해지고 있다면, 이는 형벌이 최후수단이 아니라 가장 편리한 통제수단으로 남용되는 것에 해당한다.

　　현재의 특별형법의 범람 현상은 이러한 **형벌의 최후수단성 원칙**에서 볼 때 이에 역행하는 것이며, 과잉금지의 원칙에 반하게 된다는 것이다.

Ⅲ. 중형주의 형벌관

1. 특별형법상의 가중처벌

　　현행 특별형법 중 특히 형사특별법은 거의 대부분이 주로 기존형법의 형량을 강화하기 위해 입법되어 왔다. 폭처법, 특가법, 특경법, 특강법 등 형가중적 형사특별법의 경우, 이러한 경향이 더욱 뚜렷하게 나타난다. 특별형법상 가중조항들에

---

55) 박기석, 형법 및 특별형법의 입법상 문제점과 개선방안, 수사연구 제19권 7호, 수사연구사, 2001, 15면은 행정형법상의 단순 신고의무 위반행위, 장부비치 위반행위, 자료제출의무 위반행위, 교육실시의무 위반행위 등은 비범죄화하거나 행정제재 부과 대상으로 전환해야 된다는 견해를 보이고 있다.

는 '○○년 이상'이라는 법정형의 하한선을 규정하고 있는 경우가 많고, 극형인 사형을 규정하고 있는 조항도 적지 않다. 최근 형사특별법의 법정형에 대한 부분적인 정비작업이 있기 전까지는 가중처벌의 과도함이 더욱 심각한 수준이었다.

이들 법률은 비상적 상황에서 제정되거나 처벌하고자 하는 행위에 대한 부정적 법감정이 사회적으로 팽배할 당시에 제정된 경우가 대부분이어서 가중의 정도가 현저하게 높다. 또한 법 개정도 사회정서나 법감정이 악화될 경우에 이루어져 그 형이 더욱 가중되는 모습을 보여왔다.

2. 가중처벌의 범죄억제효과

특별형법상 가중처벌은 일벌백계식의 **엄벌주의**가 범죄를 억제하는 효과가 있다고 보기 때문일 것이다. 범죄자를 엄벌함으로써 당해 범죄자의 재범을 방지한다는 **특별예방효과**와 일반인으로 하여금 범죄로 나아가는 것을 막는 **일반예방효과**를 거둘 수 있다고 예상하는 것이다.

그러나 특정 범죄유형에 대하여 가중처벌하는 방식의 엄벌주의가 과연 실제로 이러한 효과를 거두고 있다는 명확한 검증결과는 발견되지 않는다. 오히려 범죄억제효과가 불분명하다거나 이를 부정하는 견해가 제시되고 있는 상황이다. 형가중 규정을 신설한 이후에도 당해 범죄발생이 이전에 비하여 증가하는 추세라는 점이나 전과자의 재범율이 지속적으로 증가한 점 등이 논거로서 제시되고 있으며,[56] 엄벌주의가 범죄를 감소시키는 효과가 있는지에 대하여 이를 부정하는 답변이 다수라는 설문조사 결과 등이 제시되기도 한다.

엄벌주의보다는 범죄의 원인과 효과적인 대책 등에 관한 형사정책적 검토가 충분히 이루어져야 범죄억제효과를 기대할 수 있다는 주장이 설득력을 가지는 것이다. 그러지 못하고 응급처방식으로 급조하다시피 입법되는 경우가 많다 보니, 입법 시 의도했던 본래의 목적을 달성하지 못하고, 오히려 가중처벌을 피하기 위해 범죄가 잔혹해지거나 후속범죄가 야기되는 등의 역기능이 드러나곤 했다. 증거인멸을 위해 피해자나 목격자를 살해하여 유기하거나 범죄현장을 방화하는 사례 등이 발생하고 있는 것은 이러한 엄벌주의와 무관하지 않다.

---

56) 이순래, 처벌의 범죄억제효과에 대한 소고, 형사정책연구소식 제28호, 1995, 8면.

또한 하나의 범죄에 대하여 일반예방효과를 꾀하기 위해 사형에 처하도록 하는 경우, 그 범죄를 예방하기 위해 보다 잔혹한 형벌을 고안하는 것은 불가능하게 된다. 따라서 일정 범죄 이상의 범죄에 대해서는 아무런 예방효과를 거둘 수 없고, 오히려 중벌에 대한 면역효과와 무감각성을 불러일으키게 될 뿐이라는 비판을 받고 있다.[57)

3. 범죄와 형벌의 균형성 파괴 등

일반적으로 범죄와 형벌은 죄형법정주의의 적정성의 원리에 따라 비례와 균형이 유지되어야 하고, 행위불법과 결과불법의 조화나 고의책임과 과실책임 사이에 합리적인 차등이 고려되어야 한다.

그러나 **중형주의적 형벌관**에 기초한 특별형법상의 가중처벌조항들은 범죄와 형벌 간의 균형성을 파괴하고 있다는 비판을 받고 있다. 일시적인 사회의 시류에 편승하여 정책적인 의도로 매우 중한 형벌을 규정한 탓에 형법상의 죄형의 균형에 관한 일반원칙에 조화되지 않는 경우가 적지 않다는 것이다. 또한 행위의 불법성에 비례하지 않게 높은 법정형을 규정하는 것은 형법의 기본원칙인 책임주의에도 반하는 것이다.

한편, 법정형의 하한선이 지나치게 무겁게 책정된 경우에는 초범의 경우에도 집행유예의 대상에서 제외되거나 중형을 선고할 수밖에 없는 경우가 발생하고, 역으로 법정형에 비해 현실적인 선고형은 지극히 낮은 부조화도 드러나게 된다. 무분별한 법정형의 상향은 법관이 형사정책적 측면을 고려하여 합리적으로 재판하는 데 지장을 초래하게 되는 것이다.

---

57) 한인섭, 특별형법의 기본적 문제점, 15면.

IV. 중복처벌규정 및 유사처벌규정

특별형법 가운데에는 형법에 규정되어 있는 범죄유형에 포섭될 수 있음에도 불구하고 형법상의 범죄유형과 중복되거나 다소 수정한 범죄유형을 바탕으로 형량을 가중하고 있는 경우가 많고, 형법전에 통일적으로 규정할 수 있는 범죄유형이 개별 행정형법에 산재되어 있다는 비판이 제기되어 있다.[58]

형법상 범죄유형과 중복되는 규정은 특히 형량가중적 형사특별법 영역에서 많이 찾아볼 수 있다. 예컨대, (구) 폭처법 제2조 제1항의 경우, 상습으로 상해죄를 범한 자를 3년 이상의 유기징역에 처하고 있었으나, 이는 형법 제264조(상습상해죄)와 동일한 구성요건이며 형법상 10년 이하의 징역 등에 처하도록 되어 있는 법정형만을 가중하고 있는 형태였다. 또한 (구) 폭처법 제3조 제1항의 단체나 다중의 위력을 보이거나 위험한 물건을 휴대하여 폭행을 가한 경우에 1년 이상의 유기징역에 처하도록 하는 부분은 형법 제261조(특수폭행)와 동일한 구성요건이고, 법정형을 5년 이하의 징역 등으로 처벌하고 있는 형법규정보다 가중하고 있을 뿐이었다. 특가법상의 뇌물죄나 약취 · 유인죄 등을 가중처벌하는 조항도 이러한 예에 속한다. 형법전의 범죄유형을 바탕으로 이를 다소 수정한 형식의 범죄유형을 규정하여 법정형을 가중하고 있는 유형도 형사특별법에 산재되어 있다. 형사특별법의 대다수의 규정은 사실상 이러한 예에 해당하는 경우이다.

행정형법의 영역에서는 형법전에 하나의 통일적인 규정을 둠으로써 대응할 수 있는 범죄유형임에도 이를 각각의 행정형법마다 일일이 규정하고 있는 예도 적지 않다는 비판을 받고 있다. 예컨대, 공무집행방해행위, 비밀누설행위, 허위 기타 부정한 방법에 의해 인 · 허가를 받는 행위, 유사명칭사용행위 등이 이러한 예에 해당한다.[59]

유사처벌규정이 난무하게 된 원인은 우선 입법과정의 졸속성에서 찾을 수 있다. 법률의 입법과정에 있어 충분한 검토와 작업이 병행되지 못한 채 응급처방식

---

58) 특별형법상의 유사처벌규정에 관한 자세한 내용은 이기헌 · 박기석, 형법 및 형사특별법상 유사처벌조항 정비방안, 한국형사정책연구원, 1998 참조.

59) 이기헌 · 박기석, 앞의 책, 11~12면.

으로 급조된 입법례가 적지 않았기 때문인 것이다. 또한 중복규정이나 유사처벌규정의 존재는 어떤 행위가 구체적으로 어느 범죄에 해당하고, 이 경우 어떻게 처벌되는지를 일반시민은 물론, 집행기관이나 형사사법기관에 종사하는 이들이 제대로 이해할 수 없게 만들고 있다. 법률규정의 의미를 불명확하게 하고 법률적용상 혼란을 야기함은 물론, 형법전의 규범력을 약화시키는 원인이 되고 있는 것이다.

제2장

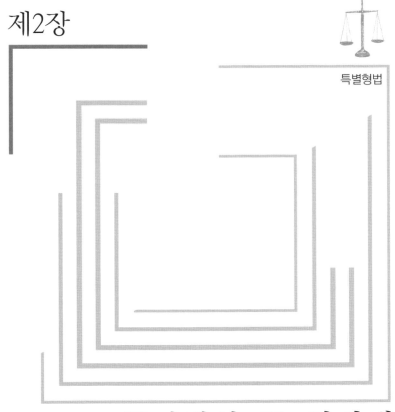

특별형법

폭력행위 등 처벌에
관한 법률

제2장

폭력행위 등 처벌에 관한 법률

제1절 | 법 개관

Ⅰ. 입법목적 및 제정경위

「폭력행위 등 처벌에 관한 법률」(이하 '폭처법'이라고 함)은 1961년 6월 12일 국가재건최고회의 법무위원장이 제안하여 같은 달 13일 국가재건최고회의 제3차 상임위원회에서 원안 의결되었고, 같은 달 20일 법률 제625호 공포·시행되었다 (1961년 6월 12일 제정, 법률 제625호).[60] 1961년 5·16 군사쿠데타로 수립된 군사정권은 부정과 부패를 일소하고 사회분위기를 쇄신한다는 명목 하에 당시 비상입법기구[61]인 국가재건최고회의를 통해 제정한 법률이다.

제정 시 입법취지를 집단적 또는 상습적으로 폭력행위 등을 자행하여 사회질서를 문란하게 하고 사회적 불안을 조성하는 자 등을 처벌함으로써 사회적 질서

---

60) 김희옥, 폭력행위 등 처벌에 관한 법률의 문제점, 사법행정, 1988, 35면.
61) 군사정권은 1961년 6월 6일 헌법과 같은 효력이 있는 국가재건비상조치법을 제정·공포한 바 있으며, 이에 따라 국가재건최고회의가 국회를 대신하여 임시입법기구로서의 기능을 담당하였다.

를 바로잡고 불안을 해소하려는 것이라고 밝히고 있다. 당시 군사정권은 폭력을 근절한다는 의욕 하에 일본의 「폭력행위등처벌에관한법률(暴力行為等処罰ニ関スル法律, 1926년 제정)」을 참고하여 이 법률을 제정하였으며, 동시에 소급입법에 해당하는 **「특수범죄처벌에관한특례법」**(1961년 6월 22일 공포; 공포일로부터 3년 6월까지 소급시행) 및 형법에 의하여 처벌할 수 없는 폭력배를 취역(就役; 주, 노역)케 하는 내용의 **「폭력행위자등단속에관한특례법」**(1961년 12월 13일 제정)을 제정·시행하였다.

일본의 「폭력행위등처벌에관한법률」은 1926년에 제정(1926년 4월 10일 법률 제60호)된 것으로 단체 또는 다중에 의한 집단적인 폭행, 협박, 기물손괴, 면회강청 등을 가중처벌하기 위한 법률이며 현재까지 3차에 걸친 개정이 있었다. 연혁적으로는 제1차 세계대전 후의 사회적·경제적 불안 하에서 협박꾼, 깡패 등에 의한 집단적인 폭력행위가 빈발하자 이에 대처하기 위해 제정되었으나, 실제로는 노동자, 농민 등의 대중 저항운동이나 학생운동에도 폭넓게 적용되었다고 평가되고 있다.[62] 한편, 동법은 일본국에서 시행되기 한 해 전인 1925년에 식민지인 조선과 대만, 사할린에 먼저 적용(1925년 9월 6일 칙령 제299호)됨으로써 우리나라에서는 항일운동을 억압하는 수단으로 악용되었다. 이 법은 광복 후 미군정기에 즉시 폐지되지 아니하고 그 효력이 존속되었으나 1953년 현행형법 제정과 더불어 폐지되었고(형법 부칙 제10조), 이후 군사정권 하인 1961년에 부활한 것이다.

제정 당시 전문 10조 및 부칙으로 구성되었던 이 법률은 ① 야간에 또는 상습적으로 형법상의 상해·폭행·체포·감금·협박·주거침입·퇴거불응·폭행에 의한 권리행사방해·공갈 또는 손괴의 죄를 범한 자는 1년 이상의 유기징역에 처하도록 하고(동법 제2조), ② 단체나 다중의 위력으로 상해, 폭행 등의 죄를 범한 자 또는 흉기 등을 휴대하거나 수인이 공동하여 그 죄를 범한 자는 2년 이상의 유기징역에 처하며 그 죄를 야간에 또는 상습적으로 범한 자는 3년 이상의 유기징역에 처하도록 하며(동법 제3조), ③ 단체 또는 집단을 구성하여 이 법에 규정된 죄를 범한 자는 수괴는 사형·무기 또는 10년 이상, 조직한 자는 무기 또는 5년 이상, 가입자는 1년 이상의 유기징역에 처하도록 하였다(동법 제4조).

---

62) 室井和弘, 特別法シリーズ(64)暴力行為等処罰に関する法律(1), 研修, 誌友会研修編集部, 1998. 10; 宮島常史, 暴力行為等処罰法の違憲無効─沿革, 内容および運用, 学習院大学法学会雑誌, 2004. 3. 참조.

한편 동법은 사법경찰관리의 직무유기를 처벌하는 특별조항을 마련하였을 뿐만 아니라(제9조), 관할 지방검찰청 검사장에게 사법경찰관리의 행정적 책임요구권을 새롭게 신설하였다는 특징을 가지고 있다(제10조).[63]

Ⅱ. 개정 연혁

폭력행위 등 처벌에 관한 법률은 제정 이후 가장 최근인 2016년 1월 16일 개정까지 총 9차에 걸쳐 개정이 이루어졌다. 이 중 2004년 1월 20일자 제6차 개정은 검찰청법의 일부개정에 따라 수반된 자구수정에 불과하고, 2014년 12월 30일자 제8차 개정은 변화된 맞춤법의 반영과 어려운 한자용어의 순화를 위한 개정이므로, 실질적인 개정은 모두 7차례 있었다. 각 개정의 주요 내용은 다음과 같다.

1. 1962년 7월 14일 일부개정, 법률 제1108호

제1차 개정은 1962년 6월 20일 국가재건최고국민회의 법제사법위원장이 개정안을 제안하여, 같은 해 7월 4일 국가재건최고회의 제52차 상임위원회에서 원안 의결되어 같은 달 14일 법률 제1108호로 공포·시행되었다.

제정 당시 법 제1조에서 폭력행위 처벌대상을 "사회질서를 문란하게 하고 사회적 불안을 조성하는 자"라고 규정하고 있어 폭력행위를 하였더라도 사회질서의 문란과 사회적 불안을 조성하는 것이 아니라면 이 법을 적용할 수 없다고 해석할 수 있을 것으로 보아 이 규정을 삭제하였다.[64] 그리고 제2조 제2항을 신설하여 "야간 또는 2인 이상이 공동하여 죄를 범한 경우에는 형법 해당 조항에 정한 형의 2분의 1까지 가중"하도록 하였다.

이 개정으로 인해 야간·상습·집단·흉기에 의한 폭력행위는 모두 가중처벌하게 되어 그 적용범위가 상당히 확대되었다. 그리고 제정 당시 동법은 적용범위

---

63) 해당 조문에 관한 내용은 본문의 '주요조문 해설' 부분 참조.

64) "본법은 집단적 또는 상습적으로 폭력행위등을 자행하여 사회질서를 문란하게 하고 사회적 불안을 조성하는 자등을 처벌함을 목적으로 한다"라고 되어 있는 법 제1조(목적)를 "본법은 집단적, 상습적 또는 야간에 폭력행위등을 자행하는 자등을 처벌함을 목적으로 한다"라고 변경한 것이다.

를 사회적 법익침해에 제한함으로써 개인적 법익침해에 해당하는 형법상의 폭행죄에 대한 특별법으로서의 의의가 명확했다고 볼 수 있으나, 사회적 법익이 실제 침해되었는지 여부에 관계없이 동법이 적용됨에 따라 그 의미가 희석되었다.

2. 1980년 12월 18일 일부개정, 법률 제3279호

2차 개정은 1980년 11월 25일 정부가 개정안을 제안하여 같은 달 26일 국가보위입법회의 법제사법위원회에서 원안 의결되었으며, 같은 달 29일 국가보위입법회의 제7차 본회의에서 원안 의결되어 같은 해 12월 18일 법률 제3279호로 공포·시행되었다.

개정이유는 "오늘날 폭력사범이 양적으로 증가할 뿐 아니라 질적으로 흉폭화, 집단화됨으로써 사회불안을 조성하고 있음에 비추어 사회정화차원에서 상습적이고 조직적인 폭력배에 대해서는 중형으로 엄단하여 장기간 사회에서 격리시킴으로써 국민이 안심하고 살 수 있는 사회를 이룩할 수 있도록 하려는 것"이라고 밝히고 있다. 이에 따라 ① 상습적으로 제3조 제1항의 죄를 범한 자(단체나 다중의 위력으로써 또는 단체나 집단을 가장하여 위력을 보임으로써 전조의 죄를 범한 자 또는 흉기 기타 위험한 물건을 휴대하여 그 죄를 범한 자)에 대하여는 종전에 3년 이상의 유기징역에 처하던 것을 무기 또는 5년 이상의 유기징역에 처하도록 그 형을 가중하였고(제3조 제3항 신설), ② 폭력행위 등으로 3회 이상 징역형을 받은 자로서 폭력행위 등의 죄를 범하여 누범으로 처벌받는 자는 무기 또는 5년 이상의 유기징역에 처하도록 하는 조항을 신설하였다(제3조 제4항 신설).

3. 1990년 12월 31일 일부개정, 법률 제4294호

1990년 12월 31일 법률 제4294호로 공포·시행된 3차 개정은 그 개정이유를 "조직폭력사범, 상습폭력사범, 집단폭력사범 및 흉기사용폭력사범을 엄벌하여 민생치안확립에 이바지하려는 것"에 있다고 밝히고 있다.

개정내용을 구체적으로 보면, ① 상습적으로 상해, 폭행, 체포, 감금, 협박, 주거침입, 퇴거불응, 폭력에 의한 권리행사방해, 공갈, 손괴 등(이하 "폭력행위등"이라 한다)의 죄를 범한 자는 3년 이상의 징역에 처하도록 하였고, ② 폭력행위등으로

2회 이상 징역형을 받은 자로서 폭력행위등의 죄를 범하여 누범으로 처벌받는 자는 3년 이상의 징역에 처하도록 하였다. 그리고 ③ 단체나 다중의 위력을 보이거나 흉기 등을 휴대하여 폭력행위등의 죄를 범한 자는 3년 이상의 징역에 처하도록 하였고, ④ 단체나 다중의 위력을 보이거나 흉기 등을 휴대하여 폭력행위등의 죄를 야간에 범한 자는 5년 이상의 징역에 처하도록 하는 한편, ⑤ 단체나 다중의 위력을 보이거나 흉기 등을 휴대하여 폭력행위등의 죄를 상습적으로 범한 자는 무기 또는 7년 이상의 징역에 처하도록 하였다. ⑥ 폭력행위등으로 2회 이상 징역형을 받은 자로서 다시 단체나 다중의 위력을 보이거나 흉기 등을 휴대하고 폭력행위등의 죄를 범하여 누범으로 처벌받는 자는 무기 또는 7년 이상의 징역에 처하도록 하였으며, ⑦ 폭력행위등의 죄를 범할 목적으로 구성한 단체 또는 집단의 간부는 무기 또는 7년 이상의 징역에 처하도록 하였다.

4. 1993년 12월 10일 일부개정, 법률 제4590호

4차 개정은 그 개정이유를 "범죄단체조직죄가 즉시범으로서 동 단체에 가입한 즉시 공소시효가 진행되는 법리를 범죄단체등의 구성원들이 악용함으로써 처벌을 모면해 온 사례를 가급적 방지하고 그들의 활동을 차단하기 위하여 범죄단체등의 구성·가입행위에 대한 벌칙을 일부 강화하고 범죄단체등의 구성원이 이 법 또는 형법 소정의 죄를 범한 경우에는 가중처벌하도록 하며, 타인에게 가입을 강요 또는 권유하는 행위와 이들 단체 또는 집단의 존속·유지를 위하여 금품을 모집 또는 제공하는 행위에 대한 벌칙규정을 신설함으로써 민생치안의 확보와 국가기강의 확립을 도모하려는 것"이라고 밝히고 있다.

개정내용을 구체적으로 보면, ① 범죄단체구성원의 구성요건 중 "단체 또는 집단을 구성한 자"를 "단체 또는 집단을 구성하거나 그러한 단체 또는 집단에 가입한 자"로 하여 구성요건을 명백히 하고, 단순 가입자에 대한 형량을 "1년 이상의 유기징역"에서 "2년 이상의 유기징역"으로 상향조정하였고, ② 범죄단체 또는 집단에 가입한 자가 범죄단체 또는 집단의 위력을 과시하거나 범죄단체 또는 집단의 존속·유지를 위하여 형법상의 공무방해·살인·강도 등의 죄를 범하거나 이법 제2조 또는 제3조의 폭행 및 집단적 폭행죄를 범한 경우에는 그 죄에 대한 형의 장기 및 단기의 2분의 1까지 가중처벌하도록 하며, 타인에게 범죄단체 또는 집단에 가입할 것을 강요하거나 권유한 자는 2년 이상의 유기징역에 처하도록 하였다. ③ 범죄단체 또는 집단에 가입한 자로서 이들 단체 또는 집단의 존속·유지를 위하여 금품을 모집한 자와, 범죄단체 또는 집단에 가입하지 아니한 자로서 이들 단체 또는 집단의 구성·유지를 위한 자금을 제공한 자에 대하여는 3년 이상의 유기징역에 처하도록 하였다.

5. 2001년 12월 19일 일부개정, 법률 제6534호

5차 개정 시에는 피해자의 의사에 상관없이 단순폭행죄 등 일상적인 범죄를 처벌함으로써 전과자를 양산하는 폐해를 시정하기 위하여 야간에 행하여지는 단순폭행 및 협박행위에 대하여 반의사 불벌을 인정하였다.

6. 2006년 3월 24일 일부개정, 법률 제7891호

앞에서 언급한 바와 같이 2006년 3월 24일자 법률 제7891호는 7차 개정에 해당한다. 이 개정의 이유는 "행위태양·죄질·위험성 등이 각기 다른 유형의 범죄에 대한 법정형을 일률적으로 정하는 것은 비례의 원칙 및 평등의 원칙에 반할 우려가 있으므로 행위태양·죄질·위험성 등을 감안하여 법정형을 세분하고, 야간에 행하여진 폭력범죄에 대하여 과도하게 높은 법정형에 처하는 문제점을 개선하기 위하여 주·야간 구별에 따른 법정형 구분을 폐지하는 등 현행 제도의 운영과정에서 나타난 일부 미비점을 개선·보완하려는 것"에 있다고 밝히고 있다.

이 개정은 헌법재판소가 2004년 12월 16일 폭력행위 등 처벌에 관한 법률 제3조 제2항에 대하여 위헌결정을 내림에 따라 이루어졌다. 이 위헌결정의 판시사항은 다음과 같다.

※ **헌법재판소 2004. 12. 16. 결정 2003헌가12. 폭력행위등처벌에관한법률 제3조 제2**
항 위헌제청

<판시사항>

가. 야간에 흉기 기타 위험한 물건을 휴대하여 형법 제283조 제1항(협박)의 죄를 범한
   자를 5년 이상의 유기징역에 처하도록 규정한 폭력행위등처벌에관한법률(이하 "폭
   처법"이라 한다) 제3조 제2항 부분(이하 "이 사건 법률조항"이라 한다)이 형벌과
   책임 간의 비례성원칙에 위반되는지 여부(적극)

나. 이 사건 법률조항이 다른 범죄와의 관계에서 형벌의 체계정당성에 어긋나고 평등원
   칙에 위반되는지 여부(적극)

다. 종전에 같은 조항에 대하여 합헌결정이 있었음에도 판례를 변경한 사례

<판결요지>

가. 형사법상 책임원칙은 기본권의 최고이념인 인간의 존엄과 가치에 근거한 것으로,
   형벌은 범행의 경중과 행위자의 책임 즉 형벌 사이에 비례성을 갖추어야 함을 의미
   한다. 따라서 기본법인 형법에 규정되어 있는 구체적인 법정형은 개별적인 보호법
   익에 대한 통일적인 가치체계를 표현하고 있다고 볼 때, 사회적 상황의 변경으로
   인해 특정 범죄에 대한 형량이 더 이상 타당하지 않을 때에는 원칙적으로 법정형에
   대한 새로운 검토를 요하나, 특별한 이유로 형을 가중하는 경우에도 형벌의 양은
   행위자의 책임의 정도를 초과해서는 안 된다.
   이 사건 법률조항을 포함한 폭처법 제3조 제2항은 동 조항의 적용대상인 형법 본조
   에 대하여 일률적으로 5년 이상의 유기징역에 처하는 것으로 규정하고 있다. 그런
   데 위 각 형법상의 범죄는 죄질과 행위의 태양 및 그 위험성이 사뭇 다르고, 이에
   따라 원래의 법정형은 낮게는 폭행(제260조 제1항)이나 협박(제283조 제1항)과 같
   이 구류 또는 과료가 가능한 것에서부터 높게는 상해(제257조 제1항) 또는 공갈(제
   350조)과 같이 10년 이하의 징역에 이르기까지 그 경중에 차이가 많음을 알 수 있
   다. 그럼에도 불구하고, 그 행위가 야간에 행해지고 흉기 기타 위험한 물건을 휴대
   하였다는 사정만으로 일률적으로 5년 이상의 유기징역형에 처하도록 규정한 것은
   실질적 법치국가 내지는 사회적 법치국가가 지향하는 죄형법정주의의 취지에 어긋
   날 뿐만 아니라 기본권을 제한하는 입법을 함에 있어서 지켜야 할 헌법적 한계인
   과잉금지의 원칙 내지는 비례의 원칙에도 어긋난다.

나. 폭처법 제3조 제2항에 해당하는 범죄와 유사하거나 관련 있는 범죄로서 동 조항에
   해당하지 아니하는 범죄를 살펴보면, 예컨대 형법 제259조 제1항의 상해치사의 경
   우 사람의 사망이라는 엄청난 결과를 초래한 범죄임에도 3년 이상의 유기징역형으로

그 법정형이 규정되어 있다. 그런데, 상해치사의 범죄를 야간에 흉기 기타 물건을 휴대하여 범한 경우에도 그 법정형은 여전히 3년 이상의 유기징역형임을 고려하면, 야간에 흉기 기타 위험한 물건을 휴대하여 형법 제283조 제1항의 협박죄를 범한 자를 5년 이상의 유기징역에 처하도록 규정하고 있는 이 사건 법률조항의 법정형은 형벌의 체계정당성에 어긋난다.

또한, 예컨대 야간에 위험한 물건을 휴대하여 상해를 가한 자 또는 체포·감금, 갈취한 자를 5년 이상의 유기징역에 처하는 것이 폭력행위의 근절이라는 입법목적을 달성하기 위하여 불가피한 입법자의 선택이었다 하더라도, 이 사건 법률조항은 이러한 폭력행위자를 행위내용 및 결과불법이 전혀 다른, "협박"을 가한 자를 야간에 위험한 물건의 휴대라는 범죄의 시간과 수단을 매개로, 상해를 가한 자 또는 체포·감금, 갈취한 자와 동일하다고 평가하고 있다. 이것은 달리 취급하여야 할 것을 명백히 자의적으로 동일하게 취급한 결과로서, 형벌체계상의 균형성을 현저히 상실하여 평등원칙에도 위배된다.

다. 이 사건 법률조항은 지나치게 과중한 형벌을 규정함으로써 죄질과 그에 따른 행위자의 책임 사이에 비례관계가 준수되지 않아 인간의 존엄과 가치를 존중하고 보호하려는 실질적 법치국가 이념에 어긋나고, 형벌 본래의 기능과 목적을 달성하는 데 필요한 정도를 현저히 일탈하여 과잉금지원칙에 위배되며, 형벌체계상의 균형성을 상실하여 다른 범죄와의 관계에서 평등의 원칙에도 위반된다.

따라서, 이와는 달리 폭처법(1961. 6. 20. 법률 제625호로 제정되고 1990. 12. 31. 법률 제4294호로 개정된 것) 제3조 제2항은 헌법에 위반되지 아니한다고 판시한 헌재 1995. 3. 23. 94헌가4 결정은 이 결정의 견해와 저촉되는 한도 내에서 이를 변경하기로 한다.

▶ 심화학습: 헌법재판소 1995. 3. 23. 결정 94헌가4(기존의 합헌결정)

한편, 헌법재판소는 이 위헌결정에 앞서 종전에 같은 조항에 대하여 합헌결정을 내린바 있었다. 기존의 합헌결정의 판시사항 및 판결요지는 다음과 같다.

《판시사항》 폭력행위등처벌에관한법률(1961. 6. 20. 법률 제625호로 제정되고, 1990. 12. 31. 법률 제4294호로 개정된 것) 제3조 제2항의 위헌 여부

《결정요지》 폭력행위등처벌에관한법률 제3조 제2항은, "야간에," "단체나 다중의 위력을 보이거나, 흉기 기타 위험한 물건을 휴대하여," "위 형법상의 각 죄를 범한 경우"에 "5년 이상의 유기징역"에 처한다고 규정하여, 그 구성요건과 그에 대한 형벌을 특정하고 있으므로, 죄형법정주의에 위배된다고 할 수 없다. 또한 위 법률조

항이 위와 같이 특수한 구성요건에 해당하는 자를 특별하게 가중처벌하는 이유가 질서유지와 공공복리를 위하여 필요함에 있을 뿐 특정인을 일반국민과 차별하여 특별히 엄단하려 함에 있지 아니하므로 위 법률조항은 평등의 원칙에 위배되지 아니할 뿐만 아니라, 특정범죄를 가중처벌하는 다른 법률들에 비하여 비례의 원칙에 반한다고 볼 만한 근거도 없다. 그리고 위 법률조항이 특별히 가중하고 있는 형법상의 각 죄가 비록 행위의 태양이 각기 다르고 죄질과 위험성의 정도가 각기 다르다 하더라도 두 가지의 특수한 구성요건 즉 "야간에, 단체 또는 다중의 위력을 보이거나 단체 또는 집단을 가장하여 위력을 보이거나 흉기 기타 위험한 물건을 휴대하여"의 두 가지 요건을 구비할 경우에는 그 어느 것이나 동일한 정도의 위험성이 있게 됨을 고려하여, 이러한 경우의 범죄들을 같은 유형의 독립된 하나의 범죄형태로 규정하게 된 것이라 보여지므로 비례의 원칙을 위배하였다 할 수 없고 또한 단기형이 무겁다 하여 입법재량의 범위를 일탈하여 법관의 재량을 제한하였다고 볼 수 없다.

《재판관 김용준, 재판관 김진우, 재판관 김문희, 재판관 황도연의 별개의견(別個意見)》폭력행위등처벌에관한법률 제3조 제2항은, 같은 조항에서 가중처벌하도록 한 각 형법상의 범죄가 죄질, 행위의 태양과 위험성이 서로 다를 뿐 아니라 형법에 정한 법정형 역시 과료에서부터 징역 10년 이하에 이르기까지 그 차이가 현저함에도 불구하고 이를 동일한 법정형으로 규정하고, 또한 그 법정형의 하한을 징역 5년으로 규정함으로써 법관의 양형재량권을 심히 제한하고 있어 형벌의 개별화의 원칙에 반하는 면이 있을 뿐만 아니라, 헌법의 최고가치의 하나인 인간으로서의 존엄과 가치에 대한 국가의 보장의무에 반하는 것이 아닌가 하는 의심이 있으므로, 위 법률조항이 비록 평등의 원칙이나 비례의 원칙에 비추어 현저히 정의의 이념에 합치되지 아니할 정도로 심히 부당한 경우가 아니어서 위헌이라고 할 정도의 것은 아니더라도 빠른 시일 안에 그 법정형을 정상적으로 되돌리는 개정이 이루어져야 한다.

7차 개정의 주요한 개정내용은 첫째, 범죄유형별 법정형 세분화 등(법 제2조 제1항 및 제3조 제1항·제3항)이다. 상습적 폭행 등의 범죄, 집단적 폭행 등의 범죄 및 상습적인 집단폭행 등의 범죄에 대하여는 형법에 따른 법정형·죄질 등을 감안하여 범죄유형을 세 가지로 나누어 범죄유형별로 법정형을 세분하고, 존속상대 폭력범행을 적용대상 범죄에 포함하였다. 둘째, 주·야간 구별에 따른 법정형 구분 폐지(법 제1조, 제2조 제2항 및 제3조 제2항)이다. 전기문명의 발달로 야간에 이루어진 폭력범죄를 가중처벌할 합리적 근거 내지 현실적 필요성이 크게 줄어듦에 따라 야간에 행해진 폭력행위에 대한 가중처벌을 삭제하여 주·야간 구별에 따른 법정형 구분을 폐지하였다. 셋째, 범죄단체 구성원으로서의 활동에 대한 처벌근거 마련(법 제4조 제1항)이다. 범죄단체 조직·가입행위뿐만 아니라 그 구성원으로 활동하는 경우에도 처벌할 수 있는 조항을 마련하였다. 넷째, 범죄단체 등을 이용한 범죄교사의 법정형 정비(법 제5조 제1항)이다. 범죄단체 등을 이용한 범죄교사의 경우 그 죄에 대한 형의 장기 및 단기의 2분의 1까지 가중하도록 하였다.

7. 2014년 12월 30일 일부개정, 법률 제12896호

이 개정은 법률내용에 대한 개정은 아니고 한글화 및 맞춤법 정비 등의 형식적 개정이다. 법치국가에서의 법 문장은 일반 국민이 쉽게 읽고 이해해서 잘 지킬 수 있도록 해야 함은 물론이고 국민의 올바른 언어생활을 위한 본보기가 되어야 하는데, 우리의 법 문장은 용어 등이 어려워 이해하기 힘든 경우가 많고 문장 구조도 어문(語文) 규범에 맞지 아니하여 국민의 일상적인 언어생활과 거리가 있다는 지적이 많았다. 이에 따라 법적 간결성·함축성과 조화를 이루는 범위에서, 법 문장의 표기를 한글화하고, 어려운 용어를 쉬운 우리말로 풀어쓰며 복잡한 문장은 체계를 정리하여 간결하게 다듬음으로써 쉽게 읽고 잘 이해할 수 있으며 국민의 언어생활에도 맞는 법률이 되도록 하였다.

주요 내용은 다음과 같다. 첫째, 법률의 한글화이다. 법 문장 중 한자를 한글로 바꾸되, "장기"를 "장기(長期)"로 하는 등 한글만으로 이해가 어렵거나 혼동의 우려가 있는 경우에는 괄호 안에 한자를 병기(倂記)하였다. 둘째, 어려운 법령 용어의 순화(醇化)이다. 법률의 내용을 바꾸지 아니하는 범위에서, "태만히 하거나"를 "게을리 하거나"로, "체임"을 "교체임용"으로 하는 등 법 문장에 쓰는 어려운 한자어와 용어, 일본식 표현 등을 알기 쉬운 우리말로 고쳤다. 셋째, 한글맞춤법 등 어문 규범의 준수이다. 법 문장에 나오는 법령 제명(이름)과 명사구 등의 띄어쓰기를 할 때와 가운뎃점(·), 반점(,) 등의 문장부호와 기호 등을 사용할 때에 한글맞춤법 등 어문 규범에 맞도록 하였다. 넷째, 정확하고 자연스러운 법 문장의 구성이다. 주어와 서술어, 부사어와 서술어, 목적어와 서술어 등의 문장 성분끼리 호응(呼應)이 잘 되도록 법 문장을 구성하고, 어순(語順)이 제대로 되어 있지 아니하여 이해가 어렵고 표현이 번잡한 문장은 어순을 올바르고 자연스럽게 배치했으며 자연스럽지 아니하거나 일상생활에서 자주 쓰지 아니하는 표현은 문맥에 따라 알맞고 쉬운 표현으로 바꾸었다. 다섯째, 체계 정비를 통한 간결화·명확화이다. 여러 가지 내용이 한 문장 속에 뒤섞여 내용 파악이 어렵거나 너무 길고 복잡한 문장 등은 표현을 간소화하거나 문장을 나누는 등 체계를 정비하여 명확하게 하였다.

8. 2016년 1월 6일 일부개정, 법률 제13718호

이 개정은 "그간 헌법재판소가 폭력행위 등 처벌에 관한 법률의 일부 가중처벌 규정에 대하여 형법과 같은 기본법과 동일한 구성요건을 규정하면서 법정형만 상향한 규정은 형벌체계상의 정당성과 균형을 잃어 헌법의 기본원리에 위배되고 평등의 원칙에 위반된다는 이유로 위헌결정을 내린 바 있는데, 이러한 헌법재판소의 위헌결정 취지를 존중하여, 위헌결정 대상조항 및 이와 유사한 가중처벌 규정을 일괄하여 정비하려는" 이유에서 이루어진 개정이다.

개정의 주요 내용은 ① 상습폭행 등 상습폭력범죄의 가중처벌 규정을 삭제하였고(종전 제2조 제1항 삭제), ② 형법의 특수상해죄(제258조의2) 신설에 맞추어 흉기휴대폭행 등 특수폭력범죄의 가중처벌 규정 및 상습특수폭력범죄의 가중처벌 규정을 삭제하였으며(종전 제3조 제1항 및 제3항 삭제), ③ 상습폭력범죄 및 특수폭력범죄, 상습특수폭력범죄 규정 삭제에 따른 공동폭력범죄 가중처벌 규정, 누범 가중처벌 규정을 정비(제2조 제2항·제3항 및 제3조 제4항)하였다.

> ※ 폭력행위 등 처벌에 관한 법률 제3조 제1항 등 위헌소원 등[2015. 9. 24. 2014헌바 154·398, 2015헌가3·9·14·18·20·21·25(병합)]
>
> <판시사항>
> 가. 흉기 기타 위험한 물건을 휴대하여 형법상 폭행죄, 협박죄, 재물손괴죄를 범한 사람을 가중처벌하는 구 '폭력행위 등 처벌에 관한 법률'(2006. 3. 24. 법률 제7891호로 개정되고, 2014. 12. 30. 법률 제12896호로 개정되기 전의 것) 제3조 제1항 중 "흉기 기타 위험한 물건을 휴대하여 형법 제260조 제1항(폭행), 제283조 제1항(협박), 제366조(재물손괴등)의 죄를 범한 자"에 관한 부분 및 '폭력행위 등 처벌에 관한 법

률'(2014. 12. 30. 법률 제12896호로 개정된 것) 제3조 제1항 중 "흉기 기타 위험한 물건을 휴대하여 형법 제260조 제1항(폭행), 제283조 제1항(협박), 제366조(재물손괴등)의 죄를 범한 자"에 관한 부분(이하 위 조항들을 합하여 '심판대상조항'이라 한다)이 죄형법정주의의 명확성원칙에 위배되는지 여부(소극)

나. 심판대상조항이 형벌체계상의 균형을 상실하여 평등원칙에 위배되는지 여부(적극)

＜판결요지＞

가. 헌법재판소는 2006. 4. 27.에 선고한 2005헌바36 결정에서, '위험한 물건'이라는 구성요건이 명확성원칙에 반하지 않는다고 판단한 바 있다. 위 선례와 달리 판단할 사정의 변경이나 필요성이 있다고 인정되지 아니하므로, 심판대상조항 중 '위험한 물건' 부분은 죄형법정주의의 명확성원칙에 반한다고 볼 수 없다. '휴대하여'는 '손에 들거나 몸에 지니고'라고 해석할 수 있으므로, 건전한 상식과 통상적인 법감정을 가진 사람이라면 어떠한 경우가 '휴대하여'에 해당하는지를 파악할 수 있고, 대법원도 '휴대하여'의 의미를 범행현장에서 그 범행에 사용하려는 의도 아래 흉기를 소지하거나 몸에 지니는 경우를 가리키는 것으로 제한하여 해석하고 있다. 따라서 심판대상조항의 '휴대하여'라는 구성요건도 죄형법정주의의 명확성원칙에 반한다고 볼 수 없다.

나. 형법 제261조(특수폭행), 제284조(특수협박), 제369조(특수손괴)(이하 모두 합하여 '형법조항들'이라 한다)의 '위험한 물건'에는 '흉기'가 포함된다고 보거나, '위험한 물건'과 '흉기'가 동일하다고 보는 것이 일반적인 견해이며, 심판대상조항의 '흉기'도 '위험한 물건'에 포함되는 것으로 해석된다. 그렇다면 심판대상조항의 구성요건인 '흉기 기타 위험한 물건을 휴대하여'와 형법조항들의 구성요건인 '위험한 물건을 휴대하여'는 그 의미가 동일하다. 그런데 심판대상조항은 형법조항들과 똑같은 내용의 구성요건을 규정하면서 징역형의 하한을 1년으로 올리고, 벌금형을 제외하고 있다. 흉기 기타 위험한 물건을 휴대하여 폭행죄, 협박죄, 재물손괴죄를 범하는 경우, 검사는 심판대상조항을 적용하여 기소하는 것이 특별법 우선의 법리에 부합하나, 형법조항들을 적용하여 기소할 수도 있다. 그런데 위 두 조항 중 어느 조항이 적용되는지에 따라 피고인에게 벌금형이 선고될 수 있는지 여부가 달라지고, 징역형의 하한을 기준으로 최대 6배에 이르는 심각한 형의 불균형이 발생한다. 심판대상조항은 가중적 구성요건의 표지가 전혀 없이 법적용을 오로지 검사의 기소재량에만 맡기고 있으므로, 법집행기관 스스로도 법적용에 대한 혼란을 겪을 수 있고, 이는 결과적으로 국민의 불이익으로 돌아올 수밖에 없다. 법집행기관이 이러한 사정을 피의자나 피고인의 자백을 유도하거나 상소를 포기하도록 하는 수단으로 악용할 소지도 있다. 따라서 심판대상조항은 형벌체계상의 정당성과 균형을 잃은 것이 명백하므로, 인간의 존엄성과 가치를 보장하는 헌법의 기본원리에 위배될 뿐만 아니라 그 내용에 있어서도 평등원칙에 위배된다.

제2절 | 주요조문 해설

현행 폭처법(2016년 1월 6일 일부개정, 법률 제13718호)은 전문 10개조 및 부칙으로 구성되어 있다. 제1조 (목적)에서 "이 법은 집단적 또는 상습적으로 폭력행위 등을 범하거나 흉기 또는 그 밖의 위험한 물건을 휴대하여 폭력행위 등을 범한 사람 등을 처벌함을 목적으로 한다"고 밝히고 있다.

본법에서 규율대상으로 삼고 폭력행위 등에 관한 직접적인 처벌규정은 제2조 내지 제7조에 규정되어 있다. 제2조 (폭행 등), 제3조 (집단적 폭행 등), 제4조 (단체 등의 구성·활동), 제5조 (단체 등의 이용·지원), 제6조 (미수범), 제7조 (우범자)의 규정이 이에 해당한다. 아울러 제9조 (사법경찰관리의 직무유기)에서는 사법경찰관리의 직무유기에 관한 가중처벌조항을 두고 있고, 제10조 (사법경찰관리의 행정적 책임)에는 사법경찰관리에 대한 관할 지방검찰청 검사장의 행정적 책임요구권을 규정하고 있다.

한편 제8조에는 형법총칙상 정당방위 규정의 적용에 있어서의 특례를 규정한 조항을 두고 있다.

Ⅰ. 제2조 (폭행 등)

제2조 (폭행 등) ① (삭제)
② **2명 이상이 공동하여** 다음 각 호의 죄를 범한 사람은 「형법」 각 해당 조항에서 정한 형의 2분의 1까지 가중한다.
1. 「형법」 제260조 제1항(폭행), 제283조 제1항(협박), 제319조(주거침입, 퇴거불응) 또는 제366조(재물손괴 등)의 죄
2. 「형법」 제260조 제2항(존속폭행), 제276조 제1항(체포, 감금), 제283조 제2항(존속협박) 또는 제324조 제1항(강요)의 죄
3. 「형법」 제257조 제1항(상해)·제2항(존속상해), 제276조 제2항(존속체포, 존속감금) 또는 제350조(공갈)의 죄
③ 이 법(「형법」 각 해당 조항 및 각 해당 조항의 상습범, 특수범, 상습특수범, 각 해당

조항의 상습범의 미수범, 특수범의 미수범, 상습특수범의 미수범을 포함한다)을 위반하여 2회 이상 징역형을 받은 사람이 다시 제2항 각 호에 규정된 죄를 범하여 **누범(累犯)으로 처벌할 경우에는** 다음 각 호의 구분에 따라 가중처벌한다.
1. 제2항 제1호에 규정된 죄를 범한 사람: 7년 이하의 징역
2. 제2항 제2호에 규정된 죄를 범한 사람: 1년 이상 12년 이하의 징역
3. 제2항 제3호에 규정된 죄를 범한 사람: 2년 이상 20년 이하의 징역
④ 제2항과 제3항의 경우에는 「형법」 제260조 제3항 및 제283조 제3항을 적용하지 아니한다.

1. 공동폭행 등의 죄

종전 법률 제2조 제1항에서는 상습적으로 형법상의 폭행(제260조 제1항), 협박(제283조 제1항), 주거침입 및 퇴거불응(제319조), 재물손괴(제366조)의 죄를 범한 사람은 1년 이상의 유기징역, 존속폭행(제260조 제2항), 체포 및 감금(제276조 제1항), 존속협박(제283조 제2항), 강요(제324조)의 죄를 범한 사람은 2년 이상의 유기징역, 상해 및 존속상해(제257조 제1항·제2항), 존속체포 및 존속감금(제276조 제2항), 공갈(제350조)의 죄를 범한 사람은 3년 이상의 유기징역에 각각 처하도록 규정하고 있었으나 현행 법률은 이를 삭제하였다. 전술한 개정연혁에서 살펴본 바와 같이 "형벌체계상의 균형을 상실하여 평등원칙에 위배"된다는 헌법재판소 결정[2015. 9. 24. 2014헌바154·398, 2015헌가3·9·14·18·20·21·25(병합)]을 존중하여, 2016년 1월 6일자 개정에서 상습범 가중처벌 조항을 삭제한 것이다.

2명 이상이 공동하여 형법상의 상해(제257조 제1항), 존속상해(제257조 제2항), 폭행(제260조 제1항), 존속폭행(제260조 제2항), 체포·감금(제276조 제1항), 존속체포·존속감금(제276조 제2항), 협박(제283조 제1항), 존속협박(제283조 제2항), 주거침입·퇴거불응(제319조), 강요(제324조 제1항), 공갈(제350조) 또는 제366조(재물손괴 등)의 죄를 범한 때에는 각 형법 본조에 정한 형의 2분의 1까지 가중한다(제2조 제2항). 판례는 '2인(명) 이상이 공동하여 죄를 범한 때'란 "수인간에 공범관계가 존재하는 것을 요건으로 하고, 수인이 동일 장소에서 동일 기회에 상호 다른 자의 범행을 인식하고 이를 이용하여 범행을 한 경우"로 보고 있다(대법원 1998. 3. 10. 선고 98도70, 본장 제3절 관련판례 2번 참조). 즉 '2명 이상이 공동하여'를 **합동범**의 의미로 파악

하고 있다고 볼 수 있다.

[대법원 1998. 3. 10. 선고 98도70] 폭력행위 등 처벌에 관한 법률 제2조 제2항의 '2인 이상이 공동하여 제1항의 죄를 범한 때'라고 함은 그 수인간에 소위 공범관계가 존재하는 것을 요건으로 하고, 수인이 동일 장소에서 동일 기회에 상호 다른 자의 범행을 인식하고 이를 이용하여 범행을 한 경우임을 요한다.

그러나 나아가 판례는 여러 사람이 폭처법 제2조 제2항에 열거된 "죄를 범하기로 공모한 다음 그중 2인 이상이 범행장소에서 범죄를 실행한 경우에는 범행장소에 가지 아니한 자"도 폭처법 제2조 제2항에 규정된 죄의 **공모공동정범**으로 처벌할 수 있다는 입장을 취하고 있다(대법원 1986. 6. 10. 선고 85도119; 대법원 1990. 10. 30. 선고 90도2022; 대법원 1996. 12. 10. 선고 96도2529 등). 본조의 '2인 이상이 공동하여'를 합동범으로 엄격히 해석하면서도 결국 합동범의 공모공동정범을 인정하는 길을 열어둠으로써 그 적용범위를 넓히고 있는 것이다.

[대법원 1986. 6. 10. 선고 85도119] 폭력행위 등 처벌에 관한 법률 제2조 제2항의 "2인 이상이 공동하여"라고 함은 그 수인간에 소위 공범관계가 존재하는 것을 요건으로 하는 것이며, 수인이 동일 장소에서 동일 기회에 상호 다른 자의 범행을 인식하고 이를 이용하여 범행을 한 경우임을 요하고, 형법 제30조의 소위 공동정범은 공범자 전원 간에 범죄에 대한 공동가공의 의사가 있는 경우 즉 범행자 상호간에 범의의 연락이 있고 그 일부자가 범죄의 실행에 당한 경우에 성립되고, 이때에는 그 전원이 공동일체로서 범죄를 실행한 것이 되고 비록 스스로 직접 그 실행행위를 분담하지 아니한 자이더라도 그 범죄 전체에 관하여 공동정범으로서의 책임을 져야 한다.

[대법원 1996. 12. 10. 선고 96도2529] 범죄공모 후 범행장소에 직접 가지 않은 자의 공모공동정범의 성립가부(적극) 여러 사람이 폭력행위 등 처벌에 관한 법률 제2조 제1항에 열거된 죄를 범하기로 공모한 다음 그중 2인 이상이 범행장소에서 범죄를 실행한 경우에는 범행장소에 가지 아니한 자도 같은 법 제2조 제2항에 규정된 죄의 공모공동정범으로 처벌할 수 있다.

2. 누범의 죄

또한 본법(형법 각 해당 조항 및 각 해당 조항의 상습범, 특수범, 상습특수범, 각 해당 조항의 상습범의 미수범, 특수범의 미수범, 상습특수범의 미수범을 포함한다)을 위반하여 2회 이상 징역형을 받은 자로서 다시 제2조 제2항에 열거된 죄를 범하여 누범으로 처벌할 경우에는 죄의 종류에 따라 처벌의 수준이 구분되어 있다(제2조 제3항). 구체적으로 폭행, 협박, 주거침입, 퇴거불응, 재물손괴의 경우에는 7년 이하의 징역으로, 존속폭행, 체포감금, 존속협박, 강요의 경우에는 1년 이상 12년 이하의 징역으로, 상해, 존속상해, 존속체포, 존속감금, 공갈의 경우에는 2년 이상 20년 이하의 징역으로 각각 처벌된다. 이와 같이 폭처법 제2조 제3항에 따라 누범으로 가중처벌하기 위해서는 형법상의 누범요건(제35조)을 갖추어야 한다. 즉 금고 이상의 형을 받아 그 집행을 종료하거나 면제를 받은 후 3년 내에 금고 이상에 해당하는 죄를 범하여야 한다.

> **형법 제35조(누범)** ① 금고 이상의 형을 선고받아 그 집행이 종료되거나 면제된 후 3년 내에 금고 이상에 해당하는 죄를 지은 사람은 누범으로 처벌한다. ② 누범의 형은 그 죄에 대하여 정한 형의 장기의 2배까지 가중한다.

따라서 만약 '다시 제1항의 죄'를 범하여 벌금형이 선고된 경우에는 누범가중의 대상이 되지 않는다.

> **[대법원 1997. 4. 11. 선고 95도1637]** 선택형이 벌금형인 경우, 폭력행위 등 처벌에 관한 법률 제2조 제3항 적용여부(소극)
> 폭력행위 등 처벌에 관한 법률 제2조 제3항은 상습범에 관한 같은 조 제1항과는 별도로 "이 법 위반(형법 각 본조를 포함한다)으로 2회 이상 징역형을 받은 자로서 다시 제1항에 열거된 죄를 범하여 누범으로 처벌할 경우에도 제1항과 같다."고 규정하고 있는 바, 위 제2조 제3항에 의하여 제1항과 같이 처벌을 하기 위하여는 이 법 위반(형법 각 본조를 포함한다)으로 2회 이상 징역형을 받은 자가 다시 제1항에 열거된 죄를 범하여 누범으로 처벌할 경우이어야 하므로, 제1항에 열거된 죄에 정한 형에 유기금고보다 가벼운 형이 있어 이를 선택함으로써 누범으로 처벌을 할 수 없는 경우에는 위 제2조 제3항을 적용할 수 없다.

한편, 본조 제3항의 누범가중처벌의 적용대상은 "형법 각 해당 조항 및 각 해당 조항의 상습범, 특수범, 상습특수범, 각 해당 조항의 상습범의 미수범, 특수범의 미수범, 상습특수범의 미수범을 포함"하고 있는바, 형법에서의 '상습'이란 범죄자의 어떤 버릇, 범죄의 경향을 의미하는 것으로서 행위의 본질을 이루는 성질이 아니고, 행위자의 특성을 이루는 성질을 의미한다(대법원 1972. 6. 27. 선고 72도594 참조).

[대법원 1972. 6. 27. 선고 72도594] 범죄에 있어서의 상습이란 범죄자의 어떤 범죄의 버릇 범죄의 경향을 의미하는 것이므로, 상습은 행위의 본질을 이루는 성질이 아니고, 행위자의 특성을 이루는 성질을 의미하는 것이다. 그리고 상습성 인정의 자료에 대하여는 제한이 없다.

3. 반의사불벌죄의 적용배제

폭행 및 존속폭행, 협박 및 존속협박의 죄는 형법상 **반의사불벌죄**에 해당하지만(형법 제260조 제3항 및 제283조 제3항 참조), 폭처법 제2조 제2항 및 제3항에 해당하는 경우, 즉 2인 이상이 공동으로 위 죄를 범하거나 누범으로 처벌할 경우에는 반의사불벌죄의 규정을 적용하지 아니한다(제2조 제4항).

Ⅱ. 제3조 (집단적 폭행 등)

제3조 (집단적 폭행 등) ① 삭제 [2016. 1. 6.]
② 삭제 [2006. 3. 24.] [시행일 2006. 6. 25.]
③ 삭제 [2016. 1. 6.]
④ 이 법(「형법」 각 해당 조항 및 각 해당 조항의 상습범, 특수범, 상습특수범, 각 해당 조항의 상습범의 미수범, 특수범의 미수범, 상습특수범의 미수범을 포함한다)을 위반하여 2회 이상 징역형을 받은 사람이 다시 다음 각 호의 죄를 범하여 누범으로 처벌할 경우에는 다음 각 호의 구분에 따라 가중처벌한다. [개정 2014. 12. 30., 2016. 1. 6.]
1. 「형법」 제261조(특수폭행)(제260조 제1항의 죄를 범한 경우에 한정한다), 제284조(특수협박)(제283조 제1항의 죄를 범한 경우에 한정한다), 제320조(특수주거침입)

> 또는 제369조 제1항(특수손괴)의 죄: 1년 이상 12년 이하의 징역
> 2. 「형법」제261조(특수폭행)(제260조 제2항의 죄를 범한 경우에 한정한다), 제278조
>   (특수체포, 특수감금)(제276조 제1항의 죄를 범한 경우에 한정한다), 제284조(특수협
>   박)(제283조 제2항의 죄를 범한 경우에 한정한다) 또는 제324조 제2항(강요)의 죄:
>   2년 이상 20년 이하의 징역
> 3. 「형법」제258조의2 제1항(특수상해), 제278조(특수체포, 특수감금)(제276조 제2항의
>   죄를 범한 경우에 한정한다) 또는 제350조의2(특수공갈)의 죄: 3년 이상 25년 이하
>   의 징역
> [제목개정 2014. 12. 30.]

　　종전의 법률 제3조 제1항은 "단체나 다중의 위력으로써 또는 단체나 집단을 가장하여 위력을 보임으로써", 그리고 "흉기 기타 위험한 물건을 휴대하여" 제2조 제1항에서 열거한 죄(상해, 존속상해, 폭행, 존속폭행, 협박, 존속협박, 주거침입 및 퇴거불응, 재물손괴, 체포, 존속체포, 감금, 존속감금, 강요, 공갈)를 범한 사람은 위 제2조 제1항의 1호·2호·3호의 예에 따라 각각 1년 이상의 유기징역, 2년 이상의 유기징역, 3년 이상의 유기징역으로 처벌한다고 하고 있었으나 2016년 개정 시에 이를 삭제하였다. 또한 제3조 제3항은 상습적으로 제3조 제1항의 집단적 폭행 등 및 "흉기 기타 위험한 물건을 휴대하여"[65] 폭행 등의 죄를 범한 경우에는 위 제2조 제1항의 1호·2호·3호에 열거된 죄에 따라 각각 2년 이상의 유기징역, 3년 이상의 유기징역, 5년 이상의 유기징역으로 가중하여 처벌한다(제3조 제3항)는 규정을 두고

---

65) 여기서 '위험만 물건'이라 함은 흉기는 아니라고 하더라도 널리 사람의 생명, 신체에 해를 가하는 데 사용할 수 있는 일체의 물건을 포함하고, 본래 살상용, 파괴용으로 만들어진 것뿐만 아니라 다른 목적으로 만들어진 물건이나 사주된 동물 등도 포함될 수 있다고 보았다 (대법원 2002. 9. 6. 판결 2002도2812). 아울러 '휴대'는 몸에 지니어 소지하는 경우뿐만 아니라 자동차로 폭행 등의 죄를 범한 경우와 같이 이를 널리 이용하는 경우에도 포함된다고 보았다. **[대법원 2002. 9. 6. 선고 2002도2812]** 폭력행위등처벌에관한법률 제3조 제1항에 있어서 '<u>위험한 물건</u>'이라 함은 흉기는 아니라고 하더라도 널리 사람의 생명, 신체<u>에 해를 가하는 데 사용할 수 있는 일체의 물건을 포함한다고 풀이할 것이므로, 본래 살상용·파괴용으로 만들어진 것뿐만 아니라 다른 목적으로 만들어진 칼, 가위, 유리병, 각종 공구, 자동차 등은 물론 화학약품 또는 사주된 동물 등도 그것이 사람의 생명·신체에 해를 가하는 데 사용되었다면 본조의 '위험한 물건'이라 할 것이며, 한편 이러한 물건을 '휴대하여'라는 말은 소지뿐만 아니라 널리 이용한다는 뜻도 포함하고 있다.</u>

있었으나 역시 2016년 개정 시에 삭제하였다.

　　그리고 전술한 바와 같이 구 폭처법 제3조 제2항은 '야간에' 제1항의 죄를 범한 자를 가중처벌하였으나, 2006년 개정에서 전기문명의 발달로 야간에 이루어진 폭력범죄를 가중처벌할 합리적 근거 내지 현실적 필요성이 크게 줄어듦에 따라 주·야간 구별에 따른 법정형 구분을 폐지하면서 삭제되었다.

　　본법 위반(형법 각 본조를 포함한다)으로 2회 이상 징역형을 받은 사람으로서 다시 형법상의 특수상해(제258조의2 제1항), 특수폭행(제261조), 특수체포·감금(제278조), 특수협박(제284조), 특수주거침입(제320조), 특수강요(제324조 제2항), 특수공갈(제350조의2) 또는 특수손괴(제369조 제1항)의 죄를 범하여 누범으로 처벌할 경우에는 죄의 종류에 따라 처벌의 수준이 구분되어 있다(제3조 제4항). 구체적으로 특수폭행(존속폭행 제외), 특수협박(존속협박 제외), 특수주거침입, 특수손괴의 경우에는 1년 이상 12년 이하의 징역으로, 존속특수폭행, 특수체포·감금(존속체포감금 제외), 존속특수협박, 특수강요의 경우에는 2년 이상 20년 이하의 징역으로, 특수상해, 존속특수체포·감금, 특수공갈의 경우에는 3년 이상 25년 이하의 징역으로 각각 처벌된다. 이와 같이 폭처법 제3조 제4항에 따라 누범으로 가중처벌하기 위해서는 형법상의 누범요건(제35조)을 갖추어야 한다는 점은 폭처법 제2조 제3항의 경우와 동일하다.

Ⅲ. 제4조 [(범죄)단체 등의 구성·활동]

제4조 (단체 등의 구성·활동) ① 이 법에 규정된 범죄를 목적으로 하는 **단체 또는 집단을 구성하거나** 그러한 단체 또는 집단에 **가입**하거나 그 구성원으로 **활동**한 사람은 다음 각 호의 구분에 따라 처벌한다.
1. **수괴(首魁)**: 사형, 무기 또는 10년 이상의 징역
2. **간부**: 무기 또는 7년 이상의 징역
3. **수괴·간부 외의 사람**: 2년 이상의 유기징역
② 제1항의 단체 또는 집단을 구성하거나 그러한 단체 또는 집단에 가입한 사람이 **단체 또는 집단의 위력을 과시하거나** 단체 또는 집단의 존속·유지를 위하여 다음 각 호의 어느 하나에 해당하는 죄를 범하였을 때에는 그 죄에 대한 형의 장기(長期) 및 단기(短

期)의 2분의 1까지 가중한다. <개정 2016. 1. 6.>
1. 「형법」에 따른 죄 중 다음 각 목의 죄
   가. 「형법」 제8장 공무방해에 관한 죄 중 제136조(공무집행방해), 제141조(공용서류
      등의 무효, 공용물의 파괴)의 죄
   나. 「형법」 제24장 살인의 죄 중 제250조 제1항(살인), 제252조(촉탁, 승낙에 의한
      살인 등), 제253조(위계 등에 의한 촉탁살인 등), 제255조(예비, 음모)의 죄
   다. 「형법」 제34장 신용, 업무와 경매에 관한 죄 중 제314조(업무방해), 제315조(경
      매, 입찰의 방해)의 죄
   라. 「형법」 제38장 절도와 강도의 죄 중 제333조(강도), 제334조(특수강도), 제335
      조(준강도), 제336조(인질강도), 제337조(강도상해, 치상), 제339조(강도강간),
      제340조 제1항(해상강도)·제2항(해상강도상해 또는 치상), 제341조(상습범), 제
      343조(예비, 음모)의 죄
2. 제2조 또는 제3조의 죄(「형법」 각 해당 조항의 상습범, 특수범, 상습특수범을 포함한다)
③ 타인에게 제1항의 **단체 또는 집단에 가입할 것을 강요하거나 권유한 사람**은 2년 이
상의 유기징역에 처한다.
④ 제1항의 **단체 또는 집단을 구성하거나** 그러한 단체 또는 집단에 가입하여 그 **단체
또는 집단의 존속·유지를 위하여 금품을 모집**한 사람은 3년 이상의 유기징역에 처한다.
[전문개정 2014. 12. 30.]

1. 범죄단체의 구성, 가입, 활동 등

　폭처법에 규정된 범죄를 목적으로 한 단체 또는 집단을 구성하거나 그러한
단체 또는 집단에 가입하거나 그 구성원으로 활동한 사람 중 수괴는 사형, 무기
또는 10년 이상의 징역, 간부는 무기 또는 7년 이상의 징역, 그 외의 사람은 2년
이상의 유기징역으로 각각 처벌한다(제4조 제1항).

　폭처법상의 범죄단체란 범죄를 한다는 공동의 목적 아래 특정 다수인에 의하
여 이루어진 계속적인 결합체로서 그 단체를 주도하거나 내부의 질서를 유지하는
최소한의 통솔체제를 갖추면 된다.

[**대법원 1997. 10. 10. 선고 97도1829**] 폭력행위집단은 합법적인 단체와는 달라 범죄단체의 특성상 단체로서의 계속적인 결집성이 다소 불안정하고 그 통솔체제가 대내외적으로 반드시 명확하지 않은 것처럼 보이더라도 구성원들 간의 관계가 선·후배 혹은 형, 아우로 뭉쳐져 그들 특유의 규율에 따른 통솔이 이루어져 단체나 집단으로서의 위력을 발휘하는 경우가 많은 점에 비추어 폭력행위 등 처벌에 관한 법률 제4조 소정의 범죄를 목적으로 하는 단체는 <u>위 법 소정의 범죄를 한다는 공동의 목적 아래 특정다수인에 의하여 이루어진 계속적인 결합체로서 그 단체를 주도하거나 내부의 질서를 유지하는 최소한의 통솔체계를 갖추면 되는 것이고,</u> 폭력행위의 방법에 의하여 위 법률 제2조 제1항 소정의 범죄를 범하는 것을 목적으로 하는 이상 그 중 어느 범죄를 범하는 것을 목적으로 하는가 여부까지 특정될 필요는 없다.

또한 법 제2조 제1항의 '수괴'는 그 범죄단체의 우두머리로 단체의 활동을 지휘·통솔하는 자를 가리키는 것으로 전면에서 단체구성원의 통솔을 담당하지 않더라도 배후에서 일체의 조직활동을 지휘하거나 또는 말단조직원을 지휘·통솔하는 중간 간부를 통하여 조직활동을 지휘하는 자도 여기에서 말하는 수괴에 해당한다.

[**대법원 2001. 6. 29. 선고 2001도1049**] 폭력행위 등 처벌에 관한 법률 제4조 제1항 제1호에서 말하는 <u>'수괴'라 함은 그 범죄단체의 우두머리로 단체의 활동을 지휘·통솔하는 자를 가리키는 것으로서 전면에서 단체구성원의 통솔을 직접 담당하지 않더라도, 배후에서 일체의 조직활동을 지휘하거나 또는 말단조직원을 지휘·통솔하는 중간 간부를 통하여 조직활동을 지휘하는 자도 여기에서 말하는 수괴에 해당하며,</u> 범죄단체의 말단조직원이 중간 간부로부터 지휘·통솔을 받음으로써 실제 두목이 누구인지를 알지 못하는 수도 있고, 설사 두목을 알고 있다 하여도 조직의 생리상 그 사실을 쉽사리 발설하지 않으리라는 점은 추측할 수 있는 일이다.

제4조 제1항의 단체 또는 집단을 구성하거나 그러한 단체 또는 집단에 가입한 사람이 단체 또는 집단의 위력을 과시하거나 단체 또는 집단의 존속·유지를 위하여 ① 형법 제8장 공무방해에 관한 죄 중 제136조(공무집행방해)·제141조(공용서류 등의 무효·공용물의 파괴)의 죄, 제24장 살인의 죄 중 제250조 제1항(살인)·제252조(촉탁, 승낙에 의한 살인 등)·제253조(위계 등에 의한 촉탁살인 등)·제255조(예비,

음모)의 죄, 제34장 신용, 업무와 경매에 관한 죄 중 제314조(업무방해)·제315조(경매, 입찰의 방해)의 죄, 제38장 절도와 강도의 죄 중 제333조(강도)·제334조(특수강도)·제335조(준강도)·제336조(약취강도)·제337조(강도상해, 치상)·제339조(강도강간)·제340조 제1항(해상강도) 및 제2항(해상강도상해, 치상)·제341조(상습범)·제343조(예비, 음모)의 죄를 범하거나 ② 폭처법 제2조 (폭행 등) 또는 제3조 (집단적 폭행 등)의 죄(형법상 각 해당 조항의 상습범, 특수범, 상습특수범을 포함한다)에는 각각의 죄에 대한 형의 장기 및 단기의 2분의 1까지 가중하여 처벌한다(제4조 제2항).

2. 범죄단체에의 가입강요, 권유 등

타인에게 폭처법 제4조 제1항의 단체 또는 집단에 가입할 것을 강요하거나 권유한 사람은 2년 이상의 유기징역으로 처벌하며(제4조 제3항), 동조 제1항의 단체 또는 집단을 구성하거나 그러한 단체 또는 집단에 가입하여 단체 또는 집단의 존속·유지를 위하여 금품을 모집한 사람은 3년 이상의 유기징역으로 처벌한다(제4조 제4항).

Ⅳ. 제5조 [(범죄)단체 등의 이용·지원]

제5조 (단체 등의 이용·지원) ① 제4조 제1항의 단체 또는 집단을 이용하여 이 법이나 그 밖의 형벌 법규에 규정된 죄를 범하게 한 사람은 그 죄에 대한 형의 장기 및 단기의 2분의 1까지 가중한다.
② 제4조 제1항의 단체 또는 집단을 구성하거나 그러한 단체 또는 집단에 가입하지 아니한 사람이 그러한 단체 또는 집단의 구성·유지를 위하여 자금을 제공하였을 때에는 3년 이상의 유기징역에 처한다.
[전문개정 2014. 12. 30.]

한편 폭처법 제4조 제1항의 단체나 집단을 이용하여 이 법 또는 기타 형벌법규에 규정된 죄를 범하게 한 사람은 그 죄에 대한 형의 장기 및 단기의 2분의 1까지 가중하여 처벌한다(제5조 제1항). '단체나 집단을 이용하여'라고 함은 범죄단체의 구성원이나 외부인이 범죄단체의 조직체계를 이용하거나 위력행사의 수단으로 이용하여 폭처법 또는 기타 형벌법규에 규정된 죄를 범하도록 하는 것을 의미한다. 문언적 해석상 내부적 조직체계를 이용하는 경우뿐만 아니라 외부적 조직체계를 이용하는 경우도 포함된다. 형의 장기는 물론 단기까지 2분의 1을 가중한다는 점에서 장기의 2분의 1까지만 가중하는 형법상의 특수교사 · 방조(형법 제34조 제2항)보다도 상대적으로 가중의 정도가 더 높다.

형법 제34조(간접정범, 특수한 교사, 방조에 대한 형의 가중) ① 어느 행위로 인하여 처벌되지 아니하는 자 또는 과실범으로 처벌되는 자를 교사 또는 방조하여 범죄행위의 결과를 발생하게 한 자는 교사 또는 방조의 예에 의하여 처벌한다.
② 자기의 지휘, 감독을 받는 자를 교사 또는 방조하여 전항의 결과를 발생하게 한 자는 교사인 때에는 정범에 정한 형의 장기 또는 다액에 그 2분의 1까지 가중하고 방조인 때에는 정범의 형으로 처벌한다.

위 단체 또는 집단을 구성하거나 그러한 단체 또는 집단에 가입하지 아니한 사람이 그러한 단체 또는 집단의 구성 · 유지를 위하여 자금을 제공하였을 때에는 3년 이상의 유기징역에 처한다(제5조 제2항).

V. 기타 규정

제6조 (미수범) 제2조, 제3조, 제4조 제2항[「형법」제136조, 제255조, 제314조, 제315조, 제335조, 제337조(강도치상의 죄에 한정한다), 제340조 제2항(해상강도치상의 죄에 한정한다) 또는 제343조의 죄를 범한 경우는 제외한다] 및 제5조의 **미수범**은 처벌한다.
[전문개정 2014. 12. 30.]

제7조 (우범자) 정당한 이유 없이 이 법에 규정된 범죄에 **공용(供用)될 우려가 있는 흉기나 그 밖의 위험한 물건을 휴대**하거나 **제공** 또는 **알선한** 사람은 3년 이하의 징역 또는 300만원 이하의 벌금에 처한다.
[전문개정 2014. 12. 30.]

제8조 (정당방위 등) ① 이 법에 규정된 죄를 범한 사람이 흉기나 그 밖의 위험한 물건 등으로 사람에게 위해(危害)를 가하거나 가하려 할 때 이를 예방하거나 방위(防衛)하기 위하여 한 행위는 벌하지 아니한다.

> ② 제1항의 경우에 <u>방위 행위가 그 정도를 초과한 때에는 그 형을 감경한다.</u>
> ③ 제2항의 경우에 <u>그 행위가 야간이나 그 밖의 불안한 상태에서 공포·경악·흥분 또</u>
> <u>는 당황으로 인한 행위인 때에는 벌하지 아니한다.</u>
> [전문개정 2014. 12. 30.]

1. 미수범(제6조)

폭처법 제2조, 제3조, 제4조 제2항[형법 제136조(공무집행방해)·제255조(예비, 음모: 제250조 제1항의 살인 및 제253조의 위계 등에 의한 촉탁살인 등에 대한 예비·음모의 처벌규정)·제314조(업무방해)·제315조(경매, 입찰의 방해)·제335조(준강도)·제337조 후단(강도치상)·제340조 제2항 후단(해상강도치상) 또는 제343조의 죄를 범한 경우를 제외한다] 및 제5조의 미수범은 이를 처벌하며(제6조), 이때 미수범의 형은 형법총칙상의 규정에 따라 기수범보다 감경할 수 있다(형법 제25조 제2항 참조).

2. 우범자(제7조)

그리고 제7조는 정당한 이유 없이 폭처법에 규정된 범죄에 공용될 우려가 있는 흉기 기타 위험한 물건을 휴대하거나 제공 또는 알선한 자를 '우범자'로 보아 3년 이하의 징역 또는 300만원 이하의 벌금으로 처벌하는 규정을 두고 있다(제7조). 이 규정은 폭처법에 규정된 범죄의 예비행위를 처벌하는 성격을 가진 것이므로 제7조에서의 '이 법에 규정된 범죄'는 폭처법에 규정된 범죄만을 한정하여 말하는 것으로 해석하여야 한다.

> **[대법원 2018. 1. 24. 선고 2017도15914]** 헌법재판소의 위헌결정에 따라 위헌결정 대상조항과 이와 유사한 가중처벌 규정을 둔 조항을 정비하기 위하여 2016. 1. 6. 법률 제13718호로 폭력행위 등 처벌에 관한 법률(이하 '폭력행위처벌법'이라 한다)이 일부 개정되어 같은 날 시행되었다. 이로써 형법상 폭력범죄는 폭력행위처벌법이 정한 별도의 구성요건을 충족하지 않으면 폭력행위처벌법에 따라 처벌할 수 없게 되었다.
> 그리고 폭력행위처벌법 제7조는 "정당한 이유 없이 이 법에 규정된 범죄에 공용될 우려가 있는 흉기나 그 밖의 위험한 물건을 휴대하거나 제공 또는 알선한 사람은 3년 이하

의 징역 또는 300만 원 이하의 벌금에 처한다.”라고 정하고 있는데, 이러한 <u>폭력행위처벌법위반(우범자)죄는 대상범죄인 '이 법에 규정된 범죄'의 예비죄로서의 성격을 지니고 있다.</u>
<u>위와 같은 형벌규정 해석에 관한 일반적 법리와 폭력행위처벌법의 개정경위와 내용, 폭력행위처벌법 제7조의 문언, 내용과 체계 등에 비추어 보면, 폭력행위처벌법 제7조에서 말하는 '이 법에 규정된 범죄'는 '폭력행위처벌법에 규정된 범죄'만을 말한다고 해석함이 타당하다.</u>

3. 정당방위(제8조)

제8조에는 형법총칙상 정당방위의 적용에 관한 특례규정을 두고 있다. 우선 폭처법에 규정된 죄를 범한 자가 흉기 기타 위험한 물건 등으로 사람에게 위해를 가하거나 가하려 할 때 이를 예방 또는 방위하기 위하여 한 행위는 벌하지 아니한다는 규정을 두고 있다(제8조 제1항). 또한 이 경우에 방위행위가 그 정도를 초과한 때에는 그 형을 필요적으로 감경하며(동조 제2항), 그 행위가 야간 기타 불안스러운 상태하에서 공포·경악·흥분 또는 당황으로 인한 때에는 벌하지 아니한다(동조 제3항).

형법총칙상의 정당방위 관련규정(형법 제21조)[66]과 비교하여 보면, 제1항의 경우 법문상으로는 일응 '상당한 이유'를 요건으로 하고 있지 않은 것으로 보이기도 한다.[67] 또한 형법상 정당방위(제21조)에서 “현재의 부당한 침해를 방위하기 위한 행위”라는 표현을 사용하고 것과 비교하면, 얼핏 이른바 '현재성'을 요건으로 하지 않은 것으로 보일 수 있다.[68] 그러나 본조에서 “흉기나 그 밖의 위험한 물건 등으로 사람에게 위해를 가하거나 가하려 할 때”, “이를 예방하거나 방위하기 위하여

---

66) 제21조(정당방위) ① 현재의 부당한 침해로부터 자기 또는 타인의 법익(法益)을 방위하기 위하여 한 행위는 상당한 이유가 있는 경우에는 벌하지 아니한다. ② 방위행위가 그 정도를 초과한 경우에는 정황(情況)에 따라 그 형을 감경하거나 면제할 수 있다. ③ 제2항의 경우에 야간이나 그 밖의 불안한 상태에서 공포를 느끼거나 경악(驚愕)하거나 흥분하거나 당황하였기 때문에 그 행위를 하였을 때에는 벌하지 아니한다.

67) 참고로 폭처법 제8조 제1항의 규정이 정당방위의 요건 중 소위 '상당성'이 결여된 경우에도 정당방위를 인정하는 규정으로는 해석하는 대법원 판례는 찾을 수 없다.

68) 박상기·전지연·한상훈, 형사특별법 [제2판], 집현재, 2016, 20면은 이와 같이 해석하는 입장을 취하고 있다.

한 행위"라고 표현하고 있기 때문에 그 문언 의미상 '현재의 부당한 침해'라는 요건을 포함하고 있다고 해석하는 것이 타당하다.

그리고 제2항의 경우, 즉 그 방어행위가 과잉방위에 해당하는 경우에는 형법 총칙상 과잉방위(형법 제21조 제2항)가 임의적 감면사유로 되어 있는 것과 달리 필요적 감경사유로 규정하고 있는 점이 특기할 만하다.

4. 사법경찰관리의 직무유기, 행정적 책임 등(제9조, 제10조)

한편 폭처법 제9조에는 사법경찰관리의 직무유기를 처벌하는 특별조항을 두고 있다.[69] 즉, 사법경찰관리가 폭처법에 규정된 죄를 범한 자를 수사하지 아니하거나 범인을 알면서 이를 체포하지 아니하거나 수사상 정보를 누설하여 범인의 도주를 용역하게 한 자는 1년 이상의 유기징역으로 처벌하며(제9조 제1항), 뇌물의 수수요구 또는 약속을 하고 제9조 제1항의 죄를 범한 경우에는 2년 이상의 유기징역으로 처벌한다(제9조 제2항).

또한 폭처법 제10조는 관할 지방검찰청 검사장에게 사법경찰관리의 행정적 책임요구권을 부여하고 있다.[70] 폭처법 제2조 내지 제6조의 범죄가 발생하였음에도 불구하고 사법경찰관리가 이를 관할 지방검찰청 검사장에게 보고하지 아니하거나 그 수사를 게을리하는 경우는 물론 수사능력 부족 기타의 이유로 사법경찰관리로서 부적당하다고 인정되는 경우에는 관할 지방검찰청 검사장은 당해 사법경찰관리의 임명권자에게 징계, 해임 또는 교체임용을 요구할 수 있으며(제10조 제1항), 이 요구가 있을 경우 그 임명권자는 2주일 이내에 해당 사법경찰관리에 대

---

69) 제9조(사법경찰관리의 직무유기) ① 사법경찰관리로서 본법에 규정된 죄를 범한 자를 수사하지 아니하거나 범인을 알면서 이를 체포하지 아니하거나 수사상 정보를 누설하여 범인의 도주를 용역하게 한 자는 1년 이상의 유기징역에 처한다. ② 뇌물의 수수요구 또는 약속을 하고 전항의 죄를 범한 자는 2년 이상의 유기징역에 처한다.

70) 제10조(사법경찰관리의 행정적 책임) ① 관할 지방검찰청 검사장은 제2조 내지 제6조의 범죄가 발생하였는데도 그 사실을 자신에게 보고하지 아니하거나 그 수사를 게을리하거나 또는 수사능력 부족 또는 그 밖의 이유로 사법경찰관리로서 부적당하다고 인정하는 사람에 대해서는 그 임명권자에게 징계, 해임 또는 교체임용을 요구할 수 있다. ② 전항의 요구가 있을 경우에는 임명권자는 2주일 이내에 당해 사법경찰관리에 대하여 행정처분을 한 후 이를 관할 지방검찰청 검사장에게 통보하여야 한다.

하여 행정처분을 한 후 이를 관할 지방검찰청 검사장에게 통보해야 한다(제10조 제
2항).

제3절 | 관련판례

○ 제2조(폭행 등)

1. **[구법 판례] 범죄에 있어서의 상습의 의미 및 폭처법 제2조 제1항에서 정한 상습성 유무의 판단 방법 (대법원 2006. 5. 11. 선고 2004도6176)**

범죄에 있어서의 상습이란 범죄자의 어떤 버릇, 범죄의 경향을 의미하는 것으로서 행위의 본질을 이루는 성질이 아니고, 행위자의 특성을 이루는 성질을 의미하는 것이므로 (대법원 1972. 6. 27. 선고 72도594 참조), 폭력행위 등 처벌에 관한 법률(2006. 3. 24. 법률 제7891호로 개정되기 전의 것) 제2조 제1항에서 정한 상습성의 유무는 피고인의 연령·성격·직업·환경·전과사실, 범행의 동기·수단·방법 및 장소, 전에 범한 범죄와의 시간적 간격, 그 범행의 내용과 유사성 등 여러 사정을 종합하여 판단하여야 할 것이다(대법원 1991. 6. 28. 선고 91도449 참조).

기록에 의하면, 피고인이 처인 피해자에게 빈번히 폭력을 행사함으로써 여러 차례 반복하여 상해를 가한 사실은 인정되나, 그러한 사정만으로는 피고인의 폭력행사가 폭력습벽의 발현이라고 단정하기 어렵다. 오히려 기록에 의하여 인정되는 다음과 같은 사정들, 즉 피고인은 이 사건 각 범행 이전까지 아무런 전과가 없고, 대학을 졸업하고 7급 공무원 공채시험에 합격하여 상당기간 공무원으로 아무런 징계처분을 받음이 없이 근무하여 왔을 뿐 아니라, 평소 술과 담배도 입에 대지 않는 점, 피해자가 피고인의 외도를 의심하게 된 것은 무엇보다 피고인의 부적절한 처신이 가장 큰 원인이라고 하겠지만, 피해자도 지나칠 정도로 피고인의 잘못을 집요하게 추궁하거나 그의 행동을 일일이 감시하는 듯한 태도를 보임으로써 부부싸움의 한 원인을 제공한 잘못이 있다고 할 수 있고, 이 사건 각 범행은 대부분 그러한 부부싸움의 과정에서 이루어진 것으로 보이는 점, 피해자에게 발생한 상해의 결과도 1~3주간의 치료를 요하는 좌상, 타박상, 찰과상 등이 대부분이어서 일부 공소사실 기재와 같이 피고인이 일방적으로 피해자를 구타하여 생긴 것이라기보다는 상호 시비 중에 발생하였을 가능성이 있어 보이는 점, 나아가 피고인이 피해자를 위하여 손해배상 명목으로 1,000만 원을 공탁하는 등 피해 회복을 위하여 나름대로 노력한 점 등에 비추어 보면, 원심이 판시한 여러 사정만으로 이 사건 각 범행이 과연 피고인에게 내재된 폭력습벽의 발현으로 인한 것이라고 합리적 의심의 여지없이 확신할 수 있을지 의문이 든다. 따라서 환송 후 원심으로서는 이 사건 각 범행의 경위·배경·원인과 결과 등과 더불어 피고인과 피해자의 성행, 혼인생활과정 등을 충분히 심리하여 과연 이 사건 각 범행이 피고인에게 내재된 폭력습벽의 발현인지 여부를 가려 보아야 할 것이다.

2. 폭처법 제2조 제2항의 '2인 이상이 공동하여 죄를 범한 때'의 의미 (대법원 1998. 3. 10. 선고 98도70)

폭력행위등처벌에관한법률 제2조 제2항의 '2인 이상이 공동하여 제1항의 죄를 범한 때'라고 함은 그 수인간에 소위 공범관계가 존재하는 것을 요건으로 하고, 수인이 동일 장소에서 동일 기회에 상호 다른 자의 범행을 인식하고 이를 이용하여 범행을 한 경우임을 요한다.

《참고판례》

(대법원 1996. 12. 10. 선고 96도2529) 범죄 공모 후 범행장소에 직접 가지 않은 자의 공모공동정범의 성립가부 (적극) 여러 사람이 폭력행위 등 처벌에 관한 법률 제2조 제1항에 열거된 죄를 범하기로 공모한 다음 그 중 2인 이상이 범행장소에서 범죄를 실행한 경우에는 범행장소에 가지 아니한 자도 같은 법 제2조 제2항에 규정된 죄의 공모공동정범으로 처벌할 수 있다.

※ 참조판례: 대법원 1986. 6. 10. 선고 85도119; 대법원 1990. 10. 30. 선고 90도2022; 대법원 1994. 4. 12. 선고 94도128

(대법원 1990. 10. 23. 선고 90도1925) 수인이 합세하여 피해자와 언쟁하다가 그 중 몇 사람이 피해자를 폭행한 경우 그 폭행에 대한 공범관계의 성립 범위: 폭력행위 등 처벌에 관한 법률 제2조 제2항 소정의 2인 이상이 공동하여 죄를 범한 때라고 함은 그 수인 사이에 그 범행에 관하여 공범관계가 있음을 요건으로 하는 것으로서 수인이 동일한 장소에서 동일한 기회에 서로 다른 자의 범행을 인식하고 이를 이용하여 피해자에게 범행을 한 경우를 말하는 것이므로 수인이 합세하여 피해자와 언쟁을 하다가 그 중 몇 사람이 피해자에게 폭행을 가하였다고 하여도 그 일행 중에서 폭행행위를 조장하거나 또는 이에 가세하지 아니하고 적극적으로 그 폭행을 만류한 자에 대하여는 그 폭행에 대한 공범관계를 인정할 수 없다.

3. 폭행치상의 범죄에 대하여 폭처법 제2조 제2항을 적용할 수 있는지 여부 [소극] (대법원 1981. 3. 24. 선고 81도415)

폭력행위 등 처벌에 관한 법률 제2조 제1항에는 형법 제262조 소정의 폭행치상죄는 열거되어 있지 아니므로 폭행치상의 정범에 대하여는 폭력행위 등 처벌에 관한 법률 제2조 제2항을 적용하여서는 아니 된다.

4. 공갈죄가 야간에 범하여져 폭처법 제2조 제2항에 의해 가중처벌되는 경우 친족상도례의 적용이 있는지 여부 [적극] (대법원 1994. 5. 27. 선고 94도617)

공갈죄가 야간에 범하여져 폭력행위 등 처벌에 관한 법률 제2조 제2항에 의해 가중처벌되는 경우에도 형법상 공갈죄의 성질은 그대로 유지되는 것이고, 특별법인 위 법률에 친족상도례에 관한 형법 제354조, 제328조의 적용을 배제한다는 명시적인 규정이 없으므로, 형법 제354조는 위 특별법 제2조 제2항 위반죄에도 그대로 적용된다고 보아야 할 것이며, 위 특별법 제2조 제4항에서 공갈죄의 수단이 되는 형법 제260조 제1항, 제2항 소정의 폭행 및 존속폭행죄와 형법 제283조 제1항, 제2항 소정의 협박 및 존속협박죄가 위 특별법 제2조 제2항, 제3항에 의하여 가중처벌되는 경우에 그 각 죄에 대하여 피해자의 명시한 의사에 반하여 논할 수 없다는 형법 제260조 제3항, 제283조 제3항을 적용하지 않는다고 규정하고 있다 하여 이를 달리 새길 것이 아니다.

○ 제3조(집단적 폭행 등)

5. 폭처법 제3조 제1항을 삭제하는 대신 형법 제258조의2(특수상해)를 신설하면서 법정형을 구 폭처법보다 낮게 규정한 것이 '범죄의 법률의 변경에 의하여 형이 구법보다 경한 때'에 해당하는지 여부 [적극] (대법원 2016. 1. 28. 선고 2015도17907)

형법 제257조 제1항의 가중적 구성요건을 규정하고 있던 구 폭력행위처벌법 제3조 제1항을 삭제하는 대신에 같은 구성요건을 형법 제258조의2 제1항에 신설하면서 법정형을 구 폭력행위처벌법 제3조 제1항보다 낮게 규정한 것은, 가중적 구성요건의 표지가 가지는 일반적인 위험성을 고려하더라도 개별 범죄의 범행경위, 구체적인 행위태양과 법익침해의 정도 등이 매우 다양함에도 일률적으로 3년 이상의 유기징역으로 가중 처벌하도록 한 종전의 형벌규정이 과중하다는 데에서 나온 반성적 조치라고 보아야 하므로, 이는 형법 제1조 제2항의 '범죄 후 법률의 변경에 의하여 형이 구법보다 경한 때'에 해당한다.

○ 제4조(단체 등의 구성, 활동)

6. 폭처법 제4조 소정의 '범죄단체'의 의미와 그 목적의 특정 정도 (대법원 1997. 10. 10. 선고 97도1829)

폭력행위집단은 합법적인 단체와는 달라 범죄단체의 특성상 단체로서의 계속적인 결집성이 다소 불안정하고 그 통솔체제가 대내외적으로 반드시 명확하지 않은 것처럼 보이더라도 구성원들 간의 관계가 선·후배 혹은 형, 아우로 뭉쳐져 그들 특유의 규율에 따른 통솔이 이루어져 단체나 집단으로서의 위력을 발휘하는 경우가 많은 점에 비추어 폭력행위 등 처벌에 관한 법률 제4조 소정의 범죄를 목적으로 하는 단체는 위 법 소정의 범죄를 한다는 공동의 목적 아래 특정다수인에 의하여 이루어진 계속적인 결합체로서 그 단체를 주도하거나 내부의 질서를 유지하는 최소한의 통솔체계를 갖추면 되는 것이고, 폭력행위의 방법에 의하여 위 법률 제2조 제1항 소정의 범죄를 범하는 것을 목적으로 하는 이상 그중 어느 범죄를 범하는 것을 목적으로 하는가 여부까지 특정될 필요는 없다.

7. 폭처법 제4조 제1항 제1호 소정의 '수괴'의 의미 및 범죄단체의 배후에서 또는 중간 간부를 통하여 조직활동을 지휘하는 자가 위 '수괴'에 해당하는지 여부 (적극) (대법원 2001. 6. 29. 선고 2001도1049)

폭력행위등처벌에관한법률 제4조 제1항 제1호에서 말하는 '수괴'라 함은 그 범죄단체의 우두머리로 단체의 활동을 지휘·통솔하는 자를 가리키는 것으로서 전면에서 단체구성원의 통솔을 직접 담당하지 않더라도, 배후에서 일체의 조직활동을 지휘하거나 또는 말단조직원을 지휘·통솔하는 중간 간부를 통하여 조직활동을 지휘하는 자도 여기에서 말하는 수괴에 해당하며, 범죄단체의 말단 조직원이 중간 간부로부터 지휘·통솔을 받음으로써 실제 두목이 누구인지를 알지 못하는 수도 있고, 설사 두목을 알고 있다 하여도 조직의 생리상 그 사실을 쉽사리 발설하지 않으리라는 점은 추측할 수 있는 일이다.

8. 폭처법 제4조 제1항 소정의 범죄단체 구성의 의미 (대법원 2000. 3. 24. 선고 2000도102)

기존 범죄단체의 두목이 바뀌고 활동 영역과 태양이 변화하였으나 그 조직이 완전히 변경됨으로써 기존의 범죄단체와 동일성이 없는 별개의 단체로 인정될 수 있을 정도에 이르렀다고 볼 수 없다는 이유로 폭력행위 등 처벌에 관한 법률 제4조 제1항 소정의 범죄단체의 구성에 해당하지 않는다고 한 원심을 수긍한 사례

《참고판례》
(대법원 2005. 5. 13. 선고 2005도959) 아직 범죄단체에까지는 이르지 아니한 소규모 폭력조직이거나 같은 지역 출신 선후배 건달들의 모임으로서 폭력패거리에 불과하던 수개의 개별 조직들이 통합하여 결성된 조직이 그 규모 및 인적 구성 등에 비추어 기존의 폭력조직 내지는 폭력패거리와는 전혀 다른 새로운 폭력범죄단체에 해당한다고 한 사례

9. 폭력범죄 구성원의 범죄행위에의 가담과 폭력범죄단체에의 가입죄의 성부 (대법원 1983. 12. 13. 선고 83도2605)

폭력행위 등 처벌에 관한 법률 제4조 위반죄는 이미 구성된 폭력범죄단체에 가입함으로써도 성립하나, 피고인이 폭력범죄단체의 구성원들의 살인 등 범죄모의에 가담하고 실행행위를 하였다는 사실만으로 살인죄 등의 공동정범의 죄책을 지는 외에 곧 피고인에게 폭력범죄단체가입죄의 죄책을 지울 수는 없다.

○ **제7조(우범자)**

10. 장칼 2개를 피고인의 아파트에 보관한 것이 폭처법 제7조 소정의 위험한 물건의 '휴대'에 해당하는지 여부 [소극] (대법원 1990. 11. 13. 선고 90도2170)

폭력행위 등 처벌에 관한 법률 제7조에서 말하는 위험한 물건의 '휴대'라고 함은 범행현장에서 사용할 의도 아래 위험한 물건을 몸 또는 몸 가까이에 소지하는 것을 말하는 것이므로 장칼 2개 등의 위험한 물건들을 피고인의 아파트에 보관하였다는 것만으로는 위 법조에서 말하는 위험한 물건의 휴대라고 할 수는 없다.

※ 따름판례: 대법원 1992. 5. 12. 선고 92도381

11. 폭처법 제7조 소정의 '이 법에 규정된 범죄'는 폭처법에 규정된 범죄에 한정되는지 여부[적극] (대법원 2018. 1. 24. 선고 2017도15914)

헌법재판소의 위헌결정에 따라 위헌결정 대상조항과 이와 유사한 가중처벌 규정을 둔 조항을 정비하기 위하여 2016. 1. 6. 법률 제13718호로 폭력행위 등 처벌에 관한 법률이 일부 개정되어 같은 날 시행되었다. 이로써 형법상 폭력범죄는 폭력행위처벌법이 정한 별도의 구성요건을 충족하지 않으면 폭력행위처벌법에 따라 처벌할 수 없게 되었다. 그리고 폭력행위처벌법 제7조는 "정당한 이유 없이 이 법에 규정된 범죄에 공용될 우려가 있는 흉기나 그 밖의 위험한 물건을 휴대하거나 제공 또는 알선한 사람은 3년 이하의 징역 또는 300만 원 이하의 벌금에 처한다."라고 정하고 있는데, 이러한 폭력행위처벌법 위반(우범자)죄는 대상범죄인 '이 법에 규정된 범죄'의 예비죄로서의 성격을 지니고 있다.

위와 같은 형벌규정 해석에 관한 일반적 법리와 폭력행위처벌법의 개정경위와 내용, 폭력행위처벌법 제7조의 문언, 내용과 체계 등에 비추어 보면, 폭력행위처벌법 제7조에서 말하는 '이 법에 규정된 범죄'는 '폭력행위처벌법에 규정된 범죄'만을 말한다고 해석함이 타당하다.

제3장

특정범죄 가중처벌 등에
관한 법률

제3장

특정범죄 가중처벌 등에 관한 법률

제1절 | 법 개관

Ⅰ. 입법취지 및 제정경위

「특정범죄 가중처벌 등에 관한 법률」(이하, '특가법'이라고 한다)은 5 · 16 군사쿠데타 직후에 일시적으로 감소되었던 밀수범, 탈세범 등의 경제사범이나 공무원의 오직행위 등의 부정부패행위가 다시 증가하는 것에 적극적으로 대응하기 위하여 1966년 2월 23일 법률 제1744호로 제정된 법률이다. 동법의 입법에 앞서, 1965년 6월 한일국교 정상화가 단행되었으며, 이에 따라 질이나 가격 면에서 우월한 일본상품을 밀수하는 행위 등 국가재정을 해치는 경제사범을 견제하고자 하는 의도였다고 볼 수 있다.[71] 아울러 동법이 입법된 형식적인 배경에는 군사정권 초기에

---

71) 당시 정부는 1965년 8월 일본의 경제 · 문화적인 침투를 배제하기 위한 보호조치로서 5개의 시정공약 요강을 발표하였으며, 그 중 다섯 번째 요강이 밀수, 탈세, 마약, 자본도피 등 비애국적인 행위의 근절을 선언하고 거기에 부수하여 새로이 특정범죄처벌에 관한 법률 개정안, 조세범처벌법 개정안, 관세법 개정안의 요강이 공포되었다. 오영근 · 안경옥, 형사특별법의 제정실태와 개선방안, 37면.

제정되었던 「**특정범죄처벌에관한임시특례법**」(1961년 7월 1일 제정, 법률 제640호)이 새 헌법 시행 후에는 적용될 수 없다는 대법원 판결(1965년 5월 25일 선고 65도276)[72]이 나옴에 따라 위 임시특례법을 대처할 법률의 제정이 필요했던 측면도 있었다.[73]

　　법 제정 시 입법취지는 형법, 관세법, 조세범 처벌법, 산림법, 임산물단속에관한법률, 외국환관리법 및 마약법에 규정된 특정범죄를 피해가액 또는 범죄의 내용에 따라 가중처벌함으로써 건전한 사회질서의 유지와 국민경제의 발전에 기여하려는데 있다고 밝히고 있다. 형법상의 범죄에 대한 가중은 물론, 관세법 등 위 열거된 특별법상의 범죄에 대하여 재차 가중처벌하고 있다는 특색을 가지고 있다.

　　제정 당시 전문 16개조 및 부칙으로 구성되었으며, 그 주요 내용은 ① 형법 중 수뢰죄를 범한 경우에는 그 수수요구 또는 약속한 뇌물의 가액에 따라 가중처벌하고(법 제2조), 공무원의 직무에 속한 사항의 알선에 관하여 금품이나 이익을 수수요구 또는 약속한 자를 처벌하며(제3조), 뇌물죄의 적용에 있어서 정부관리기업체의 간부직원을 공무원으로 의제하는 규정을 두었다(제4조). 그리고 ② 회계관계 직원이 국고에 손실을 미칠 것을 인지하고, 직무에 관하여 횡령·배임의 죄를 범하였을 경우에는 가중처벌토록 하였으며(제5조), 관세법을 위반하여 물품을 수출입하거나 관세를 포탈한 경우에는 가액에 따라 가중처벌하고(제6조), 세관공무원에게 일정한 경우에 무기를 사용할 수 있도록 하는 규정을 마련하였다(제7조). ③ 조세포탈 및 산림법 등 위반행위 및 통화위조와 마약사범을 가중처벌하고(제8조 내지 제11조), 외국인을 위한 탈법행위(외국인에 의한 취득이 금지 또는 제한된 재산권을 외국인을 위하여 외국인의 자금으로 취득하는 행위)를 범죄로 규정하여 처벌하며(제12조), 이 법의 집행에 관련되어 무고죄를 범한 경우(제14조)와 범죄수사의 직무에 종사하는 공

---

72) 동 판결에서는 "국가재건과업 수행중에 있어서" 범한 "국가, 공공단체 또는 공공기업체의 소유, 관리 또는 점유에 속하는 중요재물에 대하여 한 형법 제329조(절도), 제333조(강도), 제336조(약취강도), 제347조 내지 제350조(사기와 공갈), 제255조(횡령과 배임)의 규정에 해당하는 죄" 등에 대하여 가중처벌례를 규정하고 있었던 특정범죄처벌에관한임시특례법 제2조의 효력과 관련하여, "군사쿠데타 후 개정헌법에 의하여 시행된 총선거에 의하여 국회가 구성되고 정부가 수립되어 63. 12. 17. 개정헌법이 시행됨과 동시에 국가재건과업은 완수되었다고 볼 것이므로 그 후에는 본조의 국가재건과업 수행중이라고 볼 수 없으므로 동 법조는 적용할 수 없다."라고 판시하였다.

73) 법무부사 편찬위원회(편), 법무부사(法務部史), 법무부, 1988, 354면.

무원이 특가법에 규정된 죄를 범한 자를 인지하고 그 직무유기를 한 경우(제15조)에 1년 이상의 유기징역으로 가중처벌토록 하였다. 한편, 특가법 제6조의 관세법 위반행위와 제8조의 조세포탈 행위에 대하여는 관계기관의 직권고발이 없더라도 공소를 제기할 수 있도록 하는 소추에 관한 특례조항을 두었다(제16조).

이 법은 초안 당시 3년의 유효기간을 가진 한시법으로 제정하려고 하였으나 결국 유효기간을 한정하지 아니한 채 시행되었다.[74]

II. 개정 연혁

특가법은 제정 이후 2019년 2월 말 현재까지 총 36차에 걸쳐 개정이 이루어졌다. 법 제정 시에는 공무원 뇌물사범, 조세 및 관세포탈사범, 마약사범 등을 주된 처벌대상으로 삼고 있었으나, 이후 여러 차례의 개정을 거치면서 유괴사범, 차량도주사범, 상습 강·절도, 고문사범, 인신매매사범 등에 이르기까지 소위 강력범죄의 상당부분을 그 적용대상으로 확대해 왔다. 타 법률 개정에 수반된 부수개정 등을 제외한 주요한 개정내용은 다음과 같다.

1. 1차(1968년 7월 15일) 및 2차(1973년 2월 24일) 개정

1968년 7월 15일 1차 개정(법률 제2032호) 때에는 대규모의 밀수사범 및 마약사범의 미수범에 대한 처벌규정을 신설하는 한편, 그 형은 정범에 준하여 가중처벌하도록 하였다.

1973년 2월 24일 2차 개정(법률 2550호)은 유괴살해 및 뺑소니운전이 증가하는 것에 대응하기 위해 단행되었다. 이 개정에 따라 ① 형법상 약취·유인죄를 범한 자를 그 목적에 따라 구분하여 가중처벌하는 조항을 신설하는 한편, 약취·유인한 미성년자를 살상하거나 미성년자의 보호자 등의 우려를 이용하여 재물을 취득할 목적으로 약취·유인하는 행위는 사형까지 처할 수 있도록 형을 가중하였고(제5조의2 신설), ② 도로교통법상 피해자 구호의무 등의 조치를 취하지 아니하고 도주한 자를 단순도주·유기도주인지 그 행위태양과 치상·치사인지 그 결과의 차

---

74) 법무부사 편찬위원회(편), 법무부사, 법무부, 1988, 354~355면.

이에 따라 이를 가중하여 처벌하는 조항을 신설하고, 그 죄질에 따라서는 사형까지 처할 수 있도록 하였다(제5조의3 신설).

이 조항들은 1972년 10월 17일 이른바 유신정권 출범 시 국회가 해산된 상태에서 비상국무회의에서 유신체제의 확립에 필요한 법률을 제·개정하는 과정에서 삽입된 것이며, 특히 도주차량운전자에 대하여 사형까지 규정한 조항은 개정 당시부터 그 가중의 정도가 통상의 형사처벌에 비하여 높은 중형주의를 취하고 있다는 비판이 제기되어 왔다.

한편, 도주차량 운전자가 피해자를 사고장소로부터 옮겨 유기하고 도주하여 피해자가 사망하는 경우 등에 대하여 사형·무기 또는 10년 이상의 징역에 처하도록 규정하고 있었던 특가법 제5조의3 제2항 제1호는 이후 1992년 4월 28일 헌법재판소가 헌법상 과잉금지의 원칙 등에 위배된다는 이유로 위헌결정을 내린 바 있다.75)76)

2. 3차 개정(1980년 12월 18일, 법률 제3280호)

3차 개정은 신군부가 집권한 직후 정권기반을 공고히 하기 위해 사회정화를 강조하던 시기인 1980년 12월 18일에 이루어졌다. 당시 개정이유는 "강도·절도범 등 불량배는 날로 그 수법이 지능적이고 대담해지며 조직적이고 상습적으로 자행될 뿐 아니라 인명을 살상함으로써 사회불안을 조성하고 있음에 비추어 상습

---

75) 헌법재판소 1992. 4. 28. 선고 90헌바24: 《판시요지》 본 법률조항에서 과실로 사람을 치상하게 한 자가 구호행위를 하지 아니하고 도주하거나 고의로 유기함으로써 치사의 결과에 이르게 한 경우에 살인죄(주, 사형·무기 또는 5년 이상의 징역)와 비교하여 그 법정형을 더 무겁게 한 것은 형벌체계상의 정당성과 균형을 상실한 것으로서 헌법 제10조의 인간으로서의 존엄과 가치를 보장한 국가의 의무와 헌법 제11조의 평등의 원칙 및 헌법 제37조 제2항의 과잉입법금지의 원칙에 반한다. 《재판관 최광률, 재판관 황도연의 반대의견》이 사건 법률조항은 과실범이 구호조치를 취하지 아니하고 유기 도주함으로써 사람의 생명을 잃게 한 것이라는 비난가능성과 도주차량에 대한 일반예방적 효과를 달성하려는 형사정책적 고려에서 법정형의 하한을 살인죄의 그것보다 높은 것이므로 합리성과 비례성의 원칙을 현저하게 침해하였다고 할 수 없다.
76) 위헌결정된 위 조항은 특가법 제11차 개정인 1995년 8월 4일자 법률 제4962호 일부개정에 의해 그 법정형이 형법상 살인죄와 동일하게 "사형·무기 또는 5년 이상의 징역"으로 개정된 상태이다.

적이고 조직적인 강·절도범이나 누범자에 대하여는 처벌규정을 대폭 강화하여 동 사범을 엄단하고 사회정화를 기함"에 있다고 밝히고 있다.

이 개정에 따라 특가법에 제5조의4 (상습 강·절도죄의 가중처벌), 제5조의5 (강도상해 등 재범자의 가중처벌), 제5조의6 [(절취목적) 단체 등의 조직]의 3개조가 신설되었다. 구체적인 개정내용을 보면, ① 상습절도범이나 5인 이상이 공동하여 절도죄를 범한 때에는 무기 또는 3년 이상의 징역으로 가중처벌하고, 상습강도범에 대하여 사형·무기 또는 10년 이상의 징역으로 가중처벌하며, 상습장물사범에 대하여 무기 또는 3년 이상의 징역으로 가중처벌하도록 하였다(개정법 제5조의4). ② 강도상해, 강도, 강간의 죄로 형을 받은 후 3년 내에 재범자에 대하여 사형·무기 또는 10년 이상의 징역으로 가중처벌하고(제5조의5), ③ 절도범의 범죄단체 조직에 대하여 수괴는 사형·무기 또는 10년 이상의, 간부는 무기 또는 5년 이상의, 단순가입자는 1년 이상의 유기징역으로 가중처벌하도록 하였다(제5조의6). 아울러 특가법 제2조(뇌물죄의 가중처벌), 제5조(국고손실), 제6조(관세법위반행위의 가중처벌), 제8조(조세포탈의 가중처벌), 제9조(산림법위반행위의 가중처벌), 제11조(마약사범의 가중처벌), 제12조(외국인을 위한 탈법행위)의 각 규정에 있어 구성요건상 범칙가액을 경제사정의 변동에 맞추어 현실화하였다.

3. 4차 개정(1983년 12월 31일, 법률 제3717호)

1983년 12월 31일자 4차 개정에서는 제4조의2 (체포·감금 등의 가중처벌)을 신설하여, ① 형법 제124조(불법체포, 불법감금), 제125조(폭행, 가혹행위)에 규정된 죄를 범하여 사람을 치상한 때에는 1년 이상의 유기징역에 처하고, ② 형법 제124조, 제125조에 규정된 죄를 범하여 사람을 치사한 때에는 무기 또는 3년 이상의 징역으로 가중처벌하도록 하였다.

이 개정은 형법상 재판·검찰·경찰 기타 인신구속에 관한 직무를 행하는 자 또는 이를 보조하는 자가 그 직권을 남용하여 사람을 체포 또는 감금한 때에는 7년 이하의 징역과 10년 이하의 자격정지에 처하고 있고(형법 제124조), 상술한 자가 그 직무를 행함에 있어 형사피의자 또는 기타 사람에 대하여 폭행 또는 가혹한 행위를 가한 때에는 5년 이하의 징역과 10년 이하의 자격정지에 처하도록 되어 있으나(제125조), 이러한 범죄에 대하여 위와 같이 가중처벌함으로 목적으로 하였다.

1980년대 초반에 여대생피살사건의 장모군, 윤노파 살해사건의 고숙종 여인, 전주 최모 씨 살인사건의 김시훈 씨가 모두 경찰의 고문으로 인권을 유린당하고, 김근조 씨가 고문으로 인해 사망하는 등 수사기관의 고문에 의한 인권유린행위가 빈번히 발생하였던 것이 법 개정의 배경이 되었다.[77]

4. 6차 개정(1989년 3월 25일, 법률 제4090호)

1989년 3월 25일자 6차 개정은 당시 반사회적이고 반인륜적 범죄로 인식되었던 가정파괴범이라는 강도강간범죄와 인신매매범죄가 빈발함에 따라 이에 대한 처벌을 강화하여 범죄의 예방효과를 거두기 위한 목적으로 단행되었다.

개정내용은 ① 영리의 목적 또는 추업에 종사시킬 목적 등으로 미성년자와 부녀자를 약취·유인 또는 매매하거나 약취·유인 또는 매매된 미성년자나 부녀자를 수수·은닉 또는 국외이송한 자와 신문·잡지 기타 간행물에 의한 광고 또는 문서의 반포 등의 방법으로 사람을 모집하여 매매 또는 국외이송한 자는 무기 또는 5년 이상의 징역에 처하는 한편, 상습범인 경우에는 그 죄에 정한 형의 2분의 1까지 가중처벌하도록 하였으며(제5조의2 개정), ② 형법상 특수절도나 특수강도가 부녀를 강간 또는 강제추행한 때에는 사형·무기 또는 5년 이상의 징역에 처하도록 하였다(제5조의6 (특수강도강간 등)신설).[78]

5. 8차 개정(1990년 12월 31일, 법률 제4291호)

1990년 12월 31일자 8차 개정은 당시 사회문제로 대두되었던 성범죄로부터 부녀자를 보호하고, 국가형벌권 행사에 조력한 증인 등에 대한 보복범죄를 엄벌함으로써 국민이 범죄 척결에 안심하고 동참할 수 있는 여건을 조성하고, 아울러 가중처벌의 기준이 되는 수뢰액 등 구성요건 해당금액과 법정형을 현실에 맞도록 조정하기 위해 단행되었다.

---

77) 오영근·안경옥, 앞의 책, 38면.
78) 기존의 제5조의6 (단체등의 조직)을 제5조의7로 하고, 제5조의6 (특수강도강간등)을 위와 같이 신설하였다.

개정의 주요골자는 ① 뇌물죄의 경우 수뢰액이 5천만원 이상인 때에는 무기
또는 10년 이상의 징역에 처하되, 사형은 삭제하며, 수뢰액이 1천만원 이상 5천만
원 미만인 때에는 5년 이상의 유기징역에 처하고, 외국인으로부터의 수뢰에 대한
가중처벌조항을 삭제하였다(제2조 개정). ② 성인남자를 약취유인하는 행위도 미성
년자나 여성과 같이 이 법의 약취·유인죄의 가중처벌대상에 포함시켰다(제5조의2
개정). ③ 특수강도강간죄의 징역형의 하한을 현행 5년 이상에서 10년 이상으로
상향조정하고(제5조의6 개정), ④ 흉기 기타 위험한 물건을 휴대하거나 2인 이상이
합동하여 강간한 때에는 무기 또는 5년 이상의 징역에 처하며, 이와 같은 방법으
로 강제추행한 경우에는 3년 이상의 유기징역에 처하고, 이 행위로 사람을 사망하
게 하거나 상해한 때에도 각각 가중처벌하는 한편, 이들 강간 등의 경우에는 피해
자의 고소 없이도 처벌할 수 있도록 하였다(제5조의7 (특수강간 등) 신설)[79]. ⑤ 증인
등에 대한 보복목적의 살인·상해·폭력·체포·감금·협박 등을 가중처벌하고, 증
언 등 방해행위와 증인 등에 대한 면담강요행위를 처벌하도록 하였다(제5조의9 (보
복범죄의 가중처벌 등) 신설). 그리고 ⑥ 관세포탈, 무면허수출입, 산림절도 등에 규정
되어 있던 사형을 삭제하여 범죄와 형벌간의 균형을 고려하는 한편, 가중처벌의
기준이 되는 구성요건 해당금액을 경제현실에 맞게 인상하였다.

6. 9차 개정(1994년 1월 5일, 법률 제4702호)

1994년 1월 5일자 9차 개정에서는 성폭력범죄의 처벌 및 피해자보호 등에 관한
법률이 제정됨에 따라 특가법에 있던 성폭력범죄인 제5조의6(특수강도강간 등) 및
제5조의7(특수강간 등)을 삭제하고, 신설되는 성폭력처벌법에 흡수시켰다.

7. 10차 개정 (1994년 6월 28일, 법률 제4760호)

1994년 6월 28일자 10차 개정에서는 국회법의 개정으로 ‘정보위원회’가 신설
됨에 따라 정보위원회의 위원 및 소속공무원이 직무수행상 알게 된 국가기밀에
속하는 사항을 공개하거나 타인에게 누설하는 행위를 형법보다 가중처벌하는 조

---

79) 기존의 제5조의7 (단체등의 조직)을 제5조의8로 하고, 제5조의7 (특수강도등)을 위와 같이
   신설하였다.

항을 신설하였다.

이에 따라 신설된 제4조의3 (공무상 비밀누설의 가중처벌)에는 "국회법 제54조의2 제2항의 규정에 위반한 자"를 형법 제127조 (공무상 비밀누설)의 법정형(2년 이하의 징역이나 금고 또는 5년 이하의 자격정지)보다 가중된 형인 "5년 이하의 징역 또는 500만원 이하의 벌금"에 처하는 규정이 마련되었다.

8. 11차 개정(1995년 8월 4일, 법률 제4962호)

1995년 8월 4일자 11차 개정에서는 기존에 국가 및 지방자치단체 회계관계 직원의 국고손실행위에 대하여는 가중처벌할 수 있는 규정이 있으나, 지방세 등 횡령행위에 대하여는 가중처벌할 수 있는 근거가 마련되어 있지 아니하였기 때문에 국고손실뿐만 아니라 지방자치단체에 손실을 발생하게 한 경우에도 가중처벌할 수 있는 규정을 추가하였다.

또한 도주차량 운전자가 피해자를 사고장소로부터 옮겨 유기하고 도주하여 피해자가 사망하는 경우 등에 대하여 사형·무기 또는 10년 이상의 징역에 처하도록 규정하고 있었던 특가법 제5조의3 제2항 제1호에 대하여 1992년 4월 28일 헌법재판소가 헌법상 과잉금지의 원칙 등에 위배된다는 이유로 위헌결정을 내림에 따라 실효된 조항을 정비하는 개정이 이루어졌다.

특가법 제5조의3은 1973년 2월 24일 2차 개정 시 신설된 조문이며, 신설 당시 법정형이 "사형·무기 또는 10년 이상의 징역"으로 규정되어 있었으나, 제11차 개정에 의해 그 법정형이 형법상 살인죄와 동일하게 "사형·무기 또는 5년 이상의 징역"으로 개정되었다.

> [참고] 헌법재판소 1992. 4. 28. 선고 90헌바24(특정범죄가중처벌등에관한법률 제5조의3 제2항 제1호 위헌소원)
>
> 《판시요지》 본 법률조항에서 과실로 사람을 치상하게 한 자가 구호행위를 하지 아니하고 도주하거나 고의로 유기함으로써 치사의 결과에 이르게 한 경우에 살인죄(주, 사형·무기 또는 5년 이상의 징역)와 비교하여 그 법정형을 더 무겁게 한 것은 형벌체계상의 정당성과 균형을 상실한 것으로서 헌법 제10조의 인간으로서의 존엄과 가치를 보장한

국가의 의무와 헌법 제11조의 평등의 원칙 및 헌법 제37조 제2항의 과잉입법금지의 원칙에 반한다.

《재판관 최광률, 재판관 황도연의 반대의견》 이 사건 법률조항은 과실범이 구호조치를 취하지 아니하고 유기 도주함으로써 사람의 생명을 잃게 한 것이라는 비난가능성과 도주차량에 대한 일반예방적 효과를 달성하려는 형사정책적 고려에서 법정형의 하한을 살인죄의 그것보다 높인 것이므로 합리성과 비례성의 원칙을 현저하게 침해하였다고 할 수 없다.

9. 12차 개정(1995년 12월 29일, 법률 제5056호)

1995년 12월 29일자 12차 개정은 정부관리기업체의 개념정의와 그 소속 간부직원의 범위에 대한 위임기준의 불명확성으로 인해 1995년 9월 28일자 헌법재판소의 위헌결정(93헌바50)에 따라 실효된 조항인 법 제4조 제1항 및 제2항을 개정한 것이다.

[참고] 헌법재판소 1995. 9. 28. 93헌바50(특정범죄가중처벌등에관한법률 제4조 위헌소원)
《판결요지》 [1] 형사처벌의 대상이 되는 범죄의 구성요건은 형식적 의미의 법률로 명확하게 규정되어야 하며, 만약 범죄의 구성요건에 관한 규정이 지나치게 추상적이거나 모호하여 그 내용과 적용범위가 과도하게 광범위하거나 불명확한 경우에는 국가형벌권의 자의적인 행사가 가능하게 되어 개인의 자유와 권리를 보장할 수 없으므로 죄형법정주의의 원칙에 위배된다. [2] 헌법 제75조에서 "법률에서 구체적으로 범위를 정하여 위임받은 사항에 관하여"라고 함은 법률 그 자체에 이미 대통령령으로 규정될 내용 및 범위의 기본적 사항이 구체적으로 규정되어 있어서 누구라도 당해 법률 그 자체에서 대통령령에 규정될 내용의 대강을 예측할 수 있어야 함을 의미하고, 그렇게 하지 아니한 경우에는 위임입법의 한계를 일탈한 것이라고 아니할 수 없다. [3] 특정범죄가중처벌등에관한법률 제4조 제1항의 "정부관리기업체"라는 용어는 수뢰죄와 같은 이른바 신분범에 있어서 그 주체에 관한 구성요건의 규정을 지나치게 광범위하고 불명확하게 규정하여 전체로서의 구성요건의 명확성을 결여한 것으로 죄형법정주의에 위배되고, 나아가 그 법률 자체가 불명확함으로 인하여 그 법률에서 대통령령에 규정될 내용의 대강을 예측할 수 없는 경우라 할 것이므로 위임입법의 한계를 일탈한 것으로서 위헌이다.
《재판관 조승형, 재판관 신창언의 반대의견》 [3] 특정범죄가중처벌등에관한법률 제4조 제1항 소정의 "정부관리기업체"라는 개념 정의는 관련법규정 및 법률이론에 의한 법관의 보충적 해석을 통하여 충분히 개념을 명확히 정의할 수 있다 할 것이므로, 정의규정이 없다는 점만으로 이를 추상적이라거나 모호하다고 할 수는 없으며, 일반형법 또는 다른 특별형사법에서 규정하고 있는 용어들과 비교하더라도 정부관리기업체라는 용어가 지나치게 추상적이라거나 모호하다고 할 수 없다.

이 개정으로 뇌물죄의 적용에 있어 그 간부직원을 공무원으로 보도록 되어 있는 정부관리기업체의 정의규정을 신설하여 대통령령에 규정될 정부관리기업체의 내용 및 범위의 기본적 사항을 구체적으로 규정하였다(아래 조문개정내용 참조).

[12차 개정 이전 조문] 법 제4조 (뇌물죄적용대상의 확대) ① 형법 제129조 내지 제132조의 적용에 있어서는 정부관리기업체의 간부직원은 이를 공무원으로 본다. ② 제1항의 정부관리기업체 및 간부직원의 범위는 대통령령으로 정한다.

[동 개정 후 변경조문] 제4조 (뇌물죄적용대상의 확대) ① 다음 각 호의 1에 해당하는 기관 또는 단체(이하 "기업체"라 한다)로서 대통령령이 정하는 기업체(이하 "정부관리기업체"라 한다)의 간부직원은 형법 제129조 내지 제132조의 적용에 있어 이를 공무원으로 본다. 1. 국가 또는 지방자치단체가 직접 또는 간접으로 자본금의 2분의 1 이상을 출자하였거나 출연금·보조금등 그 재정지원의 규모가 그 기업체 기본재산의 2분의 1 이상인 기업체 2. 국민경제 및 산업에 중대한 영향을 미치고 있고 업무의 공공성이 현저하여 국가 또는 지방자치단체가 법령이 정하는 바에 따라 지도·감독하거나 주주권의 행사 등을 통하여 중요사업의 결정 및 임원의 임면 등 운영전반에 관하여 실질적인 지배력을 행사하고 있는 기업체 ② 제1항의 간부직원의 범위는 기업체의 설립목적, 자산, 직원의 규모 및 해당 직원의 구체적인 업무 등을 고려하여 대통령령으로 정한다.

10. 13차 개정(1997년 8월 22일, 법률 제5341호)

1997년 8월 22일자 13차 개정은 관세법이 관세범 처벌제도를 개편하고 법정형을 대폭 하향조정하여 시행함에 따라 관세범에 대한 가중처벌을 완화하여 처벌의 실효성을 높이고 가중처벌의 대상이 되는 위반행위의 범위를 합리적으로 조정하여 관세범의 처벌에 형평을 기하기 위해 단행되었다.

① 특가법에 의하여 가중처벌되던 금지품수출입죄, 관세포탈죄, 무신고수출입

죄 및 부정수출입죄가 개정된 관세법에서는 밀수출입죄 및 관세포탈죄로 전면 개
편되고, 그 구성요건이 조정되었기 때문에 관세법의 개정규정에 맞추어 조문체제
를 정비하였고, ② 관세법상 금지품수출입죄에 대한 법정형이 1년 이상의 유기징
역 또는 2천만원 이하의 벌금에서 10년 이하의 징역 또는 2천만원 이하의 벌금으
로 조정되는 등 관세범에 대한 법정형이 전면적으로 낮아짐에 따라 특가법에서도
금지품수출입죄에 대한 가중처벌을 그 수출입물품의 가액에 따라 무기 또는 10년
이상의 징역, 5년 이상의 유기징역에서 무기 또는 7년 이상의 징역, 3년 이상의
유기징역으로 하는 등 그 법정형을 하향 정비하였다.

11. 18차 개정(2002년 3월 25일, 법률 제6664호)

2002년 3월 25일자 18차 개정에서는 기존에 업무상과실치상의 죄를 범한 차
량운전자가 피해자를 구호하는 등의 조치를 취하지 아니하고 도주한 경우 종전에
는 "1년 이상의 유기징역"으로만 처벌하도록 하였으나, 앞으로는 "1년 이상의 유
기징역 또는 500만원 이상 3천만원 이하의 벌금"을 선택적으로 부과할 수 있도록
함으로써 책임에 상응하는 탄력적인 형벌부과가 가능하도록 하였다(제5조의3 제1항
제2호 개정).

12. 19차 개정(2004년 10월 16일, 법률 제7226호)

2004년 10월 16일자 19차 개정에서는 특가법 제11조 제1항에서 단순매매 마
약사범을 영리범 및 상습범과 동일하게 사형·무기 또는 10년 이상의 징역에 처하
도록 규정하고 있는 것은 책임과 형벌간의 비례성원칙에 반하고, 마약 및 향정신성
의약품관련 범죄 중 마약관련 범죄에 대하여만 가중처벌하는 것은 책임과 형벌 간
의 비례성의 원칙이나 평등의 원칙 등에 위반된다는 이유로 위헌결정(헌법재판소
2003. 11. 27. 2002헌바24)됨에 따라 그 취지를 반영하여 관련조문을 정비하였다.

[참고] 헌법재판소결정 2003. 11. 27. 2002헌바24 (특정범죄가중처벌등에관한법률 제
11조 제1항 위헌소원)

《판결요지》

[가] 법정형의 종류와 범위를 정할 때는 헌법 제37조 제2항이 규정하고 있는 과잉입법
금지의 정신에 따라 형벌개별화 원칙이 적용될 수 있는 범위의 법정형을 설정하여
실질적 법치국가의 원리를 구현하도록 하여야 하며, 형벌이 죄질과 책임에 상응하
도록 적절한 비례성을 지켜야 한다. 그러므로 그 입법취지에서 보아 중벌(重罰)주
의로 대처할 필요성이 인정되는 경우라 하더라도 범죄의 실태와 죄질의 경중, 이
에 대한 행위자의 책임, 처벌규정의 보호법익 및 형벌의 범죄예방효과 등에 비추어
전체 형벌체계상 지나치게 가혹한 것이어서, 그러한 유형의 범죄에 대한 형벌 본래
의 기능과 목적을 달성함에 있어 필요한 정도를 현저히 일탈함으로써 입법재량권이
헌법규정이나 헌법상의 제 원리에 반하여 자의적으로 행사된 것으로 평가되는 경우
에는 이와 같은 법정형을 규정한 법률조항은 헌법에 반한다고 보아야 한다.

[나] 마약의 매수 가운데 '영리매수'는 마약의 대량확산에 크게 기여할 뿐만 아니라 타
인의 정신적 · 육체적 황폐화를 통하여 영리를 도모한다는 점과 공급이 수요를 창
출하는 마약류시장의 특성상 그 불법성과 비난가능성은 일반범죄의 영리범의 경우
보다 더욱 크다. 반면에 '단순매수'는 기본적으로 수요의 측면에 해당되고 마약의
유통구조상 최종단계를 형성하므로 마약확산에의 기여도와 그 행위의 구조, 위험
성 및 비난가능성 등 죄질에 있어서 영리매수와는 질적으로 다르다. 이에 따라 마
약류관리에관한법률에서도 마약매수의 영리범 · 상습범, 단순범, 미수범, 예비범 · 음
모범의 경우를 구별하여 법정형을 정하고 있다. 그런데 특정범죄가중처벌등에관한
법률(이하, "특가법"이라 한다) 제11조 제1항에서는 마약 매수의 영리범 · 상습범,
단순범, 미수범, 예비범 · 음모범의 경우를 가리지 않고 일률적으로 영리범 · 상습범
의 법정형과 동일한 사형 · 무기 또는 10년 이상의 징역에 처하도록 하고 있다. 또
한 특가법은 매수한 마약의 양이나 위험성의 정도, 마약사용의 결과로 타인의 신
체에 상해나 사망을 일으켰느냐의 여부 등 죄질이나 비난가능성의 정도를 구별하
지 않는다. 결국 위 특가법 조항은 그나마 존재하던 마약류관리에관한법률상의 단
순범과 영리범의 구별조차 소멸시켜 불법의 정도, 죄질의 차이 및 비난가능성에
있어서의 질적 차이를 무시함으로써 죄질과 책임에 따라 적절하게 형벌을 정하지
못하게 하는바, 책임과 형벌간의 비례성 원칙과 실질적 법치국가원리에 위반된다.

[다] 마약의 판매목적소지는 마약의 매도행위에 대한 예비죄를 독립된 구성요건으로 한
것인바, 마약의 매도행위는 영리의 추구를 그 핵심적 성질로 하므로 비영리의 단
순판매목적소지는 그 행위의 발생 개연성 및 마약확산에 기여하는 정도가 극히 미
미하다 할 것인데, 위 특가법 조항은 이러한 행위에 대하여까지 영리범과 동일하

게 가중처벌하고 있는데 이는 국가형벌권의 지나친 남용이라 할 것이다.

[라] 위 특가법 조항은 단순매수나 단순판매목적소지의 마약사범에 대하여도 사형·무기 또는 10년 이상의 징역에 처하도록 규정하고 있어, 예컨대 단 한 차례 극히 소량의 마약을 매수하거나 소지하고 있었던 경우 실무상 작량감경을 하더라도 별도의 법률상 감경사유가 없는 한 집행유예를 선고할 수 없도록 법관의 양형선택과 판단권을 극도로 제한하고 있고 또한 범죄자의 귀책사유에 알맞은 형벌을 선고할 수 없도록 법관의 양형결정권을 원천적으로 제한하고 있어 매우 부당하다.

[마] 마약류 자체가 가지는 위험성의 측면이나 우리 사회에서 차지하고 있는 비중에 있어서도 향정신성의약품관리법위반사범과 달리 마약사범에 대하여만 가중을 하여야 할 정도로 마약이 향정신성의약품에 비해 더욱 위험하다고 볼 수는 없으며, 범죄의 실태와 검찰에서의 기소율이나 형사재판의 결과 등을 감안하고 마약류 규제법규의 연혁을 살펴보면 마약사범만을 가중하여야 할 합리적 근거를 찾아보기 어렵다고 할 것인데, 위 특가법 조항은 아무런 합리적 근거 없이 매수와 판매목적소지의 마약사범만을 가중하고 있으므로 형벌체계상의 균형성을 현저히 상실하여 평등원칙에 위반된다 할 것이다.

개정의 주요 내용은 ① 마약·향정신성의약품관련 범죄 중 단순범죄의 경우 가중처벌대상에서 제외하고, 마약·향정신성의약품관련 범죄 중 단순범죄인 매매·수수 및 교부에 관한 죄와 매매목적·매매알선목적 또는 수수목적의 소지·소유에 관한 죄를 가중처벌대상에서 제외하는 한편, 마약·향정신성의약품의 수출입·제조 등에 관한 죄의 경우 사형·무기 또는 10년 이상의 징역에 처하도록 하던 것을 무기 또는 10년 이상의 징역에 처하도록 하였다(제11조 제1항 개정). 또한 ② 마약관련 범죄와 함께 향정신성의약품관련 범죄에 대하여도 가중처벌하여 (1) 종전에는 소지·사용 등을 행한 마약의 가액이 500만원 이상인 때에는 사형·무기 또는 10년 이상의 징역에 처하도록 하였으나, 마약 및 향정신성의약품의 가액이 5천만원 이상인 때에 무기 또는 10년 이상의 징역에 처하고, (2) 종전에는 소지·사용 등을 행한 마약의 가액이 50만원 이상 500만원 미만인 때에 무기 또는 3년 이상의 징역에 처하도록 하던 것을 마약 및 향정신성의약품의 가액이 500만원 이상 5천만원 미만인 때에 같은 법정형으로 규정하였다(제11조 제2항 제1호 및 제2호 개정).

13. 21차 개정(2005년 8월 4일, 법률 제7654호)

2005년 8월 4일자 개정에서는 상습절도 등으로 2회 이상 실형을 받아 그 집행을 종료하거나 면제받은 후 3년 이내에 다시 동종의 죄를 범한 때에는 그 죄에 정한 형의 단기의 2배까지 가중하도록 하였다(제5조의4에 제6항을 신설).

14. 23차 개정(2005년 12월 29일, 법률 제7767호)

2005년 12월 29일 23차 개정에서는 기존 특가법의 규정 중 뇌물죄, 횡령·배임죄에 의한 국고손실, 관세법위반죄 및 조세포탈범에 대한 가중처벌의 기준이 되는 금액을 물가변동 등 경제적 상황의 변화에 맞추어 현실화하는 한편, 영리의 목적으로 허위로 세금계산서를 교부하는 등 세법질서를 문란하게 하는 행위가 근절되지 아니하고 있어서 사안이 중한 유형에 대한 가중처벌 규정을 신설하였다(제8조의2 (세금계산서 교부의무위반 등의 가중처벌)신설).

15. 24차 개정(2007년 1월 3일, 법률 제8169호)

2007년 1월 3일 24차 개정은 운행 중인 자동차의 운전자를 상대로 폭력 또는 협박을 행사하여 운전자나 승객 또는 보행자 등의 안전을 위협하는 행위를 엄중하게 처벌함으로써 교통질서의 확립 및 시민의 안전을 도모함을 목적으로 한 개정이었다. 이를 위해 운행 중인 자동차의 운전자를 폭행 또는 협박한 자는 5년 이하의 징역 또는 2천만원 이하의 벌금에 처하고, 운행 중인 자동차의 운전자를 폭행 또는 협박하여 사람을 상해에 이르게 한 때에는 3년 이상의 유기징역에 처하며, 사망에 이르게 한 때에는 무기 또는 5년 이상의 징역에 처하도록 하였다.

16. 25차 개정(2007년 12월 21일, 법률 제8727호)

2007년 12월 21일 25차 개정은 음주운전으로 인한 교통사고가 급증하는 추세에 있고, 음주운전으로 인해 사망하거나 부상하는 자의 수도 늘고 있으나 교통사고처리 특례법상 음주운전사고에 대한 처벌규정은 미약하여 음주운전이 줄어들지 않고 있다는 실태에 대응하여 음주 또는 약물의 영향으로 정상적인 운전이 곤란한 상태에서 자동차(원동기장치자전거 포함)를 운전하여 사람을 상해하거나 사망에 이르게 하는 행위를 가중처벌하는 소위 위험운전치사상죄를 신설하는 개정이었다. 사람을 상해에 이르게 한 자는 10년 이하의 징역 또는 5백만원 이상 3천만원 이하의 벌금에 처하고, 사망에 이르게 한 자는 1년 이상의 유기징역에 처하도록 하였다.

17. 26차 개정(2008년 12월 26일, 법률 제9169호)

2008년 12월 26일 26차 개정은 부패범죄에 대한 처벌을 강화하는 국제적 흐름에 부합하는 입법의 필요성이 증대하고 있고, 기존의 징역형 위주의 처벌 규정만으로는 효율적인 공직부패의 척결에 한계가 있다고 보아, 부패구조의 청산 및 국가경쟁력의 강화에 기여하기 위해 소위 공직비리사범에 대한 처벌을 강화하는 개정이었다. 구체적으로는 본 개정을 통해 형법 제129조, 제130조 또는 제132조의 뇌물 사범에 대하여 징역형을 부과할 뿐만 아니라 반드시 수뢰액의 2배 이상 5배 이하의 벌금을 필요적으로 병과하도록 하였다(법 제2조 제2항 신설).

18. 28차 개정(2010년 3월 31일, 법률 제10210호)

2010년 3월 31일 28차 개정은 일반 국민이 법문장을 쉽게 읽고 이해해서 잘 지킬 수 있도록 하기 위해 법적 간결성·함축성과 조화를 이루는 범위에서 어려운 용어를 쉬운 우리말로 풀어쓰고, 복잡한 문장은 체계를 정리하여 국민의 언어생활에도 맞게 관련 규정을 정비하려는 것이었다. 주요 개정내용은 ① 법률의 한글화, ② "치상하다"를 "상해에 이르게 하다"로 하는 등 어려운 법령 용어의 순화, ③ 한글맞춤법 등 어문 규범의 준수, ④ 주어와 서술어, 부사어와 서술어, 목적어와 서술어 등의 문장 성분끼리 호응이 잘 되도록 하여 정확하고 자연스러운 법 문장을 구성하도록 한 것이다.

19. 31차 개정(2013년 7월 30일, 법률 제11955호)

2013년 7월 30일자 개정은 해상교통량의 증가, 선박의 고속화 등 해상교통 환경의 변화로 해상교통사고의 위험성이 증가하고 있고, 선박충돌사고 발생 후 인명과 선박에 대한 즉각적인 구호조치를 하지 않고 도주할 경우 대부분 사망, 실종 등 대형사고로 이어질 수 있으므로, 해상에서 선박충돌사고 발생 후 피해자에 대한 충분한 구호조치를 하지 않고 도주한 행위를 가중처벌하도록 함으로써 도주심리를 억제하고 충돌사고를 사전 예방하려고 한 것이다.

20. 32차 개정(2015년 6월 22일, 법률 제13351호)

2015년 6월 22일자 개정은 운행 중인 자동차 운전자에 대한 폭행 등을 가중처벌하는 규정에서 '운행 중'의 정의에 "자동차를 운행하는 중 운전자가 여객의 승차·하차 등을 위하여 일시 정차한 경우를 포함한다"는 문구를 추가한 것이다. 이는 2007년 개정 특가법에 "운행 중인 자동차의 운전자를 폭행 또는 협박한 경우" 일반적인 형법상의 폭행죄 또는 협박죄보다 가중하여 처벌하는 규정을 두었으나, 2010년 1월부터 2013년 10월까지 발생한 사업용 버스 및 택시기사에 대한 폭행사건 13,624건의 폭행사범 14,561명 중 단 100명(0.69%)만이 위 특가법 제5조의10의 적용을 받아 구속되는 등 일선 법집행기관 및 법원에서 특가법이 정한 '운행 중인 자동차의 운전자'의 범위가 자동차가 실제로 주행 중인 경우만으로 매우 협소하게 해석되고 있다는 지적에 따라 현행 특가법 제5조의10에서 정한 '운행 중'의 법리적 의미를 입법취지에 부합하도록 승·하차 등을 위하여 일시 정차한 경우를 포함하도록 명확히 규정하여 승·하차 중 발생하는 운전자에 대한 폭력을 예방하고, 이로 인해 승객에게 가해지는 2차적 피해를 예방하기 위한 취지였다.

21. 33차 개정(2016년 1월 6일, 법률 제13717호)

헌법재판소는 특가법 중 마약수입죄 가중처벌(제11조 제1항, 2014. 4. 24. 2011헌바2), 국내통용 통화위조 및 행사죄 가중처벌(제10조, 2014. 11. 27. 2014헌바224), 상습절도·장물취득죄 가중처벌(제5조의4 제1항·제4항, 2015. 2. 26. 2014헌가14, 2014헌가19, 2014헌가23) 규정에 대하여 형법과 같은 기본법과 동일한 구성요건을 규정하면서 법정형만 상향한 규정은 형벌체계상의 정당성과 균형을 잃어 헌법의 기본원리에 위배되고 평등의 원칙에 위반된다는 이유로 각각 위헌결정을 하였다. 한편 현행법에 헌법재판소로부터 위헌결정을 받은 규정 외에도 기본법과 같은 구성요건

을 규정하면서 법정형만 가중한 조항이 남아 있다. 이 개정은 이러한 헌법재판소
의 취지를 존중하여, 위헌결정 대상조항 및 위헌결정 대상조항과 유사한 문제를
지닌 조항을 정비하려는 것이었다.

　　이 개정의 주요 내용은 ① 미성년자 약취·유인죄의 가중처벌 규정을 13세
미만의 미성년자에 대한 가중처벌 규정으로 정비하고, 유기형의 상한을 규정(제5조
의2제1항·제2항·제7항 및 제8항), ② 상습절도, 상습강도, 상습장물죄의 가중처벌 규
정을 삭제하고, 반복 범죄자에 대한 누범가중 규정을 정비하였으며(현행 제5조의4
제1항·제3항·제4항 삭제, 제5조의4 제5항), ③ 산림자원의 조성 및 관리에 관한 법률
등 위반행위 중 채종림산물절취죄등은 임산물의 원산지 가격에 따른 가중처벌 대
상으로 하고, 채종림·자기소유산림 등 방화범죄가중처벌 규정을 삭제(제9조), ④ 통
화위조죄의 가중처벌 규정을 삭제하였으며(현행 제10조 삭제), ⑤ 마약류 관리에 관한
법률 제58조 제1항 제6호 위반죄 등을 마약이나 향정신성의약품 등의 가액을 가
중적 구성요건 표지로 하여 가중처벌하도록 하는 규정을 신설하였다(제11조 제1항
각 호 신설, 제11조 제2항 제1호).

22. 36차 개정(2018년 12월 18일, 법률 제15981호)

　　2018년 12월 18일자 개정은 음주 또는 약물의 영향으로 정상적인 운전이 곤
란한 상태에서 자동차를 운전하여 사람을 상해 또는 사망에 이르게 한 사람의 법
정형(제5조의11)을 치상의 경우 현행 "10년 이하의 징역 또는 500만원 이상 3천만
원 이하의 벌금"을 "1년 이상 15년 이하의 징역 또는 1천만원 이상 3천만원 이하
의 벌금"으로, 치사의 경우 현행 "1년 이상의 유기징역"을 "무기 또는 3년 이상의
징역"으로 상향조정함으로써 실효성을 제고하고, 아울러 음주운전에 대한 경각심
을 높이며, 국민의 법감정에 부합하는 제도를 마련하려는 취지였다.

23. 37차 개정(2019년 12월 24일, 법률 제16829호)

　　2019년 12월 24일자 개정은 자동차의 운전자가 어린이 보호구역에서 어린이
안전에 유의하면서 운전하도록 함으로써 교통사고의 위험으로부터 어린이를 보호
하기 위하여 자동차의 운전자가 어린이 보호구역에서 「도로교통법」 제12조 제3항

을 위반하여 어린이에게 「교통사고처리 특례법」 제3조 제1항의 죄를 범한 경우 가중처벌할 수 있는 근거를 마련하려는 것이다. 2019년 9월에 어린이 보호구역(스쿨존)에서 자동차가 길을 건너던 초등학생을 치여 사망케 한 사건을 계기로 입법이 이루어진 것으로, 어린이 보호구역에서 어린이 치사상의 가중처벌 규정(제5조의13)을 신설하여 자동차의 운전자가 어린이 보호구역에서 어린이의 안전을 위한 의무를 위반하여 어린이를 사망에 이르게 한 경우에는 무기 또는 3년 이상의 징역, 어린이를 상해에 이르게 한 경우에는 1년 이상 15년 이하의 징역 또는 500만원 이상 3천만원 이하의 벌금에 처하도록 하였다.

24. 38차 개정(2020년 2월 4일, 법률 제16922호)

2020년 2월 4일자 개정은 선박의 음주운항 등으로 인한 사고의 위험 및 그 피해가 음주운전에 비하여 결코 작지 않고 오히려 거대한 선박의 특성상 물적 피해는 물론이고 인명피해까지 야기할 수 있으므로 선박의 음주운항 등에 대한 강력한 처벌의 필요성이 제기되어, 이에 음주 또는 약물의 영향으로 정상적인 운항이 곤란한 상태에서 운항의 목적으로 선박의 조타기를 조작, 조작 지시 또는 도선하여 사람을 상해 또는 사망에 이르게 한 사람에 대하여 위험운전 치사상죄에 준하여 처벌(제5조의11 제2항)함으로써 선박의 음주운항 등에 대한 경각심을 제고하려는 취지의 개정이다. 종전 '위험운전 치사상'으로 되어 있던 조문의 제목을 선박의 운항을 포함한다는 취지에서 '위험운전 등 치사상'으로 변경하고 위와 같은 취지의 내용을 제2항을 신설하여 규정하였다.

제2절 | 주요조문 해설

　　현행 특가법(2020년 2월 4일 일부개정 법률 제16922호)은 전문 31개조[80]와 부칙으로 구성되어 있으며, 제1조 (목적)에서 "이 법은 형법, 관세법, 조세범 처벌법, 지방세기본법, 산림자원의 조성 및 관리에 관한 법률 및 마약류관리에 관한 법률에 규정된 특정범죄에 대한 가중처벌 등을 규정함으로써 건전한 사회질서의 유지와 국민경제의 발전에 이바지함을 목적으로 한다"고 밝히고 있다.

　　본법에서 가중처벌하고 있는 특정범죄에 대한 주요 규정은 제2조 내지 제6조와 제8조 내지 제11조에 두고 있으며,[81] 제12조에는 '외국인을 위한 탈법행위(외국인에 의한 취득이 금지 또는 제한된 재산권을 외국인을 위하여 외국인의 자금으로 취득하는 행위)'라는 범죄 구성요건을 규정하여 처벌하고 있다. 제14조 (무고죄)에서는 본법에 규정된 죄에 대한 무고죄를 형법(제156조; 10년 이하의 징역 또는 1,500만원　이하의 벌금)보다 가중하여 "3년 이상의 징역"에 처하고 있고, 제15조 (특수직무유기)에는 범죄수사의 직무에 종사하는 공무원이 본법에 규정된 자를 인지하고 그 직무를 유기한 행위를 1년 이상의 징역에 처하도록 하고 있다.

　　이 이외에 제7조에 관세법 위반사범을 단속할 권한이 있는 공무원이 해상에서 일정한 요건 하에서 총기를 사용할 수 있도록 하는 특례조항을 두고 있고, 제

---

80) 법률상 조문명 자체는 제1조에서 제16조까지이지만, "○조의○"의 형태로 추가 신설된 조문을 합한 전체 조문수는 총 31개이고, 이 중 4개조(제5조의6, 제5조의7, 제5조의8, 제10조)는 내용이 삭제된 조문임.

81) 제2조 (뇌물죄의 가중처벌), 제3조 (알선수재), 제4조 (뇌물죄 적용대상의 확대), 제4조의2 (체포·감금 등의 가중처벌)·제4조의3 (공무상 비밀누설의 가중처벌)·제5조 (국고 등 손실), 제5조의2 (약취·유인죄의 가중처벌), 제5조의3 (도주차량 운전자의 가중처벌), 제5조의4 (상습강도·절도죄 등의 가중처벌), 제5조의5 (강도상해 등 재범자의 가중처벌), 제5조의9 (보복범죄의 가중처벌 등), 제5조의10 (운행 중인 자동차 운전자에 대한 폭행 등의 가중처벌), 제5조의11 (위험운전 등 치사상), 제5조의12 (도주선박의 선장 또는 승무원에 대한 가중처벌), 제5조의13 (어린이 보호구역에서 어린이 치사상의 가중처벌), 제6조 (「관세법」 위반행위의 가중처벌), 제8조 (조세 포탈의 가중처벌), 제8조의2 (세금계산서 교부의무 위반 등의 가중처벌), 제9조 (「산림자원의 조성 및 관리에 관한 법률」 등 위반행위의 가중처벌), 제11조 (마약사범 등의 가중처벌)

16조에는 특가법 제6조의 관세법 위반행위와 제8조의 조세포탈 행위에 대하여는 관계기관의 직권고발이 없더라도 공소를 제기할 수 있도록 하는 소추에 관한 특례조항을 두고 있다.

이하에서는 특가법상의 주요한 처벌규정을 중심으로 살펴본다.

I. 공무원의 직무에 관한 범죄의 가중처벌

1. 뇌물죄의 가중처벌(제2조)

> **제2조 (뇌물죄의 가중처벌)** ① 「형법」 제129조·제130조 또는 제132조에 규정된 죄를 범한 사람은 그 수수(收受)·요구 또는 약속한 뇌물의 가액(價額)(이하 이 조에서 "수뢰액"이라 한다)에 따라 다음 각 호와 같이 가중처벌한다.
> 1. 수뢰액이 1억원 이상인 경우에는 무기 또는 10년 이상의 징역에 처한다.
> 2. 수뢰액이 5천만원 이상 1억원 미만인 경우에는 7년 이상의 유기징역에 처한다.
> 3. 수뢰액이 3천만원 이상 5천만원 미만인 경우에는 5년 이상의 유기징역에 처한다.
> ② 「형법」 제129조·제130조 또는 제132조에 규정된 죄를 범한 사람은 그 죄에 대하여 정한 형(제1항의 경우를 포함한다)에 수뢰액의 2배 이상 5배 이하의 벌금을 병과(倂科)한다.
> [전문개정 2010. 3. 31.]

(1) 형법상 뇌물죄의 가중처벌

형법 제129조(수뢰, 사전수뢰)·제130조(제3자 뇌물제공)·제132조(알선수뢰)의 죄를 범한 사람은 본법 제2조 제1항에 의해 "수수·요구 또는 약속한 뇌물의 가액(수뢰액)"이 1억원 이상인 때에는 무기 또는 10년 이상의 징역, 수뢰액이 5천만원 이상 1억원 미만인 때에는 7년 이상의 유기징역, 수뢰액이 3천만원 이상 5천만원 미만인 때에는 5년 이상의 유기징역으로 형법상의 법정형보다 가중하여 처벌된다. 본 규정은 형법상 공무원의 뇌물죄에 있어 그 수뢰액에 따라 법정형을 구분하여 규정하고 있는 입법형식을 취하고 있다는 특징이 있다.

형법 제129조(수뢰, 사전수뢰) ① 공무원 또는 중재인이 그 직무에 관하여 뇌물을 수수, 요구 또는 약속한 때에는 5년 이하의 징역 또는 10년 이하의 자격정지에 처한다. ② 공무원 또는 중재인이 될 자가 그 담당할 직무에 관하여 청탁을 받고 뇌물을 수수, 요구 또는 약속한 후 공무원 또는 중재인이 된 때에는 3년 이하의 징역 또는 7년 이하의 자격정지에 처한다.

형법 제130조(제삼자뇌물제공) 공무원 또는 중재인이 그 직무에 관하여 부정한 청탁을 받고 제3자에게 뇌물을 공여하게 하거나 공여를 요구 또는 약속한 때에는 5년 이하의 징역 또는 10년 이하의 자격정지에 처한다.

형법 제132조(알선수뢰) 공무원이 그 지위를 이용하여 다른 공무원의 직무에 속한 사항의 알선에 관하여 뇌물을 수수, 요구 또는 약속한 때에는 3년 이하의 징역 또는 7년 이하의 자격정지에 처한다.

한편, 형법 제131조[82])의 죄는 본조에 열거되어 있지 아니하여 가중처벌 대상 범죄에서 제외된 것으로 보인다. 그러나 형법 제131조의 죄는 이미 공무원 또는 중재인이 형법 제129조나 제130조의 죄를 범한 것을 전제로 하고 있기 때문에 형법 제131조의 죄를 범하는 자는 당연히 본조의 죄의 주체에 해당한다고 볼 수 있다. 판례도 같은 취지로 "형법 제131조 제1항은 공무원 또는 중재인이 형법 제129조, 제130조의 죄를 범한 후에 부정한 행위를 한 때에 가중처벌한다는 규정이므로 형법 제131조 제1항의 죄를 범한 자는 특정범죄 가중처벌 등에 관한 법률 제2조 제1항 소정의 형법 제129조, 제130조에 규정된 죄를 범한 자에 해당"한다는 입장을 취하고 있다(대법원 2004. 3. 26. 선고 2003도8077; 대법원 1969. 12. 9. 선고 69도1288).

---

82) 형법 제131조(수뢰후부정처사, 사후수뢰) ① 공무원 또는 중재인이 전 2조의 죄를 범하여 부정한 행위를 한 때에는 1년 이상의 유기징역에 처한다. ② 공무원 또는 중재인이 그 직무상 부정한 행위를 한 후 뇌물을 수수, 요구 또는 약속하거나 제삼자에게 이를 공여하게 하거나 공여를 요구 또는 약속한 때에도 전항의 형과 같다. ③ 공무원 또는 중재인이었던 자가 그 재직 중에 청탁을 받고 직무상 부정한 행위를 한 후 뇌물을 수수, 요구 또는 약속한 때에는 5년 이하의 징역 또는 10년 이하의 자격정지에 처한다. ④ 전 3항의 경우에는 10년 이하의 자격정지를 병과할 수 있다.

(2) 수뢰액(收賂額)의 산정방법

이와 같이 특가법에서는 형법전과 달리 뇌물의 가액, 즉 수뢰액의 정도에 따라 구분하여 가중처벌을 규정하고 있기 때문에 수뢰액을 어떻게 산정할 것인지가 문제된다.

우선 죄수관계에서 보자면, 예컨대 공무원의 2회 이상의 수뢰행위가 각 실체적 경합범인 경우에는 각각의 뇌물의 가액을 합치는 것이 아니라 각 수뢰행위별로 수뢰액을 산정해야 할 것이다.[83] 그러나, 공무원의 2회 이상의 수뢰행위가 단순일죄이거나 포괄일죄에 해당하는 경우에는 전체 뇌물의 가액이 특가법 제2조의 수뢰액에 해당한다(대법원 2000. 11. 10. 선고 2000도3483 참조).

한편, 직접적인 뇌물수수가 아닌 금원차용 형태의 뇌물죄나 이권사업에의 투자명목 뇌물죄의 경우 등에는 수뢰액 산정을 어떻게 할 것인지가 문제된다. 전자의 경우 판례에 따르면, 금원을 무기한으로 무이자로 차용한 때에는 수뢰자가 받은 실질적 이익은 무이자차용금의 금융이익 상당이라고 보고 있다(대법원 2008. 9. 25. 선고 2008도2590; 대법원 1976. 9. 28. 선고 75도3607). 후자와 관련해서는 경찰공무원이 슬롯머신 영업에 5천만원을 투자하고 35회에 걸쳐 매월 300만원씩 합계 1억 5백만원을 받은 사건에서 실제의 뇌물의 액수는 5천만원을 투자함으로써 얻을 수 있는 통상적인 이익을 초과한 금액이라고 보아야 하며, 여기서 통상적인 이익이라 함은 다른 특별한 사정이 없는 한 그 경찰공무원의 직무와 관계없이 슬롯머신업소 경영자와 같은 사람에게 5천만원을 대여하였더라면 받았을 이자 상당이며 그 이율은 양 당사자의 자금사정과 신용도 및 해당업계의 금리체계에 따라 심리판단해야 하며, 그 경찰공무원이 다른 방법으로 그 돈을 투자하였더라면 어느 정도의 이익을 얻을 수 있었을 것인지는 원칙적으로 고려할 필요가 없다고 판시한 바 있다(대법원 1995. 6. 30. 선고 94도993).

그리고 향응을 받은 경우의 뇌물가액에 대하여 판례는 피고인의 접대에 요한 비용과 향응 제공자가 소비한 비용액 중 피고인의 접대에 요한 비용만이고, 각자에 요한 비용액이 불명일 때에는 이를 평등하게 분할한 금액이며, 피고인 스스로 제3자를 초대하여 함께 접대를 받은 경우에는 특별한 사정이 없는 한 그 제3자의

---

83) 오영근, 형법각론 [제2판], 박영사, 2009, 913~914면.

접대에 사용한 비용도 피고인의 접대에 요한 비용에 포함된다고 보고 있다(대법원 1977. 3. 8. 선고 76도1982, 대법원 1982. 8. 24. 선고 82도1487, 대법원 1995. 1. 12. 선고 94 도2687, 대법원 2001. 10. 12. 선고 99도5294).

또한 판례는 뇌물수수 후 일부를 상납하거나(대법원 1980. 4. 22. 선고 80도541) 자신이 편의에 따라 그 중 일부를 타인에게 교부하거나(대법원 1992. 2. 28. 선고 91 도3364) 액수가 예상한 것보다 너무 많아 후에 이를 반환하였어도(대법원 2007. 3. 29. 선고 2006도9182) 전액이 뇌물이 된다고 본다. 수인이 공동으로 뇌물을 수수한 경우에 있어 공범자의 수뢰액은 자신의 수뢰액뿐만 아니라 다른 공범자의 수뢰액 에 대하여도 그 죄책을 면할 수 없는 것이므로 각 공범자들이 실제로 취득한 금 액이나 분배받기로 한 금액이 아니라 공범자 전원의 수뢰액을 합한 금액이라고 본다(대법원 1999. 8. 20. 선고 99도1557, 대법원 1991. 10. 8. 선고 91도1911).

(3) 뇌물죄 적용대상의 확대(법 제4조)

특가법 제4조에서는 법 제2조의 뇌물죄 가중처벌과 관련하여 '정부관리기관' 의 간부직원을 공무원으로 의제함으로써 뇌물죄의 적용대상을 확대하고 있다. 즉, 정부관리기관의 간부직원은 형법 제129조(수뢰, 알선수뢰), 제130조(제삼자 뇌물제공), 제131조(수뢰후 부정처사, 사후수뢰), 제132조(알선수뢰)의 뇌물죄의 적용에 있어서는 공무원으로 의제되어 본법 제2조의 적용대상에 포함된다. 여기서 말하는 정부관 리기업체란 ① 국가 또는 지방자치단체가 직접 또는 간접으로 자본금의 2분의 1 이상을 출자하였거나 출연금·보조금 등 그 재정지원의 규모가 그 기업체 기본재 산의 2분의 1 이상인 기관 또는 단체와 ② 국민경제 및 산업에 중대한 영향을 미 치고 있고 업무의 공공성이 현저하여 국가 또는 지방자치단체가 법령이 정하는 바에 따라 지도·감독하거나 주주권의 행사 등을 통하여 중요사업의 결정 및 임원 의 임면 등 운영전반에 관하여 실질적인 지배력을 행사하고 있는 기관 또는 단체 를 말한다. 이 간부직원의 구체적인 범위는 대통령령인 특정범죄 가중처벌 등에 관한 법률 시행령(1966년 4월 8일 제정 대통령령 제2486호; 최종개정 2019년 1월 15일 대통 령령 제29489호)에 자세히 규정되어 있다.[84]

---

84) 동시행령 제3조(간부직원의 범위) 법 제4조 제2항에 따른 기관 또는 단체 간부직원의 범 위는 다음 각 호와 같다. 다만, 다른 법령에 따라 공무원 또는 공무원에 준하는 신분을 가

참고로 특가법 제4조는 1995년 9월 28일 헌법재판소의 위헌결정(93헌바50)에 따라 1995년 12월 29일 법률 제5056호로 개정된 조문이다. 위 위헌결정의 판결 요지 및 개정 전후의 조문비교는 전술한 바와 같다(본장 제1절의 2. 개정연혁 9. 12차 개정 부분 참고).

2. 알선수재(제3조)

> **제3조 (알선수재)** 공무원의 직무에 속한 사항의 알선에 관하여 금품이나 이익을 수수·요구 또는 약속한 사람은 5년 이하의 징역 또는 1천만원 이하의 벌금에 처한다.

(1) 본죄의 성격

특가법 제3조(알선수재)는 "공무원의 직무에 속한 사항의 알선(斡旋)에 관하여 금품이나 이익을 수수·요구 또는 약속한" 행위를 "5년 이하의 징역 또는 1천만원 이하의 벌금"으로 처벌하고 있다.

본조는, 행위주체를 공무원으로 한정하고 있는 신분범인 형법 제132조(알선수뢰) 및 위 특가법 제2조에 의한 형법상 알선수뢰의 가중처벌규정과 달리, 범죄의 주체를 「공무원」으로 한정하고 있지 않은 비신분범이라는 점에 그 특색이 있다. 즉 본죄는 공무원 이외의 자도 행위주체가 될 수 있다.

그리고 본죄는 형법상 알선수뢰죄와 달리 그 구성요건상 "공무원이 그 지위를 이용"할 것이 요구되지 않는다.

지는 경우에는 그 법령의 적용을 배제하지 아니한다. 1. 제2조 제1호부터 제40호까지, 제45호 및 제46호의 기관 또는 단체와 농업협동조합중앙회, 수산업협동조합중앙회 및 산림조합중앙회의 임원과 과장대리급(과장대리급제가 없는 기관 또는 단체는 과장급) 이상의 직원 2. 한국방송공사, 지역농업협동조합, 지역축산업협동조합, 품목별·업종별협동조합 및 품목조합연합회(「농업협동조합법」에 따라 설립된 것을 말한다), 지구별수산업협동조합, 업종별수산업협동조합, 수산물가공수산업협동조합, 지역산림조합 및 품목별·업종별산림조합의 임원

형법 제132조(알선수뢰) 공무원이 그 지위를 이용하여 다른 공무원의 직무에 속한 사항의 알선에 관하여 뇌물을 수수, 요구 또는 약속한 때에는 3년 이하의 징역 또는 7년 이하의 자격정지에 처한다.

(2) 형법상 알선수뢰죄(제132조)와의 관계

특가법 제3조의 알선수재는 비신분범이므로 비공무원이 행위주체가 될 수 있지만, 공무원을 행위주체에서 배제하고 있지는 않기 때문에 공무원이 범죄주체가 될 여지가 있다. 「비공무원」에 의한 알선수재 행위는 특가법 제3조가 적용된다는 점은 명확하지만, 「공무원」이 형법상 알선수뢰죄(제132조)를 범한 경우에는 형법이 적용되는지 혹은 특가법 제2조의 형법상 알선수뢰죄의 가중처벌규정이 적용되는지 아니면 특가법 제3조가 적용되는지가 문제될 수 있다.

구 분	행위주체	법정형	
형법 제132조 (알선수뢰)	공무원 (신분범)	3년 이하의 징역 또는 7년 이하의 자격정지	
특가법 제2조 (알선수뢰의 가중처벌)	공무원 (신분범)	수뢰액이 1억원 이상	무기 또는 10년 이상의 징역
		5천만원 이상 1억원 미만	7년 이상의 유기징역
		3천만원 이상 5천만원 미만	5년 이상의 유기징역
특가법 제3조 (알선수재)	비공무원 포함 (비신분범)	5년 이하의 징역 또는 1천만원 이하의 벌금	

이 점을 구체적으로 살펴보면, 우선 공무원이 형법상 알선수뢰죄(제132조)를 범하고 그 수뢰액이 3천만원 이상인 경우에는 그 수뢰액에 따라 3가지로 구분하여 특가법 제2조의 법정형이 적용된다.

한편, 공무원이 형법상 알선수뢰죄를 범하고 그 수뢰액이 3천만원 미만이 경우에는 형법이 적용되는지 아니면 특가법 제3조의 알선수재죄가 적용되는지가 문제된다. 특가법 제3조의 알선수재가 형법상 알선수뢰보다 법정형이 중하기 때문이다.

신분범을 규정한 형법 제132조가 특별규정이라고 보면 형법상 알선수뢰죄가 적용되는 것으로 볼 수도 있을 것이다. 그러나 양 죄의 법정형을 비교하면 형법상 알선수뢰죄(3년 이하의 징역 또는 7년 이하의 자격정지)에 비하여 특가법 제3조의 알선수재죄(5년 이하의 징역 또는 1천만원 이하의 벌금)의 법정형이 높으므로 특가법이 적용된다고 보아야 할 것이다.

한편, 특가법 제3조는 형법상 알선수뢰죄와 달리 그 구성요건상 "공무원이 그 지위를 이용"할 것이 요구되지 않는다. 그러므로 예컨대 공무원이 "그 지위를 이용"하지 않고 다른 "공무원의 직무에 속한 사항의 알선에 관하여 뇌물을 수수, 요구 또는 약속한 때"에는 형법 및 특가법 제2조가 적용될 수 없으므로 (수뢰액이 얼마인지에 관계없이) 보충적으로 특가법 제3조가 적용될 수 있다고 볼 것이다. 판례도 이와 같은 견해를 취하고 있다(대법원 1983. 3. 8. 선고 82도2873). 따라서 판례에 의하면 위와 같은 경우 형법이 적용될 여지가 없다.

> **[대법원 1983. 3. 8. 선고 82도2873]** "특정범죄가중처벌등에관한법률 제3조는 그 행위의 주체를 공무원이 아닌 경우로 제한하고 있지 아니하므로, 공무원이 그 직위를 이용하여 다른 공무원의 직무에 속한 사항의 알선에 관하여 뇌물을 수수, 요구 또는 약속한 경우로서 위 법률 제2조에 의하여 가중처벌될 경우 이외에는 마찬가로 위 법률 제3조가 적용된다."

(3) 비공무원의 알선수뢰에 관한 여타 특별법상의 처벌규정

비공무원의 알선수재 행위에 대하여는 특가법 제3조 이외에 특경법 제7조 및 변호사법 제111조 제1항에서도 관련 처벌규정을 두고 있다(아래 조문 참조).

특경법 제7조(알선수재의 죄) 금융기관의 임·직원의 직무에 속한 사항의 알선에 관하여 금품 기타 이익을 수수·요구 또는 약속한 자 또는 제3자에게 이를 공여하게 하거나 공여하게 할 것을 요구 또는 약속한 자는 5년 이하의 징역 또는 5천만원 이하의 벌금에 처한다.

변호사법 제111조(벌칙) ① 공무원이 취급하는 사건 또는 사무에 관하여 청탁 또는 알선을 한다는 명목으로 금품·향응, 그 밖의 이익을 받거나 받을 것을 약속한 자 또는 제3자에게 이를 공여하게 하거나 공여하게 할 것을 약속한 자는 5년 이하의 징역 또는 1천만원 이하의 벌금에 처한다. 이 경우 벌금과 징역은 병과할 수 있다. ② 다른 법률에 따라 「형법」 제129조부터 제132조까지의 규정에 따른 벌칙을 적용할 때에 공무원으로 보는 자는 제1항의 공무원으로 본다.

특경법상의 알선수재죄는 "금융기관의 임·직원의 직무에 속한 사항의 알선에 관하여 금품 기타 이익을 수수·요구 또는 약속한 자는 5년 이하의 징역 또는 5천만원 이하의 벌금에 처한다"고 규정하고 있다. 이 죄는 행위주체가 공무원에 한정되지 않는다는 점, "공무원의 지위" 또는 기타 지위를 이용할 것을 요하지 않는다는 점, 제3자에게 금품을 공여하도록 하여도 죄가 성립한다는 점에서 형법상 알선수뢰죄나 특가법 제3조의 알선수재죄와 구별된다. 아울러 "금융기관의 임·직원의 직무에 속한 사항"의 알선에 관한 범죄이므로 "공무원의 직무에 속한 사항" 내지 "공무원이 취급하는 사건 또는 사무"에 관한 것을 그 알선의 대상으로 하고 있는 형법상 알선수뢰죄나 특가법 및 변호사법상의 알선수재죄와는 차이가 있다는 점에 특색이 있다.

변호사법상의 알선수재죄는 "공무원이 취급하는 사건 또는 사무에 관하여 청탁 또는 알선을 한다는 명목으로 금품·향응, 그 밖의 이익을 받거나 받을 것을 약속한 자 또는 제3자에게 이를 공여하게 하거나 공여하게 할 것을 약속한 자는 5년 이하의 징역 또는 1천만원 이하의 벌금에 처한다"고 규정하고 있다. 이 죄 또한 행위주체가 공무원에 한정되지 않는다는 점, 공무원의 지위 또는 기타 지위를 이용할 것을 요하지 않는다는 점, 제3자에게 금품 등을 공여하도록 하여도 죄가 성립한다는 점, 그리고 행위태양은 금품 등을 "받거나 받을 것을 약속한" 행위로 하고 있고, 단순히 '요구'하는 행위는 이에 포함되지 않는다는 점 등에서 형법상 알선수뢰죄나 특가법 제3조의 알선수재죄와 구별된다.

(4) 죄수관계

앞에 제시된 바와 같이, 형법상의 알선수뢰죄 및 특가법·특경법·변호사법상의 알선수재죄의 경우, 유사한 구성요건이 형법 및 각 특별법에 비체계적으로 입법되어 있다. 이 때문에 각 죄들이 상호 어떠한 관계에 있는 것인지를 정확히 파악하기 어렵게 되어 있으며, 이는 특별법 입법의 범람에 기인한 문제점이라 할 것이다.

형법상의 알선수뢰죄와 위 특가법 및 변호사법에 규정된 알선수재죄의 관계에 있어서는,[85] 첫째로 형법상 알선수뢰죄와 특가법·변호사법상의 알선수재죄의

---

85) 특경법 제7조의 경우는 전술한 바와 같이 그 알선의 대상을 "금융기관의 임·직원의 직무

양자에 모두 해당하는 경우 – 즉 공무원이 알선수뢰죄를 범하고 동시에 특가법·변호사법상 알선수재죄에 해당하는 경우 – 에 양자 중 어느 쪽이 특별법과 일반법의 관계에 있는지가 문제된다. 형법상 알선수뢰죄가 행위주체를 공무원으로 한정하고 있는 소위 직무범죄라는 점에 착목하면 전자가 특별법이라고 볼 수도 있고, 법정형이 특가법이나 변호사법상의 알선수재죄가 높고 형법상 알선수뢰죄보다 늦게 입법된 신법이라는 점 등에 착목하면 후자가 특별법이라고 볼 수도 있을 것이다.

학설상으로는, 공무원이 행위주체이어서 형법상 알선수뢰죄에 해당하는 동시에 특가법이나 변호사법상 알선수재죄에 해당하는 경우에 있어 양 죄의 관계를 상상적 경합이라고 보는 견해86)와 법조경합이라고 보는 견해87)가 제시되어 있다. 후자의 견해는 특가법이나 변호사법의 알선수재죄가 특별법규정으로서 적용된다고 보는 입장이다. 한편, 판례에서는 이에 대하여 명확한 판단을 내린 것이 확인되지 않는다.88)

에 속한 사항"에 관한 것으로 하고 있기 때문에 "공무원의 직무에 속한 사항" 내지 "공무원이 취급하는 사건 또는 사무"에 관한 것을 알선의 대상으로 하고 있는 형법상 알선수뢰죄 및 특가법·변호사법상의 알선수재죄와 동시에 해당되는 문제가 발생할 여지가 없다고 할 것이다.

86) 임웅, 형법각론, 법문사, 2005, 846면은 형법상 알선수뢰죄(제132조)와 특가법 제3조의 알선수재죄와의 관계에 대하여, 형법상 알선수뢰죄가 직무범죄인 점, 특가법 제2조에 뇌물가액에 따라 가중처벌하는 규정이 있는 점, 알선수뢰죄에는 자격정지의 형이 규정되어 있는 점을 근거로 하여 공무원이 그 지위를 이용한 알선수뢰죄를 범한 경우에 알선수뢰죄와 특가법상의 알선수재죄는 상상적 경합이 성립한다고 보고 있다. 또한 변호사법 제111조의 범죄가 특가법상의 알선수재죄 또는 형법상의 알선수뢰죄에도 해당하는 경우에는 이들 범죄는 상상적 경합관계에 있다고 보고 있다.

87) 김용세, 뇌물죄의 보호법익과 구성요건체계, 형사법연구 제8호, 2005, 92~93면; 오영근, 형법각론 [제2판], 박영사, 2009, 936~937면.

88) 오영근, 형법각론 [제2판], 936면은 변호사법 제111조와 형법상 알선수뢰죄의 관계에 관하여 판례가 법조경합이라고 보는 견해를 취하고 있다고 설명하고 있으며, 그 예로서 [대법원 1986. 3. 25. 선고 86도436]을 들고 있다. 동 판례는 **비공무원**의 변호사법 제111조 위반의 죄에 대하여 "공무원이 취급하는 사무에 관한 청탁을 받고, 청탁상대방인 공무원에 제공할 금품을 받아 그 공무원에게 단순히 전달한 경우와는 달리, 자기 자신의 이득을 취하기 위하여 공무원이 취급하는 사건 또는 사무에 관하여 **청탁한다는 등의 명목으로** 금품 등을 교부받으면 그로서 곧 변호사법 제78조 제1호(주, 현행 변호사법 제111조 제1항)의 위반죄가 성립되고 이와 같은 경우 알선수뢰죄나 증뢰물전달죄는 성립할 여지가 없다"라고 판시한 것이며, 본죄가 형법상 알선수뢰죄와 어떻게 구별되며 양자가 어떠한 관계에 있는지

둘째로, 특가법 제3조 및 변호사법 제111조에 동시에 해당하는 경우 양 죄는 어떠한 관계에 있는지가 문제된다. 양 죄는 모두 비신분범이므로 비공무원뿐만 아니라 공무원도 범죄의 주체가 될 수 있다는 점은 앞에서 살펴본 바와 같다. 양 죄는 구성요건에 있어 다소 차이가 있지만 – 특가법 제3조는 '요구' 행위를 행위태양에 포함시키고 있다는 점, 변호사법 제111조는 알선의 대가를 직접 수수한 경우 외에 제3자에게 이를 공여하게 하거나 공여하게 할 것을 약속한 경우에도 성립한다는 점에서 차이가 있다 –, 실질적으로 유사한 성격의 범죄이고 법정형도 "5년 이하의 징역 또는 1천만원 이하의 벌금"으로 동일하다. 다만, 변호사법 제111조는 징역과 벌금을 병과할 수 있도록 하고 있다.

따라서 비공무원 또는 공무원 – 예컨대 공무원이 그 지위를 이용한 것이라고 볼 수 없는 경우 등 – 의 행위가 동시에 특가법 제3조 및 변호사법 제111조에 해당하는 경우에는 어느 죄를 적용하더라도 법정형의 불균형이라는 문제는 발생하지는 않는다. 양 죄의 관계에 있어 ① 법률의 입법시기의 측면에서는 변호사법이 1949년에 제정되었고 특가법은 1966년에 제정되었기 때문에 특가법이 신법에 해당하므로 특가법이 특별법에 해당한다고 볼 수 있지만, ② 변호사법의 경우 소위 사건브로커의 알선수재 행위를 처벌하기 위한 특별한 규정이라는 측면에서 보면 이에 해당하는 행위에 있어서는 변호사법 제111조가 오히려 특별법에 해당한다고 볼 여지도 있다. 특별법 입법의 범람에 기인하여 복수의 법률상 죄에 해당하는 경우로 특별·일반의 관계나 선후관계를 파악하기 곤란한 상황이므로 양 죄는 일개의 행위가 수개의 죄에 해당하는 과형상 일죄로서 상상적 경합관계로 이해하는 것이 타당하다고 본다. 이 경우 상상적 경합범의 법정형은 형법 제40조에 따라 "가장 중한 죄에 정한 형"으로 처벌되므로 "5년 이하의 징역 또는 1천만원 이하의 벌금"이며 징역과 벌금은 "병과"할 수 있다고 보아야 할 것이다.

참고로 1982년 12월 31일 개정 전까지는 구 변호사법 제54조(현행 변호사법 제111조에 해당)의 법정형이 "3년 이하의 징역"으로 규정되어 있었기 때문에 당시의 특가법 제3조의 법정형(5년 이하의 징역 또는 5만원 이하의 벌금)보다 법정형의 상한이

에 관한 판단은 나타나 있지 않다. 위 판례에 앞선 같은 취지의 판례로서 대법원 1976. 12. 14. 선고 76도3391, 대법원 1982. 3. 9. 선고 81도2765, 1986. 3. 25. 선고 85도436 등이 있다.

낮았다. 이 때문에 위 개정 전까지는 양 죄 중 가중처벌하던 특가법 제3조를 적용하여 법정형을 확보해야 할 실익이 있었다. 이러한 상황에서 나왔던 판례의 경우 특가법의 적용을 긍정한 바 있다(대법원 1983. 3. 8. 선고 82도2873).

[참고] 대법원 1983년 3월 8일 판결 82도2873 "공무원이 취급하는 사건 또는 사무에 관하여 청탁 또는 알선을 한다는 명목으로 금품 또는 향응 기타이익을 받거나 받을 것을 약속하고 또는 제3자에게 이를 공여하게 하거나 공여하게 할 것을 약속한 자를 3년 이하의 징역에 처한다고 규정하고 있는 변호사법 제54조의 규정과 공무원의 직무에 속한 사항의 알선에 관하여 금품이나 이익을 수수, 요구 또는 약속한 자를 5년 이하의 징역 또는 50,000원 이하의 벌금에 처한다고 규정한 특정범죄 가중처벌 등에 관한 법률 제3조의 규정은, 각 규정내용을 비교하여 볼 때 전자의 규정내용이 후자의 추상적인 규정내용을 좀 더 구체적으로 풀이하여 규정한 것이라는 점을 제외 하고 그 구성요건적 행위와 행위주체의 면에 있어서 규정상의 아무런 차이가 없어 동일사항을 규율대상으로 삼고 있는 법률규정이라고 보아야 할 것이므로 변호사법 제54조가 신법이라면 신법은 구법을 개폐한다는 법리에 따라 위 특정범죄 가중처벌 등에 관한 법률 제3조가 개폐된 것이라고 볼 여지가 있음은 소론이 지적하는 바와 같으나 변호사법 제54조의 규정은 소론과 같이 1973. 1. 25.에 새로 제정된 처벌규정이 아니라 그때 변호사법을 개정하면서 1961. 10. 17.부터 공포시행되어 오던 법률사무취급단속법을 폐지하고 같은 법 제2조에 규정되어 있던 내용을 자구하나 변경함이 없이 그대로 위 변호사법 제54조로 옮겨 놓은 것에 불과하며, 한편 특정범죄 가중처벌 등에 관한 법률 제3조는 같은 법률이 1966. 2. 23.에 공포 시행될 때부터 있어온 처벌규정이므로, 소론과 같이 변호사법 제54조가 위 특정범죄 가중처벌 등에 관한 법률 제3조에 대한 관계에 있어서 신법이라고 볼 수는 없다."

---

3. 체포·감금 등의 가중처벌(제4조의2)

제4조의2 (체포·감금 등의 가중처벌) ① 「형법」 제124조·제125조에 규정된 죄를 범하여 사람을 상해(傷害)에 이르게 한 경우에는 1년 이상의 유기징역에 처한다.
② 「형법」 제124조·제125조에 규정된 죄를 범하여 사람을 사망에 이르게 한 경우에는 무기 또는 3년 이상의 징역에 처한다.

(1) 본죄의 성격

형법 제124조(불법체포, 불법감금) 및 제125조(폭행, 가혹행위)의 경우, "재판·검찰·경찰 기타 인신구속에 관한 직무를 행하는 자 또는 이를 보조하는 자"에 의한 불법적인 체포 및 감금, 형사피의자 또는 기타 사람에 대한 폭행 및 가혹행위를 처벌하는 조항을 두고 있다.

특가법 제4조의2는 형법 제124조, 제125조에 규정된 죄를 범하여 사람을 상해에 이르게 하거나 사망에 이르게 한 행위를 별도의 구성요건으로 설정하여 이를 가중처벌하고 있다(1983년 12월 31일 본조신설). 형법 제124조 및 제125조에 대한 결과적 가중범에 해당한다. 이에 따라 형법 제124조 및 제125조에 규정된 죄를 범하여 사람을 치상한 때는 1년 이상의 유기징역에 처하며(제1항), 치사한 때에는 무기 또는 3년 이상의 징역에 처한다(제2항).

형법 제124조(불법체포, 불법감금) ① 재판, 검찰, 경찰 기타 인신구속에 관한 직무를 행하는 자 또는 이를 보조하는 자가 그 직권을 남용하여 사람을 체포 또는 감금한 때에는 7년 이하의 징역과 10년 이하의 자격정지에 처한다. ② 전항의 미수범은 처벌한다.

형법 제125조(폭행, 가혹행위) 재판, 검찰, 경찰 기타 인신구속에 관한 직무를 행하는 자 또는 이를 보조하는 자가 그 직무를 행함에 당하여 형사피의자 또는 기타 사람에 대하여 폭행 또는 가혹한 행위를 가한 때에는 5년 이하의 징역과 10년 이하의 자격정지에 처한다.

한편, 형법 제124조의 성격과 관련해서는, 형법상 단순체포·감금죄(제276조 제1항)에 대하여 (특수)공무원이라는 신분으로 인하여 책임이 가중되는 유형, 즉 '부진정신분범'으로 보는 견해와 단순체포·감금죄와 별개의 독립된 범죄인 진정신분범으로 보는 견해가 있다. 전자가 다수의 견해이다. 그리고 형법 제125조의 성격에 대하여는 폭행죄(제260조 제1항) 또는 학대죄(제273조 제1항)에 대하여 특수공무원이라는 신분으로 인하여 책임이 가중되는 부진정신분범으로 보고 있다.

(2) 행위주체

형법 제124조 및 제125조는 그 행위주체가 모든 공무원이 아니라 재판, 검찰,

경찰 기타 인신구속에 관한 직무를 행하는 자 또는 이를 보조하는 자로 한정되어 있는 소위 특수직무범죄에 해당한다. 여기서 말하는 "기타 인신구속에 관한 직무를 행하는 자 또는 이를 보조하는 자"로서는 「사법경찰의 직무를 행할 자와 그 직무범위에 관한 법률」에 의해 특별사법경찰관리로 지정된 자를 꼽을 수 있다.

그리고 인신구속에 관한 직무를 '행하는 자'와 '보조하는 자'를 구분하고 있는 바, 형사소송법상 인신구속에 관한 직무를 행하는 법률상 주체로서는 판사, 검사, 사법경찰관 ─ 경찰청 소속의 일반사법경찰관 및 검찰청 소속의 일반사법경찰관으로 구분된다 ─ 이 규정되어 있고, 이를 보조하는 자로서는 법원서기나 사법경찰리를 들 수 있다.

(3) 실행행위

불법체포·감금죄의 실행행위는 직권을 남용하여 사람을 체포 또는 감금하는 것이다. 직권을 남용해야 하므로 직권과 관계없이 사람을 체포·감금하였을 때에는 단순체포·감금죄(형법 제276조)가 성립할 뿐이다.

폭행·가혹행위의 실행행위는 직무를 행함에 당하여 폭행 또는 가혹행위를 하는 것이다. '직무를 행함에 당하여'에 대하여는 폭행·가혹행위와 직무와의 사이에 시간적·장소적 관련성이 있으면 족하다는 견해[89]와 내적·사항적 관련성이 있어야 한다는 견해가 대립한다. 전자의 견해에 의하면 예컨대 민원실에 근무 중인 경찰관이 찾아온 민원인을 폭행한 경우에도 본죄가 성립되어 그 처벌범위가 가중처벌의 입법취지를 넘어 지나치게 확대될 수 있으므로 후자의 견해가 타당하다고 본다.

특가법 제4조의2는 결과적 가중범으로 이러한 불법체포·감금행위나 폭행·가혹행위의 기본범죄를 범하여 치상이나 치사의 결과가 발생한 경우에 성립하며, 이 경우 행위와 결과 사이에는 인과관계가 필요하다. 또한 결과에 대한 과실 내지 예견가능성이 요구된다.

(4) 공범관계

전술한 바와 같이 형법 제124조의 성격과 관련해서는, 부진정신분범으로 보

---

89) 박상기, 형법각론, 박영사, 2008, 640면.

는 견해와 별개의 독립된 범죄인 진정신분범으로 보는 견해가 있다. 양 견해는 형법 제33조(공범과 신분)의 적용에 있어 차이가 있다는 점에 구분의 실익이 있다. 비신분자가 본죄(제124조 불법체포감금)에 가공한 경우, 전자의 견해에 의하면 제33조의 단서가 적용되어 비신분자는 단순체포·감금죄(제276조)의 형벌로 처벌되고, 후자의 견해에 의하면 제33조 본문이 적용되어 형법 제124조의 형벌로 처벌된다.[90)]

> **형법 제33조(공범과 신분)** 신분관계로 인하여 성립될 범죄에 가공한 행위는 신분관계가 없는 자에게도 전 3조의 규정을 적용한다. 단, 신분관계로 인하여 형의 경중이 있는 경우에는 중한 형으로 벌하지 아니한다.

그렇다면, 특가법 제4조의2에 가공한 비신분자인 공범은 어떠한 죄책을 지게 되는 것일까. 형법상 단순체포·감금죄에 대한 결과적 가중범으로 체포·감금 등의 치사상(제281조)을 규정하고 있고, 치상의 경우 1년 이상의 유기징역, 치사의 경우 3년 이상의 유기징역으로 각각 처벌하고 있다. 그리고 특가법 제4조의2에서는 특수공무원에 의한 불법체포·감금에 의한 결과적 가중범에 대하여 치상의 경우 1년 이상의 유기징역, 치사에 대하여는 무기 또는 3년 이상의 유기징역으로 처벌하고 있다.

형법 제124조를 부진정신분범으로 볼 경우, 특가법 제4조의2에 가공한 비신분자는 형법 제33조의 단서가 적용되어 형법 제281조의 형벌로 처벌된다고 보아야 할 것이다. 이러한 법정형의 완화효과는 체포·감금의 치상의 경우에는 특가법 및 형법의 법정형이 동일하므로 실질적으로는 특가법상 '무기'형을 포함하고 있는 치사의 경우에만 의미를 가지게 된다. 판례에 입장에 따르면(제33조의 해석에 있어 본문·단서설을 취하는 입장. 주 89) 참조), 이 경우 비신분자의 죄명은 특가법위반이 되고, 그 처벌에 있어서는 형법 제281조의 법정형이 적용되게 된다.

---

90) 한편, 형법 제33조의 본문과 단서의 관계에 대하여는 학설상, 진정신분범·부진정신분범설, 불법신분·책임신분설, 본문·단서설이 대립하고 있다. 판례는 본문단서설, 즉 형법 제33조 본문을 신분범에 비신분자가 관여한 경우에 일단 비신분자에게 신분관계를 확장하는 원칙규정이라고 보고(그 결과 본문은 진정신분범 및 부진정신분범에게 모두 적용됨), 동조 단서는 신분관계로 인하여 지나치게 형사처벌이 무거워지는 것을 방지하기 위한 형벌효과에 있어서의 완충장치로 보는 입장을 취하고 있다.

형법 제281조(체포·감금 등의 치사상) ① 제276조 내지 제280조의 죄를 범하여 사람을 상해에 이르게 한 때에는 <u>1년 이상의 유기징역에 처한다.</u> 사망에 이르게 한 때에는 <u>3년 이상의 유기징역에 처한다.</u> ② 자기 또는 배우자의 직계존속에 대하여 제276조 내지 제280조의 죄를 범하여 상해에 이르게 한 때에는 2년 이상의 유기징역에 처한다. 사망에 이르게 한 때에는 무기 또는 5년 이상의 징역에 처한다.

한편, 결과적 가중범의 공범의 성립에 관하여 보자면, 학설상 우선 결과적 가중범의 교사범 및 방조범의 성립은 인정되고 있다.[91] 이 경우, 기본범죄에 대한 교사 또는 방조 이외에 교사범·방조자에게 중한 결과에 대한 과실(예견가능성)이 있어야 한다.[92] 판례도 교사자나 방조자에게 결과에 대한 과실 내지 예견가능성이 있는 때에는 결과적 가중범의 교사범·방조범의 성립을 긍정하고 있다(대법원 1997. 6. 24. 선고 97도1075).

그리고 결과적 가중범의 공동정범이 성립할 수 있는지에 관하여는 학설상 긍정설과 부정설이 대립하고 있고, 판례는 과실의 공동정범도 인정하고 있기 때문에 당연히 이를 긍정하고 있다(대법원 1990. 11. 27. 선고 90도2262, 대법원 1991. 11. 12. 선고 91도2156). 부정설은 결과적 가중범의 공동정범은 부정하는 대신에 동시범의 성립을 인정하는 입장이다.

4. 공무상 비밀누설의 가중처벌(제4조의3) 및 국고 등 손실(제5조)

제4조의3 (공무상비밀누설의 가중처벌) 「국회법」 제54조의2 제2항을 위반한 사람은 5년 이하의 징역 또는 500만원 이하의 벌금에 처한다.

제5조 (국고 등 손실) 「회계관계직원 등의 책임에 관한 법률」 제2조 제1호·제2호 또는 제4호(제1호 또는 제2호에 규정된 사람의 보조자로서 그 회계사무의 일부를 처리하는 사람만 해당한다)에 규정된 사람이 국고(國庫) 또는 지방자치단체에 손실을 입힐 것을 알면서 그 직무에 관하여 「형법」 제355조의 죄를 범한 경우에는 다음 각 호의 구분에

---

91) 다만, 학설상 결과적 가중범의 교사범에 대하여는 과실범에는 교사범이 성립될 수 없다고 보아 이를 부정하는 견해가 있다. 오영근, 형법총론, 박영사, 2005, 226면.

92) 이재상, 형법총론[신정판], 박영사, 1995, 185면; 손동권, 형법총론 [제2개정판], 율곡출판사, 2005, 358면.

따라 가중처벌한다. 1. 국고 또는 지방자치단체의 손실이 5억원 이상인 경우에는 무기 또는 5년 이상의 징역에 처한다. 2. 국고 또는 지방자치단체의 손실이 1억원 이상 5억 원 미만인 경우에는 3년 이상의 유기징역에 처한다.

(1) 국회법상 공무상 비밀누설의 가중처벌

특가법 제4조의3은 국회법 제54조의2 제2항의 규정에 위반한 자, 즉 국회 "정보위원회의 위원 및 소속공무원(의원보조직원을 포함)"이 "직무수행상 알게 된 국 가기밀에 속하는 사항을 공개하거나 타인에게 누설한 때"에 적용된다(1994년 6월 28일 본조신설).

일반적으로 "공무원 또는 공무원이었던 자가 법령에 의한 직무상 비밀을 누 설한 때"에는 형법 제127조(공무상 비밀의 누설)에 의해 2년 이하의 징역이나 금고 또는 5년 이하의 자격정지로 처벌되지만, 본조 위반의 경우에는 형법 제127조보 다 법정형이 높은 5년 이하의 징역 또는 500만원 이하의 벌금에 처하게 된다.

국회법 제54조의2(정보위원회에 대한 특례) ① 정보위원회의 회의는 공개하지 아니한다. 다 만, 공청회 또는 제65조의2의 규정에 의한 인사청문회를 실시하는 경우에는 위원회의 의결로 이를 공개할 수 있다. ② 정보위원회의 위원 및 소속공무원(의원보조직원을 포함한다. 이하 이 조에서 같다)은 직무수행상 알게 된 국가기밀에 속하는 사항을 공개하거나 타인에게 누설 하여서는 아니된다. ③④ (생략)

형법 제127조(공무상 비밀의 누설) 공무원 또는 공무원이었던 자가 법령에 의한 직무상 비밀 을 누설한 때에는 <u>2년 이하의 징역이나 금고 또는 5년 이하의 자격정지에 처한다.</u>

본죄는 형법상 공무상 비밀누설죄(제127조)에 비하여 법정형이 높지만, 구성요 건상 "법령에 의한 직무상 비밀"을 '누설'하는 행위를 처벌하는 형법상 공무상비 밀누설죄와 달리 그 "국가기밀에 속하는 사항"을 '공개'하거나 '누설'한 경우에 처 벌한다는 점에서 다소 차이가 있다. 본조는 1994년 6월 28일 개정 시 신설된 것 으로 당시의 개정취지에서는 형법 제127조에 비해 가중처벌하기 위한 조항인 것 으로 설명하고 있다. 이에 따르면 형법상 공무상 비밀누설죄는 본조에 대한 보충 적 규정이 되므로 본조가 삭제되더라도 형법으로 처벌될 수 있기 때문에 처벌의 공백이 생기지는 않는다.

(2) 국고 등 손실죄

특가법 제5조는 「회계관계직원 등의 책임에 관한 법률」 제2조 제1호·제2호에 규정된 자, 또는 제4호에 규정된 자(제1호 또는 제2호에 규정된 자의 보조자로서 그 회계사무의 일부를 처리하는 자에 한한다)가 국고 또는 지방자치단체에 손실을 미칠 것을 인식하고 그 직무에 관하여 형법 제355조, 즉 횡령 또는 배임의 죄를 범한 때에 적용된다.

회계사무를 집행하는 공무원이라는 신분이 없는 일반인의 경우 단순 횡령·배임죄(형법 제355조)나 업무상 횡령·배임죄(형법 제356조)가 성립한다. 법정형은 전자는 5년 이하의 징역 또는 1,500만원 이하의 벌금에 해당하고, 후자는 10년 이하의 징역 또는 3,000만원 이하의 벌금에 해당한다. 한편, 특경법 제3조에서는 특정재산범죄의 경우 그 이득액이 5억원 이상인 때에는 형법보다 가중처벌하고 있다(동법 제3조 참조). 이에 따르면 단순 횡령·배임죄 및 업무상 횡령·배임죄의 이득액이 50억원 이상인 때에는 무기 또는 5년 이상의 징역에 처하고(동조 제1항 제1호), 동 이득액이 5억원 이상 50억원 미만인 때에는 3년 이상의 유기징역에 처한다(동조 제1항 제2호).

이에 비하여 본죄는 회계사무를 집행하는 공무원이라는 신분과 해당 국고의 손실이 가져오는 국가경제에의 악영향 등을 고려하여 손실액에 따라 구분하여 가중처벌하고 있다. 형법 제355조의 "5년 이하의 징역 또는 1,500만원 이하의 벌금"보다 가중처벌하는바, 국고 또는 지방자치단체의 손실이 ① 5억원 이상인 때에는 무기 또는 5년 이상의 징역, ② 1억원 이상 5억원 미만인 때에는 3년 이상의 유기징역에 처하게 된다.

회계관계직원 등의 책임에 관한 법률 제2조(정의) 이 법에서 "회계관계직원"이란 다음 각 호의 어느 하나에 해당하는 사람을 말한다. 1. 「국가재정법」, 「국가회계법」, 「국고금관리법」 등 국가의 예산 및 회계에 관계되는 사항을 정한 법령에 따라 국가의 회계사무를 집행하는 사람으로서 다음 각 목의 어느 하나에 해당하는 사람 가. 수입징수관, 재무관, 지출관, 계약관 및 현금출납 공무원 나. 유가증권 취급 공무원 다. 선사용자금출납명령관 라. 기금의 회계사무를

처리하는 사람 마. 채권관리관 바. 물품관리관, 물품운용관, 물품출납 공무원 및 물품 사용 공무원 사. 재산관리관 아. 국세환급금의 지급을 명하는 공무원 자. 관세환급금의 지급을 명하는 공무원 차. 회계책임관 카. 그 밖에 국가의 회계사무를 처리하는 사람 타. 가목부터 카목까지에 규정된 사람의 대리자, 분임자(分任者) 또는 분임자의 대리자 2.「지방재정법」등 지방자치단체의 예산 및 회계에 관계되는 사항을 정한 법령에 따라 지방자치단체의 회계사무를 집행하는 사람으로서 다음 각 목의 어느 하나에 해당하는 사람 가. 징수관, 경리관, 지출원, 출납원, 물품관리관 및 물품 사용 공무원 나. 가목에 규정되지 아니한 사람으로서 제1호 각 목에 규정된 사람이 집행하는 회계사무에 준하는 사무를 처리하는 사람 3.「감사원법」에 따라 감사원의 감사를 받는 단체 등의 회계사무를 집행하는 사람으로서 다음 각 목의 어느 하나에 해당하는 사람 가. 관계 법령, 정관, 사규(社規) 등에 규정된 사람 나. 관계 법령, 정관, 사규 등에 따라 임명된 사람 다. 가목 또는 나목의 대리자, 분임자 또는 분임자의 대리자 4. 제1호부터 제3호까지에 규정된 사람의 보조자로서 그 회계사무의 일부를 처리하는 사람

형법 제355조(횡령, 배임) ① 타인의 재물을 보관하는 자가 그 재물을 횡령하거나 그 반환을 거부한 때에는 5년 이하의 징역 또는 1,500만원 이하의 벌금에 처한다. ② 타인의 사무를 처리하는 자가 그 임무에 위배하는 행위로써 재산상의 이익을 취득하거나 제삼자로 하여금 이를 취득하게 하여 본인에게 손해를 가한 때에도 전항의 형과 같다.

제356조(업무상의 횡령과 배임) 업무상의 임무에 위배하여 제355조의 죄를 범한 자는 10년 이하의 징역 또는 3천만원 이하의 벌금에 처한다.

본죄가 성립하기 위해서는 형법상 횡령죄나 배임죄가 성립요건이 구비되어야 하므로 그 요건은 형법상 횡령·배임죄의 일반이론에 따른다. 한편, 판례에 따르면 수의계약을 체결하는 공무원이 공사업자와 계약금액을 부풀려서 계약하고 부풀린 금액을 자신이 되돌려 받기로 사전에 약정한 다음 그에 따라 수수한 돈은 성격상 뇌물이 아니고 횡령금에 해당한다고 본다.

[대법원 2007. 10. 12. 선고 2005도7112] 공무원이 관공서에 필요한 공사의 시행이나 물품의 구입을 위하여 수의계약을 체결하면서 해당 공사업자 등으로부터 돈을 수수한 경우, 그 돈의 성격을 공무원의 직무와 관련하여 수수된 뇌물로 볼 것인지, 아니면 적정한 금액보다 과다하게 부풀린 금액으로 계약을 체결하기로 공사업자 등과 사전 약정하여 이를 횡령(국고손실)한 것으로 볼 것인지 여부는 돈을 공여하고 수수한 당사자들의 의사, 해당 계약 자체의 내용 및 성격, 계약금액과 수수된 금액 사이의 비율, 수수

된 돈 자체의 액수, 그 계약이행을 통해 공사업자 등이 취득할 수 있는 적정한 이익, 공사업자 등이 공무원으로부터 공사대금 등을 지급받은 시기와 돈을 공무원에게 교부한 시간적 간격, 공사업자 등이 공무원에게 교부한 돈이 공무원으로부터 지급받은 바로 그 돈인지 여부, 수수한 장소 및 방법 등을 종합적으로 고려하여 객관적으로 평가하여 판단해야 할 것이다.

원심판결의 이유에 의하면, 원심은 판시와 같은 사실을 인정한 다음 이를 근거로 이 사건 공소사실 중 피고인이 2002. 10. 10. 500만 원, 2003. 7. 2. 500만 원, 2003. 7. 7. 1,000만 원을 각 공사업자 등으로부터 받아 뇌물을 수수하였다는 부분의 각 돈은 위와 같은 판단 기준에 비추어 볼 때 피고인이 해당 공사업자 등과 적정한 금액 이상으로 계약금액을 부풀려서 계약하고 그만큼 되돌려 받기로 사전에 약정한 다음 그에 따라 수수된 것이므로 이는 성격상 뇌물이 아니고 횡령금에 해당한다는 이유에서 그 부분 공소사실에 대하여 각 무죄를 선고하고, 같은 취지에서 이 사건 공소사실 중 피고인이 2002. 7. 23. 600만 원, 2002. 8. 23. 800만 원, 2003. 4. 2. 1,000만 원을 각 공사업자 등으로부터 받아 뇌물을 수수하였다는 부분에 대하여 각 무죄를 선고한 제1심판결을 유지하였는바, 이러한 원심의 조치는 위 법리와 기록에 비추어 볼 때 정당한 것으로 수긍이 가고, 거기에 상고이유에서 주장하는 바와 같은 법리오해, 이유불비, 심리미진 및 채증법칙 위반 등의 위법이 없다.

본죄는 국고 등에 손해를 미친다는 점에 대한 인식 내지 의사가 필요하므로 회계관계직원이 관계법령에 따르지 아니하고 사무를 처리하였더라도 국가 또는 지방자치단체의 이익을 위하여 사무를 처리한 때에는 본죄에 해당하지 않는다(대법원 1999. 6. 22. 선고 99도208, 본장 제3절 관련판례 8. 참조).

[대법원 1999. 6. 22. 선고 99도208] 특정범죄가중처벌등에관한법률 제5조에 규정된 국고등손실죄는 회계관계직원등의책임에관한법률 제2조 제1호·제2호 또는 제4호(제1호 또는 제2호에 규정된 자의 보조자로서 그 회계사무의 일부를 처리하는 자에 한한다)에 규정된 자가 국고 또는 지방자치단체에 손실을 미칠 것을 인식하고 그 직무에 관하여 형법 제355조의 죄를 범한 때에 성립하는 것으로서, 국가 또는 지방자치단체의 회계관계 사무를 처리하는 자로서의 임무에 위배하는 행위를 한다는 점과 이로 인하여 자기 또는 제3자가 이익을 취득하고 국고 또는 지방자치단체에 손해를 미친다는 점에 관한 인식 내지 의사를 필요로 하므로, 회계관계직원이 관계 법령에 따르지 아니한 사무처리를 하였다고 하더라도 국가 또는 지방자치단체의 이익을 위하여 사무를 처리한 때에는 위 국고등손실죄는 성립하지 아니한다.

Ⅱ. 약취·유인죄의 가중처벌(제5조의2)

제5조의2 (약취·유인죄의 가중처벌) ① 13세 미만의 미성년자에 대하여 「형법」 제287조의 죄를 범한 사람은 그 약취(略取) 또는 유인(誘引)의 목적에 따라 다음 각 호와 같이 가중처벌한다.

1. 약취 또는 유인한 미성년자의 부모나 그 밖에 그 미성년자의 안전을 염려하는 사람의 우려를 이용하여 재물이나 재산상의 이익을 취득할 목적인 경우에는 무기 또는 5년 이상의 징역에 처한다.
2. 약취 또는 유인한 미성년자를 살해할 목적인 경우에는 사형, 무기 또는 7년 이상의 징역에 처한다.

② 13세 미만의 미성년자에 대하여 「형법」 제287조의 죄를 범한 사람이 다음 각 호의 어느 하나에 해당하는 행위를 한 경우에는 다음 각 호와 같이 가중처벌한다.

1. 약취 또는 유인한 미성년자의 부모나 그 밖에 그 미성년자의 안전을 염려하는 사람의 우려를 이용하여 재물이나 재산상의 이익을 취득하거나 이를 요구한 경우에는 무기 또는 10년 이상의 징역에 처한다.
2. 약취 또는 유인한 미성년자를 살해한 경우에는 사형 또는 무기징역에 처한다.
3. 약취 또는 유인한 미성년자를 폭행·상해·감금 또는 유기(遺棄)하거나 그 미성년자에게 가혹한 행위를 한 경우에는 무기 또는 5년 이상의 징역에 처한다.
4. 제3호의 죄를 범하여 미성년자를 사망에 이르게 한 경우에는 사형, 무기 또는 7년 이상의 징역에 처한다.

③ 제1항 또는 제2항의 죄를 범한 사람을 방조(幇助)하여 약취 또는 유인된 미성년자를 은닉하거나 그 밖의 방법으로 귀가하지 못하게 한 사람은 5년 이상의 유기징역에 처한다.
④ 삭제 [2013. 4. 5. 제11731호(형법)]
⑤ 삭제 [2013. 4. 5. 제11731호(형법)]
⑥ 제1항 및 제2항(제2항 제4호는 제외한다)에 규정된 죄의 미수범은 처벌한다. [개정 2013. 4. 5. 제11731호(형법)]
⑦ 제1항부터 제3항까지 및 제6항의 죄를 범한 사람을 은닉하거나 도피하게 한 사람은 3년 이상 25년 이하의 유기징역에 처한다. [개정 2013. 4. 5., 2016. 1. 6.]
⑧ 제1항 또는 제2항 제1호·제2호의 죄를 범할 목적으로 예비하거나 음모한 사람은 1년 이상 10년 이하의 유기징역에 처한다. [개정 2013. 4. 5., 2016. 1. 6.]
[전문개정 2010. 3. 31.]

본조는 형법 제31장 '약취와 유인의 죄'에 규정되어 있는 죄 중 13세 미만의 미성년자에 대하여 형법 제287조(미성년자의 약취, 유인)의 죄를 범한 경우 그 약취·유인의 목적에 따라 가중처벌하거나 약취·유인한 후 재물요구, 살해, 폭행·상해·감금·유기 등의 일정한 행위를 한 경우에 이를 가중처벌하고 있다. 이미 삭제된 본조 제4항, 제5항은 형법 제288조(영리 등을 위한 약취, 유인, 매매 등), 제289조(국외이송을 위한 약취, 유인, 매매), 제292조 제1항(형법 제288조 또는 제289조의 약취, 유인이나 매매된 자 또는 이송된 자를 수수 또는 은닉하는 행위) 등의 범죄를 가중처벌하고 있었으나 2013년 4월 5일자 형법 일부개정으로 삭제되었다.

1. 13세 미만 미성년자 약취·유인의 가중처벌(제1항, 제2항, 제3항)

(1) 약취·유인의 목적에 따른 가중처벌(제1항)

13세 미만의 미성년자에 대해 형법 제287조(미성년자의 약취, 유인)의 죄를 범한 자를 그 약취 또는 유인한 목적에 따라 가중처벌하되, ① 약취 또는 유인한 미성년자의 부모 기타 그 미성년자의 안전을 염려하는 사람의 우려를 이용하여 재물이나 재산상의 이익을 취득할 목적인 때에는 무기 또는 5년 이상의 징역, ② 약취 또는 유인한 미성년자를 살해할 목적인 때에는 사형·무기 또는 7년 이상의 징역으로 처벌하고 있다(본조 제1항).

(2) 약취·유인 후 행위에 따른 가중처벌(제2항)

13세 미만의 미성년자에 대해 형법 제287조의 죄를 범한 자가 본조 소정의 행위를 한 때에는 가중처벌하되, ① 약취 또는 유인한 미성년자의 부모 기타 그 미성년자의 안전을 염려하는 사람의 우려를 이용하여 재물이나 재산상의 이익을 취득하거나 이를 요구한 때에는 무기 또는 10년 이상의 징역, ② 약취 또는 유인한 미성년자를 살해한 때에는 사형 또는 무기징역, ③ 약취 또는 유인한 미성년자를 폭행·상해·감금 또는 유기하거나 그 미성년자에게 가혹한 행위를 가한 때에는 무기 또는 5년 이상의 징역, ④ 제3호(위 ③)의 죄를 범하여 미성년자를 치사한 때에는 사형·무기 또는 7년 이상의 징역으로 각각 처벌하고 있다(제2항).

(3) 방조자에 대한 가중처벌(제3항)

한편, 본조 제1항 또는 제2항의 죄를 범한 자를 방조하여 약취 또는 유인된 미성년자를 은닉 기타의 방법으로 귀가하지 못하게 한 자는 모두 일괄적으로 5년 이상의 유기징역으로 가중처벌한다(제3항). 형법상 방조범의 형이 정범의 형보다 감경되는 것에 비하여 법정형이 상대적으로 높다. 여기서의 방조행위는 넓은 의미의 일반적인 방조가 아니라 방조행위를 하여 약취 또는 유인된 미성년자를 '은닉 기타의 방법으로 귀가하지 못하게 한' 경우만을 의미한다.

형법 제287조(미성년자의 약취, 유인) 미성년자를 약취 또는 유인한 자는 10년 이하의 징역에 처한다.

2. [삭제조항] 추행·간음·영리·국외이송 목적 약취·유인 등의 가중처벌(제4항, 제5항)

2013년 4월 15일 형법 일부개정 이전의 특가법 제5조의2 제4항 및 제5항은 다음과 같다. 형법 제288조(영리 등을 위한 약취, 유인, 매매 등), 제289조(국외이송을 위한 약취, 유인, 매매), 제292조 제1항(형법 제288조 또는 제289조의 약취, 유인이나 매매된 자 또는 이송된 자를 수수 또는 은닉하는 행위)의 죄를 범한 자는 형법상의 법정형보다 가중하여 일괄적으로 "무기 또는 5년 이상의 징역"으로 처벌했다(제4항). 또한, 상습으로 본조 제4항의 죄를 범한 경우에는 "그 죄에 정한 형의 2분의 1까지 가중"하도록 했다(제5항). 따라서 제4항에 규정된 법정형인 "무기 또는 5년 이상의 징역"을 2분의 1까지 가중하므로 "무기 또는 45년 이하 7년 6개월 이상의 징역"에 처해지게 되었다.[93]

그러나 2000년 12월 13일 우리나라가 서명한 「국제연합국제조직범죄방지협약」(United Nations Convention against Transnational Organized Crime) 및 「인신매매방지의정서」의 국내적 이행을 위한 입법으로서, 협약 및 의정서상의 입법의무 사항을 반영하여 범죄단체 및 범죄집단의 존속과 유지를 위한 행위의 처벌규정을 마

---

93) 유기징역의 상한은 30년이고, 그 가중한도는 최장 50년이다(형법 제42조 참조).

련하는 한편, 범죄단체나 집단의 수입원으로 흔히 사용되는 도박장소의 개설이나 복표발매에 대한 처벌규정의 법정형을 상향하고, 각종 착취 목적의 인신매매죄를 신설하여 인신매매의 처벌범위를 확대하는 형법 개정(2013년 4월 5일 법률 제11731호)을 단행하였다. 특히 「인신매매방지의정서」의 이행입법으로 단행된 형법개정내용을 보면, 형법 제2편 각칙 제31장의 장(章)명을 "약취와 유인의 죄"에서 "약취, 유인 및 인신매매의 죄"로 변경하고 인신매매 관련 처벌조항을 신설하는 한편, 목적범 형태의 약취, 유인 등의 죄에 "추행, 간음, 결혼, 영리, 국외이송 목적" 외에도 "노동력 착취, 성매매와 성적 착취, 장기적출" 등 신종범죄를 목적으로 하는 경우를 추가하였다. 또한 결과적 가중범을 신설하되 상해와 치상, 살인과 치사 등의 법정형을 구분하여 책임주의에 부합하도록 하고, 종래 방조범 형태로 인정되던 약취, 유인, 인신매매 등을 위하여 사람을 모집, 운송, 전달하는 행위를 독자적인 구성요건으로 처벌하도록 하며, 인류에 대한 공통적인 범죄인 약취, 유인과 인신매매죄의 규정이 대한민국 영역 밖에서 죄를 범한 외국인에게도 적용될 수 있도록 세계주의 규정을 도입하였다. 이러한 약취, 유인 및 인신매매의 죄에 대한 형법의 대대적인 정비에 따라 특가법 제5조의2 제4항 및 제5항은 형법에 흡수·통합되어 삭제되었다.

형법 제288조(추행 등 목적 약취, 유인 등) ① 추행, 간음, 결혼 또는 영리의 목적으로 사람을 약취 또는 유인한 사람은 1년 이상 10년 이하의 징역에 처한다. ② 노동력 착취, 성매매와 성적 착취, 장기적출을 목적으로 사람을 약취 또는 유인한 사람은 2년 이상 15년 이하의 징역에 처한다. ③ 국외에 이송할 목적으로 사람을 약취 또는 유인하거나 약취 또는 유인된 사람을 국외에 이송한 사람도 제2항과 동일한 형으로 처벌한다. [전문개정 2013. 4. 5.]

형법 제289조(인신매매) ① 사람을 매매한 사람은 7년 이하의 징역에 처한다. ② 추행, 간음, 결혼 또는 영리의 목적으로 사람을 매매한 사람은 1년 이상 10년 이하의 징역에 처한다. ③ 노동력 착취, 성매매와 성적 착취, 장기적출을 목적으로 사람을 매매한 사람은 2년 이상 15년 이하의 징역에 처한다. ④ 국외에 이송할 목적으로 사람을 매매하거나 매매된 사람을 국외로 이송한 사람도 제3항과 동일한 형으로 처벌한다.

형법 제290조(약취, 유인, 매매, 이송 등 상해·치상) ① 제287조부터 제289조까지의 죄를 범하여 약취, 유인, 매매 또는 이송된 사람을 상해한 때에는 3년 이상 25년 이하의 징역에 처한다. ② 제287조부터 제289조까지의 죄를 범하여 약취, 유인, 매매 또는 이송된 사람을 상해에 이르게 한 때에는 2년 이상 20년 이하의 징역에 처한다. [전문개정 2013. 4. 5.]

형법 제291조(약취, 유인, 매매, 이송 등 살인·치사) ① 제287조부터 제289조까지의 죄를 범하여 약취, 유인, 매매 또는 이송된 사람을 살해한 때에는 사형, 무기 또는 7년 이상의 징역에 처한다. ② 제287조부터 제289조까지의 죄를 범하여 약취, 유인, 매매 또는 이송된 사람을 사망에 이르게 한 때에는 무기 또는 5년 이상의 징역에 처한다. [전문개정 2013. 4. 5.]

형법 제293조 삭제 [2013. 4. 5.]

형법 제294조(미수범) 제287조부터 제289조까지, 제290조 제1항, 제291조 제1항과 제292조 제1항의 미수범은 처벌한다. [전문개정 2013. 4. 5.]

형법 제295조(벌금의 병과) 제288조부터 제291조까지, 제292조 제1항의 죄와 그 미수범에 대하여는 5천만원 이하의 벌금을 병과할 수 있다. [전문개정 2013. 4. 5.]

형법 제295조의2(형의 감경) 제287조부터 제290조까지, 제292조와 제294조의 죄를 범한 사람이 약취, 유인, 매매 또는 이송된 사람을 안전한 장소로 풀어준 때에는 그 형을 감경할 수 있다. [전문개정 2013. 4. 5.]

형법 제296조(예비, 음모) 제287조부터 제289조까지, 제290조 제1항, 제291조 제1항과 제292조 제1항의 죄를 범할 목적으로 예비 또는 음모한 사람은 3년 이하의 징역에 처한다. [본조신설 2013. 4. 5.] [시행일 2013. 6. 19.]

형법 제296조의2(세계주의) 제287조부터 제292조까지 및 제294조는 대한민국 영역 밖에서 죄를 범한 외국인에게도 적용한다. [본조신설 2013. 4. 5.]

형법 [2013. 4. 5. 개정전] 형법 제288조(영리 등을 위한 약취, 유인, 매매 등) ① 추행, 간음 또는 영리의 목적으로 사람을 약취 또는 유인한 자는 1년 이상의 유기징역에 처한다. ② 추업에 사용할 목적으로 부녀를 매매한 자도 전항의 형과 같다. ③ 상습으로 전 2항의 죄를 범한 자는 2년 이상의 유기징역에 처한다.

형법 [2013. 4. 5. 개정전] 형법 제289조(국외이송을 위한 약취, 유인, 매매) ① 국외에 이송할 목적으로 사람을 약취, 유인 또는 매매한 자는 3년 이상의 유기징역에 처한다. ② 약취, 유인 또는 매매된 자를 국외에 이송한 자도 전항의 형과 같다. ③ 상습으로 전 2항의 죄를 범한 자는 5년 이상의 유기징역에 처한다.

[2013. 4. 5. 개정전] 형법 제290조(예비, 음모) 전조의 죄를 범할 목적으로 예비 또는 음

모한 자는 3년 이하의 징역에 처한다.

[2013. 4. 5. 개정전] 형법 제291조(결혼을 위한 약취, 유인) 결혼할 목적으로 사람을 약취 또는 유인한 자는 5년 이하의 징역에 처한다.

[2013. 4. 5. 개정전] 형법 제292조(약취, 유인, 매매된 자의 수수 또는 은닉) ① 제288조 또는 제289조의 약취, 유인이나 매매된 자 또는 이송된 자를 수수 또는 은닉한 자는 7년 이하의 징역에 처한다. ② (생략)

[2013. 4. 5. 개정전] 형법 제293조(상습범) ① 상습으로 전조의 죄를 범한 자는 2년 이상 10년 이하의 징역에 처한다. ② 추행, 간음 또는 영리의 목적으로 전조의 죄를 범한 자도 전항의 형과 같다.

[2013. 4. 5. 개정전] 형법 제294조(미수범) 제287조 내지 제289조와 제291조 내지 전조의 미수범은 처벌한다.

[2013. 4. 5. 개정전] 형법 제295조(자격정지 또는 벌금의 병과) 제288조, 제289조, 제292조, 제293조와 그 미수범에는 10년 이하의 자격정지 또는 2천만원 이하의 벌금을 병과할 수 있다. [개정 1995. 12. 29.]

[2013. 4. 5. 개정전] 형법 제295조의2(형의 감경) 이 장의 죄를 범한 자가 약취 · 유인 · 매매 또는 이송된 자를 안전한 장소로 풀어준 때에는 그 형을 감경할 수 있다. [본조신설 1995. 12. 29.]

3. 범인은닉 · 범인도피의 가중처벌(제7항)

형법상 범인은닉 및 범인도피의 경우, 즉 "벌금 이상의 형에 해당하는 죄를 범한 자를 은닉 또는 도피"하게 한 행위는 "3년 이하의 징역 또는 500만원 이하의 벌금"에 처하고 있으나(형법 제151조 제1항), 본조 제1항 내지 제6항의 죄를 범한 자를 은닉 또는 도피하게 한 자는 3년 이상 25년 이하의 유기징역으로 가중처벌한다. 범인은닉 및 범인도피에 대한 친족 간의 특례를 규정한 형법 제151조 제2항은 본조 제7항의 죄를 범한 자에게도 적용된다.

형법 제151조(범인은닉과 친족간의 특례) ① 벌금 이상의 형에 해당하는 죄를 범한 자를 은닉 또는 도피하게 한 자는 3년 이하의 징역 또는 500만원 이하의 벌금에 처한다. ② 친족, 호주 또는 동거의 가족이 본인을 위하여 전항의 죄를 범한 때에는 처벌하지 아니한다.

※ 위 형법 제151조 제2항은 2005년 3월 31일자 개정(법률 제7427호: 민법)에 따라 "친족, 호주 또는 동거의 가족" 부분이 "친족, 동거의 가족"으로 변경되었다(2008년 1월 1일 시행).

4. 미수범 및 예비·음모의 가중처벌(제6항, 제8항)

본조 제1항·제2항(제2항 제4호는 제외)에 규정된 죄의 미수범은 처벌하며, 그 미수범의 형은 형법총칙에 따라 기수범보다 감경할 수 있다(제6항). 제1항, 제2항 제1호 및 제2호의 죄를 범할 목적으로 예비 또는 음모한 자는 1년 이상 10년 이하의 유기징역으로 처벌한다(제8항).

Ⅲ. 도로교통 관련사범의 가중처벌

제5조의3 (도주차량 운전자의 가중처벌) ① 「도로교통법」 제2조에 규정된 자동차·원동기장치자전거의 교통으로 인하여 「형법」 제268조의 죄를 범한 해당 차량의 운전자(이하 "사고운전자"라 한다)가 <u>피해자를 구호(救護)하는 등 「도로교통법」 제54조 제1항에 따른 조치</u>를 하지 아니하고 도주한 경우에는 다음 각 호의 구분에 따라 가중처벌한다. 1. 피해자를 사망에 이르게 하고 도주하거나, 도주 후에 피해자가 사망한 경우에는 무기 또는 5년 이상의 징역에 처한다. 2. 피해자를 상해에 이르게 한 경우에는 1년 이상의 유기징역 또는 500만원 이상 3천만원 이하의 벌금에 처한다. ② 사고운전자가 <u>피해자를 사고 장소로부터 옮겨 유기하고 도주한 경우</u>에는 다음 각 호의 구분에 따라 가중처벌한다. 1. 피해자를 사망에 이르게 하고 도주하거나, 도주 후에 피해자가 사망한 경우에는 사형, 무기 또는 5년 이상의 징역에 처한다. 2. 피해자를 상해에 이르게 한 경우에는 3년 이상의 유기징역에 처한다.

제5조의10 (운행 중인 자동차 운전자에 대한 폭행 등의 가중처벌) ① 운행 중(「여객자동차 운수사업법」 제2조 제3호에 따른 여객자동차운송사업을 위하여 사용되는 자동차를 운행하는 중 운전자가 여객의 승차·하차 등을 위하여 일시 정차한 경우를 포함한다)인 자동차의 운전자를 폭행하거나 협박한 사람은 5년 이하의 징역 또는 2천만원 이하의 벌

금에 처한다. <개정 2015. 6. 22.> ② 제1항의 죄를 범하여 사람을 상해에 이르게 한 경우에는 3년 이상의 유기징역에 처하고, 사망에 이르게 한 경우에는 무기 또는 5년 이상의 징역에 처한다. [본조신설 2007. 1. 6.] [시행일 2007. 4. 4.] [전문개정 2010. 3. 31.]

제5조의11 (위험운전 등 치사상) ① 음주 또는 약물의 영향으로 정상적인 운전이 곤란한 상태에서 자동차(원동기장치자전거를 포함한다)를 운전하여 사람을 상해에 이르게 한 사람은 1년 이상 15년 이하의 징역 또는 1천만원 이상 3천만원 이하의 벌금에 처하고, 사망에 이르게 한 사람은 무기 또는 3년 이상의 징역에 처한다. <개정 2018. 12. 18., 2020. 2. 4> ② 음주 또는 약물의 영향으로 정상적인 운항이 곤란한 상태에서 운항의 목적으로 「해사안전법」 제41조 제1항에 따른 선박의 조타기를 조작, 조작 지시 또는 도선하여 사람을 상해에 이르게 한 사람은 1년 이상 15년 이하의 징역 또는 1천만원 이상 3천만원 이하의 벌금에 처하고, 사망에 이르게 한 사람은 무기 또는 3년 이상의 징역에 처한다. <신설 2020. 2. 4.>[전문개정 2010. 3. 31.][제목개정 2020. 2. 4.]

제5조의12 (도주선박의 선장 또는 승무원에 대한 가중처벌) 「해사안전법」 제2조에 따른 선박의 교통으로 인하여 「형법」 제268조의 죄를 범한 해당 선박의 선장 또는 승무원이 피해자를 구호하는 등 「수상에서의 수색·구조 등에 관한 법률」 제18조 제1항 단서에 따른 조치를 하지 아니하고 도주한 경우에는 다음 각 호의 구분에 따라 가중처벌한다. <개정 2015. 7. 24.>
1. 피해자를 사망에 이르게 하고 도주하거나, 도주 후에 피해자가 사망한 경우에는 무기 또는 5년 이상의 징역에 처한다.
2. 피해자를 상해에 이르게 한 경우에는 1년 이상의 유기징역 또는 1천만원 이상 1억원 이하의 벌금에 처한다. [본조신설 2013. 7. 30.] [시행일 2013. 10. 31.]

제5조의13 (어린이 보호구역에서 어린이 치사상의 가중처벌) 자동차(원동기장치자전거를 포함한다)의 운전자가 「도로교통법」 제12조 제3항에 따른 어린이 보호구역에서 같은 조 제1항에 따른 조치를 준수하고 어린이의 안전에 유의하면서 운전하여야 할 의무를 위반하여 어린이(13세 미만인 사람을 말한다. 이하 같다)에게 「교통사고처리 특례법」 제3조 제1항의 죄를 범한 경우에는 다음 각 호의 구분에 따라 가중처벌한다.
1. 어린이를 사망에 이르게 한 경우에는 무기 또는 3년 이상의 징역에 처한다.
2. 어린이를 상해에 이르게 한 경우에는 1년 이상 15년 이하의 징역 또는 500만원 이상 3천만원 이하의 벌금에 처한다.
[본조신설 2019. 12. 24.]

1. 도주차량 운전자의 가중처벌(제5조의3)

특가법 제5조의3은 소위 **뺑소니운전**을 가중처벌하기 위해 1973년 2월 24일 2차 개정(법률 2550호) 시 신설된 규정이다. 신설 당시 법정형이 "사형·무기 또는 10년 이상의 징역"으로 규정되어 있었으나, 이러한 종전의 특가법 제5조의3 제2항 제1호는 1992년 5월 30일 헌법재판소에서 위헌결정되었으며, 이에 따라 특가법 제11차 개정인 1995년 8월 4일자 법률 제4962호 일부개정에 의해 그 법정형이 형법상 살인죄와 동일하게 "사형·무기 또는 5년 이상의 징역"으로 개정되었다.[94]

본조에 따라 형법 제268조(업무상과실·중과실치사상)에 해당하는 교통사고를 야기한 사고운전자가 피해자를 구호하는 등 도로교통법 제54조 제1항의 규정에 의한 조치를 취하지 아니하고 도주한 때에는 가중처벌하되, ① 피해자를 치사하고 도주하거나 도주 후에 피해자가 사망한 때에는 무기 또는 5년 이상의 징역, ② 피해자를 치상한 때에는 1년 이상의 유기징역 또는 500만원 이상 3천만원 이하의 벌금에 처하게 된다(제5조3 제1항).

또한, 사고운전자가 피해자를 사고장소로부터 옮겨 유기하고 도주한 때에는 가중처벌하되, ① 피해자를 치사하고 도주하거나 도주 후에 피해자가 사망한 때에는 사형·무기 또는 5년 이상의 징역(제5조의3 제2항), ② 피해자를 치상한 때에는 3년 이상의 유기징역으로 처벌한다.

형법 제268조(업무상과실·중과실 치사상) 업무상 과실 또는 중대한 과실로 인하여 사람을 사상에 이르게 한 자는 5년 이하의 금고 또는 2천만원 이하의 벌금에 처한다.

도로교통법 제54조(사고발생시의 조치) ① 차의 교통으로 인하여 사람을 사상하거나 물건을 손괴(이하 "교통사고"라 한다)한 때에는 그 차의 운전자나 그 밖의 승무원(이하 "운전자등"이라 한다)은 즉시 정차하여 사상자를 구호하는 등 필요한 조치를 하여야 한다. ② (이하 생략)

본죄의 행위주체는 도로교통법 제2조에 규정된 자동차·원동기장치자전거의 교통으로 인하여 형법 제268조의 죄를 범한 해당 차량의 운전자('사고운전자')이다.

---

94) 헌법재판소의 위헌결정 내용 등 자세한 사항은 본장 제1절의 2. 개정연혁 (8) 11차 개정내용 참조.

따라서 도로교통법 제2조에 규정된 자동차나 원동기장치자전거에 포함되지 아니하는 차의 교통으로 인한 경우에는 본죄로 처벌할 수 없다.

도로교통법 제2조(정의) (중략)
18. "자동차"란 철길이나 가설된 선을 이용하지 아니하고 원동기를 사용하여 운전되는 차(견인되는 자동차도 자동차의 일부로 본다)로서 다음 각 목의 차를 말한다.
    가.「자동차관리법」제3조에 따른 다음의 자동차. 다만, 원동기장치자전거는 제외한다. 1) 승용자동차 2) 승합자동차 3) 화물자동차 4) 특수자동차 5) 이륜자동차
    나.「건설기계관리법」제26조 제1항 단서에 따른 건설기계
19. "원동기장치자전거"란 다음 각 목의 어느 하나에 해당하는 차를 말한다.
    가.「자동차관리법」제3조에 따른 이륜자동차 가운데 배기량 125시시 이하의 이륜자동차
    나. 배기량 50시시 미만(전기를 동력으로 하는 경우에는 정격출력 0.59킬로와트 미만)의 원동기를 단 차

자동차관리법 제3조(자동차의 종류) ① 자동차는 다음 각 호와 같이 구분한다. [개정 2011. 5. 24., 2013. 3. 23. 제11690호(정부조직법)]
1. 승용자동차: 10인 이하를 운송하기에 적합하게 제작된 자동차
2. 승합자동차: 11인 이상을 운송하기에 적합하게 제작된 자동차. 다만, 다음 각 목의 어느 하나에 해당하는 자동차는 승차인원에 관계없이 이를 승합자동차로 본다.
    가. 내부의 특수한 설비로 인하여 승차인원이 10인 이하로 된 자동차 나. 국토교통부령으로 정하는 경형자동차로서 승차인원이 10인 이하인 전방조종자동차 다. 캠핑용자동차 또는 캠핑용트레일러
3. 화물자동차: 화물을 운송하기에 적합한 화물적재공간을 갖추고, 화물적재공간의 총적재화물의 무게가 운전자를 제외한 승객이 승차공간에 모두 탑승했을 때의 승객의 무게보다 많은 자동차
4. 특수자동차: 다른 자동차를 견인하거나 구난작업 또는 특수한 작업을 수행하기에 적합하게 제작된 자동차로서 승용자동차·승합자동차 또는 화물자동차가 아닌 자동차
5. 이륜자동차: 총배기량 또는 정격출력의 크기와 관계없이 1인 또는 2인의 사람을 운송하기에 적합하게 제작된 이륜의 자동차 및 그와 유사한 구조로 되어 있는 자동차
② 제1항에 따른 구분의 세부기준은 자동차의 크기·구조, 원동기의 종류, 총배기량 또는 정격출력 등에 따라 국토교통부령으로 정한다. [신설 2011. 5. 24., 2013. 3. 23. 제11690호(정부조직법)]
③ 제1항에 따른 자동차의 종류는 국토교통부령으로 정하는 바에 따라 세분할 수 있다. [개

정 2011. 5. 24., 2013. 3. 23. 제11690호(정부조직법)]

[전문개정 2009. 2. 6.] [시행일 2010. 2. 7.]

자동차관리법시행규칙 제2조(자동차의 종별 구분) 법 제3조 제2항 및 제3항에 따른 자동차의 종류는 그 규모별 세부기준 및 유형별 세부기준에 따라 별표 1과 같이 구분한다.

[전문개정 2011. 12. 15.]

[대법원 1993. 2. 23. 선고 92도3126] 중기관리법에 의한 중기로 등록된 덤프트럭이 구 도로교통법(1992. 12. 8. 법률 제4518호로 개정되기 전의 것) 제2조 제14호 소정의 '자동차'에 해당하는지 여부 (소극) 특정범죄가중처벌등에관한법률 제5조의3의 도주차량 가중처벌규정의 적용대상인 구 도로교통법(1992. 12. 8. 법률 제4518호로 개정되기 전의 것) 제2조 제14호 소정의 자동차는 자동차관리법 제2조 제1호 소정의 자동차로서 같은 법 제3조 소정의 각종 자동차에 해당하는 것에 한한다고 해석하여야 할 것이고, 덤프트럭이 적재용량 16톤으로 자동차관리법에 의한 자동차로 등록되지 아니하고 중기관리법에 의한 중기로 등록된 것이라면 이것은 자동차관리법 제2조 제1호 소정의 자동차에 해당하지 아니하므로 도로교통법 제2조 제14호 소정의 자동차에 해당하지 아니한다.

[대법원 1991. 5. 28. 선고 91도711] 특정범죄가중처벌등에관한법률 제5조의3 제1항 소정의 "차의 교통으로 인하여 형법 제268조의 죄를 범한 당해차량의 운전자"란 차의 교통으로 인한 업무상과실 또는 중대한 과실로 인하여 사람을 사상에 이르게 한 자를 가리키는 것이지 과실이 없는 사고 운전자까지 포함하는 것은 아니다.

---

2. 운행 중인 자동차 운전자에 대한 폭행 등의 가중처벌(제5조의10)

운행 중인 자동차의 운전자를 폭행 또는 협박한 자는 5년 이하의 징역 또는 2천만원 이하의 벌금에 처한다. 그리고 운전자 폭행 등으로 사람을 상해에 이르게 한 때에는 3년 이상의 유기징역에 처하고, 사망에 이르게 한 때에는 무기 또는 5년 이상의 징역에 처한다. 운행 중인 자동차의 운전자를 폭행이나 협박한 경우 교통사고 등의 발생위험이 증가하여 해당 자동차의 운전자뿐만 아니라 탑승하고 있는 승객들에게도 사고 등으로 인한 심각한 생명·신체의 위험이 발생할 수 있으므로 단순 폭행·협박에 비하여 불법이 가중되어 있다고 할 수 있다. 이 조문을 신설할 당시에는 운전자 폭행죄의 구성요건이 '운행 중'으로만 규정되어 "그 적용범위를 자동차가 실제 운행 중인 때에만 성립하는 것으로 제한하여야 한다"[95)는 해석상의 한계가 있었으나, 2015년의 개정에 의하여 '운행 중'의 정의에 "자동차를 운행하는 중 운전자가 여객의 승차·하차 등을 위하여 일시 정차한 경우를 포함한다"는 내용이 포함되어 자동차가 정차한 상태에서 이루어지는 폭행 등의 행위에도 이 특가법 조문이 적용될 수 있도록 하였다.

3. 위험운전 등 치사상(제5조의11)

음주 또는 약물의 영향으로 정상적인 운전이나 운항이 곤란한 상태에서 자동차(원동기장치자전거를 포함한다) 혹은 선박을 운전하거나 운항의 목적으로 조타기 등 조작행위(「해사안전법」 제41조 제1항)를 하여 사람을 상해에 이르게 한 자는 1년 이상 15년 이하의 징역 또는 1천만원 이상 3천만원 이하의 벌금에 처하고, 사망에 이르게 한 자는 무기 또는 3년 이상의 징역에 처하도록 하는 규정이다. 여기서 '정상적인 운전이나 운항이 곤란한 상태'는 「도로교통법」 제44조 제1항이나 「해사안전법」 제41조 제1항의 규정을 위반하여 주취 중에 운전이나 조작을 한 모든 경우를 가리키는 것은 아니며, 술에 취하여 정상적인 운전이나 조작을 할 수 없는 우려가 있다는 정도만으로는 부족하고, 운전자가 술에 취하여 전방주시를 하는 것이 곤란하다거나 자신이 의도한 대로 조작의 시기 내지 정도를 조절하여 핸들 또는 브레이크를 조작하는 것이 곤란하다는 등의 심신 상태를 의미한다고 할 것이다.[96) 행위자가 이와 같은 상태에 있었는지 여부는 행위자의 주취 정도나 표정, 사고 전후 행위자의 행동과 태도 및 사고의 발생 경위와 피해 정도 등 당시의 상황을 종합적으로 고려하여 판단할 수밖에 없다.

종전 규정은 자동차의 운전자에 대해서만 규정되어 있었으나 2020년 제2항을 신설하여 선박의 경우에도 자동차의 위험운전치사상죄에 준하여 처벌할 수 있도

---

95) 서울고등법원 2013. 6. 13. 선고 2013노1275 판결 참조(시내버스가 승객 등의 승하차를 위해 정차 중에 운전자를 폭행한 사례).
96) 창원지법 2009. 5. 21. 선고 2009고정2 판결 참조.

록 하였다.

해사안전법 제41조(술에 취한 상태에서의 조타기 조작 등 금지) ① 술에 취한 상태에 있는 사람은 운항을 하기 위하여 「선박직원법」 제2조 제1호에 따른 선박[총톤수 5톤 미만의 선박과 같은 호 나목 및 다목에 해당하는 외국선박을 포함하고, 시운전선박(국내 조선소에서 건조 또는 개조하여 진수 후 인도 전까지 시운전하는 선박을 말한다) 및 이 동식 시추선·수상호텔 등 「선박안전법」 제2조 제1호에 따라 해양수산부령으로 정하는 부유식 해상구조물은 제외한다. 이하 이 조 및 제41조의2에서 같다]에 따른 선박의 조타기(操舵機)를 조작하거나 조작할 것을 지시하는 행위 또는 「도선법」 제2조 제1호에 따른 도선(이하 "도선"이라 한다)을 하여서는 아니 된다.

4. 도주선박의 선장 또는 승무원에 대한 가중처벌(제5조의12)

2013년 7월 30일 개정으로 신설된 처벌규정이다(시행일 2013. 10. 31.). 해상교통량의 증가, 선박의 고속화 등 해상교통 환경의 변화로 해상교통사고의 위험성이 증가하고 있고, 선박충돌사고 발생 후 인명과 선박에 대한 즉각적인 구호조치를 하지 않고 도주할 경우 대부분 사망, 실종 등 대형사고로 이어질 수 있으므로, 해상에서 선박충돌사고 발생 후 피해자에 대한 충분한 구호조치를 하지 않고 도주한 행위를 가중처벌하고 있다.

해사안전법 제2조에 따른 선박의 교통으로 인하여 형법 제268조의 죄를 범한 해당 선박의 선장 또는 승무원이 피해자를 구호하는 등 「수상에서의 수색·구조 등에 관한 법률」 제18조 제1항 단서에 따른 조치를 하지 아니하고 도주한 경우에는 다음의 구분에 따라 가중처벌한다. ① 피해자를 사망에 이르게 하고 도주하거나, 도주 후에 피해자가 사망한 경우에는 무기 또는 5년 이상의 징역에 처한다. ② 피해자를 상해에 이르게 한 경우에는 1년 이상의 유기징역 또는 1천만원 이상 1억원 이하의 벌금에 처한다.

수상에서의 수색·구조 등에 관한 법률 제18조(인근 선박 등의 구조지원) ① 조난현장의 부근에 있는 선박등의 선장·기장 등은 조난된 선박등이나 구조본부의 장 또는 소방관서의 장으로부터 구조요청을 받은 때에는 가능한 한 조난된 사람을 신속히 구조할 수 있도록 최대한 지원을 제공하여야 한다. 다만, 조난사고의 원인을 제공한 선박의 선장 및 승무원은 요청이 없더라도 조난된 사람을 신속히 구조하는 데 필요한 조치를 하여야 한다.
② 구조본부의 장 또는 소방관서의 장으로부터 구조요청을 받은 선박등의 선장·기장 등은 구조에 착수하지 못할 경우에는 지체 없이 그 사유를 구조본부의 장 또는 소방관서의 장에게 통보하여야 한다.

5. 어린이 보호구역 내 어린이 치사상에 대한 가중처벌(제5조의13)

자동차(원동기장치자전거를 포함한다)의 운전자가 「도로교통법」 제12조 제3항에 따른 어린이 보호구역에서 같은 조 제1항에 따른 조치를 준수하고 어린이의 안전에 유의하면서 운전하여야 할 의무를 위반하여 어린이에게 업무상과실치사상의 죄를 범한 경우를 가중처벌하는 규정이다. 어린이 보호구역에서 시속 30km 이하로 운행하여야 할 의무와 어린이에 대한 안전유의 의무를 위반하여 어린이에 대한 교통사고를 일으켜 어린이에게 상해 또는 사망의 결과를 야기한 경우이다. 어린이를 상해에 이르게 한 경우에는 1년 이상 15년 이하의 징역 또는 500만원 이상 3천만원 이하의 벌금에 처하고, 사망에 이르게 한 경우에는 무기 또는 3년 이상의 징역에 처하도록 하고 있다.

여기서의 '어린이'는 13세 미만의 사람을 말하며, 도로교통법에 따라 어린이 보호구역에서 시속 30km 이하로 운행해야 하는 의무와 어린이의 안전에 유의하면서 운전해야 할 의무는 이 규정의 적용대상인 '의무 위반'의 내용이 되므로, 두 의무 중 어느 하나를 위반한 경우라도 이 규정에 의한 가중처벌의 대상이 될 수 있다.[97)]

---

97) 그러므로 시속 30km 이하로 운행하였더라도 어린이 안전유의 의무를 위반하여 교통사고를 발생시킨 경우에도 이 규정의 적용대상이 된다.

Ⅳ. 강·절도 관련범죄의 가중처벌

1. 상습강·절도죄 및 상습장물죄의 가중처벌 등(제5조의4)

제5조의4 (상습강·절도죄 등의 가중처벌) ① 삭제 ② 5명 이상이 공동하여 상습적으로 「형법」제329조부터 제331조까지의 죄 또는 그 미수죄를 범한 사람은 2년 이상 20년 이하의 징역에 처한다. <개정 2016. 1. 6.> ③ 삭제 ④ 삭제 ⑤ 「형법」제329조부터 제331조까지, 제333조부터 제336조까지 및 제340조·제362조의 죄 또는 그 미수죄로 세 번 이상 징역형을 받은 사람이 다시 이들 죄를 범하여 누범(累犯)으로 처벌하는 경우에는 다음 각 호의 구분에 따라 가중처벌한다. <개정 2016. 1. 6.>
1. 「형법」제329조부터 제331조까지의 죄(미수범을 포함한다)를 범한 경우에는 2년 이상 20년 이하의 징역에 처한다.
2. 「형법」제333조부터 제336조까지의 죄 및 제340조 제1항의 죄(미수범을 포함한다)를 범한 경우에는 무기 또는 10년 이상의 징역에 처한다.
3. 「형법」제362조의 죄를 범한 경우에는 2년 이상 20년 이하의 징역에 처한다.
⑥ 상습적으로 「형법」제329조부터 제331조까지의 죄나 그 미수죄 또는 제2항의 죄로 두 번 이상 실형을 선고받고 그 집행이 끝나거나 면제된 후 3년 이내에 다시 상습적으로 「형법」제329조부터 제331조까지의 죄나 그 미수죄 또는 제2항의 죄를 범한 경우에는 3년 이상 25년 이하의 징역에 처한다. <개정 2016. 1. 6.>

특가법 제5조의4는 1980년 12월 18일 신설된 규정으로 강·절도죄와 관련된 범죄유형에 관한 가중처벌을 규정하고 있다. 우선, 5인 이상이 공동하여 상습으로 형법상 절도, 야간주거침입절도 또는 특수절도의 죄(미수범 포함)를 범한 경우에는 2년 이상 20년 이하의 징역으로 가중처벌한다(제5조의4 제2항).

아울러 형법상의 절도죄(절도, 야간주거침입절도, 특수절도), 강도죄(강도, 특수강도, 준강도, 인질강도, 해상강도), 장물죄(장물취득, 양도, 보관, 알선) 또는 그 미수범으로 3회 이상 징역형을 받은 자로서 다시 이들 죄를 범하여 누범으로 처벌할 경우에는 범죄유형별로 구분된 가중처벌 기준에 따라 각각 처벌하게 된다(제5항). 이때 '3회 이상'에 해당하는 범죄의 죄명이 동일한 항에 규정된 것이어야 하는지 이종(異種)범죄를 포함하는 것인지가 문제되나, 판례는 동일한 항에 규정된 죄를 3회 이상 반복한 경우로 한정된다는 입장이고, 나아가 누범인 '다시 범한 죄'도 같은 항 소정의 죄를 범한 경우여야 한다고 한다(대법원 1995. 7. 14. 선고 95도1137,95감도54).

　　구체적으로 절도죄 유형에 대해서는 2년 이상 20년 이하의 징역으로, 강도죄 유형에 대해서는 무기 또는 10년 이상의 징역으로, 장물죄 유형에 대해서는 2년 이상 20년 이하의 징역으로 처벌된다.

　　또한 형법상 절도죄(절도, 야간주거침입절도, 특수절도)나 본조 제2항의 죄로 2회 이상 실형을 받아 그 집행을 종료하거나 면제받은 후 3년 이내에 다시 상습적으로 형법상의 절도죄(절도, 야간주거침입절도, 특수절도) 또는 제2항의 죄를 범한 때에는 3년 이상 25년 이하의 징역형으로 처벌한다(제6항).

　　종전의 법률에는 상습으로 형법 제329조(절도)·제330조(야간주거침입절도)·제331조(특수절도)의 죄 또는 그 미수죄를 범한 자를 무기 또는 3년 이상의 징역으로 처벌하고(제5조의4 제1항) 또한, 상습으로 형법 제333조(강도)·제334조(특수강도)·제336조(인질강도)·제340조 제1항(해상강도)의 죄 또는 그 미수죄를 범한 자는 사형·무기 또는 10년 이상의 징역으로 가중처벌하며(동조 제3항), 형법 제363조의 죄를 범한 자, 즉 상습으로 장물을 취득, 양도, 운반 또는 보관한 자와 그 행위를 알선한 자는 무기 또는 3년 이상의 징역으로 가중처벌한다(동조 제4항)는 규정을 두고 있었으나 불필요한 가중처벌을 규정하고 있다는 헌법재판소의 위헌결정에 따라 이러한 규정들은 2016년 1월 6일자 개정으로 삭제되었다.

[참조판례] 특정범죄 가중처벌 등에 관한 법률 제5조의4 제1항 위헌제청 등[2015. 2. 26. 2014헌가16·19·23(병합)]

【판시사항】 형법상의 범죄와 똑같은 구성요건을 규정하면서 법정형만 상향 조정한 '특정범죄 가중처벌 등에 관한 법률'(2010. 3. 31. 법률 제10210호로 개정된 것) 제5조의4 제1항 중 형법 제329조에 관한 부분, 같은 법률 제5조의4 제1항 중 형법 제329조의 미수죄에 관한 부분, 같은 법률 제5조의4 제4항 중 형법 제363조 가운데 형법 제362조 제1항의 '취득'에 관한 부분(이하 위 조항들을 합하여 '심판대상조항'이라 한다)이 헌법에 위반되는지 여부(적극)

【결정요지】 심판대상조항은 별도의 가중적 구성요건표지를 규정하지 않은 채 형법 조항과 똑같은 구성요건을 규정하면서 법정형만 상향 조정하여 어느 조항으로 기소하는지에 따라 벌금형의 선고 여부가 결정되고, 선고형에 있어서도 심각한 형의 불균형을 초

래하게 함으로써 형사특별법으로서 갖추어야 할 형벌체계상의 정당성과 균형을 잃어 인간의 존엄성과 가치를 보장하는 헌법의 기본원리에 위배될 뿐만 아니라 그 내용에 있어서도 평등원칙에 위반되어 위헌이다.

【판 단】

가. 심판대상조항은 1980. 12. 18. 법률 제3280호로 '특정범죄 가중처벌 등에 관한 법률'(이하 '특가법'이라 한다)을 개정하면서 1970년대 이후 고도 경제성장의 이면에서 대형화, 다양화, 지능화된 상습 절도 및 장물 사범에 대하여 형법에 규정된 죄를 가중처벌하기 위해 도입되었다. 그 뒤 특가법이 2010. 3. 31. 법률 제10210호로 개정되면서 일부 자구가 수정되었지만 그 내용은 동일하게 유지되고 있다.

나. 특가법 제5조의4 제1항 중 형법 제329조에 관한 부분 및 같은 항 중 형법 제329조의 미수죄에 관한 부분은 상습적으로 형법 제329조의 죄 또는 그 미수죄를 범한 사람은 무기 또는 3년 이상의 징역에 처한다고 규정하여, 형법 조항과 똑같은 구성요건을 규정하면서 법정형의 상한에 '무기징역'을 추가하고, 하한을 징역 3년으로 하여 징역형의 하한을 올리고, 벌금형을 제외하였다. 또한, 특가법 제5조의4 제4항 중 형법 제363조 가운데 형법 제362조 제1항의 '취득'에 관한 부분은 형법 제363조의 죄를 범한 사람은 무기 또는 3년 이상의 징역에 처한다고 규정하여, 형법 조항과 똑같은 구성요건을 규정하면서 법정형의 상한에 '무기징역'을 추가하고, 하한을 1년에서 3년으로 올려놓았다. 따라서 심판대상조항이 형법 조항과의 관계에서 형벌체계상의 균형을 잃어 평등원칙에 위반되는지 여부가 이 사건의 쟁점이다.

다. 어떤 유형의 범죄에 대하여 특별히 형을 가중할 필요가 있는 경우라 하더라도, 그 가중의 정도가 통상의 형사처벌과 비교하여 현저히 형벌체계상의 정당성과 균형을 잃은 것이 명백한 경우에는 인간의 존엄성과 가치를 보장하는 헌법의 기본원리에 위배될 뿐 아니라 법의 내용에 있어서도 평등원칙에 반하는 위헌적 법률이 된다. 또 형사특별법은 그 입법목적에 따른 새로운 가중처벌사유가 추가될 때에만 그 가중처벌이 의미를 가지고, 동일한 목적을 위하여 하나의 범죄행위에 대한 형을 거듭 가중함으로써 형벌체계상 지나치게 가혹한 형을 규정하는 것은 형벌의 기능과 목적을 달성하는 데 필요한 정도를 현저히 벗어나 너무 무거운 형벌을 부과하여 책임원칙에 반한다(헌재 2014. 4. 24. 2011헌바2; 헌재 2014. 11. 27. 2014 헌바224등 참조).

2. 강도상해 등 재범자 가중처벌(제5조의5)

> **제5조의5 (강도상해 등 재범자의 가중처벌)** 「형법」제337조·제339조의 죄 또는 그 미
> 수죄로 형을 선고받고 그 집행이 끝나거나 면제된 후 3년 내에 다시 이들 죄를 범한 사
> 람은 사형, 무기 또는 10년 이상의 징역에 처한다.

　　특가법 제5조의5는 형법 제337조(강도상해) 및 제339조(강도강간)의 죄 또는 그
미수죄로 형을 받아 그 집행을 종료하거나 면제를 받은 후 3년 이내에 다시 이들
죄를 범한 자를 사형·무기 또는 10년 이상의 징역으로 가중처벌하고 있다.

> **형법 제337조(강도상해, 치상)** 강도가 사람을 상해하거나 상해에 이르게 한 때에는 무기 또
> 는 7년 이상의 징역에 처한다.
>
> **형법 제339조(강도강간)** 강도가 부녀를 강간한 때에는 무기 또는 10년 이상의 징역에 처
> 한다.

3. [삭제조항] 절도단체의 조직(제5조의8)

> **삭제 전 제5조의8 (단체 등의 조직)** 타인의 재물을 절취(竊取)할 목적으로 단체 또는
> 집단을 구성한 사람은 다음 각 호의 구분에 따라 처벌한다. 1. 수괴(首魁)는 사형, 무기
> 또는 10년 이상의 징역에 처한다. 2. 간부는 무기 또는 5년 이상의 징역에 처한다. 3.
> 가입한 사람은 1년 이상의 유기징역에 처한다.

　　타인의 재물을 절취할 목적으로 단체 또는 집단을 구성한 자는 가중처벌하는
특가법 제5조의8 (단체 등의 조직)은 2013년 4월 5일자 형법 일부개정(제11731호)
에 따라 형법에 흡수·통합되어 삭제되었다. 2000년 12월 13일 우리나라가 서명
한 「국제연합국제조직범죄방지협약」(United Nations Convention against Transnational
Organized Crime) 및 「인신매매방지의정서」의 국내적 이행을 위한 입법에 따른 것
이다(자세한 내용은 전술한 제5조의2 제4항 및 제5항 삭제 연혁에 대한 해설 참조).

Ⅴ. 보복범죄의 가중처벌 등(제5조의9)

제5조의9 (보복범죄의 가중처벌 등) ① 자기 또는 타인의 형사사건의 수사 또는 재판과 관련하여 고소·고발 등 수사단서의 제공, 진술, 증언 또는 자료제출에 대한 보복의 목적으로 「형법」 제250조 제1항의 죄를 범한 사람은 사형, 무기 또는 10년 이상의 징역에 처한다. 고소·고발 등 수사단서의 제공, 진술, 증언 또는 자료제출을 하지 못하게 하거나 고소·고발을 취소하게 하거나 거짓으로 진술·증언·자료제출을 하게 할 목적인 경우에도 또한 같다.
② 제1항과 같은 목적으로 「형법」 제257조 제1항·제260조 제1항·제276조 제1항 또는 제283조 제1항의 죄를 범한 사람은 1년 이상의 유기징역에 처한다.
③ 제2항의 죄 중 「형법」 제257조 제1항·제260조 제1항 또는 제276조 제1항의 죄를 범하여 사람을 사망에 이르게 한 경우에는 무기 또는 3년 이상의 징역에 처한다.
④ 자기 또는 타인의 형사사건의 수사 또는 재판과 관련하여 필요한 사실을 알고 있는 사람 또는 그 친족에게 정당한 사유 없이 면담을 강요하거나 위력(威力)을 행사한 사람은 3년 이하의 징역 또는 300만원 이하의 벌금에 처한다.

본조는 1990년 12월 31일자 개정 시 국가형벌권 행사에 조력한 증인 등에 대한 보복범죄를 엄벌함으로써 범죄 척결에 국민이 안심하고 동참할 수 있는 여건을 조성한다는 목적으로 신설된 조항이다. 이를 위해 증인 등에 대한 보복목적의 살인·상해·폭력·체포·감금·협박 등을 가중처벌하고, 증언 등 방해행위와 증인 등에 대한 면담강요행위를 처벌하도록 한 것이다.

1. 보복목적 살인·상해·폭행·체포감금·협박의 가중처벌 (제1항·제2항)

형법상 살인죄(제250조 제1항)의 죄를 범한 자가 ① "자기 또는 타인의 형사사건의 수사 또는 재판과 관련하여 고소·고발 등 수사단서의 제공, 진술, 증언 또는 자료제출에 대한 보복의 목적"인 경우와 ② "고소·고발 등 수사단서의 제공, 진술, 증언 또는 자료제출을 하지 못하게 하거나 고소·고발을 취소하게 하거나 허위의 진술·증언·자료제출을 하게 할 목적"인 경우에는 사형·무기 또는 10년 이상의 징역으로 가중처벌한다(제5조의9 제1항).

또한, 형법상 상해(제257조 제1항), 폭행(제260조 제1항), 체포·감금(제276조 제1항), 협박(제283조 제1항)의 죄를 범한 자가 위 ① 및 ②의 목적인 때에는 1년 이상의 유기징역으로 가중처벌한다(제2항).

본조는 형법상 살인, 상해, 폭행, 체포·감금, 협박 등의 구성요건에 형사사건의 재판 또는 수사와 관련된 특정한 목적이라는 주관적 요소를 추가하고 그 법정형을 보다 무겁게 규정한 것으로서 고의 외에 초과주관적 위법요소인 보복의 목적을 범죄성립요건으로 하는 이른바 목적범에 해당한다. 이 목적에 대하여는 적극적 의욕이나 확정적 인식임을 요하지 아니하고 미필적 인식이 있으면 족하다고 할 것이나, 그 목적이 있었는지 여부는 행위자의 나이, 직업 등 개인적인 요소, 범행의 동기 및 경위와 수단·방법, 행위의 내용과 태양, 피해자와의 인적관계, 범행전후의 정황 등 여러 사정을 종합하여 사회통념에 비추어 합리적으로 판단하여야 한다(대법원 2013. 6. 14. 선고 2009도12055).

[대법원 2013. 6. 14 선고 2009도12055] 보복목적 등으로 형법상 폭행죄·협박죄 등을 범한 경우를 가중처벌하는 구 특정범죄 가중처벌 등에 관한 법률 제5조의9 제2항에서 행위자에게 '보복의 목적등'이 있었는지 판단하는 기준

구 특정범죄 가중처벌 등에 관한 법률(2010. 3. 31. 법률 제10210호로 개정되기 전의 것)제5조의9 제2항은 '자기 또는 타인의 형사사건의 수사 또는 재판과 관련하여 고소·고발 등 수사단서의 제공, 진술, 증언 또는 자료제출에 대한 보복의 목적' 또는 '고소·고발 등 수사단서의 제공, 진술, 증언 또는 자료제출을 하지 못하게 하거나 고소·고발을 취소하게 하거나 거짓으로 진술·증언·자료제출을 하게 할 목적'으로 형법상 폭행죄, 협박죄 등을 범한 경우 형법상의 법정형보다 더 무거운 1년 이상의 유기징역에 처하도록 하고 있다. 여기에서 <u>행위자에게 그러한 목적이 있었는지 여부는 행위자의 나이, 직업 등 개인적인 요소, 범행의 동기 및 경위와 수단·방법, 행위의 내용과 태양, 피해자와의 인적 관계, 범행 전후의 정황 등 여러 사정을 종합하여 사회통념에 비추어 합리적으로 판단하여야 한다.</u>

[대법원 2014. 9. 26 선고 2014도9030] 특정범죄 가중처벌 등에 관한 법률 제5조의9 제1항 위반죄의 행위자에게 '보복의 목적'이 있었다는 점에 대한 증명책임의 소재(=검사)와 증명 정도 및 피고인의 자백이 없는 경우, 피고인에게 보복의 목적이 있었는지

판단하는 기준

형사재판에서 공소가 제기된 범죄의 구성요건을 이루는 사실에 대한 증명책임은 검사에게 있으므로 특정범죄 가중처벌 등에 관한 법률 제5조의9 제1항 위반의 죄의 행위자에게 보복의 목적이 있었다는 점 또한 검사가 증명하여야 하고 그러한 증명은 법관으로 하여금 합리적인 의심을 할 여지가 없을 정도의 확신을 생기게 하는 엄격한 증명에 의하여야 하며 이와 같은 증명이 없다면 피고인의 이익으로 판단할 수밖에 없다. 다만 피고인의 자백이 없는 이상 피고인에게 보복의 목적이 있었는지 여부는 피해자와의 인적 관계, 수사단서의 제공 등 보복의 대상이 된 피해자의 행위(이하 '수사단서의 제공 등'이라 한다)에 대한 피고인의 반응과 이후 수사 또는 재판과정에서의 태도 변화, 수사단서의 제공 등으로 피고인이 입게 된 불이익의 내용과 정도, 피고인과 피해자가 범행 시점에 만나게 된 경위, 범행 시각과 장소 등 주변환경, 흉기 등 범행도구의 사용 여부를 비롯한 범행의 수단·방법, 범행의 내용과 태양, 수사단서의 제공 등 이후 범행에 이르기까지의 피고인과 피해자의 언행, 피고인의 성행과 평소 행동특성, 범행의 예견가능성, 범행 전후의 정황 등과 같은 여러 객관적인 사정을 종합적으로 고려하여 판단할 수밖에 없다.

한편, 형법상으로는 폭행죄(제260조)와 협박죄(제283조)는 반의사불벌죄에 해당한다. 그러나 본조 제2항은 특정한 목적이라는 주관적 요소를 추가하고 그 법정형을 무겁게 규정한 것으로서, 위 법조에 해당하는 행위에 대하여 단순폭행죄나 단순협박죄에 적용되는 형법 제260조 제3항이나 제283조 제3항의 반의사불벌 규정이 적용될 여지가 없다(대법원 1998. 5. 8. 선고 98도631).

2. 보복목적 상해·폭행·체포감금에 의한 치사죄의 가중처벌(제3항)

형법상 상해(제257조 제1항), 폭행(제260조 제1항), 체포·감금(제276조 제1항)의 죄를 범하여 사람을 사망에 이르게 한 때에는 무기 또는 3년 이상의 징역으로 가중처벌한다(제3항).

3. 면담강요 및 위력의 가중처벌(제4항)

"자기 또는 타인의 형사사건의 수사 또는 재판과 관련하여 필요한 사실을 알

고 있는 사람 또는 그 친족에게 정당한 사유없이 면담을 강요하거나 위력을 행사
한 사람"은 3년 이하의 징역 또는 300만원 이하의 벌금으로 가중처벌한다(제4항).

Ⅵ. 마약사범 등의 가중처벌, 외국인을 위한 탈법행위(제11조, 제12조)

제10조 (통화위조의 가중처벌) 삭제 <2016. 1. 6.>

제11조 (마약사범 등의 가중처벌) ① 「마약류관리에 관한 법률」 제58조 제1항 제1호부터 제4호까지 및 제6호·제7호에 규정된 죄(매매, 수수 및 교부에 관한 죄와 매매목적, 매매 알선목적 또는 수수목적의 소지·소유에 관한 죄는 제외한다) 또는 그 미수죄를 범한 사람은 다음 각 호의 구분에 따라 가중처벌한다. <개정 2016. 1. 6.>
1. 수출입·제조·소지·소유 등을 한 마약이나 향정신성의약품 등의 가액이 5천만원 이상인 경우에는 무기 또는 10년 이상의 징역에 처한다.
2. 수출입·제조·소지·소유 등을 한 마약이나 향정신성의약품 등의 가액이 500만원 이상 5천만원 미만인 경우에는 무기 또는 7년 이상의 징역에 처한다.
② 「마약류관리에 관한 법률」 제59조 제1항부터 제3항까지 및 제60조에 규정된 죄(마약 및 향정신성의약품에 관한 죄만 해당한다)를 범한 사람은 다음 각 호의 구분에 따라 가중처벌한다.
1. 소지·소유·재배·사용·수출입·제조 등을 한 마약 및 향정신성의약품의 가액이 5천만원 이상인 경우에는 무기 또는 7년 이상의 징역에 처한다.
2. 소지·소유·재배·사용·수출입·제조 등을 한 마약 및 향정신성의약품의 가액이 500만원 이상 5천만원 미만인 경우에는 무기 또는 3년 이상의 징역에 처한다.

1. [삭제조항] 통화위조의 가중처벌(제10조)

종전의 특가법 제10조는 형법 제207조 (통화의 위조 등)에 규정된 죄를 범한 자, 즉 ① 행사목적으로 국내통화를 위·변조하는 행위(형법 제207조 제1항), ② 행사목적으로 국내유통의 외국통화를 위·변조하는 행위(동조 제2항), ③ 행사목적으로 외국유통의 외국통화를 위·변조하는 행위(동조 제3항)와 ④ 위 ①②③의 위·변조한 통화를 행사하거나 행사할 목적으로 수입 또는 수출하는 행위를 모두 일괄적으로 사형·무기 또는 5년 이상의 징역으로 가중처벌하는 규정을 두고 있었으

나 해당 조문에 대한 헌법재판소의 위헌결정에 따라 2016년 1월 6일자 개정으로 삭제되었다.

특정범죄 가중처벌 등에 관한 법률 제10조 위헌소원[2014. 11. 27. 2014헌바224, 2014 헌가11(병합)]

【판시사항】 국내통화를 위조 또는 변조하거나 이를 행사하는 등의 행위를 처벌하는 '특정범죄 가중처벌 등에 관한 법률'(2010. 3. 31. 법률 제10210호로 개정된 것) 제10조 중 형법 제207조 제1항 및 제4항에 관한 부분(이하 '심판대상조항'이라 한다)이 형법 제207조 제1항 및 제4항 부분(이하 '이 사건 형법조항'이라 한다)과의 관계에서 형벌체계상의 균형을 잃어 평등원칙에 위반되는지 여부(적극)

【결정요지】 심판대상조항은 이 사건 형법조항과 똑같은 구성요건을 규정하면서 법정형의 상한에 '사형'을 추가하고 하한을 2년에서 5년으로 올려놓았다. 이러한 경우 검사는 심판대상조항을 적용하여 기소하는 것이 특별법 우선의 법리에 부합할 것이나, 이 사건 형법조항을 적용하여 기소할 수도 있으므로 어느 법률조항이 적용되는지에 따라 심각한 형의 불균형이 초래된다. 심판대상조항은 이 사건 형법조항의 구성요건 이외에 별도의 가중적 구성요건 표지 없이 법적용을 오로지 검사의 기소재량에만 맡기고 있어 법집행기관 스스로도 혼란을 겪을 수 있고, 수사과정에서 악용될 소지도 있다. 따라서 심판대상조항은 형벌체계상의 균형을 잃은 것이 명백하므로 평등원칙에 위반된다.

---

2. 마약사범 등의 가중처벌(제11조)

특가법 제11조는 「마약류 관리에 관한 법률」(법률 제15939호 일부개정 2018. 12. 11.) 위반의 죄 중 일부범죄를 가중처벌하고 있는바, 우선 마약류 관리에 관한 법률 제58조 제1항 제1호 내지 제4호, 제6호, 제7호에 규정된 죄(매매·수수 및 교부에 관한 죄와 매매목적·매매알선목적 또는 수수목적의 소지·소유에 관한 죄는 제외) 또는 그 미수죄를 범한 자를 가중처벌하되, 수출입·제조·소지·소유 등을 한 마약이나 향정신성의약품 등의 가액이 ① 5천만원 이상인 때에는 무기 또는 10년 이상의 징역, ② 500만원 이상 5천만원 미만인 때에는 무기 또는 7년 이상의 징역으로 각각 처벌한다(특가법 제11조 제1항). 종전 법률은 이에 대해 가액의 구별 없이 일률적으로 무기 또는 10년 이상의 징역으로 처벌하도록 되어 있었으나 개정법은 이와 같이 취득한 마약 등의 가액에 따라 구분하여 처벌하도록 개정하였다. 그리고 마약류 관리에 관한 법률 제59조 제1항 내지 제3항 및 제60조에 규정된 죄(마약 및 향정신성의약품에 관한 죄에 한함)를 범한 자를 가중처벌하되, 소지·소유·재배·사용·수출입·제조 등을 행한 마약 및 향정신성의약품의 가액이 ① 5천만원 이상인 때에는 무기 또는 7년 이상의 징역, ② 500만원 이상 5천만원 미만인 때에는 무기 또는 3년 이상의 징역으로 각각 처벌한다.

마약류 관리에 관한 법률 제58조(벌칙) ① 다음 각 호의 1에 해당하는 자는 무기 또는 5년 이상의 징역에 처한다.

1. 제3조 제2호 내지 제4호, 제4조 제1항, 제18조 제1항 또는 제21조 제1항의 규정에 위반하여 마약을 수출입·제조·매매나 매매의 알선을 한 자 또는 수출입·제조·매매나 매매의 알선을 할 목적으로 소지·소유한 자

2. 제3조 제5호의 규정에 위반하여 마약 또는 향정신성의약품을 제조할 목적으로 그 원료가 되는 물질을 제조·수출입하거나 제조·수출입할 목적으로 소지·소유한 자

3. 제3조 제6호의 규정에 위반하여 제2조 제4호 가목에 해당하는 향정신성의약품 또는 그 물질을 함유하는 향정신성의약품을 제조·수출입·매매·매매의 알선 또는 수수하거나 제조·수출입·매매·매매의 알선 또는 수수할 목적으로 소지·소유한 자

4. 제3조 제7호의 규정에 위반하여 제2조 제4호 가목의 향정신성의약품의 원료가 되는 식물에서 그 성분을 추출한 자 또는 그 식물을 수출입하거나 수출입할 목적으로 소지·소유한 자

5. 제3조 제8호의 규정에 위반하여 대마를 수입 또는 수출한 자나 수입 또는 수출할 목적으로 대마를 소지·소유한 자

6. 제4조 제1항의 규정에 위반하여 제2조 제4호 나목에 해당하는 향정신성의약품 또는 그 물질을 함유하는 향정신성의약품을 제조 또는 수출입하거나 제조 또는 수출입할 목적으로 소지·소유한 자

7. 제4조 제1항의 규정에 위반하여 미성년자에게 마약을 수수·조제·투약·교부한 자 또는 향정신성의약품을 매매·수수·조제·투약·교부한 자

②③④ (생략)

마약류 관리에 관한 법률 제59조(벌칙) ① 다음 각 호의 1에 해당하는 자는 1년 이상의 유기징역에 처한다.

1. 제4조 제1항의 규정에 위반하여 마약을 소지·소유·관리 또는 수수하거나 제24조 제1항의 규정에 위반하여 한외마약을 제조한 자

2. 제3조 제3호의 규정에 위반하여 수출입·매매 또는 제조의 목적으로 마약의 원료가 되는 식물을 재배하거나 그 성분을 함유하는 원료·종자·종묘를 소지·소유한 자

3. 제3조 제3호의 규정에 위반하여 마약의 성분을 함유하는 원료·종자·종묘를 관리·수수 또는 그 성분을 추출하는 행위를 한 자

4. 제3조 제4호의 규정에 위반하여 디아세칠모르핀이나 그 염류 또는 이를 함유하는 것을 소지·소유·관리·수수·운반·사용 또는 투약하거나 투약하기 위하여 교부하는 행위를 한 자

5. 제3조 제5호의 규정에 위반하여 마약 또는 향정신성의약품을 제조할 목적으로 그 원료가 되는 물질을 매매, 매매의 알선, 수수한 자 또는 매매, 매매의 알선, 수수할 목적으로 소지·소유 또는 사용한 자

6. 제3조 제6호의 규정에 위반하여 제2조 제4호 가목에 해당하는 향정신성의약품 또는 그 물질을 함유하는 향정신성의약품을 소지·소유·사용·관리한 자

7. 제3조 제7호의 규정에 위반하여 제2조 제4호 가목의 향정신성의약품의 원료가 되는 식물을 매매·매매의 알선 또는 수수한 자 또는 매매·매매의 알선·수수할 목적으로 소지·소유한 자

8. 제4조 제1항의 규정에 위반하여 제2조 제4호 다목에 해당하는 향정신성의약품 또는 그 물질을 함유하는 향정신성의약품을 제조 또는 수출입하거나 제조 또는 수출입할 목적으로 소지·소유한 자

9. 제4조 제2항의 규정에 위반하여 마약류(대마를 제외한다)를 취급한 자

10. 제18조 제1항·제21조 제1항 또는 제24조 제1항의 규정에 위반하여 향정신성의약품을 수출입 또는 제조하거나 의약품을 제조한 자

11. 제4조 제1항의 규정에 위반하여 대마의 수출·매매 또는 제조를 목적으로 대마초를 재배한 자

12. 제3조 제9호 또는 제10호의 규정에 위반하여 대마를 제조하거나 매매·매매의 알선을 한 자 또는 대마의 제조나 매매·매매의 알선을 목적으로 대마를 소지·소유한 자

13. 제3조 제11호 또는 제4조 제1항의 규정에 위반하여 미성년자에게 대마를 수수·교부하거나 대마 또는 대마초종자의 껍질을 흡연 또는 섭취하게 한 자

② <u>상습으로 제1항의 죄를 범한 자</u>는 3년 이상의 유기징역에 처한다.

③ 제1항(제6호를 제외한다) 및 제2항에 규정된 죄의 미수범은 처벌한다.

④ 제1항 제12호의 죄를 범할 목적으로 예비 또는 음모한 자는 10년 이하의 징역에 처한다.

마약류 관리에 관한 법률 제60조(벌칙) ① 다음 각 호의 1에 해당하는 자는 10년 이하의 징역 또는 1억원 이하의 벌금에 처한다.

1. 제5조 제1항·제2항, 제9조 제1항, 제28조 제1항, 제30조, 제35조 제1항 또는 제39조의 규

정에 위반하여 마약을 취급하거나 그 처방전을 교부한 자
2. 제3조 제1호의 규정에 위반하여 마약 또는 제2조 제4호 가목의 향정신성의약품을 사용하거나 동조 제12호의 규정에 위반하여 마약 또는 제2조 제4호 가목의 향정신성의약품과 관련된 금지된 행위를 하기 위한 장소·시설·장비·자금 또는 운반수단을 타인에게 제공한 자
3. 제4조 제1항의 규정에 위반하여 제2조 제4호 나목 및 다목에 해당하는 향정신성의약품 또는 그 물질을 함유하는 향정신성의약품을 매매·매매의 알선·수수·소지·소유·사용·관리·조제·투약·교부한 자 또는 향정신성의약품을 기재한 처방전을 발부한 자
4. 제4조 제1항의 규정에 위반하여 제2조 제4호 라목에 해당하는 향정신성의약품 또는 그 물질을 함유하는 향정신성의약품을 제조 또는 수출입하거나 제조 또는 수출입할 목적으로 소지·소유한 자
② 상습으로 제1항의 죄를 범한 자는 그 죄에 정하는 형의 2분의 1까지 가중한다.
③ 제1항 및 제2항에 규정된 죄의 미수범은 처벌한다.

3. 외국인을 위한 탈법행위(제12조)

제12조 (외국인을 위한 탈법행위) 외국인에 의한 취득이 금지 또는 제한된 재산권을 외국인을 위하여 외국인의 자금으로 취득한 사람은 다음 각 호의 구분에 따라 처벌한다.
1. 재산권의 가액이 1억원 이상인 경우에는 무기 또는 10년 이상의 징역에 처한다.
2. 재산권의 가액이 1억원 미만인 경우에는 무기 또는 3년 이상의 유기징역에 처한다.

특가법 제12조는 '외국인을 위한 탈법행위', 즉 외국인에 의한 취득이 금지 또는 제한된 재산권을 외국인을 위하여 외국인의 자금으로 취득하는 행위를 처벌하는 규정을 두고 있으며, 그 형은 취득한 재산권의 가액이 ① 1억원 이상인 때에는 무기 또는 10년 이상의 징역, ② 1억원 미만인 때에는 무기 또는 3년 이상의 유기징역으로 각각 처벌하고 있다.

Ⅶ. 특별형법(관세법, 조세범 처벌법, 산림자원의 조성 및 관리에 관한 법률) 위반행위의 가중처벌

1. 관세법 위반행위

제6조 (「관세법」 위반행위의 가중처벌) ① 「관세법」 제269조 제1항에 규정된 죄를 범한 사람은 다음 각 호의 구분에 따라 가중처벌한다.

1. 수출 또는 수입한 물품의 가액(이하 이 조에서 "물품가액"이라 한다)이 1억원 이상인 경우에는 무기 또는 7년 이상의 징역에 처한다.
2. 물품가액이 3천만원 이상 1억원 미만인 경우에는 3년 이상의 유기징역에 처한다.

② 「관세법」 제269조 제2항에 규정된 죄를 범한 사람은 다음 각 호의 구분에 따라 가중처벌한다.

1. 수입한 물품의 원가가 5억원 이상인 경우에는 무기 또는 5년 이상의 징역에 처한다.
2. 수입한 물품의 원가가 2억원 이상 5억원 미만인 경우에는 3년 이상의 유기징역에 처한다.

③ 「관세법」 제269조 제3항에 규정된 죄를 범한 사람이 수출하거나 반송한 물품의 원가가 5억원 이상인 경우에는 1년 이상의 유기징역에 처한다.

④ 「관세법」 제270조 제1항 제1호 또는 같은 조 제4항·제5항에 규정된 죄를 범한 사람은 다음 각 호의 구분에 따라 가중처벌한다.

1. 포탈(逋脫)·면탈(免脫)하거나 감면(減免)·환급받은 세액이 2억원 이상인 경우에는 무기 또는 5년 이상의 징역에 처한다.
2. 포탈·면탈하거나 감면·환급받은 세액이 5천만원 이상 2억원 미만인 경우에는 3년 이상의 유기징역에 처한다.

⑤ 「관세법」 제270조 제1항 제2호 또는 같은 조 제2항에 규정된 죄를 범한 사람은 다음 각 호의 구분에 따라 가중처벌한다.

1. 수입한 물품의 원가가 5억원 이상인 경우에는 3년 이상의 유기징역에 처한다.
2. 수입한 물품의 원가가 2억원 이상 5억원 미만인 경우에는 1년 이상의 유기징역에 처한다.

⑥ 제1항부터 제5항까지의 경우에는 다음 각 호의 구분에 따른 벌금을 병과한다.

1. 제1항의 경우: 물품가액의 2배 이상 10배 이하
2. 제2항의 경우: 수입한 물품 원가의 2배
3. 제3항의 경우: 수출하거나 반송한 물품의 원가
4. 제4항의 경우: 포탈·면탈하거나 감면·환급받은 세액의 2배 이상 10배 이하

5. 제5항의 경우: 수입한 물품의 원가
⑦ 「관세법」 제271조에 규정된 죄를 범한 사람은 제1항부터 제6항까지의 예에 따른 그 정범(正犯) 또는 본죄(本罪)에 준하여 처벌한다.
⑧ 단체 또는 집단을 구성하거나 상습적으로 「관세법」 제269조부터 제271조까지 또는 제274조에 규정된 죄를 범한 사람은 무기 또는 10년 이상의 징역에 처한다.

본조 제1항은 "관세법 제269조 제1항에 규정된 죄(수출입이 금지된 물품의 밀수출입)"를 범한 자를 가중처벌하되, 수출 또는 수입한 물품의 가액이 ① 1억원 이상인 때에는 무기 또는 7년 이상의 징역, ② 3천만원 이상 1억원 미만인 때에는 3년 이상의 유기징역으로 처벌한다. 따라서 3천만원 미만인 경우에는 본법이 적용되지 않고 관세법에 의해 처벌된다.

본조 제2항은 "관세법 제269조 제2항에 규정된 죄(미신고수입 및 물품명 허위신고수입)"를 범한 자를 가중처벌하되, 수입한 물품원가가 ① 5억원 이상인 때에는 무기 또는 5년 이상의 징역, ② 2억원 이상 5억원 미만인 때에는 3년 이상의 유기징역으로 처벌한다.

본조 제3항은 "관세법 제269조 제3항에 규정된 죄(미신고수출·반송 및 물품명 허위신고수출·반송)"를 범한 자로서 수출 또는 반송한 물품원가가 5억원 이상인 때에는 1년 이상의 유기징역으로 가중처벌한다.

본조 제4항은 "관세법 제270조 제1항 제1호 및 제4항 또는 동조 제5항에 규정된 죄(관세포탈 등)"를 범한 자를 가중처벌하되, 포탈·감면·면탈 또는 환급받은 세액이 ① 2억원 이상인 때에는 무기 또는 5년 이상의 징역, ② 5천만원 이상 2억원 미만인 때에는 3년 이상의 유기징역으로 처벌한다.

본조 제5항은 "관세법 제270조 제1항 제2호 또는 동조 제2항에 규정된 죄(수입제한사항 회피목적 부분품 수입 등)"를 범한 자는 가중처벌하되, 수입한 물품원가가 ① 5억원 이상인 때에는 3년 이상의 유기징역, ② 2억원 이상 5억원 미만인 때에는 1년 이상의 유기징역으로 처벌한다.

그리고, 본조 제1항 내지 제5항의 경우에는 벌금을 필요적으로 병과해야 하는바(본조 제6항), 벌금의 액수는 제1항의 경우에는 물품가액의 2배 이상 10배 이하, 제2항의 경우에는 수입한 물품원가의 2배, 제3항의 경우에는 수출 또는 반송한 물품원가, 제4항의 경우에는 포탈·감면·면탈 또는 환급받은 세액의 2배 이상 10배 이하, 제5항의 경우에는 수입한 물품원가에 각각 상당하는 금액이다.

관세법 제269조(밀수출입죄) ① <u>제234조 각 호의 물품을 수출하거나 수입한 자는 10년 이하의 징역 또는 2천만원 이하의 벌금에 처한다.</u>

② 다음 각 호의 어느 하나에 해당하는 자는 5년 이하의 징역 또는 관세액의 10배와 물품원가 중 높은 금액 이하에 상당하는 벌금에 처한다.

1. 제241조 제1항·제2항 또는 제244조 제1항에 따른 신고를 하지 아니하고 물품을 수입한 자. 다만, 제253조 제1항에 따른 반출신고를 한 자는 제외한다.
2. 제241조 제1항·제2항 또는 제244조 제1항에 따른 신고를 하였으나 해당 수입물품과 다른 물품으로 신고하여 수입한 자

③ 다음 각 호의 어느 하나에 해당하는 자는 3년 이하의 징역 또는 물품원가 이하에 상당하는 벌금에 처한다.

1. 제241조 제1항 및 제2항에 따른 신고를 하지 아니하고 물품을 수출하거나 반송한 자
2. 제241조 제1항 및 제2항에 따른 신고를 하였으나 해당 수출물품 또는 반송물품과 다른 물품으로 신고하여 수출하거나 반송한 자

※ 관세법 제234조(수출입의 금지) 다음 각 호의 어느 하나에 해당하는 물품은 수출하거나 수입할 수 없다.
  1. 헌법질서를 문란하게 하거나 공공의 안녕질서 또는 풍속을 해치는 서적·간행물·도화, 영화·음반·비디오물·조각물 또는 그 밖에 이에 준하는 물품
  2. 정부의 기밀을 누설하거나 첩보활동에 사용되는 물품
  3. 화폐·채권이나 그 밖의 유가증권의 위조품·변조품 또는 모조품

관세법 제270조(관세포탈죄 등) ① 제241조 제1항·제2항 또는 제244조 제1항에 따른 수입신고를 한 자 중 다음 각 호의 어느 하나에 해당하는 자는 3년 이하의 징역 또는 포탈한 관세액의 5배와 물품원가 중 높은 금액 이하에 상당하는 벌금에 처한다. 이 경우 제1호의 물품원가는 전체 물품 중 포탈한 세액의 전체 세액에 대한 비율에 해당하는 물품만의 원가로 한다.

1. 세액결정에 영향을 미치기 위하여 과세가격 또는 관세율 등을 거짓으로 신고하거나 신고하지 아니하고 수입한 자
2. 세액결정에 영향을 미치기 위하여 거짓으로 서류를 갖추어 제86조 제1항에 따른 사전심사를 신청한 자
3. 법령에 따라 수입이 제한된 사항을 회피할 목적으로 부분품으로 수입하거나 주요 특성을

갖춘 미완성·불완전한 물품이나 완제품을 부분품으로 분할하여 수입한 자

② 제241조 제1항·제2항 또는 제244조 제1항에 따른 수입신고를 한 자 중 법령에 따라 수입에 필요한 허가·승인·추천·증명 또는 그 밖의 조건을 갖추지 아니하거나 부정한 방법으로 갖추어 수입한 자는 3년 이하의 징역 또는 3천만원 이하의 벌금에 처한다.

③ 제241조 제1항 및 제2항에 따른 수출신고를 한 자 중 법령에 따라 수출에 필요한 허가·승인·추천·증명 또는 그 밖의 조건을 갖추지 아니하거나 부정한 방법으로 갖추어 수출한 자는 1년 이하의 징역 또는 2천만원 이하의 벌금에 처한다.

④ 부정한 방법으로 관세를 감면받거나 관세를 감면받은 물품에 대한 관세의 징수를 면탈한 자는 3년 이하의 징역에 처하거나, 감면받거나 면탈한 관세액의 5배 이하에 상당하는 벌금에 처한다.

⑤ 부정한 방법으로 관세를 환급받은 자는 3년 이하의 징역 또는 환급받은 세액의 5배 이하에 상당하는 벌금에 처한다. 이 경우 세관장은 부정한 방법으로 환급받은 세액을 즉시 징수한다.

본조 제7항에는 본조 소정의 범죄에 대한 교사·방조 및 미수에 대한 처벌규정을 두고 있는바, "관세법 제271조에 규정된 죄를 범한 자", 즉 "관세법 제269조 및 제270조의 규정에 의한 행위를 교사하거나 방조한 자", 그리고 "제268조의2·제269조 및 제270조의 죄를 범할 목적으로 그 예비를 한 자와 미수범"은 본조 제1항 내지 제6항의 예에 의한 그 정범 또는 본죄에 준하여 처벌하게 된다.

또한, 본조 제8항은 "단체 또는 집단을 구성하거나 상습으로" 관세법 제269조(밀수출입죄)·제270조(관세포탈 등)·제271조(미수범 등)·제274조(밀수품의 취득죄 등)에 규정된 죄를 범한 자는 무기 또는 10년 이상의 징역으로 가중처벌하고 있다.

관세법 제271조(미수범 등) ① 그 정황을 알면서 제269조 및 제270조에 따른 행위를 교사하거나 방조한 자는 정범(正犯)에 준하여 처벌한다.

② 제268조의2, 제269조 및 제270조의 미수범은 본죄에 준하여 처벌한다.

③ 제268조의2, 제269조 및 제270조의 죄를 범할 목적으로 그 예비를 한 자는 본죄의 2분의 1을 감경하여 처벌한다.

관세법 제274조(밀수품의 취득죄 등) ① 다음 각 호의 어느 하나에 해당되는 물품을 취득·양도·운반·보관 또는 알선하거나 감정한 자는 3년 이하의 징역 또는 물품원가 이하에 상당

하는 벌금에 처한다.

1. 제269조에 해당되는 물품
2. 제270조 제1항 제3호, 같은 조 제2항 및 제3항에 해당되는 물품

② 제1항에 규정된 죄의 미수범은 본죄에 준하여 처벌한다.

③ 제1항에 규정된 죄를 범할 목적으로 그 예비를 한 자는 본죄의 2분의 1을 감경하여 처벌한다.

한편, 특가법 제7조에는 관세법 위반사범을 단속할 권한있는 공무원에게 "해상에서 관세법 제269조 또는 제270조에 규정된 죄를 범한 자가 정지명령을 받고 도피하는 경우에 이를 제지하기 위하여 필요하다고 인정되는 상당한 이유가 있는 때"에는 총기를 사용할 수 있다는 행정법 영역에 관한 특례규정을 두고 있다.

2. 조세범 처벌법 위반행위(제8조, 제8조의2)

제8조 (조세 포탈의 가중처벌) ① 「조세범 처벌법」 제3조 제1항, 제4조 및 제5조, 「지방세기본법」 제102조 제1항에 규정된 죄를 범한 사람은 다음 각 호의 구분에 따라 가중처벌한다. <개정 2016. 12. 27.>

1. 포탈하거나 환급받은 세액 또는 징수하지 아니하거나 납부하지 아니한 세액(이하 "포탈세액등"이라 한다)이 연간 10억원 이상인 경우에는 무기 또는 5년 이상의 징역에 처한다.
2. 포탈세액등이 연간 5억원 이상 10억원 미만인 경우에는 3년 이상의 유기징역에 처한다.

② 제1항의 경우에는 그 포탈세액등의 2배 이상 5배 이하에 상당하는 벌금을 병과한다.

제8조의2 (세금계산서 교부의무 위반 등의 가중처벌) ① 영리를 목적으로 「조세범 처벌법」 제10조 제3항 및 제4항 전단의 죄를 범한 사람은 다음 각 호의 구분에 따라 가중처벌한다.

1. 세금계산서 및 계산서에 기재된 공급가액이나 매출처별세금계산서합계표 · 매입처별세금계산서합계표에 기재된 공급가액 또는 매출 · 매입금액의 합계액(이하 이 조에서 "공급가액 등의 합계액"이라 한다)이 50억원 이상인 경우에는 3년 이상의 유기징역에 처한다.
2. 공급가액 등의 합계액이 30억원 이상 50억원 미만인 경우에는 1년 이상의 유기징역에 처한다.

② 제1항의 경우에는 공급가액 등의 합계액에 부가가치세의 세율을 적용하여 계산한 세액의 2배 이상 5배 이하의 벌금을 병과한다.

특가법 제8조 제1항은 "조세범 처벌법 제3조 제1항, 제4조 및 제5조에 규정된 죄(조세포탈 등, 면세유의 부정유통, 유사석유제품의 제조) 및 지방세기본법 제102조 제1항에 규정된 죄(**지방세의 포탈**)"를 범한 자를 가중처벌하되, "포탈하거나 환급받은 세액 또는 징수하지 아니하거나 납부하지 아니한 세액(포탈세액 등)"이 ① 연간 10억원 이상인 때에는 무기 또는 5년 이상의 징역, ② 연간 5억원 이상 10억원 미만인 때에는 3년 이상의 유기징역으로 처벌한다. 그리고 이 경우에는 그 포탈세액 등의 2배 이상 5배 이하에 상당하는 벌금을 필요적으로 병과해야 한다(제8조 제2항).

조세범 처벌법 제3조(조세 포탈 등) ① 사기나 그 밖의 부정한 행위로써 조세를 포탈하거나 조세의 환급·공제를 받은 자는 2년 이하의 징역 또는 포탈세액, 환급·공제받은 세액(이하 "포탈세액등"이라 한다)의 2배 이하에 상당하는 벌금에 처한다. 다만, 다음 각 호의 어느 하나에 해당하는 경우에는 3년 이하의 징역 또는 포탈세액등의 3배 이하에 상당하는 벌금에 처한다.
1. 포탈세액등이 3억원 이상이고, 그 포탈세액등이 신고·납부하여야 할 세액(납세의무자의 신고에 따라 정부가 부과·징수하는 조세의 경우에는 결정·고지하여야 할 세액을 말한다)의 100분의 30 이상인 경우
2. 포탈세액등이 5억원 이상인 경우
② (생략)

조세범 처벌법 제4조(면세유의 부정 유통) ① 「조세특례제한법」 제106조의2 제1항 제1호에 따른 석유류를 같은 호에서 정한 용도 외의 다른 용도로 사용·판매하여 조세를 포탈하거나 조세의 환급·공제를 받은 석유판매업자(같은 조 제2항에 따른 석유판매업자를 말한다)는 3년 이하의 징역 또는 포탈세액등의 5배 이하의 벌금에 처한다.
② 제1항에 따른 면세유를 공급받은 자로부터 취득하여 판매하는 자에게는 판매가액의 3배 이하의 과태료를 부과한다.
③ 「개별소비세법」 제18조 제1항 제11호 및 「교통·에너지·환경세법」 제15조 제1항 제3호에 따른 외국항행선박 또는 원양어업선박에 사용할 목적으로 개별소비세 및 교통·에너지·환

경세를 면제받는 석유류를 외국항행선박 또는 원양어업선박 외의 용도로 반출하여 조세를 포
탈하거나, 외국항행선박 또는 원양어업선박 외의 용도로 사용된 석유류에 대하여 외국항행선
박 또는 원양어업선박에 사용한 것으로 환급·공제받은 자는 3년 이하의 징역 또는 포탈세액
등의 5배 이하의 벌금에 처한다.

④ 제3항에 따른 외국항행선박 또는 원양어업선박 외의 용도로 반출한 석유류를 판매하거나
그 사실을 알면서 취득한 자에게는 판매가액 또는 취득가액의 3배 이하의 과태료를 부과
한다.

⑤ 제2항 및 제4항에 따른 과태료는 관할 세무서장이 부과·징수한다.

조세범 처벌법 제5조(유사석유제품의 제조) 「석유 및 석유대체연료 사업법」 제2조 제10호에
따른 유사석유제품을 제조하여 조세를 포탈한 자는 3년 이하의 징역 또는 포탈한 세액의 5배
이하의 벌금에 처한다.

지방세기본법 제102조(지방세의 포탈) ① 사기나 그 밖의 부정한 행위로써 지방세를 포탈하
거나 지방세를 환급·공제받은 자는 2년 이하의 징역 또는 탈세액이나 환급·공제받은 세액
(이하 "포탈세액등"이라 한다)의 2배 이하에 상당하는 벌금에 처한다. 다만, 다음 각 호의 어
느 하나에 해당하는 경우에는 3년 이하의 징역 또는 포탈세액등의 3배 이하에 상당하는 벌금
에 처한다.

특가법 제8조의2는 2005년 12월 29일에 신설된 규정이다(2006년 3월 30일 시
행). 본조는 "영리의 목적으로 조세범 처벌법 제10조 제3항 및 제4항 전단의 죄
(세금계산서 교부의무위반 등)"를 범한 자를 가중처벌하되, "세금계산서 및 계산서에
기재된 공급가액이나 매출처별세금계산서합계표 또는 매입처별세금계산서합계표
에 기재된 공급가액이나 매출·매입금액(공급가액등의 합계액)"이 ① 50억원 이상인
때에는 3년 이상의 유기징역, ② 30억원 이상 50억원 미만인 때에는 1년 이상의
유기징역으로 처벌한다(본조 제1항). 이 경우에는 공급가액등의 합계액에 부가가치
세의 세율을 적용하여 계산한 세액의 2배 이상 5배 이하의 벌금을 필요적으로 병
과해야 한다(제2항).

조세범 처벌법 제10조(세금계산서의 발급의무 위반 등) ①② (생략)

③ 재화 또는 용역을 공급하지 아니하거나 공급받지 아니하고 다음 각 호의 어느 하나에 해당하는 행위를 한 자는 3년 이하의 징역 또는 그 세금계산서 및 계산서에 기재된 공급가액이나 매출처별세금계산서합계표, 매입처별세금계산서합계표에 기재된 공급가액 또는 매출처별계산서합계표, 매입처별계산서합계표에 기재된 매출·매입금액에 부가가치세의 세율을 적용하여 계산한 세액의 3배 이하에 상당하는 벌금에 처한다.

1. 「부가가치세법」에 따른 세금계산서를 발급하거나 발급받은 행위
2. 「소득세법」 및 「법인세법」에 따른 계산서를 발급하거나 발급받은 행위
3. 「부가가치세법」에 따른 매출·매입처별계산서합계표를 거짓으로 기재하여 정부에 제출한 행위
4. 「소득세법」 및 「법인세법」에 따른 매출·매입처별계산서합계표를 거짓으로 기재하여 정부에 제출한 행위

④ 제3항의 행위를 알선하거나 중개한 자도 제3항과 같은 형에 처한다. 이 경우 세무를 대리하는 세무사·공인회계사 및 변호사가 제3항의 행위를 알선하거나 중개한 때에는 「세무사법」 제22조 제2항에도 불구하고 해당 형의 2분의 1을 가중한다.

⑤ (생략)

3. 즉고발사건에 대한 소추상 특례조항(제16조)

관세법 위반 및 조세범 처벌법 위반의 죄는 통상의 범죄와 달리 관계당국의 고발이 있어야만 공소를 제기할 수 있는 소위 즉고발사건(卽告發事件)에 해당한다(관세법 제284조 및 조세범 처벌법 제21조 참조).[98]

그러나 특가법 제16조에는 "제6조 및 제8조의 죄에 대한 공소(公訴)는 고소 또는 고발이 없는 경우에도 제기할 수 있다."고 규정함으로써 이러한 즉고발사건에 대한 형사절차상 특례규정을 두어 해당 범죄들에 대한 처벌의지를 강화하고 있다. 따라서 특가법 제6조 및 제8조에 해당하는 경우에는 관계당국의 고발이 없

---

98) 관세법 제284조(공소의 요건) ① 관세범에 관한 사건은 관세청장 또는 세관장의 고발이 없는 한 검사는 공소를 제기할 수 없다. ② 다른 기관이 관세범에 관한 사건을 발견하거나 피의자를 체포한 때에는 즉시 관세청 또는 세관에 인계하여야 한다.
　조세범처벌법 제6조(고발) 이 법의 규정에 의한 범칙행위는 국세청장·지방국세청장, 세무서장 또는 세무에 종사하는 공무원의 고발을 기다려 논한다. 다만, 제12조의2 제2호 또는 제15조의 범칙행위에 대하여는 예외로 한다.

더라도 수사와 공소제기를 통해 처벌할 수 있다.99)

4. 산림자원의 조성 및 관리에 관한 법률 위반행위(제9조)

> **제9조 (「산림자원의 조성 및 관리에 관한 법률」 등 위반행위의 가중처벌)** ① 「산림자원의 조성 및 관리에 관한 법률」 제73조 제1항·제2항 및 제74조에 규정된 죄를 범한 사람은 다음 각 호의 구분에 따라 가중처벌한다.
> 1. 임산물(林産物)의 원산지 가격이 1억원 이상이거나 산림 훼손면적이 5만제곱미터 이상인 경우에는 3년 이상 25년 이하의 징역에 처한다.
> 2. 임산물의 원산지 가격이 1천만원 이상 1억원 미만이거나 산림 훼손면적이 5천제곱미터 이상 5만제곱미터 미만인 경우에는 2년 이상 20년 이하의 유기징역에 처한다.
> ② 삭제

본조 제1항은 산림자원의 조성 및 관리에 관한 법률 위반의 죄 중 일부범죄를 가중처벌하고 있는바, 우선 "산림자원의 조성 및 관리에 관한 법률 제73조 제1항·제2항, 제74조에 규정된 죄를 범한 자(산림방화, 산림절도 등)"를 가중처벌하되, ① 임산물의 원산지 가격이 1억원 이상이거나 산림훼손면적이 5만제곱미터 이상인 때에는 3년 이상 25년 이하의 징역, ② 임산물의 원산지 가격이 1천만원 이상 1억원 미만이거나 산림훼손면적이 5천제곱미터 이상 5만제곱미터 미만인 때에는 2년 이상 20년 이하의 유기징역으로 처벌한다(본조 제1항). 종전 법률에서 임산물 가액 기준이 '1천만원 이상'과 '100만원 이상 1천만원 이하'라고 규정되어 있던 것은 현재의 물가수준에 맞추어 현행과 같이 수정하였다.

한편 종전 법률에는 산림자원의 조성 및 관리에 관한 법률 제71조, 제73조 제3항 및 산림보호법 제53조 제2항, 제3항, 제5항에 규정된 죄(산림방화 등)를 범한 자는 무기 또는 5년 이상의 징역으로 가중처벌하는 규정(제9조 제2항)이 있었으나

---

99) 이와 관련된 문제로서 특가법 제8조를 적용하여 고발 없이 기소하였으나 공판심리 중에 특가법 제8조의 위반이 아니라 조세범 처벌법 위반으로 인정되는 경우 법원은 고발 절차 없이 피고인에게 유죄의 선고를 할 수 있는지가 논점이 될 수 있다. 조세범 처벌법 위반의 죄는 국세청장의 고발이 소송조건이므로 고발이 없는 경우에는 법원은 공소기각의 재판을 하여야 할 것이다. 판례도 이와 같은 입장을 취하고 있다(대법원 2008. 3. 27. 선고 2008도680 참조).

2016년 1월 6일자 개정에서 이를 삭제하였다.

산림자원의 조성 및 관리에 관한 법률 제73조(벌칙) ① 산림에서 그 산물(조림된 묘목을 포함한다. 이하 이 조에서 같다)을 절취한 자는 7년 이하의 징역 또는 2천만원 이하의 벌금에 처한다.

② 제1항의 미수범은 처벌한다.

③ 제1항의 죄를 범한 자가 다음 각 호의 어느 하나에 해당한 경우에는 1년 이상 10년 이하의 징역에 처한다.

1. 채종림이나 시험림에서 그 산물을 절취하거나 수형목을 절취한 경우
2. 원뿌리를 채취한 경우
3. 장물(臟物)을 운반하기 위하여 차량이나 선박을 사용하거나 운반·조재(造材)의 설비를 한 경우
4. 입목이나 죽을 벌채하거나 산림의 산물을 굴취 또는 채취하는 권리를 행사하는 기회를 이용하여 절취한 경우
5. 야간에 절취한 경우
6. 상습으로 제1항의 죄를 범한 경우

제3절 | 관련판례

○ 제2조(뇌물죄의 가중처분)

1. 정치자금 명목으로 관련 법률에 정한 절차에 따라 수수된 금품의 경우에 뇌물성을 인정할 수 있는지 여부 [적극] [대법원 2008. 6. 12. 선고 2006도8568, 특정범죄가중처벌등에관한법률위반(뇌물)·정치자금에관한법률위반]

정치자금의 기부행위는 정치활동에 대한 재정적 지원행위이고, 뇌물은 공무원의 직무행위에 대한 위법한 대가로서 양자는 별개의 개념이므로, 금품이 정치자금의 명목으로 수수되었고 또한 당시 시행되던 구 정치자금에 관한 법률에 정한 절차를 밟았다 할지라도, 상대방의 지위 및 직무권한, 당해 기부자와 상대방의 종래 교제상황, 기부의 유무나 시기, 상대방, 금액, 빈도 등의 상황과 함께 당해 금품의 액수 및 기부하기에 이른 동기와 경위 등에 비추어 볼 때, 정치인의 정치활동 전반에 대한 지원의 성격을 갖는 것이 아니라 공무원으로서의 정치인의 특정한 구체적 직무행위와 관련하여 제공자에게 유리한 행위를 기대하거나 혹은 그에 대한 사례로서 이루어짐으로써 정치인인 공무원의 직무행위에 대한 대가로서의 실체를 가진다면 뇌물성이 인정된다.

《참고판례》(대법원 1997. 12. 26. 선고 97도2609) 정치자금·선거자금 등 명목으로 금원을 받았지만 그것이 정치가인 당해 공무원의 직무행위에 대한 대가로서의 실체를 갖는 경우, 뇌물성 인정가부 [적극] ⇒ 정치자금·선거자금 등의 명목으로 이루어진 금품의 수수라 하더라도 그것이 정치인인 공무원의 직무행위에 대한 대가로서의 실체를 가지는 한 뇌물로서의 성격을 잃지 아니한다.

2. 특가법 제2조 제1항 소정의 '수뢰액'은 공범자 전원의 수뢰액을 합한 금액을 기준으로 하여야 하는지 여부 [적극] (대법원 1999. 8. 20. 선고 99도1557)

수인이 공동하여 뇌물수수죄를 범한 경우에 공범자는 자기의 수뢰액뿐만 아니라 다른 공범자의 수뢰액에 대하여도 그 죄책을 면할 수 없는 것이므로, 특정범죄가중처벌등에관한법률 제2조 제1항의 적용 여부를 가리는 수뢰액을 정함에 있어서는 그 공범자 전원의 수뢰액을 합한 금액을 기준으로 하여야 할 것이고, 각 공범자들이 실제로 취득한 금액이나 분배받기로 한 금액을 기준으로 할 것이 아니다.

3. 뇌물죄에서 금품을 무상차용하여 위법한 재산상 이익을 취득한 경우 추징의 대상(=금융이익 상당액) 및 그 산정 방법 (대법원 2008. 9. 25. 선고 2008도2590)

　　금품의 무상차용을 통하여 위법한 재산상 이익을 취득한 경우 범인이 받은 부정한 이익은 그로 인한 금융이익 상당액이므로 추징의 대상이 되는 것은 무상으로 대여받은 금품 그 자체가 아니라 위 금융이익 상당액이다. 여기에서 추징의 대상이 되는 금융이익 상당액은 객관적으로 산정되어야 할 것인데, 범인이 금융기관으로부터 대출받는 등 통상적인 방법으로 자금을 차용하였을 경우 부담하게 될 대출이율을 기준으로 하거나, 그 대출이율을 알 수 없는 경우에는 금품을 제공받은 범인의 지위에 따라 민법 또는 상법에서 규정하고 있는 법정이율을 기준으로 하여, 금품수수일로부터 약정된 변제기까지 금품을 무이자로 차용하여 얻은 금융이익의 수액을 산정한 뒤 이를 추징하여야 한다.

⇒ '금원의 무이자 차용'의 경우, 수뢰액은 무이자 차용금의 금융이익, 즉 대출이자 상당액이다.

4. 뇌물의 내용인 '이익'의 의미. 투기적 사업에 참여할 기회를 제공받은 것으로 뇌물수수죄에 해당된다고 한 사례 (대법원 1994. 11. 4. 선고 94도129)

　　뇌물죄에 있어서 뇌물의 내용인 이익이라 함은 금전, 물품 기타의 재산적 이익뿐만 아니라 사람의 수요, 욕망을 충족시키기에 족한 일체의 유형, 무형의 이익을 포함한다고 해석되고 투기적 사업에 참여할 기회를 얻는 것도 위 이익에 해당한다고 할 것이므로, 이 사건에 있어서 피고인 1, 2가 직무와 관련하여 피고인 3으로부터 장래 시가의 앙등이 예상되는 이 사건 체비지 150평 지분을 위 낙찰원가에 매수한 것은 뇌물수수죄에, 피고인 3이 이를 매도한 것은 뇌물공여죄에 해당된다고 할 것이다.

⇒ '투기적 사업에 참여할 기회' 그 자체가 뇌물에는 해당하지만, 이후 얻은 시세차익은 뇌물가액 산정의 대상이 아니다. 9,500만원에 매수하여 3년 뒤 5억원을 받고 재매도한 사건에 대해 검사는 5억원에서 9,500만원을 차감한 4억500만원을 수수하여 특가법 위반으로 기소했는바, 제1심은 매입당시 시장에서의 '프리미엄'을 고려하여 수수 금액을 산정(3백여만원)하고, '투기적 사업에 참여할 기회'도 인정하였다. 제2심인 원심은 가액산정 불가, 투기적 사업참여 기회 실체도 부정하였다.

5. 경찰공무원이 슬롯머신 영업에 5천만원을 투자하여 매월 3백만원을 배당받기로 약속한 후 이를 교부받은 경우, 뇌물수수죄의 뇌물 액수 산정 방법 (대법원 1995. 6. 30. 선고 94도993)

경찰공무원이 슬롯머신 영업에 5천만원을 투자하여 매월 3백만원을 배당받기로 약속한 후 35회에 걸쳐 1억 5백만원을 교부받은 경우, 5천만원을 투자함으로써 바로 이익을 얻었다고는 볼 수 없고 매월 3백만원을 지급받기로 하는 약속, 즉 뇌물의 수수를 약속한 것에 불과하고 현실적으로 매월 3백만원씩을 지급받은 것이 뇌물을 수수한 것이라고 보아야 하므로 1억 5백만원은 그 자체가 뇌물이 되는데, 다만 실제의 뇌물의 액수는 5천만원을 투자함으로써 얻을 수 있는 통상적인 이익을 초과한 금액이라고 보아야 하며, 여기서 통상적인 이익이라 함은 다른 특별한 사정이 없는 한 그 경찰공무원의 직무와 관계없이 투자하였더라면 얻을 수 있었을 이익을 말하는데, 구체적으로는 위 투자의 형태가 실질에 있어서는 금원을 대여하고 그에 대하여 이자를 받은 것과 다를 바 없으므로 슬롯머신 업소 경영자와 같은 사람에게 5천만원을 직무와 관계없이 대여하였더라면 받았을 이자 상당이 통상적인 이익이 되며 그 이율은 양 당사자의 자금사정과 신용도 및 해당 업계의 금리체계에 따라 심리판단해야 하며, 그 경찰공무원이 다른 방법으로 그 돈을 투자하였더라면 어느 정도의 이익을 얻을 수 있었을 것인지는 원칙적으로 고려할 필요가 없다.

6. 공무원이 제3자를 초대하여 함께 향응을 접대받은 경우, 뇌물수수액의 산정 방법 (대법원 2001. 10. 12. 선고 99도5294)

피고인이 증뢰자와 함께 향응을 하고 증뢰자가 이에 소요되는 금원을 지출한 경우 이에 관한 피고인의 수뢰액을 인정함에 있어서는 먼저 피고인의 접대에 요한 비용과 증뢰자가 소비한 비용을 가려내어 전자의 수액을 가지고 피고인의 수뢰액으로 하여야 하고 만일 각자에 요한 비용액이 불명일 때에는 이를 평등하게 분할한 액을 가지고 피고인의 수뢰액으로 인정하여야 할 것이고, 피고인이 향응을 제공받는 자리에 피고인 스스로 제3자를 초대하여 함께 접대를 받은 경우에는, 그 제3자가 피고인과는 별도의 지위에서 접대를 받는 공무원이라는 등의 특별한 사정이 없는 한 그 제3자의 접대에 요한 비용도 피고인의 접대에 요한 비용에 포함시켜 피고인의 수뢰액으로 보아야 한다.

⇒ 향응제공의 경우 피고인이 실제 향응을 받은 접대비용을 수뢰액으로 산정한다. 각자에 요한 비용이 불분명할 경우에는 평등하게 분할한 액을 수뢰액으로 인정한다.

7. 수뢰죄에 있어서 단일하고 계속된 범의 하에 동종의 범행을 반복하여 행하고 그 피해 법익도 동일한 경우, 포괄일죄의 성립 여부 [적극] (대법원 2000. 1. 21. 선고 99도 4940)

수뢰죄에 있어서 단일하고도 계속된 범의 아래 동종의 범행을 일정기간 반복하여 행하고 그 피해법익도 동일한 것이라면 돈을 받은 일자가 상당한 기간에 걸쳐 있고, 돈을 받은 일자 사이에 상당한 기간이 끼어 있다 하더라도 각 범행을 통틀어 포괄일죄로 볼 것이다(대법원 1978. 12. 13. 선고 78도2545 참조).

원심이 인정한 바에 의하면, 피고인 1은 1994. 2.부터 1998. 1. 사이에 설과 추석 및 연말마다 피고인 2로부터 매번 금 1,000,000원씩의 돈을 받아 왔다는 것이고, 피고인 1 이 그 각 돈을 받을 때마다 피고인 2가 특정하고 단일한 명시적 청탁을 하였다고 볼 수는 없다 할지라도, 그 각 돈은 피고인 1이 위 병원에서 약제부장으로서 담당하는 납품 관련 업무와 관련하여 피고인 2의 업체를 배려하여 준 데에 대한 사례나 앞으로도 잘 배려하여 달라는 뜻으로 주고받은 것이라고 봄이 상당하므로 피고인 1의 각 수뢰행위는 단일하고도 계속된 범의 아래 동종의 범행을 일정기간 반복하여 행하고 그 피해법익도 동일한 경우에 해당하여 그 각 범행을 통틀어 포괄일죄로 볼 것이다.

8. 범의의 단일성과 계속성이 없는 경우의 죄수 (대법원 1998. 2. 10. 선고 97도2836)

여러 개의 뇌물수수행위가 있는 경우에 그것이 단일하고 계속된 범의 하에 동종의 범행을 일정 기간 반복하여 행한 것이고, 그 피해법익도 동일한 경우에는 각 범행을 통틀어 포괄일죄로 볼 것이지만, 그러한 범의의 단일성과 계속성을 인정할 수 없을 때에는 각 범행마다 별개의 죄가 성립하는 것으로서 경합범으로 처단하는 것이 마땅하다.

⇒ 피고인 1이 1995. 4.부터 같은 해 11. 초순까지 7개월간에 걸쳐 피고인 2로부터 어음할인 한도액 증액, 대출심사 승인에서 선처, 지급보증 등의 부탁을 받으면서 각각 돈을 받은 행위는 피고인 1이 단일하고도 계속된 범의 하에 위 각 돈을 받은 것이라고 볼 수는 없고, 그 때마다 별개의 범의 하에 뇌물을 받은 것이라고 볼 수 있어 경합범으로 처단하여야 한다고 본 사례

○ 제3조(알선수재)

9. 특정범죄가중처벌등에관한 법률 제3조 위반죄의 주체 (대법원 1983. 3. 8. 선고 82도 2873)

특정범죄가중처벌등에관한법률 제3조는 그 행위의 주체를 공무원이 아닌 경우로 제한하고 있지 아니하므로, 공무원이 그 직위를 이용하여 다른 공무원의 직무에 속한 사항의 알선에 관하여 뇌물을 수수, 요구 또는 약속한 경우로서 위 법률 제2조에 의하여 가중처벌될 경우 이외에는 마찬가지로 위 법률 제3조가 적용된다.

10. 특가법 제2조 제1항(형법 제132조)의 알선수뢰죄에 있어서 '공무원이 그 지위를 이용하여'와 '다른 공무원의 직무에 속한 사항의 알선행위'의 의미 (대법원 2006. 4. 27. 선고 2006도735)

알선수뢰죄는 공무원이 그 지위를 이용하여 다른 공무원의 직무에 속한 사항의 알선에 관하여 뇌물을 수수, 요구 또는 약속하는 것을 그 성립요건으로 하고 있고, 여기서 '공무원이 그 지위를 이용하여'라 함은 친구, 친족관계 등 사적인 관계를 이용하는 경우에는 이에 해당한다고 할 수 없으나, 다른 공무원이 취급하는 사무의 처리에 법률상이거나 사실상으로 영향을 줄 수 있는 관계에 있는 공무원이 그 지위를 이용하는 경우에는 이에 해당하고, 그 사이에 상하관계, 협동관계, 감독권한 등의 특수한 관계가 있음을 요하지 않는다고 할 것이고, '다른 공무원의 직무에 속한 사항의 알선행위'는 그 공무원의 직무에 속하는 사항에 관한 것이면 되는 것이지 그것이 반드시 부정행위라거나 그 직무에 관하여 결재권한이나 최종 결정권한을 갖고 있어야 하는 것이 아니다.

11. 특가법 제3조 위헌소원 (헌법재판소 2005. 11. 24. 결정 2003헌바108): [1] 공무원의 직무에 속한 사항의 알선에 관하여 금품이나 이익을 수수 · 요구 또는 약속한 자를 형사처벌하는 특정범죄가중처벌 등에 관한 법률 제3조(1990. 12. 31. 법률 제4291호로 개정된 것)가 국민의 청원권이나 일반적 행동자유권을 침해하는 것인지 여부 [소극] [2] '공무원의 직무에 속한 사항의 알선'이라는 용어의 의미가 너무 광범위하고 포괄적이어서 죄형법정주의의 명확성원칙을 위반하고 있는지 여부 [소극]

[1] 특정범죄가중처벌등에관한법률 제3조(1990. 12. 31. 법률 제4291호로 개정된 것, 이하 '이 사건 규정'이라 한다)는 행위자가 공무원의 신분을 가지고 있는지 여부를 불문하고 누구든지 공무원의 직무에 속한 사항에 관해 알선을 명목으로 금품 등을

수수하면 형사처벌을 하고 있다. 그런데 공무원 신분을 가지지 않은 자도 학연이나 지연 또는 개인의 영향력 등을 이용하여 공무원의 직무에 영향력을 미칠 수 있는 바, 이러한 자가 공무원의 직무와 관련하여 알선자 내지는 중개자로서 알선을 명목으로 금품 등을 수수하는 등의 행위를 하게 되면, 현실적으로 담당 공무원에게 알선을 주선했는지 여부와 관계없이 공무원의 직무 집행의 공정성은 의심받게 될 것이므로 이 사건 규정이 공무의 공정성과 그에 대한 사회의 신뢰성 등을 보호하기 위해 알선 명목의 금품수수행위를 형사처벌하고 있다고 하더라도 이것이 입법의 한계를 일탈한 것이라고 볼 수 없다. 다만, 다원화되고 있는 현대 사회에서 국가기관 등의 정책결정 및 집행과정에 로비스트와 같은 중개자나 알선자를 통해 자신의 의견이나 자료를 제출할 수 있도록 허용한다면, 국민은 언제나 이러한 의견 전달 통로를 이용해 국정에 참여할 수 있을 것이므로 국민주권의 상시화가 이루어질 수 있을 것이다. 그러나 금전적 대가를 받는 알선 내지 로비활동을 합법적으로 보장할 것인지 여부는 그 시대 국민의 법 감정이나 사회적 상황에 따라 입법자가 판단할 사항으로, 우리의 역사에서 로비가 공익이 아닌 특정 개인이나 집단의 사익을 추구하는 도구로 이용되었다는 점이나 건전한 정보제공보다는 비합리적인 의사결정을 하게 하여 시민사회의 발전을 저해하는 요소가 되었다는 점을 감안하여 청원권 등의 구체적인 내용 형성에 폭넓은 재량을 가진 입법부가 대가를 받는 로비제도를 인정하고 않고, 공무원의 직무에 속한 사항의 알선에 관하여 금품 등을 수수하는 모든 행위를 형사처벌하고 있다고 하더라도 이것이 청원권이나 일반적 행동자유권을 침해하는 것으로 볼 수 없다.

[2] 이 사건 규정은 '공무원의 직무에 속한 사항'이나 '알선'과 같은 다소 추상적이고 광범위한 의미를 가진 것으로 보이는 용어를 사용하고 있는데, 먼저 '공무원의 직무에 속한 사항'에 관하여 보면, 이 사건 규정이 보호하고자 하는 법익은 공무의 공정성과 이에 대한 사회일반의 신뢰성 및 직무의 불가매수성으로 뇌물 관련 범죄에서 이러한 법익의 침해가 의심되는 경우에는 예외 없이 이를 처벌할 필요성이 인정되므로 이 사건 규정이 공무원의 직무에 속한 사항인 경우에 그 중요성 정도나 법령 등에 정해진 직무인지의 여부를 가리지 않고 모두 처벌할 있도록 수식어로서 어떤 제한도 가하지 않고 단순히 공무원의 직무에 속한 사항이라고만 규정하고 있다고 하더라도 이것이 죄형법정주의의 명확성원칙에 위반하고 있다고 할 수 없다.

또한 '알선'은 '일정한 사항에 관하여 어떤 사람과 그 상대방 사이에 서서 중개하거나 편의를 도모하는 것'으로 청탁한 취지를 상대방에게 전하거나 그 사람을 대신하여 스스로 상대방에게 청탁을 하는 행위도 '알선'행위에 해당한다 할 것이므로 이 부분 규정도 죄형법정주의의 명확성원칙에 위반된다고 할 수 없다.

〈재판관 권성의 반대의견〉

현대사회는 서로의 이해관계가 다양하고도 복잡하게 얽혀 있기 때문에 국민의 대표기관인 의회나 행정가들이 사회의 요구를 모두 입법이나 정책 속에 담아 내기에는 한계가 있을 수밖에 없으므로 이러한 입법이나 정책 기능의 한계를 보완할 제도적 장치를 필요로 하게 되는데, 어떤 입법이나 정책의 발의에서 집행에 이르기까지 이해관계인의 지속적인 관여를 확보하여 사회의 다양한 이해와 관심을 국가의사에 반영시킬 수 있는 제도가 바로 로비제도이다. 이러한 로비제도는 개인이나 집단이 국가 의사 결정에 적합한 영향을 미칠 수 있도록 이해관계를 가진 당사자들에게 의견 제시의 기회를 부여하고, 그 의사가 합법적으로 국정에 반영될 수 있도록 하는 제도적 장치이다. 따라서 국가의사 결정과 관련하여 특정 개인이나 집단을 위해 자신의 전문적 견해나 정보를 제공하고 금전상의 대가를 수수하는 행위의 허용은 오늘날과 같은 사회에서는 불가피한 현상이라 할 것이다. 그런데 이 사건 규정은 대가를 받는 알선이나 로비를 전면 금지함으로써 국민이 자신의 이해관계를 전문가나 전문가 집단을 통해 당국에 진술할 수 있는 기회를 박탈하고 있으므로 이는 청원권이나 일반적 행동자유권을 지나치게 제한하여 헌법에 위반된다.

〈재판관 조대현의 반대의견〉

이 사건 규정은 공무원의 직무에 속한 사항의 알선에 관하여 금품 등을 수수하는 행위를 형사처벌의 대상으로 규정함으로써 자신의 시간과 능력을 활용하여 타인을 돕거나 그러한 도움을 받고 그 대가를 수수할 수 있는 자유를 제한하고 있는데, 이것이 혈연·지연·학연 등의 연고를 이용하여 공무원에게 청탁하는 행위를 근절시켜 건전한 사회풍토를 조성하고 공무집행의 공정성과 신뢰성을 확보하기 위한 것이라 하더라도 연고를 이용한 청탁·알선행위를 직접적인 금지대상으로 하지 않고 공무원 직무에 속한 사항의 알선에 관한 수재행위를 모두 금지하는 것은 입법목적 달성을 위한 적절한 수단이라고 보기 어렵다. 공무집행의 공정성과 신뢰성 확보는 뇌물수수행위와 공무원의 다른 공무원에 대한 알선행위 및 공무원에 대한 부정한 청탁행위를 금지하는 것으로 충분하다. 그러므로 이 사건 규정은 헌법 제10조, 제15조, 제37조 제2항에 위반된다.

---

12. 특가법 제3조의 알선수재죄에서 '공무원의 직무에 속한 사항의 알선에 관하여 금품이나 이익을 수수'한다는 의미 및 성립요건 (대법원 2004. 11. 12. 선고 2004도5655)

특정범죄가중처벌등에관한법률 제3조에서 말하는 공무원의 직무에 속하는 사항의 알선에 관하여 금품이나 이익을 수수한다 함은 <u>공무원의 직무에 속한 사항을 알선한다는</u>

명목으로 금품 등을 수수하는 행위로서, 반드시 알선의 상대방인 공무원이나 그 직무의 내용이 구체적으로 특정될 필요까지는 없다 할 것이지만(대법원 2001. 10. 26. 선고 2000도2968 참조), 알선수재죄가 성립하기 위하여는 알선할 사항이 공무원의 직무에 속하는 사항이고, 금품 등 수수의 명목이 그 사항의 알선에 관련된 것임이 어느 정도 구체적으로 나타나야 하고, 단지 금품 등을 공여하는 자가 금품 등을 수수하는 자에게 잘 보이면 그로부터 어떤 도움을 받을 수 있다거나 손해를 입을 염려가 없다는 정도의 막연한 기대감 속에 금품 등을 교부하고, 금품 등을 수수하는 자 역시 공여자가 그러한 기대감을 가지고 금품 등을 교부하는 것이라고 짐작하면서 이를 수수하였다는 정도의 사정만으로는 알선수재죄가 성립한다고 볼 수 없다.

⇒ 공여자와 수수자가 막연한 기대감 속에 금품 등을 교부·수수하였을 뿐, 구체적으로 도와달라거나 특정한 부탁을 한 사실이 없다는 이유로 특가법 제3조의 알선수재죄가 성립하지 않는다고 한 사례

13. 제3자가 알선행위자의 알선행위에 대한 공동가공의 의사 없이 알선의뢰자로부터 금품을 받아 알선행위자에게 전달한 것만으로 특가법 제3조 소정의 알선수재죄가 성립하는지 여부 [소극] (대법원 1999. 5. 11. 선고 99도963)

특정범죄가중처벌등에관한법률 제3조가 정하는 알선수재죄가 성립하려면 알선을 의뢰한 사람과 알선의 상대방이 될 수 있는 공무원 사이를 중개한다는 명목으로 금품 기타 이익을 수수·요구 또는 약속하는 행위가 있어야 하고(대법원 1997. 5. 30. 선고 97도367 판결, 1988. 11. 22. 선고 87도2353 판결 등 참조), 알선을 의뢰한 사람과 알선의 상대방이 될 수 있는 공무원 사이를 중개한다는 명목으로 금품 기타 이익을 수수하는 사람(이하 '알선행위자'라고 한다) 이외의 제3자가 알선을 의뢰한 사람으로부터 금품을 받아 알선행위자에게 이를 전달하는 행위를 하였다면 그 제3자가 알선행위자의 그와 같은 행위에 대하여 공동가공의 의사를 가지고 그와 같은 전달행위를 하여 이를 특정범죄가중처벌등에관한법률 제3조가 정하는 알선수재죄의 실행행위에 관여한 것으로 평가할 수 있는 경우는 별론으로 하고, 제3자가 그와 같은 공동가공의 의사 없이 위와 같은 금품 기타 이익을 중간에서 전달한 경우에는 그 자체만으로는 특정범죄가중처벌등에관한법률 제3조가 정하는 알선수재죄의 구성요건에 해당한다고 할 수 없다(대법원 1998. 12. 8. 선고 98도3051 판결 참조).

14. **공무원이 취급하는 사건에 관하여 청탁 또는 알선을 할 의사와 능력이 없음에도 청탁 또는 알선을 한다고 기망하고 금품을 교부받은 경우, 구 변호사법 위반죄 내지 특가법위반(알선수재)죄가 성립하는 것과 상관없이 사기죄가 성립하는지 여부 [적극] (대법원 2008. 2. 28. 선고 2007도10004)**

공무원이 취급하는 사건에 관하여 청탁 또는 알선을 할 의사와 능력이 없음에도 청탁 또는 알선을 한다고 기망하고, 이에 속은 피해자로부터 청탁 또는 알선을 한다는 명목으로 금품을 받은 경우, 그 행위가 공무원이 취급하는 사건에 관하여 청탁 또는 알선을 한다는 명목으로 금품·향응 기타 이익을 받은 것으로서 <u>구 변호사법(2007. 3. 29. 법률 제8321호로 개정되기 전의 것) 제111조 위반죄가 성립하거나 공무원의 직무에 속한 사항의 알선에 관하여 금품을 수수한 경우로서 특정범죄 가중처벌 등에 관한 법률 위반(알선수재)죄가 성립하는 것과 상관없이, 그 행위는 다른 사람을 속여 재물을 받은 행위로서 사기죄를 구성한다.</u>

○ 제4조(뇌물죄 적용 대상의 확대)

15. **공무원 의제규정의 적용범위에 대한 판례 (대법원 2002. 5. 14. 선고 2002도666)**

원심이, 피고인이 농업협동조합중앙회의 과장급 간부직원으로서 주식회사 농협유통에 파견되어 축산부장으로 근무하면서 육가공업체로부터 그 직무와 관련하여 돈을 받은 사실을 인정한 다음, 특정범죄가중처벌등에관한법률 제4조 제1항, 같은 법 시행령 제2조 제48호, 제3조 제1호에 따라 형법상 뇌물죄의 적용에 있어 피고인을 공무원으로 보아야 하고, 또 주식회사 농업유통은 농업협동조합중앙회가 그 업무의 원활한 수행을 위하여 자본금을 전액 출자하여 설립한 회사로서, 피고인이 그 회사에 파견되어 수행하는 직무가 농업협동조합중앙회의 직무와 성격을 달리하지 아니하므로, 피고인이 그 직무와 관련하여 돈을 받은 행위가 형법 제129조 제1항의 뇌물죄에 해당한다고 판단한 것은 옳고, 거기에 상고이유의 주장과 같은 법리오해 등의 잘못이 없다.

⇒ <u>농업협동조합중앙회의 과장급 간부직원이 자회사인 주식회사 농협유통에 파견되어 축산부장으로 근무하면서 육가공업체로부터 그 직무와 관련하여 돈을 받은 사안에서,</u> 특정범죄가중처벌등에관한법률 제4조 제1항에 따라 위 피고인을 공무원으로 보아야 하므로 형법 제129조 제1항의 뇌물죄가 성립한다고 한 원심판단을 수긍한 사례.

⇒ 원 소속, 현재 행하고 있는 직무의 성격 등이 기준이고, 현재 근무지는 중요하지 않다.

○ 제5조(국고 등 손실)

16. 특가법 제5조 소정의 국고등손실죄의 성립요건 (대법원 1999. 6. 22. 선고 99도208)

특정범죄가중처벌등에관한법률 제5조에 규정된 국고등손실죄는 회계관계직원등의책임에관한법률 제2조 제1호·제2호 또는 제4호(제1호 또는 제2호에 규정된 자의 보조자로서 그 회계사무의 일부를 처리하는 자에 한한다)에 규정된 자가 국고 또는 지방자치단체에 손실을 미칠 것을 인식하고 그 직무에 관하여 형법 제355조의 죄를 범한 때에 성립하는 것으로서, 국가 또는 지방자치단체의 회계관계 사무를 처리하는 자로서의 임무에 위배하는 행위를 한다는 점과 이로 인하여 자기 또는 제3자가 이익을 취득하고 국고 또는 지방자치단체에 손해를 미친다는 점에 관한 인식 내지 의사를 필요로 하므로, 회계관계 직원이 관계 법령에 따르지 아니한 사무처리를 하였다고 하더라도 국가 또는 지방자치단체의 이익을 위하여 사무를 처리한 때에는 위 국고등손실죄는 성립하지 아니한다.

17. 공무원이 수의계약을 체결하면서 공사업자로부터 수수한 돈의 뇌물성 유무를 판단하는 기준 (대법원 2007. 10. 12. 선고 2005도7112)

공무원이 관공서에 필요한 공사의 시행이나 물품의 구입을 위하여 수의계약을 체결하면서 해당 공사업자 등으로부터 돈을 수수한 경우, 그 돈의 성격을 공무원의 직무와 관련하여 수수된 뇌물로 볼 것인지, 아니면 적정한 금액보다 과다하게 부풀린 금액으로 계약을 체결하기로 공사업자 등과 사전 약정하여 이를 횡령(국고손실)한 것으로 볼 것인지 여부는, 돈을 공여하고 수수한 당사자들의 의사, 계약의 내용과 성격, 계약금액과 수수한 금액 사이의 비율, 수수한 돈의 액수, 그 계약이행으로 공사업자 등이 얻을 수 있는 적정한 이익, 공사업자 등이 공무원으로부터 공사대금 등을 지급받은 시기와 돈을 공무원에게 교부한 시간적 간격, 공사업자 등이 공무원에게 교부한 돈이 공무원으로부터 지급받은 바로 그 돈인지 여부, 수수한 장소와 방법 등을 종합적으로 고려하여 객관적으로 평가하여 판단해야 한다.

수의계약을 체결하는 공무원이 해당 공사업자와 적정한 금액 이상으로 계약금액을 부풀려서 계약하고 부풀린 금액을 자신이 되돌려 받기로 사전에 약정한 다음 그에 따라 수수한 돈은 성격상 뇌물이 아니고 횡령금에 해당한다.

⇒ 수의계약을 체결하는 공무원이 공사업자와 계약금액을 부풀려서 계약하고 부풀린 금액을 자신이 되돌려 받기로 사전에 약정한 다음 그에 따라 수수한 돈은 성격상 뇌물이 아니고 횡령금에 해당한다고 한 사례

18. 특정범죄가중처벌등에관한법률 제5조 소정의 국고등손실죄의 성립 요건: 손해를 미친다는 점에 대한 인식의 요구 (대법원 1999. 6. 22. 선고 99도208)

특정범죄가중처벌등에관한법률 제5조에 규정된 국고등손실죄는 회계관계직원 등이 국고 또는 지방자치단체에 손실을 미칠 것을 인식하고 그 직무에 관하여 형법 제355조의 죄를 범한 때에 성립하는 것으로서, 국가 또는 지방자치단체의 회계관계 사무를 처리하는 자로서의 임무에 위배하는 행위를 한다는 점과 이로 인하여 자기 또는 제3자가 이익을 취득하고 국고 또는 지방자치단체에 손해를 미친다는 점에 관한 인식 내지 의사를 필요로 하므로, 회계관계 직원이 관계 법령에 따르지 아니한 사무처리를 하였다고 하더라도 국가 또는 지방자치단체의 이익을 위하여 사무를 처리한 때에는 위 국고등손실죄는 성립하지 아니한다.

○ **제5조의2(약취 · 유인죄의 가중처벌)**

19. 특가법 제5조의2 제2항 제1호 재물요구죄의 기수시기 (대법원 1978. 7. 25. 선고 78도1418)

특정범죄가중처벌등에관한법률 제5조의2 제2항 제1호 소정의 재물요구죄는 재물요구 사실이 있을 때 이미 완성되어 기수가 된다.

⇒ 재물요구 사실이 인정되는 경우에서 이미 재물요구죄는 완성되어 기수가 되어 버렸기 때문에 그 이후의 사정이 어떻든 간에 중지미수니 장애미수니 하는 문제는 일어나지 아니한다고 본 사례

○ **제5조의3(도주차량 운전자의 가중처벌)**

20. 특가법 제5조의3 제1항의 '도주(피해자를 구호하는 등 도로교통법 제50조 제1항의 규정에 의한 조치를 취하지 아니하고 도주한 때)'의 의미 (대법원 2004. 10. 28. 선고 2004도5227)

특정범죄가중처벌등에관한법률 제5조의3 제1항에 정하여진 '피해자를 구호하는 등 도로교통법 제50조 제1항의 규정에 의한 조치를 취하지 아니하고 도주한 때'라고 함은 사고운전자가 사고로 인하여 피해자가 사상을 당한 사실을 인식하였음에도 불구하고 '도로교통법 제50조 제1항의 규정에 의한 조치'를 취하지 아니하고 사고 장소를 이탈하여 사고를 낸 사람이 누구인지 확정될 수 없는 상태를 초래하는 경우를 말하고, '도로교통법 제50조 제1항의 규정에 의한 조치'에는 피해자나 경찰관 등 교통사고와 관계있는

사람에게 사고운전자의 신원을 밝히는 것도 포함된다.

※ 참조판례: 대법원 2003. 3. 25. 선고 2002도5748; 대법원 2004. 3. 12. 선고 2004도250 등

⇒ **≪피고인의 행위가 피해자를 구호하는 등의 조치를 취하지 아니하고 도주한 때에 해당하지 않는다고 한 사례≫** 피고인이 사고 직후 차에서 내려 피해자를 지나가던 택시에 태워 병원으로 후송한 후 <u>병원접수창구로 가서 피해자의 인적사항과 사고일시, 장소 및 피고인 차량번호를 알려주면서 접수를 마친 다음에 비로소 병원을 떠난 사안</u>인 바, 피고인이 비록 경찰에 사고신고를 하지 아니하였고 <u>피해자나 병원측에 자신의 인적사항을 알려준 사실은 없으나,</u> 자신이 소유주로 되어 있는 이 사건 차량의 차량번호를 담당 간호사에게 알려주었고 이로 인해 비교적 쉽게 피고인의 신원이 확인된 점 등 제반 사정을 종합하여 보면, 피고인이 피해자를 구호하는 등 도로교통법 제50조 제1항에 규정된 의무를 이행하기 이전에 사고현장을 이탈하여 사고를 낸 자가 누구인지 확정할 수 없는 상태를 초래하였다고 볼 수는 없으므로, 피고인이 특정범죄가중처벌등에관한법률 제5조의3 제1항에서 규정하는 바와 같이 도로교통법 제50조 제1항의 규정에 의한 피해자를 구호하는 등의 조치를 취하지 아니하고 도주한 때에 해당한다고 볼 수는 없다고 한 사례

---

21. [1] 사고 운전자가 피해자가 사상을 당한 사실을 인식하고도 구호조치를 취하지 않은 채 사고현장을 이탈하면서 피해자에게 자신의 신원을 확인할 수 있는 자료를 제공하여 준 경우, 특가법 제5조의3 제1항 소정의 '도주한 때'에 해당하는지 여부 [적극] [2] 특가법 제5조의3 제1항 소정의 피해자구호조치를 반드시 본인이 직접 할 필요가 있는지 여부 [소극] (대법원 2004. 3. 12. 선고 2004도250)

[1] 사고 운전자가 사고로 인하여 피해자가 사상을 당한 사실을 인식하였음에도 불구하고 피해자를 구호하는 등 도로교통법 제50조 제1항에 규정된 의무를 이행하기 이전에 사고현장을 이탈하였다면, 사고 운전자가 사고현장을 이탈하기 전에 피해자에 대하여 자신의 신원을 확인할 수 있는 자료를 제공하여 주었다고 하더라도, '피해자를 구호하는 등 도로교통법 제50조 제1항의 규정에 의한 조치를 취하지 아니하고 도주한 때'에 해당한다 할 것이다(대법원 1996. 4. 9. 선고 96도252, 1996. 8. 20. 선고 96도1415, 2002. 1. 11. 선고 2001도5369 등 참조).

[2] 특정범죄가중처벌등에관한법률 제5조의3 제1항 소정의 피해자 구호조치는 반드시 본인이 직접 할 필요는 없고, 자신의 지배하에 있는 자를 통하여 하거나, 현장을 이

탈하기 전에 타인이 먼저 구호조치를 하여도 무방하다.

⇒《'도주한 때'에 해당한다고 본 사례》 사고 운전자가 그가 일으킨 교통사고로 상해를 입은 피해자에 대한 구호조치의 필요성을 인식하고 부근의 택시 기사에게 피해자를 병원으로 이송하여 줄 것을 요청하였으나 경찰관이 온 후 병원으로 가겠다는 피해자의 거부로 피해자가 병원으로 이송되지 아니한 사이에 피해자의 신고를 받은 경찰관이 사고현장에 도착하였고, 피해자의 병원이송 및 경찰관의 사고현장 도착 이전에 사고 운전자가 사고현장을 이탈하였다면, 비록 그 후 피해자가 택시를 타고 병원에 이송되어 치료를 받았다고 하더라도 운전자는 피해자에 대한 적절한 구호조치를 취하지 않은 채 사고현장을 이탈하였다고 할 것이어서, 설령 운전자가 사고현장을 이탈하기 전에 피해자의 동승자에게 자신의 신원을 알 수 있는 자료를 제공하였다고 하더라도, 피고인의 이러한 행위는 '피해자를 구호하는 등 조치를 취하지 아니하고 도주한 때'에 해당한다고 한 사례

《참고판례》

(대법원 2002. 11. 26. 선고 2002도4986) 사고운전자인 피고인 자신이 부상을 입고 경찰관의 조치에 따라 병원으로 후송되던 도중 경찰에 신고나 연락을 취하지 아니한 채 집으로 가버렸다고 하더라도, 그 당시에 이미 경찰이나 구급차량 등에 의하여 피해자에 대한 구호조치가 이루어진 후였다면 특정범죄가중처벌등에관한법률 제5조의3 제1항에 규정된 '피해자를 구호하는 등 필요한 조치를 취하지 아니하고 도주한 때'에 해당하지 않는다고 한 사례

---

22. [1] 사고 운전자가 <u>피해자를 구호하는 등 도로교통법 제50조 제1항에 의한 조치를 취할 필요가 있었다고 인정되지 아니하는 경우, 특가법 제5조의3 제1항 위반죄로 처벌할 수 있는지 여부</u> [소극] [2] 도로교통법 제50조 제1항의 취지 및 사고운전자가 취하여야 할 조치의 정도 (대법원 2005. 9. 30. 선고 2005도4383)

특정범죄 가중처벌 등에 관한 법률 제5조의3 도주차량 운전자의 가중처벌에 관한 규정의 입법 취지와 그 보호법익 등에 비추어 볼 때, 사고의 경위와 내용, 피해자의 나이와 그 상해의 부위 및 정도, 사고 뒤의 정황 등을 종합적으로 고려하여 <u>사고 운전자가 실제로 피해자를 구호하는 등 도로교통법 제50조 제1항의 규정에 따른 조치를 취할 필요가 있었다고 인정되지 아니하는 때에는 사고 운전자가 피해자를 구호하는 등의 조치를 취하지 아니하고 사고장소를 떠났다고 하더라도 특정범죄 가중처벌 등에 관한 법률 제5조의3 제1항 위반죄가 되지 아니한다</u>(대법원 2002. 10. 22. 선고 2002도4452, 2004.

6. 11. 선고 2003도8092 등 참조).

또한, 도로교통법 제50조 제1항의 취지는 도로에서 일어나는 교통상의 위험과 장해를 방지·제거하여 안전하고 원활한 교통을 확보함을 그 목적으로 하는 것이지 피해자의 물적 피해를 회복시켜 주기 위한 규정은 아니며, <u>이 경우 운전자가 현장에서 취하여야 할 조치는 사고의 내용, 피해의 태양과 정도 등 사고 현장의 상황에 따라 적절히 강구되어야 할 것이고, 그 정도는 건전한 양식에 비추어 통상 요구되는 정도의 조치를 말한</u>다(대법원 2002. 6. 28. 선고 2002도2001, 2003. 2. 28. 선고 2002도6957 등 참조).

⇒ 사고운전자가 피해자에게 타인의 전화번호를 적어주면서 별다른 설명을 하지 않는 등 가해자의 신원확인을 어렵게 만든 사정이 있다고 하더라도, 피해자의 상해 부위 및 정도, 피해차량의 손괴 정도, 사고장소의 상황, 사고의 경위 및 사고 후 정황 등에 비추어 위 사고운전자가 피해자를 구호하는 등의 조치를 취할 필요가 있었다고 보기 어렵다고 한 원심의 판단을 수긍한 사례

23. 특가법 제5조의3 제1항에 정한 도주운전죄가 성립하기 위한 상해의 정도 (대법원 2007. 4. 13. 선고 2007도1405)

특정범죄 가중처벌 등에 관한 법률 제5조의3 제1항이 정하는 '피해자를 구호하는 등 도로교통법 제50조 제1항에 의한 조치를 취하지 아니하고 도주한 때'라고 함은 사고운전자가 사고로 인하여 피해자가 사상을 당한 사실을 인식하였음에도 불구하고, 피해자를 구호하는 등 도로교통법 제50조 제1항에 규정된 의무를 이행하기 이전에 사고현장을 이탈하여 사고를 낸 자가 누구인지 확정할 수 없는 상태를 초래하는 경우를 말하는 것이므로, <u>위 도주운전죄가 성립하려면 피해자에게 사상의 결과가 발생하여야 하고, 생명·신체에 대한 단순한 위험에 그치거나 형법 제257조 제1항에 규정된 '상해'로 평가될 수 없을 정도의 극히 하찮은 상처로서 굳이 치료할 필요가 없는 것이어서 그로 인하여 건강상태를 침해하였다고 보기 어려운 경우에는 위 죄가 성립하지 않는다고 할 것이다</u>(대법원 1997. 12. 12. 선고 97도2396 등 참조).

24. 동승자가 교통사고 후 운전자와 공모하여 도주행위에 가담한 경우, 특정범죄 가중처벌 등에 관한 법률 위반(도주차량)죄의 공동정범으로 처벌할 수 있는지 여부 [소극] (대법원 2007. 7. 26. 선고 2007도2919)

운전자가 아닌 동승자가 교통사고 후 운전자와 공모하여 운전자의 도주행위에 가담하였다 하더라도, 동승자에게 과실범의 공동정범의 책임을 물을 수 있는 특별한 경우가

아닌 한, 특정범죄가중처벌등에관한법률위반(도주차량)죄의 공동정범으로 처벌할 수는
없다.

○ 제5조의11(위험운전 치사상)

25. 특정범죄가중처벌 등에 관한 법률상 '위험운전치사상죄'와 도로교통법상 '음주운전죄'의 관계(=실체적 경합) (대법원 2008. 11. 13. 선고 2008도7143)

   음주로 인한 특정범죄가중처벌 등에 관한 법률 위반(위험운전치사상)죄와 도로교통
법위반(음주운전)죄는 <u>입법 취지와 보호법익 및 적용영역을 달리하는 별개의 범죄이므로,</u> 양 죄가 모두 성립하는 경우 두 죄는 실체적 경합관계에 있다.

26. [1] 교통사고처리특례법 제3조 제2항 단서의 각 호에서 규정한 예외 사유가 경합할 때의 죄수(=일죄) [2] 위험운전치사상죄의 입법 취지 및 교통사고처리특례법 위반죄와의 관계(=흡수관계) (대법원 2008. 12. 11. 선고 2008도9182)

[1] 교통사고로 인하여 업무상과실치상죄 또는 중과실치상죄를 범한 운전자에 대하여
    피해자의 명시한 의사에 반하여 공소를 제기할 수 있는 <u>교통사고처리특례법 제3조
    제2항 단서 각 호의 사유(주, 소위 10개항 위반)는 같은 법 제3조 제1항 위반죄의
    구성요건 요소가 아니라 그 공소제기의 조건에 관한 사유이다.</u> 따라서 위 단서 각
    호의 사유가 경합한다 하더라도 하나의 교통사고처리특례법 위반죄가 성립할 뿐,
    그 각 호마다 별개의 죄가 성립하는 것은 아니다.

[2] 음주로 인한 특정범죄가중처벌 등에 관한 법률 위반(위험운전치사상)죄는 그 입법
    취지와 문언에 비추어 볼 때, 주취상태의 자동차 운전으로 인한 교통사고가 빈발하
    고 그로 인한 피해자의 생명·신체에 대한 피해가 중대할 뿐만 아니라, 사고발생 전
    상태로의 회복이 불가능하거나 쉽지 않은 점 등의 사정을 고려하여, <u>형법 제268조
    에서 규정하고 있는 업무상과실치사상죄의 특례를 규정하여 가중처벌함으로써 피해
    자의 생명·신체의 안전이라는 개인적 법익을 보호하기 위한 것이다. 따라서 그 죄
    가 성립하는 때에는 차의 운전자가 형법 제268조의 죄를 범한 것을 내용으로 하는
    교통사고처리특례법 위반죄는 그 죄에 흡수되어 별죄를 구성하지 아니한다.</u>

교통사고처리특례법 제3조(처벌의 특례) ① 차의 운전자가 교통사고로 인하여 형법 제268조의 죄를 범한 때에는 5년 이하의 금고 또는 2천만원 이하의 벌금에 처한다. [개정 84. 8. 4., 93. 6. 11., 96. 8. 14.]

② 차의 교통으로 제1항의 죄 중 업무상과실치상죄(業務上過失致傷罪) 또는 중과실치상죄(重過失致傷罪)와 「도로교통법」 제151조의 죄를 범한 운전자에 대하여는 피해자의 명시적인 의사에 반하여 공소(公訴)를 제기할 수 없다. 다만, 차의 운전자가 제1항의 죄 중 업무상과실치상죄 또는 중과실치상죄를 범하고도 피해자를 구호(救護)하는 등 「도로교통법」 제54조 제1항에 따른 조치를 하지 아니하고 도주하거나 피해자를 사고 장소로부터 옮겨 유기(遺棄)하고 도주한 경우, 같은 죄를 범하고 「도로교통법」 제44조 제2항을 위반하여 음주측정 요구에 따르지 아니한 경우(운전자가 채혈 측정을 요청하거나 동의한 경우는 제외한다)와 다음 각 호의 어느 하나에 해당하는 행위로 인하여 같은 죄를 범한 경우에는 그러하지 아니하다. <개정 2016. 1. 27., 2016. 12. 2.>

1. 「도로교통법」 제5조에 따른 신호기가 표시하는 신호 또는 교통정리를 하는 경찰공무원 등의 신호를 위반하거나 통행금지 또는 일시정지를 내용으로 하는 안전표지가 표시하는 지시를 위반하여 운전한 경우
2. 「도로교통법」 제13조 제3항을 위반하여 중앙선을 침범하거나 같은 법 제62조를 위반하여 횡단, 유턴 또는 후진한 경우
3. 「도로교통법」 제17조 제1항 또는 제2항에 따른 제한속도를 시속 20킬로미터 초과하여 운전한 경우
4. 「도로교통법」 제21조 제1항, 제22조, 제23조에 따른 앞지르기의 방법·금지시기·금지장소 또는 끼어들기의 금지를 위반하거나 같은 법 제60조 제2항에 따른 고속도로에서의 앞지르기 방법을 위반하여 운전한 경우
5. 「도로교통법」 제24조에 따른 철길건널목 통과방법을 위반하여 운전한 경우
6. 「도로교통법」 제27조 제1항에 따른 횡단보도에서의 보행자 보호의무를 위반하여 운전한 경우
7. 「도로교통법」 제43조, 「건설기계관리법」 제26조 또는 「도로교통법」 제96조를 위반하여 운전면허 또는 건설기계조종사면허를 받지 아니하거나 국제운전면허증을 소지하지 아니하고 운전한 경우. 이 경우 운전면허 또는 건설기계조종사면허의 효력이 정지 중이거나 운전의 금지 중인 때에는 운전면허 또는 건설기계조종사면허를 받지 아니하거나 국제운전면허증을 소지하지 아니한 것으로 본다.
8. 「도로교통법」 제44조 제1항을 위반하여 술에 취한 상태에서 운전을 하거나 같은 법 제45조를 위반하여 약물의 영향으로 정상적으로 운전하지 못할 우려가 있는 상태에서 운전한 경우
9. 「도로교통법」 제13조 제1항을 위반하여 보도(步道)가 설치된 도로의 보도를 침범하거나

같은 법 제13조 제2항에 따른 보도 횡단방법을 위반하여 운전한 경우

10. 「도로교통법」 제39조 제3항에 따른 승객의 추락 방지의무를 위반하여 운전한 경우

11. 「도로교통법」 제12조 제3항에 따른 어린이 보호구역에서 같은 조 제1항에 따른 조치를 준수하고 어린이의 안전에 유의하면서 운전하여야 할 의무를 위반하여 어린이의 신체를 상해(傷害)에 이르게 한 경우

12. 「도로교통법」 제39조 제4항을 위반하여 자동차의 화물이 떨어지지 아니하도록 필요한 조치를 하지 아니하고 운전한 경우

[전문개정 2011. 4. 12.]

형법 제268조(업무상과실·중과실 치사상) 업무상 과실 또는 중대한 과실로 인하여 사람을 사상에 이르게 한 자는 5년 이하의 금고 또는 2천만원 이하의 벌금에 처한다.

---

27. [참고판례: 하급심] 위험운전치사상죄의 성립요건 관련 (창원지법 2009. 5. 21. 선고 2009고정2)

특정범죄가중처벌 등에 관한 법률 위반(위험운전치사상)죄는 음주의 영향으로 정상적인 운전이 곤란한 상태에서 자동차를 운전하여 사람을 상해 또는 사망에 이르게 한 경우에 성립한다. 여기서 '정상적인 운전이 곤란한 상태'라 함은, 도로교통법 제44조 제1항의 규정을 위반하여 주취 중에 운전을 한 모든 경우를 가리키는 것은 아니며, 술에 취하여 정상적인 운전을 할 수 없는 우려가 있다는 정도만으로는 부족하고, 운전자가 술에 취하여 전방주시를 하는 것이 곤란하다거나 자신이 의도한대로 조작의 시기 내지 정도를 조절하여 핸들 또는 브레이크를 조작하는 것이 곤란하다는 등의 심신상태를 의미한다고 할 것이다. 결국 위와 같은 상태에 있었는지 여부는 피고인의 주취정도, 사고의 발생 경위와 사고 위치, 피해 정도, 사고 전후 피고인의 태도(사고 전에 비정상적인 주행을 하였는지, 사고 전후 비틀거렸는지, 혀가 꼬여 제대로 말을 하지 못하였는지, 횡설수설하였는지, 사고 상황을 제대로 기억하지 못하고 있는지 여부 등)등을 종합적으로 고려하여 판단할 수밖에 없다.

⇒ 술이 취한 상태에서 자동차를 운전하던 자가 전방주시의무를 게을리 하여 신호대기를 위해 정지해 있던 택시를 뒤에서 들이 받아 상해를 입힌 사안에서, 주취운전자 정황진술보고서, 수사보고서 등의 증거 어디에도 피고인이 사고 직후 비틀거렸음이 엿보이지 않고, 피고인이 사고 후 10일이 지나 사고 당시의 상황, 음주를 하게 된 경위, 음주 장소와 음주량에 대해 분명하게 진술하였을 뿐만 아니라 그 진술이 수사보고서상의 기재와 일치하는 점, 피고인이 사고 직전에 비정상적인 주행을 하고 있

었다고 볼 자료가 없고 피해자의 상해 정도가 중하지 않은 점 등을 종합적으로 고려하면, 정상적인 운전이 곤란한 상태에서 자동차를 운전하였다고 보기 어렵다는 이유로 특정범죄가중처벌 등에 관한 법률 위반(위험운전치사상)죄의 성립을 부정한 사례

【주 문】 피고인을 벌금 250만 원에 처한다. 피고인이 위 벌금을 납입하지 아니하는 경우 5만 원을 1일로 환산한 기간 피고인을 노역장에 유치한다. 위 벌금에 상당한 금액의 가납을 명한다.

【이 유】

범죄사실

피고인은 (차량 1 번호 생략) 아반떼 승용차를 운전하는 사람인바,

1. 2008. 8. 2. 21:35경 혈중알코올농도 0.114%의 술에 취한 상태에서 위 자동차를 운전하여 마산시 월남동에 있는 보훈청 앞 도로상을 월영광장 방면에서 연세병원 방향으로 편도2차로 중 1차로로 운행함에 있어, 전후와 좌우를 잘 살피고 진로의 안전을 확인하고 운전하여야 할 업무상의 주의의무가 있음에도 술에 취하여 이를 게을리한 채 그대로 진행한 과실로, 피고인 진행방향 앞에 신호 대기를 위해 정지해 있던 피해자 공소외 1 운전의 (차량 2 번호 생략) 소나타 택시 뒤 범퍼 부분을 피고인 운전 차량 앞 범퍼 부분으로 충격하여 피해자로 하여금 약 3주간의 치료를 요하는 경추부 염좌, 요추부 염좌, 좌상우주관절부, 뇌진탕을 입게 하고,

2. 전항과 같은 일시에 혈중알코올농도 0.114%의 술에 취한 상태에서 마산시 월영동에 있는 경남대학교 앞을 출발하여 사고 장소인 같은 시 월남동에 있는 보훈청 앞까지 약 100m가량 위 자동차를 운전하였다.

무죄부분

이 사건 공소사실 중 특정범죄가중처벌 등에 관한 법률 위반(위험운전치사상)의 점의 요지는, 피고인이 판시 범죄사실 기재와 같은 교통사고(이하 '이 사건 교통사고'라 한다) 당시 음주의 영향으로 정상적인 운전이 곤란한 상태에서 판시 범죄사실 기재와 같이 자동차를 운전하여 피해자로 하여금 상해를 입게 하였다는 것이다.

살피건대, 특정범죄가중처벌 등에 관한 법률 위반(위험운전치사상)죄는 음주의 영향으로 정상적인 운전이 곤란한 상태에서 자동차를 운전하여 사람을 상해 또는 사망에 이르게 한 경우에 성립하는 것인바, 여기서 '정상적인 운전이 곤란한 상태'라 함은, 도로교통법 제44조 제1항의 규정에 위반하여 주취 중에 운전을 한 모든 경우를 가리키는 것은 아니라고 할 것이고, 또한 술에 취하여 정상적인 운전을 할 수 없는 우려가 있다는 정도만으로는 부족하며, 운전자가 술에 취하여 전방주시를 하는 것이 곤란하다거나 자신이 의도한대로 조작의 시기 내지 정도를 조절하여 핸들 또는 브레이크를 조작하는 것

이 곤란하다는 등의 심신 상태를 의미한다고 할 것이고, 결국 위와 같은 상태에 있었는 지 여부는 피고인의 주취 정도, 사고의 발생 경위와 사고 위치, 피해 정도, 사고 전후 피고인의 태도(사고 전에 비정상적인 주행을 하였는지, 사고 전후 비틀거렸는지, 혀가 꼬여 제대로 말을 하지 못하였는지, 횡설수설하였는지, 사고 상황을 제대로 기억하지 못하고 있는지 여부 등) 등을 종합적으로 고려하여 판단할 수밖에 없다고 할 것이다.

이러한 법리에 따라 피고인이 이 사건 교통사고 당시 음주의 영향으로 정상적인 운 전이 곤란한 상태에 있었는지에 관하여 보건대, ① 판시 '유죄의 증거'에 거시된 각 증 거에 의하면, 피고인이 이 사건 교통사고 당시 혈중알코올농도 0.114%의 술에 취한 상 태에 있었던 점, ② 현장에 출동한 경찰관인 공소외 2 작성의 주취운전자정황진술보고 서(수사기록 22쪽)에 적발 당시 피고인의 언행상태가 "약간 더듬거리며 횡설수설함", 보행상태가 "걸음걸이가 느림", 운전자 혈색이 "안면 홍조색을 띰"으로 각 기재되어 있 는 점, ③ 피고인이 검찰에서 "술을 먹어서 비틀거렸다"고 진술한 점, ④ 이 사건 사고 로 인하여 피해 차량이 수리비 약 200만 원 정도 드는 손상을 입은 점 등에 비추어 보 면, 피고인이 이 사건 교통사고 당시 음주의 영향으로 정상적인 운전이 곤란한 상태에 서 자동차를 운전한 것이 아닌가 하는 의심이 드는 것은 사실이다.

그러나 한편 ⑤ 마산경찰서 교통조사계 사무실에서 피고인을 음주측정한 경찰관 공 소외 3 작성의 위험운전 여부 보고서(수사기록 23쪽)에는 피고인의 언행상황이 "입에서 술 냄새가 나며 음주측정 및 조사관의 요구에 순순히 응함", 보행상황이 "양호한 편임", 안면부 상황이 "얼굴이 약간 붉음", 태도가 "양호한 편임", 외관 등 행태에 의한 판정으 로 "음주운전하였으나 운전은 가능한 상태로 인정됨"으로 기재되어 있고, ⑥ 위 공소외 3 작성의 수사보고서(수사기록 49쪽)에도 "피고인은 앞에 가던 택시가 갑자기 정지하는 바람에 추돌하였다고 주장하는 등 자신의 주장 내용을 말하였고 얼굴은 약간 붉은 기를 띠었으며, 입에서 술 냄새가 났으나 걸음걸이는 흔들리는 느낌을 받지 못하였고, 음주 측정을 요구하는 경찰관의 요구에 순순히 응하였으며, 음주측정 후 음주한 장소와 음주 량을 묻자 월영동 경남대학교 앞 상호 불상의 수퍼에서 전처를 만나 다시 합치는 문제 로 말을 하다가 슈퍼에서 구입한 소주를 종이컵 소주잔으로 2잔을 마셨다고 진술하였 고, 피의자신문조서작성 때도 같은 양을 진술하였으며, 정상적인 운전이 곤란하였다고 보기 어렵다"는 취지로 기재되어 있으며, ⑦ 또한 위 ②위의 공소외 2 작성의 수사보고 서(수사기록 54쪽)에도 "피고인은 사고 후 도로 갓길에 서 있었고, 얼굴이 붉고 입에서 술 냄새가 났으나, 횡설수설하거나 비틀거리는 정도는 아니었으며, 사고 경위에 대하여 묻자 1차로에서 좌회전 지시등을 켜지 않은 상태로 정차해 있는 상대방 택시를 자신이 직접 운전하여 뒤에서 들이받았다고 진술하므로 경찰서에 동행하였고, 경장 공소외 3에 게 인계하여 음주측정을 하면서도 경찰관의 업무에 순순히 협조한 사실이 있다"는 취지로 기재되어 있고, ⑧ 한편 피고인은 검찰에서 "피고인은 당시 약간 비틀거리며 횡설수설하였고, 걸음걸이가 느리고 혈색도 안면 홍조색을 띠었다고 하는데 정상적인 운전이 가능한가요"라는 검사의 질문에 위 ③과 같이 대답한 것이고, 검사의 질문은 피고인이 사고 직후 비틀거렸음을 전제로 하는 것인바, 앞서 본 주취 운전자정황진술보고서, 각 수사보고서 등 검사가 제출한 나머지 각 증거 어디에도 피고인이 사고 직후 비틀거렸음이 엿보이지 않는 점, ⑨ 피고인은 사고 후 10일이 지나 경찰에서 조사받으면서 사고 당시의 상황, 사고 전 음주를 하게 된 경위, 음주한 장소와 음주량에 대하여 분명하게 진술하고 있고, 이러한 피고인의 진술은 앞서 본 각 수사보고서상의 경찰관들이 피고인으로부터 들었다는 내용과 일치하는 점, ⑩ 피고인이 이 사건 직전에 비정상적인 주행을 하고 있었다고 볼만한 자료가 없고, 이 사건 사고는 전방주시를 제대로 하지 못하여 일어난 것으로 보이며, 피해자의 상해 정도가 중하지 않은 점 등을 종합하면, 검사가 제출한 각 증거만으로는 피고인이 이 사건 교통사고 당시 음주의 영향으로 정상적인 운전이 곤란한 상태에서 자동차를 운전하였음이 합리적 의심을 배제할 정도로 증명되었다고 보기 어렵다고 할 것이다.

그렇다면, 이 부분 공소사실에 대하여는 형사소송법 제325조 후단에 의하여 무죄를 선고하여야 할 것이나, 이 부분 공소사실에 포함되어 있는["음주로 인한 특정범죄가중처벌 등에 관한 법률 위반(위험운전치사상)죄는 형법 제268조에서 규정하고 있는 업무상과실치사상죄의 특례를 규정하여 가중처벌함으로써 피해자의 생명·신체의 안전이라는 개인적 법익을 보호하기 위한 것이어서 그 죄가 성립하는 때에는 차의 운전자가 형법 제268조의 죄를 범한 것을 내용으로 하는 교통사고처리특례법 위반죄는 그 죄에 흡수되어 별죄를 구성하지 아니한다"는 대법원 2008. 12. 11. 선고 2008도9182 참조], 판시 교통사고처리특례법위반죄를 유죄로 인정한 이상 주문에서 따로 무죄를 선고하지 아니한다.

---

28. [참고판례: 하급심] 위험운전치사상죄의 성립요건 관련 (서울중앙지법 2011. 10. 27. 선고 2011노2451) (대법원 2012. 12. 27. 선고 2011도15869에서 본 원심대로 확정)

① 피고인은 이 사건 사고 직후 술 냄새가 심하게 났고, 혈색이 붉은 색을 띠고 있었으며, 몸도 제대로 가누지 못하고 휘청거릴 정도로 만취 상태였던 점, ② 피고인은 판교지구대에 도착하자마자 화장실에 들어가 문을 잠근 후 구토를 하는 등 약 20분 가량 시간을 끌다가 화장실에서 나오면서는 화장실에 있던 치약을 입에 넣었고, 그 후 음주측정을 요구받을 당시에도 횡설수설하면서 몸도 제대로 가누지 못하였던 점 등에 비추어

보면, 피고인은 이 사건 사고 당시 음주의 영향으로 정상적인 운전이 곤란한 상태에 있었다고 봄이 상당하다.

　원심 및 당심이 적법하게 채택하여 조사한 증거들에 의하여 알 수 있는 다음과 같은 사정 즉, ① 피해자들은 모두 경찰에서 이 사건 사고지점을 수내사거리라고 진술하였고 (피해자 공소외 1은 교통사고발생상황진술서 뒷면에 직접 사고현장약도를 기재하기도 하였다), 교통사고보고의 기재 역시 피해자들의 진술에 부합하며, 피해자 공소외 1은 당심법정에서도 '이 사건 사고지점은 거의 신호등이 있는 지점이었다'는 취지로 일관되게 진술하고 있는 점, ② 견인차량 기사인 피해자 공소외 2는 경찰에서 자신의 차량의 주행속도를 '10㎞'로 기재하는 한편, '사고차량을 견인하여 이동하는 중 뒤에서 달려오던 피고인의 차량이 추돌하였다'는 취지로 진술하였던 점, ③ 앞서 본 바와 같이 피고인이 이 사건 사고 당시 만취상태에 있었음을 감안하면 피고인의 주장은 신빙성이 크게 떨어진다고 보이는 반면, 위와 같은 피해자들의 진술에는 신빙성을 의심할 만한 사정은 보이지 않는 점 등에 비추어 보면, 이 사건 사고 지점은 피고인의 주장과 같이 터널 부근이 아니라 신호등이 설치되어 있는 수내사거리 부근인 사실과, 피해자 공소외 2는 이 사건 사고 당시 피고인의 주장과 같이 견인차량을 정차 중이었던 것이 아니라 피해자 공소외 1의 차량을 견인한 후 피해자 공소외 2를 견인차량의 조수석에 태우고 시속 약 10㎞로 이동하던 중이었던 주1) 사실을 충분히 인정할 수 있는바, 그렇다면, 설령 피해자 공소외 2가 피해자 공소외 1의 차량을 견인할 당시 피고인의 주장과 같이 안전조치를 취하지 않았다고 하더라도, 위와 같이 피해자 공소외 2가 이미 피해자 공소외 1의 차량을 견인한 후 견인차량을 출발시켜 운전하고 있었던 이상, 피해자 공소외 2가 안전조치를 취하지 않은 것이 이 사건 사고 발생의 하나의 원인이 되었다고 볼 수도 없다.

　오히려, 피고인에 대한 경찰피의자신문조서(증거기록 49쪽), 교통사고보고의 각 기재를 비롯하여 원심 및 당심이 적법하게 채택하여 조사한 증거들에 의하면, 피고인은 이 사건 사고 당시 위와 같이 술에 취하여 정상적인 운전이 곤란한 상태에서 빙판길이던 이 사건 도로를 제한속도 시속 70㎞를 초과한 시속 약 100㎞ 정도로 운전하다가 빙판길에 미끄러져 전방에서 진행하던 피해자들의 차량을 들이받은 사실을 인정할 수 있는바, 위 인정사실에 의하면 이 사건 사고는 야간에 노면이 결빙되어 미끄러운데도 위와 같이 술에 취하여 정상적인 운전이 곤란한 상태에서 전방주시를 태만히 한 채 제한속도를 초과하여 운전한 피고인의 주의의무위반으로 인하여 발생하였다고 봄이 상당하다. 따라서 피고인의 사실오인 주장은 이유 없다.

○ 제5조의4(상습 강도 · 절도죄 등의 가중처벌)

29. 특가법 소정의 상습절도죄와 상습강도죄의 범행이 실체적 경합관계에 있다고 본 사례 (대법원 1990. 1. 23. 선고 89도2260)

원심이 피고인에 대한 이 사건 특정범죄가중처벌등에관한법률에 정한 상습절도죄와 상습강도죄를 포괄일죄로 보지 아니하고 별개의 죄로 보아 이들 가운데 상습강도죄의 정한 벌에 경합범가중을 한 것은 정당하다.

30. 특가법 소정의 상습강도죄와 강도상해죄가 상상적 경합범 관계에 있는지 여부 [소극] (대법원 1990. 9. 28. 선고 90도1365)

형법 제333조, 제334조, 제337조, 제341조, 특정범죄가중처벌등에관한법률 제5조의4 제3항, 제5조의5의 각 규정을 살펴보면 강도죄와 강도상해죄는 따로 규정되어 있고 상습강도죄(형법 제341조)에 강도상해죄가 포괄흡수될 수는 없는 것이므로 위 2죄는 상상적 경합범 관계가 아니다.

31. 특가법 제5조의4 제1항 위반죄에 형법 제26조 소정의 중지미수 규정이 적용되는지 여부 [적극] (대법원 1986. 3. 11. 선고 85도2831)

특정범죄가중처벌등에관한법률 제5조의4 제1항은 상습으로 형법 제329조 내지 제331조의 죄 또는 그 미수죄를 범한 자를 무기 또는 3년 이상의 징역에 처하도록 규정하고 있는바, 이는 절도, 야간주거침입절도, 특수절도 및 그 미수죄의 상습범행을 형법 각칙이 정하는 형보다 무겁게 가중처벌하고자 함에 그 입법목적이 있을 뿐 달리 형법 총칙규정의 적용을 배제할 이유가 없는 것이므로 중지미수에 관한 형법 제26조의 적용을 배제하는 명문규정이 없는 한 위 특정범죄가중처벌등에관한법률 제5조의4 제1항 위반의 죄에 위 형법규정의 적용이 없다고 할 수 없다.

32. 특정범죄가중처벌등에관한법률 제5조의4 제5항의 규정취지(대법원 1995. 7. 14. 선고 95도1137,95감도54 판결)

특정범죄가중처벌등에관한법률 제5조의4 제5항의 규정취지는 같은 법조 제1항, 제3항 또는 제4항에 규정된 죄 가운데 동일한 항에 규정된 죄를 3회 이상 반복 범행하고 다시 그 반복 범행한 죄가 규정된 항 소정의 죄를 범하여 누범에 해당하는 경우에는 상습성이 인정되지 아니하는 경우에도 같은 법조 제1항 내지 제4항 가운데 해당되는 항에 정한 법정형으로 처벌한다는 뜻으로 보아야 한다.

○ 제5조의9(보복 범죄의 가중처벌 등)

33. 특가법 제5조의9 제2항에 해당하는 범죄에 대하여 형법 제283조 제3항(반의사불벌 규정)이 적용되는지 여부 [소극] (대법원 1998. 5. 8. 선고 98도631)

특정범죄가중처벌등에관한법률 제5조의9 제2항은 <u>피해자가 범죄행위로 피해를 당하</u> <u>고도 보복이 두려워 신고를 하지 못하거나 신고 후의 피해자를 보호하기 위하여 협박죄</u> <u>의 구성요건에 형사사건의 재판 또는 수사와 관련된 특정한 목적이라는 주관적 요소를</u> <u>추가하고 그 법정형을 협박죄보다 무겁게 규정한 것으로서</u>, 위 법조에 해당하는 행위에 대하여 단순협박죄나 단순존속협박죄에 적용되는 형법 제283조 제3항이 적용될 여지가 없다.

34. 특정범죄가중처벌등에관한법률 제5조의9 제2항 소정의 '보복의 목적'의 의미 및 판단 기준 (대구지방법원 2001. 2. 14. 선고 2000고합786)

특정범죄가중처벌등에관한법률 제5조의9 제2항은 피해자가 범죄행위로 피해를 당하고도 보복이 두려워 신고를 하지 못하거나 신고 후의 피해자를 보호하기 위하여 상해죄의 구성요건에 형사사건의 재판 또는 수사와 관련된 특정한 목적이라는 주관적 요소를 추가하고 그 법정형을 상해죄보다 무겁게 규정한 것으로서 고의 외에 초과주관적 위법요소인 보복의 목적을 범죄성립요건으로 하는 목적범임은 그 법문상 명백하고, 그 목적에 대하여는 적극적 의욕이나 확정적 인식임을 요하지 아니하고 미필적 인식이 있으면 족하다고 할 것이나, 그 목적이 있었는지 여부는 피고인의 나이, 직업 등 개인적인 요소, 범행의 동기 및 경위와 수단 · 방법, 행위의 내용과 태양, 피해자와의 인적관계 등 여러 사정을 종합하여 사회통념에 비추어 합리적으로 판단하여야 한다.
⇒ 피고인이 피해자 운영의 포장마차에서 술을 마시던 중 술에 취하자 과거 피고인이 벌금을 선고받은 것이 피해자 때문이라는 생각이 들어 억울하다고 생각한 나머지 화가 나 우발적으로 피해자에게 상해를 가한 것이므로, 피고인이 보복의 목적으로 피해자에게 상해를 가한 것으로 볼 수 없다고 한 사례

35. 보복목적 등으로 형법상 폭행죄 · 협박죄 등을 범한 경우를 가중처벌하는 구 특정범죄 가중처벌 등에 관한 법률 제5조의9 제2항에서 행위자에게 '보복의 목적 등'이 있었는지 판단하는 기준 (대법원 2013. 6. 14. 선고 2009도12055)

구 특정범죄 가중처벌 등에 관한 법률(2010. 3. 31. 법률 제10210호로 개정되기 전의 것)제5조의9 제2항은 '자기 또는 타인의 형사사건의 수사 또는 재판과 관련하여 고소 · 고발 등 수사단서의 제공, 진술, 증언 또는 자료제출에 대한 보복의 목적' 또는 '고소 · 고발 등 수사단서의 제공, 진술, 증언 또는 자료제출을 하지 못하게 하거나 고소 · 고발을 취소하게 하거나 거짓으로 진술 · 증언 · 자료제출을 하게 할 목적'으로 형법상 폭행죄, 협박죄 등을 범한 경우 형법상의 법정형보다 더 무거운 1년 이상의 유기징역에 처하도록 하고 있다. 여기에서 <u>행위자에게 그러한 목적이 있었는지 여부는 행위자의 나이, 직업 등 개인적인 요소, 범행의 동기 및 경위와 수단 · 방법, 행위의 내용과 태양, 피해자와의 인적 관계, 범행 전후의 정황 등 여러 사정을 종합하여 사회통념에 비추어 합리적으로 판단하여야 한다.</u>

36. 특정범죄 가중처벌 등에 관한 법률 제5조의9 제1항 위반죄의 행위자에게 '보복의 목적'이 있었다는 점에 대한 증명책임의 소재(=검사)와 증명 정도 및 피고인의자백이 없는 경우, 피고인에게 보복의 목적이 있었는지 판단하는 기준 (대법원 2014. 9. 26. 선고 2014도9030)

형사재판에서 공소가 제기된 범죄의 구성요건을 이루는 사실에 대한 증명책임은 검사에게 있으므로 특정범죄 가중처벌 등에 관한 법률 제5조의9 제1항 위반의 죄의 행위자에게 보복의 목적이 있었다는 점 또한 검사가 증명하여야 하고 그러한 증명은 법관으로 하여금 합리적인 의심을 할 여지가 없을 정도의 확신을 생기게 하는 엄격한 증명에 의하여야 하며 이와 같은 증명이 없다면 피고인의 이익으로 판단할 수밖에 없다. 다만 <u>피고인의 자백이 없는 이상 피고인에게 보복의 목적이 있었는지 여부는 피해자와의 인적 관계, 수사단서의 제공 등 보복의 대상이 된 피해자의 행위(이하 '수사단서의 제공 등'이라 한다)에 대한 피고인의 반응과 이후 수사 또는 재판과정에서의 태도 변화, 수사단서의 제공 등으로 피고인이 입게 된 불이익의 내용과 정도, 피고인과 피해자가 범행 시점에 만나게 된 경위, 범행 시각과 장소 등 주변환경, 흉기 등 범행도구의 사용 여부를 비롯한 범행의 수단 · 방법, 범행의 내용과 태양, 수사단서의 제공 등 이후 범행에 이르기까지의 피고인과 피해자의 언행, 피고인의 성격과 평소 행동특성, 범행의 예견가능성, 범행 전후의 정황 등과 같은 여러 객관적인 사정을 종합적으로 고려하여 판단할 수</u>

밖에 없다.

○ 제6조(관세법 위반행위의 가중처벌)

37. **특가법위반(관세): 수회에 걸쳐서 이루어진 관세부정환급행위를 포괄하여 일죄로 보아 특가법위반죄로 의율한 원심판결을 파기한 사례 (대법원 2002. 7. 23. 선고 2000도 1094)**

원심은 1998. 5. 28.부터 같은 해 12. 31.까지 94회에 걸쳐서 이루어진 피고인의 관세부정환급행위를 포괄하여 1죄로 보고, 이를 구 특정범죄가중처벌등에관한법률(1999. 12. 28. 법률 제6040호로 개정되기 전의 것) 제6조 제4항 제2호로 의율하고 있음을 알 수 있다. 그러나 앞서 본 법리와 기록에 의하면, 피고인이 범한 위 각 관세부정환급행위는 수출용원재료에대한관세등환급에관한특례법시행령 제16조에서 정한 간이정액환급절차에 의한 것으로 특별한 사정이 없는 한 위 각 관세부정환급행위는 각각 별도의 관세부정환급죄를 구성한다고 할 것이고, 위 각 관세부정환급행위마다 환급받은 관세액이 20,000,000원에 미달하여 위 각 관세부정환급행위를 구 특정범죄가중처벌등에관한법률 (1999. 12. 28. 법률 제6040호로 개정되기 전의 것) 제6조 제4항 제2호로 의율할 수는 없다고 할 것이다.

○ 제8조(조세 포탈의 가중처벌)

38. **특가법위반(조세): 특가법 제8조 제1항 소정의 '연간'의 의미(=1월 1일부터 12월 31 일까지의 1년간) 및 '연간 포탈세액 등'의 의미 = 각 세목의 과세기간 등에 관계없이 각 연도별(1월 1일부터 12월 31일까지)로 포탈한 또는 부정 환급받은 모든 세액을 합산한 금액 (대법원 2000. 4. 20. 선고 99도3822)**

[다수의견]
원래 조세포탈범의 죄수는 위반사실의 구성요건 충족 회수를 기준으로 하여 예컨대, 소득세포탈범은 각 과세연도의 소득세마다, 법인세포탈범은 각 사업연도의 법인세마다, 그리고 부가가치세의 포탈범은 각 과세기간인 6월의 부가가치세마다 1죄가 성립하는 것이 원칙이나, 특정범죄가중처벌등에관한법률 제8조 제1항은 연간 포탈세액이 일정액 이상이라는 가중사유를 구성요건화하여 조세범처벌법 제9조 제1항의 행위와 합쳐서 하나의 범죄유형으로 하고 그에 대한 법정형을 규정한 것이므로, 조세의 종류를 불문하고 1년간 포탈한 세액을 모두 합산한 금액이 특정범죄가중처벌등에관한법률 제8조 제1항 소정의 금액 이상인 때에는 같은 항 위반의 1죄만이 성립하고, 또한 같은 항 위반죄는

1년 단위로 하나의 죄를 구성하며 그 상호간에는 경합범 관계에 있다 할 것이고, 따라서 같은 항에 있어서 '연간'은 그 적용대상이 되는지 여부를 판단하기 위한 포탈세액을 합산하여야 할 대상기간을 의미할 뿐만 아니라, 그 죄수와 기판력의 객관적 범위를 결정하는 주요한 구성요건의 하나이므로 일반인의 입장에서 보아 어떠한 조세포탈행위가 같은 항 위반의 죄가 되고 또 어떤 형벌이 과하여지는지 알 수 있도록 그 개념이 명확하여야 하는데, 같은 항에서와 같이 연간이라는 용어를 사용하면서 그 기산시점을 특정하지 아니한 경우에는 역법상의 한 해인 1월 1일부터 12월 31일까지의 1년간으로 이해하는 것이 일반적이며 이렇게 보는 것이 형벌법규의 명확성의 요청에 보다 부응한다 할 것이고, 그리고 포탈범칙행위는 조세범처벌법 제9조의3 소정의 신고·납부기한이 경과한 때에 비로소 기수에 이르는 점 등에 비추어 보면, 특정범죄가중처벌등에관한법률 제8조 제1항에서 말하는 '연간 포탈세액 등'은 각 세목의 과세기간 등에 관계없이 각 연도별(1월 1일부터 12월 31일까지)로 포탈한 또는 부정 환급받은 모든 세액을 합산한 금액을 의미한다(대법원 1982. 5. 25. 선고 82도715 참조).

[반대의견]

특정범죄가중처벌등에관한법률 제8조는 조세범처벌법 제9조 제1항에 규정된 죄를 지은 사람의 포탈세액 등이 연간 일정한 금액 이상에 달할 경우 가중하여 처벌하는 규정으로서, 단기간 내에 많은 금액의 조세를 부정한 행위로써 포탈하거나 환급·공제받은 사람을 포탈세액 등의 금액에 따라 엄하게 처벌함으로써 건전한 사회질서를 유지하고 국민경제의 발전에 기여하려는 데에 그 입법목적이 있고, 또 문리상으로도 특정범죄가중처벌등에관한법률 제8조 제1항의 '연간'은 법문대로 '1년의 기간'을 의미하는 것으로 해석될 뿐 각 연도별 1월 1일부터 12월 31일까지를 의미한다고 볼 아무런 근거가 없으며, 뿐만 아니라 형법 제83조는 연 또는 월로써 정한 기간은 역수(曆數)에 따라 계산한다고 규정하고 있는 점 등에 비추어 볼 때 특정범죄가중처벌등에관한법률 제8조 제1항의 '연간'은 기소된 최초의 포탈 등 범칙행위의 성립시기인 어느 해의 특정 시점으로부터 1년의 기간을 뜻하는 것이라고 해석하여야 한다.

《참고판례》

(대법원 2001. 3. 13. 선고 2000도4880) 원래 조세포탈범의 죄수는 위반사실의 구성요건 충족 회수를 기준으로 1죄가 성립하는 것이 원칙이지만, 특정범죄가중처벌등에관한법률 제8조 제1항은 연간 포탈세액이 일정액 이상이라는 가중사유를 구성요건화 하여 조세범처벌법 제9조 제1항의 행위와 합쳐서 하나의 범죄유형으로 하고 그에 대한 법정형을 규정한 것이므로, 조세의 종류를 불문하고 1년간 포탈한 세액을 모두 합산한 금액이 특정범죄가중처벌등에관한법률 제8조 제1항 소정의 금액 이상인 때에는 같은 항 위반의

1죄만이 성립하고, 같은 항 위반죄는 1년 단위로 하나의 죄를 구성하며 그 상호간에는 경합범 관계에 있고, 같은 항에 있어서의 '연간 포탈세액 등'은 각 세목의 과세기간과 관계없이 각 연도별(1월 1일부터 12월 31까지)로 포탈한 세액을 합산한 금액을 의미한다.

○ 제9조(산립자원의 조성 및 관리에 관한 법률 등 위반행위의 가중처벌)

39. 특가법위반(산림): 특가법 제9조 제1항 소정의 임산물의 "원산지가액" 산출방법 (대법원 1995. 3. 10. 선고 94도3398)

특정범죄가중처벌등에관한법률 제9조 제1항 소정의 임산물의 "원산지가액"이란 임산물이 굴취 채취 등에 의하여 산림에서 분리되기 전에 산림 내에 원상태로 있을 당시의 가격을 뜻하므로, 임산물의 시중거래시가에서 채취 운반비 기타 임산물 생산에 소요되는 부대경비 등과 임산물 생산업자의 적정한 기업이익을 공제하여 산출할 수 있다.

○ 제11조(마약사범 등의 가중처벌)

40. [1] 코카인에 관한 특가법 제11조 제2항 소정의 "가액"의 산정기준(=국내도매가격)
[2] 추징의 가액산정의 기준시(=판결선고시) (대법원 1991. 5. 28. 선고 91도352)

[1] 특정범죄가중처벌등에관한법률 제11조 제2항은 소지한 마약의 "가액"이라는 항상 변하는 기준을 가지고 범인을 처벌하고 있으므로 법원으로서는 그 "가액"의 해석을 객관적으로 엄격하게 할 수밖에 없다 할 것인데, 현재 국내에서는 코카인에 관하여는 객관적인 암거래 시세가 형성되어 있지 아니하고 실제 구매가격도 국제시세 등 가변적요소에 의하여 변화가 심하여 그 물건의 객관적 가치를 반영하지 못하므로 암거래시세나 실제 매수가격을 기준으로 하여 정할 수는 없고 결국 정상적인 유통과정에 의하여 형성된 시장가격을 기준으로 정하여야 할 것인바, 현행 마약법상 소매업자는 병원 등 의료기관에 공급할 수 없어 소매가격은 없으므로 정상적인 유통과정에 의하여 형성된 국내도매가격에 의하여 코카인의 가액을 산정하여야 할 것이다.

[2] 몰수의 취지가 범죄에 의한 이득의 박탈을 그 목적으로 하는 것이고 추징도 이러한 몰수의 취지를 관철하기 위한 것이라는 점을 고려하면 몰수하기 불능한 때에 추징하여야 할 가액은 범인이 그 물건을 보유하고 있다가 몰수의 선고를 받았더라면 잃었을 이득상당액을 의미한다고 보아야 할 것이므로 그 가액산정은 재판선고시의 가격을 기준으로 하여야 할 것이다.

41. 특가법 제11조 제1항 소정의 "마약법 제60조에 규정된 죄"에 미수범(동법 제60조 제3항)이 포함되는지 여부 [적극] (대법원 1984. 1.31. 선고 83도2790)

특정범죄가중처벌 등에 관한 법률 제11조 제1항(마약사범의 가중처벌) 소정의 "마약법 제60조에 규정된 죄" 중에는 마약법 제60조 제1항의 죄뿐만 아니라 동 법조 제3항의 죄(제1항의 죄의 미수범)도 포함되어 있음이 명백하므로 피고인들의 소위 중 미수범에 대하여 특정범죄가중처벌 등에 관한 법률 제11조 제1항을 적용하고 <u>미수감경을 하지 아니하였음은 정당하다.</u>

○ **제12조(외국인을 위한 탈법행위)**

42. 특가법 제12조등 위헌소원: [1] 법정형의 내용에 관한 입법형성권 [2] 외국인을 위한 탈법행위를 한 내국인에 대하여 가중처벌을 규정한 특가법 제12조의 법정형이 외국인에 대한 처벌규정에 비하여 무겁다는 이유로 지나치게 가혹한 형벌인지 여부 [소극] [3] 작량감경을 하여도 집행유예를 선고할 수 없도록 법정형을 정한 것이 법관의 양형결정권을 과도하게 제한한 것인지 여부 [소극] (헌법재판소 1999. 5. 27. 96헌바16)

[1] 법정형의 종류와 범위의 선택은 그 범죄의 죄질과 보호법익에 대한 고려뿐만이 아니라 우리의 역사와 문화, 입법 당시의 시대적 상황, 국민 일반의 가치관 내지 법감정 그리고 범죄예방을 위한 형사정책적 측면 등 여러 가지 요소를 종합적으로 고려하여 입법자가 결정할 사항으로서 광범위한 입법재량 내지 형성의 자유가 인정되어야 할 분야이므로, 어느 범죄에 대한 법정형이 그 범죄의 죄질 및 이에 따른 행위자의 책임에 비하여 지나치게 가혹한 것이어서 현저히 형벌체계상의 균형을 잃고 있다거나 그 범죄에 대한 형벌 본래의 목적과 기능을 달성함에 있어 필요한 정도를 일탈하였다는 등 헌법상의 평등의 원칙 및 비례의 원칙 등에 명백히 위배되는 경우가 아닌 한, 쉽사리 헌법에 위반된다고 단정하여서 아니 된다.

[2] 보호법익과 죄질이 서로 다른 둘 또는 그 이상의 범죄를 동일 선상에 놓고 그중 어느 한 범죄의 법정형을 기준으로 하여 단순한 평면적인 비교로써 다른 범죄의 법정형의 과중여부를 판정하여서는 아니 된다. 외국 투기자본의 국내침투에 앞장서서 그 외국인을 위하여 투기용 부동산 등을 사들임으로써, 전 국토를 투기장으로 만들고 국내부동산의 가격폭등을 야기하여 서민들의 소박한 내집마련 꿈이나 건전한 근로의식을 송두리째 빼앗아 가는 그 장본인인 내국인들에 대하여 그들 개개인의 불법행위들이 모여서 초래하는 <u>우리 경제기반의 붕괴라는 막대한 피해결과에 따른 인</u>

과책임은 물론 국가정책이나 법치질서의 확립, 국민의 법감정 및 일반 예방이라는 형사정책적 측면 등을 모두 고려해서 가중처벌하는 것과 외국인을 단지 외국환거래법이나 외국인토지법 등 관련 법률에 의하여 처벌하는 것은 그 보호법익과 죄질이 다르다. 따라서 외국인 관련 법률의 법정형을 기준으로 하여 이 사건 법률조항 소정형의 경중을 논단할 수는 없다 할 것이다.

[3] (1) 입법자가 법정형의 책정에 관한 여러 가지 요소의 종합적 고려에 따라 법률 그 자체로 법관에 의한 양형재량의 범위를 좁혀 놓았다고 하더라도 그것이 당해 범죄의 보호법익과 죄질에 비추어 범죄와 형벌간의 비례의 원칙상 수긍할 수 있는 정도의 합리성이 있다면 이러한 법률을 위헌이라고 할 수 없다. (2) 이 사건 법률조항이 작량감경을 하더라도 별도의 법률상 감경사유가 없는 한 집행유예의 선고를 할 수 없도록 그 법정형의 하한을 높여 놓았다 하여 곧 그것이 법관의 양형결정권을 침해하였다거나 법관독립의 원칙에 위배된다고 할 수 없고 나아가 법관에 의한 재판을 받을 권리를 침해하는 것이라고도 할 수 없다.

○ 제15조(특수직무유기)

43. **[1] 특가법 제15조(특수직무유기) 규정의 성질 [2] 산림법 위반의 범죄수사에 종사하는 공무원이 직무에 위배하여 허위공문서 등을 작성, 행사한 경우 특수직무유기죄의 성부 (대법원 1984. 7. 24. 선고 84도705)**

[1] 특정범죄가중처벌등에관한법률 제15조(특수직무유기)는 형법 제122조의 직무유기죄와는 달리 새로운 범죄유형을 정하고 그에 대한 법정형을 규정한 것이라고 할 것이다.

[2] 공무원이 그 직무상의 의무에 위배하여 허위공문서를 작성행사한 경우 직무위배의 위법 상태는 허위공문서작성 당시부터 그 속에 포함되어 별도로 형법 제122조의 직무유기죄가 성립되지 않는다는 당원 1982. 12. 28. 선고 82도2210 판결은 형법 제122조의 직무유기죄와는 별도의 범죄인 특정범죄가중처벌등에관한법률 제15조의 특수직무유기죄에는 적절한 것이 될 수 없다 할 것이므로, 사법경찰리 직무취급을 겸하여 산림법 위반의 범죄수사에 종사하는 공무원이 특정범죄가중처벌등에관한법률 위반의 범죄 사실을 인지하고도 필요한 조치를 취하지 아니하고 그 범죄사실을 은폐하기 위하여 그 직무에 관한 허위의 공문서를 작성, 행사하였다면 특정범죄가중처벌등에관한법률 제15조의 특수직무유기죄가 성립한다 할 것이다.

제4장

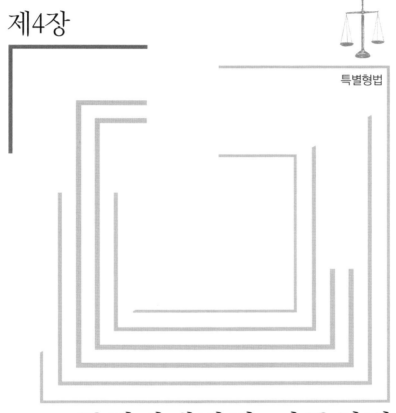

특별형법

특정경제범죄 가중처벌
등에 관한 법률

제4장

특정경제범죄 가중처벌 등에 관한 법률

Ⅰ. 입법취지 및 제정경위

「특정경제범죄 가중처벌 등에 관한 법률(이하 '특경법'이라 한다)」은 1983년 12월 31일 법률 제3693호로 제정되었다. 법 제정 이전의 사회상황을 보면, 1982년에 권력형 부정비리 중 희대의 어음사기로 평가되는 장영자 사건이 발생하였으며, 이듬해 1983년 8월에는 '명성 사건'이 발생했다. 명성 사건은 김철호가 1979년 4월부터 부정한 은행거래를 통해 거액을 빼내어 기업 확장에 사용해 21개 계열사를 거느리는 재벌회장이 되었으나, 원리금도 상환하지 않은 채 1,066억원을 횡령하고, 46억원을 탈세한 사건이다. 같은 해 10월에는 조흥은행 중앙지점 직원들과 영동개발진흥이 공모하여 어음 부정보증을 하는 방법으로 1,019억원을 빼낸 '영동개발진흥 사건'이 발생했다.

위와 같이 전두환정권 출범 이후, 은행과 사채시장이 유착한 지하경제의 비리가 드러난 대형 경제범죄가 발생하고, 또한 외화도피범죄가 빈번히 발생하자 이에 대한 비판적인 여론을 배경으로 1983년에 특경법이 제정된 것이다.

법 제정 시 입법취지는 "경제범죄가 날로 대형화·조직화·지능화되고 경제·사회에 미치는 충격과 피해가 막심하여 그 근절대책이 절실한 실정임에도 현행 처벌법규는 법정형이 가볍거나 벌칙규정의 미비로 말미암아 적절히 대처하지 못하고 있으므로 건전한 국민경제윤리에 반하는 거액경제범죄 및 재산국외도피사범에 대한 법정형을 대폭 강화하여 가중처벌하고, 금융기관 임·직원의 금품수수 등 비위를 엄벌함과 아울러 범법자들의 경제활동을 제한함으로써 경제질서의 확립을 도모하고 나아가 국민경제의 발전에 이바지하려는 것"이라고 밝히고 있다.

제정 당시 전문 14개조와 부칙으로 구성되었던 이 법률은 건전한 국민경제 유지에 반하는 거액경제범죄 및 재산국외도피사범에 대한 법정형을 대폭 강화하고, 금융기관 임직원의 금품수수등 비위를 엄벌함과 아울러 범법자들의 경제활동을 제한하는 것 등이 주된 내용이었다. 구체적으로 보면, ① 이득액이 1억원 이상인 거액사기·공갈·횡령·배임의 죄에 대하여 가중처벌하고, ② 재산국외도피의 죄에 대하여 처벌을 강화하였다. ③ 금융기관 임·직원의 금품수수 등을 처벌하고, 금융기관 임·직원에 대한 금품공여자 등은 5년 이하의 징역 또는 3천만원 이하의 벌금으로 처벌하였으며, 금융기관 임·직원이 사금융을 알선하는 경우 등에는 7년 이하의 징역 또는 7천만원 이하의 벌금에 처하도록 하였다. ④ 저축과 관련하여 부당이익을 수수 또는 제공하는 경우에는 5년 이하의 징역 또는 5천만원 이하의 벌금으로 처벌하고, ⑤ 무인가 단기금융업자는 취득한 수수료액에 따라 1년 이상 또는 3년 이상의 유기징역으로 가중처벌하였다.

한편, 이 법에 위반한 범죄에 대하여 금융기관 임·직원에게는 감독기관에 보고할 의무를 부과하고, 감독기관에게는 수사기관에 고지할 의무를 부과하며, 이에 위반한 자는 최고 200만원 이하의 벌금에 처하도록 하였다. 거액경제범죄자 및 거액의 금품 등을 수수한 금융기관 임·직원 등은 일정기간 동안 금융기관 등에 취업하거나 관허업의 허가 등을 받을 수 없도록 하고, 이에 위반한 자는 1년 이하의 징역 또는 500만원 이하의 벌금에 처하도록 하였다.

Ⅱ. 개정 연혁

특경법은 제정 이후 2018년 3월 20일자 개정까지 총 16차에 걸쳐 개정이 있었다. 이 중 1차 개정(1988. 12. 31. 법률 제4069호), 3차 개정(1998. 1. 13. 법률 제5503호), 4차 개정(1998. 1. 13. 법률 제5505호), 5차 개정(2001. 3. 28. 법률 제6429호), 7차 개정(2004. 12. 31. 법률 제7311호), 10차 개정(2007. 8. 3. 법률 제8635호) 및 13~15차 개정은 모두 타 법률 개정에 수반된 부수개정이거나 어려운 용어를 쉽게 풀어쓰는 내용의 개정이었으며, 실질적인 법개정은 6차례였다. 그 주요한 개정내용은 다음과 같다.

1. 2차 개정(1990년 12월 31일, 법률 제4292호)

국가경제규모의 확대와 국민 법감정의 변천에 따라 구성요건 해당금액과 법정형을 현실에 맞도록 조정하였다. ① 사기·공갈·횡령·배임 등의 죄로 취득한 이득액이 50억원 이상인 때에는 무기 또는 5년 이상의 징역에 처하되, 경제사범에 대하여 극형인 사형까지 처할 수 있도록 한 조항은 삭제되었으며, 이득액이 5억원 이상 50억원 미만인 때에는 3년 이상의 유기징역에 처하도록 하고, ② 재산국외도피액이 50억원 이상인 때에는 무기 또는 10년 이상의 징역에 처하되, 사형은 삭제하며, 도피액이 5억원 이상 50억원 미만인 때에는 5년 이상의 유기징역에 처하도록 하였다. ③ 금융기관 임·직원의 금품수수액이 5천만원 이상인 때에는 무기 또는 10년 이상의 징역에 처하되, 사형은 삭제하며, 수수액이 1천만원 이상 5천만원 미만인 때에는 5년 이상의 유기징역에 처하도록 하였다.

2. 6차 개정(2002년 12월 5일, 법률 제6746호)

6차 개정은 기술신용보증기금의 임·직원이 그 업무에 관하여 보증을 알선하고 금품을 주고받는 등의 행위에 대하여도 가중처벌을 할 수 있도록 하기 위하여 금융기관의 범위에 기술신용보증기금을 추가하고자 이루어진 것이다.

3. 8차 개정(2007년 5월 17일, 법률 제8444호)

8차 개정은 금융기관의 임·직원이 그 직무에 관하여 금품 기타 이익을 수수·

요구 또는 약속한 때에 그 금액에 따라 구분하여 가중처벌하도록 하고 있는바, 가중처벌의 기준금액이 1990년 개정된 이후 그동안의 우리 경제상황의 변화에 따른 화폐가치를 반영하지 못하고 있어 불합리하므로 현재의 화폐가치를 감안하여 조정하는 개정이었다.

4. 9차 개정(2008년 12월 26일, 법률 제9170호)

9차 개정에서는 금융기관의 임직원이 직무와 관련하여 또는 그 지위를 이용하여 금품 등을 수수한 경우 징역형을 부과할 뿐만 아니라 반드시 수수액의 2배 이상 5배 이하의 벌금을 병과하도록 하였다. 금융기관 종사자들에 대하여는 그 직무에 관해 공무원에 준하는 공정성과 청렴성이 요구되는데 징역형 위주의 현행 처벌 규정만으로는 효율적인 부패 척결에 한계가 있으므로 경제 질서의 투명화 및 국가경쟁력의 강화에 기여하려는 한다는 점을 개정이유로 제시하고 있었다.

5. 11차 개정(2009년 5월 8일, 법률 제9646호)

11차 개정에서는 양벌규정에 대한 헌법재판소 위헌결정에 따른 개정이 있었다. 현행 양벌규정은 문언상 영업주가 종업원 등에 대한 관리·감독상 주의의무를 다하였는지에 관계없이 영업주를 처벌하도록 하고 있어 책임주의 원칙에 위배될 소지가 있으므로, 영업주가 종업원 등에 대한 관리·감독상 주의의무를 다한 때에는 처벌을 면하게 함으로써 양벌규정에도 책임주의 원칙이 관철되도록 한 것이다 (법 제4조 및 제9조 개정).

이 외에 부처중심의 책임 있는 행정체제를 구축하기 위한 정부위원회 정비계획에 따라 특정경제범죄행위자와 관련된 취업 승인 및 관허업의 허가 등의 승인에 관한 사항 등을 심의·의결하는 경제사범관리위원회를 폐지하고(제13조 삭제), 법무부장관이 그 사항을 승인하도록 하였다(제14조 개정).

6. 16차 개정(2017년 12월 19일, 법률 제15256호)

16차 개정에서는 특정재산범죄의 대상에 형법상 컴퓨터등 사용사기죄를 추가하였다. 종전 특경법은 형법 제347조(사기), 제350조(공갈), 제350조의2(특수공갈)

등의 죄를 범한 사람이 그 범죄행위로 인하여 취득하거나 제3자로 하여금 취득하게 한 이득액이 5억원 이상일 때에는 법정 이득액 구간에 따라 가중처벌하도록 하고 있었는데 컴퓨터등 정보처리장치에 허위의 정보 등의 입력으로 재산상의 이익을 취득하는 컴퓨터등 사용사기죄의 경우에는 그 가중처벌 대상에서 제외되어 있어 사기죄와 같이 가중처벌의 대상이 되어야 한다는 지적이 있었고, 개정법은 이를 반영하여 형법 제347조의2의 컴퓨터등 사용사기죄를 특정재산범죄의 가중처벌 대상으로 추가하였다(제3조 개정).

제2절 | 주요조문 해설

　　현행 특경법(2017년 12월 19일 일부개정, 법률 제15256호)은 전문 14개조와 부칙으로 구성되어 있다.

　　제1조 (목적)에는 "이 법은 건전한 국민경제윤리에 반하는 특정경제범죄에 대한 가중처벌과 그 범죄행위자에 대한 취업제한 등을 규정함으로써 경제질서를 확립하고 나아가 국민경제의 발전에 이바지함을 목적으로 한다"고 밝히고 있으며, 제2조에 본법에서 사용하는 용어에 대한 정의규정을 두고 있다.

　　특경법상 가중처벌하고 있는 경제범죄에 대한 처벌규정은 제3조 내지 제11조에 규정되어 있다. 제3조 (특정재산범죄의 가중처벌)에서는 형법상의 일정한 재산범죄에 대하여 이득액의 가액에 따라 가중처벌하고 있고, 이하 제4조 (재산국외도피의 죄)에서는 법령에 위반하여 대한민국의 재산을 국외도피하는 행위를 목적물의 가액에 따라 가중처벌하는 규정을 두고 있다. 제5조 이하에는 금융기관의 임·직원의 직무와 관련된 범죄행위에 대한 처벌조항으로 제5조 (수재등의 죄)·제6조 (증재등의 죄)·제7조 (알선수재의 죄)·제8조 (사금융알선의 죄), 제9조 (저축관련 부당행위의 죄)를 두고 있고, 「자본시장과 금융투자업에 관한 법률」 위반행위에 대하여 가중처벌하는 규정을 제11조 (무인가단기금융업의 가중처벌)에 두고 있다.

　　제12조에는 금융회사등의 임직원(법문장의 순화 등을 위한 2012년 2월 10일 개정 이전에는 '금융기관의 임·직원')에게 본법 위반의 죄에 대한 감독기관에의 보고의무를 부과하고, 그 감독기관에게는 수사기관에 고지할 의무를 부과하고 있으며, 이에 위반한 자는 각각 100만원 이하 및 200만원 이하의 벌금에 처하도록 벌칙규정을 두고 있다. 또한 제14조에는 거액경제범죄자 및 거액의 금품 등을 수수한 금융회사등의 임직원 등은 일정기간 동안 금융기관 등에 취업하거나 관허업의 허가 등을 받을 수 없도록 하고, 이에 위반한 자는 1년 이하의 징역 또는 500만원 이하의 벌금에 처하도록 하고 있다.

Ⅰ. 형법상 특정재산범죄의 가중처벌(제3조)

제3조 (특정재산범죄의 가중처벌) ① 「형법」 제347조(사기), 제347조의2(컴퓨터등 사용사기), 제350조(공갈), 제351조(제347조, 제347조의2 및 제350조의 상습범만 해당한다), 제355조(횡령·배임) 또는 제356조(업무상의 횡령과 배임)의 죄를 범한 사람은 그 범죄행위로 인하여 취득하거나 제3자로 하여금 취득하게 한 재물 또는 재산상 이익의 가액(이하 이 조에서 "이득액"이라 한다)이 5억원 이상일 때에는 다음 각 호의 구분에 따라 가중처벌한다.
1. 이득액이 50억원 이상일 때: 무기 또는 5년 이상의 징역
2. 이득액이 5억원 이상 50억원 미만일 때: 3년 이상의 유기징역
② 제1항의 경우 이득액 이하에 상당하는 벌금을 병과(倂科)할 수 있다.

1. 가중처벌의 대상범죄

형법 제347조(사기), 제347조의2(컴퓨터등 사용사기) 및 제350조(공갈), 제351조(사기, 컴퓨터등 사용사기 및 공갈의 상습범에 한함), 제355조(횡령, 배임), 제356조(업무상의 횡령과 배임)의 죄를 범한 자는 '그 범죄행위로 인하여 취득하거나 제3자로 하여금 취득하게 한 재물 또는 재산상 이익의 가액(이득액)'이 5억원 이상인 때에는 본 법에 의해 형법보다 가중처벌된다. 이득액이 50억원 이상인 때에는 무기 또는 5년 이상의 징역, 5억원 이상 50억원 미만인 때에는 3년 이상의 유기징역에 처하게 된다. 또한 이 경우 각각의 이득액 이하에 상당하는 벌금을 병과할 수 있다(제2항). 가중처벌의 대상이 되는 특정재산범죄의 정의에 종전 법률에는 형법상 컴퓨터등 사용사기죄가 포함되어 있지 않았으나 2017년 12월 19일자 개정에서 추가되었다.

형법 제347조(사기) ① 사람을 기망하여 재물의 교부를 받거나 재산상의 이익을 취득한 자는 10년 이하의 징역 또는 2천만원 이하의 벌금에 처한다.
② 전항의 방법으로 제삼자로 하여금 재물의 교부를 받게 하거나 재산상의 이익을 취득하게 한 때에도 전항의 형과 같다.

형법 제347조의2(컴퓨터등 사용사기) 컴퓨터등 정보처리장치에 허위의 정보 또는 부정한 명

령을 입력하거나 권한 없이 정보를 입력·변경하여 정보처리를 하게 함으로써 재산상의 이익을 취득하거나 제3자로 하여금 취득하게 한 자는 10년 이하의 징역 또는 2천만원 이하의 벌금에 처한다.

형법 제350조(공갈) ① 사람을 공갈하여 재물의 교부를 받거나 재산상의 이익을 취득한 자는 10년 이하의 징역 또는 2천만원 이하의 벌금에 처한다.
② 전항의 방법으로 제삼자로 하여금 재물의 교부를 받게 하거나 재산상의 이익을 취득하게 한 때에도 전항의 형과 같다.

형법 제351조(상습범) 상습으로 제347조 내지 전조의 죄를 범한 자는 그 죄에 정한 형의 2분의 1까지 가중한다.

형법 제355조(횡령, 배임) ① 타인의 재물을 보관하는 자가 그 재물을 횡령하거나 그 반환을 거부한 때에는 5년 이하의 징역 또는 1,500만원 이하의 벌금에 처한다.
② 타인의 사무를 처리하는 자가 그 임무에 위배하는 행위로써 재산상의 이익을 취득하거나 제삼자로 하여금 이를 취득하게 하여 본인에게 손해를 가한 때에도 전항의 형과 같다.

형법 제356조(업무상의 횡령과 배임) 업무상의 임무에 위배하여 제355조의 죄를 범한 자는 10년 이하의 징역 또는 3천만원 이하의 벌금에 처한다.

2. 이득액의 산정방법

특경법 제3조는 형법상의 특정한 재산범죄에 대하여 "범죄행위로 인하여 취득하거나 제3자로 하여금 취득하게 한 재물 또는 재산상 이익의 가액"인 '이득액'의 정도에 따라 법정형을 구분하여 처벌하고 있다. 통상 형법상의 사기, 공갈, 횡령, 배임 등의 재산범죄에 있어서의 이득액은 양형에 영향을 미치는 요소에 불과하지만, 그 이득액이 5억원 이상이어서 특경법 제3조가 적용되는 경우에는 범죄구성요건의 일부가 된다. 따라서 범죄구성요건이자 법정형의 적용기준이 되는 특경법 제3조의 이득액을 산정하는 방법은 중요한 의미를 가진다.

우선 죄수관계에서 보자면, 특경법 제3조에서 말하는 이득액은 단순일죄의 이득액이나 혹은 포괄일죄가 성립하는 경우의 이득액의 합산액을 의미한다(대법원 2000. 11. 10. 선고 2000도3483).[100] 즉 이득액은 단순일죄이거나 포괄일죄에 해당하

---

100) 오영근, 형법각론 [제2판], 414면.

는 경우에는 전체 이득액을 합한 금액이 본조의 이득액이 되지만, 수개의 편취행위가 각각 별개의 사기죄를 구성하는 실체적 경합일 경우에는 경합범으로 처벌될 수 죄의 각 이득액을 합한 금액을 의미하는 것은 아니라 각각의 개별적인 이득액이 본조의 적용기준이 되어야 한다(대법원 2000. 7. 7. 선고 2000도1899). 예컨대 수인의 피해자에 대하여 각별로 기망행위를 하여 각각 재물을 편취한 경우에는 범의가 단일하고 범행방법이 동일하더라도 각 피해자의 피해법익은 독립한 것이므로 이를 포괄일죄로 파악할 수 없고 피해자별로 독립한 사기죄가 성립된다. 이 경우 수개의 사기범행이 사기의 포괄일죄가 되는지 또는 경합범이 되는지는 형법상의 일반죄수론의 원칙에 따라 결정되어야 한다(서울고법 1986. 10. 11. 선고 86노2530 참조).

　　구체적인 사례별로 보자면, 판례는 근저당권이 설정되어 있거나 압류·가압류 등이 이루어져 있는 부동산을 편취한 경우에는 특경법위반(사기)의 적용에 있어 이득액은 부동산의 시가 상당액에서 근저당권 등에 의한 부담에 상당하는 금액 － 근저당권의 채권최고액 범위 내에서의 피담보채권액, 압류에 걸린 집행채권액, 가압류에 걸린 청구금액 범위 내에서의 피보전채권액 － 을 공제한 잔액 상당액을 기망자가 얻은 이득액으로 보고 있다(대법원 2007. 4. 19. 선고 2005도7288 전원합의체 판결, 대법원 2000. 4. 25. 선고 2000도137). 유가증권을 편취한 사기범행의 경우 그 이득액은 그 유가증권의 액면가액으로 본다(대법원 1994. 9. 9. 선고 94도1341, 대법원 1992. 10. 23. 선고 92도1911). 다른 공범들과 순차 공모하여 상습으로 당좌수표와 어음 등을 유통시키고 부도를 낸 특경법위반(사기)에 있어 이득액은 공범 1인이 실제로 취한 이익만을 합산하여 산정할 것이 아니라 순차 공모의 최종공범이 피해자로부터 편취한 재물 또는 재산상의 이익의 가액을 합산하여 산정해야 한다고 본다(대법원 1993. 7. 13. 선고 93도1341, 대법원 1991. 10. 8. 선고 91도1911).

3. 친족상도례의 적용문제

　　특경법이 적용되는 사기, 공갈, 횡령, 배임 등의 죄는 형법상 친족상도례가 적용되는 재산범죄이다. 그렇다면 특경법 제3조 제1항이 적용되어 가중처벌되는 경우 형법상 친족상도례 규정이 적용되는지에 대하여 특경법에는 명시적인 규정을 두고 있지 않기 때문에 그 적용 여부가 문제될 수 있다. 이에 대하여 판례는 형법상 사기죄의 성질은 특경법 제3조 제1항에 의해 가중처벌되는 경우에도 그대로 유지되고, 특별법인 특경법에 친족상도례에 관한 형법 제354조, 제328조의 적용을 배제한다는 명시적인 규정이 없으므로, 형법 제354조는 특경법 제3조 제1항 위반죄에도 그대로 적용된다는 입장을 취하고 있다(대법원 2000. 10. 13. 선고 99오1, 본장 제3절 관련판례 6 참조).

II. 재산국외도피의 죄(제4조)

> **제4조 (재산국외도피의 죄)** ① 법령을 위반하여 대한민국 또는 대한민국국민의 재산을 국외로 이동하거나 국내로 반입하여야 할 재산을 국외에서 은닉 또는 처분하여 도피시켰을 때에는 1년 이상의 유기징역 또는 해당 범죄행위의 목적물 가액(이하 이 조에서 "도피액"이라 한다)의 2배 이상 10배 이하에 상당하는 벌금에 처한다.
> ② 제1항의 경우 도피액이 5억원 이상일 때에는 다음 각 호의 구분에 따라 가중처벌한다.
> 1. 도피액이 50억원 이상일 때: 무기 또는 10년 이상의 징역
> 2. 도피액이 5억원 이상 50억원 미만일 때: 5년 이상의 유기징역
> ③ 제1항 또는 제2항의 미수범은 각 죄에 해당하는 형으로 처벌한다.
> ④ 법인의 대표자나 법인 또는 개인의 대리인, 사용인, 그 밖의 종업원이 그 법인 또는 개인의 업무에 관하여 제1항부터 제3항까지의 어느 하나에 해당하는 위반행위를 하면 그 행위자를 벌하는 외에 그 법인 또는 개인에게도 제1항의 벌금형을 과(科)한다. 다만, 법인 또는 개인이 그 위반행위를 방지하기 위하여 해당 업무에 관하여 상당한 주의와 감독을 게을리하지 아니한 경우에는 그러하지 아니하다.

1. 재산국외도피(제4조)

법령에 위반하여 ① 대한민국 또는 대한민국국민의 재산을 국외에 이동하거나 ② 국내에 반입하여야 할 재산을 국외에서 은닉 또는 처분하여 도피시킨 때에는 1년 이상의 유기징역 또는 당해 범죄행위의 목적물의 가액의 2배 이상 10배 이하에 상당하는 벌금에 처한다(법 제4조 제1항). 이 경우 "당해 범죄행위의 목적물의 가액(도피액)"이 5억원 이상인 때에는 가중처벌하되, 50억원 이상인 때에는 무기 또는 10년 이상의 징역, 5억원 이상 50억원 미만인 때에는 5년 이상의 유기징역에 각각 처하게 된다(제2항).

본조 제1항의 재산국외도피죄의 성립요건 및 성립시기와 관련해서는, 재산을 국외에서 은닉한다는 인식을 가지고 국내에 반입하여야 할 재산을 국외에서 은닉(또는 처분하여) 도피시켰다면 이미 그 범죄는 성립이 되고 그 후 그 재산의 일부가 국내에 다시 반입된 여부나 혹은 애초부터 그 은닉된 재산을 다시 국내로 반입하여 소비할 의사가 있었는지 여부는 정상참작의 사유는 될지언정 그 범죄의 성립에는 영향을 미치지 아니한다고 본다(대법원 1988. 6. 21. 선고 88도551 [본장 제3절 관련판례 7. 참조]; 대법원 1989. 2. 14. 선고 88도2211 참조).

그리고 이른바 자금순환 목적으로 해외로 송금한 경우 재산국외도피의 범의 유무와 관련해서는, 재산국외도피죄는 자신의 행위가 법령에 위반하여 국내재산을 해외로 이동한다는 인식과 그 행위가 재산을 대한민국의 법률과 제도에 의한 규율과 관리를 받지 않고 자신이 해외에서 임의로 소비, 축적, 은닉 등 지배·관리할 수 있는 상태에 두는 행위라는 인식을 가지고 국내재산을 해외로 이동하여 대한민국 또는 대한민국 국민의 재산이 유출될 위험이 있는 상태를 발생하게 하는 것, 즉 도피시킴으로써 범죄는 성립한다고 할 것이나, 처음부터 해외에서의 사용을 예정하지 않고 즉시 반입할 목적으로 송금하였다면, 해외로 이동하여 지배·관리한다는 재산도피의 범의가 있었다고 볼 수는 없다고 본다(대법원 2005. 4. 29. 선고 2002도7262, 본장 제3절 관련판례 8. 참조).

2. 형법총칙상의 미수범 감경의 배제

한편 본조 제1항 및 제2항의 재산국외도피의 죄의 미수범은 도피액에 따라 처벌하고 있는 위 "각 본죄에 정한 형으로 처벌"한다(제3항). 형법상 통상의 미수범은 기수범보다 그 형을 임의적으로 감경할 수 있지만(형법 제25조 제1항), 본조에서는 이러한 임의적 감경을 배제하고 있으므로 형법총칙에 대한 특별규정으로 보아야 할 것이다.

3. 양벌규정

또한, 본조 제1항 내지 제3항의 죄에 관하여는 소위 양벌규정을 두고 있으며,

이 경우 양벌규정으로 처벌되는 법인 또는 개인에 대하여는 제1항에 규정된 벌금, 즉 당해 범죄행위의 목적물의 가액의 2배 이상 10배 이하에 상당하는 벌금을 과하게 된다(제4항). 다만, 법인 또는 개인이 그 위반행위를 방지하기 위하여 해당 업무에 관하여 상당한 주의와 감독을 게을리 하지 아니한 경우에는 양벌규정을 적용할 수 없다.

Ⅲ. 수재 · 증재 · 알선수재 등의 죄(제5조, 제6조, 제7조)

1. 수재 등의 죄(제5조)

제5조 (수재등의 죄) ① **금융회사등의 임직원이 그 직무에 관하여 금품이나 그 밖의 이익을 수수(收受), 요구 또는 약속하였을 때**에는 5년 이하의 징역 또는 10년 이하의 자격정지에 처한다.
② 금융회사등의 임직원이 **그 직무에 관하여 부정한 청탁을 받고 제3자에게 금품이나 그 밖의 이익을 공여(供與)하게 하거나 공여하게 할 것을 요구 또는 약속하였을 때**에는 제1항과 같은 형에 처한다.
③ 금융회사등의 임직원이 **그 지위를 이용하여 소속 금융회사등 또는 다른 금융회사등의 임직원의 직무에 속하는 사항의 알선에 관하여 금품이나 그 밖의 이익을 수수, 요구 또는 약속하였을 때**에는 제1항과 같은 형에 처한다.
④ 제1항부터 제3항까지의 경우에 수수, 요구 또는 약속한 금품이나 그 밖의 이익의 가액(이하 이 조에서 "수수액"이라 한다)이 3천만원 이상일 때에는 다음 각 호의 구분에 따라 가중처벌한다.
1. 수수액이 1억원 이상일 때: 무기 또는 10년 이상의 징역
2. 수수액이 5천만원 이상 1억원 미만일 때: 7년 이상의 유기징역
3. 수수액이 3천만원 이상 5천만원 미만일 때: 5년 이상의 유기징역
⑤ 제1항부터 제4항까지의 경우에 수수액의 2배 이상 5배 이하의 벌금을 병과한다.

본조에서 말하는 '금융회사등'의 정의에 대하여는 특경법 제2조에서 규정하고 있다.

제2조 이 법에서 사용하는 용어의 뜻은 다음과 같다. <개정 2016. 3. 29., 2016. 5. 29.>
1. "금융회사등"이란 다음 각 목의 어느 하나에 해당하는 것을 말한다.

가. 「한국은행법」에 따른 한국은행, 「금융위원회의 설치 등에 관한 법률」에 따른
    금융감독원 및 「은행법」이나 그 밖의 법률에 따른 은행
나. 「자본시장과 금융투자업에 관한 법률」에 따른 투자매매업자, 투자중개업자, 집
    합투자업자, 신탁업자, 증권금융회사 및 종합금융회사
다. 「상호저축은행법」에 따른 상호저축은행과 그 중앙회
라. 「농업협동조합법」에 따른 조합과 농협은행
마. 「수산업협동조합법」에 따른 조합과 수협은행
바. 「신용협동조합법」에 따른 신용협동조합과 그 중앙회
사. 「새마을금고법」에 따른 새마을금고와 그 연합회
아. 「보험업법」에 따른 보험업을 경영하는 자
자. 「신용보증기금법」에 따른 신용보증기금
차. 「기술보증기금법」에 따른 기술보증기금
카. 그 밖에 가목부터 차목까지의 기관과 같거나 유사한 업무를 하는 기관으로서
    대통령령으로 정하는 기관
2. "저축"이란 다음 각 목의 어느 하나에 해당하는 것을 금융회사등에 예입(預入),
   납입(納入) 또는 신탁(信託)하거나 금융회사등으로부터 수령(受領) 또는 매입
   (買入)하는 것을 말한다.
가. 예금, 적금, 부금(賦金), 계금(契金) 및 신탁재산
나. 주식, 채권, 수익증권, 어음, 수표 및 채무증서
다. 보험료
라. 그 밖에 가목부터 다목까지의 규정에 준하는 것으로서 대통령령으로 정하는 것
3. "대출등"이란 금융회사등이 취급하는 대출, 채무의 보증 또는 인수(引受), 급부
   (給付), 채권 또는 어음의 할인이나 그 밖에 이에 준하는 것으로서 대통령령으
   로 정하는 것을 말한다.
[전문개정 2012. 2. 10.]

   금융회사등의 임직원이 그 직무에 관하여 ① 금품 기타 이익을 수수·요구
또는 약속한 행위와 ② 부정한 청탁을 받고 제3자에게 금품 기타 이익을 공여하
게 하거나 공여하게 할 것을 요구 또는 약속한 행위, 그리고 ③ 금융회사등의 임
직원이 그 지위를 이용하여 소속 금융회사등 또는 다른 금융회사 등의 임직원의
직무에 속한 사항의 알선에 관하여 금품 기타 이익을 수수·요구 또는 약속한 행
위는 5년 이하의 징역 또는 10년 이하의 자격정지로 처벌하게 된다(법 제5조 제1항·제
2항·제3항). 이 조항들의 구성요건은 형법상 공무원의 뇌물죄의 유형에 상응하는

형태로 규정되어 있다고 볼 수 있다.

위 ①②③의 경우, "수수·요구 또는 약속한 금품 기타 이익의 가액(수수액)"이 3천만원 이상인 때에는 가중처벌하되, ① 1억원 이상인 때에는 무기 또는 10년 이상의 징역, ② 5천만원 이상 1억원 미만인 때에는 7년 이상의 유기징역, ③ 3천만원 이상 5천만원 미만인 때에는 5년 이상의 유기징역으로 각각 처벌한다(제4항). 수수액이 3천만원 미만인 경우에는 법 제5조 1항 내지 3항에 따라 5년 이하의 징역 또는 10년 이하의 자격정지로 처벌되므로 수수액의 정도에 따라 4단계로 구분되어 처벌되는 형태이다.

아울러 위 4단계의 각 처벌에 있어서는 수수액의 2배 이상 5배 이상의 벌금을 필요적으로 병과한다(2008년 12월 26일자 개정 시 신설).

2. 증재죄 및 증재물전달죄(제6조)

제6조 (증재 등의 죄) ① 제5조에 따른 **금품이나 그 밖의 이익을 약속, 공여 또는 공여의 의사를 표시한 사람**은 5년 이하의 징역 또는 3천만원 이하의 벌금에 처한다.
② 제1항의 행위에 제공할 목적으로 제3자에게 금품을 교부하거나 그 정황을 알면서 교부받은 사람은 제1항과 같은 형에 처한다.

제5조(수재등의 죄)의 규정에 의한 금품 기타 이익을 약속·공여 또는 공여의 의사를 표시한 자는 5년 이하의 징역 또는 3천만원 이하의 벌금으로 처벌하며(제6조 제1항), 이 행위에 제공할 목적으로 제3자에게 금품을 교부하거나 그 정을 알면서 교부받은 자도 같은 형으로 처벌하게 된다(제2항).

본조의 금융회사등의 임직원에 대한 증재에 관해서는 형법상 증뢰죄(제133조 제1항)와 마찬가지로 '약속', '공여', '공여의 의사를 표시'한 경우를 모두 행위태양에 포함시키고 있으며, 또한 증뢰물전달죄(제133조 제2항)에 해당하는 구성요건도 규정해두고 있다.

> **형법 제133조(뇌물공여등)** ① 제129조 내지 제132조에 기재한 뇌물을 약속, 공여 또는 공여의 의사를 표시한 자는 5년 이하의 징역 또는 2천만원 이하의 벌금에 처한다.
> ② 전항의 행위에 공할 목적으로 제삼자에게 금품을 교부하거나 그 정을 알면서 교부를 받은 자도 전항의 형과 같다.

본조 제2항의 증재물전달죄는 증재행위에 제공할 목적으로 제3자에게 금품을 교부하거나 그 정을 알면서 교부를 받음으로써 성립하는 범죄이다. '교부'의 경우에는 소위 '목적범'의 형태로 규정되어 있다. 여기서 금품을 교부한 자와 그 정을 알면서 교부받은 자는 필요적 공범 중 대향범의 관계에 있다.

본죄는 제3자에게 증재용 금품을 교부함으로써 또는 제3자가 증재용 금품이라는 것을 알면서 교부받음으로써 성립한다. 이후에 제3자가 교부받은 금품을 수뢰한 공무원에게 전달했는가는 본죄의 성립에 영향이 없다(대법원 1997. 9. 5. 선고 97도1572).

3. 알선수재의 죄(제7조)

> **제7조 (알선수재의 죄)** 금융회사등의 임직원의 직무에 속하는 사항의 알선에 관하여 금품이나 그 밖의 이익을 수수, 요구 또는 약속한 사람 또는 제3자에게 이를 공여하게 하거나 공여하게 할 것을 요구 또는 약속한 사람은 5년 이하의 징역 또는 5천만원 이하의 벌금에 처한다.

금융회사등의 임직원의 직무에 속한 사항의 알선에 관하여 금품 기타 이익을 수수·요구 또는 약속한 자 또는 제3자에게 이를 공여하게 하거나 공여하게 할 것을 요구 또는 약속한 자는 5년 이하의 징역 또는 5천만원 이하의 벌금으로 처벌한다(제7조).

특경법상의 알선수재죄는 그 알선의 대상이 "금융회사등의 임직원의 직무에 속한 사항"이라는 점에서 "공무원의 직무에 속한 사항"을 알선의 대상으로 하고 있는 형법상의 알선수뢰죄(제132조)나 특가법 제7조, 변호사법 제111조의 알선수재죄와 구별된다.[101]

---

101) 특경법상의 알선수재죄인 본조와 형법상 알선수뢰죄, 특가법상의 알선수재죄, 변호사법상의 알선수재죄의 차이점 및 상호 관계에 대한 자세한 내용은 본서 제3장 특가법 부분 참조.

Ⅳ. 사금융알선등 및 저축관련부당행위의 죄(제8조, 제9조)

1. 사금융알선 등의 죄(제8조)

> **제8조 (사금융 알선 등의 죄)** 금융회사등의 임직원이 그 지위를 이용하여 자기의 이익 또는 소속 금융회사등 외의 제3자의 이익을 위하여 자기의 계산으로 또는 소속 금융회사등 외의 제3자의 계산으로 금전의 대부, 채무의 보증 또는 인수를 하거나 이를 알선하였을 때에는 7년 이하의 징역 또는 7천만원 이하의 벌금에 처한다.

금융회사등의 임직원이 그 지위를 이용하여 자기의 이익 또는 소속금융기관 외의 제3자의 이익을 위하여 자기의 계산 또는 소속 금융회사등 외의 제3자의 계산으로 금전의 대부, 채무의 보증 또는 인수를 하거나 이를 알선한 행위를 7년 이하의 징역 또는 7천만원 이하의 벌금으로 처벌한다(법 제8조).

2. 저축관련 부당행위죄(제9조)

> **제9조 (저축 관련 부당행위의 죄)** ① 저축을 하는 사람 또는 저축을 중개하는 사람이 금융회사등의 임직원으로부터 그 저축에 관하여 법령 또는 약관이나 그 밖에 이에 준하는 금융회사등의 규정에 따라 정하여진 이자, 복금(福金), 보험금, 배당금, 보수 외에 어떤 명목으로든 금품이나 그 밖의 이익을 수수하거나 제3자에게 공여하게 하였을 때에는 5년 이하의 징역 또는 5천만원 이하의 벌금에 처한다.
> ② 저축을 하는 사람이 그 저축과 관련하여 그 저축을 중개하는 자 또는 그 저축과 관계없는 제3자에게 금융회사등으로부터 대출등을 받게 하였을 때 또는 저축을 중개하는 사람이 그 저축과 관련하여 금융회사등으로부터 대출등을 받거나 그 저축과 관계없는 제3자에게 대출등을 받게 하였을 때에는 제1항과 같은 형에 처한다.
> ③ 금융회사등의 임직원이 제1항 또는 제2항에 규정된 금품이나 그 밖의 이익을 공여하거나 대출등을 하였을 때에는 제1항 또는 제2항과 같은 형에 처한다.
> ④ 제1항부터 제3항까지의 경우 징역과 벌금을 병과할 수 있다.
> ⑤ 금융회사등의 임직원이 소속 금융회사등의 업무에 관하여 제3항의 위반행위를 하면 그 행위자를 벌하는 외에 그 소속 금융회사등에도 같은 항의 벌금형을 과(科)한다. 다만, 소속 금융회사등이 그 위반행위를 방지하기 위하여 해당 업무에 관하여 상당한 주의와 감독을 게을리하지 아니한 경우에는 그러하지 아니하다.

저축을 하는 자 또는 저축을 중개하는 자가 금융회사등의 임직원으로부터 당해 저축에 관하여 법령 또는 약관 기타 이에 준하는 금융회사등의 규정에 의하여 정하여진 이자·복금·보험금·배당금·보수 외에 명목여하를 불문하고 금품 기타 이익을 수수하거나 제3자에게 이를 공여하게 한 때에는 5년 이하의 징역 또는 5천만원 이하의 벌금으로 처벌한다(제9조 제1항). 또한 저축을 하는 자가 당해 저축과 관련하여 당해 저축을 중개하는 자 또는 당해 저축과 관계없는 제3자에게 금융기관으로부터 대출 등을 받게 한 때 또는 저축을 중개하는 자가 당해 저축과 관련하여 금융회사등으로부터 대출 등을 받거나 당해 저축과 관계없는 제3자에게 대출 등을 받게 한 때에도 5년 이하의 징역 또는 5천만원 이하의 벌금으로 처벌한다(제2항). 그리고 금융회사등의 임직원이 본조 제1항 또는 제2항에 규정된 금품 기타 이익을 공여하거나 대출 등을 한 때에는 제1항 또는 제2항의 형과 같다(제3항). 위 제1항·제2항 및 제3항의 경우에는 징역과 벌금을 병과할 수 있다(제4항). 금융회사등의 임직원이 소속 금융회사등의 업무에 관하여 제3항에 규정된 행위를 한 때에는 행위자를 벌하는 외에 소속 금융회사등에 대하여도 제3항에 규정된 벌금을 과하게 된다(제5항).

Ⅴ. 무인가 단기금융업의 가중처벌(제11조)

제11조 (무인가 단기금융업의 가중처벌) ① 「자본시장과 금융투자업에 관한 법률」 제444조 제22호(단기금융업무만 해당한다)의 죄를 범한 사람은 그 영업으로 인하여 취득한 이자, 할인 및 수입료 또는 그 밖의 수수료의 금액(이하 이 조에서 "수수료액"이라 한다)이 연 1억원 이상일 때에는 다음 각 호의 구분에 따라 가중처벌한다.
1. 수수료액이 연 10억원 이상일 때: 3년 이상의 유기징역
2. 수수료액이 연 1억원 이상 10억원 미만일 때: 1년 이상의 유기징역
② 제1항의 경우에 취득한 수수료액의 100분의 10 이상 수수료액 이하에 상당하는 벌금을 병과한다.

본조에서는 「자본시장과 금융투자업에 관한 법률」[102] 제444조 제22호(단기금

---

[102] 단기금융업에 관하여 규율하던 구 '종합금융회사에관한법률'이 2007년 8월 3일자로 폐지되고, 「자본시장과 금융투자업에 관한 법률」에 흡수됨에 따라 특경법 제11조의 무인가

융업무에 한한다)에 규정된 죄를 범한 자를 "그 영업으로 인하여 취득한 이자·할인 및 수입료 기타 수수료의 금액", 즉 '수수료액'의 정도에 따라 구분하여 처벌하고 있다.

수수료액이 연 1억원 이상인 때에는 가중처벌하되, ① 연 10억원 이상인 때에는 3년 이상의 유기징역, ② 연 1억원 이상 10억원 미만인 때에는 1년 이상의 유기징역으로 처벌한다(법 제11조 제1항). 따라서 수수료액이 연 1억원 미만인 경우에는 기본법인「자본시장과 금융투자업에 관한 법률」제444조에 따라 5년 이하의 징역 또는 2억원 이하의 벌금으로 처벌된다.

그리고 본조에 따라 처벌되는 경우에는, 취득한 수수료액의 100분의 10 이상 수수료액 이하에 상당하는 벌금을 필요적으로 병과한다(제2항).

자본시장과 금융투자업에 관한 법률 제444조(벌칙) 다음 각 호의 어느 하나에 해당하는 자는 <u>5년 이하의 징역 또는 2억원 이하의 벌금에 처한다.</u> [개정 2009. 2. 3.]

1~21. (생략)

22. 제324조 제1항, 제355조 제1항 또는 <u>제360조 제1항을 위반하여 인가를 받지 아니하고 해당 업무를 영위한 자</u>

23~29. (생략)

자본시장과 금융투자업에 관한 법률 제360조(금융기관의 단기금융업무) ① <u>1년 이내에서 대통령령으로 정하는 기간 이내에 만기가 도래하는 어음의 발행·할인·매매·중개·인수 및 보증업무와 그 부대업무(附帶業務)로서 대통령령으로 정하는 업무(이하 "단기금융업무"라 한다)를 영위하려는 자는 금융위원회의 인가를 받아야 한다.</u> [개정 2008. 2. 29. 제8863호(금융위원회의 설치 등에 관한 법률)]

② 제1항에 따른 인가를 받으려는 자는 다음 각 호의 요건을 모두 갖추어야 한다.

1. 은행, 그 밖에 대통령령으로 정하는 금융기관일 것

2. 200억원 이상으로서 대통령령으로 정하는 금액 이상의 자기자본을 갖출 것

3. 사업계획이 타당하고 건전할 것

4. 투자자를 보호하고 영위하고자 하는 업을 수행하기에 충분한 인력 및 전산설비, 그 밖의 물적 시설을 갖출 것

5. 대주주(제12조 제2항 제6호 가목의 대주주를 말한다)가 충분한 출자능력, 건전한 재무상태

단기금융업의 가중처벌의 기본법률이 이와 같이 변경되었다.

및 사회적 신용을 갖출 것

③~⑩ (생략)

자본시장과 금융투자업에 관한 법률 시행령 제348조(단기금융회사의 업무 등) ① 법 제360조 제1항에서 "대통령령으로 정하는 기간"이란 <u>1년</u>을 말한다.

② 법 제360조 제1항에서 "대통령령으로 정하는 업무"란 <u>어음을 담보로 한 대출업무를</u> 말한다.

③~⑥ (생략)

　여기서의 단기금융업무란, 자본시장과 금융투자업에 관한 법률 제360조에서 규정한 1년 이내의 단기간 내에 만기가 도래하는 어음의 발행·할인·매매·중개·인수 및 보증업무와 그 부대업무로서 대통령령으로 정하는 업무를 말하며, 동법 시행령(대통령령 제29495호, 최종개정 2019. 1. 15.)에서는 대통령령으로 정하는 업무로서 "어음을 담보로 한 대출업무"를 금융위원회의 인가를 받아야 하는 단기금융업무로 규정하고 있다. 따라서 어음을 담보로 한 대출업무를 영위하려는 단기금융업자는 금융위원회의 인가를 받아야 하나 이를 위반하여 인가를 받지 않고 어음을 담보로 한 대출업무를 한 경우 자본시장과 금융투자업에 관한 법률 제444조에 따라 처벌되게 되며, 그 연 수수료액이 1억원 이상인 때에는 특경법 제11조에 따라 처벌되는 것이다.

제3절 | 관련판례

○ 제3조(특정재산범죄의 가중처벌)

1. **[1] 특경법 제3조 제1항 소정의 '이득액'의 의미 [2] 피해자를 기망하여 재물을 편취한 후 그 반환을 회피할 목적으로 현실적인 자금의 수수 없이 기존 차입원리금을 새로이 투자하는 형식을 취한 경우, 별도의 사기죄가 성립하는지 여부 [소극] (대법원 2000. 11. 10. 선고 2000도3483)**

  [1] 특정경제범죄가중처벌등에관한법률 제3조 제1항에서 말하는 이득액은 <u>단순일죄의 이득액이나 혹은 포괄일죄가 성립하는 경우의 이득액의 합산액을 의미하는 것이지만, 그 입법취지에 비추어 이득액은 실질적인 이득액을 말한다.</u>

  [2] 재물편취를 내용으로 하는 사기죄에 있어서는 기망으로 인한 재물교부가 있으면 그 자체로써 피해자의 재산침해가 되어 이로써 곧 사기죄가 성립하고, <u>그 후 피해자를 기망하여 편취한 재물의 반환을 회피할 목적으로 현실적인 자금의 수수 없이 기존 차입원리금을 새로이 투자하는 형식을 취하였다 하더라도 이는 새로운 법익을 침해하는 것이 아니므로 별도로 사기죄를 구성하지 않는다.</u>

  ⇒ 사기죄에 있어서의 이득액은 피고인이 범행을 통해 실제 취득한 금액이고, 서류상 혹은 법률상 계약 혹은 납입액이 기준이 되는 것은 아니다(실질설의 입장).

2. **[1] 사기죄에 있어서 그 대가가 일부 지급된 경우의 편취액(=교부받은 재물 전부) [2] 특경법 제3조 소정의 이득액의 의미 및 <u>수인의 피해자에 대하여 각별로 기망행위를 하여 각각 재물을 편취한 경우에는 피해자별로 독립한 사기죄가 성립하는지 여부</u> [적극] (대법원 2000. 7. 7. 선고 2000도1899)**

  [1] 재물편취를 내용으로 하는 사기죄에 있어서는 <u>기망으로 인한 재물교부가 있으면 그 자체로써 피해자의 재산침해가 되어 이로써 곧 사기죄가 성립하는 것이고, 상당한 대가가 지급되었다거나 피해자의 전체 재산상에 손해가 없다 하여도 사기죄의 성립에는 그 영향이 없으므로</u> 사기죄에 있어서 그 대가가 일부 지급된 경우에도 그 편취액은 피해자로부터 교부된 재물의 가치로부터 그 대가를 공제한 차액이 아니라 <u>교부받은 재물 전부라 할 것이다.</u>

  [2] 특정경제범죄가중처벌등에관한법률 제3조에서 말하는 이득액은 <u>단순일죄의 이득액</u>

이나 혹은 포괄일죄가 성립하는 경우의 이득액의 합산액을 의미하는 것이고, 경합범으로 처벌될 수 죄의 각 이득액을 합한 금액을 의미하는 것은 아니며, 수인의 피해자에 대하여 각별로 기망행위를 하여 각각 재물을 편취한 경우에는 범의가 단일하고 범행방법이 동일하더라도 각 피해자의 피해법익은 독립한 것이므로 이를 포괄일죄로 파악할 수 없고 피해자별로 독립한 사기죄가 성립된다.

⇒ 사기죄의 경우 이득액은 피해자의 처분으로 인해 취득한 재물의 전부 가액이고, 대가가 일부 지급된 경우라도 이를 공제하지 않는다.

3. [1] 특경법 제3조 제1항에서 말하는 '이득액'의 의미 [2] 편취범행으로 교부받은 투자금을 피해자들에게 반환하였다가 다시 그 돈을 재투자받는 방식으로 계속적으로 투자금을 수수한 경우, 특정경제범죄 가중처벌 등에 관한 법률 제3조 제1항에서의 이득액의 산정 방법 (대법원 2006. 5. 26. 선고 2006도1614)

[1] 사기죄는 기망으로 인한 재물의 교부가 있으면 바로 성립하고, 특정경제범죄 가중처벌 등에 관한 법률(이하 '특경법'이라고 한다) 제3조 제1항 소정의 '이득액'이란 거기에 열거된 범죄행위로 인하여 취득하거나 제3자로 하여금 취득하게 한 불법영득의 대상이 된 재물이나 재산상 이익의 가액 합계이지 궁극적으로 그와 같은 이득이 실현되었는지 여부는 영향이 없는 것이다(대법원 2000. 2. 25. 선고 99도4305, 2004. 3. 26. 선고 2003도8231 등 참조).

[2] 피고인이 원금 및 수익금을 제대로 지불하여 줄 의사나 능력 없이 피해자들로부터 투자금을 교부받아 이를 편취하였다면 그 투자금을 교부받을 때마다 각별로 사기죄가 성립하는 것이므로, 교부받은 투자금을 피해자들에게 반환하였다가 다시 그 돈을 재투자받는 방식으로 계속적으로 투자금을 수수하였다면 그 각 편취범행으로 교부받은 투자금의 합계액이 특경법 제3조 제1항 소정의 이득액이 되는 것이지, 반환한 원금 및 수익금을 공제하여 이득액을 산정해야 하는 것은 아니다.

[원심판결] (서울고법 2006. 2. 8. 선고 2005노177, 2782)

특정경제범죄 가중처벌 등에 관한 법률상의 이득액이 실질적 이득액을 의미하는 것이라 할지라도, 그 '실질적 이득액'이 경제적인 의미에서 궁극적으로 이득이 실현되었거나 실현될 가능성이 충분한 것인지 여부에 따라 이득 여부가 결정되는 것은 아니고, 현실적인 자금의 수수가 있는 등 새로운 법익의 침해가 발생하였다는 의미에서 법률적 의미의 이득이 있는지 여부에 따라 결정되어야 하는 것이라 할 것이다.

이 사건 각 범죄사실에 포함된 편취액의 단순합계가 위와 같은 의미의 실질적 이득액을 초과하는 것인지 여부에 관하여 살피건대, 원심에서 적법하게 조사하여 채택한 증거들을 종합하면, 피고인들은 이 사건 투자금 사기 피해자들로부터 투자금을 교부받은 후 약정된 투자원리금을 피해자들에게 실제로 반환하였다가 다시 그 돈을 재투자받는 방식으로 투자금을 수수한 사실, 이 사건 투자금 사기에 관한 범죄사실은 모두 피고인들 및 피해자들의 은행거래 계좌를 조사한 결과에 따른 것으로서 피고인들과 피해자들 사이에 실제로 있었던 자금수수 내역을 그대로 반영한 것인 사실을 인정할 수 있는바, 비록 피고인들이 이 사건 투자금 사기 범행으로 얻은 궁극적인 경제적 이득은 이 사건 투자금 사기 범행의 편취액 합계보다 현저히 적다 할 것이라 하더라도, 앞서 본 법리에 의한다면 이 사건 투자금 사기 범행에 의한 편취액의 합계는 법률적 의미에서의 피고인들의 실질적 이득액을 그대로 반영하는 것이라 할 것이다.

⇒ 별개의 사기행위로 평가되는 형식적인 처분행위가 반복되었다면, 궁극적인 경제적 이득액과 상관없이 모든 처분행위로 인한 편취액의 합계가 '이득액'이라는 취지이다. (각 사기행위가 포괄일죄로 평가받는 것을 전제하는 것임)

《참고판례》
(서울고법 1986. 10. 11. 선고 86노2530) [1] 이 사건 특정경제범죄가중처벌등에 관한법률 위반의 사기범행은 판결이 확정된 사기범행과 상습사기의 포괄일죄의 관계에 있어 면소되어야 할 것이라고 한 사례 [2] 수회의 사기범행으로 인한 이득액의 합계가 1억원 이상이 될 경우 특정경제범죄가중처벌등에 관한 법률 제3조 제1항 제3호의 적용 가부

[1] 특정경제범죄가중처벌등에 관한 법률위반의 사기범행이 이미 판결이 확정된 전의 사기범행과 상습사기의 포괄일죄의 관계에 있다면 위 확정판결의 기판력이 미치므로 면소되어야 할 것이다.

[2] 특정경제범죄가중처벌등에 관한 법률 제3조 제1항 제3호는 1죄인 사기 그 자체를 처벌대상으로 하면서 그 이득액에 의하여 형벌을 가중하는 것일 뿐이고, 수개의 사기범행이 사기의 포괄1죄가 되는가 또는 경합범이 되는가는 일반죄수론의 원칙에 따라 결정되어지는 것이지 죄수론의 일반원칙에 대한 예외로서 당연히 모든 피해자에 대한 모든 사기죄 또는 동일한 피해자에 대한 모든 사기죄를 포괄하여 1죄로 처벌하는 규정이라고는 볼 수 없다.

4. 특경법 제3조 제1항에서 말하는 이득액의 의미 관련, 건설업자가 건설공제조합을 기망하여 선급금보증서를 발급받아 건설공사 발주자에게 제출한 경우 그 이득액 (=선급금 반환채무 보증한도액) (대법원 2006. 11. 24. 선고 2005도5567)

건설업자가 건설산업기본법에 의한 건설공제조합을 기망하여 선급금보증계약을 체결하고 선급금보증서를 발급받아 건설공사 발주자에게 제출한 경우 그로 인하여 건설업자가 취득하는 재산상 이익은 건설공제조합이 선급금보증계약에 의하여 부담한 선급금 반환 보증채무를 자신의 건설공사 계약을 위한 담보로 이용할 수 있는 이익이고 그 가액(이득액)은 원칙적으로 선급금 반환채무 보증한도액 상당이다.

⇒ ○○교회 목사인 피고인 1과 ××주식회사 대표이사인 공소외인이 공모하여 실제 ○○교회 건축도급계약서와는 다른 내용으로 허위의 건축공사표준계약서를 작성·제출하는 방법으로 건설공제조합 담당자를 기망한 다음, ××주식회사가 건설공제조합과 사이에 ××주식회사의 ○○교회에 대한 선급금 반환채무를 30억 8천만 원까지 보증한다는 선급금보증계약을 체결하고 건설공제조합으로부터 발행받은 선급금보증서를 ○○교회측에 교부한 사안인바,
원심이 같은 취지에서, ××주식회사가 건설공제조합으로부터 보증한도액을 30억 8천만 원으로 하는 선급금 보증서를 발급받아 ○○교회에 제출한 뒤 선급금 중 일부로 29억 원을 지급받음으로써 선급금 반환채무 보증한도액인 30억 8천만원 상당의 재산상 이익에 대한 사기죄는 이미 기수에 이르렀다고 보아, 재산상 이익의 가액을 산정할 수 없는 경우에 해당한다거나 ○○교회가 건설공제조합을 상대로 한 선급금 보증금 청구소송에서 패소한 이상 사기미수행위에 불과하다는 피고인 1의 주장을 모두 배척한 것은 정당하고, 거기에 상고이유에서 주장하는 바와 같은 법리오해 등의 위법은 없다고 본 사례
⇒ 지급보증의 경우 이득액은 그 보증에 근거하여 실제 수령한 금액이 아니라, 보증계약상의 지급보증금액 전체이다.

5. 부동산을 편취한 경우에 특정경제범죄 가중처벌 등에 관한 법률 제3조의 적용을 전제로 그 부동산의 가액을 산정함에 있어, 부동산의 시가 상당액에서 근저당권 등에 의한 부담에 상당하는 금액을 공제하여야 하는지 여부 [적극] (대법원 2007. 4. 19. 선고 2005도7288 전원합의체 판결)

[다수의견]
(가) 형법 제347조의 사기죄는 사람을 기망하여 재물의 교부를 받거나 재산상의 이익을 취득하거나 제3자로 하여금 재물의 교부를 받게 하거나 재산상의 이익을 취득하게

함으로써 성립하고, 그 교부받은 재물이나 재산상 이익의 가액이 얼마인지는 문제되지 아니하는 데 비하여, 사기로 인한 특정경제범죄 가중처벌 등에 관한 법률 위반죄에 있어서는 편취한 재물이나 재산상 이익의 가액이 5억 원 이상 또는 50억 원 이상이라는 것이 범죄구성요건의 일부로 되어 있고 그 가액에 따라 그 죄에 대한 형벌도 가중되어 있으므로, 이를 적용함에 있어서는 편취한 재물이나 재산상 이익의 가액을 엄격하고 신중하게 산정함으로써, 범죄와 형벌 사이에 적정한 균형이 이루어져야 한다는 죄형균형 원칙이나 형벌은 책임에 기초하고 그 책임에 비례하여야 한다는 책임주의 원칙이 훼손되지 않도록 유의하여야 한다.

(나) 따라서 사람을 기망하여 부동산의 소유권을 이전받거나 제3자로 하여금 이전받게 함으로써 이를 편취한 경우에 특정경제범죄 가중처벌 등에 관한 법률 제3조의 적용을 전제로 하여 그 부동산의 가액을 산정함에 있어서는, 그 부동산에 아무런 부담이 없는 때에는 그 부동산의 시가 상당액이 곧 그 가액이라고 볼 것이지만, 그 부동산에 근저당권설정등기가 경료되어 있거나 압류 또는 가압류 등이 이루어져 있는 때에는 특별한 사정이 없는 한 아무런 부담이 없는 상태에서의 그 부동산의 시가 상당액에서 근저당권의 채권최고액 범위 내에서의 피담보채권액, 압류에 걸린 집행채권액, 가압류에 걸린 청구금액 범위 내에서의 피보전채권액 등을 뺀 실제의 교환가치를 그 부동산의 가액으로 보아야 한다.

[대법관 김용담, 김황식, 안대희의 별개의견]

(가) 근저당권이 설정되거나 압류·가압류가 이루어진 부동산을 편취하면서 그 피담보채무 등을 인수하여 변제하겠다고 한 것은 그 편취한 재물의 대가지급방법에 불과하다고 보거나 근저당권이나 압류·가압류를 편취한 재물에 붙은 부담이라고 볼 수 있고, 편취한 재물의 실제 교환가치의 파악 즉 궁극적으로 그와 같은 이득을 실현할 것인지 여부는 사기로 인한 특정경제범죄 가중처벌 등에 관한 법률 위반죄에 있어서도 여전히 범죄의 구성요건이 아니라 양형에 관한 사항이라고 해석하여야 할 것이므로, 특정경제범죄 가중처벌 등에 관한 법률 제3조의 적용을 전제로 한 부동산의 가액도 통상적으로 사용되는 재물의 시장가치 즉 아무런 부담이 없는 상태에서의 그 부동산의 객관적인 시가 상당액을 뜻한다고 보는 것이 문언에 충실한 해석이다.

(나) 다수의견에 의하면 편취 당시의 근저당권 피담보채무 등이 사후에 원래 채무자의 변제 등을 통해 전부 또는 일부 소멸하는 경우 부동산의 실제 교환가치가 증가하게 되는데 이러한 편취 이후의 사정에 따라 적용법조를 달리하여야 할 것인지 문제가 되고, 공동담보가 설정되거나 하나의 압류·가압류의 대상이 된 수개의 부동산들 중 일부를 편취한 경우와 근저당권 이외의 담보물권 또는 용익물권, 대항력

있는 임차권, 가처분, 가등기 등이 있는 경우 그 공제의 범위를 어디까지 또는 어느 정도까지로 한정할 것인지에 관해서 명확한 기준을 제시하기 어려우므로, 다수의견은 죄형법정주의의 내용인 명확성의 원칙에 반하고 형사절차에서 혼란을 가져오는 것이어서 적절하지 않다.

(다) 따라서 특정경제범죄 가중처벌 등에 관한 법률 제3조 소정의 '이득액'을 산정함에 있어 편취한 부동산에 관하여 압류나 가등기가 경료되어 있다는 사정은 이득액을 부동산의 객관적인 시가보다 감액하여 평가할 사유가 되지 못한다.

[다수의견에 대한 대법관 김능환의 보충의견]

(가) 사기로 인한 특정경제범죄 가중처벌 등에 관한 법률 제3조 위반죄에 있어서는 형법상 사기죄로 인하여 편취한 재물 또는 재산상 이익의 가액이 5억 원 이상이거나 50억 원 이상일 것을 요건으로 하여 법정형을 달리 규정하고 있음이 그 문언상 명백하므로 형법상의 사기죄와는 그 구성요건이 다른 것으로 볼 수밖에 없고, 편취한 재물의 가액이 얼마인지가 구성요건의 일부라면 그 가액의 평가 내지 산정은 객관적이고도 타당한 방법으로 이루어져야 할 것인데, 거래의 실정에 비추어 근저당권 등의 부담이 있는 부동산과 그러한 부담이 없는 부동산이 가지는 객관적 교환가치가 동일할 수는 없다.

(나) 또한, 근저당권 등의 부담이 있는 부동산을 편취함으로써 그 범죄가 기수에 이른 이상, 그 당시에 있어서의 객관적 교환가치가 부동산의 가액인 것이고, 이를 기준으로 하여 특정경제범죄 가중처벌 등에 관한 법률 제3조의 적용 여부를 가려야 할 것이지 그 근저당권 등이 사후에 변제 등으로 소멸하였는지 여부를 고려할 것은 아니다.

(다) 다수의견에 의하면, 가처분이나 순위보전의 가등기는 부동산의 처분에 장애사유는 될 수 있어도 교환가치에 영향을 미치는 사유는 아니므로 부동산의 가액 산정에 있어 이를 고려할 것은 아니지만, 지상권 등의 용익물권은 경우에 따라 그 부동산의 교환가치에 영향을 미치는 요소가 될 수 있고, 담보가등기·등기된 전세권·대항력 있는 임대차 등은 특별한 사정이 없는 한 근저당권과 동일하게 취급하여도 무방하리라고 생각된다. 그리고 구체적 사안에 따라서는 편취의 대상인 부동산의 객관적 교환가치를 평가·산정하는 것이 그리 단순한 문제가 아닐 수도 있지만, 그 경우에도 부동산의 가액을 객관적으로 타당하게 파악하기 위해 노력해야 하는 것은 적절한 형사사법절차 운영의 책임을 지고 있는 법원의 당연한 책무이고, 그러한 노력에도 불구하고 그 가액을 파악할 수 없는 경우에는 입증책임의 원리에 따라 문제를 해결하여야 할 것이지 그 가액 산정이 어렵다는 이유로 죄형균형 원칙이나 책임주의 원칙이 훼손되는 결과를 용인하는 것은 온당치 못하다.

(라) 결국, 편취한 재물의 가액에 따라 법정형을 달리 규정하고 있는 사기로 인한 특정
경제범죄 가중처벌 등에 관한 법률 위반죄에 있어서 편취한 부동산의 실제 교환가
치가 얼마인지를 범죄의 구성요건 요소가 아니라 단지 양형에 관한 사항에 불과한
것으로 보려는 별개의견의 견해는 죄형균형 원칙이나 책임주의 원칙에 어긋나는
과도한 형벌을 과하게 되는 결과를 낳을 우려가 있어 찬성하기 어렵다.

⇒ 부동산의 '법률적 평가액'에 담보설정액을 포함할 것인지, 부동산 물권의 가액만을
평가할 것인가의 문제이다. 이에 대해 다수의견은 설정된 담보액은 법률적으로도 현
재의 가치산정에 포함되어야 할 요소로 보고 있는 것이지만, 별개의견은 담보는 실
현되기 전까지는 개념적인 것에 불과하므로 현재의 가치산정에 포함시킬 수 없다는
입장인 것이다.

6. 친족상도례에 관한 형법 규정은 특경법 제3조 제1항 위반죄에도 적용되는지 여부 [적극] (대법원 2000. 10. 13. 선고 99오1)

형법 제354조, 제328조의 규정을 종합하면, 직계혈족, 배우자, 동거친족, 호주, 가족
또는 그 배우자 간의 사기 및 사기미수의 각 죄는 그 형을 면제하여야 하고, 그 외의
친족 간에는 고소가 있어야 공소를 제기할 수 있으며, 또한 형법상 사기죄의 성질은 특
정경제범죄가중처벌등에관한법률(이하 '특경법'이라 한다) 제3조 제1항에 의해 가중처벌
되는 경우에도 그대로 유지되고, 특별법인 특경법에 친족상도례에 관한 형법 제354조,
제328조의 적용을 배제한다는 명시적인 규정이 없으므로, 형법 제354조는 특경법 제3
조 제1항 위반죄에도 그대로 적용된다(대법원 1989. 6. 13. 선고 89도582 참조).

○ 제4조(재산 국외도피의 죄)

7. 특경법 제4조 소정 재산국외도피죄의 성립시기 (대법원 1988. 6. 21. 선고 88도551)

특정경제범죄가중처벌등에관한법률 제4조 제1항의 재산국외도피죄는 재산을 국외에
서 은닉한다는 인식을 가지고 국내에 반입하여야 할 재산을 국외에서 은닉(또는 처분)
도피시켰다면 이미 그 범죄는 성립이 되고, 그 후 그 재산의 일부가 국내에 다시 반입
된 여부나 혹은 애초부터 그 은닉된 재산을 다시 국내로 반입하여 소비할 의사가 있었
는지 여부는 정상참작의 사유는 될지언정 그 범죄의 성립에는 영향을 미치지 아니한다.

8. 이른바 자금순환 목적으로 해외로 송금한 경우 특경법 제4조 제1항의 재산국외도피의
   범의 유무 (대법원 2005. 4. 29. 선고 2002도7262)

　　재산국외도피죄는 자신의 행위가 법령에 위반하여 국내재산을 해외로 이동한다는 인
식과 그 행위가 재산을 대한민국의 법률과 제도에 의한 규율과 관리를 받지 않고 자신
이 해외에서 임의로 소비, 축적, 은닉 등 지배·관리할 수 있는 상태에 두는 행위라는
인식을 가지고 국내재산을 해외로 이동하여 대한민국 또는 대한민국 국민의 재산이 유
출될 위험이 있는 상태를 발생하게 하는 것, 즉 도피시킴으로써 범죄는 성립한다고 할
것이나, 처음부터 해외에서의 사용을 예정하지 않고 즉시 반입할 목적으로 송금하였다
면, 해외로 이동하여 지배·관리한다는 재산도피의 범의가 있었다고 볼 수는 없다.

9. 재산국외도피죄를 규정한 특정경제범죄 가중처벌 등에 관한 법률 제4조 제1항에서 말
   하는 '국내에 반입하여야 할 대한민국 또는 대한민국 국민의 재산' 및 '재산의 은닉'의
   의미 (대법원 2008. 2. 15. 선고 2006도7881)

　　특경법 제4조 제1항은 "법령에 위반하여 대한민국 또는 대한민국 국민의 재산을 국
외에 이동하거나 국내에 반입하여야 할 재산을 국외에서 은닉 또는 처분하여 도피시킨
때"를 그 구성요건으로 하고 있는바, 위 규정의 '국내에 반입하여야 할 재산'이라 함은
법령에 의하여 거주자가 국내에 반입하여야 할 의무를 부담하는 대한민국 또는 대한민
국 국민의 재산을 의미한다(대법원 2003. 10. 10. 선고 2003도3516 참조).
　　특경법 제4조 제1항 소정의 재산국외도피죄에서 말하는 '재산의 은닉'은 재산의 발견
을 불가능하게 하거나 곤란하게 만드는 것을 말하고, 재산의 소재를 불명하게 하는 경
우뿐만 아니라 재산의 소유관계를 불명하게 하는 경우도 포함한다(대법원 2005. 5. 13.
선고 2004도7354 참조).

⇒ 국내회사가 수출대금을 외국의 유령회사 명의로 개설한 비밀예금구좌에 예금한 후
　다시 외국의 피고인 명의 계좌로 수출대금을 이전한 사안에서, 외국의 유령회사 명
　의의 예금계약을 피고인 또는 국내회사의 행위로 보아 위 행위는 특정경제범죄 가
　중처벌 등에 관한 법률 제4조 제1항 재산국외도피죄의 구성요건에 해당한다고 본
　사례(피고인이 ㅇㅇ인더스트리스명의 계좌에 예금하였던 공소외 1 ㅇㅇ물산 주식회
　사의 수출대금 중 100만 달러를 인출하여 홍콩 소재 홍콩메릴린치사에 개설한 피고
　인 명의 계좌에 이를 예치해 둔 행위가 재산국외도피죄의 구성요건에 해당한다고 봄)

○ 제5조(수재 등의 죄)

---

10. 특경법 제5조 제1항에 정한 '금융기관의 임·직원이 직무에 관하여' 및 '이익'의 의미 (대법원 2005. 7. 15. 선고 2003도4293)

특정경제범죄가중처벌등에관한법률 제5조 제1항 소정의 '금융기관 임·직원이 직무에 관하여'라 함은 금융기관의 임·직원이 그 지위에 수반하여 취급하는 일체의 사무를 말하는 것으로서, 그 권한에 속하는 직무행위뿐만 아니라, 그와 밀접한 관계가 있는 사무 및 그와 관련하여 사실상 처리하고 있는 사무도 포함되는 것이다(대법원 2000. 2. 22. 선고 99도4942 등 참조). 한편, 특정경제범죄가중처벌등에관한법률 제5조 제1항 소정의 '이익'이란 금전, 물품 기타의 재산적 이익뿐만 아니라, 사람의 수요나 욕망을 충족시키기에 족한 일체의 유형, 무형의 이익을 포함하는 것이고, 투기적 사업에 참여할 기회를 얻는 것도 이에 해당한다고 보아야 할 것이며(대법원 1994. 11. 4. 선고 94도129 등 참조), 이처럼 투기적 사업에 참여하는 기회를 얻는 이익의 경우에는 그로 말미암아 예상되는 이익의 크기를 확정할 수 없거나 그 후의 경제사정의 변동 등으로 말미암아 처음의 예상과는 달리 그 사업에 참여하여 아무런 이득을 얻지 못한 경우라 할지라도 죄의 성립에는 아무런 영향이 없다(대법원 2002. 5. 10. 선고 2000도2251 등 참조).

《참고판례》
(대법원 1994. 3. 22. 선고 93도2962)   [1] 뇌물죄의 보호법익과 직무의 범위   [2] 특정경제범죄가중처벌등에관한법률 제5조 제1항 소정의 "직무에 관하여"의 의미

[1] 뇌물죄는 직무집행의 공정과 직무행위의 불가매수성을 그 보호법익으로 하고 있으므로, 뇌물성은 의무위반행위의 유무와 청탁의 유무 및 수수 시기가 언제인지를 가리지 아니하는 것이고, 따라서 과거에 담당하였거나 장래 담당할 직무 및 사무분장에 따라 현실적으로 담당하지 아니하는 직무라 하더라도 뇌물죄에 있어서의 직무에 해당할 수 있다.

[2] 특정경제범죄가중처벌등에관한법률 제5조 제1항 소정의 "금융기관의 임·직원이 그 직무에 관하여"라 함은 금융기관의 임직원이 그 지위에 수반하여 취급하는 일체의 사무를 말하는 것으로서, 그 권한에 속하는 직무행위뿐만 아니라 이에 밀접한 관계가 있는 경우와 그 직무에 관련하여 사실상 처리하고 있는 행위까지도 모두 포함되고, 또한 그 직무가 독립적인 권한에 기한 것이든 상사의 직무를 보조하는 지위에 기한 것이든 구별할 것이 아니다(대법원 1989. 7. 25. 선고 89도890 참조).

(대법원 2002. 8. 23. 선고 2002도46)   [1] 특정경제범죄가중처벌등에관한법률 제5조 소정의 '직무에 관하여'의 의미 및 금융기관 임·직원의 금품수수와 직무관련성   [2] 금융기관 임·직원이 수수한 금품에 직무행위에 대한 대가로서의 성질과 직무 외의 행위

에 대한 사례로서의 성질이 불가분적으로 결합되어 있는 경우, 그 전부가 직무행위에 대한 대가로서의 성질을 가지는지 여부 [적극]

[1] 특정경제범죄가중처벌등에관한법률 제5조 제1항의 '금융기관의 임·직원이 그 직무에 관하여'라고 하는 것은 '금융기관의 임·직원이 그 지위에 수반하여 취급하는 일체의 사무와 관련하여'라는 뜻이고, 금융기관의 임·직원이 거래처 고객으로부터 금품 기타 이익을 받은 때에는 그것이 당해 거래처 고객이 종전에 금융기관의 임·직원으로부터 접대 또는 수수받은 것을 갚는 것으로서 사회상규에 비추어 볼 때에 의례상의 대가에 불과한 것이라고 여겨지거나, 개인적인 친분관계가 있어서 교분상의 필요에 의한 것이라고 명백하게 인정할 수 있는 경우 등 특별한 사정이 없는 한 직무와의 관련성이 없는 것으로 볼 수 없다.

[2] 특정경제범죄가중처벌등에관한법률 제5조의 금융기관 임·직원이 수수한 금품에 직무행위에 대한 대가로서의 성질과 직무 외의 행위에 대한 사례로서의 성질이 불가분적으로 결합되어 있는 경우에는 그 전부가 불가분적으로 직무행위에 대한 대가로서의 성질을 가진다고 할 것이고, 이는 위 법률 제5조 제4항의 금품수수액을 정함에 있어서도 마찬가지이다.

---

11. [1] 특경법 제5조의 입법취지 [2] 특경법 제5조 제1항 소정의 '금융기관 임·직원이 직무에 관하여'의 의미 [3] 금융기관의 임직원이 그 지위를 이용하여 금융기관으로부터 자금을 대출받아 이를 타인에게 대여한 후 그로부터 대여금에 대한 이자 또는 사례금을 수수한 행위는 특경법 제5조 제1항 소정의 수재죄에 해당하지 않는다고 한 사례 (대법원 2000. 2. 22. 선고 99도4942)

[1] 금융기관 임·직원이 직무와 관련하여 금품을 수수한 행위 등을 처벌하는 특정경제범죄가중처벌등에관한법률 제5조의 입법취지는 금융기관은 특별법령에 의하여 설립되고 그 사업 내지 업무가 공공적 성격을 지니고 있어 국가의 경제정책과 국민경제에 중대한 영향을 미치기 때문에 그 임·직원에 대하여 일반 공무원과 마찬가지로 엄격한 청렴의무를 부과하여 그 직무의 불가매수성을 확보하고자 하는 데 있다.

[2] 특정경제범죄가중처벌등에관한법률 제5조 제1항 소정의 '금융기관 임·직원이 직무에 관하여'라 함은 금융기관의 임·직원이 그 지위에 수반하여 취급하는 일체의 사무를 말하는 것으로서, 그 권한에 속하는 직무행위뿐만 아니라 그와 밀접한 관계가 있는 사무 및 그와 관련하여 사실상 처리하고 있는 사무도 포함되지만, 그렇다고 금융기관 임·직원이 개인적인 지위에서 취급하는 사무까지 이에 포함된다고 할 수는 없다.

[3] 금융기관의 임직원이 그 지위를 이용하여 금융기관으로부터 자금을 대출받아 이를 타인에게 대여한 후 그로부터 대여금에 대한 이자 또는 사례금을 수수한 행위는 특정경제범죄가중처벌등에관한법률 제5조 제1항 소정의 수재죄에 해당하지 않는다.

⇒ 피고인이 금품을 수수한 것은 대여금에 대한 이자 내지 금전을 대여해 준 데 대한 대가로서 수수한 것인데, 피고인이 이연혁에게 금전을 대여한 것은 피고인이 개인 명의로, 개인의 이익을 위하여, 개인의 계산으로 한 것이고, 그 법률효과 또한 피고인 개인에게 귀속될 뿐이므로, 그 사무는 피고인 개인의 사무일 뿐, 피고인이 지소장의 지위에서 취급한 위 지소의 사무는 아니므로, 피고인이 그와 같이 금품을 수수하였다 하더라도 금융기관 임·직원이 직무와 관련하여 금품을 수수한 것으로 볼 수는 없다고 한 사례

12. 특경법 제5조 제3항 소정의 '그 지위를 이용하여'의 의미 (대법원 1988. 4. 25. 선고 88도226)

특정경제범죄가중처벌등에관한법률 제5조 제3항 소정의 '그 지위를 이용하여'란 뜻은 소속 금융기관 또는 다른 금융기관의 임직원과 직무상 직접 또는 간접의 연관관계를 가지고 법률상 또는 사실상의 영향력을 미칠 수 있는 금융기관의 임직원이 그 지위를 이용하는 경우를 말한다.

⇒ 서울신탁은행 서문지점 차장으로 있던 같은 피고인이 성○섭으로 하여금 같은 은행 양재동지점과 수원지점 등으로부터 제공해 준다는 명목으로 그로부터 돈을 받았다면 같은 피고인이 그 직위나 직무의 성격상 위 양재동지점이나 수원지점의 임직원에게 직접 또는 간접으로 영향력을 미칠 수 있는 지위에 있다고 보지 못할 바 아니어서 이 사건 범죄를 구성한다고 본 사례

13. 특경법 제5조 제4항 제1호 등 위헌제청 (헌법재판소 2006. 4. 27. 2006헌가5)

〈판시사항〉

가. 법정형에 대한 입법형성권의 범위와 한계

나. 특정경제범죄가중처벌등에관한법률(1990. 12. 31. 법률 제4292호로 개정되고, 2004. 12. 31. 법률 제7311호로 개정되기 전의 것, 이하 '특경법'이라 한다) 제5조 제4항 중 제1호 및 제2호 부분(이하 '이 사건 법률조항'이라 한다)이 책임과 형벌간의 비례성원칙에 위반되는지 여부 [적극]

다. 이 사건 법률조항이 다른 범죄와 관계에서 형벌체계의 균형성 및 평등원칙에 위반되는지 여부 [적극]

라. 종전에 이 사건 법률조항 중 일부에 대하여 합헌결정이 있었음에도 판례를 변경한 사례

〈판결요지〉

가. 어떤 범죄를 어떻게 처벌할 것인가 하는 문제, 즉 법정형의 종류와 범위의 선택은 광범위한 입법재량 내지 형성의 자유가 인정되어야 할 분야이기는 하지만, 이러한 입법재량은 무제한한 것이 될 수는 없으며, 기본권의 본질적 내용을 침해하는 입법은 용납될 수 없다. 즉 법정형의 종류와 범위를 정할 때에는 형벌 위협으로부터 인간의 존엄과 가치를 존중하고 보호하여야 한다는 헌법 제10조의 요구에 따라야 하고, 헌법 제37조 제2항이 규정하고 있는 과잉입법금지의 정신에 따라 형벌개별화의 원칙에 적용될 수 있는 범위의 법정형을 설정하여 실질적 법치국가의 원리를 구현하도록 하여야 하며, 형벌이 죄질과 책임에 상응하도록 적절한 비례성을 지켜야 한다. 이러한 요구는 특별형법의 경우도 마찬가지여서 입법취지에서 보아 중벌(重罰)주의로 대처할 필요성이 인정되는 경우라 하더라도 범죄의 실태와 죄질의 경중, 이에 대한 행위자의 책임, 처벌규정의 보호법익 및 형벌의 범죄예방효과 등에 비추어 전체 형벌체계상 지나치게 가혹한 것이어서, 그러한 유형의 범죄에 대한 형벌 본래의 기능과 목적을 달성함에 있어 필요한 정도를 현저히 일탈함으로써 입법재량권이 헌법규정이나 헌법상의 제원리에 반하여 자의적으로 행사된 것으로 평가되는 경우에는 이와 같은 법정형을 규정한 법률조항은 헌법에 반한다고 보아야 한다.

나. 이 사건 법률조항은 금융기관 임·직원의 부정부패로 대형 금융사고가 발생함으로써 국가경제가 어려움이 처하였을 때 제정되었고, 공무원이 아닌 금융기관의 임·직원도 공무원에 버금가는 정도의 청렴성과 업무의 불가매수성이 요구됨을 전제로, 금융기관의 임·직원이 범하는 특정경제범죄를 가중처벌하는 방법으로 잠재적인 범죄자에 대한 위하를 통하여 일반예방효과를 극대화함으로써, 건전한 경제질서를 확립하고 나아가 국민경제의 발전에 이바지할 것을 목적으로 제정된 것이다. 그러나 이 사건 법률조항은 당초의 목적이었던 일반예방의 목적을 전혀 달성하지 못하고 있고, 다른 나라의 입법례에서도 그 유례를 찾아보기 힘들다. 또한 이 사건 법률조항 중 제1호 부분은 수수액이 5,000만원 이상인 경우에는 범인의 성행, 전과 유무, 범행의 동기, 범행 후의 정황 등 죄질과 상관없이 무기 또는 10년 이상의 징역에 처하도록 규정하고 있어, 법관으로 하여금 작량감경을 하더라도 별도의 법률상 감경사유가 없는 한 집행유예를 선고할 수 없도록 함으로써 법관의 양형선택과 판단권을 극도로 제한하고 있는 바, 이는 살인죄(사형, 무기 또는 5년 이상의 징역)의

경우에도 작량감경의 사유가 있는 경우에는 집행유예가 가능한 것과 비교할 때 매우 부당하고, 이 사건 법률조항 중 제2호 부분도 수수액이 1,000만원 이상 5,000만원 미만인 경우 5년 이상의 유기징역에 처하도록 규정하고 있어 작량감경을 하지 않으면 집행유예를 선고할 수 없어, 실무상 작량감경이 일상화되어 있는 실정이다. 이는 결국 이 사건 법률조항이 수재 행위자에 대한 엄정한 처벌을 통한 일반예방이라는 당초의 목적을 달성하지 못하고 있음은 물론 오히려 수범자들에게 법의 권위를 떨어뜨리는 위험을 초래할 수 있어 형사정책적으로도 불합리한 결과를 가져오고 있음을 의미하는 것이고, 행위 불법의 크기와 행위자 책임의 정도를 훨씬 초과하는 과중하고 가혹한 형벌을 규정한 것이라는 의심을 가지기에 충분하다.

다. 현대 사회에서는 국가기관 이외에도 공적인 성격을 가진 기관, 단체의 활동이 증대하고 있고, 그 중요성도 커지고 있다. 이처럼 공공의 이익에 직, 간접적인 관련을 맺고 있으며 그 직무의 공정성이 가지는 사회적 의미도 매우 큰 영역의 종사자들에 대하여는 그 직무에 관해 공무원에 준하는 공정성과 청렴성이 요구되고, 이러한 기관, 단체의 종사자들의 직무에 관한 뇌물 수수를 금지함으로써 그 직무집행의 공정을 확보할 필요가 있다. 그런데, 이 사건 법률조항의 법정형은 그 죄질과 보호법익이 유사한 변호사, 파산관재인, 공인회계사 등의 수재죄의 법정형과 비교하여 지나치게 과중할 뿐만 아니라, 최근 이 사건 법률조항과 동일하게 수뢰액을 기준으로 가중처벌할 것을 규정하고 있던 구 특정범죄가중처벌등에관한법률(2005. 12. 29. 법률 제7767호로 개정되기 전의 것) 제2조 제1항이 개정됨에 따라 금융기관의 임·직원으로서는 일정한 경우에는 오히려 공무원보다도 더 중한 법정형으로 처벌되는 불합리한 결과가 발생하게 되었다. 따라서, 이 사건 법률조항은 다른 범죄와의 관계에서 형벌체계상 균형성을 상실하여 평등의 원칙에 위반된다 할 것이다.

라. 그러므로 이와는 달리 특경법 제5조 제4항 제1호가 헌법에 위반되지 아니한다고 판시한 헌재 2005. 6. 30. 2004헌바4등 결정은 이 결정의 견해와 저촉되는 한도 내에서 이를 변경하기로 한다. 특정경제범죄가중처벌등에관한법률(1990. 12. 31. 법률 제4292호로 개정되고, 2004. 12. 31. 법률 제7311호로 개정되기 전의 것) 제5조 제4항 중 제1호 및 제2호 부분

《참고판례》

(헌법재판소 2005. 6. 30. 2004헌바4) 특정경제범죄가중처벌등에관한법률 제5조 제4항 제1호 위헌소원

〈판시사항〉 가. 특정경제범죄가중처벌등에관한법률(1990. 12. 31. 법률 제4292호로 개

정된 것) 제5조 제4항 제1호(이하 '이 사건 법률조항'이라 한다)가 평등원칙에 위배되는
지 여부 [소극]   나. 이 사건 법률조항이 과잉금지원칙에 위배되는지 여부 [소극]

〈판결요지〉

가. 금융기관의 임·직원에게는 공무원에 버금가는 정도의 청렴성과 업무의 불가매수성
이 요구되고, 이들이 직무와 관련하여 금품수수 등의 수재행위를 하였을 경우에는
별도의 배임행위가 있는지를 불문하고 형사제재를 가함으로써 금융업무와 관련된
각종 비리와 부정의 소지를 없애고, 금융기능의 투명성·공정성을 확보할 필요가 있
으므로 금융기관의 임·직원의 직무와 관련한 수재행위에 대하여 일반 사인과는 달
리 공무원의 수뢰죄와 동일하게 처벌한다고 하더라도 거기에는 합리적인 근거가 있
다 할 것이고, 따라서 이 사건 법률조항은 평등원칙에 반하지 않는다.

나. 이 사건 법률조항은 살인죄와 비교하여 법정형의 하한이 2배 높고, 수수액만을 기
준으로 법정형이 달라지는 구조를 취하고 있지만 살인죄와 이 사건 법률조항위반죄
는 보호법익이 서로 다르고, 이 사건 법률조항에는 살인죄와는 달리 사형이 규정되
어 있지 않은 점, 일반적으로 수수액이 증가하면 범죄에 대한 비난가능성도 높아진
다고 보는 것이 합리적인 점, 금융기관 임·직원의 부정부패로 인한 대형 금융사고
의 발생방지라는 이 사건 법률조항의 입법배경, 그리고 금융기관의 임·직원과 마찬
가지로 직무의 공정성과 염결성을 요구받는 공무원의 경우에도 수뢰액이 5,000만원
이상인 경우 동일한 법정형으로 처벌하고 있는 점 등을 종합적으로 고려하면, 이
사건 법률조항의 법정형은 지나치게 가혹하여 형벌체계상 현저히 균형을 잃고 있다
거나 입법목적 달성에 필요한 정도를 넘는 과잉형벌이라고 할 수 없다.

〈재판관 전효숙의 반대의견〉

금융기관의 임·직원의 청렴성과 불가매수성이라는 중요한 법익을 보호하고 5,000만
원 이상의 수재행위와 같이 비난가능성이 높은 범죄에 대한 엄한 형벌이 필요하다고 하
더라도, 행위불법의 크기와 행위자책임의 정도를 훨씬 초과하는 과중하고 가혹한 형벌
을 규정한 이 사건 법률조항은 위헌의 의심을 가지기에 충분하다. 이로 인하여 이 사건
법률조항에 대한 법원의 양형이 왜곡됨으로써 법의 권위를 떨어뜨릴 위험을 초래하고
있는 반면에 일반예방적인 효과의 유효성 여부는 검증되지 않고 있다. 나아가 금품수수
액을 기준으로 하는 불법평가는 경제사정에 따라 매우 유동적이므로 범죄자들 사이에
수수액에 관한 법률의 개정으로 심한 실질적인 불평등을 초래할 수 있고, 이를 시정할
적절한 방법을 찾기도 어렵다. 그리고 이 사건 법률조항은 수많은 양형인자 중 법익침
해의 정도라는 불법요소만을 지나치게 강조하고 있어 법관으로 하여금 수많은 양형인자
를 양형에 적절히 반영할 수 없게 하고, 이에 따라 범죄자의 책임에 상응하는 형벌을
선고할 수 없도록 법관의 양형결정권을 원천적으로 제한하고 있다.

◦ 제7조(알선 수재의 죄)

14. 특경법 제7조에 정한 "금융기관의 임·직원의 직무에 속한 사항의 알선에 관하여 금품을 수수한다"의 의미 (대법원 2005. 8. 19. 선고 2005도3045)

특정경제범죄가중처벌등에관한법률 제7조에서 말하는 "금융기관의 임·직원의 직무에 속한 사항의 알선에 관하여 금품을 수수한다" 함은 금융기관의 임·직원의 직무에 속한 사항에 관하여 알선을 의뢰한 사람(알선의뢰인)과 알선의 상대방이 될 수 있는 금융기관의 임·직원(알선상대방) 사이를 중개한다는 명목으로 금품 기타 이익을 수수하는 경우라야 하는 것이지, 이를 전제로 하지 않고 단순히 금융기관의 임·직원의 직무에 속하는 사항과 관련하여 알선의뢰인에게 편의를 제공하고 그 대가로서 금품을 수수하였을 뿐인 경우에는 금융기관의 임·직원의 직무에 속한 사항의 알선에 관하여 금품을 수수한 것이라고 할 수 없다(대법원 1997. 5. 30. 선고 97도367, 2000. 10. 24. 선고 99도3115 등 참조).

15. 특경법 제7조의 '알선'에는 청탁도 포함되는지 여부 [적극] (대법원 1997. 12. 26. 선고 97도2609)

특정경제범죄가중처벌등에관한법률 제7조의 알선수재의 죄에서 말하는 '알선'이라 함은 "일정한 사항에 관하여 어떤 사람과 그 상대방의 사이에 서서 중개하거나 편의를 도모하는 것"을 의미하므로 어떤 사람이 청탁한 취지를 상대방에게 전하거나 그 사람을 대신하여 스스로 상대방에게 청탁을 하는 행위도 위 조항에서 말하는 '알선'행위에 해당한다.

16. 특경법 제7조 소정의 '금융기관의 임·직원의 직무에 속하는 사항'의 의미 및 로비활동상의 편의를 위하여 형식적으로 법인의 이사로 등기한 자가 청탁 명목으로 법인의 대표이사로부터 금원을 교부받은 경우, 이를 법인의 이사 자신의 사무라고 볼 수 있는지 여부 [소극] (대법원 2002. 6. 11. 선고 2000도357)

특정경제범죄가중처벌등에관한법률 제7조 소정 금융기관의 임·직원의 직무에 속한 사항이라 함은 자기 자신을 제외한 모든 자의 사건 또는 사무를 가리키는 것으로 해석하는 것이 상당하고, 회사의 이사가 대표이사로부터 돈을 받고 청탁을 부탁받은 내용이 자신이 이사로 있는 회사에 관한 것이고 위 이사가 회사의 대표이사를 대리하여 위 회사의 대표자로서 사무를 처리하였다고 보여질 경우에는 사건에 관한 청탁을 타인의 사건 또는 사무에 관한 청탁이라고 볼 수 없을 것이지만, 피고인이 청탁을 명목으로 법인의 대표이사로부터 금원을 받고 로비활동을 하여 오던 중, 그 활동상의 편의를 위하여 그 법인의 통상업무에는 전혀 관여함이 없이 형식적으로 그 법인의 이사로 등기를 경료하고 그 법인의 이사 등 직함을 사용하면서 청탁 명목으로 금원을 교부받았다면, 이는 피고인 자신의 사무라고는 볼 수 없다.

⇒ 알선행위의 정의는 실질적 이해관계의 제3자성 여부에 따른 것이지, 형식적인 소속이나 직함이 영향을 주는 것이 아니다.

○ 제9조(저축관련 부당행위의 죄)

17. [1] 특경법 제9조 제1항에 정해진 "저축을 하는 자"의 의미 [2] 저축을 하는 자가 금융기관 임직원이 공여한 특별한 이익을 수수한 경우, 특경법 제9조 제1항 위반죄에 해당하는지 여부 [적극] (대법원 2006. 3. 9. 선고 2003도6733)

[1] 특정경제범죄가중처벌등에관한법률 제9조의 입법 취지를 감안하면, 같은 조 제1항에 정해진 "저축을 하는 자"에는 사법상 법률효과가 귀속되는 '저축의 주체'가 아니라고 하더라도, '저축과 관련된 행위를 한 자'도 포함되고, 그러한 자가 금융기관 임직원들의 유치활동의 대상이 되어 당해 저축과 관련하여 특별한 이익을 수수하였다면 그 구성요건에 해당된다고 할 것이며, 이러한 해석이 "저축을 하는 자"라는 문언의 의미 한계를 넘어선 해석은 아니므로 죄형법정주의에 위반된 해석이라고 할 수도 없다.

[2] 저축을 하는 자가 금융기관 임직원이 공여한 특별한 이익을 수수하였다면 그 임직원이 금융기관의 기관이나 대리인으로서 금융기관 소유의 금품을 건넨 것이든 아니면 임직원 개인으로서 자기 소유의 금품을 건넨 것이든 관계없이 특정경제범죄가중처벌등에관한법률 제9조 제1항의 구성요건에 해당된다고 해석하여야 한다.

⇒ 보험계약자가 보험회사와의 사이에 보험계약상의 급부와 별도로 특별한 이익을 제공받기로 하는 이면계약을 체결하고 추가 지급받은 돈이 '이자 또는 약관 기타 이에 준하는 금융기관의 규정에 의하여 지급한 보험금'에 해당한다고 보기 어렵다는 이유로, 특정경제범죄 가중처벌 등에 관한 법률 제9조 제1항에 정해진 '이익'을 수수한 것으로 본 사례

18. **특경법 소정의 저축관련부당행위의 죄의 성립 요건 및 저축을 하는 자가 당해 저축과 관련하여 금융기관과 맺은 계약의 유·무효가 위 저축관련부당행위죄의 성립 여부를 좌우하는지 여부 [소극] (대법원 2001. 6. 29. 선고 99도5026)**

특정경제범죄가중처벌등에관한법률 소정의 저축관련부당행위의 죄는 저축을 하는 자가 금융기관의 임·직원으로부터 당해 저축에 관하여 금융기관 규정에 의한 이자 등 외에 명목여하를 불문하고 <u>금품 기타 이익을 수수하거나 제3자에게 이를 공여하게 한 때에 바로 성립되는 것이고</u>(특정경제범죄가중처벌등에관한법률 제9조 제1항), 저축을 하는 자가 당해 저축과 관련하여 <u>금융기관과 맺은 계약의 유·무효는 위 죄의 성부를 좌우하는 것은 아니다.</u>

○ 제10조(몰수 · 추징)

19. **특경법 제10조 제3항, 제1항에 의한 몰수 · 추징의 성격 (대법원 2005. 4. 29. 선고 2002도7262)**

특정경제범죄가중처벌등에관한법률 제10조 제3항, 제1항에 의한 몰수·추징은 범죄로 인한 이득의 박탈을 목적으로 한 형법상의 몰수·추징과는 달리 재산국외도피 사범에 대한 징벌의 정도를 강화하여 <u>범행 대상인 재산을 필요적으로 몰수하고, 그 몰수가 불능인 때에는 그 가액을 납부하게 하는 소위 징벌적 성격의 처분</u>이라고 보는 것이 상당하므로 그 도피재산이 피고인들이 아닌 회사의 소유라거나 피고인들이 이를 점유하고 그로 인하여 이득을 취한 바가 없다고 하더라도 피고인들 모두에 대하여 그 도피재산의 가액 전부의 추징을 명하여야 한다.

제5장

특별형법

특정강력범죄의 처벌에
관한 특례법

제5장

특정강력범죄의 처벌에 관한 특례법

I. 입법취지 및 제정경위

　　현행 「특정강력범죄의 처벌에 관한 특례법(이하 '특강법'이라고 함)」은 1990년 11월 20일 윤재기 의원 등 국회의원 29인의 공동발의로 제안되었으며, 제151회 정기국회에서 의결되어 1990년 12월 31일 법률 제4295호로 제정되었다.

　　노태우 대통령 집권인 1980년대 후반 흉악한 강력범죄가 빈발함에 따라 소위 민생치안에 대한 국민의 불안이 가중되고 있었으며, 이에 정부는 1990년 10월 13일 조직폭력배와 강력범, 마약조직, 인신매매범 등 사회공동체를 파괴하는 범죄와 폭력에 대한 전쟁을 선포하기에 이르렀다. 본법은 이러한 사회적 상황 속에서 소위 '범죄와의 전쟁'이라는 정부의 정책을 강력하게 추진하기 위한 방편으로 제정된 것이다. 상습폭력범 등에 대하여 형량을 가중하여 엄벌하고 범죄피해자나 신고자의 신변노출에 따른 보복범죄 등의 강력범죄에 대하여 적극적으로 대응하기 위한 신변보호제도 등의 조치를 강구하는 것 등을 주된 내용으로 하였다.

　　법 제정 시 입법취지는 반인륜적이고 반사회적인 흉악범죄로서 가정과 사회질서를 침해하는 특정강력범죄에 대한 처벌과 그 절차에 관한 특례를 규정함으로써 국민의 생명과 신체의 안전을 보장하고 범죄로부터 사회를 방위하기 위함에 있다고 밝히고 있다(법 제1조 참조).

제정 당시 전문 13개조와 부칙으로 구성되었던 이 법률은 우선 그 규율대상으로 삼은 '특정강력범죄'에는 ① 형법 제24장의 살인의 죄 중 제250조(살인·존속살해)와 제253조(위계등에 의한 촉탁살인등) 및 동 미수범(제254조), ② 형법 제31장의 약취와 유인의 죄 중 제287조(미성년자의 약취·유인), 제288조(영리등을 위한 약취·유인·매매등), 제289조(국외이송을 위한 약취·유인·매매) 및 동 상습범(제293조)과 미수범(제294조), ③ 형법 제32장의 정조에 관한 죄(현재는 「강간과 추행의 죄」) 중 흉기 기타 위험한 물건을 휴대하거나 2인 이상이 합동하여 범한 제297조(강간), 제298조(강제추행), 제299조(준강간·준강제추행) 및 동 미수범(제300조), 제305조(미성년자에 대한 간음·추행)의 죄 및 제301조(강간 등에 의한 치사상)의 죄, ④ 형법 제38장의 강도의 죄중 제333조(강도), 제334조(특수강도), 제335조(준강도), 제336조(약취강도), 제337조(강도상해·치상), 제338조(강도살인·치사), 제339조(강도강간), 제340조(해상강도) 및 동 상습범(제341조) 및 미수범(제342조), ⑤ 폭력행위 등 처벌에 관한 법률 제4조(단체 등의 조직), 특정범죄 가중처벌 등에 관한 법률 제5조의8(단체등의 조직)의 죄를 포함시켰으며(제2조 제1항), 또한 위에 열거된 죄로 다른 법률에 의하여 가중처벌되는 범죄도 특정강력범죄에 포함시켰다(제2조 제2항).

그리고 특정강력범죄를 범한 자가 특정강력범죄로 형을 받고 그 집행을 종료하거나 면제받은 후 3년 이내에 다시 특정강력범죄를 범한 경우에는 그 죄에 정한 형의 2배까지 가중처벌하도록 하였고(제3조), 집행유예의 결격기간을 5년에서 10년으로 연장하되 그 대상을 특정강력범죄의 전과로 한정하였다(제5조).

한편, 증인에 대한 신변안전을 위하여 필요한 조치를 하도록 하였고(제7조), 특정강력범죄로 수사 또는 심리 중에 있는 사건의 피해자나 특정강력범죄로 수사 또는 심리중에 있는 사건을 신고하거나 고발한 자에 대하여는 성명·연령·주소·직업·용모 등에 의하여 그가 피해자 또는 신고하거나 고발한 자임을 미루어 알 수 있는 정도의 사실이나 사진을 신문지 기타 출판물에 게재하거나 방송 또는 유선방송을 금지하여 피해자를 보호하도록 하되(제8조), 그 위반에 대한 벌칙은 두지 아니하였다.

또한 법원은 검사 및 변호인과 공판기일의 지정 기타 소송의 진행에 필요한 사항을 협의할 수 있도록 하였으며(제9조), 심리에 2일 이상이 소요되는 때에는 가능한 한 매일 개정하여 심리하도록 집중심리제도를 신설하고, 재판장은 특별한 사정이 없는 한 전의 공판기일로부터 7일 이내로 다음 공판기일을 지정하도록 하여 신속하게 소송절차가 수행될 수 있도록 하였다(제10조). 재판장은 특정강력범죄로 공소제기된 피고인이 공판정에서 폭력을 행사하거나 도망할 염려가 있다고 인정하는 때에는 신체를 구속할 수 있도록 하였다(제11조).

Ⅱ. 개정 연혁

특강법은 1990년 12월 31일 제정된 이후 2016년 1월 6일자 개정까지 총 14회에 걸친 개정이 있었다.

1차 개정인 1993년 12월 10일자 법률 제4590호 일부개정은 폭처법의 개정[103]에 수반된 개정으로 폭처법 제4조의 조문명이 "단체등의 조직"에서 "단체등의 구성·활동"으로 변경됨에 따라 특강법 제2조 제1항 제5호에 기재되어 있던 해당 부분의 표현을 변경한 것으로 엄밀한 의미에서 특강법 자체의 개정은 아니다. 또한 6차 개정인 2010년 4월 15일자 법률 제10258호 일부개정은 성폭력범죄의 처벌 등에 관한 특례법의 개정에 수반된 부수개정이고, 14차 개정인 2016년 1월 6일자 법률 제13716호 일부개정은 특가법에서 범죄단체 조직죄가 폐지된 것을 반영하여 특정강력범죄의 대상에서 이를 삭제한 개정이다.

1. 2차 개정(2005년 8월 4일, 법률 제7653호)

2차 개정은 성폭력범죄로 2회 이상 실형을 받은 자가 다시 성폭력범죄를 범하는 경우를 이 법의 적용대상인 '특정강력범죄'에 추가함으로써 보호감호제도 폐지에 따른 민생치안에 대한 불안감을 해소하고 사회질서를 유지하려는 것이었다.

이에 따라 특강법 제2조 제1항, 제3조의2를 신설하여 형법 제32장의 강간과 추행의 죄(제304조 (혼인빙자등에 의한 간음)은 제외), 성폭력범죄의 처벌 및 피해자보호

---

103) 1993년 12월 10일자 폭처법 개정의 주요 내용은 본서 제2장 제1절 부분 참조.

등에 관한 법률 제5조 내지 제12조의 죄 또는 청소년의 성보호에 관한 법률 제10조의 죄로 2회 이상 실형을 받은 자가 형법 제297조, 제298조, 제299조, 제300조, 제305조 및 청소년의 성보호에 관한 법률 제10조의 죄를 다시 범한 경우에는 '특정강력범죄'에 포함시킴으로써 특강법상의 누범가중 및 집행유예 결격기관 등에 관한 규정 등이 적용되도록 하였다.[104]

2. 3차 개정(2009년 6월 9일, 법률 제9765호)

3차 개정은 청소년의 성보호에 관한 법률의 개정(「아동·청소년의 성보호에 관한 법률」로 개정)에 수반된 부수개정이었다. 동 개정에 따라 특정강력범죄에 포함되는 대상범죄를 규정한 특강법 제2조가 개정된 것이며, 이 개정은 2010년 1월 1일부터 시행되었다.

3. 4차 개정(2010년 3월 31일, 법률 제10209호)

2010년 3월 31일자 개정은 일반 국민이 법문장을 쉽게 읽고 이해해서 잘 지킬 수 있도록 하기 위해 법적 간결성·함축성과 조화를 이루는 범위에서 어려운 용어를 쉬운 우리말로 풀어쓰고, 복잡한 문장은 체계를 정리하여 국민의 언어생활에도 맞게 관련 규정을 정비하려는 것이었다. 주요 개정내용은 ① 법률의 한글화, ② "치상하다"를 "상해에 이르게 하다"로 하는 등 어려운 법령 용어의 순화, ③ 한글맞춤법 등 어문 규범의 준수, ④ 주어와 서술어, 부사어와 서술어, 목적어와 서술어 등의 문장 성분끼리 호응이 잘 되도록 하여 정확하고 자연스러운 법 문장을 구성하도록 한 것이었다.

4. 5차 개정(2010년 4월 15일, 법률 제10256호)

살인, 강간 등 강력범죄의 발생률이 계속 증가추세에 있고, 연쇄살인·아동성폭행살해 등 반인륜적 극악범죄의 발생이 끊이지 않는 상황에서, 국민의 알권리

---

104) 한편 동 개정 시에 법률명을 기존의 「특정강력범죄의처벌에관한특례법」에서 「특정강력범죄의 처벌에 관한 특례법」으로 띄어쓰기 방식으로 변경하였다.

보장 및 범죄예방 효과를 높이기 위하여 흉악사범에 대해 얼굴 등을 가리지 않을 수 있는 법적 근거를 마련하려는 개정이었다. 검사와 사법경찰관은 범행수단이 잔인하고 중대한 피해가 발생한 특정강력범죄 사건에서 피의자가 그 죄를 범하였다고 믿을 만한 충분한 증거가 있고, 국민의 알권리 보장, 피의자의 재범 방지 및 범죄예방 등 오로지 공공의 이익을 위하여 필요한 경우에는 피의자의 얼굴, 성명 및 나이 등 신상에 관한 정보를 공개할 수 있도록 한 것이었다(법 제8조의2 신설).

5. 7차 개정(2011년 3월 7일, 법률 제10431호)

강간치사·치상죄는 흉기나 그 밖의 위험한 물건을 휴대하지 아니하거나 혼자서 범한 경우에도 특정강력범죄에 포함하고, 형법 제2편 제32장 강간과 추행의 죄 및 아동·청소년의 성보호에 관한 법률 제10조의 죄로 2회 이상 실형을 받은 자가 범한 형법 제297조부터 제300조까지 및 제305조의 죄와 아동·청소년의 성보호에 관한 법률 제10조의 죄도 특정강력범죄에 추가하는 개정이었다.

6. 13차 개정(2014년 1월 7일, 법률 제12198호)

현행법상 특정강력범죄로 형(刑)을 받아 그 집행을 종료하거나 면제받은 후 3년 이내에 다시 형법 제337조의 강도상해·치상(致傷)의 죄를 범한 경우 이 법 및 특정범죄 가중처벌 등에 관한 법률이 이중 적용되어 가중처벌하게 되어 있는바, 헌법재판소는 형법 제337조의 강도상해죄를 범하여 특정범죄 가중처벌 등에 관한 법률에 따라 가중처벌되는 경우 이 법을 이중 적용해 가중처벌하는 것은 헌법에 위반된다고 판시(2008. 12. 26. 2007헌가10·16)한 바 있으므로 헌법재판소 위헌결정의 취지에 따라 형법 제337조의 죄 또는 그 미수(未遂)의 죄는 특정범죄 가중처벌 등에 관한 법률에 따른 가중 규정만 적용받도록 함으로써 형법상의 책임주의 원칙 및 평등원칙이 실현되도록 했다.

제2절 | 주요조문 해설

현행 특강법은 전문 14개조와 부칙으로 구성되어 있으며, 제1조 (목적)에서 "이 법은 기본적 윤리와 사회질서를 침해하는 특정강력범죄에 대한 처벌과 절차에 관한 특례를 규정함으로써 국민의 생명과 신체의 안전을 보장하고 범죄로부터 사회를 방위함을 목적으로 한다"고 밝히고 있다.

본법에서 가중처벌하고 있는 대상인 '특정강력범죄'의 범위에 대하여 제2조에 규정되어 있으며, 특정강력범죄의 처벌상 특례에 대한 규정은 제3조 (누범의 형), 제4조 (소년에 대한 형), 제5조 (집행유예의 결격기간), 제6조 (보석 등의 취소) 등의 규정을 두고 있다. 또한 형사공판에 있어서의 특례조항으로서 제9조 (소송진행의 협의), 제10조 (집중심리), 제11조 (공판정에서의 신체구속), 제12조 (간이공판절차의 결정), 제13조 (판결선고) 등의 규정을 두고 있다.

한편 증인 및 피해자의 보호에 관한 규정을 두고 있는바, 제7조 (증인에 대한 신변안전조치), 제8조 (출판물 등으로부터의 피해자 보호)가 이에 해당한다. 그리고 2010년 4월 15일자 5차 개정에서 신설된 피의자 얼굴 등 신상정보의 공개에 관한 규정을 제8조의2에 두고 있다.

I. 가중처벌의 대상: 특정강력범죄

제2조 (적용범위) ① 이 법에서 "특정강력범죄"란 다음 각 호의 어느 하나에 해당하는 죄를 말한다. <개정 2016. 1. 6.>
1. 「형법」제2편 제24장 살인의 죄 중 제250조[살인·존속살해(尊屬殺害)], 제253조[위계(僞計)등에 의한 촉탁살인(囑託殺人)등] 및 제254조(미수범. 다만, 제251조 및 제252조의 미수범은 제외한다)의 죄
2. 「형법」제2편 제31장 약취(略取), 유인(誘引) 및 인신매매의 죄 중 제287조부터 제291조까지 및 제294조(제292조 제1항의 미수범은 제외한다)의 죄
3. 「형법」제2편 제32장 강간과 추행의 죄 중 제301조(강간등 상해·치상), 제301조의2 (강간등 살인·치사)의 죄 및 흉기나 그 밖의 위험한 물건을 휴대하거나 2명 이상이

합동하여 범한 제297조(강간), 제297조의2(유사강간), 제298조(강제추행), 제299조
(준강간·준강제추행), 제300조(미수범) 및 제305조(미성년자에 대한 간음, 추행)의 죄
4. 「형법」 제2편 제32장 강간과 추행의 죄, 「성폭력범죄의 처벌 등에 관한 특례법」 제3
조부터 제10조까지 및 제15조(제13조의 미수범은 제외한다)의 죄 또는 「아동·청소
년의 성보호에 관한 법률」 제13조의 죄로 두 번 이상 실형을 선고받은 사람이 범한
「형법」 제297조, 제297조의2, 제298조부터 제300조까지, 제305조 및 「아동·청소년
의 성보호에 관한 법률」 제13조의 죄
5. 「형법」 제2편 제38장 절도와 강도의 죄 중 제333조(강도), 제334조(특수강도), 제
335조(준강도), 제336조(인질강도), 제337조(강도상해·치상), 제338조(강도살인·치
사), 제339조(강도강간), 제340조(해상강도), 제341조(상습범) 및 제342조(미수범.
다만, 제329조부터 제331조까지, 제331조의2 및 제332조의 미수범은 제외한다)의 죄
6. 「폭력행위 등 처벌에 관한 법률」 제4조(단체등의 구성·활동)의 죄
② 제1항 각 호의 범죄로서 다른 법률에 따라 가중처벌하는 죄는 특정강력범죄로 본다.

특강법에 의해 가중처벌되는 형법전 및 특별형법상에 규정된 범죄는 제2조
제1항에 규정되어 있는바, 그 대상범죄는 다음과 같다. 한편, 제1항의 범죄로서
다른 법률에 의하여 가중처벌되는 죄도 특정강력범죄에 해당한다.

1. 형법 제24장의 살인의 죄

형법상 살인(형법 제250조 제1항)과 존속살해(제250조 제2항), 위계등에 의한 촉탁
살인등(제253조), 그리고 위 각각의 미수범(제254조)은 특정강력범죄에 해당한다.

형법 제250조(살인, 존속살해) ① 사람을 살해한 자는 사형, 무기 또는 5년 이상의 징역에
처한다.
② 자기 또는 배우자의 직계존속을 살해한 자는 사형, 무기 또는 7년 이상의 징역에 처한다.

형법 제253조(위계등에 의한 촉탁살인 등) 전조의 경우에[105] 위계 또는 위력으로써 촉탁 또
는 승낙하게 하거나 자살을 결의하게 한 때에는 제250조의 예에 의한다.

형법 제254조(미수범) 전 4조의 미수범은 처벌한다.

---

105) 형법 제252조(촉탁, 승낙에 의한 살인 등) ① 사람의 촉탁 또는 승낙을 받아 그를 살해
한 자는 1년 이상 10년 이하의 징역에 처한다. ② 사람을 교사 또는 방조하여 자살하게

2. 형법 제31장의 약취와 유인 및 인신매매의 죄

형법상 미성년자의 약취 · 유인(형법 제287조), 추행 등 목적 약취 · 유인 등(제288조), 인신매매(제289조), 그리고 위 각각의 미수범 및 약취 · 유인 · 매매된 자의 수수 또는 은닉의 상습범(제293조: 형법 제292조의 상습범)은 특정강력범죄에 해당한다.

형법 제287조(미성년자의 약취, 유인) 미성년자를 약취 또는 유인한 자는 10년 이하의 징역에 처한다.

형법 제288조(추행 등 목적 약취, 유인 등) ① 추행, 간음, 결혼 또는 영리의 목적으로 사람을 약취 또는 유인한 사람은 1년 이상 10년 이하의 징역에 처한다.
② 노동력 착취, 성매매와 성적 착취, 장기적출을 목적으로 사람을 약취 또는 유인한 사람은 2년 이상 15년 이하의 징역에 처한다.
③ 국외에 이송할 목적으로 사람을 약취 또는 유인하거나 약취 또는 유인된 사람을 국외에 이송한 사람도 제2항과 동일한 형으로 처벌한다.

형법 제289조(인신매매) ① 사람을 매매한 사람은 7년 이하의 징역에 처한다.
② 추행, 간음, 결혼 또는 영리의 목적으로 사람을 매매한 사람은 1년 이상 10년 이하의 징역에 처한다.
③ 노동력 착취, 성매매와 성적 착취, 장기적출을 목적으로 사람을 매매한 사람은 2년 이상 15년 이하의 징역에 처한다.
④ 국외에 이송할 목적으로 사람을 매매하거나 매매된 사람을 국외로 이송한 사람도 제3항과 동일한 형으로 처벌한다.

형법 제292조(약취, 유인, 매매된 자의 수수 또는 은닉) ① 제287조부터 제289조까지의 죄로 약취, 유인, 매매 또는 이송된 사람을 수수(授受) 또는 은닉한 사람은 7년 이하의 징역에 처한다.
② 제287조부터 제289조까지의 죄를 범할 목적으로 사람을 모집, 운송, 전달한 사람도 제1항과 동일한 형으로 처벌한다.

형법 제293조(상습범) ① 상습으로 <u>전조의 죄</u>를 범한 자는 2년 이상 10년 이하의 징역에 처한다.
② 추행, 간음 또는 영리의 목적으로 전조의 죄를 범한 자도 전항의 형과 같다.

한 자도 전항의 형과 같다.

형법 제294조(미수범) 제287조 내지 제289조와 제291조 내지 전조의 미수범은 처벌한다.

3. 형법 제32장의 강간과 추행의 죄, 성폭력범죄 등

형법 제301조(강간등 상해 · 치상)와 제301조의2(강간등 살인 · 치사)의 죄, 흉기 기타 위험한 물건을 휴대하거나 2인 이상이 합동하여 형법상 강간(제297조), 강제추행(제298조), 준강간 및 준강제추행(제299조), 그리고 각각의 미수범(제300조) 및 미성년자에 대한 간음 · 추행(제305조)은 특정강력범죄에 해당한다.

한편, 형법 제32장의 강간과 추행의 죄(제297조 (강간), 제297조의2 (유사강간), 제298조 (강제추행), 제299조 (준강간, 준강제추행), 제300조 (미수범), 제301조 (강간등 상해 · 치상), 제301조의2 (강간등 살인 · 치사), 제302조 (미성년자등에 대한 간음), 제303조 (업무상 위력등에 의한 간음), 제305조 (미성년자에 대한 간음, 추행)), 성폭력범죄의 처벌 등에 관한 특례법 제3조 내지 제10조의 죄, 아동 · 청소년의 성보호에 관한 법률 제13조(아동 · 청소년의 성을 사는 행위)의 죄로 2회 이상 실형을 받은 자가 재차 형법 제297조, 제298조, 제299조, 제300조, 제305조 및 아동 · 청소년의 성보호에 관한 법률 제13조의 죄를 범한 경우에는 특정강력범죄에 해당한다.

형법 제297조(강간) 폭행 또는 협박으로 부녀를 강간한 자는 3년 이상의 유기징역에 처한다.

제297조의2(유사강간) 폭행 또는 협박으로 사람에 대하여 구강, 항문 등 신체(성기는 제외한다)의 내부에 성기를 넣거나 성기, 항문에 손가락 등 신체(성기는 제외한다)의 일부 또는 도구를 넣는 행위를 한 사람은 2년 이상의 유기징역에 처한다. [본조신설 2012. 12. 18.] [시행일 2013. 6. 19.]

형법 제298조(강제추행) 폭행 또는 협박으로 사람에 대하여 추행을 한 자는 10년 이하의 징역 또는 1천500만원 이하의 벌금에 처한다.

형법 제299조(준강간, 준강제추행) 사람의 심신상실 또는 항거불능의 상태를 이용하여 간음 또는 추행을 한 자는 전 2조의 예에 의한다.

형법 제300조(미수범) 전 3조의 미수범은 처벌한다.

형법 제305조(미성년자에 대한 간음, 추행) 13세 미만의 부녀를 간음하거나 13세 미만의 사람에게 추행을 한 자는 제297조, 제298조, 제301조 또는 제301조의2의 예에 의한다.

형법 제301조 (강간등 상해 · 치상) 제297조 내지 제300조의 죄를 범한 자가 사람을 상해하거나 상해에 이르게 한 때에는 무기 또는 5년 이상의 징역에 처한다.

형법 제301조의2(강간등 살인 · 치사) 제297조 내지 제300조의 죄를 범한 자가 사람을 살해한 때에는 사형 또는 무기징역에 처한다. 사망에 이르게 한 때에는 무기 또는 10년 이상의 징역에 처한다.

성폭력범죄의 처벌 등에 관한 특례법 제3조(특수강도강간 등) ① 「형법」 제319조 제1항(주거침입), 제330조(야간주거침입절도), 제331조(특수절도) 또는 제342조(미수범. 다만, 제330조 및 제331조의 미수범으로 한정한다)의 죄를 범한 사람이 같은 법 제297조(강간), 제297조의2(유사강간), 제298조(강제추행) 및 제299조(준강간, 준강제추행)의 죄를 범한 경우에는 무기징역 또는 7년 이상의 징역에 처한다.
② 「형법」 제334조(특수강도) 또는 제342조(미수범. 다만, 제334조의 미수범으로 한정한다)의 죄를 범한 사람이 같은 법 제297조(강간), 제297조의2(유사강간), 제298조(강제추행) 및 제299조(준강간, 준강제추행)의 죄를 범한 경우에는 사형, 무기징역 또는 10년 이상의 징역에 처한다.

성폭력범죄의 처벌 등에 관한 특례법 제4조(특수강간 등) ① 흉기나 그 밖의 위험한 물건을 지닌 채 또는 2명 이상이 합동하여 「형법」 제297조(강간)의 죄를 범한 사람은 무기징역 또는 7년 이상의 징역에 처한다.
② 제1항의 방법으로 「형법」 제298조(강제추행)의 죄를 범한 사람은 5년 이상의 유기징역에 처한다.
③ 제1항의 방법으로 「형법」 제299조(준강간, 준강제추행)의 죄를 범한 사람은 제1항 또는 제2항의 예에 따라 처벌한다.

성폭력범죄의 처벌 등에 관한 특례법 제5조(친족관계에 의한 강간 등) ① 친족관계인 사람이 폭행 또는 협박으로 사람을 강간한 경우에는 7년 이상의 유기징역에 처한다.
② 친족관계인 사람이 폭행 또는 협박으로 사람을 강제추행한 경우에는 5년 이상의 유기징역에 처한다.
③ 친족관계인 사람이 사람에 대하여 「형법」 제299조(준강간, 준강제추행)의 죄를 범한 경우에는 제1항 또는 제2항의 예에 따라 처벌한다.
④ 제1항부터 제3항까지의 친족의 범위는 4촌 이내의 혈족 · 인척과 동거하는 친족으로 한다.
⑤ 제1항부터 제3항까지의 친족은 사실상의 관계에 의한 친족을 포함한다.

성폭력범죄의 처벌 등에 관한 특례법 제6조(장애인에 대한 강간·강제추행 등) ① 신체적인 또는 정신적인 장애가 있는 사람에 대하여 「형법」 제297조(강간)의 죄를 범한 사람은 무기징역 또는 7년 이상의 징역에 처한다.

② 신체적인 또는 정신적인 장애가 있는 사람에 대하여 폭행이나 협박으로 다음 각 호의 어느 하나에 해당하는 행위를 한 사람은 5년 이상의 유기징역에 처한다.

1. 구강·항문 등 신체(성기는 제외한다)의 내부에 성기를 넣는 행위

2. 성기·항문에 손가락 등 신체(성기는 제외한다)의 일부나 도구를 넣는 행위

③ 신체적인 또는 정신적인 장애가 있는 사람에 대하여 「형법」 제298조(강제추행)의 죄를 범한 사람은 3년 이상의 유기징역 또는 2천만원 이상 5천만원 이하의 벌금에 처한다.

④ 신체적인 또는 정신적인 장애로 항거불능 또는 항거곤란 상태에 있음을 이용하여 사람을 간음하거나 추행한 사람은 제1항부터 제3항까지의 예에 따라 처벌한다.

⑤ 위계(僞計) 또는 위력(威力)으로써 신체적인 또는 정신적인 장애가 있는 사람을 간음한 사람은 5년 이상의 유기징역에 처한다.

⑥ 위계 또는 위력으로써 신체적인 또는 정신적인 장애가 있는 사람을 추행한 사람은 1년 이상의 유기징역 또는 1천만원 이상 3천만원 이하의 벌금에 처한다.

⑦ 장애인의 보호, 교육 등을 목적으로 하는 시설의 장 또는 종사자가 보호, 감독의 대상인 장애인에 대하여 제1항부터 제6항까지의 죄를 범한 경우에는 그 죄에 정한 형의 2분의 1까지 가중한다.

성폭력범죄의 처벌 등에 관한 특례법 제7조(13세 미만의 미성년자에 대한 강간, 강제추행 등)
① 13세 미만의 사람에 대하여 「형법」 제297조(강간)의 죄를 범한 사람은 무기징역 또는 10년 이상의 징역에 처한다.

② 13세 미만의 사람에 대하여 폭행이나 협박으로 다음 각 호의 어느 하나에 해당하는 행위를 한 사람은 7년 이상의 유기징역에 처한다.

1. 구강·항문 등 신체(성기는 제외한다)의 내부에 성기를 넣는 행위

2. 성기·항문에 손가락 등 신체(성기는 제외한다)의 일부나 도구를 넣는 행위

③ 13세 미만의 사람에 대하여 「형법」 제298조(강제추행)의 죄를 범한 사람은 5년 이상의 유기징역에 처한다.

④ 13세 미만의 사람에 대하여 「형법」 제299조(준강간, 준강제추행)의 죄를 범한 사람은 제1항부터 제3항까지의 예에 따라 처벌한다.

⑤ 위계 또는 위력으로써 13세 미만의 사람을 간음하거나 추행한 사람은 제1항부터 제3항까지의 예에 따라 처벌한다.

성폭력범죄의 처벌 등에 관한 특례법 제8조(강간 등 상해·치상) ① 제3조 제1항, 제4조, 제6조, 제7조 또는 제15조(제3조 제1항, 제4조, 제6조 또는 제7조의 미수범으로 한정한다)의 죄

를 범한 사람이 다른 사람을 상해하거나 상해에 이르게 한 때에는 무기징역 또는 10년 이상의 징역에 처한다.

② 제5조 또는 제15조(제5조의 미수범으로 한정한다)의 죄를 범한 사람이 다른 사람을 상해하거나 상해에 이르게 한 때에는 무기징역 또는 7년 이상의 징역에 처한다.

성폭력범죄의 처벌 등에 관한 특례법 제9조(강간 등 살인·치사) ① 제3조부터 제7조까지, 제15조(제3조부터 제7조까지의 미수범으로 한정한다)의 죄 또는 「형법」 제297조(강간), 제297조의2(유사강간) 및 제298조(강제추행)부터 제300조(미수범)까지의 죄를 범한 사람이 다른 사람을 살해한 때에는 사형 또는 무기징역에 처한다.

② 제4조, 제5조 또는 제15조(제4조 또는 제5조의 미수범으로 한정한다)의 죄를 범한 사람이 다른 사람을 사망에 이르게 한 때에는 무기징역 또는 10년 이상의 징역에 처한다.

③ 제6조, 제7조 또는 제15조(제6조 또는 제7조의 미수범으로 한정한다)의 죄를 범한 사람이 다른 사람을 사망에 이르게 한 때에는 사형, 무기징역 또는 10년 이상의 징역에 처한다.

성폭력범죄의 처벌 등에 관한 특례법 제10조(업무상 위력 등에 의한 추행) ① 업무, 고용이나 그 밖의 관계로 인하여 자기의 보호, 감독을 받는 사람에 대하여 위계 또는 위력으로 추행한 사람은 3년 이하의 징역 또는 1천500만원 이하의 벌금에 처한다.

② 법률에 따라 구금된 사람을 감호하는 사람이 그 사람을 추행한 때에는 5년 이하의 징역 또는 2천만원 이하의 벌금에 처한다.

성폭력범죄의 처벌 등에 관한 특례법 제15조(미수범) 제3조부터 제9조까지 및 제14조의 미수범은 처벌한다.

아동·청소년의 성보호에 관한 법률 제13조(아동·청소년의 성을 사는 행위 등)
① 아동·청소년의 성을 사는 행위를 한 자는 1년 이상 10년 이하의 징역 또는 2천만원 이상 5천만원 이하의 벌금에 처한다.

② 아동·청소년의 성을 사기 위하여 아동·청소년을 유인하거나 성을 팔도록 권유한 자는 1년 이하의 징역 또는 1천만원 이하의 벌금에 처한다.

③ 16세 미만의 아동·청소년 및 장애 아동·청소년을 대상으로 제1항 또는 제2항의 죄를 범한 경우에는 그 죄에 정한 형의 2분의 1까지 가중처벌한다.

4. 형법 제38장의 강도의 죄

형법상 강도(제333조), 특수강도(제334조), 준강도(제335조), 약취강도(제336조), 강도상해·치상(제337조), 강도살인·치사(제338조), 강도강간(제339조), 해상강도(제

340조)의 죄를 범한 자, 그리고 형법 제341조의 상습범에 해당하는 자(형법 제333조, 제334조, 제336조, 제340조 제1항의 상습범) 및 형법 제333조 내지 제341조의 미수범은 특정강력범죄에 해당한다.

형법 제333조(강도) 폭행 또는 협박으로 타인의 재물을 강취하거나 기타 재산상의 이익을 취득하거나 제삼자로 하여금 이를 취득하게 한 자는 3년 이상의 유기징역에 처한다.

형법 제334조(특수강도) ① 야간에 사람의 주거, 관리하는 건조물, 선박이나 항공기 또는 점유하는 방실에 침입하여 제333조의 죄를 범한 자는 무기 또는 5년 이상의 징역에 처한다. ② 흉기를 휴대하거나 2인 이상이 합동하여 전조의 죄를 범한 자도 전항의 형과 같다.

형법 제335조(준강도) 절도가 재물의 탈환을 항거하거나 체포를 면탈하거나 죄적을 인멸할 목적으로 폭행 또는 협박을 가한 때에는 전 2조의 예에 의한다.

형법 제336조(인질강도) 사람을 체포·감금·약취 또는 유인하여 이를 인질로 삼아 재물 또는 재산상의 이익을 취득하거나 제3자로 하여금 이를 취득하게 한 자는 3년 이상의 유기징역에 처한다.

형법 제337조(강도상해, 치상) 강도가 사람을 상해하거나 상해에 이르게 한 때에는 무기 또는 7년 이상의 징역에 처한다.

형법 제338조(강도살인·치사) 강도가 사람을 살해한 때에는 사형 또는 무기징역에 처한다. 사망에 이르게 한 때에는 무기 또는 10년 이상의 징역에 처한다.

형법 제339조(강도강간) 강도가 부녀를 강간한 때에는 무기 또는 10년 이상의 징역에 처한다.

형법 제340조(해상강도) ① 다중의 위력으로 해상에서 선박을 강취하거나 선박 내에 침입하여 타인의 재물을 강취한 자는 무기 또는 7년 이상의 징역에 처한다. ② 제1항의 죄를 범한 자가 사람을 상해하거나 상해에 이르게 한 때에는 무기 또는 10년 이상의 징역에 처한다. ③ 제1항의 죄를 범한 자가 사람을 살해 또는 사망에 이르게 하거나 부녀를 강간한 때에는 사형 또는 무기징역에 처한다.

형법 제341조(상습범) 상습으로 제333조, 제334조, 제336조 또는 전조 제1항의 죄를 범한 자는 무기 또는 10년 이상의 징역에 처한다.

형법 제342조(미수범) 제329조 내지 제341조의 미수범은 처벌한다.

5. 폭처법위반의 죄

폭처법 제4조(단체등의 구성·활동)의 죄는 특정강력범죄에 해당한다.

폭력행위 등 처벌에 관한 법률 제4조(단체 등의 구성·활동) ① 이 법에 규정된 범죄를 목적으로 하는 단체 또는 집단을 구성하거나 그러한 단체 또는 집단에 가입하거나 그 구성원으로 활동한 사람은 다음 각 호의 구분에 따라 처벌한다.

1. 수괴(首魁): 사형, 무기 또는 10년 이상의 징역

2. 간부: 무기 또는 7년 이상의 징역

3. 수괴·간부 외의 사람: 2년 이상의 유기징역

② 제1항의 단체 또는 집단을 구성하거나 그러한 단체 또는 집단에 가입한 사람이 단체 또는 집단의 위력을 과시하거나 단체 또는 집단의 존속·유지를 위하여 다음 각 호의 어느 하나에 해당하는 죄를 범하였을 때에는 그 죄에 대한 형의 장기(長期) 및 단기(短期)의 2분의 1까지 가중한다.

1. 「형법」에 따른 죄 중 다음 각 목의 죄

　가. 「형법」제8장 공무방해에 관한 죄 중 제136조(공무집행방해), 제141조(공용서류 등의 무효, 공용물의 파괴)의 죄

　나. 「형법」제24장 살인의 죄 중 제250조 제1항(살인), 제252조(촉탁, 승낙에 의한 살인 등), 제253조(위계 등에 의한 촉탁살인 등), 제255조(예비, 음모)의 죄

　다. 「형법」제34장 신용, 업무와 경매에 관한 죄 중 제314조(업무방해), 제315조(경매, 입찰의 방해)의 죄

　라. 「형법」제38장 절도와 강도의 죄 중 제333조(강도), 제334조(특수강도), 제335조(준강도), 제336조(인질강도), 제337조(강도상해, 치상), 제339조(강도강간), 제340조제1항(해상강도)·제2항(해상강도상해 또는 치상), 제341조(상습범), 제343조(예비, 음모)의 죄

2. 제2조 또는 제3조의 죄

③ 타인에게 제1항의 단체 또는 집단에 가입할 것을 강요하거나 권유한 사람은 2년 이상의 유기징역에 처한다.

④ 제1항의 단체 또는 집단을 구성하거나 그러한 단체 또는 집단에 가입하여 그 단체 또는 집단의 존속·유지를 위하여 금품을 모집한 사람은 3년 이상의 유기징역에 처한다.

[참고] 형법 2013. 4. 5. 일부개정, 법률 제11731호

◇ 개정 이유: 2000년 12월 13일 우리나라가 서명한 「국제연합국제조직범죄방지협약」(United Nations Convention against Transnational Organized Crime) 및 「인신매매방지의정서」의 국내적 이행을 위한 입법으로서, 협약 및 의정서상의 입법의무 사항을 반영하여 범죄단체 및 범죄집단의 존속과 유지를 위한 행위의 처벌규정을 마련하는 한편, 범죄단체나 집단의 수입원으로 흔히 사용되는 도박장소의 개설이나 복표발매에 대한 처벌규정의 법정형을 상향하고, 각종 착취 목적의 인신매매죄를 신설하여 인신매매의 처벌범위를 확대함으로써 국제조직범죄를 효율적으로 방지·척결하는 동시에 국제협력을 강화하려는 것임.

◇ 주요 내용: 범죄단체조직죄의 개선(제114조) 1) 현행 범죄단체조직죄는 법정형의 제한 없이 범죄를 목적으로 단체를 조직하기만 하면 구성요건에 해당하게 되어 그 처벌범위가 너무 넓다는 비판이 제기되어 왔으며, 「국제연합국제조직범죄방지협약」도 법정형이 장기 4년 이상인 범죄를 목적으로 하는 단체를 조직하는 행위 등을 범죄화하도록 규정하여 범위를 제한하고 있음. 한편, 현재는 범죄단체에는 이르지 못하였으나 그 위험성이 큰 범죄집단을 조직한 경우에 관한 처벌이 미비한 실정임. 2) "사형, 무기 또는 장기 4년 이상의 징역"에 해당하는 범죄를 목적으로 하는 단체의 조직 행위를 처벌하도록 하여 그 범위를 제한함으로써 「국제연합국제조직범죄방지협약」의 내용과 조화를 이루게 하는 한편, 범죄단체뿐만 아니라 이에 이르지 못한 범죄집단을 조직한 경우에도 처벌하도록 함.

형법 제114조(범죄단체 등의 조직) 사형, 무기 또는 장기 4년 이상의 징역에 해당하는 범죄를 목적으로 하는 단체 또는 집단을 조직하거나 이에 가입 또는 그 구성원으로 활동한 사람은 그 목적한 죄에 정한 형으로 처벌한다. 다만, 형을 감경할 수 있다. [전문개정 2013. 4. 5.]

[개정전] 제114조(범죄단체의 조직) ① 범죄를 목적으로 하는 단체를 조직하거나 이에 가입한 자는 그 목적한 죄에 정한 형으로 처단한다. 단, 형을 감경할 수 있다. ② 병역 또는 납세의 의무를 거부할 목적으로 단체를 조직하거나 이에 가입한 자는 10년 이하의 징역이나 금고 또는 1천500만원 이하의 벌금에 처한다.
③ 전 2항의 죄를 범하여 유기의 징역이나 금고 또는 벌금에 처한 자에 대하여는 10년 이하의 자격정지를 병과할 수 있다.

Ⅱ. 특정강력범죄의 가중처벌

1. 누범가중

제3조(누범의 형) 특정강력범죄로 형(刑)을 선고받고 그 집행이 끝나거나 면제된 후 3년 이내에 다시 특정강력범죄를 범한 경우(「형법」 제337조의 죄 및 그 미수(未遂)의 죄를 범하여 「특정범죄 가중처벌 등에 관한 법률」 제5조의5에 따라 가중처벌되는 경우는 제외한다)에는 그 죄에 대하여 정하여진 **형의 장기(長期) 및 단기(短期)의 2배까지 가중한다.** [개정 2014. 1. 7.]

형법총칙상의 누범가중(형법 제35조)에 의하면, 금고 이상의 형을 받아 그 집행을 종료하거나 면제를 받은 후 3년 이내에 금고 이상에 해당하는 죄를 범한 자는 누범으로서 처벌되며, 그 형은 그 죄에 정한 형의 장기의 2배까지 가중하게 된다.

형법 제35조(누범) ① 금고 이상의 형을 선고받아 그 집행이 종료되거나 면제된 후 3년 내에 금고 이상에 해당하는 죄를 지은 사람은 누범으로 처벌한다.
② 누범의 형은 그 죄에 대하여 정한 형의 장기의 2배까지 가중한다.

이에 비하여 특강법 제2조에 규정된 '특정강력범죄'에 해당하는 죄를 범하여 형을 선고받고 그 집행이 끝나거나 면제된 후 3년 이내에 다시 '특정강력범죄'를 범한 경우에는 누범가중에 있어 그 죄에 정한 형의 장기뿐만 아니라 단기도 2배까지 가중하여 처벌하도록 하고 있는 것이다. 예컨대, 형법 제250조 제1항의 살인죄의 경우를 보면, 그 법정형이 "사형·무기 또는 5년 이상의 징역"에 해당하는바, 특강법 제3조의 누범가중에 해당하여 본조의 규정이 적용되는 경우에는 그 법정형이 단기의 2배까지 가중되므로 "사형·무기 또는 10년 이상의 징역"으로 가중처벌되는 것이다.

[헌법재판소 2008. 12. 26. 2007헌가10] 특정강력범죄의 처벌에 관한 특례법 제3조 위헌제청 (특강법 제3조의 적용대상에서 강도상해·치상의 죄를 범해 특가법 제5조의5 에 의하여 가중처벌되는 대상을 제외하도록 하는 결정)

[1] '특정강력범죄의 처벌에 관한 특례법'(이하 '특강법'이라 한다) 제3조 중 "특정강력 범죄로 형을 받아 그 집행을 종료하거나 면제받은 후 3년 이내에 다시 형법 제337 조의 죄 또는 그 미수죄를 범하여 '특정범죄 가중처벌 등에 관한 법률'(이하 '특가 법'이라 한다) 제5조의5에 의하여 가중처벌되는 때"에 관한 부분(이하에서는 특강 법 제3조 중 이 부분만을 한정하여 '이 사건 법률조항'이라 한다)이 책임과 형벌의 비례를 요구하는 책임원칙에 위반되는지 여부 [적극]

[2] 이 사건 법률조항이 형벌체계상의 균형성을 상실하여 평등원칙에 위반되는지 여부 [적극]

[1] 이 사건 법률조항에서 정한 요건에 해당하는 경우에는 특가법 제5조의5와 특강법 제3조가 거듭 적용됨으로 인하여 사실상 그 형이 사형, 무기 또는 20년 이상의 징 역이 되는바, 위 두 조항은 강도상해죄 등의 누범자로부터 국민의 생명과 신체의 안전을 보장하고 범죄로부터 사회를 방위하고자 하는 동일한 목적을 위하여 하나의 범죄행위에 대한 형을 거듭 가중하는 것으로, 이 사건 법률조항에 의하여 '특가법 제5조의5에서 규정한 전범과 후범의 존재' 및 '누범기간'이라는 형식적인 누범요건 이 존재하기만 하면 특강법 제3조까지 적용하여 형법 제337조에서 정한 7년 이상 의 유기징역보다 3배 가까이 가중된 20년 이상의 유기징역에 처할 수 있게 하는 것 은 사실상 그 형의 하한이 형법상 유기징역형의 원칙적 상한인 징역 15년보다도 더 높게 되는 결과가 되어 형벌 본래의 기능과 목적을 달성함에 있어 필요한 정도를 현저히 일탈하여 형벌체계상 지나치게 과중한 형벌을 부과한 것으로 책임과 형벌의 비례를 요구하는 책임원칙에 반한다.

[2] 형법 제337조 또는 그 미수죄의 누범자는 검사의 기소 여하에 따른 특가법 제5조의 5의 적용 여부에 의하여 사실상 '무기 또는 징역 14년 이상'에서부터 '사형, 무기 또 는 징역 20년 이상'에 이르는 편차가 큰 형을 선고받을 수 있고, 만일 특가법 제5조 의5를 적용하고 그 법정형 중 무기징역형을 선택하면 누범에 관한 특강법 제3조를 적용할 여지가 없게 되고 그 후 법률상감경 또는 작량감경을 하면 처단형이 징역 7 년 이상 15년 이하가 되는 데 비하여 애초에 유기징역형을 선택한 후 특강법 제3조 를 적용하여 누범가중을 하게 되면 나중에 감경을 하더라도 처단형이 징역 10년 이 상 12년 6월 이하의 징역이 됨으로써 특가법 제5조의5의 법정형 중 가장 가벼운 유 기징역형을 선택하는 경우가 무기징역형을 선택하는 것보다 처단형의 하한이 더 높

아 불합리하게 되며, 형법상 각 규정에 대하여 특강법 제3조가 적용되는 경우에는 전범과 후범이 강도상해·치상죄인 경우나 그보다 더 무거운 강간치사죄, 강도치사죄 및 해상강도상해·치상죄인 경우에 유기징역형은 모두 동일하게 되는바 이는 보호법익이나 죄질의 경중이 달라 그에 대한 형을 정함에 있어서도 달리 취급하여야 할 강도상해·치상죄와 강간치사죄, 강도치사죄 및 해상강도상해·치상죄 등을 자의적으로 동일하게 취급하는 결과가 되는데, 이와 같은 불합리한 결과가 발생 가능하게 되는 이 사건 법률조항은 형벌의 체계상의 균형성을 상실하여 평등원칙에도 반한다.

〈재판관 이강국, 재판관 김희옥, 재판관 이동흡의 반대의견〉

이 사건 법률조항은 누범에 관한 형법 제35조의 특례규정으로 형법 제35조의 누범과는 달리 전범과 후범의 범죄가 모두 죄질이 불량하고 범행에 대한 비난가능성이 크며 피해가 중한 반인륜적이고 반사회적인 범죄인 특정강력범죄에 해당하는 경우에만 그 법정형의 단기까지 2배로 가중하고 있는 것인바, 반인륜적이고 반사회적인 흉악범죄인 특정강력범죄에 대한 가중처벌을 통하여 국민의 생명과 신체의 안전을 보장하고 범죄로부터 사회를 방위하는 데 그 입법목적이 있고, 단순한 누범이 아니라 이전의 특정강력범죄로 유죄판결을 받고도 죄질이 중한 같은 특정강력범죄를 저지른 경우에만 가중처벌을 하고 있으며, 그와 같은 경우 비난가능성·반사회성 및 책임이 더 클 뿐만 아니라 범죄예방 및 사회방위라는 목적달성을 위한 특별한 수단이 요구되는 점 등을 고려하면, 이 사건 법률조항이 지나치게 과중한 형벌을 규정하여 책임원칙에 반한다거나 형벌체계상 균형을 상실하여 평등원칙에 위배되는 조항이라고 볼 수 없다. 특정강력범죄의 처벌에 관한 특례법(1990. 12. 31. 법률 제4295호로 제정된 것) 제3조 중 "특정강력범죄로 형을 받아 그 집행을 종료하거나 면제받은 후 3년 이내에 다시 형법 제337조(강도상해·치상)의 죄 또는 그 미수죄를 범하여 '특정범죄 가중처벌 등에 관한 법률' 제5조의5에 의하여 가중처벌되는 때"에 관한 부분

[2014년 1월 7일 개정전 조문]
제3조 특정강력범죄로 형(刑)을 선고받고 그 집행이 끝나거나 면제된 후 3년 이내에 다시 특정강력범죄를 범한 경우에는 그 죄에 대하여 정하여진 형의 장기(長期) 및 단기(短期)의 2배까지 가중한다.

이 헌법재판소 결정(2008. 12. 26. 2007헌가10)에서 확인되는 바와 같이 특강법 제3조의 적용대상에서 형법상 강도상해·치상죄를 범하여 특가법 제5조의5에 의한 가중처벌의 대상이 되는 것을 제외하여야 한다는 근거를 요약하면, ① 강도상해나 강도치상에 대해 '사형, 무기 또는 20년 이상의 유기징역'은 그 자체로 과도한 법정형이라는 점, ② 특가법을 적용할지 여부는 검사의 재량인바, 검사의 선택 여하에 따라 법정형의 범위가 현저히 달라진다는 점, ③ 특가법에서 무기형을 선택하는 경우 특강법의 가중이 의미없지만, 특가법에서 유기형을 선택하는 경우 특강법에 의해 다시 가중되어, 작량감경을 하는 경우 형의 역전현상이 발생한다는 점 ― 예컨대 현행법에 의하면 무기형을 작량감경하면 10년 이상 50년 이하의 유기징역, 징역 30년을 선택하면 30년 → 50년(가중상한) → 25년(작량감경)이 되어 하한이 더 높다. ―, ④ 강간치사, 강도치사, 해상강도상해(모두 법정형 사형, 무기, 10년 이상)와 법정형이 동일하게 되어 죄질이 다른데 동일하게 처단하는 체계상 불합리가 발생한다는 점이다.

2. 「소년에 대한 형」의 특례

제4조 (소년에 대한 형) ① 특정강력범죄를 범한 당시 18세 미만인 소년을 사형 또는 무기형에 처하여야 할 때에는 「소년법」 제59조에도 불구하고 그 형을 20년의 유기징역으로 한다.
② 특정강력범죄를 범한 소년에 대하여 부정기형(不定期刑)을 선고할 때에는 「소년법」 제60조 제1항 단서에도 불구하고 장기는 15년, 단기는 7년을 초과하지 못한다.

소년법 제59조에는 죄를 범할 때에 18세 미만인 소년에 대하여는 사형 또는 무기의 형으로 처할 것인 때에는 15년의 유기징역에 처하도록 하는 특례규정을 두고 있으나, 특정강력범죄를 범한 18세 미만의 소년에 대하여 사형 또는 무기의 형으로 처할 것인 때에는 위 소년법상의 규정에도 불구하고 20년의 유기징역으로 가중하여 처벌한다.

또한, 소년법 제60조 제1항에는 법정형 장기 2년 이상의 유기형에 해당하는 죄를 범한 때에는 그 형의 범위 안에서 장기와 단기를 정하여 선고하며, 이때 장기는 10년, 단기는 5년을 초과하지 못하도록 하는 특례규정을 두고 있다. 그러나 특정강력범죄를 범한 소년에 대하여는 부정기형을 선고할 때에는 위 소년법상의 규정에도 불구하고 장기는 15년, 단기는 7년을 초과하지 않는 범위 내에서 가중하여 처벌하게 된다.

소년법 제59조(사형, 무기형의 완화) 죄를 범할 때에 18세 미만인 소년에 대하여는 사형 또는 무기형으로 처할 것인 때에는 15년의 유기징역으로 한다.

소년법 제60조(부정기형) ① 소년이 법정형 장기 2년 이상의 유기형에 해당하는 죄를 범한 때에는 그 형의 범위 안에서 장기와 단기를 정하여 선고한다. 다만, 장기는 10년, 단기는 5년을 초과하지 못한다.
②③ (생략)

Ⅲ. 특정강력범죄의 형사처우상 특례

1. 집행유예의 결격기간

특정강력범죄로 형의 선고를 받아 그 집행을 종료하거나 면제받은 후 10년을 경과하지 아니한 자가 다시 특정강력범죄를 범한 때에는 형의 집행을 유예할 수 없다(특강법 제5조).

2. 보석 등의 취소

특정강력범죄사건의 피고인이 "피해자 기타 사건의 재판에 필요한 사실을 알고 있다고 인정되는 자 또는 그 친족"의 생명·신체나 재산에 해를 가하거나 가할 염려가 있다고 믿을만한 충분한 이유가 있는 때에는 법원은 직권 또는 검사의 청구에 의하여 결정으로 보석 또는 구속의 집행정지를 취소할 수 있다(특강법 제6조).

IV. 증인에 대한 신변안전조치 등

1. 증인에 대한 신변안전조치

검사는 특정강력범죄사건의 증인이 피고인 기타의 사람으로부터 생명·신체에 해를 받거나 받을 염려가 있다고 인정되는 때에는 관할경찰서장에게 증인의 신변안전을 위하여 필요한 조치를 할 것을 요청하여야 한다(제7조 제1항).

한편 증인은 검사에게 신변안전조치를 취하도록 청구할 수 있으며(동조 제2항), 재판장은 검사에게 동 조치를 취하도록 요청할 수 있다(동조 제3항). 이 경우, 신변안전조치의 요청을 받은 관할경찰서장은 즉시 증인의 신변안전에 필요한 조치를 하고 이를 검사에게 통보하여야 한다(동조 제4항).

2. 출판물 등으로부터의 피해자 보호

특강법 제8조에는 특정강력범죄 중 제2조 제1항 제2호 내지 제5호 및 제2항(다만, 제1항 제1호를 제외한다)에 규정된 범죄로 수사 또는 심리중에 있는 사건의 피해자나 특정강력범죄로 수사 또는 심리 중에 있는 사건을 신고하거나 고발한 자에 대하여는 출판물 등으로부터 보호하는 규정을 두고 있다. 즉, 성명·연령·주소·직업·용모 등에 의하여 피해자 또는 신고하거나 고발한 자임을 미루어 알 수 있는 정도의 사실이나 사진을 신문 기타 출판물에 게재하거나 방송하지 못하도록 제한하고 있는 것이다.

다만, 피해자나 신고·고발한 자 또는 그 법정대리인(피해자, 신고 또는 고발한 자가 사망한 경우에는 그 배우자, 직계친족 또는 형제자매)이 명시적으로 동의한 경우에만 예외로 하고 있다.

3. 피의자의 얼굴 등 신상정보의 공개

2010년 4월 15일 개정에서는 특정강력범죄 피의자의 얼굴, 성명 및 나이 등 신상정보를 수사기관이 공개할 수 있는 법적 근거를 마련하였다. 이에 따라 검사와 사법경찰관은 ① 범행수단이 잔인하고 중대한 피해가 발생한 특정강력범죄사건일 것, ② 피의자가 그 죄를 범하였다고 믿을 만한 충분한 증거가 있을 것, ③

국민의 알권리 보장, 피의자의 재범방지 및 범죄예방 등 오로지 공공의 이익을 위하여 필요할 것, ④ 피의자가 청소년 보호법 제2조 제1호의 청소년에 해당하지 아니할 것의 4가지 요건을 모두 갖춘 특정강력범죄사건의 피의자의 얼굴, 성명 및 나이 등 신상에 관한 정보를 공개할 수 있도록 하고 있다(제8조의2). 이 경우 공개를 할 때에는 피의자의 인권을 고려하여 신중하게 결정하고 이를 남용하여서는 아니 된다.

V. 특정강력범죄의 형사공판에 관한 규정

특강법 제9조 내지 제12조에는 형사공판의 진행과 관련하여 법원과 검사·변호사의 소송진행에 관한 협의(제9조), 집중심리에 의한 공판진행(제10조), 피고인의 법정구속(제11조), 간이공판절차의 결정(제12조), 판결의 신속한 선고(제13조) 등에 관한 규정을 두고 있다.

동 규정들은 통상의 형사소송절차와 구별되는 특례조항이라기보다는 형사소송법이나 소송촉진 등에 관한 특례법 등에 규정되어 있는 내용들을 재확인하거나 다소 그 규제를 강화하는 훈시적 규정의 성격 등을 띠고 있다고 볼 수 있다. 그 구체적인 내용은 다음과 같다.

1. 소송진행의 협의

법원은 특정강력범죄에 관하여 검사 및 변호인과 공판기일의 지정이나 그 밖에 소송의 진행에 필요한 사항을 협의할 수 있다(특강법 제9조 제1항). 그러나, 이 경우의 협의는 소송 진행에 필요한 최소한의 범위에서 하여야 하며, 판결에 영향을 주어서는 아니 된다(동조 제2항).

또한 특정강력범죄에 관하여 증거서류 또는 증거물의 조사를 청구하는 경우에는 상대방이 이의를 제기하지 않는 경우를 제외하고는 상대방에게 미리 열람할 기회를 주어야 한다(동조 제3항).

2. 집중심리

법원은 특정강력범죄사건의 심리에 2일 이상이 소요되는 때에는 가능한 한 매일 계속 개정하여 집중심리를 하여야 하며(제10조 제1항), 재판장은 특별한 사정이 없는 한 전의 공판기일로부터 7일 이내로 다음 공판기일을 지정하여야 한다(동조 제2항). 이와 관련하여 재판장은 소송관계인이 공판기일을 준수하도록 요청하여야 하며, 이에 필요한 조치를 행할 수 있다(동조 제3항).

3. 공판정에서의 신체구속

재판장은 특정강력범죄로 공소제기된 피고인이 폭력을 행사하거나 도망할 염려가 있다고 인정하는 때에는 공판정에서 피고인의 신체를 구속할 것을 명하거나 기타 필요한 조치를 취할 수 있다(제11조).

4. 간이공판절차의 결정

특정강력범죄의 피고인이 공판정에서 공소사실을 자백한 때에는 법원은 간이공판절차에 의하여 심판할 것을 결정할 수 있다. 특정강력범죄와 다른 죄가 병합된 경우에도 같다(제12조 제1항). 간이공판의 결정이 있는 사건에 대하여는 형사소송법상의 간이공판절차에 관한 규정(형사소송법 제286조의3, 제297조의2, 제301조의2, 제318조의3)을 준용하게 된다(동조 제2항).

5. 판결선고

법원은 특정강력범죄사건에 관하여 변론을 종결한 때에는 신속하게 판결을 선고하여야 하며, 복잡한 사건이나 기타 특별한 사정이 있는 경우에도 판결의 선고는 변론종결일부터 14일을 초과하지 못하도록 규제하고 있다(제13조).

제3절 | 관련판례

○ 제2조(적용범위)

1. 단순 강간 행위에 의하여 강간치사상죄가 된 경우, 특강법 제2조 제1항 제3호 소정의 '특정강력범죄'에 해당하는지 여부 [적극] (대법원 1996. 9. 20. 선고 96도1893)

특정강력범죄의처벌에관한특례법 제2조 제1항 제3호 소정의 '특정강력범죄'라 함은 "형법 제32장의 정조에 관한 죄 중 흉기 기타 위험한 물건을 휴대하거나 2인 이상이 합동하여 범한 제297조(강간), 제298조(강제추행), 제299조(준강간·준강제추행), 제300조(미수범), 제305조(미성년자에 대한 간음·추행)의 죄 및 제301조(강간등에 의한 치사상)의 죄"라고 규정하고 있어 형법 제301조의 죄를 앞서의 형법 제297조 내지 제300조, 제305조의 각 죄와 분리하여 규정하고 있고, 형법 제297조 내지 제300조, 제305조의 각 죄는 모두 친고죄인 반면 형법 제301조는 친고죄가 아닌 점 및 그 각 조문의 배열순서로 보아, "흉기 기타 위험한 물건을 휴대하거나 2인 이상이 합동하여 범한"이라는 요건은 형법 제297조 내지 제300조, 제305조의 각 죄에만 필요하고, 형법 제301조에는 필요하지 아니한 것으로 해석함이 상당하므로, 형법 제301조 소정의 강간치사상의 행위가 흉기 기타 위험한 물건을 휴대하거나 2인 이상이 합동하여 저질러진 경우뿐만 아니라 단순 강간 행위에 의하여 저질러진 경우라 하더라도, 그 범죄행위에 의하여 일단 상해 또는 사망이라는 중한 결과가 발생하면 그 강간치사상의 죄(형법 제301조의 죄)는 특정강력범죄의처벌에관한특례법 제2조 제1항 제3호 소정의 특정강력범죄에 해당하는 것으로 보아야 한다.

[참고조문] **특정강력범죄의처벌에관한특례법 제2조 제1항 제3호** 형법 제32장의 정조에 관한 죄 중 흉기 기타 위험한 물건을 휴대하거나 2인 이상이 합동하여 범한 제297조(강간), 제298조(강제추행), 제299조(준강간·준강제추행), 제300조(미수범), 제305조(미성년자에 대한 간음·추행)의 죄 및 제301조(강간등에 의한 치사상)의 죄

《참고판례》 (대법원 2010. 10. 28. 선고 2010도7997) 단순 강간 행위에 의한 강간 등 상해·치상의 죄가 2010. 3. 31. 개정된 특정강력범죄의 처벌에 관한 특례법 제2조 제1항 제3호에 규정된 '특정강력범죄'에 해당하는지 여부 [소극]

2010. 3. 31.법률 제10209호로 개정된 특정강력범죄의 처벌에 관한 특례법(이하 '개정 후 특례법'이라고 한다) 제2조 제1항 제3호에서 규정한 각 해당 조문의 배열순서와 체계, 개정 전 특례법 제2조 제1항 제3호의 해석상 강간 등에 의한 치사상죄가 흉기

기타 위험한 물건을 휴대하거나 2인 이상이 합동하여 저질러진 경우뿐만 아니라 <u>단순 강간 행위에 의하여 저질러진 경우로서 사안이 매우 경미한 경우에도 특정강력범죄에 해당하는 것으로 보아 위 특례법을 적용하는 것이 바람직스럽지 못하다는 비판이 존재했던 사정 등에 비추어 보면,</u> 위 '흉기나 그 밖의 위험한 물건을 휴대하거나 2인 이상이 합동하여 범한'이라는 요건은 개정 전 특례법에서의 해석과 달리 형법 제301조에도 요구되는 것으로 보는 것이 합리적인 해석이다. 나아가 개정 후 특례법 부칙에서 그에 관한 별도의 경과규정을 두지 아니하였지만, 위 개정된 조항의 의미와 취지 등에 비추어 피고인에게 유리하게 이루어진 것으로 형법 제1조 제2항에 규정된 범죄 후 법률의 변경에 해당한다. 따라서 위 특례법 개정 전에 이루어진 강간 등 상해·치상의 행위가 흉기나 그 밖의 위험한 물건을 휴대하거나 2인 이상이 합동하여 저질러진 경우가 아니라 단순 강간 행위에 의하여 저질러진 경우에는 그 범죄행위에 의하여 상해라는 중한 결과가 발생하였더라도 그 강간 등 상해·치상의 죄(형법 제301조의 죄)는 개정 후 특례법 제2조 제1항 제3호에 규정된 '특정강력범죄'에 해당하지 않는다.

[참고조문] 2010. 3. 31. 법률 제10209호로 개정된 특강법 제2조 제1항 제3호 「형법」 제2편 제32장 강간과 추행의 죄 중 흉기나 그 밖의 위험한 물건을 휴대하거나 2명 이상이 합동하여 범한 제297조(강간), 제298조(강제추행), 제299조(준강간·준강제추행), 제300조(미수범), 제305조(미성년자에 대한 간음, 추행), 제301조(강간등 상해·치상) 및 제301조의2(강간등 살인·치사)의 죄

[참고조문] 2011. 3. 7. 법률 제10431호로 개정된 현행 특강법 제2조 제1항 제3호 「형법」 제2편 제32장 강간과 추행의 죄 중 제301조(강간등 상해·치상), 제301조의2(강간등 살인·치사)의 죄 및 흉기나 그 밖의 위험한 물건을 휴대하거나 2명 이상이 합동하여 범한 제297조(강간), 제298조(강제추행), 제299조(준강간·준강제추행), 제300조(미수범) 및 제305조(미성년자에 대한 간음, 추행)의 죄

○ 제3조(누범의 형)

2. 특강법 제3조의 누범 규정의 해석상 그 심판대상이 되는 범죄뿐 아니라 종전의 전과 역시 위 특례법 시행 이후에 범한 특정강력범죄로 형을 받은 것이어야 되는지 여부 [적극] (서울고법 1997. 10. 15. 선고 97노1433)

특정강력범죄의처벌에관한특례법 제2조는 피고인의 전과 범죄인 강도상해죄나 특정범죄가중처벌등에관한법률위반(강도)죄를 모두 특정강력범죄로 규정하면서, 제3조에서는 특정강력범죄로 형을 받아 그 집행을 종료하거나 면제받은 후 3년 이내에 다시 특정

강력범죄를 범한 때에는 그 죄에 정한 형의 장기 및 단기의 2배까지 가중한다고 규정하고 있고, 한편 위 특례법 부칙에서는 <u>위 특례법은 1991. 1. 1.부터 시행하며(제1조), 위 특례법 제2조, 제3조의 규정은 위 특례법 시행 전에 범한 죄에는 이를 적용하지 아니한다(제2조)고 규정하고 있다. 따라서 형벌 법규의 보장적 기능과, 명확성, 그리고 유추해석을 금지하는 죄형법정주의의 원칙에 비추어 볼 때, 위 특례법 제3조의 해석에 있어서 그 심판의 대상이 되는 특정강력범죄가 위 특례법 시행 이후에 범한 죄이어야 할 것은 물론 누범 전과도 또한 위 특례법 시행 이후에 범한 특정강력범죄로 형을 받은 경우에 위 법조가 적용된다.</u>

《참조조문》 특정강력범죄의처벌에관한특례법 제3조, 부칙 제2조, 형법 제35조

---

3. 특가법위반(강도상해등 재범)죄에 대하여 특강법 제3조 소정의 누범가중을 할 수 있는지 여부 [적극] (서울고법 2002. 9. 11. 선고 2002노1639)

〈판시요지〉

특정범죄가중처벌등에관한법률 제5조의5의 경우에도 특정강력범죄의처벌에관한특례법 제3조의 누범가중을 하는 것이 검사의 자의적인 기소편의를 예방하게 되고 처단형의 선택에 있어서도 불균형이 생기지 아니하게 되며, 입법자가 범죄의 구성요건을 정함에 있어 누범 요건을 일부의 구성요건으로 삼아 가중처벌규정을 마련하는 것이 입법재량에 해당되어 헌법에 위배되지 않는 이상 이에 대하여 다시 누범가중을 한다고 하여 이중처벌이라고 볼 수 없으므로, 특정범죄가중처벌등에관한법률 제5조의5에 의하여 유기징역형을 선택한 다음 특정강력범죄의처벌에관한특례법 제3조에 의하여 누범가중을 하는 것은 정당하다.

[참고조문]

특정범죄 가중처벌 등에 관한 법률 제5조의5(강도상해등 재범자의 가중처벌) 형법 제337조 · 제339조의 죄 또는 그 미수죄로 형을 받아 그 집행을 종료하거나 면제를 받은 후 3년내에 다시 이들 죄를 범한 자는 사형 · 무기 또는 10년 이상의 징역에 처한다.

형법 제337조(강도상해, 치상) 강도가 사람을 상해하거나 상해에 이르게 한 때에는 무기 또는 7년 이상의 징역에 처한다.

형법 제339조(강도강간) 강도가 부녀를 강간한 때에는 무기 또는 10년 이상의 징역에 처한다.

〈판례전문 일부〉

다. 누범에 관한 법령적용의 당부에 대한 판단

(1) 이 사건 항소이유에는 포함되어 있지 않지만, 피고인의 변호인은 원심이 피고인의 이 사건 범행 중 특정범죄가중처벌등에관한법률위반(강도상해등재범)죄에 대하여 특정강력범죄의처벌에관한특례법(이하 '특강법'이라고만 한다) 제3조에 의하여 누범 가중한 것은 동일한 범죄의 전과에 의하여 거듭 가중처벌하는 결과를 가져와 위법 하다고 변론하므로, 이에 대한 이 법원의 입장을 밝혀 둔다.

(2) 특정범죄가중처벌등에관한법률(이하 '특가법'이라고만 한다) 제5조의5는 형법 제337 조, 제339조의 죄 또는 그 미수죄로 형을 받아 그 집행을 종료하거나 면제를 받은 후 3년 이내에 다시 이들 죄를 범한 자(이하 '강도상해 등 재범자'라고만 한다)는 사형·무기 또는 10년 이상의 징역에 처한다고 규정하고 있고, 특강법 제2조 제1항 제3호, 제4호, 제2항에 의하면, 강도상해 또는 강도치상죄와 강도강간죄는 모두 특 강법상 특정강력범죄이고, 특강법 제3조는 이들 특정강력범죄에 대하여 누범가중을 할 경우에는 그 형의 단기 및 장기의 2배까지 가중하도록 규정하고 있다.

여기서 강도상해 등 재범자의 경우에는 특가법 제5조의5의 규정 자체가 누범에 대 한 특별규정으로서 누범가중요건 그 자체를 강도상해 등 재범자의 가중처벌요건으 로 규정하고 있기 때문에 이 사건 피고인과 같이 강도상해 등 재범자에 대하여는 특가법 제5조의5에 의하여만 처벌하든가, 아니면 형법 제337조 또는 제339조의 가 중처벌요건의 하나인 성폭력범죄의처벌및피해자보호등에관한법률(이하 '성폭법'이 라고만 한다) 제5조 제2항 소정의 특수강도강간죄의 형에 특강법 제3조에 의하여 누범가중한 형기범위 내에서만 처벌하는 것이 합리적이라는 견해가 있을 수 있다.

(3) 그러나 위와 같은 견해는 다음과 같은 이유로 이를 받아들일 수 없다. 즉, ① 우선 형법 제337조의 강도상해죄는 무기징역 또는 7년 이상의 징역에 처하도록 되어 있 어 유기징역을 선택하여 특강법 제3조의 누범가중을 하게 되면 그 징역형의 하한은 14년이 되나, 특가법 제5조의5만에 의하여 처벌할 경우에는 그 징역형의 하한이 10 년이 되어 검사가 어떤 법률을 적용하여 기소하느냐에 따라 그 처단형의 선택에 균 형이 맞지 않고 강도상해 등 재범자를 가중처벌하고자 하는 특가법 제5조의5의 입 법취지가 몰각되는 점, ② 형법 제339조는 강도가 강간한 때에는 무기징역 또는 10 년 이상의 징역에 처하도록 되어 있고(여기서의 강도는 단순강도이든 특수강도이든 그 신분이 강도이기만 하면 된다), 이에 대한 가중처벌규정인 성폭법 제5조 제2항 은 강도 중 특수강도 또는 그 미수범이 형법 제297조의 강간죄는 물론 제298조 및 제299조 강제추행 등의 죄를 범한 때에는 사형, 무기 또는 10년 이상의 징역에 처 하도록 규정하고 있어, 강도강간의 재범자인 경우에는 형법 제339조가 정한 형에

사형을 추가한 것에 불과하여 특수강도가 강간한 경우에 가중처벌하는 성폭법 제5
조 제2항과 같은 형을 규정하고 있는바, 이 경우에도 특가법 제5조의5만에 의하여
처벌하든가 형법 제339조 또는 성폭법 제5조 제2항과 특강법 제3조에 의하여 처벌
하든가 하여야 된다면, 검사가 기본적 구성요건인 형법 제339조로 기소한 경우에는
그 징역형의 하한이 20년이 되는 반면, 그 가중처벌 규정인 특가법 제5조의5로 기
소한 경우에는 그 징역형의 하한이 10년에 불과하여 그 불균형이 현저할 뿐더러 강
도강간의 재범자를 가중처벌하고자 하는 특가법의 입법취지와는 너무나 거리가 멀
고, 또한 강도강간의 재범자 중 그 신분이 단순강도인 경우 검사가 형법 제339조를
적용하여 기소하면 그 징역형의 하한이 20년이 되는 반면 그 신분이 특수강도인 경
우 성폭법 제5조 제2항을 적용하여 기소하면 그 징역형의 하한이 20년이 되나 특
가법 제5조의5를 적용하여 기소하면 그 징역형의 하한이 10년이 되어 검사가 어떠
한 법률을 적용하여 심판을 구하느냐에 따라 그 처단형의 범위가 뒤죽박죽이 될 뿐
만 아니라 죄질이 무거운 특수강도가 강간을 한 경우 가중처벌하고자 하는 성폭법
의 입법취지도 몰각되는 점, ③ 입법자가 범죄의 구성요건을 정함에 있어 누범 요
건을 일부의 구성요건으로 삼아 가중처벌규정을 마련하는 것이 입법재량에 해당되
어 헌법에 위배되지 않는 이상 이에 대하여 다시 누범가중을 한다고 하여 이중처벌
이라고 볼 수 없을뿐더러 특가법 제5조의5의 경우에도 특강법 제3조의 누범가중을
하는 것이 위에서 본 것처럼 검사의 자의적인 기소편의를 예방하게 되고 처단형의
선택에 있어서도 불균형이 생기지 아니하게 되는 점 등에 비추어, 원심이 이 사건
의 경우에도 특가법 제5조의5에 의하여 유기징역형을 선택한 다음 특강법 제3조에
의하여 누범가중을 한 것은 정당하다고 할 것이다.

《참고판례》
(서울고법 1991. 9. 24. 선고 91노1957) 특정범죄가중처벌등에관한법률 제5조의5 위
반죄에 대한 누범가중 가부 [소극]: 특정범죄가중처벌등에관한법률 제5조의5 규정은 이
미 강도상해죄의 재범자에 대하여 특별히 누범가중을 하여 형법 제337조보다 그 법정
형을 올려 정해 놓은 것이고, 이는 같은 법 제5조의4 제5항의 규정취지와는 달리 누범
에 관한 특별규정으로서 누범가중요건 그 자체를 강도상해 등 재범자의 가중처벌요건으
로 규정하고 있는 것이므로 이에 대하여 다시 형법 제35조나 특정강력범죄의 처벌에 관
한 특례법 제3조에 의하여 누범가중을 할 수 있다고 보는 것은 동일한 범죄의 전과에
의하여 거듭 가중처벌하는 결과를 가져오는 것으로 부당하다.

(부산지법 2004. 11. 5. 선고 2004고합136) 강도상해 등 재범자의 가중처벌에 관한
특정범죄가중처벌등에관한법률 제5조의5 위반죄에 해당하는 경우, 다시 누범가중을 할
수 있는지 여부 [소극] : 특정범죄가중처벌등에관한법률 제5조의5는 같은 법 제5조의4

제5항의 규정 취지와는 달리 누범요건 자체를 강도상해 등 재범자의 가중처벌요건으로 규정하고 있어 누범에 관한 특별규정에 해당하므로 특정범죄가중처벌등에관한법률위반(강도상해등재범)죄에 대하여는 누범가중을 할 수 없다.

4. 특정범죄 가중처벌 등에 관한 법률 제5조의5 위반죄에 대하여 특정강력범죄의 처벌에 관한 특례법 제3조에 의한 누범가중을 하여야 하는지 여부 [적극] (대법원 2006. 3. 23. 선고 2006도536)

특정범죄 가중처벌 등에 관한 법률 제5조의5의 규정 취지는 강도상해죄 · 강도강간죄 또는 그 미수죄로 형을 받아 집행을 종료하거나 면제를 받은 후 3년 내에 다시 이들 죄를 범한 자에 대하여 가중처벌을 하여 같은 조 소정의 법정형에 의하여 처벌한다는 뜻으로 새겨야 하고, 한편 위 법률 제5조의5 위반죄는 특정강력범죄의 처벌에 관한 특례법 제2조 제2항에 의하여 특정강력범죄에 해당하므로, 같은 법 제3조에 의하여 누범가중을 한 형기범위 내에서 처단형을 정하는 것이 타당하다.

제6장

특별형법

성폭력범죄의 처벌 등에
관한 특례법

제6장

성폭력범죄의 처벌 등에 관한 특례법

I. 입법취지 및 제정경위

현행 「성폭력범죄의 처벌 등에 관한 특례법(이하 '성폭력처벌법'이라 약칭함)」은 2010년 4월 15일 법률 제10258호로 신규제정된 법률이다. 그러나 연혁적으로 보면, 1994년 1월 5일 법률 제4702호로 제정·공포된 **「성폭력범죄의처벌및피해자보호등에관한법률」**(이하 '구 성폭력처벌법'이라 약칭함)에서 유래되었고, 동법이 2010년 4월 15일에 '성폭력처벌법'과 **「성폭력방지 및 피해자보호 등에 관한 법률」**로 분리되면서 신규제정의 형태로 된 것이다.

구 성폭력처벌법은 1993년 12월 17일 국회에서 의결되어 1994년 1월 5일 법률 제4702호로 제정·공포된 법률이다. 동법 제정 이전에 각종 성폭력범죄가 점차 흉폭화·집단화·지능화·저연령화되고 있을 뿐만 아니라 전화·컴퓨터를 이용한 음란행위 등 새로운 유형의 성폭력범죄가 등장하는 상황이었다. 본법 제정의 논의가 시발되었던 직접적인 원인이 된 것은 먼저 1991년 1월 전북 남원에서 발생한 김○○ 사건106)이었다. 이듬해인 1992년 1월 충북 충주에서 발생한 의붓아버지 살해사건인 김□□ 사건107)도 이 법 제정에 직접적인 영향을 주었으며, 이 법에 직계친족에 대하여도 고소할 수 있도록 한 특례를 두게 된 배경이 되기도 했다.

1990년대 초 성폭력 피해자들에 의한 범죄가 사회적 이슈로 부각된 상황에서 성폭력범죄에 대한 여성들의 불안심리가 고조되자 성폭력범죄를 효과적으로 규율하기 위해 특별법의 입법이 필요하다는 여성단체를 위시한 각계의 주장이 연이어 제기되었다.108) 결국 이러한 주장이 관철되어 특별법의 제정이 결실을 맺게 되었지만, 입법과정에 있어서는 법 제정의 찬반에 관하여 적지 않은 논란이 있었다.109)

이러한 시대적 상황 하에서 제정된 구 성폭력처벌법은 제정 시 입법취지를 "성폭력범죄에 대한 처벌규정을 신설 또는 강화하고 성폭력범죄에 대하여는 수사·재판 등 형사절차에 있어서 특례를 인정하고, 성폭력피해상담소 및 성폭력피해자

---

106) 김○○이 9살 때 이웃집 아저씨로부터 성폭행을 당한 정신적 피해로 결혼 후에도 정상적인 가정생활을 영위하지 못하게 되어 가해자를 형사처벌하려 하였으나, 성범죄는 친고죄로 고소기간인 6개월을 경과하여 법적 처분을 할 수 없다는 사실을 알게 되자, 결국 21년 후인 1991년 1월 가해자를 찾아가 살해한 사건이다.

107) 김□□이 9살 때부터 13년 동안 성폭행을 당해오던 중 대학생이 되어 남자친구인 김△△과 함께 가해자인 의붓아버지를 살해한 사건이다.

108) 성폭력관련 특별법의 제정 필요성은 실제 성폭력피해여성 등을 위한 상담활동을 해오던 민간여성운동단체들에 의해 1991년에 처음 제기되었다. 한국여성단체연합 소속 성폭력특별법추진특별위원회가 구성되어 자체적으로 국회에 성폭력특별법을 청원하였으며, 1992년 대선 직전 각 정당이 여성유권자를 의식하여 선거공약으로 성폭력특별법의 제정을 약속하였고, 각 당별로 소속의원들의 의원입법으로 제각기 법률안을 제출하였다. 1992년 7월 13일 민주자유당의 주양자 의원 외 20명이 '성폭력예방 및 규제등에 관한 법률'안을, 같은 해 7월 22일에는 민주당 소속 박상천 의원 외 95명이 '성폭력예방 및 규제등에 관한 법률'안을, 같은 해 10월 31일에는 통일국민당 변정일 의원 외 29명이 '성폭력행위처벌 등에 관한 법률'안을 각각 발의하였다. 이상의 내용은 오영근·안경옥, 형사특별법의 제정실태와 개선방안, 51면.

109) 입법의 필요성을 주창했던 70여 개의 여성단체들은 상징적 입법의 기능, 즉 동일한 내용이라 할지라도 일반법의 규정 가운데 포함시키는 것보다는 특별법으로서 독립적인 체계를 갖추는 것이 국민들의 인식이 강하게 느껴지며 그 결과 국가는 특별법의 제정을 통해 국가정책에 대한 국민의 이해와 협조를 구하게 된다는 견해를 보인 반면, 국회 법제사법위원회 소속의원이나 법률전문가들로부터는 "특별법 형식으로 제정되기에는 법체계상 문제가 많다"는 이유로 입법에 부정적인 견해가 제시되었다. 함석재, 형사특별법의 현황·문제점 및 정비방향, 국회보 5월호, 1996, 28~20면.

보호시설을 설치·운영하도록 함으로써 특히 여성과 미성년자를 성폭력범죄의 위협으로부터 보호하고 건전한 사회질서를 확립하려는 것"이라고 밝히고 있다.

제정 당시 전문 37개조와 부칙으로 구성되었던 동법은 하나의 특별법 안에 실체법적인 규정과 절차법적인 규정은 물론, 행형 및 보안처분과 성폭력상담소의 운영 및 피해자 구제절차 등의 행정법적 규정까지 망라되어 있는 독특한 특성을 가지고 있다. 개괄적인 내용을 보면, ① 존속 등 연장의 친족에 의한 강간·추행과 신체장애자에 대한 추행을 처벌하도록 하고 이를 모두 비친고죄로 하였다. ② 전화·우편·컴퓨터 등 통신매체를 이용한 음란행위와 버스·지하철·극장 등 공중밀집장소에서의 추행을 처벌하도록 하고 이를 친고죄로 하였다. ③ 성폭력범죄를 범한 자에 대하여 선고유예 또는 집행유예를 할 때에는 일정기간 보호관찰을 명할 수 있도록 하고, 성폭력범죄를 사회보호법에 의한 보호감호 대상범죄로 보도록 하였다. ④ 성폭력범죄의 수사 또는 재판에 관여하는 자는 피해자의 신원과 사생활 비밀을 누설하지 못하도록 하고, 피해자의 신청이 있으면 성폭력범죄에 대한 심리를 비공개로 할 수 있도록 하였다. ⑤ 성폭력범죄를 예방하고 성폭력피해자를 보호하기 위하여 성폭력상담소 및 성폭력피해자보호시설을 설치·운영할 수 있도록 하였다.

Ⅱ. 개정 연혁

전술한 바와 같이 구 성폭력처벌법은 1994년에 제정된 이후, 2010년 4월 15일 현행 성폭력처벌법과 「성폭력방지 및 피해자보호 등에 관한 법률」로 분리되어 제정되기 전까지 아래와 같은 개정이 있었다.

1차 개정(1995년 1월 5일, 법률 제4933호), 3차 개정(1997년 8월 22일, 법률 제5358호), 4차 개정(1997년 12월 13일, 법률 제5453호), 5차 개정(1997년 12월 13일, 법률 제5454호), 7차 개정(2001년 1월 29일, 법률 제6400호), 9차 개정(2005년 3월 24일, 법률 7413호), 10차 개정(2005년 8월 4일, 법률 7656호), 12차 개정(2008년 2월 29일, 법률 제8852호), 14차 개정(2010년 1월 18일, 법률 제9932호)은 타 법률 개정에 수반된 부수개정이었으며, 실질적인 개정은 2차·6차·8차·11차·13차 개정의 5차례가 있었다.

그리고 2010년 4월 15일 법률 제10258호의 제15차 개정은 법률명을 "성폭력범죄의 처벌 및 피해자보호 등에 관한 법률"에서 "성폭력범죄의 처벌 등에 관한 특례법"으로 변경한 개정이다. 한편, 같은 날 법률 제10261호로 구 성폭력처벌법은 폐지되었고, 현행 성폭력처벌법과 "성폭력방지 및 피해자보호 등에 관한 법률"이 신규제정의 형식으로 제정되었다.

그 주요한 개정내용은 다음과 같다.

1. 2차 개정(1997년 8월 22일, 법률 제5343호)

전국적으로 근친간 및 미성년자 등에 대한 성폭력범죄가 빈발하는 등 그 심각성이 부각되고 있어 성폭력범죄를 효과적으로 예방·처벌함과 동시에 피해자보호절차를 한층 강화하였다. 구체적으로는 ① 성폭력처벌법 제5조 제1항의 가중처벌대상에 야간주거침입절도등의 미수범에 의한 강간과 주거침입강간을 추가하는 대신 그 법정형에서 사형을 삭제하였고, 동조 제2항의 가중처벌대상에도 특수강도의 미수범에 의한 강간을 추가하였다. ② 친족관계에 있는 자에 의한 강간 등을 가중처벌함에 있어서 친족의 범위를 종전의 "존속등 연장의 4촌 이내의 혈족"에서 "4촌 이내의 혈족과 2촌 이내의 인척"으로 그 범위를 확대하였다. ③ 장애인에 대한 준강간을 처벌함에 있어 장애인의 범위를 신체장애뿐만 아니라 정신상의 장애까지 확대하여 장애인의 보호를 강화하였다. ④ 13세 미만의 미성년자에 대한 강간·강제추행 등의 죄를 가중처벌하고 이를 비친고죄로 규정함으로써 아동보호를 강화하다. ⑤ 성폭력피해자가 수사나 재판과정에 있어서 편안한 환경에서 진술할 수 있도록 하기 위하여 피해자와 신뢰관계에 있는 자가 수사 및 재판과정에 동석할 수 있도록 하는 규정을 신설하였다. ⑥ 18세 미만의 자를 보호하거나 교육 또는 치료하는 시설의 책임자 및 관련종사자가 자기의 보호 또는 감독을 받는 사람이 이 법 또는 형법에서 비친고죄로 규정된 성폭력범죄를 당한 사실을 안 때에는 신고를 의무화하도록 함으로써 미성년자의 보호를 강화하였다. ⑦ 보건복지부장관이 성폭력피해자의 치료를 위한 전담의료기관을 지정함에 있어서 민간진료시설도 전담의료기관으로 지정할 수 있도록 함으로써 피해자의 진료기회를 확대하였다.

2. 6차 개정(1998년 12월 28일, 법률 제5593호)

1998년에 단행된 6차 개정은 당시 사회적으로 물의가 야기되었던 소위 몰래카메라의 폐해를 방지하기 위한 개정이었다. 성적 욕망을 유발하거나 만족시킬 목적으로 건조물·선박·항공기 등에 카메라·비디오 등을 설치하여 촬영한 자를 처벌하도록 함으로써 사회의 신뢰를 회복하고 건전한 성문화를 정착시키려는 데 개정의 목적이 있다고 밝히고 있다.

개정의 주된 내용은 ① 성적 욕망 또는 수치심을 유발할 수 있는 타인의 신체를 몰래 촬영하기 위하여 건조물 등에 카메라를 설치한 후 촬영 전에 단속된 자에 대하여는 미수범으로 처벌할 수 있도록 하였고(제12조), ② 카메라뿐만 아니라 이와 유사한 기능을 가진 장치로 촬영한 자에 대하여도 처벌하는 규정을 신설하였다(제14조의2). ③ 법인에 소속된 직원이 법인의 업무와 관련하여 몰래카메라 등을 설치하여 촬영한 경우에는 그 행위자를 처벌하는 외에 법인에 대하여도 처벌할 수 있도록 하였다(제37조).

3. 8차 개정(2003년 12월 11일, 법률 제6995호)

8차 개정은 수사 및 재판과정에서 성폭력피해자의 인권이 침해되는 일이 없도록 하기 위하여 수사기관이 성폭력피해자의 진술을 청취할 경우 진술과정을 영상물에 의하여 녹화하게 하는 등 운영상 나타난 일부 미비점을 개선·보완하는 내용이었다.

주된 개정내용은 다음과 같다. ① 피해자가 13세 미만이거나 장애인인 때에는 피해자 및 그 법정대리인이 원하지 아니하는 경우를 제외하고는 수사기관이 피해자의 진술내용과 조사과정을 비디오녹화기 등 영상물 녹화장치에 의하여 촬영·보존하도록 하고, 당해 영상물에 수록된 피해자의 진술은 그 성립의 진정함이 인정되는 때에는 이를 증거로 사용할 수 있도록 하였다(제21조의2 신설). ② 법원 또는 수사기관이 13세 미만이거나 장애인인 피해자를 신문 또는 조사하는 때에는 재판이나 수사에 지장을 초래할 우려가 있는 등 부득이한 경우가 아닌 한 의무적으로 피해자와 신뢰 관계에 있는 자를 동석시키도록 하였다(제22조의3 제3항 신설). 또한 ③ 법원은 강간·강제추행 등 일정한 성폭력범죄의 피해자를 증인으로 신문하는 경우에는 비디오 등 중계장치에 의한 중계를 통하여 신문할 수 있도록 하고 (제22조의4 신설), ④ 피해자가 13세 미만이거나 장애인인 경우에는 공판기일에 출석하여 진술하는 것이 현저히 곤란한 사정이 있는 것으로 보아 증거보전의 청구를 할 것을 검사에게 요청할 수 있도록 하였다(제22조의6 제1항 후단 신설).

4. 11차 개정(2006년 10월 27일, 법률 제8059호)

11차 개정의 개정이유는 "13세 미만의 사람 또는 장애인 등 사회적 약자에 대한 성폭력범죄의 처벌을 강화하고, 수사 및 재판 절차에 있어서 성폭력범죄 피해자의 인권보장을 강화하는 등 현행 제도의 운영과정에서 나타난 일부 미비점을 개선·보완하려는 것"에 있음을 밝히고 있다.

주요한 개정내용으로는 ① 13세 미만의 사람에 대한 유사강간행위를 새롭게 처벌하도록 하였다(제8조의2 제2항 신설). 개정 전에는 13세 미만의 사람에 대한 성폭력범죄가 연령에 따른 신체적 특성을 고려하지 아니하고, 일반적인 성폭력범죄의 구별기준에 따라 간음과 추행으로만 구별하고 있었으나, 본 개정으로 13세 미만의 사람에 대하여 간음에 의하지 아니하고 폭행 또는 협박으로 구강·항문 등 신체의 내부에 성기를 삽입하거나 성기에 손가락 등 신체의 일부나 도구를 삽입한 자를 간음죄 및 추행죄와 구별하여 3년 이상의 유기징역에 처하도록 한 것이다. ② 장애인 보호시설의 장 또는 종사자의 장애인에 대한 성폭력행위를 새롭게 처벌하도록 하였다(제11조 제3항 신설). 개정 전에는 장애인 보호시설의 장 또는 종사자가 그 보호·감독 하에 있는 자를 위계·위력으로써 간음한 때에는 형법 제302조(미성년자등에 대한 간음)·제303조(업무상위력등에 의한 간음) 또는 제305조(미성년자에 대한 간음, 추행)에 따라 처벌됨으로써 일부 처벌공백이 발생하였으나, 본 개정을 통해 장애인의 보호·교육 등을 목적으로 하는 시설의 장 등이 보호·감독의 대상이 되는 장애인에 대하여 위계 또는 위력으로써 간음한 때에는 이 법에 따라 7년 이하의 징역에 처하고, 추행한 때에는 5년 이하의 징역 또는 3천만원 이하의 벌금에 처하도록 한 것이다. ③ 통신매체이용음란죄의 법정형을 기존의 "1년 이하의 징역 또는 300만원 이하의 벌금"에서 "2년 이하의 징역 또는 500만원 이하의 벌금"으로 상향조정하였다(제14조). ④ 본인 의사에 반하여 촬영된 성적 촬영물의 유통행위를 새롭게 처벌하도록 하였다(제14조의2). 개정 전에는 카메라 등을 이용하여 성적 욕망 또는 수치심을 유발할 수 있는 타인의 신체를 그 의사에 반하여 촬영한 경우만을 5년 이하의 징역 또는 1천만원 이하의 벌금으로 처벌하고 있었으나, 본 개정을 통해 촬영물을 반포·판매·임대 또는 공연히 전시·상영한 자도 촬영한 자와 같은 법정형으로 처벌하는 한편, 영리목적으로 정보통신망을 이용하여 유포한 자는 7년 이하의 징역 또는 3천만원 이하의 벌금으로 가중처벌하도록 한 것이다. ⑤ 법률에 의하여 구금된 자를 감호하는 자의 추행 및 장애인 보호시설 종사자 등의 간음·추행죄를 친고죄에서 제외함으로써 친고죄의 범위를 축소시켰다(제15조). ⑥ 성폭력범죄 피해자의 인적사항 등의 공개를 금지하도록 하였다(제21조 제3항, 제35조 제1항 제3호 및 제35조 제2항 신설). 개정 전에는 성폭력범죄의 수사·재판을 담당하거나 이에 관여하는 공무원에 대하여만 피해자를 특정할 수 있는 인적사항과 사진 등의 공개금지의무를 부과하고 있었으나, 본 개정을 통해 앞으로는 일반 국민에 대하여도 성폭력범죄 피해자의 인적사항 등의 공개금지의무를 부과하고, 그 위반에 대하여 처벌하되, 이를 반의사불벌죄로 한 것이다. ⑦ 성폭력범죄 피해자 전담조사제를 도입하였다(제21조의2 신설). 성폭력범죄 조사과정에서의 피해자 인권보장을 강화하기 위하여 성폭력범죄 피해자에 대한 조사는 미리 지정된 성폭력범죄 전담 검사 또는 성폭력범죄 전담 사법경찰관이 담당하도록 한 것이다. ⑧ 진술녹화제의 적용대상을 확대하였다(제21조의3). 의무적 진술녹화의 대상자 연령을 13세 미만에서 16세 미만으로 상향조정한 것이다. ⑨ 피해자와 신뢰관계 있는 자의 동석의무를 강화하였다(제22조의3). 개정 전에는 13세 미만의 성폭력범죄 피해자에 대한 수사·재판의 경우에만 피해자와 신뢰관계 있는 자의 동석을 의무화하고, 그 외의 경우에는 신청에 따라 법원과 수사기관의 판단으로 동석 여부를 결정하도록 하고 있었으나, 본 개정을 통해 앞으로는 모든 성폭력범죄 피해자에 대한 수사·재판에 있어 신청이 있는 때에는 부득이한 경우를 제외하고는 의무적으로 피해자와 신뢰관계에 있는 자를 동석하도록 하였다.

5. 13차 개정(2008년 6월 13일, 법률 제9110호)

13차 개정은 성폭력범죄가 지속적으로 증가하는 가운데 13세 미만의 여자 아동을 납치 또는 유인하여 성폭행한 후 살해하는 사건이 잇달아 발생하고 있어 이에 적극적으로 대처한다는 취지에서 13세 미만의 미성년자를 상대로 한 성폭력범죄의 법정형을 상향조정하고, 항문에 손가락 등을 넣는 행위를 유사강간행위로 규정하여 처벌하는 등 아동을 상대로 하는 성폭력범죄자에 대한 처벌을 강화하였다.

구체적으로는 ① 13세 미만의 여자 강간죄에 대한 법정형을 상향조정하였다 (제8조의2 제1항). 13세 미만의 여자에 대하여 형법상 강간죄를 범한 자에 대한 법정형을 5년 이상의 유기징역에서 7년 이상의 유기징역으로 상향조정한 것이다. ② 13세 미만의 사람 유사강간죄에 대한 법정형을 상향조정하였다(제8조의2 제3항). 13세 미만의 사람에 대하여 폭행 또는 협박으로 유사강간행위를 한 자에 대한 법정형을 3년 이상의 유기징역에서 5년 이상의 유기징역으로 상향조정하였다. 아울러, 항문에 손가락 등 신체(성기는 제외한다)의 일부나 도구를 삽입하는 행위를 유사강간행위에 추가하였다. ③ 13세 미만의 사람에 대하여 형법상 강제추행죄를 범한 자에 대한 법정형을 "1년 이상의 유기징역 또는 500만원 이상 3천만원 이하의 벌금"에서 "3년 이상의 유기징역 또는 1천만원 이상 3천만원 이하의 벌금"으로 상향 조정하였다(제8조의2 제2항). ④ 13세 미만자를 상대로 성폭력범죄를 범하고 상해를 가하거나 상해에 이르게 한 자에 대한 법정형을 무기징역 또는 7년 이상의 징역으로 가중처벌하도록 하였다(제9조 제1항). ⑤ 13세 미만자를 상대로 성폭력범죄를 범하고 살해한 자에 대한 법정형을 사형 또는 무기징역으로 함을 명확히 하고, 사망에 이르게 한 자에 대한 법정형을 사형, 무기징역 또는 10년 이상의 징역으로 가중처벌하도록 하였다(제10조).

6. 15차 개정(2010년 4월 15일, 법률 제10258호): 현행 성폭력범죄의 처벌 등에 관한 특례법 신규제정

15차는 구 성폭력범죄의 처벌 및 피해자보호 등에 관한 법률은 성폭력범죄의 처벌 등에 관한 특례와 성폭력범죄의 피해자 보호 등에 관한 사항을 함께 규정하고 있어 각 사항에 대한 효율적 대처에 한계가 있으므로 성폭력범죄의 처벌에 관한 사항을 분리하여 현행 성폭력처벌법을 신규제정하는 개정이었다.

개정이유로는 성폭력범죄는 해마다 지속적으로 증가하고 있고 날로 흉포화되고 있으며, 다른 범죄에 비해 재범가능성이 높고 은밀하게 행해지므로 이를 근본적으로 예방하기 위해서는 성범죄자에 대한 처벌 강화와 재범방지 등을 위한 제도의 보완이 필요하므로, 13세 미만의 미성년자에 대한 성폭력범죄의 처벌을 강화하고, 음주 또는 약물로 인한 심신장애 상태에서의 성폭력범죄에 대해서는 형법상 형의 감경 규정을 적용하지 않을 수 있도록 하며, 미성년자에 대한 성폭력범죄의 공소시효는 해당 성폭력범죄로 피해를 당한 미성년자가 성년에 달한 날부터 진행하도록 하고, 성인 대상 성범죄자의 신상정보를 인터넷에 등록·공개하도록 하는 등 성범죄자의 처벌 강화와 재범방지 등을 위한 제도를 보완하려는 것임을 밝히고 있다.

주요 내용은 ① 친족관계에 의한 강간, 강제추행 등 범죄에 관하여 처벌을 강화하고 처벌대상이 되는 친족의 범위를 4촌 이내의 인척까지 확대함(법 제5조 제1항, 제2항 및 제4항), ② 13세 미만의 미성년자에 대한 성폭력범죄의 처벌을 강화함(법 제7조), ③ 음주 또는 약물로 인한 심신장애 상태에서 강간, 강제추행 등 성폭력범죄를 범한 자에 대해서는 형을 감경하는 형법 규정을 적용하지 아니할 수 있도록 함(법 제19조), ④ 미성년자에 대한 성폭력범죄의 공소시효는 해당 성폭력범죄로 피해를 당한 미성년자가 성년에 달한 날부터 진행하도록 함(법 제20조 제1항), ⑤ 최근 새로운 수사기법의 발달로 범죄 발생 후 상당한 기간이 지나더라도 범죄 규명이 가능한 경우가 많으므로 디엔에이(DNA)증거 등 입증 증거가 확실한 성폭력범죄의 경우 공소시효를 10년 연장함(법 제20조 제2항), ⑥ 검사와 사법경찰관은 성폭력범죄 피의자가 죄를 범하였다고 믿을 만한 충분한 증거가 있고 오로지 공공의 이익을 위하여 필요할 때에는 얼굴 등 피의자의 신상정보를 공개할 수 있도록 함(법 제23조), ⑦ 지방법원장 또는 고등법원장은 특별한 사정이 없으면 성폭력범죄 전담재판부를 지정하여 성폭력범죄에 대하여 재판하도록 함(법 제25조), ⑧ 성폭력범죄의 피해자가 13세 미만이거나 신체장애 또는 정신장애로 사물을 변별하거나 의사를 결정할 능력이 미약한 경우 수사과정에서 관련 전문가의 의견 조회를 의무화함(법 제28조 제3항, 제4항 및 제5항), ⑨ 현재 운영되고 있는 성범죄자 신상정보의 인터넷 공개제도는 아동·청소년의 성보호에 관한 법률에 따라 아동·청소년 대상 성범죄자만을 공개대상으로 하고 있으나, 성인 대상 성범죄자 역시 재범률이 높을 뿐만 아니라 아동을 대상으로 한 성범죄도 저지르고 있으므로 성인

대상 성범죄자의 신상정보를 인터넷에 등록·공개하고 성범죄자 정보를 19세 미만의 자녀가 있는 인근 주민들에게 고지하도록 함(법 제32조부터 제42조까지) 등이다.

7. 현행 성폭력범죄의 처벌 등에 관한 특례법 1차 개정(2011년 4월 7일, 법률 제10567호)

이 개정에서는 성폭력범죄자의 재범방지를 위해 성폭력범죄를 범한 사람에 대하여 유죄판결을 선고하는 경우에는 재범예방에 필요한 수강명령 또는 성폭력 치료프로그램의 이수명령을 병과할 수 있도록 하였다(제16조). 아울러 이에 따라 이수명령을 부과받은 자가 보호관찰소의 장이나 교정시설의 장의 이수명령 이행에 관한 지시에 불응하여 경고를 받은 후 재차 정당한 사유 없이 이수명령 이행에 관한 지시에 불응한 경우 이를 형사처벌하는 벌칙조항을 신설하였다(제43조).

8. 현행 성폭력범죄의 처벌 등에 관한 특례법 4차 개정(2011년 11월 17일, 법률 제11088호)

성폭력범죄로부터 보호가 필요한 장애인과 13세 미만의 여자에 대하여 별도의 법적 보호장치를 마련하기 위하여 장애가 있는 여자 및 사람에 대한 범죄를 유형화하여 처벌을 강화하고, 13세 미만의 여자와 장애가 있는 여자에 대하여 강간죄를 범한 사람을 무기징역에 처할 수 있게 하며, 장애인의 보호, 교육 등을 목적으로 하는 시설의 장 또는 종사자가 장애인에 대하여 성폭력범죄를 범한 경우에 형의 2분의 1까지 가중하게 하고, 13세 미만의 여자 및 장애가 있는 여자에 대하여 강간 또는 준강간의 죄를 범한 경우에 공소시효의 적용을 배제하였다.

9. 현행 성폭력범죄의 처벌 등에 관한 특례법 7차 개정(2012년 12월 18일 전부개정, 법률 제11556호)

친고죄로 인하여 성범죄에 대한 처벌이 합당하게 이루어지지 못하고 피해자에 대한 합의 종용으로 2차 피해가 야기되는 문제가 있으므로 친고죄 조항을 삭제하고, 공소시효의 적용 배제 대상 범죄를 확대하고, 성적 목적을 위한 공공장소 침입죄를 신설하였다.

성폭력범죄 피해자를 보호하기 위하여 성인 피해자 또한 법률적 조력을 위한 변호사를 선임할 수 있도록 하고, 법원에 출석하는 피해자 등을 보호·지원하기 위한 증인지원관을 두도록 하며, 의사소통 및 의사표현에 어려움이 있는 성폭력범죄 피해자에게 형사사법절차에서 도움을 주기 위한 진술조력인의 법적 근거를 마련하였다. 또한, 판결 전 조사에 관한 규정을 두어 법원은 성폭력범죄를 범한 피고인에게 보호관찰, 사회봉사 또는 수강을 명하기 위하여 필요한 경우 보호관찰소의 장에게 신체적·심리적 특성 및 상태, 정신적 발달과정 등 피고인에 관한 사항의 조사를 요구할 수 있도록 하였다. 등록대상자 신상정보의 공개와 고지는 여성가족부장관이 집행하는 것으로 하여 관련 규정을 삭제하고 아동·청소년의 성보호에 관한 법률에 따르도록 하는 한편, 그 밖에 현행 제도의 운영상 나타난 일부 미비점을 개선·보완하였다.

개정의 주요 내용을 요약하면 다음과 같다. ① '친족'의 범위에 '동거하는 친족'을 포함함(제5조) ② 장애인과 13세 미만인 자에 대한 강간죄의 객체를 '여자'에서 '사람'으로 변경함(제6조 및 제7조) ③ '성적 목적을 위한 공공장소 침입죄'를 신설함(제12조) ④ 친고죄 조항을 삭제함(현행 제15조 삭제) ⑤ 법원은 성폭력범죄를 범한 피고인에게 보호관찰, 사회봉사 또는 수강명령을 부과하기 위하여 필요한 경우 보호관찰소의 장에게 신체적·심리적 특성 및 상태, 정신성적 발달과정 등 피고인에 관한 사항의 조사를 요구할 수 있도록 함(제17조) ⑥ 강제추행, 준강제추행의 죄 등을 공소시효의 적용 배제 대상으로 추가함(제21조) ⑦ 성폭력피해자에 대한 법률적 조력을 위해 변호인을 선임할 수 있도록 함(제27조) ⑧ 증인으로 법원에 출석하는 피해자 등을 보호·지원하기 위하여 증인지원시설을 설치·운영하고 증인지원관을 두도록 함(제32조) ⑨ 의사소통 및 의사표현에 어려움이 있는 성폭력범죄의 피해자에 대한 형사사법절차에서의 조력을 위한 진술조력인 제도를 마련함(제35조부터 제39조) ⑩ 신상정보 등록대상자는 1년마다 주소지를 관할하는 경찰관서에 출석하여 컬러사진을 촬영하여 저장·보관하도록 함(제43조) ⑪ 등록정보의 공개는 여성가족부장관이 집행하도록 함(제47조) ⑫ 등록정보의 고지에 관하여는 아동·청소년의 성보호에 관한 법률을 준용하도록 함(제49조) 등이다.

10. 현행 성폭력범죄의 처벌 등에 관한 특례법 9차 개정(2014년 12월 30일, 법률 제12889호)

종전 법률에 따르면 성범죄를 저질러 신상정보 등록대상자가 된 사람은 자신의 주소지를 관할하는 경찰관서의 장에게 성명, 주민등록번호 등 신상정보를 제출하여야 하나, 제출하여야 하는 신상정보에 연락처가 포함되어 있지 아니하여 등록대상자가 거주지를 이동하거나 직장을 변경하고 신고를 하지 아니하는 경우 이들을 파악하는 데 시간이 걸렸다. 이러한 문제점을 해결하기 위해 등록대상자가 제출하여야 하는 신상정보에 연락처를 추가하였다.

11. 현행 성폭력범죄의 처벌 등에 관한 특례법 10차 개정(2016년 12월 20일, 법률 제14412호)

10차 개정은 통신매체이용음란죄로 유죄판결이 확정된 사람은 그 행위의 태양이나 재범위험성 등을 고려하지 아니하고 일률적으로 신상정보 등록대상자가 되도록 규정한 부분에 대하여 개인정보자기결정권 침해를 이유로 헌법재판소가 위헌으로 결정(2015헌마688, 2016. 3. 31. 결정)하고, 아동·청소년이용음란물배포죄를 신상정보 등록대상 성범죄로 규정한 부분에 대해서도 같은 이유로 헌법재판관 5명이 위헌 의견을 제기함에 따라 등록대상 성범죄를 일부 축소하여 위헌성을 사전에 제거하도록 하며, 성범죄자의 재범위험성 등을 고려하지 아니하고 일률적으로 20년간 성범죄자의 신상정보를 등록하여 보존·관리하도록 한 신상정보 관리 조항에 대해서도 헌법재판소가 2016년 12월 31일까지 잠정적으로 적용하도록 하면서 헌법불합치 결정(2014헌마340, 2015. 7. 30. 결정)을 함에 따라 그 취지를 반영하여 신상정보의 등록기간을 차등화함으로써 위헌성을 제거하는 한편, 재범위험성이 높은 성폭력범죄자에 대한 신상정보 확인주기를 단축하여 등록된 신상정보의 관리를 강화하려는 것을 내용으로 하는 개정이다.

10차 개정의 주요 내용은 다음과 같다. 우선 강도강간미수범을 성폭력범죄에 추가하고(제2조 제1항 제4호), 신상정보 등록대상 성범죄에 해당하는 성폭력범죄의 범위에 강도강간미수죄를 추가하였다. 또한 현행 등록 면제대상으로 규정되어 있는 아동·청소년이용음란물소지죄 외에 성적목적공공장소침입죄, 통신매체이용음

란죄, 아동·청소년이용음란물배포죄 등의 범죄로 벌금형을 선고받은 경우에는 신
상정보 등록대상 성범죄에서 제외하였다(제42조 제1항 단서). 그리고 제43조의2 및
제52조를 신설하여 6개월 이상 국외에 체류하는 등록대상자에 대하여 출입국 시
신고의무를 부과하고, 위반 시에는 3백만원 이하의 과태료를 부과하도록 하였다.
신상정보 등록기간의 차등화를 위하여, 신상정보 등록기간을 10년 초과 징역·금
고형, 사형, 무기징역·무기금고형을 선고받은 경우에는 30년, 3년 초과 10년 이
하의 징역·금고형을 선고받은 경우에는 20년, 3년 이하 징역·금고형 및 아동·
청소년의 성보호에 관한 법률 제49조 제1항 제4호에 따른 공개명령이 확정된 사
람의 경우에는 15년 등으로 정하되, 법원이 경합범의 경우 선고형에 따라 등록기
간이 결정되는 것이 부당한 경우 판결로 단기의 기간을 등록기간으로 결정할 수
있도록 하였다(제45조 제1항 및 제4항). 한편 신상정보 공개·고지 대상자 등 재범위
험성이 높은 성범죄자에 대한 등록정보의 진위 확인주기를 6개월에서 3개월로 단
축하여 관리를 강화하는 반면, 벌금형을 선고받은 성범죄자에 대해서는 확인주기
를 6개월에서 1년으로 연장하는 등 재범위험성에 따라 신상정보 확인주기를 차등
화하여 구체적 타당성을 도모하고자 하였으며(제45조 제7항), 신상정보 등록면제제
도를 도입(제45조의2 및 제45조의3 신설)하여, 선고유예를 받은 사람의 경우 2년이 경
과하여 면소로 간주되면 신상정보 등록이 면제되도록 하고, 선고받은 형의 유형별
최소 등록기간이 경과하고 재범을 저지르지 아니하는 등 일정한 요건을 충족하면
등록대상자의 신청을 받아 법무부장관이 심사한 후 잔여 등록기간에 대해서는 신
상정보 등록을 면제하도록 하였다.

12. 현행 성폭력범죄의 처벌 등에 관한 특례법 11차 개정(2017년 12월 12일, 법률 제15156호)

11차 개정은 성적 목적의 침입금지 대상을 공공시설에서 불특정 다수가 이용
하는 다중이용장소로 개정하여 법적 보호를 강화하는 개정이다. 종전법은 자기의
성적 욕망을 만족시킬 목적으로 공중화장실 등 공공장소에 침입하는 행위에 대한
처벌규정을 두고 있으나, 최근 판례는 주점 화장실에 침입하여 피해자가 용변을
보는 모습을 엿보았다고 하더라도 그 화장실이 현행법의 적용 대상인 「공중화장

실 등에 관한 법률」에 따른 공중화장실에 해당하지 않는다는 이유로 무죄를 선고하여 논란이 되었다. 이러한 상황은 입법 과정에서 명확성의 원칙을 충실히 준수하기 위해 현행법의 입법 목적과 관련성이 없는 각종 행정 법률의 조문을 인용하여 성폭력범죄 처벌의 적용 대상으로 삼았기 때문으로 보이며, 이는 오히려 그 적용 대상을 불분명하게 만드는 문제점이 있다. 이에 현행법 제12조에서 장소적 범위를 사적인 공간이 아닌 "불특정 다수가 이용하는" 등으로 제한하여 처벌 대상이 지나치게 확장되는 것을 방지하는 한편, "불특정 다수"라는 표현은 판례와 법률에서 이미 널리 사용되는 용어이므로 명확성의 원칙에 반하는 것으로 보기 어렵고, 현행 「개인정보 보호법」 제25조 제2항에서의 "불특정 다수가 이용하는 목욕실, 화장실, 발한실, 탈의실 등"의 법문 및 「실내공기질 관리법」 제2조 제1호에 따른 불특정 다수인이 이용하는 시설인 다중이용시설 등의 용어의 정의 등을 참고하여 개정 방향을 검토할 필요가 있다. 이에 따라 현행법상 성적 목적을 위한 침입 금지 대상 공공장소의 개념을 "화장실, 목욕장·목욕실 또는 발한실, 모유수유시설, 탈의실 등 불특정 다수가 이용하는 다중이용장소"로 개정함으로써 명확성의 원칙을 준수하는 범위에서 장소의 범위를 확대 설정하여 입법적 공백을 방지하려는 것이다.

13. 현행 성폭력범죄의 처벌 등에 관한 특례법 12차 개정(2018년 10월 16일, 법률 제15792호)

12차 개정은 업무상 위력 등에 의한 추행죄의 법정형을 상향하는 개정이다. 최근 조직 또는 직장 내에서 가해자가 사회적 지위를 이용하여 지속적으로 성폭력 범죄를 저질러 피해자에게 심각한 육체적·정신적 고통을 주는 권력형 성폭력 사건이 사회적 문제가 되고 있는데, 그러나 종전 성폭력범죄의 처벌 등에 관한 특례법상 업무상 위력 등에 의한 추행죄에 대하여 죄질에 비해 낮은 형량이 내려져 조직 내 성폭력범죄를 근절하고 사회적 인식을 개선하기에 부족하다는 지적이 제기되고 있었다. 이에 업무, 고용이나 그 밖의 관계로 인하여 자기의 보호, 감독을 받는 사람을 위계 또는 위력으로 추행한 사람에 대하여 종전 2년 이하의 징역 또는 500만원 이하의 벌금에서 3년 이하의 징역 또는 1천500만원 이하의 벌금으로 상향하고, 법률에 따라 구금된 사람을 감호하는 사람이 그 사람을 추행한 때에는 종전 3년 이하의 징역 또는 1천500만원 이하의 벌금에서 5년 이하의 징역 또는 2천만원 이하의 벌금에 처하도록 상향조정하려는 취지의 개정이다.

14. 현행 성폭력범죄의 처벌 등에 관한 특례법 13차 개정(2018년 12월 18일, 법률 제15977호)

제13차 개정은 카메라 등 이용 촬영죄의 법정형을 변경하고, 배포 대상 촬영물에 복제물을 추가하고 정보통신망에 의한 배포의 대상에도 촬영 당시에는 촬영자의 의사에 반하지 않는 경우까지 포함하려는 취지의 개정이다. 종전법은 성적 욕망 또는 수치심을 유발할 수 있는 다른 사람의 신체를 그 의사에 반하여 촬영하거나 그 촬영물을 유포한 경우 카메라 등을 이용한 촬영죄 등으로 처벌하고 있는데, 그러나 자의에 의해 스스로 자신의 신체를 촬영한 촬영물이 촬영당사자의 의사에 반하여 유포된 경우에는 다른 사람의 신체를 촬영한 촬영물이 아니라는 이유로 이 규정으로 처벌할 수 없고 그보다 형이 낮은 음화반포죄 등으로만 처벌이 가능하여 죄질이나 불법의 중대성 등에 비하여 적절한 처벌이 이루어지지 않고 있다는 문제가 제기되었다. 이에 자의에 의해 스스로 자신의 신체를 촬영한 촬영물을 촬영대상자의 의사에 반하여 유포한 경우에도 처벌할 수 있도록 한다는 것이다. 또한, 카메라 등을 이용한 촬영죄의 벌금형을 현행 1천만원 이하에서 3천만원 이하로 상향하고, 유포의 객체에 사람의 신체를 촬영한 촬영물 외에 복제물(복제물의 복제물을 포함한다)을 추가하며, 촬영대상자의 의사에 반하여 유포된 이상 촬영에 대한 동의 유무가 그 피해에 본질적인 차이를 가져온다고 볼 수 없으므로, 촬영 당시에는 촬영대상자의 의사에 반하지 아니하여도 사후에 그 의사에 반하여 유포되는 경우 촬영 당시 촬영대상자의 의사에 반하여 촬영된 촬영물을 유포하는 경우와 동일하게 처벌하고자 하는 취지를 반영하였다. 한편, 영리를 목적으로 촬영대상자의 의사에 반하여 정보통신망을 이용하여 촬영물 또는 복제물을 유포한 경우에는 법정형에서 벌금형을 삭제함으로써 처벌을 강화하고자 하였다.

15. 현행 성폭력범죄의 처벌 등에 관한 특례법 14차 개정(2019년 8월 20일, 법률 제16445호)

2019년 8월 20일자 제14차 개정은 위계 또는 위력으로써 13세 미만의 사람을 간음하거나 추행한 사람에 대해서도 성폭력처벌법 제21조의 공소시효에 관한 특례 규정에 따라 공소시효를 적용하지 않도록 하려는 취지의 개정이다.

종전법상으로는 13세 미만의 아동에 대한 폭행이나 협박에 의한 강간 및 강제추행에 대해서는 성폭력처벌법 제21조에 따른 공소시효에 관한 특례 규정에 따라 공소시효를 적용하지 않고 있다. 그런데, 최근 공직사회, 문화예술계 등에서 활발하게 이루어지고 있는 미투 운동이 전개되는 과정에서 조직 내 위계 또는 위력으로써 사람을 간음하는 경우에도 피해자는 심각한 육체적, 정신적 고통을 입는다는 점이 드러나 위계 또는 위력으로서 아동·청소년을 간음하거나 추행한 사람에 대해서도 이 법에 따른 공소시효의 적용을 배제할 필요성이 제기되었고, 그에 따라 성폭력처벌법 제21조 제3항의 적용대상에 형법 제305조(미성년자에 대한 간음, 추행)의 죄와 성폭력처벌법 제7조 제5항을 추가하였다.

16. 현행 성폭력범죄의 처벌 등에 관한 특례법 18차 개정(2020년 3월 24일, 법률 제17086호)

2020년 3월 24일에 이루어진 제18차 개정은 이른바 '딥페이크(deepfake)' 범죄를 신설하기 위한 개정이다. 최근 들어 특정 인물의 신체 등을 대상으로 한 영상물 등을 성적 욕망 또는 수치심을 유발할 수 있는 형태로 편집하는 딥페이크 등으로 인한 피해가 증가하고 있는데, 현행 규정으로는 이를 처벌하기 어렵거나 처벌이 미약하여 이에 대한 별도의 처벌 규정을 마련할 필요성이 증가하였다. 이에 반포 등을 할 목적으로 사람의 신체 등을 대상으로 한 촬영물 등을 대상자의 의사에 반하여 성적 욕망 또는 수치심을 유발할 수 있는 형태로 편집·합성·가공한 자, 이러한 편집물·합성물 또는 복제물의 반포 등을 한 자, 편집·합성·가공 당시에는 대상자의 의사에 반하지 아니하였으나 사후에 그 편집물 등을 대상자의 의사에 반하여 반포 등을 한 자의 경우 5년 이하의 징역 또는 5천만원 이하의 벌금으로 처벌할 수 있도록 하고, 영리를 목적으로 정보통신망을 이용하여 이러한 죄를 범한 자는 7년 이하의 징역으로 처벌할 수 있도록 하는 제14조의2(허위영상물 등의 반포등)를 신설하였다.

17. 현행 성폭력범죄의 처벌 등에 관한 특례법 19차 개정(2020년 5월 19일, 법률 제17264호)

19차 개정은 이른바 'n번방' 사건으로 촉발된 SNS 비밀대화방 등을 이용한 성착취형태의 사이버 성범죄에 대한 적극적 대처의 요구에 의한 개정이다. 텔레그램을 이용한 성착취 사건 등 사이버 성범죄로 인한 피해가 날로 증가하고 있는바, 카메라 등 이용 촬영죄 등 성폭력범죄의 법정형을 상향하고, 불법 성적 촬영물의 소지·구입·저장·시청에 대한 처벌규정을 신설하는 등 관련 규정을 정비함으로써 사이버 성범죄로 인한 피해 발생을 미연에 방지하여 국민의 성적 자기결정권 등 기본권을 보호하고 범죄로부터 안전한 사회 조성에 기여하려는 취지라고 할 수 있다. 19차 개정의 주요 내용을 살펴보면 다음과 같다.

우선, 특수강도강간 등, 특수강간 등, 13세 미만의 사람에 대한 강제추행 및 공중 밀집 장소에서의 추행의 죄의 법정형을 상향(제3조 제1항, 제4조 제1항·제2항, 제7조 제3항 및 제11조)하고, 장애인에 대한 강제추행, 성적 목적을 위한 다중이용장소 침입행위 및 통신매체를 이용한 음란행위의 죄의 벌금형을 징역 1년당 벌금 1천만원의 비율에 맞추어 상향함(제6조 제3항, 제12조 및 제13조)으로써 성폭력범죄에 대한 가중처벌의 취지를 강화하였다.

그리고 종전법에 규정되어 있던 카메라 등 이용 촬영죄를 정비하여, 카메라 등을 이용한 촬영, 그 촬영물 또는 복제물의 반포 등의 죄의 법정형을 상향하고, 자신의 신체를 직접 촬영한 경우에도 그 촬영물을 촬영대상자의 의사에 반하여 반포 등을 한 사람은 처벌된다는 점을 명확히 규정(제14조 제1항부터 제3항까지)하였으며, 불법 성적 촬영물 등을 소지·구입·저장 또는 시청한 자는 3년 이하의 징역 또는 3천만 원 이하의 벌금에 처하도록 하였고(제14조 제4항 신설), 상습으로 카메라 등 이용 촬영죄와 허위영상물 반포 등의 죄를 범한 경우 그 죄에 정한 형의 2분의 1까지 가중하는 상습범 가중처벌 규정(제14조 제5항 및 제14조의2 제4항 신설)을 두었다.

아울러 불법촬영물 등을 이용한 협박·강요행위 등을 가중처벌하기 위하여 성적 욕망 또는 수치심을 유발할 수 있는 촬영물 등을 이용하여 사람을 협박 또는 강요한 자는 각각 1년 이상, 3년 이상의 징역에 처하도록 하는 규정(제14조의3 신설)하였으며, 특수강도강간 등의 죄를 범할 목적으로 예비·음모한 사람은 3년 이하의 징역에 처하도록(제15조의2 신설) 하였다.

제2절 | 주요조문 해설

　　현행 성폭력처벌법은 총 4개의 장과 전문 61개조 및 부칙으로 구성되어 있다.
제1장 「총칙」에서는 목적조항(제1조)¹¹⁰)을 비롯하여 본법의 규율대상인 '성폭
력범죄'의 범위에 관한 정의규정(제2조)을 두고 있다.

　　제2장 「성폭력범죄의 처벌 및 절차에 관한 특례」는 제3조부터 제41조까지이
며, 이 중 우선 제3조 내지 제15조의2에서는 본법에서 처벌의 대상으로 삼고 있
는 '성폭력범죄'의 세분화된 구성요건의 유형에 따라 법정형을 가중하여 처벌하는
내용을 규정하고 있다. 제3조 (특수강도강간 등), 제4조 (특수강간 등), 제5조 (친족관
계에 의한 강간 등), 제6조 (장애인에 대한 강간·강제추행 등), 제7조 (13세 미만의
미성년자에 대한 강간·강제추행 등), 제8조 (강간 등 상해·치상), 제9조 (강간 등 살인·
치사), 제10조 (업무상 위력 등에 의한 추행), 제11조 (공중 밀집 장소에서의 추행),
제12조 (성적 목적을 위한 공공장소 침입행위), 제13조 (통신매체를 이용한 음란행
위), 제14조 (카메라 등을 이용한 촬영), 제14조의2 (허위영상물 등의 반포등), 제14조
의3 (촬영물 등을 이용한 협박·강요), 제15조 (미수범), 제15조의 2 (예비·음모)가
이에 해당한다. 형사사법의 실체법적인 측면을 규정한 것이며, 본 절에서 검토하여
기술하는 주된 부분이기도 하다.

　　제16조부터 제2장의 마지막 조항인 제41조까지는 형사사법의 절차법적인 측
면에 있어서의 특례를 규정하고 있다. 이를 대별하여 보면, 우선 형벌과 수강명령
등의 병과(제16조)와 보안처분을 위한 판결 전 조사에 관한 조항(제17조), 형사소송
법상 직계존속에 대한 고소제한에 대한 특례조항(제18조), 음주 또는 약물로 인한
심신장애로 인한 감경규정의 적용을 배제하는 특례조항(제20조), 공소시효에 관한
특례조항(제21조) 등을 두고 있다. 피해자의 보호와 관련된 절차규정으로는 피해자
등의 신변안전조치 및 출판물 게재 등으로부터의 피해자보호 등 특강법상의 규정

---

110) 성폭력처벌법 제1조(목적) 이 법은 성폭력범죄를 예방하고 그 피해자를 보호하며, 성폭
　　력범죄의 처벌 및 그 절차에 관한 특례를 규정함으로써 국민의 인권신장과 건강한 사회
　　질서의 확립에 이바지함을 목적으로 한다.

을 준용하는 규정(제22조), 피해자 및 신고인 등에 대한 보호조치(제23조), 피해자의
신원과 사생활비밀의 누설금지에 관한 조항(제24조), 피의자의 얼굴 등 신상정보의
공개(제25조), 성폭력범죄의 피해자에 대한 전담조사제(제26조), 성폭력범죄 피해자
에 대한 변호사 선임의 특례(제27조), 성폭력범죄에 대한 전담재판부(제28조), 수사
기관의 피해자 조사과정에 있어서의 영상물의 촬영·보존 및 법정 증거사용 등에
관한 특례(제30조), 법정심리의 미공개 특례(제31조), 법원의 전문가 의견 조회(제33
조), 증인으로 법정에 출석한 피해자에게 신뢰관계에 있는 사람의 동석을 허용하
는 조항(제34조), 진술조력인제도의 운용에 관한 사항(제35조 내지 제39조), 비디오
등 중계장치에 의한 증인신문을 허용하는 특례조항(제40조), 피해자나 그 법정대리
인이 피해자가 법정증언이 곤란한 경우에 검사에게 증거보전절차를 청구하도록
요청하는 규정(제41조)이 있다.

제3장 「신상정보 등록 및 등록정보의 공개」는 제42조부터 제49조의2까지이
며 일정한 성폭력범죄 전과자에 대해 신상정보의 등록을 의무화하고, 그 정보를
인터넷이나 우편을 통해 인근 주민에게 공개하는 절차에 관하여 규정한 장이다.
성범죄자에 대한 신상정보 공개제도는 아동·청소년을 대상으로 한 성범죄전과자
를 대상으로 시작되었으나, 성폭력범죄의 증가와 흉폭화 등에 대한 사회적 대응기
조가 강화되면서 2010년 4월 15일 개정에 따라 성인 대상의 성폭력범죄자에 대하
여도 신상정보 공개제도가 확대되었다(2011년 4월 16일 시행).

제4장 「벌칙」 제50조에는 성폭력범죄에 대한 처벌규정을 두고 있는 제2장과
는 별도로 제3장의 신상정보 등록 및 공개제도와 관련된 죄(등록정보의 누설, 등록정
보의 임의적 변경이나 말소, 거짓정보의 제출)나 제2장의 피해자 보호와 관련된 피해자
의 신원과 사생활비밀 누설금지의 의무위반 등에 대하여 형사처벌하도록 하는 처
벌규정과 법인 등에 대한 양벌규정(제51조) 및 출입국시 신고의무 등을 위반한 경
우 과태료를 부과하는 규정(제52조)을 두고 있다.111)

---

111) 본서 제1장 총설에서 언급한 바와 같이 형사특별법의 경우, 형법과 마찬가지로 주로 자연
범의 성격을 가지는 범죄에 대하여 규율하고 있어 통상 금지조항(의무조항)을 별도로 두
지 않고 하나의 조문 내에서 구성요건과 그 법적효과인 형벌을 규정하고 있으며, 본법의
제2장이 이러한 예에 해당한다. 이에 반하여 본법 제4장 제43조의 벌칙조항은 법정범을
규정하고 있는 행정형법의 일반적인 처벌조항 규정형식에 따라 본법 제3장 또는 제2장에
규정되어 있는 금지조항을 전제로 이를 위반한 행위에 대하여 별개의 조문으로 그 처벌

Ⅰ. 성폭력범죄의 정의

제2조 (정의) ① 이 법에서 "성폭력범죄"란 다음 각 호의 어느 하나에 해당하는 죄를 말한다. [개정 2016. 12. 20.]

1. 「형법」 제2편 제22장 성풍속에 관한 죄 중 제242조(음행매개), 제243조(음화반포 등), 제244조(음화제조등) 및 제245조(공연음란)의 죄
2. 「형법」 제2편 제31장 약취(略取), 유인(誘引) 및 인신매매의 죄 중 추행, 간음 또는 성매매와 성적 착취를 목적으로 범한 제288조 또는 추행, 간음 또는 성매매와 성적 착취를 목적으로 범한 제289조, 제290조(추행, 간음 또는 성매매와 성적 착취를 목적으로 제288조 또는 추행, 간음 또는 성매매와 성적 착취를 목적으로 제289조의 죄를 범하여 약취, 유인, 매매된 사람을 상해하거나 상해에 이르게 한 경우에 한정한다), 제291조(추행, 간음 또는 성매매와 성적 착취를 목적으로 제288조 또는 추행, 간음 또는 성매매와 성적 착취를 목적으로 제289조의 죄를 범하여 약취, 유인, 매매된 사람을 살해하거나 사망에 이르게 한 경우에 한정한다), 제292조[추행, 간음 또는 성매매와 성적 착취를 목적으로 한 제288조 또는 추행, 간음 또는 성매매와 성적 착취를 목적으로 한 제289조의 죄로 약취, 유인, 매매된 사람을 수수(授受) 또는 은닉한 죄, 추행, 간음 또는 성매매와 성적 착취를 목적으로 한 제288조 또는 추행, 간음 또는 성매매와 성적 착취를 목적으로 한 제289조의 죄를 범할 목적으로 사람을 모집, 운송, 전달한 경우에 한정한다] 및 제294조(추행, 간음 또는 성매매와 성적 착취를 목적으로 범한 제288조의 미수범 또는 추행, 간음 또는 성매매와 성적 착취를 목적으로 범한 제289조의 미수범, 추행, 간음 또는 성매매와 성적 착취를 목적으로 제288조 또는 추행, 간음 또는 성매매와 성적 착취를 목적으로 제289조의 죄를 범하여 발생한 제290조 제1항의 미수범 또는 추행, 간음 또는 성매매와 성적 착취를 목적으로 제288조 또는 추행, 간음 또는 성매매와 성적 착취를 목적으로 제289조의 죄를 범하여 발생한 제291조 제1항의 미수범 및 제292조 제1항의 미수범 중 추행, 간음 또는 성매매와 성적 착취를 목적으로 약취, 유인, 매매된 사람을 수수, 은닉한 죄의 미수범으로 한정한다)의 죄
3. 「형법」 제2편 제32장 강간과 추행의 죄 중 제297조(강간), 제297조의2(유사강간), 제298조(강제추행), 제299조(준강간, 준강제추행), 제300조(미수범), 제301조(강간등 상해 · 치상), 제301조의2(강간등 살인 · 치사), 제302조(미성년자등에 대한 간음), 제303조(업무상위력등에 의한 간음) 및 제305조(미성년자에 대한 간음, 추행)의 죄
4. 「형법」 제339조(강도강간) 및 제342조(제339조의 미수범으로 한정한다)의 죄
5. 이 법 제3조(특수강도강간 등)부터 제15조(미수범)까지의 죄

② 제1항 각 호의 범죄로서 다른 법률에 따라 가중처벌되는 죄는 성폭력범죄로 본다.

규정을 두고 있는 것에 해당한다.

성폭력처벌법상 특례조항 등이 적용되는 「성폭력범죄」의 범위는 법 제2조에 규정되어 있다.

이를 대별하여 보자면, 형법상의 성범죄 및 성폭력처벌법에서 처벌하고 있는 성범죄로 구별된다. 전자에는 ① 형법 제22장 성풍속에 관한 죄 중 일부의 죄(제2조 제1항 제1호), ② 형법 제31장 약취와 유인의 죄 중 일부의 죄(제2호), ③ 형법 제32장 강간과 추행의 죄 중 일부의 죄(제3호), ④ 형법 제339조 강도강간의 죄(제4호)가 해당하며, 후자에는 ⑤ 성폭력특별법 제3조부터 제15조까지의 죄(제5호)가 해당된다. 또한 ①②③④⑤의 범죄로서 다른 법률에 의하여 가중처벌되는 죄도 성폭력범죄에 포함된다(제2조 제2항).

Ⅱ. 성폭력범죄에 대한 처벌규정

1. 특수강도강간 등 및 특수강간 등

(1) 특수강도강간 등(제3조)

> **제3조 (특수강도강간 등)** ① 「형법」 제319조 제1항(주거침입), 제330조(야간주거침입절도), 제331조(특수절도) 또는 제342조(미수범. 다만, 제330조 및 제331조의 미수범으로 한정한다)의 죄를 범한 사람이 같은 법 제297조(강간), 제297조의2(유사강간), 제298조(강제추행) 및 제299조(준강간, 준강제추행)의 죄를 범한 경우에는 무기징역 또는 7년 이상의 징역에 처한다. <개정 2020. 5. 19.>
> ② 「형법」 제334조(특수강도) 또는 제342조(미수범. 다만, 제334조의 미수범으로 한정한다)의 죄를 범한 사람이 같은 법 제297조(강간), 제297조의2(유사강간), 제298조(강제추행) 및 제299조(준강간, 준강제추행)의 죄를 범한 경우에는 사형, 무기징역 또는 10년 이상의 징역에 처한다.

성폭력처벌법 제3조 제1항은 형법상 주거침입(제319조 제1항), 야간주거침입절도(제330조), 특수절도(제331조) 또는 야간주거침입절도·특수절도의 미수범의 죄를 범한 자가 형법상의 강간(제297조), 유사강간(제297조의2), 강제추행(제298조), 준강간·준강제추행(제299조)의 죄를 범한 때에는 "무기 또는 7년 이상의 징역"에 처한다. 형법상 강간(3년 이상의 유기징역)이나 강제추행(10년 이하의 징역 또는 1천500만원 이하의 벌금)에 비하여 그 법정형을 가중하여 처벌하고 있다. 이 처벌규정은 형법상의 타인의 주거 등에 대한 침입행위와 강간 및 강제추행 행위를 결합한 형태의 새로운 구성요건을 신설하여 가중처벌하고 있는 조항에 해당한다.

또한 형법상 특수강도(제334조: 야간주거침입형 강도 또는 흉기휴대·2인 이상 합동형 강도) 및 동 미수범의 죄를 범한 자가 형법상 강간(제297조), 유사강간(제297조의2), 강제추행(제298조), 준강간·준강제추행(제299조)의 죄를 범한 때에는 "사형·무기 또는 10년 이상의 징역"으로 처벌한다(성폭력처벌법 제5조 제2항).

한편, 형법의 경우, 강도가 부녀를 강간한 경우에 '강도강간'의 죄에 해당하며, "무기 또는 10년 이상의 징역"으로 처벌하고 있다(형법 제339조 참조). 성폭력처벌법 제3조 제2항은 이러한 형법상 강도의 죄 중 제334조의 특수강도에 한하여 강간과 유사강간은 물론 강제추행, 준강간·준강제추행의 죄를 범한 경우에 그 법정형을 가중하여 "사형·무기 또는 10년 이상의 징역"으로 처벌하고 있는 것이다.

형법 제319조(주거침입, 퇴거불응) ① 사람의 주거, 관리하는 건조물, 선박이나 항공기 또는 점유하는 방실에 침입한 자는 3년 이하의 징역 또는 500만원 이하의 벌금에 처한다.
② 전항의 장소에서 퇴거요구를 받고 응하지 아니한 자도 전항의 형과 같다.

형법 제330조(야간주거침입절도) 야간에 사람의 주거, 간수하는 저택, 건조물이나 선박 또는 점유하는 방실에 침입하여 타인의 재물을 절취한 자는 10년 이하의 징역에 처한다.

형법 제331조(특수절도) ① 야간에 문호 또는 장벽 기타 건조물의 일부를 손괴하고 전조의 장소에 침입하여 타인의 재물을 절취한 자는 1년 이상 10년 이하의 징역에 처한다.
② 흉기를 휴대하거나 2인 이상이 합동하여 타인의 재물을 절취한 자도 전항의 형과 같다.

형법 제297조(강간) 폭행 또는 협박으로 부녀를 강간한 자는 3년 이상의 유기징역에 처한다.

형법 제297조의2(유사강간) 폭행 또는 협박으로 사람에 대하여 구강, 항문 등 신체(성기는 제외한다)의 내부에 성기를 넣거나 성기, 항문에 손가락 등 신체(성기는 제외한다)의 일부 또는 는 도구를 넣는 행위를 한 사람은 2년 이상의 유기징역에 처한다. [본조신설 2012. 12. 18.] [시행일 2013. 6. 19.]

형법 제298조(강제추행) 폭행 또는 협박으로 사람에 대하여 추행을 한 자는 10년 이하의 징역 또는 1천500만원 이하의 벌금에 처한다.

형법 제299조(준강간, 준강제추행) 사람의 심신상실 또는 항거불능의 상태를 이용하여 간음 또는 추행을 한 자는 전 2조의 예에 의한다.

형법 제334조(특수강도) ① 야간에 사람의 주거, 관리하는 건조물, 선박이나 항공기 또는 점유하는 방실에 침입하여 제333조의 죄를 범한 자는 무기 또는 5년 이상의 징역에 처한다.
② 흉기를 휴대하거나 2인 이상이 합동하여 전조의 죄를 범한 자도 전항의 형과 같다.

형법 제339조(강도강간) 강도가 부녀를 강간한 때에는 무기 또는 10년 이상의 징역에 처한다.

(2) 특수강간 등(제4조)

제4조 (특수강간 등) ① 흉기나 그 밖의 위험한 물건을 지닌 채 또는 2명 이상이 합동하여 「형법」 제297조(강간)의 죄를 범한 사람은 무기징역 또는 7년 이상의 징역에 처한다. <개정 2020. 5. 19.>
② 제1항의 방법으로 「형법」 제298조(강제추행)의 죄를 범한 사람은 5년 이상의 유기징역에 처한다. <개정 2020. 5. 19.>
③ 제1항의 방법으로 「형법」 제299조(준강간, 준강제추행)의 죄를 범한 사람은 제1항 또는 제2항의 예에 따라 처벌한다.

성폭력처벌법 제4조는 "흉기 기타 위험한 물건을 휴대하거나 2인 이상이 합동하여" 강간·준강간 및 강제추행·준강제추행의 죄를 범한 경우에 형법상 강간(3년 이상의 유기징역)이나 강제추행(10년 이하의 징역 또는 1천500만원 이하의 벌금)에 비하여 그 법정형을 가중하여 처벌하는 규정을 두고 있다.

이러한 행위태양에 의한 방법으로 형법상 강간(제297조) 및 준강간(제299조)의 죄를 범한 경우에 "무기 또는 7년 이상의 징역"으로 가중처벌하며(제6조 제1항 및 제3항), 같은 방법으로 형법상 강제추행(제298조) 및 준강제추행(제299조)의 죄를 범한 경우에는 "5년 이상의 유기징역"으로 가중처벌하게 된다(동조 제2항 및 제3항).

참고로 본조에 해당하는 구 성폭력처벌법 제6조의 경우 제4항112)에서 흉기휴

---

112) 구 성폭력처벌법 제6조 제4항 제1항과 같은 방법으로 신체장애로 항거불능인 상태에 있음을 이용하여 여자를 간음하거나 사람에 대하여 추행한 자도 제1항 또는 제2항의 예에

대 또는 2인 이상이 합동하는 방법으로 "신체장애로 항거불능인 상태에 있음을 이용하여 여자를 간음하거나 사람에 대하여 추행"하는 행위를 처벌하고 있었는바, 이는 같은 방법으로 행한 준강간·준강제추행("사람의 심신상실 또는 항거불능 상태를 이용하여 간음 또는 추행"하는 행위)한 경우를 처벌하고 있는 본조 제3항과 문언해석상 그 구성요건이 중첩되는 부분이 있었다.[113] 구법 제6조 제4항은 2006년 10월 27일 개정시 삭제된 바 있다.

2. 친족관계에 의한 강간 등(제5조)

제5조 (친족관계에 의한 강간 등) ① 친족관계인 사람이 폭행 또는 협박으로 사람을 강간한 경우에는 7년 이상의 유기징역에 처한다.
② 친족관계인 사람이 폭행 또는 협박으로 사람을 강제추행한 경우에는 5년 이상의 유기징역에 처한다.
③ 친족관계인 사람이 사람에 대하여 「형법」 제299조(준강간, 준강제추행)의 죄를 범한 경우에는 제1항 또는 제2항의 예에 따라 처벌한다.
④ 제1항부터 제3항까지의 친족의 범위는 4촌 이내의 혈족·인척과 동거하는 친족으로 한다.
⑤ 제1항부터 제3항까지의 친족은 사실상의 관계에 의한 친족을 포함한다.

성폭력처벌법 제5조는 친족 간의 강간·강제추행 등에 대한 처벌규정을 두고 있는 바, 친족관계에 있는 자가 형법상 강간(제297조) 및 준강간(제299조)의 죄를 범한 경우에는 "7년 이상의 유기징역"으로 가중처벌한다(동조 제1항 및 제3항). 가해자가 친족 이외의 자인 경우에 형법상 강간죄 및 준강간죄의 법정형인 "3년 이상의 유기징역"으로 처벌되지만, 가해자가 친족인 경우에는 이보다 가중하여 처벌하고 있는 것이다.

또한 형법상 강제추행(제298조) 및 준강제추행(제299조)의 죄를 범한 경우에는

의한다.
113) 본서의 초판에서는 본 개정에 앞서 "본조 제3항의 경우, 흉기휴대 또는 2인 이상이 합동하여 '사람의 심신상실 또는 항거불능의 상태를 이용하여 간음 또는 추행'한 행위를 처벌하고 있으므로 본조 제4항의 '신체장애로 항거불능인 상태'인 경우에만 한정하여 처벌하는 부분은 이에 포섭될 수 있는 구성요건으로 보여진다."는 점을 지적한 바 있다.

"5년 이상의 유기징역"으로 가중처벌한다(제2항 및 제3항). 친족 이외의 자에 의한 강제추행의 경우에는 형법상 강제추행 및 준강제추행에 의해 그 법정형이 "10년 이하의 징역 또는 1천500만원 이하의 벌금"으로 처벌되지만, 친족에 의한 강제추행의 경우에는 벌금형이 없고, "5년 이상의 유기징역"으로 가중처벌되는 것이다.

한편, 여기서 말하는 친족의 범위는 4촌 이내의 혈족, 인척과 동거하는 친족이 해당하며(제4항), 법률상 관계뿐만 아니라 사실상의 관계에 의한 친족도 본조가 적용되는 '친족'에 포함됨을 명시적으로 규정하고 있다(제5항). 여기서 '사실상의 관계에 의한 친족'이라 함은 ① 자연혈족 관계인데 인지절차를 이행하지 않은 경우, ② 당사자간 법정혈족관계를 형성함에 대한 의사의 합치는 있으나 아직 법정절차를 이행하지 않은 경우(대법원 1996. 2. 23. 선고 95도2914 참조), ③ 사실혼 관계(중혼적 관계 포함)에 의하여 형성된 인척관계(예를 들면 어머니의 재혼으로 생긴 의붓아버지와 의붓딸의 관계)(대법원 2000. 2. 8. 선고 99도5395 및 대법원 2002. 2. 22. 선고 2001도5075 참조) 등을 들 수 있다.

본조의 죄에 대하여는 형사소송법 제224조의 규정에도 불구하고, 자기 또는 배우자의 직계존속에 대하여 고소할 수 있도록 하는 성폭력처벌법상의 특례규정이 적용된다(성폭력처벌법 제18조).

3. 장애인에 대한 강간·강제추행 등(제6조)

제6조 (장애인에 대한 강간·강제추행 등) ① 신체적인 또는 정신적인 장애가 있는 사람에 대하여 「형법」 제297조(강간)의 죄를 범한 사람은 무기징역 또는 7년 이상의 징역에 처한다.
② 신체적인 또는 정신적인 장애가 있는 사람에 대하여 폭행이나 협박으로 다음 각 호의 어느 하나에 해당하는 행위를 한 사람은 5년 이상의 유기징역에 처한다.
1. 구강·항문 등 신체(성기는 제외한다)의 내부에 성기를 넣는 행위
2. 성기·항문에 손가락 등 신체(성기는 제외한다)의 일부나 도구를 넣는 행위
③ 신체적인 또는 정신적인 장애가 있는 사람에 대하여 「형법」 제298조(강제추행)의 죄를 범한 사람은 3년 이상의 유기징역 또는 3천만원 이상 5천만원 이하의 벌금에 처한다. <개정 2020. 5. 19.>
④ 신체적인 또는 정신적인 장애로 <u>항거불능 또는 항거곤란 상태에 있음을 이용하여</u> 사

람을 <u>간음하거나 추행한</u> 사람은 제1항부터 제3항까지의 예에 따라 처벌한다.

⑤ <u>위계(僞計) 또는 위력(威力)으로써</u> 신체적인 또는 정신적인 장애가 있는 사람을 **간음**한 사람은 5년 이상의 유기징역에 처한다.

⑥ <u>위계 또는 위력으로써</u> 신체적인 또는 정신적인 장애가 있는 사람을 **추행**한 사람은 1년 이상의 유기징역 또는 1천만원 이상 3천만원 이하의 벌금에 처한다.

⑦ 장애인의 보호, 교육 등을 목적으로 하는 시설의 장 또는 종사자가 보호, 감독의 대상인 장애인에 대하여 제1항부터 제6항까지의 죄를 범한 경우에는 그 죄에 정한 형의 2분의 1까지 가중한다.

[2011. 11. 17. 개정전] 제6조(장애인에 대한 간음 등) 신체적인 또는 정신적인 장애로 항거불능인 상태에 있음을 이용하여 여자를 간음하거나 사람에 대하여 추행을 한 사람은 「형법」 제297조(강간) 또는 제298조(강제추행)에서 정한 형(刑)으로 처벌한다.

(1) 장애인에 대한 강간, 유사강간, 강제추행의 가중처벌

성폭력처벌법 제6조에서는 신체적인 또는 정신적인 장애가 있는 사람을 대상으로 한 성폭력범죄를 가중처벌하고 있다. 미성년자에 대한 성폭력범죄의 가중처벌과 유사하게 자기 방어가 어려운 사회적 약자인 장애인이라는 행위객체의 특성에 주목하여 이를 대상으로 한 강간, 유사강간, 강제추행을 가중처벌하고 있다. 장애인을 대상으로 ① 강간의 경우에는 '무기징역 또는 7년 이상의 징역', ② 유사강간의 경우에는 '5년 이상의 유기징역', ③ 강제추행의 경우에는 '3년 이상의 유기징역 또는 3천만원 이상 5천만원 이하의 벌금'에 처한다.

(2) 장애인에 대한 준강간 · 강제추행 및 위계 · 위력에 의한 간음 · 추행

제6조의 제4항에서는 장애인에 대한 준강간 및 준강제추행을, 제5항과 제6항에서는 장애인에 대한 위계·위력에 의한 간음 및 추행을 처벌하는 규정을 별도로 두고 있다. 우선 신체적인 혹은 정신적인 장애로 인하여 항거불능 또는 항거곤란의 상태에 있음을 이용하여 사람을 간음하거나 추행한 경우에는 동조 제1항부터 제3항까지 규정된 형으로 처벌된다. 그리고 위계 또는 위력으로 신체적인 또는 정신적인 장애가 있는 사람을 간음한 경우에는 5년 이상의 유기징역으로 처벌되며, 위계 또는 위력으로 그러한 장애인을 추행한 경우에는 1년 이상의 유기징역 또는

1천만원 이상 3천만원 이하의 벌금으로 처벌된다.

(3) 장애인에 대한 보호 · 감독자에 대한 가중처벌(제6조 제7항)

제6조 제7항은 장애인의 보호 · 교육 등을 목적으로 하는 시설의 장 또는 종사자가 보호 · 감독의 대상인 장애인에 대하여 제1항부터 제6항까지의 죄를 범한 경우에는 그 죄에 정한 형의 '2분의 1'까지 가중하도록 규정하고 있다. 종전의 법률에서는 보호 · 감독의 대상이 되는 장애인에 대해 위계 또는 위력으로써 간음하거나 추행한 경우만을 대상으로 각각 7년 이하의 징역과 5년 이하의 징역 또는 3천만원 이하의 벌금으로 처벌하도록 규정하고 있었으나 현행법은 장애인을 보호 · 감독하는 업무를 수행하는 사람이 보호 · 감독의 대상이 되는 장애인에게 행한 모든 형태의 성범죄를 장애인에 대한 일반적인 성범죄의 가중처벌규정을 재차 가중하는 형태로 보다 중하게 처벌하도록 하고 있다. 따라서 장애인의 보호감독자가 보호 대상인 장애인을 강간한 경우에는 무기징역 또는 10년 6월 이상의 징역으로 처벌되고, 유사강간을 한 경우에는 7년 6월 이상의 유기징역, 강제추행을 한 경우에는 4년 6월 이상의 유기징역 또는 4천5백만원 이상 7천5백만원 이하의 벌금, 위계 · 위력으로 간음한 경우에는 7년 6월 이상의 유기징역, 위계 · 위력으로 추행한 경우에는 1년 6월 이상의 유기징역 또는 1천5백만원 이상 4천5백만원 이하의 벌금으로 각각 처벌된다.

4. 13세 미만의 자에 대한 강간 · 강제추행 등(제7조)

제7조 (13세 미만의 미성년자에 대한 강간, 강제추행 등) ① 13세 미만의 사람에 대하여 「형법」 제297조(강간)의 죄를 범한 사람은 무기징역 또는 10년 이상의 징역에 처한다.
② 13세 미만의 사람에 대하여 폭행이나 협박으로 다음 각 호의 어느 하나에 해당하는 행위를 한 사람은 7년 이상의 유기징역에 처한다.
1. 구강 · 항문 등 신체(성기는 제외한다)의 내부에 성기를 넣는 행위
2. 성기 · 항문에 손가락 등 신체(성기는 제외한다)의 일부나 도구를 넣는 행위
③ 13세 미만의 사람에 대하여 「형법」 제298조(강제추행)의 죄를 범한 사람은 5년 이상의 유기징역에 처한다. <개정 2020. 5. 19>
④ 13세 미만의 사람에 대하여 「형법」 제299조(준강간, 준강제추행)의 죄를 범한 사람은 제1항부터 제3항까지의 예에 따라 처벌한다.

⑤ 위계 또는 위력으로써 13세 미만의 사람을 간음하거나 추행한 사람은 제1항부터 제3항까지의 예에 따라 처벌한다.

(1) 강간, 강제추행

본법 제7조는 13세 미만의 미성년자인 사람에 대하여 형법상 강간의 죄를 범한 자를 "무기징역 또는 10년 이상의 징역"으로 처벌하고(제7조 제1항), 형법상 강제추행의 죄를 범한 자는 "5년 이상의 유기징역"으로 각각 가중처벌하고 있다(제7조 제3항).

2008년 6월 13일자 개정 전에는 각각 "5년 이상의 유기징역" 및 "1년 이상의 유기징역 또는 500만원 이상 2천만원 이하의 벌금"이고, 위 개정으로 각각 "7년 이상의 유기징역" 및 "3년 이상의 유기징역 또는 1천만원 이상 3천만원 이하의 벌금"으로 법정형이 상향되었으며, 2010년 4월 15일자 개정과 2020년 5월 19일자 개정으로 법정형이 현재와 같이 재차 상향조정되면서 그 처벌이 강화된 것이다. 아울러 2008년 6월 13일자 개정 시에 제2항이 신설되어 13세 미만의 사람에 대하여 폭행이나 협박으로 소위 유사성교행위인 ① 구강·항문 등 신체(성기는 제외한다)의 내부에 성기를 넣는 행위, ② 성기·항문에 손가락 등 신체(성기는 제외한다)의 일부나 도구를 넣는 행위를 한 자는 "5년 이상의 유기징역"에 처하도록 하였고, 이후 2010년 4월 15일자 개정으로 현재와 같이 법정형이 "7년 이상의 유기징역"으로 상향되었다(제7조 제2항).

현행 형법상 단순강간죄(형법 제297조)가 적용되므로 그 법정형이 "3년 이상의 유기징역"에 해당하지만, 13세 미만의 여자를 강간한 경우에는 본법에 의해 가중되어 "무기징역 또는 10년 이상의 징역"의 법정형으로 처벌된다. 마찬가지로 13세 미만의 사람에 대한 강제추행의 경우에도 본법에 의해 형법상의 단순강제추행(형법 제298조)의 법정형인 "10년 이하의 징역 또는 1천500만원 이하의 벌금"보다 가중되어 "5년 이상의 유기징역"으로 처벌된다. 종전법에는 강제추행의 경우 "3천만원 이상 5천만원 이하의 벌금"이 선택형으로 규정되어 있었으나 강제추행도 역시 엄벌해야 한다는 취지로 2020년 5월 19일 개정으로 벌금형을 삭제하였다. 마찬가지로 제2항의 유사성교행위는 형법상으로는 유사강간(형법 제297조의2, 2년 이상의 유기징역)에 해당하지만, 본조에 의해 "7년 이상의 유기징역"으로 가중처벌되는 것이다.

(2) 준강간, 준강제추행

또한, 13세 미만의 여자에 대하여 형법상 준강간의 죄를 범하거나 13세 미만의 사람에 대하여 형법상 준강제추행의 죄를 범한 경우에도 각각 본조 제1항, 제2항, 제3항의 구분에 따라 "무기징역 또는 10년 이상의 징역", "7년 이상의 유기징역", "5년 이상의 유기징역"으로 가중처벌된다(제7조 제4항).

(3) 위계·위력에 의한 간음 또는 추행

한편, 위계 또는 위력으로써 13세 미만의 여자를 간음한 경우에는 본조 제1항의 예에 따라 "무기징역 또는 10년 이상의 징역", 유사성교행위를 한 경우에는 제2항의 예에 따라 "7년 이상의 유기징역", 추행을 한 경우에는 제3항의 예에 따라 "5년 이상의 유기징역"으로 각각 가중처벌된다(제7조 제5항).

형법상 위계 또는 위력으로써 13세 미만의 자를 간음 또는 추행한 경우에는 형법상 강간의 법정형(3년 이상의 유기징역)이나 강제추행의 법정형(10년 이하의 징역 또는 1천500만원 이하의 벌금)으로 각각 처벌되지만(형법 제305조 참조), 본조에 의해 그 법정형이 현저하게 가중되어 있는 것이다.

> **형법 제305조(미성년자에 대한 간음, 추행)** 13세 미만의 부녀를 간음하거나 13세 미만의 사람에게 추행을 한 자는 제297조, 제298조, 제301조 또는 제301조의2의 예에 의한다.
>
> **형법 제302조(미성년자등에 대한 간음)** 미성년자 또는 심신미약자에 대하여 위계 또는 위력으로써 간음 또는 추행을 한 자는 5년 이하의 징역에 처한다.

5. 강간 등 상해·치상 및 강간 등 살인·치사(제8조, 제9조)

(1) 강간 등 상해·치상

> **제8조(강간 등 상해·치상)** ① 제3조 제1항, 제4조, 제6조, 제7조 또는 제15조(제3조 제1항, 제4조, 제6조 또는 제7조의 미수범으로 한정한다)의 죄를 범한 사람이 다른 사람을 상해하거나 상해에 이르게 한 때에는 무기징역 또는 10년 이상의 징역에 처한다.
> ② 제5조 또는 제15조(제5조의 미수범으로 한정한다)의 죄를 범한 사람이 다른 사람을 상해하거나 상해에 이르게 한 때에는 무기징역 또는 7년 이상의 징역에 처한다.

형법상 강간·준강간·강제추행·준강제추행 및 동 미수범이 사람을 상해하거나 상해에 이르게 한 때에는 "무기 또는 5년 이상의 징역"으로 처벌되지만(형법 제301조), 성폭력처벌법 제8조에 의해 특히 동법 제3조 제1항(주거침입형 절도에 의한 강간·준강간·강제추행·준강제추행), 제4조(흉기휴대 또는 2인 이상 합동에 의한 강간·준강간·강제추행·준강제추행), 제6조(장애인에 대한 강간·강제추행 등), 제7조(13세 미만의 미성년자에 대한 강간, 강제추행 등)[114] 및 동 미수범(제15조)이 사람을 상해하거나 상해에 이르게 한 때에는 "무기 또는 10년 이상의 징역"으로 가중처벌된다(제8조 제1항).

또한 제5조(친족관계에 의한 강간·준강간·강제추행·준강제추행) 또는 동 미수범이 사람을 상해하거나 상해에 이르게 한 때에는 "무기 또는 7년 이상의 징역"으로 가중처벌된다(제8조 제2항).

형법 제301조(강간 등 상해·치상) 제297조 내지 제300조의 죄를 범한 자가 사람을 상해하거나 상해에 이르게 한 때에는 무기 또는 5년 이상의 징역에 처한다.

(2) 강간 등 살인·치사

제9조 (강간 등 살인·치사) ① 제3조부터 제7조까지, 제15조(제3조부터 제7조까지의 미수범으로 한정한다)의 죄 또는 「형법」 제297조(강간), 제297조의2(유사강간) 및 제298조(강제추행)부터 제300조(미수범)까지의 죄를 범한 사람이 다른 사람을 살해한 때에는 사형 또는 무기징역에 처한다.
② 제4조, 제5조 또는 제15조(제4조 또는 제5조의 미수범으로 한정한다)의 죄를 범한 사람이 다른 사람을 사망에 이르게 한 때에는 무기징역 또는 10년 이상의 징역에 처한다.
③ 제6조, 제7조 또는 제15조(제6조 또는 제7조의 미수범으로 한정한다)의 죄를 범한 사람이 다른 사람을 사망에 이르게 한 때에는 사형, 무기징역 또는 10년 이상의 징역에 처한다.

형법상 강간·유사강간·준강간·강제추행·준강제추행 및 동 미수범이 사람

---

114) 2008년 6월 13일자 개정 시에 제8조의2(13세 미만의 미성년자에 대한 강간, 강제추행 등)의 죄를 범한 자가 상해·치상하거나 살인·치사한 경우도 본법 제9조 및 제10조의 가중처벌의 대상에 추가되었다.

을 살해한 때에는 "사형 또는 무기징역", 사망에 이르게 한 때에는 "무기 또는 10년 이상의 징역"으로 각각 처벌된다(형법 제301조의2 참조).

성폭력처벌법 제9조는 이러한 형법상의 '강간 등 살인·치사'의 법정형과 동일한 법정형으로 처벌하고 있지만, 그 처벌대상의 범위를 확장하고 있다. 즉, 본법 제3조(주거침입형 절도에 의한 강간·유사강간·준강간·강제추행·준강제추행, 특수강도에 의한 강간·준강간·강제추행·준강제추행)·제4조(흉기휴대 또는 2인 이상 합동에 의한 강간·준강간·강제추행·준강제추행)·제5조(친족관계에 의한 강간·준강간·강제추행·준강제추행)·제6조(장애인에 대한 강간·강제추행 등), 제7조(13세 미만의 미성년자에 대한 강간, 강제추행 등) 및 위 각각의 미수범 또는 형법 제297조(강간)·제297조의2(유사강간)·제298조(강제추행)·제299조(준강간·준강제추행)·제300조(미수범)의 죄를 범한 자가 사람을 살해한 때에는 "사형 또는 무기징역"으로 처벌한다.

또한, 본법 제4조(흉기휴대 또는 2인 이상 합동에 의한 강간·준강간·강제추행·준강제추행)·제5조(친족관계에 의한 강간·준강간·강제추행·준강제추행) 및 위 각각의 미수범이 사람을 사망에 이르게 한 때에는 "무기 또는 10년 이상의 징역"으로 처벌하고 있다. 그리고 특히 제6조(장애인에 대한 강간·강제추행 등)·제7조(13세 미만의 미성년자에 대한 강간, 강제추행 등) 및 동 미수범이 사람을 사망에 이르게 한 때에는 "사형, 무기 또는 10년 이상의 징역"에 처하도록 하여 '사형'으로까지 처할 수 있도록 하였다(2008. 6. 13. 개정).

형법 제301조의2(강간 등 살인·치사) 제297조 내지 제300조의 죄를 범한 자가 사람을 살해한 때에는 사형 또는 무기징역에 처한다. 사망에 이르게 한 때에는 무기 또는 10년 이상의 징역에 처한다.

6. 업무상 위력 등에 의한 추행(제10조)

제10조 (업무상 위력 등에 의한 추행) ① 업무, 고용이나 그 밖의 관계로 인하여 자기의 보호, 감독을 받는 사람에 대하여 위계 또는 위력으로 추행한 사람은 3년 이하의 징역 또는 1천500만원 이하의 벌금에 처한다.
② 법률에 따라 구금된 사람을 감호하는 사람이 그 사람을 추행한 때에는 5년 이하의 징역 또는 2천만원 이하의 벌금에 처한다.

(1) 업무상 위계·위력에 의한 추행

본법 제10조 제1항은 업무·고용 기타 관계로 인하여 자기의 보호 또는 감독을 받는 사람에 대하여 위계 또는 위력으로써 추행한 경우에 "3년 이하의 징역 또는 1천500만원 이하의 벌금"에 처하고 있다. 형법에서는 소위 업무상 위력 등에 의한 '간음'에 대하여만 처벌규정(형법 제303조 제1항: 7년 이하의 징역 또는 3천만원 이하의 벌금)을 두고 있는바, 본 조항에 의해 업무상 위력 등에 의한 「추행」에 대하여도 별도의 처벌규정이 적용되는 것이다. 종전 법에서 법정형이 2년 이하의 징역 또는 500만원 이하의 벌금으로 규정되어 있었으나 최근 조직 또는 직장 내에서 가해자가 사회적 지위를 이용하여 지속적으로 성폭력 범죄를 저질러 피해자에게 심각한 육체적·정신적 고통을 주는 권력형 성폭력 사건이 사회적 문제가 되어 처벌을 보다 강화하기 위하여 법정형을 상향조정하였다.

> **형법 제303조(업무상위력등에 의한 간음)** ① 업무, 고용 기타 관계로 인하여 자기의 보호 또는 감독을 받는 부녀에 대하여 위계 또는 위력으로 간음한 자는 7년 이하의 징역 또는 3천만원 이하의 벌금에 처한다.
> ② 법률에 의하여 구금된 부녀를 감호하는 자가 그 부녀를 간음한 때에는 10년 이하의 징역에 처한다.

(2) 피구금자에 대한 추행

또한, 본법 제10조 제2항은 법률에 의하여 구금된 사람을 감호하는 자가 그 사람을 추행한 경우에 "5년 이하의 징역 또는 2천만원 이하의 벌금"으로 처벌하고 있다. 형법에서는 소위 피구금자(2013년 개정 이전에는 '피구금부녀')에 대한 '간음'에 대하여만 처벌규정(형법 제303조 제2항: 10년 이하의 징역)을 두고 있음에 반하여 본 조항에 의해 피구금자에 대한 '추행'에 대하여도 별도의 처벌규정을 두고 있는 것이다. 본조 제1항과 마찬가지로 처벌의 수준을 강화하기 위하여 종전 3년 이하의 징역 또는 1천500만원 이하의 벌금으로 규정되어 있던 법정형을 상향조정하였다.

7. 공중밀집장소에서의 추행(제11조)

제11조 (공중 밀집 장소에서의 추행) 대중교통수단, 공연·집회 장소, 그 밖에 공중(公衆)이 밀집하는 장소에서 사람을 추행한 사람은 3년 이하의 징역 또는 3천만원 이하의 벌금에 처한다. <개정 2020. 5. 19.>

본법 제11조는 공중밀집장소에서의 추행, 즉 대중교통수단이나 공연·집회 장소, 그 밖에 공중이 밀집하는 장소에서 사람을 추행하는 행위를 "3년 이하의 징역 또는 3천만원 이하의 벌금"으로 처벌하고 있다. 형법에서는 강제추행에 대하여만 처벌규정을 두고 있으나, 본조에 의해 강제력이 수반되지 않은 추행이라도 공중밀집장소에서 행해진 경우에는 형사처벌이 가해지게 된다.

여기서 말하는 '공중이 밀집하는 장소'에는 현실적으로 사람들이 빽빽이 들어서 있어 서로간의 신체적 접촉이 이루어지고 있는 곳만을 의미하는 것이 아니라 찜질방 등과 같이 공중의 이용에 상시적으로 제공·개방된 상태에 놓여 있는 곳 일반을 의미한다(대법원 2009. 10. 29. 선고 2009도5704 참조). 따라서 행위 당시 현실적인 밀집도나 혼잡도는 이 규정을 적용함에 관련이 없다.

본조는 폭행·협박을 수단으로 하지 않는 단순'추행'을 처벌하는 규정이다. 그런데 형법상 강제추행죄(형법 제298조)의 해석에 있어 판례의 일관된 태도는 폭행이 반드시 상대방의 의사를 억압할 정도의 것임을 요하지 않고 상대방의 의사에 반하는 유형력의 행사가 있는 이상 그 힘의 대소강약을 불문하고(대법원 2002. 4. 26. 선고 2001도2417 참조) 폭행 그 자체가 곧바로 추행으로 인정되는 경우인 소위 '기습추행'(대법원 2020. 3. 26. 선고 2019도15994 참조)을 강제추행죄로 인정하고 있으므로 본죄에서의 추행은 신체에 살짝 스치거나 접촉하는 정도의, 기습추행의 요건을 갖추지 못한 경미한 정도의 추행으로 보아야 한다.

8. 성적 목적을 위한 공공장소 침입행위(제12조)

제12조 (성적 목적을 위한 공공장소 침입행위) 자기의 성적 욕망을 만족시킬 목적으로 화장실, 목욕장·목욕실 또는 발한실(發汗室), 모유수유시설, 탈의실 등 불특정 다수가

이용하는 다중이용장소에 침입하거나 같은 장소에서 퇴거의 요구를 받고 응하지 아니하는 사람은 1년 이하의 징역 또는 1천만원 이하의 벌금에 처한다. <개정 2017. 12. 12., 2020. 5. 19.>

2012년 12월 18일자 전부개정(법률 제11556호) 시에 신설되고 2017년 12월 12일자 일부개정으로 현행과 같이 개정된 구성요건이다. 자기의 성적 욕망을 만족시킬 목적으로 화장실, 목욕장·목욕실 또는 발한실(發汗室), 모유수유시설, 탈의실 등 불특정 다수가 이용하는 다중이용장소에 침입하거나 같은 장소에서 퇴거의 요구를 받고 응하지 아니하는 사람은 1년 이하의 징역 또는 1천만원 이하의 벌금에 처하도록 했다. 자기의 성적 욕망을 만족시킬 '목적'이 있어야 하는 목적범이고, 이러한 목적으로 위 장소에 침입하거나 퇴거의 요구를 받고 응하지 아니하면 죄가 성립하며 실제 성적 욕망이 만족되었음을 필요로 하지는 않는다.

종전법에서는 출입금지의 대상이 "공중화장실 등에 관한 법률 제2조 제1호부터 제5호까지에 따른 공중화장실 등 및 공중위생관리법 제2조 제1항 제3호에 따른 목욕장업의 목욕장 등 대통령령으로 정하는 공공장소"라고 규정되어 있었으나 법령의 근거가 명확한 대상으로 한정함에 따라 법령상 규율을 받지 않는 장소에서 벌어지는 성적 목적의 침입행위에 대해 본 조항을 적용하지 못하는 문제가 발생하여, 명확성의 원칙을 준수하는 범위에서 장소의 범위를 확대 설정하여 입법적 공백을 방지하려는 취지로 현행법과 같이 개정하게 되었다. 아울러 2020년 5월 19일자 일부개정으로 선택형인 벌금형을 종전 "300만원 이하"에서 "1천만원 이하"로 상향하였다.

9. 통신매체이용음란 및 카메라등 이용촬영(제13조, 제14조)

(1) 통신매체를 이용한 음란행위

제13조 (통신매체를 이용한 음란행위) 자기 또는 다른 사람의 성적 욕망을 유발하거나 만족시킬 목적으로 전화, 우편, 컴퓨터, 그 밖의 통신매체를 통하여 성적 수치심이나 혐오감을 일으키는 말, 음향, 글, 그림, 영상 또는 물건을 상대방에게 도달하게 한 사람은 2년 이하의 징역 또는 2천만원 이하의 벌금에 처한다. <개정 2020. 5. 19.>

형법상 "음란한 문서, 도화, 필름 기타 물건을 반포, 판매 또는 임대하거나 공연히 전시 또는 상영한 자"는 "1년 이하의 징역 또는 500만원 이하의 벌금"으로 처벌된다.

> **형법 제243조(음화반포등)** 음란한 문서, 도화, 필름 기타 물건을 반포, 판매 또는 임대하거나 공연히 전시 또는 상영한 자는 1년 이하의 징역 또는 500만원 이하의 벌금에 처한다.

성폭력처벌법은 통신매체의 발달에 따라 휴대전화나 인터넷 등을 통해 음란물이나 음란문서를 유포하는 행위를 구성요건으로 하여 이를 가중하여 처벌하고 있다. 즉, 통신매체를 이용한 음란행위로서 "자기 또는 다른 사람의 성적 욕망을 유발하거나 만족시킬 목적으로 전화, 우편, 컴퓨터, 그 밖의 통신매체를 통하여 성적 수치심이나 혐오감을 일으키는 말, 음향, 글, 그림, 영상 또는 물건을 상대방에게 도달"하게 한 경우에는 "2년 이하의 징역 또는 2천만원 이하의 벌금" – 2006. 10. 27.자 개정 전에는 "1년 이하의 징역 또는 300만원 이하의 벌금" – 으로 처벌하고 있다(제14조). 이 규정은 '통신매체 등을 이용한 경우'에 한정되는 것으로 음란한 글 등을 '직접' 전달한 경우에는 이 규정이 적용되지 않는다.

본죄는 '성적 자기결정권에 반하여 성적 수치심을 일으키는 그림 등을 개인의 의사에 반하여 접하지 않을 권리'를 보장하기 위한 것으로 성적 자기결정권과 일반적 인격권의 보호, 사회의 건전한 성풍속 확립을 보호법익으로 한다. 그리고 '자기 또는 다른 사람의 성적 욕망을 유발하거나 만족시킬 목적'이 있는지는 피고인과 피해자의 관계, 행위의 동기와 경위, 행위의 수단과 방법, 행위의 내용과 태양, 상대방의 성격과 범위 등 여러 사정을 종합하여 사회통념에 비추어 합리적으로 판단하여야 한다. 또한 '성적 수치심이나 혐오감을 일으키는 것'은 피해자에게 단순한 부끄러움이나 불쾌감을 넘어 인격적 존재로서의 수치심이나 모욕감을 느끼게 하거나 싫어하고 미워하는 감정을 느끼게 하는 것으로서 사회 평균인의 성적 도의관념에 반하는 것을 의미한다. 이와 같은 성적 수치심 또는 혐오감의 유발 여부는 일반적이고 평균적인 사람들을 기준으로 하여 판단함이 타당하고, 특히 성적 수치심의 경우 피해자와 같은 성별과 연령대의 일반적이고 평균적인 사람들을 기준으로 하여 그 유발 여부를 판단하여야 한다(대법원 2017. 6. 8. 선고 2016도21389 참조).

한편 "상대방에게 도달하게 한다"는 것은 '상대방이 성적 수치심을 일으키는 그림 등을 직접 접하는 경우뿐만 아니라 상대방이 실제로 이를 인식할 수 있는 상태에 두는 것'을 의미한다. 따라서 상대방에게 성적 수치심을 일으키는 그림 등이 담겨 있는 웹페이지 등에 대한 인터넷 링크(internet link)를 보내는 행위도 본죄의 행위에 해당한다(대법원 2017. 6. 8. 선고 2016도21389 참조).

[대법원 2016. 3. 10. 선고 2015도17847] 성폭력범죄의 처벌 등에 관한 특례법 제13조는 "자기 또는 다른 사람의 성적 욕망을 유발하거나 만족시킬 목적으로 전화, 우편, 컴퓨터, 그 밖의 통신매체를 통하여 성적 수치심이나 혐오감을 일으키는 말, 음향, 글, 그림, 영상 또는 물건을 상대방에게 도달하게 한 사람은 2년 이하의 징역 또는 500만원 이하의 벌금에 처한다."고 규정하고 있다. 위 규정 문언에 의하면, 위 규정은 자기 또는 다른 사람의 성적 욕망을 유발하는 등의 목적으로 '전화, 우편, 컴퓨터나 그 밖에 일반적으로 통신매체라고 인식되는 수단을 이용하여' 성적 수치심 등을 일으키는 말, 글, 물건 등을 상대방에게 전달하는 행위를 처벌하고자 하는 것임이 문언상 명백하므로, 위와 같은 통신매체를 이용하지 아니한 채 '직접' 상대방에게 말, 글, 물건 등을 도달하게 하는 행위까지 포함하여 위 규정으로 처벌할 수 있다고 보는 것은 법문의 가능한 의미의 범위를 벗어난 해석으로서 실정법 이상으로 처벌 범위를 확대하는 것이다.

(2) 카메라 등 이용촬영

제14조 (카메라 등을 이용한 촬영) ① 카메라나 그 밖에 이와 유사한 기능을 갖춘 기계장치를 이용하여 성적 욕망 또는 수치심을 유발할 수 있는 사람의 신체를 촬영대상자의 의사에 반하여 촬영한 자는 7년 이하의 징역 또는 5천만원 이하의 벌금에 처한다. <개정 2018. 12. 18., 2020. 5. 19.>
② 제1항에 따른 촬영물 또는 복제물(복제물의 복제물을 포함한다. 이하 이 항에서 같다)을 반포·판매·임대·제공 또는 공공연하게 전시·상영(이하 "반포등"이라 한다)한 자 또는 제1항의 촬영이 촬영 당시에는 촬영대상자의 의사에 반하지 아니한 경우(자신의 신체를 직접 촬영한 경우를 포함한다)에도 사후에 그 촬영물 또는 복제물을 촬영대상자의 의사에 반하여 반포등을 한 자는 7년 이하의 징역 또는 5천만원 이하의 벌금에 처한다. <개정 2018. 12. 18., 2020. 5. 19.>
③ 영리를 목적으로 촬영대상자의 의사에 반하여 「정보통신망 이용촉진 및 정보보호 등

에 관한 법률」 제2조 제1항 제1호의 정보통신망(이하 "정보통신망"이라 한다)을 이용하여 제2항의 죄를 범한 자는 3년 이상의 유기징역에 처한다. <개정 2018. 12. 18., 2020. 5. 19.>

④ 제1항 또는 제2항의 촬영물 또는 복제물을 소지·구입·저장 또는 시청한 자는 3년 이하의 징역 또는 3천만원 이하의 벌금에 처한다. <신설 2020. 5. 19.>

⑤ 상습으로 제1항부터 제3항까지의 죄를 범한 때에는 그 죄에 정한 형의 2분의 1까지 가중한다. <신설 2020. 5. 19.>

성폭력처벌법은 상대방의 의사에 반하여 신체의 은밀한 부위를 촬영하는 등의 새로운 형태의 반사회적 행위를 성폭력범죄로 규정하여 처벌하고 있다.

제1항은 소위 불법촬영죄의 구성요건을 규정하고 있다. 카메라나 이와 유사한 기능을 갖춘 기계장치를 이용하여 "성적 욕망 또는 수치심을 유발할 수 있는 타인의 신체를 그 의사에 반하여 촬영"한 경우에는 "7년 이하의 징역 또는 5천만원 이하의 벌금"으로 처벌하고 있다(제13조 제1항, 1998년 12월 28일 본조신설).

또한, 제2항에서는 제1항에 따른 촬영물이나 그 촬영물을 복제한 복제물 또는 제1항의 촬영이 촬영 당시에는 촬영대상자의 의사에 반하지 아니하였던 촬영물이나 그 복제물을 사후에 촬영대상자의 의사에 반하여 촬영물을 반포·판매·임대·제공 또는 공공연하게 전시·상영한 자도 7년 이하의 징역 또는 5천만원 이하의 벌금에 처하도록 했다(2018년 12월 18일 제2항 전부개정 및 2020년 5월 19일 일부개정). 촬영물의 원본뿐만 아니라 복제물도 반포등의 대상이 될 수 있고, 촬영 당시 촬영대상자의 의사에 반하지 않는 촬영물의 범위에 "자신의 신체를 직접 촬영한 경우"를 명문으로 포함하도록 함으로써, 종전법에 의해서는 처벌의 대상에서 제외되었던 '셀프촬영물'도 반포등의 대상이 될 수 있도록 하였다.

〈구판례 참조〉 [대법원 2009. 10. 29. 선고 2009도7973] 카메라 등 이용 촬영죄를 정한 성폭력범죄의 처벌 및 피해자보호 등에 관한 법률 제14조의2 제1항 규정의 문언과 그 입법 취지 및 연혁, 보호법익 등에 비추어, 위 규정에서 말하는 '그 촬영물'이란 성적 욕망 또는 수치심을 유발할 수 있는 타인의 신체를 그 의사에 반하여 촬영한 영상물을 의미하고, 타인의 승낙을 받아 촬영한 영상물은 포함되지 않는다고 해석된다.

⇒ 전처의 승낙을 얻어 캠코더로 촬영해 두었던 전처와의 성행위 동영상이 담긴 CD를
전처의 의사에 반하여 반포한 사례

한편, 영리목적으로 제2항의 촬영물을 정보통신망 이용촉진 및 정보보호 등
에 관한 법률 제2조 제1항 제1호의 정보통신망을 이용하여 유포한 자는 "3년 이
상의 유기징역"으로 처벌한다(제2항, 2006. 10. 27. 신설). 종전 규정은 '제1항의 촬영
물'이라 하여 촬영대상자의 의사에 반하는 촬영물 만이 정보통신망 이용 유포행위
의 대상이었으나 현행법은 '제2항의 죄를 범한 자'라고 변경하여 촬영대상자의 의
사에 반하지 않거나 스스로 촬영한 촬영물을 촬영자 아닌 자가 촬영대상자의 의
사에 반하여 유포하는 행위도 처벌의 대상이 되도록 하였다. 또한 종전 규정에는
법정형의 선택형으로 "3천만원 이하의 벌금"이 규정되어 있었으나 이러한 행위에
대한 처벌을 강화한다는 취지로 현행법에서는 벌금형이 삭제되었고, 이와 같은 사
이버 성범죄에 대한 처벌을 더욱 강화한다는 취지로 2020년 5월 19일자 개정에서
징역형도 종전 "7년 이하의 징역"에서 "3년 이상의 유기징역"으로 대폭 상향되었다.

정보통신망 이용촉진 및 정보보호 등에 관한 법률 제2조(정의) ① 이 법에서 사용하는 용어의
뜻은 다음과 같다.
1. "정보통신망"이란 「전기통신기본법」 제2조제2호에 따른 전기통신설비를 이용하거나 전기
   통신설비와 컴퓨터 및 컴퓨터의 이용기술을 활용하여 정보를 수집·가공·저장·검색·송
   신 또는 수신하는 정보통신체제를 말한다.
2~12. (생략) ② (생략)

전기통신기본법 제2조(정의) 이 법에서 사용하는 용어의 정의는 다음과 같다.
1. "전기통신"이라 함은 유선·무선·광선 및 기타의 전자적 방식에 의하여 부호· 문언
   ·음향 또는 영상을 송신하거나 수신하는 것을 말한다.
2. "전기통신설비"라 함은 전기통신을 하기 위한 기계·기구·선로 기타 전기통신에 필요한
   설비를 말한다.
3~8. (생략)

제4항은 제1항 또는 제2항의 촬영물 또는 복제물을 "소지·구입·저장 또는
시청한 자"에 대해서 "3년 이하의 징역 또는 3천만원 이하의 벌금"으로 처벌하는

규정이다. 소위 'n번방' 사건과 같이 불법촬영물을 제작·유포하는 행위자 뿐만 아니라 온라인 비밀대화방 등을 이용하여 불법촬영물을 공유·유통하는 행위도 처벌의 대상에 포함시킬 필요가 있다는 사회적 요구에 따라 2020년 5월 19일자 개정으로 신설된 조문이다. 유사한 조문인 「아동·청소년의 성보호에 관한 법률」 제11조 제5항이 "아동·청소년성착취물"을 "구입 또는 소지·시청"하는 행위를 처벌 대상으로 하는 것과 비교하여 '저장'이 추가되어 있다. 주로 컴퓨터나 스마트폰과 같은 디지털 온라인 매체를 이용한 점을 고려한 것으로 보인다. 본죄는 고의범이므로 불법촬영물을 소지·구입·저장 또는 시청하는 자는 해당 촬영물이 본 조 제1항이나 제2항에 해당하는 촬영물이라는 점에 대한 인식이 필요하다.

제5항은 제1항부터 제3항까지 규정된 불법촬영 및 유포 등의 행위를 상습으로 행한 경우를 가중처벌하는 규정이다. 상습으로 제1항부터 제3항까지의 죄를 범한 때에는 그 죄에 정한 형의 2분의 1까지 가중한다. 2020년 5월 19일자 개정에서 허위영상물의 반포등에 대한 상습범 가중처벌규정과 함께 신설되었다.

10. 허위영상물 등의 반포등(제14조의2)

제14조의2 (허위영상물 등의 반포등) ① 반포등을 할 목적으로 사람의 얼굴·신체 또는 음성을 대상으로 한 촬영물·영상물 또는 음성물(이하 이 조에서 "영상물등"이라 한다)을 영상물등의 대상자의 의사에 반하여 성적 욕망 또는 수치심을 유발할 수 있는 형태로 편집·합성 또는 가공(이하 이 조에서 "편집등"이라 한다)한 자는 5년 이하의 징역 또는 5천만원 이하의 벌금에 처한다.
② 제1항에 따른 편집물·합성물·가공물(이하 이 항에서 "편집물등"이라 한다) 또는 복제물(복제물의 복제물을 포함한다. 이하 이 항에서 같다)을 반포등을 한 자 또는 제1항의 편집등을 할 당시에는 영상물등의 대상자의 의사에 반하지 아니한 경우에도 사후에 그 편집물등 또는 복제물을 영상물등의 대상자의 의사에 반하여 반포등을 한 자는 5년 이하의 징역 또는 5천만원 이하의 벌금에 처한다.
③ 영리를 목적으로 영상물등의 대상자의 의사에 반하여 정보통신망을 이용하여 제2항의 죄를 범한 자는 7년 이하의 징역에 처한다.
④ 상습으로 제1항부터 제3항까지의 죄를 범한 때에는 그 죄에 정한 형의 2분의 1까지 가중한다. <신설 2020. 5. 19.>
[본조신설 2020. 3. 24.]

특정 인물의 신체 등을 대상으로 한 영상물 등을 성적 욕망 또는 수치심을 유발할 수 있는 형태로 편집하는 딥페이크(deepfake) 등으로 인한 피해가 증가함에 따라 이러한 '허위영상물'을 제작·유포하는 행위를 처벌하기 위하여 2020년 3월 24일자 개정으로 신설한 규정이다.

제1항은 반포등을 할 목적으로 "사람의 얼굴·신체 또는 음성을 대상으로 한 촬영물·영상물·음성물 등('영상물등')"을 "영상물등의 대상자의 의사에 반하여 성적 욕망 또는 수치심을 유발할 수 있는 형태로 편집·합성 또는 가공"한 행위를 "5년 이하의 징역 또는 5천만원 이하의 벌금"으로 처벌하도록 하고 있다. 성적인 허위영상물을 제작하는 행위를 처벌하는 규정이라고 할 수 있다.

제2항은 제1항에 따른 '편집물등' 또는 복제물을 반포등을 한 자 또는 제1항의 편집등을 할 당시에는 영상물등의 대상자의 의사에 반하지 아니한 경우에도 사후에 그 편집물등 또는 복제물을 영상물등의 대상자의 의사에 반하여 반포등을 한 자를 "5년 이하의 징역 또는 5천만원 이하의 벌금"으로 처벌하도록 하고 있다. 카메라등 이용 촬영죄의 촬영물 유포행위를 규정한 전조 제2항의 규정과 유사한 규정이다.

제3항은 영리를 목적으로 영상물등의 대상자의 의사에 반하여 정보통신망을 이용하여 제2항의 죄를 범한 자를 "7년 이하의 징역"으로 처벌하도록 하고 있다. 허위영상물등의 영리목적 유포행위에 대한 가중처벌 규정이다.

제4항은 제1항에서 제3항까지의 죄를 '상습으로' 범한 경우 "그 죄에 정한 형의 2분의1까지 가중"하도록 하고 있는 상습범 가중처벌 규정이다. 허위영상물등의 제작·유포행위 등을 상습으로 하는 경우를 가중처벌해야 한다는 취지에 따라 전조 제5항과 함께 2020년 5월 19일자 개정에서 신설된 조문이다.

11. 촬영물등을 이용한 협박·강요(제14조의3)

제14조의3 (촬영물 등을 이용한 협박·강요) ① 성적 욕망 또는 수치심을 유발할 수 있는 촬영물 또는 복제물(복제물의 복제물을 포함한다)을 이용하여 사람을 협박한 자는 1년 이상의 유기징역에 처한다.
② 제1항에 따른 협박으로 사람의 권리행사를 방해하거나 의무 없는 일을 하게 한 자는

3년 이상의 유기징역에 처한다.
③ 상습으로 제1항 및 제2항의 죄를 범한 경우에는 그 죄에 정한 형의 2분의 1까지 가중한다.
[본조신설 2020. 5. 19.]

    사람의 성적 욕망 또는 수치심을 야기할 수 있는 촬영물등을 이용하여 협박·강요 등의 행위를 한 경우를 가중처벌하기 위한 규정이다. 사이버 성범죄에 대한 법적 대응을 강화한다는 취지의 2020년 5월 19일자 개정에서 신설된 조문이다.
    제1항은 성적 욕망 또는 수치심을 야기할 수 있는 촬영물등을 이용하여 사람을 협박한 경우에는 "1년 이상의 유기징역"으로 처벌하도록 하여 형법상 일반 협박죄(3년 이하의 징역 또는 500만원 이하의 벌금, 구류 또는 과료)보다 가중하여 처벌하고 있다.
    제2항은 제1항의 협박행위를 수단으로 하여 사람의 권리행사를 방해하거나 의무없는 일을 하게 한 경우에 "3년 이상의 유기징역"으로 처벌하도록 하여 형법상 강요죄(5년 이하의 징역 또는 3천만원 이하의 벌금)보다 가중하여 처벌하고 있다.
    제3항은 상습범에 대한 가중처벌 규정으로, 제1항 또는 제2항의 죄를 상습으로 범한 경우에는 "그 죄에 정한 형의 2분의1 까지 가중"하여 처벌하도록 하고 있다.

    형법 제283조 (협박, 존속협박) ① 사람을 협박한 자는 3년 이하의 징역, 500만원 이하 벌금, 구류 또는 과료에 처한다.
    형법 제324조 (강요) ① 폭행 또는 협박으로 사람의 권리행사를 방해하거나 의무없는 일을 하게 한 자는 5년 이하의 징역 또는 3천만원 이하의 벌금에 처한다.

12. 미수범(제15조)

    제15조 (미수범) 제3조부터 제9조까지, 제14조, 제14조의2 및 제14조의3의 미수범은 처벌한다.
[전문개정 2020. 5. 19.]

성폭력처벌법 제3조 (특수강도강간 등), 제4조 (특수강간 등), 제5조 (친족관계에 의한 강간 등), 제6조 (장애인에 대한 간음 등), 제7조 (13세 미만의 미성년자에 대한 강간, 강제추행 등), 제8조 (강간 등 상해·치상), 제9조 (강간 등 살인·치사), 제14조 (카메라 등을 이용한 촬영), 제14조의2 (허위영상물 등의 반포등), 제14조의3 (촬영물 등을 이용한 협박·강요)의 죄는 그 미수범을 처벌한다(제15조).[115]

한편, 미수범의 형에 대하여는 형법총칙상의 규정이 적용되므로 소위 장애미수의 경우에는 기수범보다 감경할 수 있고(형법 제25조), 중지미수의 경우에는 그 형을 감경 또는 면제할 수 있으며(제26조), 불능미수의 경우에는 그 형을 감경 또는 면제할 수 있다(제27조).

13. 예비·음모(제15조의2)

제15조의2 (예비, 음모) 제3조부터 제7조까지의 죄를 범할 목적으로 예비 또는 음모한 사람은 3년 이하의 징역에 처한다.
[본조신설 2020. 5. 19.]

성폭력처벌법 제3조 (특수강도강간 등), 제4조 (특수강간 등), 제5조 (친족관계에 의한 강간 등), 제6조 (장애인에 대한 간음 등), 제7조 (13세 미만의 미성년자에 대한 강간, 강제추행 등)의 죄를 범할 목적으로 예비 또는 음모한 사람은 "3년 이하의 징역"으로 처벌한다. 주요 강력 성폭력범죄에 대한 법적 대처를 강화한다는 취지로 2020년 5월 19일자 개정으로 신설된 규정이다. 같은 날 「형법」의 강간죄(제297조), 유사강간죄(제297조의2), 준강간죄(제299조), 강간상해(제301조) 및 13세미만의제강간죄(제305조)에 대해서도 동일한 법정형의 예비·음모 처벌규정이 신설되었다.

---

115) 성폭력처벌법 제8조의 강간 등 치상과 제9조의 강간 등 치사는 소위 결과적 가중범에 해당하므로 통설에 따르면 그 미수범의 형태를 인정할 여지가 없다.

Ⅲ. 처벌규정 요약

이상에서 성폭력처벌법에 규정되어 있는 '성폭력범죄'에 관한 처벌규정을 축조식으로 검토해보았다.

여기서는 위 다양한 처벌규정에 대한 보다 체계적인 이해를 돕기 위해 강간, 강제추행, 강간상해·치상, 강간살인·치사, 간음 및 추행 등의 기본범죄를 기준으로 하여 세부적인 행위태양별로 적용법조 및 법정형을 정리해두었다. 또한 형법상의 관련규정도 함께 비교해 두었다.

1. 강간 및 강제추행

구 분	행위태양	적용법조	법정형
강 간	(단순)강간	형법 § 297	3년 이상의 유기징역
	유사강간	형법 § 297의2	2년 이상의 유기징역
	강도강간	형법 § 339	무기 또는 10년 이상의 징역
	주거침입형 절도에 의한 강간·유사강간·준강간	성폭력처벌법 § 3①	무기 또는 7년 이상의 징역
	특수강도(야간주거침입형 강도 또는 흉기휴대·2인 이상 합동형 강도)에 의한 강간·유사강간·준강간	성폭력처벌법 § 3②	사형·무기 또는 10년 이상의 징역
	흉기휴대/2인 이상 합동에 의한 강간·준강간	성폭력처벌법 § 4①③	무기 또는 7년 이상의 징역
	친족관계에 의한 강간·준강간	성폭력처벌법 § 5①	7년 이상의 유기징역
강 간	장애인에 대한 강간	성폭력처벌법 § 6①	무기징역 또는 7년 이상의 징역
	장애인에 대한 유사강간	성폭력처벌법 § 6②	5년 이상의 유기징역
	항거불능/항거곤란을 이용한 장애인에 대한 간음(강간) ※준강간과 유사	성폭력처벌법 § 6④	무기징역 또는 7년 이상의 징역
	항거불능/항거곤란을 이용한 장애인에 대한 간음(유사강간) ※준(유사)강간과 유사	성폭력처벌법 § 6④	5년 이상의 유기징역
	13세 미만의 미성년자에 대한 강간·	성폭력처벌법	무기징역 또는 10년 이상의

구 분	행위태양	적용법조	법정형
	준강간	§ 7①④	징역
강제 추행	(단순)강제추행	형법 § 298	10년 이하의 징역 또는 1천 500만원 이하의 벌금
	주거침입형 절도에 의한 강제추행 · 준강제추행	성폭력처벌법 § 3①	무기 또는 7년 이상의 징역
	특수강도(야간주거침입형 강도 또는 흉기휴대 · 2인 이상 합동형 강도)에 의한 강제추행 · 준강제추행	성폭력처벌법 § 3②	사형 · 무기 또는 10년 이 상의 징역
	흉기휴대/2인 이상 합동에 의한 강제 추행 · 준강제추행	성폭력처벌법 § 4②③	5년 이상의 유기징역
	친족관계에 의한 강제추행 · 준강제 추행	성폭력처벌법 § 5②	5년 이상의 유기징역
	장애인에 대한 강제추행	성폭력처벌법 § 6③	3년 이상의 유기징역 또는 3천만원 이상 5천만원 이하 의 벌금
	항거불능/항거곤란을 이용한 장애인 에 대한 간음 · 추행 ※ 준강제추행과 유사	성폭력처벌법 § 6④	상 동
	13세 미만의 미성년자에 대한 강제추 행 · 준강제추행	성폭력처벌법 § 7③④	5년 이상의 유기징역
	13세 미만의 미성년자에 대한 폭행 · 협박에 의한 유사성교행위	성폭력처벌법 § 7②④	7년 이상의 유기징역

※ ☐ 장애인 보호감독자의 경우 형 1/2 가중

2. 강간 등 상해 · 치상 및 강간 등 살인 · 치사

구 분	행위태양	적용법조	법정형
강간 등 상해 · 치상	(단순)강간 등[(준)강간 · 유사강간 · (준) 강제추행 · 동미수범] 상해 · 치상	형법 § 301	무기 또는 5년 이상의 징역
※ 강간 등: (준)강간 · (준)강제추행 · 동미수범	성폭력처벌법 § 3①[주거침입형 절도 에 의한 (준)강간 · 유사강간 · (준)강제 추행] · § 4[흉기휴대/2인 이상 합동에 의한 (준)강간 · (준)강제추행] · § 6 [장애인에 대한 강간 · 유사강간 · 강제 추행 · 간음 · 추행] · § 7조[13세 미만	성폭력처벌법 § 8①	무기 또는 10년 이상의 징역

구 분	행위태양	적용법조	법정형
	의 미성년자에 대한 강간ㆍ강제추행 등]ㆍ동 미수범에 의한 상해ㆍ치상		
	성폭력처벌법 § 5[친족관계에 의한 (준)강간ㆍ(준)강제추행]ㆍ동 미수범에 의한 상해ㆍ치상	성폭력처벌법 § 8②	무기 또는 7년 이상의 징역
	(단순)강간 등[(준)강간ㆍ유사강간ㆍ(준)강제추행ㆍ동 미수범] 살인	형법 § 301조의2 (1문)	사형 또는 무기징역
	(단순)강간 등[(준)강간ㆍ유사강간ㆍ(준)강제추행ㆍ동 미수범] 치사	상 동 (2문)	무기 또는 10년 이상의 징역
	성폭력처벌법 § 3[주거침입형 절도에 의한 (준)강간ㆍ(준)강제추행, 특수강도에 의한 (준)강간ㆍ준(강제추행)]ㆍ§ 4[흉기휴대/2인 이상 합동에 의한 (준)강간ㆍ(준)강제추행]ㆍ§ 5[친족관계에 의한 (준)강간ㆍ(준)강제추행]ㆍ§ 6[장애인에 대한 강간ㆍ유사강간ㆍ강제추행ㆍ간음ㆍ추행]ㆍ§ 7[13세 미만의 미성년자에 대한 강간ㆍ강제추행 등]ㆍ동 미수범에 의한 살인	성폭력처벌법 § 9①	사형 또는 무기징역
	(단순)강간 등[(준)강간ㆍ유사강간ㆍ(준)강제추행ㆍ동 미수범] 살인 ※형법§ 301의2와 중복적인 규정		
	성폭력처벌법 § 4조[흉기휴대/2인 이상 합동에 의한 (준)강간ㆍ(준)강제추행]ㆍ§ 5[친족관계에 의한 (준)강간ㆍ(준)강제추행]ㆍ동 미수범에 의한 치사	성폭력처벌법 § 9②	무기 또는 10년 이상의 징역
	성폭력처벌법 § 6[장애인에 대한 강간ㆍ유사강간ㆍ강제추행ㆍ간음ㆍ추행]ㆍ§ 7[13세 미만의 미성년자에 대한 강간ㆍ강제추행 등]ㆍ동 미수범에 의한 치사	성폭력처벌법 § 9③	사형, 무기 또는 10년 이상의 징역

3. 간음 및 추행 등

구 분	행위태양	적용법조	법정형
간 음	위계ㆍ위력에 의한 장애인 간음	성폭력처벌법 § 6⑤	5년 이상의 유기징역
추 행	위계ㆍ위력에 의한 장애인 추행	성폭력처벌법 § 6⑥	1년 이상의 유기징역 또는 1천만원 이상 3천만원 이하의 벌금

구 분	행위태양	적용법조	법정형
	위계 · 위력에 의한 13세 미만의 미성년자에 대한 간음	성폭력처벌법 § 7⑤	무기징역 또는 10년 이상의 징역
	위계 · 위력에 의한 13세 미만의 미성년자에 대한 유사강간(유사성교)행위		7년 이상의 유기징역
	위계 · 위력에 의한 13세 미만의 미성년자에 대한 추행		5년 이상의 유기징역
	업무상 위계 · 위력에 의한 간음	형법 § 303	7년 이하의 징역 또는 3천만원 이하의 벌금
	업무상 위계 · 위력에 의한 추행	성폭력처벌법 § 10①	3년 이하의 징역 또는 1천500만원 이하의 벌금
	피구금자에 대한 간음	형법 § 303	10년 이하의 징역
	피구금자에 대한 추행	성폭력처벌법 § 10②	5년 이하의 징역 또는 2천만원 이하의 벌금
	공중밀집장소에서의 추행	성폭력처벌법 § 11	3년 이하의 징역 또는 3천만원 이하의 벌금
	성적 목적을 위한 다중이용장소 침입 또는 퇴거불응	성폭력처벌법 § 12	1년 이하의 징역 또는 1천만원 이하의 벌금

※ ☐ 장애인 보호감독자의 경우 형 1/2 가중

Ⅳ. 형법상 감경규정 및 공소시효에 관한 특례

1. 형법상 심신장애 감경규정의 적용 배제

제20조 (「형법」상 감경규정에 관한 특례) 음주 또는 약물로 인한 심신장애 상태에서 성폭력범죄(제2조 제1항 제1호의 죄는 제외한다)를 범한 때에는 「형법」 제10조 제1항 · 제2항 및 제11조를 적용하지 아니할 수 있다.

성폭력처벌법 제20조는 음주 또는 약물로 인한 심신장애 상태에서 성폭력범죄를 범한 때에는 형법 제10조 제1항, 제2항 및 제11조를 적용하지 아니할 수 있다는 특례를 규정하고 있다. 형법상 일반 범죄의 경우에는 심신장애로 인하여 사물변별능력이나 의사결정능력이 없는 자의 행위는 책임이 조각되어 처벌되지 아니하고(제10조 제1항), 그 능력이 미약한 자의 행위 및 농아자의 행위는 형을 필요적으로 감경하여야 한다(동조 제2항 및 제11조).

그러나 이러한 형법상 책임주의 원칙에도 불구하고 성폭력범죄의 경우 특히 '음주 또는 약물'로 인한 심신장애의 경우에는 그 적용을 배제할 수 있도록 하고 있다. 본조는 형법 제10조 제3항에서 규정된 소위 '원인에 있어서의 자유로운 행위'의 특례가 적용되지 않는 경우에도 적용될 수 있다는 점에 유의할 필요가 있다. 즉 형법 제10조 제3항에서 말하는 '자의로' 심신장애를 야기한 경우가 아니더라도, 즉 자의 여부를 불문하고 음주 또는 약물로 인한 심신장애 상태에서의 모든 성폭력범죄에 대해 정상의 책임을 인정할 수 있다. 이는 주취상태로 인한 심신상실이나 심신미약의 주장에 대해서 재판실무에서 심신미약을 적용하지 않을 수 있도록 입법적으로 해결한 것이지만, 책임주의 원칙에 부합하지 않는다는 비판이 가능하다.

형법 제10조 (심신장애인) ① 심신장애로 인하여 사물을 변별할 능력이 없거나 의사를 결정할 능력이 없는 자의 행위는 벌하지 아니한다.
② 심신장애로 인하여 전항의 능력이 미약한 자의 행위는 형을 감경할 수 있다.
　[개정 2018. 12. 18.]
③ 위험의 발생을 예견하고 자의로 심신장애를 야기한 자의 행위에는 전2항의 규정을 적용하지 아니한다.
　[본조 제목개정 2014. 12. 30.]

형법 제11조 (청각 및 언어장애인) 듣거나 말하는 데 모두 장애가 있는 사람의 행위에 대해서는 형을 감경한다.

2. 공소시효의 특례

제21조 (공소시효에 관한 특례) ① 미성년자에 대한 성폭력범죄의 공소시효는 「형사소송법」 제252조 제1항 및 「군사법원법」 제294조 제1항에도 불구하고 해당 성폭력범죄로

피해를 당한 미성년자가 성년에 달한 날부터 진행한다. [개정 2013. 4. 5.] [시행일 2013. 6. 19.]

② 제2조 제3호 및 제4호의 죄와 제3조부터 제9조까지의 죄는 디엔에이(DNA)증거 등 그 죄를 증명할 수 있는 과학적인 증거가 있는 때에는 공소시효가 10년 연장된다.

③ 13세 미만의 사람 및 신체적인 또는 정신적인 장애가 있는 사람에 대하여 다음 각 호의 죄를 범한 경우에는 제1항과 제2항에도 불구하고 「형사소송법」 제249조부터 제253조까지 및 「군사법원법」 제291조부터 제295조까지에 규정된 공소시효를 적용하지 아니한다.

1. 「형법」 제297조(강간), 제298조(강제추행), 제299조(준강간, 준강제추행), 제301조(강간등 상해·치상) 또는 제301조의2(강간등 살인·치사)의 죄 또는 제305조(미성년자에 대한 간음, 추행)의 죄

2. 제6조 제2항, 제7조 제2항 및 제5항, 제8조, 제9조의 죄

3. 「아동·청소년의 성보호에 관한 법률」 제9조 또는 제10조의 죄

④ 다음 각 호의 죄를 범한 경우에는 제1항과 제2항에도 불구하고 「형사소송법」 제249조부터 제253조까지 및 「군사법원법」 제291조부터 제295조까지에 규정된 공소시효를 적용하지 아니한다. [개정 2013. 4. 5.] [시행일 2013. 6. 19.]

1. 「형법」 제301조의2(강간등 살인·치사)의 죄(강간등 살인에 한정한다)

2. 제9조 제1항의 죄

3. 「아동·청소년의 성보호에 관한 법률」 제10조 제1항의 죄

4. 「군형법」 제92조의8의 죄(강간 등 살인에 한정한다)

성폭력처벌법 제21조의 공소시효에 관한 특례조항은 우리나라에서는 형사소송법상의 공소시효 관련규정의 적용을 배제하는 효시적인 입법에 해당한다. 공소시효에 관한 특례를 요약하면 다음과 같다.

(1) 공소시효의 기산점에 관한 특례: 공소시효의 정지

공소시효의 기산점에 관한 특례이다. 일반 범죄는 경우 공소시효는 범죄행위가 종료한 때로부터 진행한다. 이에 비하여 미성년자에 대한 성폭력범죄의 공소시효는 형사소송법 제252조 제1항 및 군사법원법 제294조 제1항에도 불구하고 해당 성폭력범죄로 피해를 당한 미성년자가 성년에 달한 날부터 진행하게 된다(성폭력처벌법 제21조 제1항).

형사소송법 제252조(시효의 기산점) ① 시효는 범죄행위의 종료한 때로부터 진행한다.

군사법원법 제294조(시효의 기산점) ① 시효는 범죄행위가 끝난 때부터 진행한다.

(2) 과학적인 증거에 의한 공소시효의 연장

과학적인 증거에 의한 공소시효의 연장에 관한 특례이다. 형법상의 일부 성범죄(제2조 제3호: 강간, 유사강간, 강제추행, 준강간, 준강제추행, 강간등 상해·치상, 강간등 살해·치사, 미성년자등에 대한 간음, 업무상위력등에 의한 간음, 미성년자에 대한 간음·추행 등) 및 형법상 강도강간의 죄(제2조 제4호)와 성폭력처벌법 제3조(특수강도강간 등), 제4조(특수강간 등), 제5조(친족관계의 의한 강간 등), 제6조(장애인에 대한 강간·강제추행 등), 제7조(13세 미만의 미성년자에 대한 강간, 강제추행 등), 제8조(강간 등 상해·치상), 제9조(강간 등 살인·치사)까지의 죄는 디엔에이(DNA)증거 등 그 죄를 증명할 수 있는 과학적인 증거가 있는 때에는 공소시효가 10년 연장된다.

(3) 공소시효의 적용 배제

공소시효의 적용을 배제하는 특례이다. ① 13세 미만의 사람 및 신체적인 또는 정신적인 장애가 있는 사람에 대하여 형법 제297조(강간), 제298조(강제추행), 제299조(준강간, 준강제추행), 제301조(강간등 상해·치상), 제301조의2(강간등 살인·치사) 또는 제305조(미성년자에 대한 간음, 추행)의 죄, 성폭력처벌법 제6조 제2항, 제7조 제2항 및 제5항, 제8조, 제9조의 죄, 아동·청소년의 성보호에 관한 법률 제9조 또는 제10조의 죄를 범한 때에는 형사소송법 상의 공소시효를 적용하지 아니한다. 또한 ② 형법 제301조의2(강간등 살인·치사)의 죄(강간등 살인에 한정한다), 성폭력처벌법 제9조 제1항의 죄, 아동·청소년의 성보호에 관한 법률 제10조 제1항의 죄, 군형법 제92조의8의 죄(강간 등 살인에 한정한다)를 범한 경우에도 공소시효를 적용하지 아니한다.

제3절 | 관련판례

> ※ 2010년 4월 15일 이전의 구 성폭력처벌법이 적용된 판례는 동법의 조문번호가 관련조문으로 기재되어 있기 때문에 현행 성폭력처벌법의 조문번호와 일치하지 않음에 주의.

○ 제2조(정의)

1. 여성으로 성전환수술을 받은 남자가 강간죄의 객체인 '부녀'에 해당하는지 여부 [소극] (서울지법 1995. 10. 11. 선고 95고합516)

<u>강간죄가 강제추행죄에 비하여 엄하게 처벌되는 입법취지의 근저에는 모성보호, 즉 추상적이나마 수태의 가능성이 있는 부녀를 더 보호하고자 하는 취지가 포함되어 있고,</u> 현재의 의학수준에 비추어 성전환수술 후 육체적으로 반대의 성이 갖는 해부학적인 성의 구조를 완벽하게 재현할 수 없는 실정인 점 등을 고려하면, 피해자가 성염색체나 외부성기 등 육체적인 성별에는 이상이 없는데도 성자아(性自我)의 혼란을 겪은 나머지 부득이 외과적인 수술로서 환자가 바라는 반대적인 성이 지니는 일부 해부학적인 성기의 외간을 갖추었다고 하더라도, <u>따로 호적정정 등 성별을 확정하는 절차를 거치지 아니한 이상 그 상태만으로 강간죄의 '부녀'라고 단정할 수는 없다.</u>

2. [1] 강간죄의 객체인 부녀에 대한 판단 기준 [2] 성전환 수술을 받은 자가 강간죄의 객체인 '부녀'에 해당하지 않는다고 본 사례 (대법원 1996. 6. 11. 선고 96도791)

[1] 형법 제297조는 '폭행 또는 협박으로 부녀를 강간한 자'라고 하여 객체를 부녀에 한정하고 있고 위 규정에서 부녀라 함은 성년이든 미성년이든, 기혼이든 미혼이든 불문하며 곧 여자를 가리키는 것이다. 무릇 사람에 있어서 남자, 여자라는 성(性)의 분화는 정자와 난자가 수정된 후 태아의 형성 초기에 성염색체의 구성(정상적인 경우 남성은 xy, 여성은 xx)에 의하여 이루어지고, 발생과정이 진행됨에 따라 각 성염색체의 구성에 맞추어 내부생식기인 고환 또는 난소 등의 해당 성선(성선)이 형성되고, 이어서 호르몬의 분비와 함께 음경 또는 질, 음순 등의 외부성기가 발달하며, 출생 후에는 타고난 성선과 외부성기 및 교육 등에 의하여 심리적, 정신적인 성이 형성되는 것이다. 그러므로 형법 제297조에서 말하는 부녀, 즉 여자에 해당하는

지 여부도 위 발생학적인 성인 성염색체의 구성을 기본적인 요소로 하여 성선, 외부성기를 비롯한 신체의 외관은 물론이고 심리적, 정신적인 성, 그리고 사회생활에서 수행하는 주관적, 개인적인 성역할(성전환의 경우에는 그 전후를 포함하여) 및 이에 대한 일반인의 평가나 태도 등 모든 요소를 종합적으로 고려하여 사회통념에 따라 결정하여야 한다.

[2] 피고인이 어릴 때부터 정신적으로 여성에의 성귀속감을 느껴 왔고 성전환 수술로 인하여 남성으로서의 내·외부성기의 특징을 더 이상 보이지 않게 되었으며 남성으로서의 성격도 대부분 상실하여 외견상 여성으로서의 체형을 갖추고 성격도 여성화되어 개인적으로 여성으로서의 생활을 영위해 가고 있다 할지라도, 기본적인 요소인 성염색체의 구성이나 본래의 내·외부성기의 구조, 정상적인 남자로서 생활한 기간, 성전환 수술을 한 경위, 시기 및 수술 후에도 여성으로서의 생식능력은 없는 점, 그리고 이에 대한 사회 일반인의 평가와 태도 등 여러 요소를 종합적으로 고려하여 보면 사회통념상 여자로 볼 수는 없다고 본 사례

※ **참조판례 [대법원 2006. 6. 22. 선고 2004스42] 【개명·호적정정】 [1] 성(性)의 결정 기준 [2] 성전환자의 정의 및 성전환자의 성(性)의 법률적 평가 [3] 성전환자에 대한 호적상 성별 기재의 정정 허용 여부(적극) 및 정정의 효과**

[1] 종래에는 사람의 성을 성염색체와 이에 따른 생식기·성기 등 생물학적인 요소에 따라 결정하여 왔으나 근래에 와서는 생물학적인 요소뿐 아니라 개인이 스스로 인식하는 남성 또는 여성으로의 귀속감 및 개인이 남성 또는 여성으로서 적합하다고 사회적으로 승인된 행동·태도·성격적 특징 등의 성 역할을 수행하는 측면, 즉 정신적·사회적 요소들 역시 사람의 성을 결정하는 요소 중의 하나로 인정받게 되었으므로, 성의 결정에 있어 생물학적 요소와 정신적·사회적 요소를 종합적으로 고려하여야 한다.

[2] 성전환증을 가진 사람의 경우에도, 남성 또는 여성 중 어느 한쪽의 성염색체를 보유하고 있고 그 염색체와 일치하는 생식기와 성기가 형성·발달되어 출생하지만 출생 당시에는 아직 그 사람의 정신적·사회적인 의미에서의 성을 인지할 수 없으므로, 사회통념상 그 출생 당시에는 생물학적인 신체적 성징에 따라 법률적인 성이 평가될 것이다. 그러나 출생 후의 성장에 따라 일관되게 출생 당시의 생물학적인 성에 대한 불일치감 및 위화감·혐오감을 갖고 반대의 성에 귀속감을 느끼면서 반대의 성으로서의 역할을 수행하며 성기를 포함한 신체 외관 역시 반대의 성으로서 형성하기를 강력히 원하여, 정신과적으로 성전환증의 진단을 받고 상당기간 정신과적 치료나 호르몬 치료 등을 실시하여도 여전히 위 증세가 치유되지 않고 반대의

성에 대한 정신적·사회적 적응이 이루어짐에 따라 일반적인 의학적 기준에 의하여 성전환수술을 받고 반대 성으로서의 외부 성기를 비롯한 신체를 갖추고, 나아가 전환된 신체에 따른 성을 가진 사람으로서 만족감을 느끼고 공고한 성정체성의 인식 아래 그 성에 맞춘 의복, 두발 등의 외관을 하고 성관계 등 개인적인 영역 및 직업 등 사회적인 영역에서 모두 전환된 성으로서의 역할을 수행함으로써 주위 사람들로부터도 그 성으로서 인식되고 있으며, 전환된 성을 그 사람의 성이라고 보더라도 다른 사람들과의 신분관계에 중대한 변동을 초래하거나 사회에 부정적인 영향을 주지 아니하여 사회적으로 허용된다고 볼 수 있다면, 이러한 여러 사정을 종합적으로 고려하여 사람의 성에 대한 평가 기준에 비추어 사회통념상 신체적으로 전환된 성을 갖추고 있다고 인정될 수 있는 경우가 있다 할 것이며, 이와 같은 성전환자는 출생시와는 달리 전환된 성이 법률적으로도 그 성전환자의 성이라고 평가받을 수 있을 것이다.

[3] **[다수의견]** 성전환자의 경우에는 출생시의 성과 현재 법률적으로 평가되는 성이 달라, 성에 관한 호적의 기재가 현재의 진정한 신분관계를 공시하지 못하게 되므로, 현재 법률적으로 평가되는 성이 호적에 반영되어야 한다. 현행 호적법에는 출생시 호적에 기재된 성별란의 기재를 위와 같이 전환된 성에 따라 수정하기 위한 절차규정이 따로 마련되어 있지 않다. 그러나 진정한 신분관계가 호적에 기재되어야 한다는 호적의 기본원칙과 아울러, 첫째 성전환자도 인간으로서의 존엄과 가치를 향유하며 행복을 추구할 권리와 인간다운 생활을 할 권리가 있고 이러한 권리들은 질서유지나 공공복리에 반하지 아니하는 한 마땅히 보호받아야 한다는 점, 둘째 호적법이 성전환자의 호적상 성별란 기재를 수정하는 절차규정을 두지 않은 이유는 입법자가 이를 허용하지 않기 때문이 아니라 입법 당시에는 미처 그 가능성과 필요성을 상정하지 못하였기 때문이라는 점, 셋째 호적법 제120조에 의한 호적정정사유 중 호적의 기재가 법률상 허용될 수 없는 경우를 해석함에 있어서 호적 기재 후의 법령의 변경 등 사정의 변경에 의하여 법률상 허용될 수 없음이 명백하게 된 경우를 반드시 배제하여야 할 필요가 있다고 보기 어려울 뿐 아니라, 호적법 제120조에 의한 호적정정 절차를 둔 근본적인 취지가 호적의 기재가 부적법하거나 진실에 반하는 것이 명백한 경우에 그 기재 내용을 판결에 의하지 아니하고 간이한 절차에 의하여 사실에 부합하도록 수정할 수 있도록 함에 있다는 점을 함께 참작하여 볼 때, 구체적인 사안을 심리한 결과 성전환자에 해당함이 명백하다고 증명되는 경우에는 호적법 제120조의 절차에 따라 그 전환된 성과 호적의 성별란 기재를 일치시킴으로써 호적기재가 진정한 신분관계를 반영할 수 있도록 하는 것이 호적법 제120조의 입법 취지에 합치되는 합리적인 해석이라는 점을 종합하여 보면, 성전환자에 해당함이 명백한 사람에 대하여는 호적정정에 관한 호적법 제120조의 절차에 따라

호적의 성별란 기재의 성을 전환된 성에 부합하도록 수정할 수 있도록 허용함이 상당하다. 성전환자에 해당함이 명백한 사람에 대하여 호적법 제120조에서 정한 절차에 따라 성별을 정정하는 호적정정이 허가되고 그에 따라 전환된 성이 호적에 기재되는 경우에, 위 호적정정 허가는 성전환에 따라 법률적으로 새로이 평가받게 된 현재의 진정한 성별을 확인하는 취지의 결정이므로 호적정정허가 결정이나 이에 기초한 호적상 성별란 정정의 효과는 기존의 신분관계 및 권리의무에 영향을 미치지 않는다고 해석함이 상당하다.

〈대법관 손지열, 박재윤의 반대의견〉

성전환자의 경우는 선천적으로 불완전한 성적 특징을 가진 자에 대하여 착오나 출생신고 당시 오인으로 인하여 호적에 잘못된 성별로 기재한 경우와 달리, 처음부터 잘못 기재된 호적을 출생시에 소급하여 정정하기 위한 호적법 제120조가 그대로 적용될 수 없는 사안이다. 호적법 제120조에 규정된 '착오', '호적의 정정'이라는 문구 등은 그 객관적 의미와 내용이 명확하여 해석상 의문의 여지가 없고, 호적법을 제정할 당시의 입법 취지도 그 내용이 처음 호적에 기재된 시점부터 존재하는 착오나 유루를 정정하고자 하는 것으로서 만일 호적기재가 기재 당시의 진정한 신분관계에 부합되게 적법하게 이루어졌다면 정정의 대상이 될 수 없는 것이었음이 명백하므로, 다수의견의 견해는 호적법 제120조에 대한 문리해석이나 입법 취지 등과는 관계없이, 객관적으로 명백한 호적법 제120조의 규정내용에 일부 내용을 추가·제거 또는 변경하는 것과 동일한 효과를 가져오는 것으로서 정당한 유추해석의 한계를 벗어나는 것이다. 사람이 출생 신고 당시에 어떠한 성을 가지고 있었는지 여부를 확인하는 호적정정과는 달리, 출생 신고 이후의 사정변경을 이유로 하여 다른 성으로의 실질적 변경을 허용하는 문제는 새로운 신분관계의 창설 내지 변경과 이에 따른 법률관계의 변동을 수반하므로 성의 변경이 허용되는지 여부 및 그 요건과 절차는 호적법이 아닌 다른 법률에서 합목적적인 고려에 따라 상세하게 정하여야 하고, 그 요건과 절차 등에 따라 성 변경의 효력이 발생된 경우에 비로소 이를 대외적으로 확인하고 공시하는 취지에서 신고절차를 거쳐 호적에 기재되어야 한다. 이와 달리, 성의 변경의 요건이나 절차 등에 관한 근거 법률이 전혀 없는 상태에서 단순히 호적정정절차를 통하여 성의 변경을 허용한다는 것은 신분관계를 공시하는 기능만이 부여된 호적제도 본래의 목적과 기능을 크게 벗어나는 것이다. 한편, 다수의견과 같이 해석을 하는 것이 과연 새로운 사회현상으로 대두된 성전환증에 관한 문제의 해결이나 그와 같은 문제로 고통받는 당사자들의 구제를 위하여 적절하고, 효과적인 것이라고 볼 수도 없다. 현 단계에서 법원으로서는 이 사건과 같은 사안에서 당사자의 성을 적절한 기준에 따라서 변경할 수 있는 법적·제도적인 보완이 절실하다는 점을 충분히 지적하면서, 현행 호적법 제120조의 호적정정의 방법으로는 이 문제를 해결할 수 없다는 점을 선언하고, 국민의 대의기관인 국회가 사회적 여론을 수렴하여 구체적인 요건과 절차, 효과 등을 담은 입법조치를 하기를 강력히 촉구함으로써 당사자들에게 근본적이고 효과적인 구제가 가능한 여건을 조성하는 데에 일조하는 것이 더욱 중요하다. 결론적으로 성전환자에 대하여 호적법 제120조의 호적정정절차에 따라 호적상 성별란을 정정하는 것은 허용될 수 없다.

⟨다수의견에 대한 대법관 김지형의 보충의견⟩
합헌적 법률해석이라는 법리에 비추어 볼 때 성전환자에게 출생 당시 확인되어 신고된 성이 출생 후 그 개인의 성적 귀속감의 발현에 따른 일련의 과정을 거쳐 최종적으로 사회통념상 확인된 성과 부합하지 않는다고 인정할 수 있다면 그와 같이 확인된 성에 맞추어 성별을 바꾸는 것은 호적법 제120조가 말하는 '정정'의 개념에 포함된다고 풀이하는 것이 옳다고 본다. 성전환자에 대하여 출생 당시에는 달리 정신적·사회적 성 결정 요소를 확인할 수 없어 생물학적 요소만에 의하여 출생시 신고된 성이 그의 성인 것으로 알고 있었으나, 성장한 후 일정 시점에서 사회통념상 인정되는 성은 출생시 신고된 성과 반대의 성인 것으로 사후에 비로소 확인될 수밖에 없다는 점에 성전환자에게 특유한 문제가 존재하고 이를 해결하기 위하여 호적정정의 필요성이 제기되는 것이다. 성전환자의 성별 정정에 관한 절차적 규정을 입법적으로 신설하는 것이 이상적이지만, 아직까지 어떠한 형태로든 그에 관한 가시적인 입법조치를 예상하기 힘든 현재의 시점에서는 입법 공백에 따른 위헌적인 상황이 계속되는 것보다는 법원이 구체적·개별적 사안의 심리를 거쳐 성전환자로 확인된 사람에 대해서는 호적법상 정정의 의미에 대한 헌법합치적 법률해석을 통하여 성별 정정을 허용하는 사법적 구제수단의 길을 터놓는 것이 미흡하나마 성전환자의 고통을 덜어 줄 수 있는 최선의 선택이다.

⇒ 호적상 여성으로 등재되어 있으나, 성장기부터 여성에 대한 불일치감과 남성으로의 귀속감을 나타내면서 성인이 된 후에는 오랜 기간 동안 남성으로서 살다가 성전환 수술을 받아 남성의 외부 성기와 신체 외관을 갖춘 사람이 호적정정 및 개명 신청을 한 사안에서, 사회통념상 남성으로 평가될 수 있는 성전환자에 해당함이 명백하므로 호적정정 및 개명을 허가할 여지가 충분히 있다고 보아, 성전환자에 대한 호적정정을 허용할 근거가 없다는 등의 이유로 이를 불허한 원심결정을 파기한 사례

○ 제3조(특수강도강간 등)

---

3. 성폭력처벌법 제5조 제1항 위헌소원 (헌법재판소 전원재판부 2004. 6. 24. 결정 2003헌바53)

　　[1] 죄질이 서로 다른 주거침입강간죄, 야간주거침입절도강간죄, 특수절도강간죄를 같은 법정형으로 처벌하는 것이 평등원칙을 위반하는 것인지 여부 [소극]

　　[2] 주거침입강간죄가 모두 가정파괴범이 되는 것은 아님에도 불구하고모든 주거침입강간죄의 법정형을 가중하는 것이 과잉금지원칙을 위반하거나 법관의 양형결정권을 제한하는 것인지 여부 [소극]

---

[1] 성폭력범죄의처벌및피해자보호등에관한법률(이하 '성폭력법'이라 한다)은 날로 흉포화, 집단화되고 있는 성폭력범죄에 대해 기존의 형법이 적절한 일반예방적 기능을 수행하지 못하자 성폭력범죄 예방의 효율성을 높여 피해자의 개인적 법익의 침해는 물론 생활의 기초단위인 가정이 파괴되는 것을 막기 위해 제정된 법률인바, 이러한 입법목적에 비추어 보면 주거침입강간죄, 야간주거침입절도강간죄, 특수절도강간죄에 있어서 강간과 결합되는 주거침입죄나 야간주거침입절도죄, 특수절도죄 그 자체는 법정형을 어떻게 정할 것이냐에 있어 결정적인 요소는 아니고, 오히려 법정형 결정의 중요 요소는 사생활의 중심이 되는 주거에서 피해자의 인격적인 침해와 더불어 그 가정의 파괴를 가져올 수도 있는 강간행위가 있었다는 점에 있다.

모든 범죄의 정확한 불법의 크기를 측정하여 그 서열에 따라 법정형을 정하는 것은 거의 불가능에 가까우므로 입법자는 법정형을 정할 때 행위 유형들을 일정하게 범주화할 수밖에 없는바, 이때의 법정형이 각 행위 유형의 불법성 정도에 적절히 대응되는 것이면 합리성이 인정된다. 그리고 구체적으로 불법성의 정도가 다른 행위들을 하나로 묶어 같은 법정형을 정함으로써 생기는 문제점은 개개의 사건에서 그 정상에 따라 여러 가지 요소를 종합적으로 고려한 법관의 양형을 통해 조정하면 된다. 그런데 이 사건 주거침입강간죄의 법정형은 무기 또는 5년 이상의 징역형으로 주거침입강간죄의 법익 침해의 중대성에 비추어 볼 때 형벌체계상의 균형을 잃은 자의적인 입법이라고 할 수 없고, 따라서 평등원칙에 위반된다고 할 수 없다.

[2] 법정형의 종류와 범위의 선택은 그 범죄의 죄질과 같은 여러 가지 요소를 종합적으로 고려하여 입법자가 결정할 사항으로서 법정형이 현저히 형벌체계상의 균형을 잃고 있다거나 헌법상의 비례의 원칙 등에 명백히 위배되는 경우가 아닌 한, 쉽사리 헌법에 위반된다고 단정할 수 없다.

그런데 성폭력법상의 주거침입강간죄는 종종 그 피해가 당사자 본인에게만 국한되지 않고 그가 속한 가정을 파괴하거나 사회의 기초질서를 어지럽힐 정도로 해악이 크다는 점에서 이를 엄단할 필요가 있고, 한편 인간 행복의 최소한의 조건인 주거에서 개인의 인격과 불가분적으로 연결되어 있는 성적 자기결정권을 침해하는 범죄라는 점에서 피해자에 대한 법익침해 또한 중대하므로 이를 무기 또는 5년 이상의 징역에 처하더라도 과도하다고 할 수 없다. 나아가 법정형은 법관으로 하여금 구체적 사건의 정상에 따라 그에 알맞는 적정한 선고형을 이끌어 낼 수 있게끔 하면 족한 것으로 입법자가 법정형 책정에 관한 여러 가지 요소의 종합적 고려에 따라 법률 그 자체로 법관에 의한 양형재량의 범위를 좁혀 놓았다고 하더라도, 그것이 당해 범죄의 보호법익과 죄질에 비추어 범죄와 형벌간의 비례의 원칙상 수긍할 수 있는 정도의 합리성이 있다면 이러한 법률을 위헌이라고 할 수는 없는바, 이 사건 규정의 법정형은 무기 또는 5년 이상의 징역형으로 행위자에게 특별히 고려해야 할 사정이 있다면 작량감경을 통해 집행유예까지도 선고할 수 있으므로 법관의 양형권을 제한하는 것으로 보기 어렵다.

4. 성폭력처벌법 제5조 위헌소원 (헌법재판소 2006. 12. 28. 결정 2005헌바85)

성폭력범죄의 처벌 및 피해자보호 등에 관한 법률 제5조 제1항 중 '형법 제319조 제1항(주거침입)의 죄를 범한 자가 동법 제298조(강제추행)의 죄를 범한 때에는 무기 또는 5년 이상의 징역에 처한다'는 부분(이하 '이 사건 법률조항'이라 한다)이 형벌체계상의 균형상실 또는 형벌과 책임 간의 비례원칙에 위반되는지 여부 [소극]

강제추행죄의 피해자들은 심각한 정신적, 정서적 장애를 경험할 수도 있고, 그 후유증으로 장기간 사회생활에 큰 지장을 받을 수 있는데, 사생활의 중심이고 개인의 인격과 불가분적으로 연결되어 있어 개인의 생명, 신체, 재산의 안전은 물론 인간 행복의 최소한의 조건으로서 개인의 사적 공간으로서 보장되어야 하는 주거에서 강제추행을 당한다면 그로 인한 피해는 보다 심각할 수 있다. 나아가 이러한 범행이 배우자 또는 가족이 목격하는 가운데 행해진 경우에는 피해자 개인에 대한 침해를 넘어 생활의 기초단위로서 한 가정을 파괴하는 결과에까지 이르게 될 수 있다. 입법자가 이러한 법익침해자에게 그 불법에 상응하는 책임을 묻고 그와 같은 범죄를 예방하고 근절하기 위한 형사정책의 고려를 더하여 주거침입죄와 강제추행죄를 결합범으로 가중처벌하도록 특별법에서 주거침입강제추행죄의 구성요건을 신설한 것은 필요하고도 바람직한 것이라고 할 수 있다. 또한, 그 보호법익의 중요성, 죄질, 행위자 책임의 정도 및 일반예방이라는 형사정책의 측면 등 여러 요소를 고려하여 본다면, 형법상 강제추행죄의 법정형을 가중하여 무기 또는 5년 이상의 징역형이라는 비교적 중한 법정형을 정한 것에는 나름대로 수긍할만한 합리적인 이유가 있다.

강제추행이란 그 범위가 매우 넓기 때문에 강간의 경우에 비해 그 피해가 상대적으로 경미하고 불법의 정도도 낮은 경우가 많지만, 성기에 이물질을 삽입하여 성적 쾌감을 얻는 가학적인 행위(Sadistic Rape), 항문성교(肛門性交), 구강성교(口腔性交) 등 강간의 경우보다 죄질이 나쁘고 피해가 중대한 경우도 얼마든지 있을 수 있고, 통상적인 추행행위라고 하더라도 범행의 동기와 범행당시의 정황 및 보호법익에 대한 침해의 정도 등을 고려할 때 강간보다 무겁게 처벌하거나 적어도 동일하게 처벌하여야 할 필요가 있는 경우도 실무상 흔히 있어 강간과 강제추행을 구분하여 강간에 비해 강제추행을 가볍게 처벌하는 것은 구체적인 경우에 있어 오히려 불균형적인 처벌결과를 가져올 염려가 있다. 따라서, 주거에 침입하여 피해자를 강제추행한 경우에 대한 비난가능성의 정도가 피해자를 강간한 경우에 비하여 반드시 가볍다고 단정할 수는 없고 오히려 구체적인 추행행위의 태양에 따라서는 강간의 경우보다도 더 무거운 처벌을 하여야 할 필요도 있다고 할 것이므로, 이 사건 법률조항이 양 죄의 법정형을 동일하게 정하였다고 하여 이를 두고 형벌체계상의 균형을 잃은 자의적인 입법이라고 할 수는 없다.

입법자가 법정형을 정할 때는 행위유형들을 일정하게 범주화할 수밖에 없고, 그렇게 유형화한 법정형이 그 범죄행위의 다양한 불법성 정도의 분포범위에 적절히 대응되는 것이면 합리성이 있다. 불법성이 다른 행위들을 범주화함으로써 구체적인 경우에 문제점이 발생할 수 있으나 이 사건 법률조항은 법관에게 행위자의 특별한 사정을 고려하여 작량감경을 통하여 집행유예를 선고할 수 있도록 함으로써 그러한 문제점을 극복하고 있다.

〈재판관 목영준의 별개의견 〉

가. 형법에 규정되어 구체적인 법정형으로 표현되고 있는 가치판단은 특별한 사정변경이 없는 한 존중되어야 한다. 우리 입법자가 형법상 강간죄의 법정형을 강제추행죄의 법정형보다 현저히 높게 설정한 것은 강간죄의 불법 정도와 비난가능성이 강제추행죄의 그것보다 훨씬 크고 높다는 전제에 선 것이다. 그런데, 이 사건 법률조항은 주거침입죄와 결합되었다는 이유 이외에 특별한 사정변경 없이 죄질이 다른 주거침입강간죄와 주거침입강제추행죄에 대하여 동일한 법정형을 규정하고 있으므로, 실질적 평등원칙에 어긋나고 형벌체계상의 균형을 잃은 입법형태라는 점을 부인할 수 없다.

나. 그러나 주거침입에 따른 성범죄의 위험성과 죄질, 그 보호법익의 중대성 및 일반예방이라는 형사정책의 측면 등을 고려하여 볼 때, 입법자가 특별법으로 주거침입강제추행죄의 구성요건을 신설하고, '무기 또는 5년 이상의 징역형'의 법정형을 정한 것에는 수긍할 만한 합리적인 이유가 있다. 또한 법관이 특별히 고려해야 할 양형조건이 있다면 작량감경을 통해 집행유예를 선고할 수 있으므로, 법관의 양형선택권을 과도하게 제한한다고 볼 수 없다.

〈재판관 주선회, 재판관 조대현의 반대의견〉

가. 입법자는 형법 제297조(강간), 제298조(강제추행)에서 그 죄질과 보호법익 등 여러 가지 요소를 종합하여 그 법정형을 강간은 3년 이상의 유기징역, 강제추행은 10년 이하의 징역 또는 1천 500만 원 이하의 벌금으로 각 규정하였다. 이는 강간도 넓은 의미에서는 강제추행의 한 유형이라고 할 수 있으나, 추행행위에서 더 나아가 간음으로까지 이어진 경우에는 성적 자기결정권의 현저한 침해로서 입법자는 이에 대해 그 불법의 정도와 비난가능성이 강제추행보다 훨씬 크다고 보아 중하게 처벌하고 있는 것이다. 그런데 위와 같은 평가에 기초하여 만든 형법에 대해 입법자가 그 평가기준을 변경한 사실이 있다거나 다수의견이 지적하고 있는 것처럼 불법의 내용에 따라 강제추행의 구성요건을 세분하여 유형화한 사실이 없음에도, 주거침입과 결합된 강간과 주거침입과 결합된 강제추행의 죄질을 동일하게 평가하여 취급하고 있다. 주거침입강제추행죄는 주거침입의 가중적인 구성요건이 아니라 강제추행죄의 가중적 구성요건이므로 그 본질은 여전히 강제추행 부분에 있고, 주거침입강간죄도 그 본질이 강간에 있으므로, 강간이나 강제추행에 대한 입법자의 평가는 여기에서도 그대로 유지되어야 한다. 그럼에도 불구하고 이 사건 법률조항은 주거침입과 결합되었다는 이유만으로 경중이 다른 양자를 같게 취급하여 같은 법정형으로 다스리고 있다.

나. 다수의견은 "통상적인 추행행위"라는 원칙적인 사례를 기준으로 주거침입강제추행죄의 성격을 파악하기보다는 예외적이거나 비전형적인 유형을 기준으로 하여 본죄를 파악하고 있는 것이고, 예외적이거나 비전형적인 다른 행위자의 불법내용을 통상적인 범죄유형에서의 행위자의 책임으로 의제하는 것은 어떠한 목적을 위해서도 정당화될 수 없다. 범죄행위의 유형이 아주 다양한 경우 그 다양한 행위 중에서 특히 죄질이 흉악한 범죄를 무겁게 처벌해야 하지만, 다양한 행위 유형을 하나의 구성요건으로 포섭하면서 법정형의 하한을 무겁게 책정하여 죄질이 가벼운 행위까지를 모두 엄히 처벌하는 것은 책임주의에 반한다.

다. 이 사건 법률조항은 법정형의 하한을 5년 이상의 징역형으로 정하고 있어 각 행위자의 개별성에 맞추어 형을 선고함에는 한계가 있고, 주거침입강간죄의 미수범과 상대적으로 책임이 가볍다고 할 수 있는 주거침입강제추행죄의 기수범 사이에 처벌상의 불균형이 초래되므로, 각 행위의 개별성과 고유성에 맞추어 그 책임에 알맞은 형벌을 선고할 수 있어야 하는 형벌 개별화의 원칙을 구현함에 미흡하다. 성폭력범죄의 처벌 및 피해자보호 등에 관한 법률(1997. 8. 22. 법률 제5343호로 개정된 것) 제5조 제1항 중 '형법 제319조 제1항(주거침입)의 죄를 범한 자가 동법 제298조(강제추행)의 죄를 범한 때에는 무기 또는 5년 이상의 징역에 처한다'는 부분

5. 다가구용 단독주택이나 공동주택 내부에 있는 엘리베이터, 공용계단과 복도가 주거침입
   죄의 객체인 '사람의 주거'에 해당하는지 여부 [적극] (대법원 2009. 9. 10. 선고 2009
   도4335)

   주거침입죄에 있어서 주거란 단순히 가옥 자체만을 말하는 것이 아니라 그 정원등
위요지(圍繞地)를 포함한다. 따라서 다가구용 단독주택이나 다세대주택·연립주택·아파
트 등 공동주택 안에서 공용으로 사용하는 엘리베이터, 계단과 복도는 주거로 사용하는
각 가구 또는 세대의 전용 부분에 필수적으로 부속하는 부분으로서 그 거주자들에 의하
여 일상생활에서 감시·관리가 예정되어 있고 사실상의 주거의 평온을 보호할 필요성이
있는 부분이므로, 다가구용 단독주택이나 다세대주택, 연립주택, 아파트 등 공동주택의
내부에 있는 엘리베이터, 공용 계단과 복도는 특별한 사정이 없는 한 주거침입죄의 객
체인 '사람의 주거'에 해당하고, 위 장소에 거주자의 명시적, 묵시적 의사에 반하여 침입
하는 행위는 주거침입죄를 구성한다.
   ⇒ 피고인이 강간할 목적으로 피해자를 따라 피해자가 거주하는 아파트 내부의 엘리베
      이터에 탄 다음 그 안에서 폭행을 가하여 반항을 억압한 후 계단으로 끌고 가 피해
      자를 강간하고 상해를 입힌 사안에서, 피고인이 성폭력범죄의 처벌 및 피해자보호등
      에 관한 법률 제5조 제1항에 정한 주거침입범의 신분을 가지게 되었다는 이유로, 주
      거침입을 인정하지 않고 강간상해죄만을 선고한 원심판결을 파기한 사례

6. (구) 성폭력처벌법 제5조 제2항에 규정된 범죄의 행위주체 (대법원 2006. 8. 25. 선고
   2006도2621)

   성폭력범죄의 처벌 및 피해자보호 등에 관한 법률 제5조 제2항에 정하는 특수강도강
제추행죄의 주체는 형법의 제334조 소정의 특수강도범 및 특수강도미수범의 신분을 가
진 자에 한정되는 것으로 보아야 하고, 형법 제335조, 제342조에서 규정하고 있는 준강
도범 내지 준강도미수범은 성폭력범죄의 처벌 및 피해자보호 등에 관한 법률 제5조 제2
항의 행위주체가 될 수 없다.

7. 강간범이 강간의 범행 후에 특수강도의 범의를 일으켜 부녀의 재물을 강취한 경우, 성
   폭력처벌법 제5조 제2항 소정의 특수강도강간죄로 의율할 수 있는지 여부 [한정 소극]
   (대법원 2002. 2. 8. 선고 2001도6425)

   강간범이 강간행위 후에 강도의 범의를 일으켜 그 부녀의 재물을 강취하는 경우에는

형법상 강도강간죄가 아니라 강간죄와 강도죄의 경합범이 성립될 수 있을 뿐인바(대법원 1977. 9. 28. 선고 77도1350 판결 참조), 성폭력범죄의처벌및피해자보호등에관한법률(이하 '성폭력처벌법'이라고 한다) 제5조 제2항은 형법 제334조(특수강도) 등의 죄를 범한 자가 형법 제297조(강간) 등의 죄를 범한 경우에 이를 특수강도강간 등의 죄로 가중하여 처벌하고 있으므로, 다른 특별한 사정이 없는 한 강간범이 강간의 범행 후에 특수강도의 범의를 일으켜 그 부녀의 재물을 강취한 경우에는 이를 성폭력처벌법 제5조 제2항 소정의 특수강도강간죄로 의율할 수 없다고 할 것이다.

⇒ 성폭력처벌법 소정의 '특수강도강간'은 특수강도의 신분을 가진 자가 강간행위를 하는 경우로 한정하여 보아야 하며, 단순히 하나의 범행기회에서 강간과 강도가 함께 행해진 경우를 그 적용대상으로 하는 것은 아니라는 취지의 판례이다. 강도의 범의가 존재하는 상태에서 강간행위까지 추가로 나아가는 경우를 대상으로 하는 것으로 해석하고 있다.

8. [1] 강간의 실행행위 계속 중에 강도행위를 한 경우 '강도강간죄'를 구성하는지 여부 [적극] 및 특수강간범이 강간행위 종료 전에 특수강도의 행위를 한 경우 구 성폭력범죄의 처벌 및 피해자보호 등에 관한 법률 제5조 제2항에 정한 '특수강도강간죄'로 의율할 수 있는지 여부 [원칙적 적극] [2] 강도죄에서 '폭행, 협박'과 '재물의 탈취'와의 관계 및 강간범인이 폭행, 협박에 의한 반항억압 상태가 계속 중임을 이용하여 재물을 탈취하는 경우 새로운 폭행, 협박을 요하는지 여부 [소극] (대법원 2010. 12. 9. 선고 2010도9630)

[1] 강간범이 강간행위 후에 강도의 범의를 일으켜 그 부녀의 재물을 강취하는 경우에는 강도강간죄가 아니라 강간죄와 강도죄의 경합범이 성립될 수 있을 뿐이지만, 강간행위의 종료 전 즉 그 실행행위의 계속 중에 강도의 행위를 할 경우에는 이때에 바로 강도의 신분을 취득하는 것이므로 이후에 그 자리에서 강간행위를 계속하는 때에는 강도가 부녀를 강간한 때에 해당하여 형법 제339조에 정한 강도강간죄를 구성하고, 구 성폭력범죄의 처벌 및 피해자보호 등에 관한 법률(2010. 4. 15. 법률 제10258호 성폭력범죄의 피해자보호 등에 관한 법률로 개정되기 전의 것) 제5조 제2항은 형법 제334조(특수강도)등의 죄를 범한 자가 형법 제297조(강간)등의 죄를 범한 경우에 이를 특수강도강간 등의 죄로 가중하여 처벌하는 것이므로, 다른 특별한 사정이 없는 한 특수강간범이 강간행위 종료 전에 특수강도의 행위를 한 이후에 그 자리에서 강간행위를 계속하는 때에도 특수강도가 부녀를 강간한 때에 해당하여 구 성폭력범죄의 처벌 및 피해자보호 등에 관한 법률 제5조 제2항에 정한

특수강도강간죄로 의율할 수 있다.

[2] 강도죄는 재물탈취의 방법으로 폭행, 협박을 사용하는 행위를 처벌하는 것이므로 폭행, 협박으로 타인의 재물을 탈취한 이상 피해자가 우연히 재물탈취 사실을 알지 못하였다고 하더라도 강도죄는 성립하고, 폭행, 협박당한 자가 탈취당한 재물의 소유자 또는 점유자일 것을 요하지도 아니하며, 강간범인이 부녀를 강간할 목적으로 폭행, 협박에 의하여 반항을 억압한 후 반항억압 상태가 계속 중임을 이용하여 재물을 탈취하는 경우에는 재물탈취를 위한 새로운 폭행, 협박이 없더라도 강도죄가 성립한다.

⇒ 야간에 甲의 주거에 침입하여 드라이버를 들이대며 협박하여 甲의 반항을 억압한 상태에서 강간행위의 실행 도중 범행현장에 있던 乙 소유의 핸드백을 가져간 피고인의 행위를 포괄하여 구 성폭력범죄의 처벌 및 피해자보호 등에 관한 법률(2010. 4. 15. 법률 제10258호 성폭력범죄의 피해자보호 등에 관한 법률로 개정되기 전의 것) 위반(특수강도강간등)죄에 해당한다고 판단한 원심의 조치를 수긍한 사례

⇒ (1) 위 판결의 취지와 마찬가지로 강간 후 강도는 강도강간죄가 되지 않지만, 강간 종료 전 강도가 행해져서, 즉 강간과 강도가 행위상으로 중첩되는 부분이 생기면 강도의 신분을 획득하게 되므로 '강도가 강간을 하였다'는 구성요건을 충족시킬 수 있다는 취지이다.

 (2) 강도의 성립에는 폭행협박을 당한 자와 강취된 물건의 소유자 혹은 점유자가 일치할 필요는 없으며, 다른 범죄의 수단이 된 폭행 협박 등으로 인하여 반항억압의 상태가 야기된 것을 이용하여 강취행위가 이루어진 경우에도 강도죄가 성립한다. 즉 강도나 강간이 성립함에 폭행 협박 시에 해당 범죄의 고의가 반드시 존재하고 있어야 하는 것은 아니고, 강도나 강간은 범죄행위자가 행한 폭행, 협박으로 반항억압의 상태가 존재하고 있는 것을 이용하여 행해진 것이면 족하다.

《참고판례》 [대법원 2013. 12. 12. 선고 2013도11899] 형법 제333조의 강도죄는 사람의 반항을 억압함에 충분한 폭행 또는 협박을 사용하여 타인의 재물을 강취하거나 재산상의 이익을 취득함으로써 성립하는 범죄이므로, 피고인이 강도의 범의 없이 공범들과 함께 피해자의 반항을 억압함에 충분한 정도로 피해자를 폭행하던 중 공범들이 피해자를 계속하여 폭행하는 사이에 피해자의 재물을 취거한 경우에는 피고인 및 공범들의 위 폭행에 의한 반항억압의 상태와 재물의 탈취가 시간적으로 극히 밀접하여 전체적·실질적으로 재물 탈취의 범의를 실현한 행위로 평가할 수 있으므로 강도죄의 성립을 인정할 수 있다.

◦ **제4조(특수강간 등)**

9. 성폭력처벌법 제6조 제1항의 합동범이 성립하기 위한 요건 (대법원 2004. 8. 20. 선고 2004도2870)

성폭력범죄의처벌및피해자보호등에관한법률 제6조 제1항의 2인 이상이 합동하여 형법 제297조의 죄를 범함으로써 특수강간죄가 성립하기 위하여는 <u>주관적 요건으로서의 공모와 객관적 요건으로서의 실행행위의 분담이 있어야 하고, 그 실행행위는 시간적으로나 장소적으로 협동관계에 있다고 볼 정도에 이르면 된다.</u>

⇒ 피고인 등이 비록 특정한 1명씩의 피해자만 강간하거나 강간하려고 하였다 하더라도, 사전의 모의에 따라 강간할 목적으로 심야에 인가에서 멀리 떨어져 있어 쉽게 도망할 수 없는 야산으로 피해자들을 유인한 다음 곧바로 암묵적인 합의에 따라 각자 마음에 드는 피해자들을 데리고 불과 100m 이내의 거리에 있는 곳으로 흩어져 동시 또는 순차적으로 피해자들을 각각 강간하였다면, 그 각 강간의 실행행위도 시간적으로나 장소적으로 협동관계에 있었다고 보아야 할 것이므로 피해자 3명 모두에 대한 특수강간죄 등이 성립된다고 한 사례

《비교판례》 합동범의 성립요건 (대법원 1994. 11. 25. 선고 94도1622) [특정범죄가중처벌등에관한법률위반(특수강간등)] (특정범죄가중처벌등에관한법률 제5조의7)

[판결요지] 합동범이 성립하기 위하여는 주관적 요건으로서의 공모와 객관적 요건으로서의 실행행위의 분담이 있어야 하고, 특히 그 실행행위에 있어서는 반드시 시간적으로나 장소적으로 협동관계가 있음을 요하는 것이다.

피고인과 공동피고인이 피해자 1과 2를 만나 주점과 한강고수부지에서 함께 술을 마시고 나서 피해자들을 집까지 데려다 주겠다면서 승합차에 모두 태워 공동피고인이 위 차를 운전하여 피해자들의 집 쪽으로 가던 도중에 방향을 바꾸어 <u>야산으로 가서 차를 세운 뒤, 공동피고인의 제의에 따라 피해자들을 각기 강간하기로 공모하고, 우선 공동피고인이 피해자 2에게 잠시 이야기하자고 말하여 그녀를 차에서 내리게 한 다음 그 부근의 숲속으로 데리고 가서 이야기를 나누던 중에 강간할 마음이 없어져 이를 포기하고 차 있는 데로 돌아왔으며, 피고인은 그 사이 피해자 2가 차에서 내린 후 혼자 남은 피해자 1이 차에서 내리려고 하자 그녀를 협박하여 제지한 다음 차안에서 강제로 간음하였다는 것이다.</u>

원래 합동범이 성립하기 위하여는 주관적 요건으로서의 공모와 객관적 요건으로서의 실행행위의 분담이 있어야 하고, 특히 그 실행행위에 있어서는 반드시 시간적으로나 장

소적으로 협동관계가 있음을 요하는 것이다. 사실관계가 위와 같다면, 피고인과 원심공동피고인 사이에 범행현장에서 서로 강간의 실행행위를 분담한 협동관계가 있었다고 보기는 어려우므로, 피고인을 특수강간죄의 합동범으로 다스릴 수는 없다.

⇒ 합동범의 핵심은 실행행위의 시간적, 장소적 협동관계의 여부에 있음. 협동관계의 여부는 구체적으로 행위장소에서 참여자들 간에 서로 영향을 주고받을 수 있었는지, 서로가 서로의 행위에 도움이 되고 있는지 등을 검토하여야 한다는 취지이다.

10. 범행 현장에서 범행에 사용하려는 의도로 흉기 등 위험한 물건을 소지하거나 몸에 지닌 경우, 피해자가 이를 인식하지 못하였거나 실제 범행에 사용하지 아니더라도 성폭력처벌법 제6조 제1항에 정한 '휴대'에 해당하는지 여부 [적극] (대법원 2004. 6. 11. 선고 2004도2018)

성폭력범죄의처벌및피해자보호등에관한법률(이하 '법'이라 한다)의 목적과 법 제6조의 규정 취지에 비추어 보면 법 제6조 제1항 소정의 '흉기 기타 위험한 물건을 휴대하여 강간죄를 범한 자'란 범행 현장에서 그 범행에 사용하려는 의도 아래 흉기를 소지하거나 몸에 지니는 경우를 가리키는 것이고, 그 범행과는 전혀 무관하게 우연히 이를 소지하게 된 경우까지를 포함하는 것은 아니라 할 것이나, 범행 현장에서 범행에 사용하려는 의도 아래 흉기 등 위험한 물건을 소지하거나 몸에 지닌 이상 그 사실을 피해자가 인식하거나 실제로 범행에 사용하였을 것까지 요구되는 것은 아니라 할 것이다(대법원 1984. 4. 10. 선고 84도353, 1990. 4. 24. 선고 90도401, 2002. 6. 14. 선고 2002도1341 등 참조).

⇒ 법문은 위험한 물건을 '휴대하여'라고 표현하고 있으므로, 반드시 사용될 필요는 없는 것이고, 행위자가 휴대하고 있는지 여부에 대해 피해자가 인식할 필요도 없다는 일반적인 해석의 취지를 긍정하고 있는 판례이다.

○ 제5조(친족 관계에 의한 강간 등)

11. 성폭력처벌법 제7조 제4항 소정의 [1] 사실상의 관계에 의한 존속의 의미 [2] 의붓아버지가성폭력범죄의처벌및피해자보호등에관한법률 제7조 제4항의 사실상의 관계에 의한 존속에 포함되는지 여부 [소극] (대법원 1996. 2. 23. 선고 95도2914)

[1] 성폭력범죄의처벌및피해자보호등에관한법률 제7조 제1항은 존속 등 연장의 친족이 형법 제297조의 죄를 범한 때에 적용되고, 같은 법률 제7조 제3항에 의하면 위 제1

항의 친족의 범위는 4촌 이내의 혈족으로 제한하나, 한편 같은 법률 제7조 제4항은 위 제1항의 존속 또는 친족은 사실상의 관계에 의한 존속 또는 친족을 포함한다고 규정하고 있는바, 형벌법규는 그 규정 내용이 명확하여야 할 뿐만 아니라 그 해석에 있어서도 엄격함을 요하고 유추해석은 허용되지 않는 것이므로 <u>위 법률 제7조 제4항에서 규정하는 사실상의 관계에 의한 존속이라 함은, 자연혈족의 관계에 있으나 법정 절차의 미이행으로 인하여 법률상의 존속으로 인정되지 못하는 자(예컨대, 인지 전의 혼인 외의 출생자의 생부) 또는 법정혈족관계를 맺고자 하는 의사의 합치 등 법률이 정하는 실질관계는 모두 갖추었으나 신고 등 법정절차의 미이행으로 인하여 법률상의 존속으로 인정되지 못하는 자(예컨대, 사실상의 양자의 양부)를 말하고,</u> 위와 같은 관계가 없거나 법률상의 인척에 불과한 경우에는 그 생활관계, 당사자의 역할·의사 등이 존속관계와 유사한 외관을 가진다는 이유만으로 위의 사실상의 관계에 의한 존속에 포함된다고 할 수는 없다.

[2] 피해자와 아무런 혈연관계가 없고 단지 <u>피해자의 어머니와 사실상 부부로서 동거하는 관계에 있는 자(의붓아버지)는 성폭력범죄의처벌및피해자보호등에관한법률 제7조 제4항에서 규정하는 사실상의 관계에 의한 존속에 포함되지 않는다.</u>

《참고판례》 성폭력처벌법 제7조 제4항 소정의 '사실상의 관계에 의한 존속'의 의미 및 그 범위 (수원지법 1995. 9. 30. 선고 95고합469)

성폭력범죄의처벌및피해자보호등에관한법률 제7조 제4항에서 규정하고 있는 '사실상의 관계에 의한 존속'의 취지는 폭력범죄의 피해자의 어머니의 배우자이기는 하나 피해자와의 혈족관계는 없는 이른바 의붓아버지 또는 의부(義父)는 피해자와의 사이에 법률상의 부자관계가 없다고 하더라도 전통관습상 부녀관계의 일종으로서 실질적인 부녀관계에 상당하는 실체를 가지고 있음에 비추어, 이러한 계부에 의한 성폭력범죄를 가중처벌하기 위한 것이지만, <u>그러한 가중처벌은 그러한 의부(義父)가 피해자의 어머니와 사이에 적법한 혼인신고를 마친 법률상의 부부관계에 있을 때에 한하고,</u> 그 두 사람 사이의 결합 및 동거의 형태 내지 정도가 실로 다양한 사실혼관계에 있는 것에 불과한 경우에까지 확대할 것은 아니다.

---

12. 중혼적 사실혼으로 인하여 형성된 인척이 성폭력처벌법 제7조 제5항 소정의 '사실상의 관계에 의한 친족'에 해당하는지 여부 [적극] (대법원 2002. 2. 22. 선고 2001도5075)

법률이 정한 혼인의 실질관계는 모두 갖추었으나 법률이 정한 방식, 즉 혼인신고가 없기 때문에 법률상 혼인으로 인정되지 않는 <u>이른바 사실혼으로 인하여 형성되는 인척</u>

도 성폭력범죄의처벌및피해자보호등에관한법률 제7조 제5항이 규정한 사실상의 관계에
의한 친족에 해당하고, 비록 우리 법제가 일부일처주의를 채택하여 중혼을 금지하는 규
정을 두고 있다 하더라도 이를 위반한 때를 혼인 무효의 사유로 규정하고 있지 아니하
고 단지 혼인 취소의 사유로만 규정함으로써 중혼에 해당하는 혼인이라도 취소되기 전
까지는 유효하게 존속하는 것이므로 중혼적 사실혼이라 하여 달리 볼 것은 아니다.

---

13. [1] 사실상의 양자의 양부가 성폭력처벌법 제7조 제5항이 규정한 사실상의 관계에 의한 친족에 해당하는지 여부 [적극] [2] 처가 있는 자가 혼자만의 의사로 부부 쌍방 명의의 입양신고를 하여 수리된 경우, 입양의 효력 (대법원 2006. 1. 12. 선고 2005도8427)

[1] 사실상의 양자의 양부와 같이 법정혈족관계를 맺고자 하는 의사의 합치 등 법률이
정하는 실질관계는 모두 갖추었으나 신고 등 법정절차의 미이행으로 인하여 법률상
의 존속으로 인정되지 못하는 자도 성폭력범죄의 처벌 및 피해자보호 등에 관한 법
률 제7조 제5항이 규정한 사실상의 관계에 의한 친족에 해당한다.

[2] 처가 있는 자가 입양을 함에 있어서 혼자만의 의사로 부부 쌍방 명의의 입양신고를
하여 수리된 경우, 처와 양자가 될 자 사이에서는 입양의 일반요건 중 하나인 당사
자 간의 입양합의가 없으므로 입양이 무효가 되는 것이지만, 처가 있는 자와 양자
가 될 자 사이에서는 입양의 일반 요건을 모두 갖추었어도 부부 공동입양의 요건을
갖추지 못하였으므로 처가 그 입양의 취소를 청구할 수 있으나, 그 취소가 이루어
지지 않는 한 그들 사이의 입양은 유효하게 존속하는 것이고, 당사자가 양친자관계
를 창설할 의사로 친생자출생신고를 하고, 거기에 입양의 실질적 요건이 모두 구비
되어 있다면 그 형식에 다소 잘못이 있더라도 입양의 효력이 발생하고, 양친자관계
는 파양에 의하여 해소될 수 있는 점을 제외하고는 법률적으로 친생자관계와 똑같
은 내용을 갖게 되므로, 이 경우의 허위의 친생자출생신고는 법률상의 친자관계인
양친자관계를 공시하는 입양신고의 기능을 발휘하게 된다.

⇒ 피고인이 피해자의 생모의 동의를 얻어 피해자를 입양할 의사로 데려왔으나 자신의
처의 동의 없이 피해자를 자신과 처 사이의 친생자로 출생신고를 한 경우, 피고인은
친생자출생신고 전에는 성폭력범죄의 처벌 및 피해자보호 등에 관한 법률 제7조 제
5항의 '사실상의 관계에 의한 친족'에 해당하고, 친생자출생신고 후에는 같은 법 제7
조 제1항의 '친족'에 해당한다고 한 사례

⇒ 민법상 '사실상의 관계에 의한 친족'의 유형으로는 ① 자연혈족 관계, 인지절차 미이행,
② 법정혈족관계에 대한 의사의 합치, 법정절차 미이행, ③ 사실혼 관계(중혼적 관계
포함)에 의하여 형성된 인척관계(사실혼이 아닌 단순 동거의 경우는 제외)가 있다.

○ **제6조(장애인에 대한 강간·강제추행 등)**

14. **(구) 성폭력처벌법 제8조 소정의 [1] '항거불능인 상태'의 의미 및 해석방법 [2] 피해자가 정신지체장애 1급의 장애가 있기는 하나 그로 인하여 항거불능의 상태에 있었다고 단정하기는 어렵다고 한 사례 (대법원 2004. 5. 27. 선고 2004도1449)**

[1] (구) 성폭력범죄의처벌및피해자보호등에관한법률 제8조는 신체장애 또는 정신상의 장애로 항거불능인 상태에 있음을 이용하여 여자를 간음하거나 사람을 추행한 자를 강간 또는 강제추행의 죄에 정한 형으로 처벌하도록 규정하고 있는바, 위 죄는 정신적·신체적 사정으로 인하여 성적인 자기방어를 할 수 없는 사람에게 성적 자기결정권을 보호해 주는 것을 보호법익으로 하고 있으므로, 여기에서 항거불능의 상태라 함은 심리적 또는 물리적으로 반항이 절대적으로 불가능하거나 현저히 곤란한 경우를 의미한다고 보아야 할 것이고, 이러한 요건은 형법 제302조에서 미성년자 또는 심신미약자에 대하여 위계 또는 위력으로써 간음 또는 추행을 한 자의 처벌에 관하여 따로 규정하고 있는 점에 비추어 더욱 엄격하게 해석하여야 한다(대법원 2000. 5. 26. 98도3257 및 2003. 10. 24. 2003도5322 참조).

[2] 기록에 의하면, 피해자는 저능아이기는 하나 7~8세 정도의 지능은 있었고, 평소 마을 어귀에 있는 요트 경기장 등을 돌아다니며 시간을 보내는 등 자신의 신체를 조절할 능력도 충분히 있었으나, 평소 겁이 많아 누가 큰 소리를 치면 겁을 먹고 시키는 대로 하였던 점, 피해자 스스로 피고인이 나오라고 하였을 때 안 나가면 경찰차가 와서 잡아가므로 안 나갈 수 없었고, 옷을 벗으라고 하였을 때 벗지 않으면 피고인이 손바닥으로 얼굴을 때리므로 무서워서 옷을 벗지 않을 수 없었으며, 아버지에게 이르면 때려준다고 하여 아무에게도 이야기할 수 없었다는 취지로 진술하고 있는 점 등으로 보아, 피해자는 지능이 정상인에 미달하기는 하나 사고능력이나 사리분별력이 전혀 없다고는 할 수 없고, 성적인 자기결정을 할 능력이 있기는 하였으나, 다만 그 능력이 미약한 상태에 있었던 데 불과하고, 피고인이 피해자의 그러한 상태를 이용하여 가벼운 폭행과 협박·위계로써 피해자의 반항을 손쉽게 억압하고 피해자를 간음하게 된 것으로 볼 여지가 충분하다.
결국, 피해자는 형법 제302조에서 말하는 심신미약의 상태에 있었다고 볼 수는 있겠으나, 법 제8조에서 말하는 항거불능의 상태에 있었다고 단정하기는 어렵다 할 것임에도, 원심은 피해자의 신체적·정신적 상태에 관하여는 심리하지 아니한 채 만연히 그가 항거불능의 상태에 있다고 속단하여 피고인을 법 제8조 위반의 죄로 처단하고 말았으니, 이러한 원심의 조치에는 같은 조 소정의 '항거불능'에 관한 법리를 오해하고 심리를 다하지 아니한 끝에 사실을 잘못 인정하여 판결 결과에 영향을 미친 위법이 있고, 이 점을 지적하는 상고이유 제1점의 주장은 이유 있다.

⇒ '항거불능의 상태'는 신체 혹은 정신적 장애로 인하여 성적 자기결정권을 행사할 수 없을 정도의 판단력과 자기조절력이 없는 경우는 말하는 것이다. 항거불능의 상태를 이용하는 경우는 강간과 같이 취급되는데, 위계나 위력을 사용하는 경우에는 그보다는 낮은 수준으로 처벌하도록 되어 있으므로 이를 구별하여야 한다는 취지이다.

○ 제8조(강간 등 상해·치상)

15. 강간치상죄에 있어서 상해의 판단기준 (대법원 2003. 9. 26. 선고 2003도4606): (구) 성폭력처벌법 제9조(강간 등 치상)

　강간행위에 수반하여 생긴 상해가 극히 경미한 것으로서 굳이 치료할 필요가 없어서 자연적으로 치유되며 일상생활을 하는 데 아무런 지장이 없는 경우에는 강간치상죄의 상해에 해당되지 아니한다고 할 수 있을 터이나, 그러한 논거는 피해자의 반항을 억압할 만한 폭행 또는 협박이 없어도 일상생활 중 발생할 수 있는 것이거나 합의에 따른 성교행위에서도 통상 발생할 수 있는 상해와 같은 정도임을 전제로 하는 것이므로 그러한 정도를 넘는 상해가 그 폭행 또는 협박에 의하여 생긴 경우라면 상해에 해당된다고 할 것이며, 피해자의 건강상태가 나쁘게 변경되고 생활기능에 장애가 초래된 것인지는 객관적, 일률적으로 판단될 것이 아니라 피해자의 연령, 성별, 체격 등 신체, 정신상의 구체적 상태를 기준으로 판단되어야 한다.

⇒ 정식의 상해진단서는 제출되어 있지 아니하나 피해자가 입은 상처의 부위와 내용, 그 상해의 정도나 치유기간 등에 비추어 보아 그러한 정도의 상처로 인하여 피해자의 신체의 건강상태가 불량하게 변경되고 생활기능에 장애가 초래된 것이 아니라고 단정할 수 없음에도 불구하고 피해자에게 발생한 상처가 강간치상죄에서 정한 상해에 해당하지 않는다고 판단한 원심판결을 파기한 사례

16. 흉기를 휴대하고 주거에 침입하여 피해자를 강간하고 상해를 입힌 경우, (구) 성폭력처벌법 제9조 제1항 위반죄 이외에 주거침입죄가 성립하는지 여부 [소극] (대법원 1999. 4. 23. 선고 99도354)

　성폭력범죄의처벌및피해자보호등에관한법률 제5조 제1항은 형법 제319조 제1항의 죄를 범한 자가 강간의 죄를 범한 경우를 규정하고 있고, 성폭력범죄의처벌및피해자보호등에관한법률 제9조 제1항은 같은 법 제5조 제1항의 죄와 같은 법 제6조의 죄에 대한 결과적 가중범을 동일한 구성요건에 규정하고 있으므로, 피해자의 방안에 침입하여

식칼로 위협하여 반항을 억압한 다음 피해자를 강간하여 상해를 입히게 한 피고인의 행위는 그 전체가 포괄하여 같은 법 제9조 제1항의 죄를 구성할 뿐이지, 그중 주거침입의 행위가 나머지 행위와 별도로 주거침입죄를 구성한다고는 볼 수 없다.

17. (구) 성폭력처벌법 제9조 제1항 소정의 상해의 의미 (대법원 1999. 1. 26. 선고 98 도3732)

성폭력범죄의처벌및피해자보호등에관한법률 제9조 제1항의 상해는 피해자의 신체의 완전성을 훼손하거나 생리적 기능에 장애를 초래하는 것으로, 반드시 외부적인 상처가 있어야만 하는 것이 아니고, 여기서의 생리적 기능에는 육체적 기능뿐만 아니라 정신적 기능도 포함된다.

⇒ 정신과적 증상인 외상 후 스트레스 장애가 성폭력범죄의처벌및피해자보호등에관한 법률 제9조 제1항 소정의 상해에 해당한다고 본 사례

18. (구) 성폭력처벌법 제9조 제1항의 죄의 주체에 같은 법 제6조의 미수범도 포함되는지 여부 (대법원 1995. 4. 7. 선고 95도94)

형벌법규는 그 규정내용이 명확하여야 할 뿐만 아니라 그 해석에 있어서도 엄격함을 요하고 유추해석은 허용되지 않는 것이므로 성폭력범죄의처벌및피해자보호등에관한법률 제9조 제1항의 죄의 주체는 "제6조의 죄를 범한 자"로 한정되고 같은 법 제6조 제1항의 미수범까지 여기에 포함되는 것으로 풀이할 수는 없다.

⇒ 본 판결 이후 1997년 8월 22일자 성폭력처벌법 개정 시에 제6조의 미수범에 대한 처벌규정을 명문화하였다(현행 성폭력처벌법 제6조 제1항 참조).

○ 제9조(강간 등 살인 · 치사)

19. (성폭력처벌법 제10조) 강간 등에 의한 치사상죄에 있어서 사상의 결과가 간음행위 자체나 강간에 수반하는 행위에서 발생한 경우도 포함하는지 여부 [적극] (대법원 2008. 2. 29. 선고 2007도10120)

강간 등에 의한 치사상죄에 있어서 사상의 결과는 간음행위 그 자체로부터 발생한 경우나 강간의 수단으로 사용한 폭행으로부터 발생한 경우는 물론 강간에 수반하는 행위에서 발생한 경우도 포함한다(대법원 1995. 1. 12. 선고 94도2781 등 참조).

⇒ 피고인들이 의도적으로 피해자를 술에 취하도록 유도하고 수차례 강간한 후 의식불
명 상태에 빠진 피해자를 비닐창고로 옮겨 놓아 피해자가 저체온증으로 사망한 사안
에서, 위 피해자의 사망과 피고인들의 강간 및 그 수반행위와의 인과관계 그리고 피
해자의 사망에 대한 피고인들의 예견가능성이 인정되므로, 위 비닐창고에서 피해자
를 재차 강제추행, 강간하고 하의를 벗겨 놓은 채 귀가한 피고인이 있다 하더라도
피고인들은 피해자의 사망에 대한 책임을 면한다고 볼 수 없어 강간치사죄가 인정된
다고 한 사례

⇒ 강간 등 치사상죄에서 상해, 사망의 결과는 강간행위로 인해 발생한 것이면 족하고,
반항억압 등의 수단이 된 폭행 등으로부터 직접적으로 발생한 것에 한정할 필요는
없다는 취지이다.

○ 제15조(미수범)

20. 성폭력처벌법 제9조에 의한 특수강간치상죄와 같은 법 제12조에 의한 미수범 처벌규 정의 관계 (대법원 2008. 4. 24. 선고 2007도10058)

성폭력범죄의 처벌 및 피해자보호 등에 관한 법률 제9조 제1항에 의하면 같은 법 제
6조 제1항에서 규정하는 특수강간의 죄를 범한 자뿐만 아니라, 특수강간이 미수에 그쳤
다고 하더라도 그로 인하여 피해자가 상해를 입었으면 특수강간치상죄가 성립하는 것이
고, 같은 법 제12조에서 규정한 위 제9조 제1항에 대한 미수범 처벌규정은 제9조 제1항
에서 특수강간치상죄와 함께 규정된 특수강간상해죄의 미수에 그친 경우, 즉 **특수강간
의 죄를 범하거나 미수에 그친 자가 피해자에 대하여 상해의 고의를 가지고 피해자에게
상해를 입히려다가 미수에 그친 경우 등에도 적용된다.**

⇒ 위험한 물건인 전자충격기를 사용하여 강간을 시도하다가 미수에 그치고, 피해자에게
약 2주간의 치료를 요하는 안면부 좌상 등의 상해를 입힌 사안에서, 성폭력범죄의 처
벌 및 피해자보호등에 관한 법률에 의한 특수강간치상죄가 성립한다고 본 사례

○ 제10조(업무상 위력 등에 의한 추행)

21. 성폭력처벌법 제11조 제1항 소정의 위력과 추행의 정의 (대법원 1998. 1. 23. 선고 97도2506)

성폭력범죄의처벌및피해자보호등에관한법률(업무상 위력 등에 의한 추행)상의 위력
이라 함은 피해자의 자유의사를 제압하기에 충분한 세력을 말하고, 유형적이든 무형적

이든 묻지 않으므로 폭행·협박뿐 아니라 사회적·경제적·정치적인 지위나 권세를 이용하는 것도 가능하며, 위력행위 자체가 추행행위라고 인정되는 경우도 포함되고, 이 경우에 있어서의 위력은 현실적으로 피해자의 자유의사가 제압될 것임을 요하는 것은 아니라 할 것이고, 추행이라 함은 객관적으로 일반인에게 성적 수치심이나 혐오감을 일으키게 하고 선량한 성적 도덕관념에 반하는 것이라고 할 것이다.

22. 성폭력범죄의처벌및피해자보호등에관한법률 제11조 제1항에 정한 추행의 의미 및 판단 기준 (대법원 2005. 7. 14. 선고 2003도7107)

'추행'이라 함은 객관적으로 일반인에게 성적 수치심이나 혐오감을 일으키게 하고 선량한 성적 도덕관념에 반하는 행위로서 피해자의 성적 자유를 침해하는 것이라고 할 것이고, 이에 해당하는지 여부는 피해자의 의사, 성별, 연령, 행위자와 피해자의 이전부터의 관계, 그 행위에 이르게 된 경위, 구체적 행위태양, 주위의 객관적 상황과 그 시대의 성적 도덕관념 등을 종합적으로 고려하여 신중히 결정되어야 할 것이다(대법원 2002. 4. 26. 선고 2001도2417, 2002. 8. 23. 선고 2002도2860 등 참조).

이러한 법리에 비추어 기록을 살펴보면, 피고인은 병원 응급실에서 당직근무를 하는 의사로서 자신의 보호 감독하에 있는 입원 환자들인 피해자들의 의사에 반하여, 자고 있는 피해자 1을 깨워 상의를 배꼽 위로 올리고 바지와 팬티를 음부 윗부분까지 내린 다음 '아프면 말하라.'고 하면서 양손으로 복부를 누르다가 차츰 아래로 내려와 팬티를 엉덩이 중간까지 걸칠 정도로 더 내린 후 음부 윗부분 음모가 나 있는 부분과 그 주변을 4~5회 정도 누르고, 이어 자고 있는 피해자 2을 깨워 '만져서 아프면 얘기하라.'고 하면서 상의를 배꼽 위로 올려 계속 누르다가 바지와 팬티를 음모가 일부 드러날 정도까지 내려 음부 윗부분 음모가 나 있는 부분과 그 주변까지 양손으로 수회 누르는 행위를 하였는바, 가벼운 교통사고로 인하여 비교적 경미한 상처를 입고 입원하여 자고 있는 피해자들을 새벽 2시에 깨워가면서까지 진료를 한다는 것은 납득하기 어려운 데다가, 간호사도 대동하지 아니하고 진료차트도 소지하지 않았던 점, 피고인이 피해자들을 만진 음부 근처는 피해자들이 부상당한 부위와 무관하고, 피해자 1의 경우 오심과 구토 증상이 있었다고 하더라도 교통사고의 내용이 머리에 충격을 받은 것이어서 맹장 부분을 진찰할 이유는 없는 것으로 보이는 점 등에 비추어, 이와 같은 피고인의 행위는 피해자들의 성적 자유를 현저히 침해하고, 일반인의 입장에서도 추행행위라고 평가할 만한 것이라 할 것이다.

⇒ 병원 응급실에서 당직 근무를 하던 의사가 가벼운 교통사고로 인하여 비교적 경미한 상처를 입고 입원한 여성 환자들의 바지와 속옷을 내리고 음부 윗부분을 진료행위

를 가장하여 수회 누른 행위가 업무상 위력 등에 의한 추행에 해당한다고 한 사례
⇒ 추행의 개념은 피해자의 의사에 반하여 성적 자유를 침해하는 것이며, 이는 개별적인
   상황에서 피해자의 처지, 구체적인 행위태양 등을 고려하여 결정된다는 취지이고,
   그러한 취지에 따라 업무상 위력에 의한 추행을 인정한 사례

---

23. 강제추행죄에 있어서 추행의 의미 및 판단 기준 (대법원 2004. 4. 16. 선고 2004도52)

(성폭력처벌법 제11조 제1항의) '추행'이라 함은 객관적으로 일반인에게 성적 수치심
이나 혐오감을 일으키게 하고 선량한 성적 도덕관념에 반하는 행위로서 피해자의 성적
자유를 침해하는 것이라고 할 것이고, 이에 해당하는지 여부는 피해자의 의사, 성별, 연
령, 행위자와 피해자의 이전부터의 관계, 그 행위에 이르게 된 경위, 구체적 행위태양,
주위의 객관적 상황과 그 시대의 성적 도덕관념 등을 종합적으로 고려하여 신중히 결정
되어야 할 것이다(대법원 2002. 4. 26. 2001도2417, 2002. 8. 23. 선고 2002도2860 등
참조).

⇒ 직장 상사가 등 뒤에서 피해자의 의사에 명백히 반하여 어깨를 주무른 경우, 여성에
   대한 추행에 있어 신체 부위에 따라 본질적인 차이가 있다고 볼 수 없다는 이유로
   추행에 해당한다고 한 사례

○ 제14조(카메라 등을 이용한 촬영)

24. 성폭력처벌법 제14조의2 소정의 카메라등이용촬영죄의 기수 시기 (서울지법 2001. 9. 6. 선고 2001노4585)

성폭력범죄의처벌및피해자보호등에관한법률 제14조의2는 성적 욕망 또는 수치심을
유발할 수 있는 피해자의 신체를 그 의사에 반하여 촬영하는 행위를 처벌하고 있고, 같
은 법 제12조는 그 미수범을 처벌하고 있는바, 위 촬영죄의 기수에 달하기 위하여는 적
어도 카메라 속에 들어 있는 필름 또는 메모리 장치에 피사체에 대한 영상 정보가 입력
된 상태에 도달하여야 한다.

⇒ 피고인이 피해자의 신체를 그 의사에 반하여 촬영하기 위해 카메라의 셔터를 눌렀으
   나 카메라가 정상적으로 작동하지 아니하여 촬영에 실패한 경우, 성폭력범죄의처벌
   및피해자보호등에관한법률 제14조의2 소정의 카메라등이용촬영죄의 미수범에 해당
   한다고 한 사례

25. **성폭력처벌법 제14조의2 (카메라등 이용촬영) 관련: 피고인이 인터넷 채팅용 화상카메라를 이용하여 화상채팅을 하던 도중 상대방이 스스로 나체를 찍어 전송한 영상을 피고인의 컴퓨터에 저장한 행위가 성폭력범죄의 처벌 및 피해자보호 등에 관한 법률 제14조의2에서 정한 촬영행위에 해당하지 않는다고 한 원심의 판단을 수긍한 사례 (대법원 2005. 10. 13. 선고 2005도5396)**

원심은 피고인에 대한 이 사건 공소사실 중 "피고인이 2003. 11.경 목포시 (상세 주소 생략) 피고인의 집에서 그 곳에 있던 컴퓨터에 인터넷 채팅용 화상카메라를 설치한 후 이를 이용하여 공소외인과 화상채팅을 하고 있던 중 공소외인이 춤을 추며 옷을 모두 벗고 자신의 음부를 보여주는 모습이 채팅창을 통해 피고인의 컴퓨터에 중계되자 공소외인의 의사에 반하여 위 컴퓨터의 '캠VIEW'라는 프로그램의 '저장화면'을 클릭하여 위 장면들을 저장함으로써 성적 수치심을 유발할 수 있는 공소외인의 신체를 그 의사에 반하여 촬영하였다."는 점에 대하여, 피해자가 이른바 화상채팅 시스템을 이용하여 자신의 모습을 피고인에게 영상으로 보여주기 위하여, 스스로 자신의 특정 동작이나 신체의 부위를 선택하여 화상카메라에 비추었고, 이후 소정의 프로그램에 의하여 카메라 렌즈를 통과한 상(像)의 정보가 디지털화되어 최종적으로 피고인의 컴퓨터에 전송되었으며, 피고인은 수신한 정보가 영상으로 변환된 것을 소정의 프로그램을 이용하여 컴퓨터에 저장한 것이므로, 피고인은 피해자가 자신을 카메라에 비춤으로써 스스로 구성한 영상을 소극적으로 수신하였을 뿐이어서 피고인의 이 부분 공소사실과 같은 행위는 「성폭력범죄의 처벌 및 피해자보호 등에 관한 법률」 제14조의2에서 정한 촬영행위에 해당하지 아니한다고 판단하여, 이 부분 공소사실에 대하여 무죄를 선고한 제1심판결을 그대로 유지하였는바, 기록에 비추어 살펴보면, 이러한 원심의 판단은 옳고, 거기에 채증법칙 위배로 인한 사실오인이나 상고이유의 주장과 같은 법리오해 등의 위법이 있다고 할 수 없다.

⇒ '촬영'의 정의는 실제 신체 등을 카메라 등의 촬영기기로 그 모습을 (전자)정보화하는 일련의 행위를 말하는 것으로, 이미 영상정보화된 것을 전송받는 행위나 이를 저장하는 행위를 촬영이라고 해석할 수는 없다는 취지이다.

26. **구 성폭력범죄의 처벌 및 피해자보호 등에 관한 법률 제14조의2 제1항에서 정한 '카메라 등 이용 촬영죄'의 기수 시기 (대법원 2011. 6. 9. 선고 2010도10677)**

구 성폭력범죄의 처벌 및 피해자보호 등에 관한 법률(2010. 4. 15. 법률 제10258호 성폭력범죄의 피해자보호 등에 관한 법률로 개정되기 전의 것) 제14조의2 제1항에서 정한 '카메라 등 이용 촬영죄'는 카메라 기타 이와 유사한 기능을 갖춘 기계장치 속에 들어 있는 필름이나 저장장치에 피사체에 대한 영상정보가 입력됨으로써 기수에 이른다 고 보아야 한다. 그런데 최근 기술문명의 발달로 등장한 디지털카메라나 동영상 기능이 탑재된 휴대전화 등의 기계장치는, 촬영된 영상정보가 사용자 등에 의해 전자파일 등의 형태로 저장되기 전이라도 일단 촬영이 시작되면 곧바로 촬영된 피사체의 영상정보가 기계장치 내 ram(random access memory) 등 주기억장치에 입력되어 임시저장되었다 가 이후 저장명령이 내려지면 기계장치 내 보조기억장치 등에 저장되는 방식을 취하는 경우가 많고, 이러한 저장방식을 취하고 있는 카메라 등 기계장치를 이용하여 동영상 촬영이 이루어졌다면 범행은 촬영 후 일정한 시간이 경과하여 영상정보가 기계장치 내 주기억장치 등에 입력됨으로써 기수에 이르는 것이고, 촬영된 영상정보가 전자파일 등 의 형태로 영구저장되지 않은 채 사용자에 의해 강제종료되었다고 하여 미수에 그쳤다 고 볼 수는 없다.

⇒ 피고인이 지하철 환승에스컬레이터 내에서 카메라폰으로 피해자의 치마 속 신체 부 위를 동영상 촬영하였다고 하여 구 성폭력범죄의 처벌 및 피해자보호 등에 관한 법 률 위반으로 기소된 사안에서, 동영상 촬영 중 저장버튼을 누르지 않고 촬영을 종료 하였다는 이유만으로 위 범행이 '기수'에 이르지 않았다고 단정한 원심판결에 법리 오해로 인한 심리미진 등의 위법이 있다고 한 사례

27. 성폭력처벌법 제14조의2 제1항의 보호법익 및 "성적 욕망 또는 수치심을 유발할 수 있는 타인의 신체"에 해당하는지 여부의 판단 방법 (대법원 2008. 9. 25. 선고 2008 도7007)

카메라 기타 이와 유사한 기능을 갖춘 기계장치를 이용하여 성적 욕망 또는 수치심 을 유발할 수 있는 타인의 신체를 그 의사에 반하여 촬영하는 행위를 처벌하는 성폭력 범죄의 처벌 및 피해자보호 등에 관한 법률 제14조의2 제1항은 인격체인 피해자의 성 적 자유 및 함부로 촬영당하지 않을 자유를 보호하기 위한 것이다. 촬영한 부위가 '성적 욕망 또는 수치심을 유발할 수 있는 타인의 신체'에 해당하는지 여부는 객관적으로 피 해자와 같은 성별, 연령대의 일반적이고도 평균적인 사람들의 입장에서 성적 욕망 또는 수치심을 유발할 수 있는 신체에 해당되는지 여부를 고려함과 아울러, 당해 피해자의 옷차림, 노출의 정도 등은 물론, 촬영자의 의도와 촬영에 이르게 된 경위, 촬영 장소와 촬영 각도 및 촬영 거리, 촬영된 원판의 이미지, 특정 신체 부위의 부각 여부 등을 종합 적으로 고려하여 구체적·개별적·상대적으로 결정하여야 한다.

⇒ 야간에 버스 안에서 휴대폰 카메라로 옆 좌석에 앉은 여성(18세)의 치마 밑으로 드

러난 허벅다리 부분을 촬영한 사안에서, 그 촬영 부위가 성폭력범죄의 처벌 및 피해
자보호 등에 관한 법률 제14조의2 제1항의 '성적 욕망 또는 수치심을 유발할 수 있
는 타인의 신체'에 해당한다고 보아 위 조항 위반죄의 성립을 인정한 사례

28. 자의에 의해 스스로 자신의 신체를 촬영한 촬영물은 성폭력처벌법 제14조 제2항 및 제3항의 유포금지 대상이 되는 촬영물에 해당하지 않는다는 사례(대법원 2018. 3. 15. 선고 2017도21656)

성폭력처벌법 제14조 제2항 및 제3항의 촬영물은 '다른 사람'을 촬영대상자로 하여
그 신체를 촬영한 촬영물을 뜻하는 것임이 문언상 명백하므로, 자의에 의해 스스로 자
신의 신체를 촬영한 촬영물까지 위 조항 소정의 촬영물에 포함시키는 것은 문언의 통상
적인 의미를 벗어난 해석이라고 할 것이다.

유포된 동영상은 각 동영상에 출연하는 피해자들이 피고인 또는 성명불상의 사람과
영상통화를 하면서 스스로 촬영한 동영상을 피고인, 성명불상의 사람이 전송받아 이를
저장한 것에 불과하다고 보아 성폭력처벌법 제14조의 '촬영' 또는 '촬영물'에 해당하지
않는다고 판단하여 성폭력처벌법 제14조 각 항의 위반으로 인한 성폭력처벌법 위반(카
메라 등 이용 촬영)의 공소사실을 무죄로 인정한 것은 정당하다.

제7장

특별형법

아동·청소년의 성보호에
관한 법률

제7장

아동 · 청소년의 성보호에 관한 법률

I. 입법취지 및 제정경위

현행 「아동·청소년의 성보호에 관한 법률」은 2000년 2월 3일 제정 당시 법률명 「청소년의 성보호에 관한 법률」(법률 제6261호)로 제정되었던 특별법이었다. 제정이유로서는 ① 청소년의 성을 사는 행위, 성매매를 조장하는 중간매개행위 및 청소년에 대한 성폭력행위를 하는 자들을 강력하게 처벌하고, ② 성매매와 성폭력행위의 대상이 된 청소년을 보호·구제하는 장치를 마련함으로써 청소년의 인권을 보장하고 건전한 사회구성원으로 복귀할 수 있도록 하는 한편, ③ 청소년을 대상으로 하는 성매매 및 성폭력 행위자의 신상을 공개함으로써 범죄예방효과를 극대화하는 것에 있다는 점을 표방했다.

제정 당시 총 4개의 장 ― 제1장 총칙, 제2장 청소년의 성을 사는 행위의 처벌, 제3장 대상 청소년의 선도보호 등, 제4장 보칙 ― 의 전문 21개조와 부칙으로 구성되었던 이 법률은 주요골자로서 ① 청소년 본인, 청소년을 알선한 자 또는 청소년을 실질적으로 보호·감독하는 자에게 금품 기타 재산상 이익이나, 직무·편의제공 등 대가를 제공하거나 이를 약속하고 성교행위 또는 유사성교행위를 하는 청소년의 성을 사는 행위를 처벌하고(법 제2조 및 제5조), ② 폭행·채무·고용관계 등을 이용하여 청소년의 성을 사는 행위의 상대방이 되도록 강요한 자와 청소년의 성을 사는 행위를 알선하거나 장소·자금·토지·건물 등을 제공한 자를 처벌하며(법 제6조 및 제7조), ③ 청소년이 등장하는 청소년이용음란물을 제작·수입·수출한 자, 영리를 목적으로 판매·대여·배포하거나 공연히 전시 또는 상영한 자 및 청소년이용음란물 제작자에게 청소년을 알선한 자 등을 처벌하고(법 제8조), ④ 청소년에 대하여 강간, 강제추행 등 성폭력을 가하거나 위계 또는 위력으로 청소년을 강음 또는 추행한 자를 가중처벌하며(법 제10조), ⑤ 청소년의 성을 사는 행위를 한 자 등 이 법에 정한 범죄행위를 범하고 형이 확정된 자에 대하여는 청소년보호위원회가 당해 범죄자의 신상을 공개할 수 있도록 하였다(법 제20조).

II. 개정 연혁

제정 이후 이 법은 2021년 6월 9일(법률 제17574호, 2020. 12. 8. 일부개정)까지 3차의 전부개정과 13차의 일부개정 등 총 16차의 실질적인 개정이 이루어졌고, 2009년 6월 9일 전면개정에 의해 법률명은 현행의 아동·청소년의 성보호에 관한 법률로 변경되었다. 타법개정(27회)을 제외한 전부개정 및 일부개정에 있어서의 개정내용은 아래와 같다.

1. 2005년 12월 29일 일부개정, 법률 제7801호

청소년을 대상으로 하는 성범죄로부터 청소년을 보호하기 위하여 청소년의 성을 사는 행위 유형에 자위행위를 포함하고, 유아교육법, 초·중등교육법에 의한 교직원, 영유아보육법에 의한 보육시설종사자 등은 직무상 청소년 대상 성범죄가 발생한 사실을 알게 된 때에는 즉시 수사기관에 신고하도록 하였다. 한편, 청소년에 대한 성폭력을 예방하기 위하여 청소년에 대한 강간·강제추행 등의 범죄로 2회 이상 금고 이상의 실형을 받은 자로서 재범의 우려가 있는 자의 성명, 생년월일,

사진 등의 정보를 국가청소년위원회에 등록하도록 하고, 등록된 정보를 청소년관련 교육기관의 장 등에 대하여 열람할 수 있도록 하는 등 현행 제도의 운영과정에서 나타난 일부 미비점을 개선 · 보완하려는 것이었다.

2. 2007년 8월 3일 전면개정, 법률 제8634호

청소년 대상 성범죄의 처벌을 강화하여 재범 발생을 억제하고 피해 청소년에 대한 보호지원을 하기 위하여 청소년 대상 성범죄에 대한 친고죄를 반의사불벌죄로 변경하고, 성범죄가 등록 · 열람 등의 대상을 확대하는 한편, 가해자가 친권자인 경우 격리 및 보호결정을 하게 하는 등 현행 제도의 운영상 나타난 일부 미비점을 개선 · 보완하려는 개정이었다.

주요한 개정내용은 ① 지상파 방송업자의 홍보영상 송출(법 제6조)과 관련해서 국가청소년위원회는 청소년 대상 성범죄의 예방 등에 관한 홍보영상을 제작하여 방송편성책임자에게 배포하도록 하고, 지상파방송사업자에게 동 홍보영상을 채널별로 송출할 것을 요청할 수 있도록 하였다. ② 피해 청소년의 보호 확대 · 강화(법 제14조 및 제15조)와 관련해서 친부(親父) 등에 의한 성범죄는 지속성을 특성으로 하고, 이를 근절하기 위해서는 가해자를 피해자로부터 격리하는 등 국가의 적극적 개입이 필요하다고 보아, 피해 청소년의 보호를 위하여 가해자가 친권자 또는 후견인인 경우에는 검사로 하여금 법원에 친권상실선고 또는 후견인해임결정을 청구하도록 하고, 법원은 친권상실선고를 하는 경우 후견인을 선임하거나 보호시설에 보호위탁 등을 결정할 수 있도록 하였다. ③ 친고죄를 반의사불벌죄로 변경(법 제16조)과 관련해서 청소년 대상 성범죄를 친고죄로 하고 있어 형사처벌을 민사손해배상으로 전락시켜서 범죄자에 대한 정당한 처벌을 가로 막고 있다고 보아, 청소년 대상 성범죄를 친고죄에서 반의사불벌죄로 변경하여 청소년 대상 성범죄자를 정당하게 처벌할 수 있도록 하였다. ④ 청소년 대상 성범죄자의 신상정보 등록 및 열람의 강화(법 제32조, 제35조 및 제37조)와 관련해서 청소년 대상 성범죄는 재범률이 높아 성범죄자의 관리가 필요하고, 성범죄자의 정보를 제공하여 지역사회의 안전을 강화할 필요가 있다고 보아, 청소년 대상 성범죄자 전원의 신상정보를 등록하도록 하고, 등록기간을 5년에서 10년으로 연장하며, 만 13세 미만의 청소년

대상 성범죄자와 일반 청소년 대상 성범죄자 중 재범의 위험성이 있는 자에 대한 등록정보를 열람할 수 있도록 하되, 열람권자를 관련 피해자 등에서 등록대상자의 주소를 관할하는 시·군·구 내에 거주하는 청소년의 법정대리인 등으로 확대하였다. ⑤ 청소년 대상 성법죄자에 대한 취업제한 확대(법 제42조)와 관련하여 고용관계의 다양화에 대응하기 위하여 사실상 노무를 제공하는 경우도 청소년 관련 교육기관 등에의 취업제한 대상에 포함시킬 필요가 있고, 취업제한기간이 현행 형 확정 후 5년으로 되어 있어 그 기간이 짧아 불합리한 점이 있다고 보아, 청소년 대상 성범죄로 형이 확정된 자는 청소년 관련 교육기관 등에 취업할 수 없을 뿐만이 아니라 사실상 노무도 제공할 수 없도록 하고, 그 취업제한의 기간을 현행의 형 확정 후 5년에서 형 확정 후 10년으로 상향조정하고, 청소년 대상 성범죄자에 대한 취업제한을 확대하여 제도의 실효성을 높일 수 있도록 하였다.

3. 2009년 6월 9일 법제명 변경 및 전부개정("청소년의 성보호에 관한 법률"에서 "아동·청소년의 성보호에 관한 법률"로 변경), 법률 제9765호

법률명을 청소년의 성보호에 관한 법률에서 아동·청소년의 성보호에 관한 법률로 개정하여 아동도 이 법에 따른 보호대상임을 명확히 하고, 아동·청소년을 대상으로 한 유사 성교 행위 및 성매수 유인행위 처벌 규정을 신설하며, 성범죄 피해자 및 보호자에 대한 합의 강요행위를 처벌하는 규정을 신설하도록 하여 아동·청소년의 성보호를 더욱 강화하는 한편, 아동·청소년 성범죄자는 재범가능성 및 범죄의 경중 등을 고려하여 정보통신망을 통하여 신상정보를 공개하도록 함으로써 아동·청소년 성범죄에 대한 경각심을 제고하고, 양벌규정을 보완하며, 의무의 실효성 확보를 위한 과태료를 신설하는 등 제도 전반의 미비점을 개선하고 보완하려는 개정이었다.

주요한 개정내용은 다음과 같다. ① 법률명을 아동·청소년의 성보호에 관한 법률로 개정하고, 아동·청소년을 대상으로 한 유사 성교 행위에 대하여 3년 이상의 유기징역에 처하도록 하였다(법 제7조 제2항). ② 아동·청소년의 성을 사기 위하여 아동·청소년을 유인하거나 성을 팔도록 권유한 자는 1년 이하의 징역 또는 1천만원 이하의 벌금에 처하도록 하였다(법 제10조 제2항). ③ 아동·청소년 관련

기관의 장이 검사에게 친권상실 청구를 하도록 요청하는 경우 청구를 요청받은 검사는 해당 기관·시설 또는 단체의 장에게 그 처리결과를 통보하도록 하였다(법 제14조 제2항). ④ 폭행이나 협박으로 아동·청소년대상 성폭력범죄의 피해자 및 그 보호자를 상대로 합의를 강요한 자는 7년 이하의 유기징역에 처하도록 하였다(법 제17조). ⑤ 법인 또는 개인이 그의 대리인, 사용인 및 그 밖의 종업원의 위반행위를 방지하기 위하여 상당한 주의와 감독을 게을리하지 아니한 경우에는 처벌하지 아니하도록 하였다(법 제20조). ⑥ 법원은 범죄가 중하거나 재범가능성이 있는 아동·청소년대상 성범죄자의 신상정보를 정보통신망을 이용하여 공개하도록 하는 명령을 성범죄 사건의 판결과 동시에 선고하도록 하였다(법 제38조 제1항). ⑦ 아동·청소년대상 성범죄로 형 또는 치료감호를 선고받아 확정된 자는 그 형 또는 치료감호의 전부 또는 일부의 집행을 종료하거나 집행이 유예·면제된 날부터 10년간 아동·청소년 관련 교육기관 등에 취업을 할 수 없도록 하였다(법 제44조 제1항). ⑧ 신고의무자가 직무상 아동·청소년대상 성범죄 발생사실을 알고 수사기관에 신고하지 아니한 경우 3백만원 이하의 과태료를 부과하도록 하였다(법 제49조 제3항).

4. 2010년 4월 15일 일부개정, 법률 제10260호

재범가능성이 높은 아동·청소년대상 성범죄를 예방하기 위해서는 성범죄자에 대한 처벌의 강화뿐만 아니라 재범을 막기 위한 제도의 보완이 필요하므로, 성범죄 의지를 강화할 수 있는 음주나 약물상태에서의 성폭력범죄에 대해 형법상의 감경조항을 적용하지 않을 수 있도록 하는 등 처벌을 강화하고, 성범죄자의 신상정보를 지역주민에게 우편으로 고지하여 성범죄자의 재범을 예방하며, 진술녹화제도와 증거보전의 특례, 신뢰관계 있는 자의 동석제도를 도입하여 수사·재판과정 및 재판 이후에 발생할 수 있는 2차 피해를 예방하는 한편, 아동·청소년 관련 교육기관에 취업을 제한할 수 있는 성범죄 및 성범죄자의 범위를 확대하는 등 관련규정을 보완·신설함으로써 아동·청소년을 성범죄로부터 보호하여 건강한 사회구성원으로 성장할 수 있도록 하려는 개정이었다.

주요한 개정내용은 다음과 같다. ① 아동·청소년대상 성범죄에 아동에게 수치심을 주는 성희롱·성폭행 등의 학대행위 및 아동에게 음행을 시키거나 음행을 매개하는 행위의 죄와 강도강간의 죄를 포함하도록 하였다(법 제2조 제2호 다목, 법

제2조 제2호 라목 신설). ② 음주 또는 약물상태에서 아동·청소년에 대하여 성폭력 범죄의 처벌 등에 관한 특례법 제3조부터 제11조까지의 죄를 범한 때에는 형법 제10조 제1항·제2항 및 제11조를 적용하지 아니할 수 있도록 하였다(법 제7조의2 신설). ③ 아동·청소년에 대한 성범죄의 공소시효는 해당 성범죄로 피해를 당한 아동·청소년이 성년에 달한 날부터 진행되도록 하였다(법 제7조의3 신설). ④ 아동·청소년의 성을 사는 행위, 아동·청소년에 대한 강요행위, 알선영업행위 등에 대한 형량을 강화하였다(법 제10조 제1항, 제11조 및 제12조). ⑤ 아동·청소년대상 성범죄를 범한 자에 대하여 법원이 유죄판결을 선고하면서 수강명령 또는 성폭력 치료프로그램 이수명령을 병과하도록 의무화하였다(법 제13조). ⑥ 아동·청소년대상 성범죄 사건의 가해자가 피해아동·청소년의 친권자나 후견인인 경우 검사의 친권상실 또는 후견인 변경청구를 의무화하고, 특별한 사정이 있는 경우는 예외를 두도록 하였다(법 제14조 제1항). ⑦ 반의사불벌죄의 범위를 아동·청소년을 대상으로 하는 추행, 통신매체를 이용한 음란행위 등의 죄로 대폭 축소하였다(법 제16조). ⑧ 아동·청소년 대상 성범죄 피해자의 진술내용과 조사과정을 영상물 녹화장치에 의하여 촬영·보존하도록 하고, 피해자 또는 그 법정대리인이 공판기일에 출석하여 증언하는 것이 현저히 곤란한 경우 영상물 또는 기타 다른 증거물에 대하여 검사에게 증거보전의 청구를 요청할 수 있도록 하며, 피해자를 신문하는 경우에 그 신뢰관계에 있는 자를 동석하도록 하였다(법 제18조의2부터 제18조의4까지 신설). ⑨ 검사는 성범죄의 피해를 받은 아동·청소년의 보호가 지속적으로 필요한 경우 가해자의 분리 또는 퇴거 조치, 보호시설에 대한 보호위탁결정 등의 보호처분을 법원에 청구할 수 있도록 하고, 법원은 6개월의 범위 내에서 보호처분을 선고하도록 하며, 보호처분을 위반할 경우 처벌 규정을 신설하였다(법 제28조의2부터 제28조의4까지 및 제48조 제2항 신설). ⑩ 아동·청소년의 건전한 성가치관 조성과 성범죄를 예방하기 위해 국가와 지방자치단체가 아동·청소년대상 성교육 전문기관을 설치·운영할 수 있도록 하였다(법 제31조의2 신설). ⑪ 법원은 아동·청소년에 대하여 성폭력 범죄를 저지른 자 등에 대하여 공개명령 기간 동안 고지명령을 선고할 수 있도록 하고, 이에 따라 여성가족부장관은 성명, 나이, 주소 및 실제 거주지, 키와 몸무게, 사진, 성범죄의 요지 등 고지정보를 고지대상자가 거주하는 읍·면·동의 아동·청소년의 친권자 또는 법정대리인이 있는 가구에 우편으로 송부하도록 하

였다(법 제38조의2 및 제38조의3 신설). ⑫ 아동·청소년 관련 교육기관 등에의 취업 제한 대상자에 성인대상 성범죄로 형 또는 치료감호를 선고받아 확정된 자를 추 가하고, 취업제한 관련 교육기관 등의 범위에 개인과외교습자까지 포함하며, 아동· 청소년 관련 교육기관 등을 운영하려는 자에 대한 성범죄 경력조회는 설립당시 관할청이 본인의 동의를 받아 경력확인을 실시하도록 하였다(법 제44조 제1항 및 제 45조 제1항, 법 제44조 제2항 신설).

5. 2010년 7월 23일 일부개정, 법률 제10391호

2010년 1월 1일부터 아동·청소년대상 성범죄를 범하고 유죄판결이 확정된 자에 대하여는 일정기간 정보통신망을 이용하여 신상정보를 공개하도록 하고 있 으나, 법 개정(법률 제9765호, 2009. 6. 9., 공포, 2010. 1. 1. 시행) 이전의 아동·청소년 대상 성범죄로 유죄판결을 받은 자에 대해서는 해당 시·군·구에 거주하는 청소 년의 법정대리인이나 아동·청소년 관련 교육기관의 장이 관할 경찰서에서만 신 상정보를 열람할 수 있도록 제한함으로써 일반인은 아동·청소년대상 성범죄자에 대한 정보를 알 수가 없는 문제가 있었다. 이와 같은 신상정보의 열람제한으로 최 근 발생한 부산여중생 사건처럼 재범우려가 높은 아동·청소년대상 성범죄자에 대한 정보를 알 수가 없어 성범죄의 예방에 효과적으로 대처하는 데에 많은 어려 움이 발생하고 있으므로, 법 개정 이전에 유죄판결과 열람명령을 받은 성범죄자 등에 대해서도 정보통신망을 이용하여 신상정보를 공개할 수 있도록 하여 아동· 청소년대상 성범죄를 예방하려는 개정이었다.

6. 2011년 9월 15일 일부개정, 법률 제11047호

아동·청소년의 성적 행위를 표현한 아동·청소년이용음란물의 범위를 확대하 고, 온라인서비스제공자에 의하여 제공되는 정보통신망을 이용한 불법 음란물의 유통을 방치한 온라인서비스제공자를 처벌하며, 장애인인 아동·청소년에 대한 간 음 등에 대한 처벌을 강화하고, 성범죄 피해아동·청소년 등에 대한 변호인 선임 의 특례를 정하며, 성매매범죄를 신고한 자에게 포상금 지급, 형의 집행종료 후 보호관찰제도 도입 등을 통하여 아동·청소년을 성범죄로부터 보호하고 아동·청소년이 건강한 사회구성원으로 성장할 수 있도록 하려는 개정이었다.

그 주요한 개정내용은 다음과 같다. ① 온라인서비스제공자에 의하여 제공되는 정보통신망을 이용한 불법 음란물의 유통을 차단하기 위하여 정보통신망에서 아동·청소년이용음란물을 즉시 삭제하고, 전송을 방지 또는 중단하는 기술적인 조치를 취하지 아니한 온라인서비스제공자를 처벌하도록 하였다(제8조). ② 장애인인 아동·청소년에 대한 간음 또는 추행, 자신의 보호·감독 또는 진료를 받는 아동·청소년을 대상으로 한 성범죄 등에 대한 처벌을 강화하였다(제11조의2 및 제12조의2 신설). ③ 아동·청소년 대상 성범죄 피해자 등은 소송계속 중의 관계 서류 또는 증거물을 열람하거나 등사할 수 있도록 하고, 아동·청소년을 피해자로 하는 성범죄의 경우 선임된 변호인은 수사기관의 출석권, 증거보전절차 청구권 및 참여권, 증거보전 후 증거물에 대한 열람·등사권과 대리가 허용될 수 있는 모든 소송행위에 대한 포괄적인 대리권을 가지며, 변호인이 없는 경우에는 검사가 국선변호인을 지정하여 피해 아동·청소년의 권익을 보호할 수 있도록 특례를 정하였다(제18조의5 및 제18조의6 신설). ④ 소년부로 송치된 가해아동·청소년에 대한 필요적 수강명령제도 등을 도입하였다(제28조 및 제29조). ⑤ 아동·청소년에 대한 성매매 범죄를 신고한 자에게 포상금을 지급하였다(제46조의2 신설). ⑥ 아동·청소년대상 성범죄자에 대하여는 형의 집행이 종료한 때부터 보호관찰을 받도록 하였다(제48조 및 제49조).

7. 2012년 2월 1일 일부개정, 법률 제11287호

'아동·청소년대상 성범죄'의 범위를 확대하고, 13세 미만의 여자 및 신체적인 또는 정신적인 장애가 있는 여자에 대하여 강간·준강간의 죄를 범한 경우에는 공소시효의 적용을 배제하며, 반의사불벌죄로 규정하고 있던 '업무상 위력 등에 의한 추행'의 죄를 비친고죄화하고, 아동·청소년 대상 성범죄자 취업제한 대상에 가정을 직접 방문하여 아동·청소년에게 교육서비스를 제공하는 업무를 추가하며, 취업제한 대상기관에 의료기관을 추가하는 등 성범죄자에 대한 처벌 및 제재를 강화함으로써 성범죄로부터 아동·청소년을 보호하려는 개정이었다.

그 주요한 개정내용은 다음과 같다. ① '아동·청소년대상 성범죄'의 범위에 공중 밀집장소에서의 추행, 통신매체를 이용한 음란행위, 카메라 등을 이용한 촬영을 추가하였다(제2조 제2호 나목). ② 13세 미만의 여자 및 신체적인 또는 정신적인 장애가 있는 여자에 대하여 강간·준강간의 죄를 범한 경우에는 공소시효를 적용하지 아니하도록 하였다(제7조의3 제3항 신설). ③ 정보통신망에서 아동·청소년의 성을 사는 행위를 알선하는 정보를 제공하는 자도 처벌하였다(제12조 제1항 제2호 및 제2항 제3호). ④ 반의사불벌죄로 규정하고 있던 '업무상 위력 등에 의한 추행'의 죄를 비친고죄화 하였다(제16조). ⑤ 아동·청소년 대상 성범죄 가해자가 친권자인 경우에는 진술내용과 조사과정에 대한 영상녹화를 의무화하였다(제18조의2 제1항 단서, 제18조의2 제2항 신설). ⑥ 피해 아동·청소년의 비밀을 누설한 자에 대한 처벌을 강화하였다(제19조 제4항). ⑦ 아동·청소년 대상 성범죄자의 취업제한 대상 직군에 가정을 직접 방문하여 아동·청소년에게 교육서비스를 제공하는 업무를 추가하고, 취업제한 대상 기관에 의료기관을 추가하였다(제44조 제1항). ⑧ 성범죄자의 아동·청소년 관련기관 취업 여부 점검·확인을 의무화하고, 점검·확인 결과를 공개하도록 하였다(제45조 제1항).

8. 2012년 12월 18일 전부개정, 법률 제11572호

공중 밀집 장소에서의 추행, 통신매체를 이용한 음란행위 등 반의사불벌죄로 규정되어 있던 조항을 삭제하고, 아동·청소년이용음란물의 범위와 소지 개념을 명확히 하며, 음주 또는 약물로 인한 감경 배제 규정의 적용 대상을 확대하고, 신상정보의 등록 및 공개 관련 소관 부처의 중복 문제를 해소하기 위하여 등록에 관한 사항은 법무부장관이 집행하도록 하고 이 법에서는 관련 조항을 삭제하며, 현재 읍·면·동까지만 공개하던 것을 도로명 및 건물번호까지로 확대하고 경계를 같이 하는 읍·면·동 게시판에도 신상정보를 공지하도록 하는 등 신상정보 고지 제도를 확대하며, 성범죄자의 취업제한 기관을 확대하여 성범죄자에 대한 관리를 보다 강화하는 한편, 그 밖에 현행 제도의 운영상 나타난 일부 미비점을 개선·보완하려는 개정이었다.

그 주요한 개정내용은 다음과 같다. ① 아동·청소년이용음란물의 정의를 아동·청소년 또는 아동·청소년으로 명백하게 인식될 수 있는 사람이나 표현물이 등장하는 것으로 한정하였다(제2조 제5호). ② 아동·청소년에 대한 강간·강제추행 등의 죄의 법정형을 5년 이상의 유기징역에서 무기 또는 5년 이상의 유기징역으로 하는 등 상향조정하였다(제7조). ③ 아동·청소년이용음란물임을 알면서 이를 소지한 자는 1년 이하의 징역 또는 2천만원 이하의 벌금에 처하도록 하였다(제11조 제5항). ④ 음주 또는 약물로 인한 감경 배제 규정의 적용 대상을 확대하였다(제19조). ⑤ 공소시효의 적용 배제 대상을 확대하였다(제20조). ⑥ 법원은 성폭력범죄를 범한 피고인에게 보호관찰, 사회봉사 또는 수강명령 등을 부과하기 위하여 필요한 경우 보호관찰소의 장에게 신체적·심리적 특성 및 상태, 정신성적 발달과정 등 피고인에 관한 사항의 조사를 요구할 수 있도록 하였다(제22조). ⑦ 신상정보 등록대상자, 신상정보의 제출 의무, 등록 및 관리 등에 관한 규정을 삭제하였다. ⑧ 공개정보의 범위에 도로명주소법에 따른 도로명과 건물번호, 성폭력범죄 전과사실, 전자장치 부착 여부 등을 추가하였다(제49조). ⑨ 등록대상자의 신상정보 공개 대상을 고지대상자가 거주하는 읍·면·동의 아동·청소년의 친권자 또는 법정대리인이 있는 가구, 어린이집의 원장, 유치원의 장, 학교의 장, 읍·면사무소와 동 주민자치센터의 장, 학교교과교습학원의 장과 지역아동센터 및 청소년수련시설의 장으로 하였다(제50조). ⑩ 성범죄자 취업제한 대상기관을 인터넷컴퓨터게임시설제공업, 청소년활동기획업소, 대중문화예술기획업소 등으로 확대하였다(제56조).

9. 2016년 5월 29일 일부개정, 법률 제14236호

성범죄자 재범방지교육의 효과성 평가를 위하여 교육 이수자에 대한 재범률 조사를 실시할 수 있도록 근거를 마련하고, 성범죄자 신상정보 공개 기간을 계산함에 있어 다른 범죄로 교정 시설에 수용된 기간을 제외함으로써 아동·청소년을 성범죄로부터 두텁게 보호하려는 개정이었다. 아울러 성범죄자 취업제한 대상기관에 위탁 교육기관을 추가하여 사각지대를 해소하고 가정방문 학습 교사 사업장을 아동·청소년 관련 기관 등에 포함하여 성범죄 경력조회 절차를 간소화하기로 하였다. 또한 아동·청소년 관련기관 등을 운영하려는 자에 대한 지자체 장의 성범죄 경력조회 요청을 의무화하고 아동·청소년 관련 기관 취업자 등의 본인 성범죄 경력조회 근거를 마련하며, 취업제한 점검·확인 횟수를 연 1회로 규정하는 등 현행법의 일부 미비점을 개선·보완하도록 하였다.

그 주요한 개정내용은 다음과 같다. ① 성범죄자 재범방지교육의 효과성 평가를 위하여 교육 이수자에 대한 재범률 조사를 실시할 수 있도록 근거를 마련하고, 이를 위하여 범죄 및 수사경력자료를 관계 기관에 요청할 수 있도록 하는 등 관련 규정을 마련하였다(제21조의2 신설). ② 성범죄자 신상정보 공개 기간을 계산함에 있어 성폭력범죄의 처벌 등에 관한 특례법상의 신상정보 등록기간에 넣어 계산하지 않는 기간(신상정보 등록의 원인이 된 등록대상 성범죄와 경합된 범죄, 등록대상 성범죄로 수용되어 있는 도중 재판을 받게 된 다른 범죄, 다른 범죄로 수용되어 있는 도중 등록대상 성범죄로 재판을 받게 된 경우 다른 범죄로 교정시설 또는 치료감호시설에 수용된 기간)을 제외하도록 하였다(제49조 제2항 단서). ③ 성범죄자 취업제한 기관에 「초 · 중등교육법」에 따라 정상적인 학교생활을 하기 어려운 학생 및 학업을 중단한 학생들이 이용하는 위탁 교육기관을 추가하였다(제56조 제1항 제2호 및 제57조 제1항 제1호). ④ 아동 · 청소년 관련 기관 등의 설치 또는 설립인가 · 신고를 관할하는 지방자치단체의 장, 교육감 또는 교육장이 아동 · 청소년 관련 기관 등을 운영하려는 자에 대한 성범죄 경력 조회를 요청할 수 있도록 하는 현행의 임의 규정을 강행규정으로 변경하고, 가정방문학습교사를 채용하거나 위탁하는 사업장의 운영자에게 성범죄 경력조회 권한을 부여할 수 있도록 하고자 해당 사업장을 '아동 · 청소년 관련기관 등'에 포함하도록 하며, 아동 · 청소년 관련기관 등을 운영하려는 자 및 해당 기관에 취업하려는 자가 직접 자신의 성범죄 경력조회를 신청하여 그 결과를 제출할 수 있도록 하였다(제56조 제1항부터 제4항까지). ⑤ 중앙행정기관의 장이 최소 연 1회 이상 아동 · 청소년 관련기관 등에 대한 성범죄 경력자 점검 · 확인을 하도록 하였다(제57조 제1항).

10. 2018년 1월 16일 일부개정, 법률 제15352호

성범죄자의 거주지로 고지된 주소가 실제 성범죄자가 거주하는 주소와 달라 해당 주소에 거주하는 거주민이 성범죄자로 오인을 받는 경우 잘못 고지된 정보에 대해 정정을 청구할 수 있는 법적 근거를 마련하고, 소관부처 및 처리부서를 명확히 하여 잘못된 고지정보를 정정하는 절차를 거치도록 함으로써 고지오류로 인해 선의의 국민들이 불편과 피해를 입는 것을 방지하는 한편, 아동 · 청소년대상 성범죄 또는 성인대상 성범죄자에 대하여 죄질, 형량 또는 재범 위험성 등을 고려하지 아니하고 일률적으로 10년간 아동·청소년 관련기관 등에 취업 또는 사실상 노무를 제공하는 것 등을 금지하도록 한 조항에 대하여 직업선택의 자유 침해 등을 이유로 헌법재판소가 위헌으로 결정(2013헌마585등 2016. 3. 31. 등)함에 따라, 위헌결정의 취지를 반영하여 법원은 성범죄로 형 또는 치료감호를 선고하면서 이와 동시에 아동·청소년 관련기관 등에의 취업제한 명령을 선고하도록 하되 그 기간을 죄의 경중 및 재범 위험성을 고려하여 차등하도록 하였다. 아울러 아동·청소년대상 성범죄의 신고의무자 및 취업제한 기관에 「고등교육법」에 따른 학교, 시·도교육청 또는 교육지원청이 직접 설치·운영하거나 위탁하여 운영하는 시설 등을 포함함으로써 이들 기관에서 발생할 수 있는 아동·청소년대상 성범죄를 억제하고 고등교육기관에 성범죄자의 취업을 제한하여 아동·청소년을 성범죄로부터 안전하게 보호하려는 개정이었다.

그 주요한 개정내용은 다음과 같다. ① 잘못 고지된 정보에 대해 정정을 청구할 수 있는 법적 근거를 마련하였다(제51조의2 신설). ② 아동·청소년대상 관련기관에의 취업제한을 일률적으로 10년간 제한하였으나, 앞으로는 법원이 아동·청소년대상 성범죄 또는 성인대상 성범죄로 형 또는 치료감호를 선고하면서 이와 동시에 아동·청소년 관련기관 등에의 취업제한 명령을 선고하도록 하되, 그 기간을 차등하여 정하도록 하고, 아동·청소년대상 성범죄 또는 성인대상 성범죄자의 취업이 제한되는 아동·청소년 관련기관 등의 범위에 고등교육법 제2조의 학교 등을 포함하였다(제56조). ③ 부칙규정을 통해 종전의 규정에 따라 성범죄를 범하고 확정판결을 받은 사람 등에 대한 취업제한 기간에 대하여도 형평성을 고려하여 형의 종류 또는 형량에 따라 취업제한 기간에 차등을 두어 부과하도록 하였다(부칙 제4조, 제5조).

11. 2018년 3월 13일 일부개정, 법률 제15452호

현행법은 아동·청소년 대상 성범죄 또는 성인 대상 성범죄로 형 또는 치료감호를 선고받아 확정된 자에 대하여 일정기간 유치원, 청소년활동시설 등의 시설·기관 또는 사업장을 운영하거나 취업 또는 사실상 노무를 제공하는 것을 금지하고 있고, 여성가족부장관 및 관계 중앙행정기관의 장은 아동·청소년 관련 기관에 성범죄자가 취업 또는 사실상 노무를 제공하고 있는지 여부를 점검 · 확인하도록 의무화하고 있다. 그런데 지방자치단체의 공공시설 등이 청소년대상 방과 후 활동 등 지원업무를 위탁받아 수행하며 소속 강사나 직원들이 직접적으로 청소년을 대면하여 업무를 수행하는 경우가 있고, 「지방교육자치에 관한 법률」 제32조에 따른 교육기관에는 각 지방자치단체의 교육청이 설치하는 교육문화회관, 어린이회관 등이 포함되어 그 직원들이 직접적으로 아동을 대면하여 관련 업무를 수행하는 경우가 있음에도 불구하고 취업제한 대상기관에 포함되어 있지 않아 아동 · 청소년 보호의 사각지대가 발생하고 있다. 이에 성범죄자 취업제한 대상기관에 지방자치법 제144조에 따른 공공시설 및 지방교육자치에 관한 법률 제32조에 따른 교육기관을 추가하여 해당 기관에서의 성범죄 발생을 방지하고 아동 · 청소년을 성범죄로부터 안전하게 보호하려는 개정이다.

12. 2019년 1월 15일 일부개정, 법률 제16275호

종전법은 아동 · 청소년에 대한 강간 · 강제추행, 장애인인 아동 · 청소년에 대한 간음 등에 대하여 「형법」의 규정보다 강화된 처벌을 규정하고 있고, 13세 미만인 아동 · 청소년에 대한 간음 등에 대해서는 「형법」에 따른 의제강간 규정이 적용되고 있는데, 13세 이상의 아동 · 청소년에 대하여 간음 등을 한 경우에는 특별한 처벌 규정이 없었다. 그러나 13세 이상인 아동 · 청소년 중에서도 16세 미만인 아동 · 청소년의 경우에는 성적 행위에 대한 분별력이 완성되었다고 보기 어렵고, 특히 자신에게 궁박(窮迫)한 사정이 있는 경우에는 책임있는 의사결정이 더욱 제약되기 때문에 이러한 사정을 이용하여 아동 · 청소년을 간음 · 추행하는 경우에 대한 강화된 처벌이 필요한 것으로 보인다. 이에 19세 이상의 사람이 13세 이상 16세 미만인 아동 · 청소년의 궁박(窮迫)한 상태를 이용하여 해당 아동 · 청소년을 간음하거나 추행하는 경우 등을 장애인인 아동 · 청소년에 대한 간음 등에 준하여 처벌하려는 취지의 개정이다.

또한, 현행법상 13세 미만의 아동에 대한 폭행이나 협박에 의한 강간 및 강제추행에 대해서는 공소시효에 관한 특례를 적용하여 공소시효를 정하지 않고 있다. 그러나 조직 내 위계 또는 위력으로써 사람을 간음하는 경우 피해자는 심각한 육체적, 정신적 고통을 입게 되므로 위계 또는 위력으로써 아동·청소년을 간음하거나 추행한 자에 대해서도 공소시효를 적용하지 않아야 한다는 의견이 제기되고 있다. 이에 「성폭력범죄의 처벌 등에 관한 특례법」 제7조 제5항에 따른 위계 또는 위력으로써 13세 미만의 아동·청소년을 간음하거나, 추행한 자에 대해서도 공소시효를 적용하지 않도록 하여 국민 법 감정에 맞도록 하려는 것이다.

　이러한 취지로 이번 개정에서는 19세 이상의 사람이 13세 이상 16세 미만인 아동·청소년의 궁박(窮迫)한 상태를 이용하여 해당 아동·청소년을 간음하거나 추행하는 경우를 처벌하는 "13세 이상 16세 미만 아동·청소년에 대한 간음 등"(제8조의2)의 규정을 신설하고, 공소시효에 관한 특례규정(제20조)에서 공소시효의 적용이 배제되는 대상에 「성폭력범죄의 처벌 등에 관한 특례법」 제7조 제5항을 추가하였다.

13. 2019년 11월 26일 일부개정, 법률 제16622호

　2019년 11월 26일자 일부개정은 아동·청소년을 성범죄로부터 보호하기 위한 사회적 안전망을 확보하기 위하여 아동·청소년대상 성범죄 발생 사실의 신고의무 대상자를 체육단체의 장과 그 종사자로 확대하고, 성범죄자의 취업 제한 대상 시설 등에 아동·청소년과의 접촉이 많은 국제학교 등을 추가하는 한편, 그 밖에 현행 제도의 운영상 나타난 일부 미비점을 개선·보완하려는 것이다. 개정의 주요 내용은, ① 직무상 아동·청소년대상 성범죄의 발생 사실을 알게 된 때에 수사기관에 신고하여야 하는 신고의무 대상자에 체육단체의 장과 그 종사자를 추가하고(제34조 제2항 제15호 신설), ② 성범죄자의 성명, 나이 등의 등록정보 공개기간의 산정방법과 「성폭력범죄의 처벌 등에 관한 특례법」에 따른 성범죄자의 등록정보 등록기간의 산정방법이 통일되도록 관련 규정을 정비하였다(제49조 제2항 및 제3항). 그리고 ③ 성범죄자의 취업이 제한되는 시설·기관 또는 사업장에 「제주특별자치도 설치 및 국제자유도시 조성을 위한 특별법」에 따른 국제학교, 「학교 밖 청소년 지원에 관한 법률」에 따른 학교 밖 청소년 지원센터 및 「어린이 식생활안전관리 특별법」에 따른 어린이급식관리지원센터를 추가하였다(제56조).

14. 2020년 5월 19일 일부개정, 법률 제17282호

종전법에서는 성매매에 유입되는 아동 · 청소년을 처벌하지 않도록 하고 있음에도 불구하고, 이러한 아동 · 청소년을 '피해아동 · 청소년'으로 정의하지 않고 성을 사는 행위의 '대상아동 · 청소년'으로 정의하여 「소년법」에 따른 보호처분을 하고 있다. 이에 따라 성매매 유입 아동 · 청소년은 경찰 · 검찰 등 수사기관의 수사를 거쳐 관할법원 소년부에 송치되거나 교육과정 혹은 상담과정을 마치도록 되어 있는데, 이는 강도상해 등 강력범죄를 저지른 청소년에 대한 보호처분과 다르지 않을 뿐 아니라, 성폭력 가해 청소년과도 같은 유형의 보호처분이 이뤄진다는 문제점을 안고 있다. 더욱이 성매매 유입 아동 · 청소년들은 처벌 대상이 아님에도 불구하고 이러한 절차를 거쳐야 하는 것을 빌미로 성 매수자나 알선자들이 해당 아동 · 청소년을 협박하는 등 문제가 발생하고 있다. 또한 성매매 피해 상담소, 성폭력 상담소, 청소년상담복지센터에서도 성매매 피해아동 · 청소년을 위한 상담을 할 수 있도록 되어 있으나, 해당 상담소 및 센터의 업무의 성격상 성인 성매매 피해자, 성폭력 피해자, 위기청소년 등과는 달리 특화된 발견 · 상담 · 교육 · 보호 · 지원을 필요로 하는 성매매 피해아동 · 청소년을 위한 전문적인 프로그램을 운영하지 못하고 있는 실정이다.

이에 '대상아동 · 청소년'을 삭제하고 '피해아동 · 청소년'에 '성매매 피해아동 · 청소년'을 포함하도록 하고 이들에 대한 보호처분을 폐지하는 한편, 현행 아동 · 청소년 성매매 피해자 지원체계를 정비하는 등 현행 제도의 운영상 나타난 일부 미비점을 개선 · 보완하려는 취지의 개정이다.

개정의 주요 내용을 정리하면 다음과 같다. ① 피해아동 · 청소년에 아동 · 청소년의 성을 사는 행위의 피해자가 된 성매매 피해아동 · 청소년을 포함하도록 하고(제2조 제6호), ② 대상아동 · 청소년의 정의 규정과 대상아동 · 청소년에 대한 「소년법」의 적용 조항을 삭제(현행 제2조 제7호, 제39조 및 제40조 삭제)하였다. ③ 장애아동 · 청소년을 대상으로 성범죄를 범한 경우 그 죄에 정한 형의 2분의 1까지 가중처벌(제13조 제3항 신설)하도록 하였으며, ④ 「형법」 제305조에 따른 미성년자에 대한 간음 · 추행의 죄에 대하여 공소시효를 배제(제20조 제3항 제1호)하도록 추가하였다. ⑤ 검사 또는 사법경찰관은 성매매 피해아동 · 청소년을 발견한 경우 신속하게 사건을 수사한 후 여성가족부장관 및 성매매 피해아동·청소년지원센터를 관할하는 시·도지사에 통지하도록 하고, 통지를 받은 여성가족부장관은 해당 성매매 피해아동·청소년에 대하여 교육·상담 및 지원 프로그램 참여 등의 조치를 하도록 하였다(제38조). ⑥ 여성가족부장관 또는 시·도지사 및 시장·군수·구청장은 성매매 피해아동·청소년의 보호를 위하여 성매매 피해아동·청소년 지원센터를 설치·운영할 수 있도록 하고(제47조의2 신설), ⑦ 등록정보의 공개 및 고지 대상을 아동·청소년대상 성범죄를 저지른 자로 확대(제49조 제1항 제1호 및 제50조 제1항 제1호)하였다.

15. 2020년 6월 2일 일부개정, 법률 제17338호

아동·청소년을 대상으로 하는 음란물은 그 자체로 아동·청소년에 대한 성착취 및 성학대를 의미하는 것임에도 불구하고, 막연히 아동·청소년을 '이용'하는 음란물의 의미로 가볍게 해석되는 경향이 있는바, 2020년 6월 2일자 개정에서는 '아동·청소년이용음란물'을 '아동·청소년성착취물'이라는 용어로 변경함으로써 아동청소년이용음란물이 '성착취·성학대'를 의미하는 것임을 명확히 하고, 아동·청소년성착취물 관련 범죄 규모와 형태가 갈수록 교묘해지고 있지만, 우리나라의 아동·청소년성착취물 관련 범죄에 대한 처벌이 지나치게 관대해 실효성이 떨어진다는 비판이 커지고 있는바, 아동·청소년성착취물 관련 범죄에 대한 처벌을 강화함으로써 경각심을 제고하는 한편, 아동·청소년성착취물 관련 범죄를 저지른 사람을 수사기관에 신고한 사람에 대하여 포상금을 지급할 수 있는 근거를 마련하는 등 현행 제도의 운영상 나타난 일부 미비점을 개선·보완하려는 취지의 개정이다. 주요 내용을 정리하면 다음과 같다.

① '아동·청소년이용음란물'을 '아동·청소년성착취물'로 그 용어를 변경하고(제2조 제5호), ② 아동·청소년에 대한 강간·강제추행 등의 죄를 범할 목적으로 예비 또는 음모한 사람은 3년 이하의 징역에 처하도록 하였다(제7조의2 신설). ③ 아동·청소년성착취물의 제작·배포 등에 관한 죄의 형량을 강화하고, 아동·청소년성착취물을 광고·소개하거나 구입·시청한 자에 대한 처벌 근거를 마련(제11조)하였으며, ④ 관련 규정에서 벌금형이 삭제됨에 따라 이를 조정(제56조 제1항)하였다. 아울러

⑤ 아동·청소년성착취물의 제작·배포 등에 관한 범죄를 저지른 사람을 신고한 사람에게 포상금을 지급할 수 있도록 하였다(제59조 제1항).

16. 2020년 12월 8일 일부개정, 법률 제17641호

2020년 12월 8일자 개정은 아동·청소년대상 성범죄자의 범죄를 예방하기 위하여 16세 미만의 아동·청소년을 대상으로 성을 사는 행위 등을 한 경우 가중처벌할 수 있도록 하고, 여성가족부장관이 아동·청소년성착취물 관련 범죄 실태조사를 하도록 하며, 구법상 등록대상자 및 열람대상자의 공개정보의 유형 및 범위를 확대하려는 것이다. 또한, 피해아동·청소년에 대한 보호를 강화하기 위하여 13세 미만 혹은 신체적·정신적 장애로 의사소통이나 의사표현에 어려움이 있는 피해아동·청소년이 진술조력인의 조력을 받을 수 있도록 하고, 피해아동·청소년에 대한 가해자 및 그 대리인의 접근금지 범위에 유치원을 추가하며, 아동·청소년대상 성범죄 발생 사실 신고의무기관의 유형을 확대하려는 것이다. 개정의 주요 내용을 정리하면 다음과 같다.

① 우선, 16세 미만의 아동·청소년을 대상으로 성을 사는 행위 등을 한 경우 가중처벌하도록(제13조 제3항) 하였다. ② 수사기관과 법원의 조사·심리·재판을 받는 피해아동·청소년이 13세 미만이거나 신체적·정신적 장애로 의사소통이나 의사표현에 어려움이 있는 경우 진술조력인의 조력을 받을 수 있도록 하였고(제25조 제3항 신설), ③ 아동·청소년대상 성범죄 발생 사실 신고의무기관의 유형을 확대(제34조 제2항)하였다. ④ 아울러, 피해아동·청소년에 대한 가해자 및 그 대리인의 접근금지 범위에 유치원을 추가(제41조 제3호)하고, ⑤ 여성가족부장관이 아동·청소년성착취물 관련 범죄 실태조사를 하도록 하며(제53조의2 신설), ⑥ 구법상 등록대상자 및 열람대상자의 공개정보의 유형 및 범위를 확대하였다(제11572호 아동·청소년의 성보호에 관한 법률 전부개정법률 부칙 제5조).

제2절 | 주요조문 해설

　　현행 아동·청소년의 성보호에 관한 법률(이하 '아청성보호법'이라 약칭함)은 총 6개의 장, 전문 71개의 조문 및 부칙으로 구성되어 있다. 제1조(목적)에서 "이 법은 아동·청소년대상 성범죄의 처벌과 절차에 관한 특례를 규정하고 피해아동·청소년을 위한 구제 및 지원 절차를 마련하며 아동·청소년대상 성범죄자를 체계적으로 관리함으로써 아동·청소년을 성범죄로부터 보호하고 아동·청소년이 건강한 사회구성원으로 성장할 수 있도록 함을 목적으로 한다"고 밝히고 있다.

　　전체 장의 구성은 제1장 총칙, 제2장 아동·청소년대상 성범죄의 처벌과 절차에 관한 특례, 제3장 아동·청소년대상 성범죄의 신고·응급조치와 피해아동·청소년의 보호·지원, 제4장 성범죄로 유죄판결이 확정된 자의 신상정보 공개와 취업제한 등, 제5장 보호관찰, 제6장 벌칙의 순이다. 이 중 아동·청소년의 성보호와 관련되는 직접적인 처벌규정은 제2장에 규정되어 있고, 같은 장에 절차법적 특례가 함께 규정되어 있기도 하다.

　　한편 제1장 총칙에서는 제2조에 (정의) 규정을 두어 '아동·청소년'의 개념과 '아동·청소년대상 성범죄' 및 '아동·청소년대상 성폭력범죄'에 해당하는 죄를 명확히 해두고 있고, 아울러 '아동·청소년의 성을 사는 행위', '아동·청소년성착취물'에 대하여도 정의하고 있다.

Ⅰ. 개념 정의 및 적용대상

제2조(정의)　이 법에서 사용하는 용어의 뜻은 다음과 같다. <개정 2012. 12. 18., 2014. 1. 28., 2018. 1. 16., 2020. 5. 19., 2020. 6. 2.>
1. "**아동·청소년**"이란 19세 미만의 자를 말한다. 다만, 19세에 도달하는 연도의 1월 1일을 맞이한 자는 제외한다.
2. "**아동·청소년대상 성범죄**"란 다음 각 목의 어느 하나에 해당하는 죄를 말한다.
　가. 제7조부터 제15조까지의 죄
　나. 아동·청소년에 대한 「성폭력범죄의 처벌 등에 관한 특례법」 제3조부터 제15조

까지의 죄

다. 아동·청소년에 대한 「형법」 제297조, 제297조의2 및 제298조부터 제301조까지, 제301조의2, 제302조, 제303조, 제305조, 제339조 및 제342조(제339조의 미수범에 한정한다)의 죄

라. 아동·청소년에 대한 「아동복지법」 제17조 제2호의 죄

3. "**아동·청소년대상 성폭력범죄**"란 아동·청소년대상 성범죄에서 제11조부터 제15조까지의 죄를 제외한 죄를 말한다.

3의2. "**성인대상 성범죄**"란 「성폭력범죄의 처벌 등에 관한 특례법」 제2조에 따른 성폭력범죄를 말한다. 다만, 아동·청소년에 대한 「형법」 제302조 및 제305조의 죄는 제외한다.

4. "**아동·청소년의 성을 사는 행위**"란 아동·청소년, 아동·청소년의 성(性)을 사는 행위를 알선한 자 또는 아동·청소년을 실질적으로 보호·감독하는 자 등에게 금품이나 그 밖의 재산상 이익, 직무·편의제공 등 대가를 제공하거나 약속하고 다음 각 목의 어느 하나에 해당하는 행위를 아동·청소년을 대상으로 하거나 아동·청소년으로 하여금 하게 하는 것을 말한다.

가. 성교 행위

나. 구강·항문 등 신체의 일부나 도구를 이용한 유사 성교 행위

다. 신체의 전부 또는 일부를 접촉·노출하는 행위로서 일반인의 성적 수치심이나 혐오감을 일으키는 행위

라. 자위 행위

5. "**아동·청소년성착취물**"이란 아동·청소년 또는 아동·청소년으로 명백하게 인식될 수 있는 사람이나 표현물이 등장하여 제4호의 어느 하나에 해당하는 행위를 하거나 그 밖의 성적 행위를 하는 내용을 표현하는 것으로서 필름·비디오물·게임물 또는 컴퓨터나 그 밖의 통신매체를 통한 화상·영상 등의 형태로 된 것을 말한다.

6. "피해아동·청소년"이란 제2호나목부터 라목까지, 제7조부터 제15조까지의 죄의 피해자가 된 아동·청소년(제13조제1항의 죄의 상대방이 된 아동·청소년을 포함한다)을 말한다.

7. 삭제 <2020. 5. 19.>

8. 삭제 <2020. 6. 9.>

9. "등록정보"란 법무부장관이 「성폭력범죄의 처벌 등에 관한 특례법」 제42조 제1항의 등록대상자에 대하여 같은 법 제44조 제1항에 따라 등록한 정보를 말한다.

1. 개념 정의

(1) 아동 · 청소년

이 법에서 말하는 "아동 · 청소년"이란 19세 미만의 자를 말한다. 다만, 19세에 도달하는 연도의 1월 1일을 맞이한 자는 제외한다. 판례는 법 제2조 제2호 (다)목의 아동 · 청소년대상 성범죄를 범한 자라 함은 성범죄의 대상이 아동 · 청소년이라는 사실을 인식하였는지 여부에 관계없이 아동 · 청소년에 대한 형법 제297조부터 제301조까지, 제301조의2, 제302조, 제303조, 제305조 및 제339조의 죄를 범한 자를 의미한다고 본다(대법원 2011. 12. 8. 선고 2011도8163).

> **[대법원 2011. 12. 8 선고 2011도8163]** 아동 · 청소년의 성보호에 관한 법률 제2조 제2호 (다)목의 아동 · 청소년대상 성범죄를 범한 자라고 하기 위해서는 성범죄의 대상이 아동 · 청소년이라는 사실을 인식하여야 하는지 여부 [소극]
>
> 아동 · 청소년의 성보호에 관한 법률(이하 '법'이라 한다) 제2조 제2호 (가)목은 '제7조부터 제12조까지의 죄(제8조 제4항의 죄는 제외한다)'를, 같은 호 (다)목은 '아동 · 청소년에 대한 「형법」 제297조부터 제301조까지, 제301조의2, 제302조, 제303조, 제305조 및 제339조의 죄'를 각 '아동 · 청소년대상 성범죄'의 하나로 규정하고 있고, 법 제7조 제1항은 "여자 아동 · 청소년에 대하여 「형법」 제297조의 죄를 범한 자는 5년 이상의 유기징역에 처한다."고 규정하고 있으며, 법 제7조 제3항은 "아동 · 청소년에 대하여 「형법」 제298조의 죄를 범한 자는 1년 이상의 유기징역 또는 500만원 이상 2천만원 이하의 벌금에 처한다."고 규정하고 있다. 한편 법 제13조 제1항 본문은 "법원은 아동 · 청소년대상 성범죄를 범한 자에 대하여 유죄판결을 선고하면서 300시간의 범위에서 재범예방에 필요한 수강명령 또는 성폭력 치료프로그램의 이수명령(이하 '이수명령'이라 한다)을 병과하여야 한다."고 규정하고 있고, 법 제33조 제1항 본문은 "아동 · 청소년대상 성범죄로 유죄판결이 확정된 자 또는 제38조 제1항 제5호에 따라 공개명령이 확정된 자는 신상정보 등록대상자(이하 '등록대상자'라 한다)가 된다."고 규정하고 있다. 위와 같이 법 제7조에서 아동 · 청소년에 대한 강간 · 강제추행 등을 가중하여 처벌하는 별도의 규정을 두고 있는 점을 비롯하여 법의 입법 취지 및 경위에 비추어 볼 때, 법 제2조 제2호 (다)목의 아동 · 청소년대상 성범죄를 범한 자라 함은 성범죄의 대상이 아동 · 청소년이라는 사실을 인식하였는지 여부에 관계없이 아동 · 청소년에 대한 형법 제297조부터 제301조까지, 제301조의2, 제302조, 제303조, 제305조 및 제339조의 죄를 범한 자를 의미한다고 할 것이다.

　　나아가 판례는 아동·청소년의 성을 사는 행위를 알선하는 행위를 업으로 하여 청소년성보호법 제15조 제1항 제2호의 위반죄가 성립하기 위해서는 알선행위를 업으로 하는 사람이 아동·청소년을 알선의 대상으로 삼아 그 성을 사는 행위를 알선한다는 것을 인식하여야 하지만, 이에 더하여 알선행위로 아동·청소년의 성을 사는 행위를 한 사람이 행위의 상대방이 아동·청소년임을 인식하여야 한다고 볼 수는 없다고 본다(대법원 2016. 2. 18. 선고 2015도15664).

[대법원 2016. 2. 18. 선고 2015도15664] 아동·청소년의 성을 사는 행위를 알선하는 행위를 업으로 하여 아동·청소년의 성보호에 관한 법률 제15조 제1항 제2호의 위반죄가 성립하기 위하여, 알선행위로 아동·청소년의 성을 사는 행위를 한 사람이 행위의 상대방이 아동·청소년임을 인식하여야 하는지 여부 [소극]

　　아동·청소년의 성보호에 관한 법률(이하 '청소년성보호법'이라고 한다)은 성매매의 대상이 된 아동·청소년을 보호·구제하려는 데 입법 취지가 있고, 청소년성보호법에서 '아동·청소년의 성매매 행위'가 아닌 '아동·청소년의 성을 사는 행위'라는 용어를 사용한 것은 아동·청소년은 보호대상에 해당하고 성매매의 주체가 될 수 없어 아동·청소년의 성을 사는 사람을 주체로 표현한 것이다. 그리고 아동·청소년의 성을 사는 행위를 알선하는 행위를 업으로 하는 사람이 알선의 대상이 아동·청소년임을 인식하면서 알선행위를 하였다면, 알선행위로 아동·청소년의 성을 사는 행위를 한 사람이 행위의 상대방이 아동·청소년임을 인식하고 있었는지는 알선행위를 한 사람의 책임에 영향을 미칠 이유가 없다.

　　따라서 아동·청소년의 성을 사는 행위를 알선하는 행위를 업으로 하여 청소년성보호법 제15조 제1항 제2호의 위반죄가 성립하기 위해서는 알선행위를 업으로 하는 사람이 아동·청소년을 알선의 대상으로 삼아 그 성을 사는 행위를 알선한다는 것을 인식하여야 하지만, 이에 더하여 알선행위로 아동·청소년의 성을 사는 행위를 한 사람이 행위의 상대방이 아동·청소년임을 인식하여야 한다고 볼 수는 없다.

---

(2) 아동·청소년대상 성범죄

　　"아동·청소년대상 성범죄"란 ① 본법 제7조부터 제15조까지의 죄, ② 아동·청소년에 대한 성폭력범죄의 처벌 등에 관한 특례법 제3조부터 제15조까지의 죄, ③ 아동·청소년에 대한 형법 제297조, 제297조의2 및 제298조부터 제301조까지, 제301조의2, 제302조, 제303조, 제305조, 제339조 및 제342조(제339조의 미수범에 한정한다)의 죄, ④ 아동·청소년에 대한 아동복지법 제17조 제2호의 죄를 말한다 (제2조 제2호).

이를 보다 구체적으로 보면, 위 ①은 본법 제7조(아동·청소년에 대한 강간·강제 추행 등), 제8조(장애인인 아동·청소년에 대한 간음 등), 제9조(강간 등 상해·치상), 제10 조(강간 등 살인·치사), 제11조(아동·청소년이용음란물의 제작·배포 등), 제12조(아동·청 소년 매매행위), 제13조(아동·청소년의 성을 사는 행위), 제14조(아동·청소년에 대한 강요행 위 등), 제15조(알선영업행위 등)이다. 위 ②는 아동·청소년에 대한 성폭력처벌법 제 3조(특수강도강간 등), 제4조(특수강간 등), 제5조(친족관계에 의한 강간 등), 제6조(장애인 에 대한 강간·강제추행 등), 제7조(13세 미만의 미성년자에 대한 강간, 강제추행 등), 제8조 (강간 등 살인·치사), 제10조(업무상 위력 등에 의한 추행), 제11조(공중 밀집 장소에서의 추 행), 제12조(성적 목적을 위한 다중이용장소 침입행위), 제13조(통신매체를 이용한 음란행 위), 제14조(카메라 등을 이용한 촬영), 제14조의2(허위영상물 등의 반포등), 제14조의3(촬 영물 등을 이용한 협박·강요), 제15조(미수범)이다. 위 ③은 아동·청소년에 대한 형법 제297조(강간), 제297조의2(유사강간), 제298조(강제추행), 제299조(준강간, 준강제추행), 제300조(미수범) − 제297조, 제297조의2, 제298조, 제299조의 미수범 −, 제301조(강 간등 상해·치상), 제301조의2(강간등 살인·치사), 제302조(미성년자등에 대한 간음), 제 303조(업무상 위력 등에 의한 간음), 제305조(미성년자에 대한 간음, 추행), 제339조(강도강 간) 및 제342조(미수범) − 제339조의 미수범에 한정한다 − 이다. 위 ④는 아동·청 소년에 대한 아동복지법 제17조 제2호의 "아동에게 음란한 행위를 시키거나 이를 매개하는 행위 또는 아동에게 성적 수치심을 주는 성희롱 등의 성적 학대행위"를 말한다.[116]

(3) 아동·청소년대상 성폭력범죄

"아동·청소년대상 성폭력범죄"란 "아동·청소년대상 성범죄에서 제11조부터 제15조까지의 죄를 제외한 죄"를 말한다(제2조 제3호). 본법 제11조(아동·청소년성착

---

[116] 아동복지법 제17조 제2호를 위반한 자에 대하여는 동법 제71조 제1항 1의2호에서 '10년 이하의 징역 또는 1억원 이하의 벌금'에 처하도록 하고 있다. 아동복지법 제71조(벌칙) ① 제17조를 위반한 자는 다음 각 호의 구분에 따라 처벌한다. 1. (생략) 1의2. 제2호에 해당하는 행위를 한 자는 10년 이하의 징역 또는 1억원 이하의 벌금에 처한다.

취물의 제작 · 배포 등), 제12조(아동 · 청소년 매매행위), 제13조(아동 · 청소년의 성을 사는 행위), 제14조(아동 · 청소년에 대한 강요행위 등), 제15조(알선영업행위 등)이다.

(4) 아동 · 청소년의 성을 사는 행위

"아동 · 청소년의 성을 사는 행위"란 아동 · 청소년, 아동 · 청소년의 성(性)을 사는 행위를 알선한 자 또는 아동 · 청소년을 실질적으로 보호 · 감독하는 자 등에게 금품이나 그 밖의 재산상 이익, 직무 · 편의제공 등 대가를 제공하거나 약속하고 다음의 어느 하나에 해당하는 행위를 아동 · 청소년을 대상으로 하거나 아동 · 청소년으로 하여금 하게 하는 것을 말한다. ① 성교 행위, ② 구강 · 항문 등 신체의 일부나 도구를 이용한 유사 성교 행위, ③ 신체의 전부 또는 일부를 접촉 · 노출하는 행위로서 일반인의 성적 수치심이나 혐오감을 일으키는 행위, ④ 자위 행위

(5) 아동 · 청소년성착취물

"아동 · 청소년성착취물"이란 아동 · 청소년 또는 <u>아동 · 청소년으로 명백하게 인식될 수 있는 사람이나 표현물</u>이 등장하여 제4호의 어느 하나에 해당하는 행위를 하거나 그 밖의 성적 행위를 하는 내용을 표현하는 것으로서 필름 · 비디오물 · 게임물 또는 컴퓨터나 그 밖의 통신매체를 통한 화상 · 영상 등의 형태로 된 것을 말한다. 종전 "아동 · 청소년이용음란물"이라는 용어를 사용하였으나 아동 · 청소년이용음란물이 '성착취 · 성학대'를 의미하는 것임을 명확히 하기 위하여 2020년 6월 2일자 개정으로 용어를 변경하였다.

[대법원 2014. 9. 24. 선고 2013도4503] 구 아동 · 청소년의 성보호에 관한 법률 제2조 제5호의 '아동 · 청소년으로 인식될 수 있는 사람이 등장하는 아동 · 청소년이용음란물'인지 판단하는 기준

국가형벌권의 자의적인 행사로부터 개인의 자유와 권리를 보호하기 위하여 형벌법규는 엄격히 해석되어야 하고 명문의 형벌법규의 의미를 피고인에게 불리한 방향으로 지나치게 확장해석하거나 유추해석하는 것은 죄형법정주의 원칙에 어긋나는 것으로 허용되지 않는 점, 구 아동 · 청소년의 성보호에 관한 법률(2012. 12. 18. 법률 제11572호로

전부 개정되기 전의 것, 이하 '구 아청법'이라고 한다) 제2조 제5호의 아동·청소년이용음란물 정의 규정 중 '아동·청소년으로 인식될 수 있는 사람이나 표현물'이라는 문언이 다소 모호한 측면이 있고, 일선 수사기관의 자의적 판정으로 뜻하지 않게 처벌의 범위가 지나치게 넓어질 우려가 있게 되자, 그 의미를 분명히 하기 위해서 2012. 12. 18. 법률 제11572호로 구 아청법을 개정하면서 '명백하게'라는 문구를 추가하여 '아동·청소년으로 명백하게 인식될 수 있는 사람이나 표현물'이라고 규정한 점 등 구 아청법의 입법 목적과 개정 연혁, 그리고 법 규범의 체계적 구조 등에 비추어보면, 구 아청법 제2조 제5호의 '아동·청소년으로 인식될 수 있는 사람이 등장하는 아동·청소년이용음란물'이라고 하기 위해서는 주된 내용이 아동·청소년의 성교행위 등을 표현하는 것이어야 할 뿐만 아니라, 등장인물의 외모나 신체발육 상태, 영상물의 출처나 제작 경위, 등장인물의 신원 등에 대하여 주어진 여러 정보 등을 종합적으로 고려하여 사회 평균인의 시각에서 객관적으로 관찰할 때 외관상 의심의 여지없이 명백하게 아동·청소년으로 인식되는 경우라야 하고, 등장인물이 다소 어려 보인다는 사정만으로 쉽사리 '아동·청소년으로 인식될 수 있는 사람이 등장하는 아동·청소년이용음란물'이라고 단정해서는 아니 된다.

2. 요 약

아동·청소년대상 성범죄 및 아동·청소년대상 성폭력범죄를 도식화하여 요약하면, 다음의 표와 같다.

구 분	내 용	비 고
아동·청소년대상 성범죄	아청성보호법 제7조(아동·청소년에 대한 강간·강제추행 등), 제8조(장애인인 아동·청소년에 대한 간음 등), 제9조(강간 등 상해·치상), 제10조(강간 등 살인·치사), 제11조(아동·청소년이용음란물의 제작·배포 등), 제12조(아동·청소년 매매행위), 제13조(아동·청소년의 성을 사는 행위), 제14조(아동·청소년에 대한 강요행위 등), 제15조(알선영업행위 등)	
(아동·청소년대상 성폭력범죄 : 아청성보호법 제11조~제15조 제외)	아동·청소년에 대한 성폭력처벌법 제3조(특수강도강간 등), 제4조(특수강간 등), 제5조(친족관계에 의한 강간 등), 제6조(장애인에 대한 강간·강제추행 등), 제7조(13세 미만의 미성년자에 대한 강간, 강제추행 등), 제8조(강간 등 살인·치사), 제10조(업무상 위력 등에 의한 추행), 제11조(공중 밀집 장소에서의 추행), 제12조(성적 목적을 위한 다중이용장소 침입행위), 제13조(통신매체를 이용한 음란행위), 제14조(카메라 등을 이용한 촬영), 제14조의2(허위영상물 등의 반포등), 제14조의3(촬영물 등을 이용한 협박·강요), 제15조(미수범)	

구 분	내 용	비 고
아동· 청소년대상 성범죄 (아동· 청소년대상 성폭력범죄 : 아청성보호법 제11조~제1 5조 제외)	아동·청소년에 대한 형법 제297조(강간), 제297조의2(유사강간), 제298조(강제추행), 제299조(준강간, 준강제추행), 제300조(미수범) － 제297조, 제297조의2, 제298조, 제299조의 미수범 －, 제301조(강간등 상해·치상), 제301조의2(강간등 살인·치사), 제302조(미성년자등에 대한 간음), 제303조(업무상 위력 등에 의한 간음), 제305조(미성년자에 대한 간음, 추행), 제339조(강도강간) 및 제342조(미수범) － 제339조의 미수범에 한정한다 －	
	아동·청소년에 대한 아동복지법 제17조 제2호의 "아동에게 음란한 행위를 시키거나 이를 매개하는 행위 또는 아동에게 성적 수치심을 주는 성희롱 등의 성적 학대행위"	아동복지법 제71조(10년 이하의 징역 또는 1억원이하의 벌금)

Ⅱ. 아동·청소년에 대한 성폭력범죄

1. 아동·청소년에 대한 강간·강제추행 등(제7조, 제7조의2)

제7조 (아동·청소년에 대한 강간·강제추행 등) ① 폭행 또는 협박으로 아동·청소년을 강간한 사람은 무기징역 또는 5년 이상의 유기징역에 처한다.
② 아동·청소년에 대하여 폭행이나 협박으로 다음 각 호의 어느 하나에 해당하는 행위를 한 자는 5년 이상의 유기징역에 처한다.
1. 구강·항문 등 신체(성기는 제외한다)의 내부에 성기를 넣는 행위
2. 성기·항문에 손가락 등 신체(성기는 제외한다)의 일부나 도구를 넣는 행위
③ 아동·청소년에 대하여 「형법」 제298조의 죄를 범한 자는 2년 이상의 유기징역 또는 1천만원 이상 3천만원 이하의 벌금에 처한다.
④ 아동·청소년에 대하여 「형법」 제299조의 죄를 범한 자는 제1항부터 제3항까지의 예에 따른다.
⑤ 위계(僞計) 또는 위력으로써 아동·청소년을 간음하거나 아동·청소년을 추행한 자는 제1항부터 제3항까지의 예에 따른다.
⑥ 제1항부터 제5항까지의 미수범은 처벌한다.
제7조의2(예비, 음모) 제7조의 죄를 범할 목적으로 예비 또는 음모한 사람은 3년 이하의 징역에 처한다.
[본조신설 2020. 6. 2.]

(1) 강간, 유사강간, 강제추행

본법 제7조 제1항은 폭행 또는 협박으로 아동·청소년을 강간한 사람은 무기징역 또는 5년 이상의 유기징역에 처하도록 하고 있다. 이는 형법상 강간죄(제297조)가 '3년 이상의 유기징역'에 처하는 것에 비하여 중하게 처벌하는 것이다. 본조 제2항은 아동·청소년에 대하여 폭행이나 협박으로 ① 구강·항문 등 신체(성기는 제외한다)의 내부에 성기를 넣는 행위, ② 성기·항문에 손가락 등 신체(성기는 제외한다)의 일부나 도구를 넣는 행위를 한 자를 '5년 이상의 유기징역'에 처한다. 제3항은 아동·청소년에 대하여 형법 제298조(강제추행)의 죄를 범한 자는 '2년 이상의 유기징역 또는 1천만원 이상 3천만원 이하의 벌금'에 처한다고 규정하고 있다.

(2) 준강간, 준강제추행

제4항은 아동·청소년에 대하여 형법 제299조(준강간, 준강제추행)의 죄를 범한 자는 제1항부터 제3항까지의 예에 따라 처벌된다. 즉 행위태양이 간음인 경우에는 제1항, 유사성교인 경우에는 제2항, 추행인 경우에는 제3항에 따라 처벌된다.

(3) 위계, 위력에 의한 간음, 추행

제5항은 위계 또는 위력으로써 아동·청소년을 간음하거나 아동·청소년을 추행한 자를 제4항과 마찬가지로 그 행위태양이 간음인지, 유사성교인지, 추행인지 여부에 의해 제1항부터 제3항의 예에 따라 처벌한다.

(4) 성폭력처벌법 제7조와의 관계

한편, 성폭력처벌법 제7조 제1항은 13세 미만의 사람에 대하여 형법 제297조(강간)의 죄를 범한 사람은 '무기징역 또는 10년 이상의 징역'에 처하도록 하고 있다. 따라서 이를 구별해서 정리하면, 19세 이상의 사람에 대한 강간행위는 형법 제297조가 적용되고, 13세 이상 19세 미만의 사람에 대한 강간행위는 본 아청성보호법 제7조 제1항이 적용되며, 13세 미만의 사람에 대한 강간행위는 성폭력처벌법 제7조 제1항이 적용된다. 강간행위라는 동일한 구성요건행위에 대해 범행대상의 연령에 따라 3개의 법률이 구분되어 적용되는 것이다. 본조 제1항과 마찬가지로 제2항, 제3항, 제4항, 제5항의 경우에도 성폭력처벌법 제7조 제2항, 제3항,

제4항, 제5항과 범죄유형은 동일하나, 그 적용대상과 법정형에 있어 차이가 있다. 즉 13세 이상 19세 미만의 사람에 대한 죄에는 본법이 적용되고, 13세 미만의 사람에 대한 죄에 대하여는 성폭력처벌법이 적용되어 보다 중하게 처벌되는 것이다.[117]

(5) 예비, 음모의 처벌(제7조의2)

제7조에 의한 아동·청소년에 대한 강간과 강제추행의 죄는 예비 또는 음모한 경우에도 처벌한다. 제7조의2는 "제7조의 죄를 범할 목적으로 예비 또는 음모한 사람"을 "3년 이하의 징역"으로 처벌하도록 하고 있다. 「형법」 및 「성폭력범죄의 처벌 등에 관한 특례법」에서 강간, 강제추행의 죄에 대한 예비·음모 처벌규정을 신설하는 것과 보조를 맞추어 신설된 규정이다.

2. 장애인인 아동·청소년에 대한 간음 등(제8조)

제8조 (장애인인 아동·청소년에 대한 간음 등) ① 19세 이상의 사람이 13세 이상의 장애 아동·청소년(「장애인복지법」 제2조 제1항에 따른 장애인으로서 신체적인 또는 정신적인 장애로 사물을 변별하거나 의사를 결정할 능력이 미약한 아동·청소년을 말한다. 이하 같다)을 간음하거나 13세 이상의 장애 아동·청소년으로 하여금 다른 사람을 간음하게 하는 경우에는 3년 이상의 유기징역에 처한다. <개정 2020. 5. 19., 2020. 12. 8.>
② 19세 이상의 사람이 13세 이상의 장애 아동·청소년을 추행한 경우 또는 13세 이상의 장애 아동·청소년으로 하여금 다른 사람을 추행하게 하는 경우에는 10년 이하의 징역 또는 1천500만원 이하의 벌금에 처한다. <개정 2020. 12. 8.>

---

117) **성폭력처벌법 제7조(13세 미만의 미성년자에 대한 강간, 강제추행 등)** ① 13세 미만의 사람에 대하여 「형법」 제297조(강간)의 죄를 범한 사람은 무기징역 또는 10년 이상의 징역에 처한다. ② 13세 미만의 사람에 대하여 폭행이나 협박으로 다음 각 호의 어느 하나에 해당하는 행위를 한 사람은 7년 이상의 유기징역에 처한다. 1. 구강·항문 등 신체(성기는 제외한다)의 내부에 성기를 넣는 행위 2. 성기·항문에 손가락 등 신체(성기는 제외한다)의 일부나 도구를 넣는 행위 ③ 13세 미만의 사람에 대하여 「형법」 제298조(강제추행)의 죄를 범한 사람은 5년 이상의 유기징역 또는 3천만원 이상 5천만원 이하의 벌금에 처한다. ④ 13세 미만의 사람에 대하여 「형법」 제299조(준강간, 준강제추행)의 죄를 범한 사람은 제1항부터 제3항까지의 예에 따라 처벌한다. ⑤ 위계 또는 위력으로써 13세 미만의 사람을 간음하거나 추행한 사람은 제1항부터 제3항까지의 예에 따라 처벌한다.

제8조 제1항은 19세 이상의 사람이 13세 이상의 장애 아동·청소년을 '간음'하거나 13세 이상의 장애 아동·청소년으로 하여금 '다른 사람을 간음하게 하는 경우'에는 '3년 이상의 유기징역'에 처하도록 하고 있다. 또한 19세 이상의 사람이 13세 이상의 장애 아동·청소년을 '추행'한 경우 또는 13세 이상의 장애 아동·청소년으로 하여금 '다른 사람을 추행하게 하는 경우'에는 '10년 이하의 징역 또는 1천500만원 이하의 벌금'에 처한다. 이 규정은 '13세 이상'의 장애 아동·청소년에 대한 '의제강간 및 강제추행' 규정으로, 13세 미만의 대상에 대해서는 전 조와 마찬가지로 성폭력처벌법 제7조가 적용되어 가중처벌의 대상이 된다.

한편, 성폭력처벌법 제6조는 '장애인에 대한 강간·강제추행 등'을 가중처벌하고 있는바, 동법의 행위태양과 구별하여 본법이 적용되는 범위를 정확히 이해할 필요가 있다.

성폭력처벌법 제6조(장애인에 대한 강간·강제추행 등) ① 신체적인 또는 정신적인 장애가 있는 사람에 대하여 「형법」 제297조(강간)의 죄를 범한 사람은 무기징역 또는 7년 이상의 징역에 처한다.

② 신체적인 또는 정신적인 장애가 있는 사람에 대하여 폭행이나 협박으로 다음 각 호의 어느 하나에 해당하는 행위를 한 사람은 5년 이상의 유기징역에 처한다.

1. 구강·항문 등 신체(성기는 제외한다)의 내부에 성기를 넣는 행위

2. 성기·항문에 손가락 등 신체(성기는 제외한다)의 일부나 도구를 넣는 행위

③ 신체적인 또는 정신적인 장애가 있는 사람에 대하여 「형법」 제298조(강제추행)의 죄를 범한 사람은 3년 이상의 유기징역 또는 2천만원 이상 5천만원 이하의 벌금에 처한다.

④ 신체적인 또는 정신적인 장애로 항거불능 또는 항거곤란 상태에 있음을 이용하여 사람을 간음하거나 추행한 사람은 제1항부터 제3항까지의 예에 따라 처벌한다.

⑤ 위계(僞計) 또는 위력(威力)으로써 신체적인 또는 정신적인 장애가 있는 사람을 **간음**한 사람은 5년 이상의 유기징역에 처한다.

⑥ 위계 또는 위력으로써 신체적인 또는 정신적인 장애가 있는 사람을 **추행**한 사람은 1년 이상의 유기징역 또는 1천만원 이상 3천만원 이하의 벌금에 처한다.

⑦ 장애인의 보호, 교육 등을 목적으로 하는 시설의 장 또는 종사자가 보호, 감독의 대상인 장애인에 대하여 제1항부터 제6항까지의 죄를 범한 경우에는 그 죄에 정한 형의 2분의 1까지 가중한다.

3. 13세 이상 16세 미만 아동 · 청소년에 대한 간음 등(제8조의2)

제8조의2(13세 이상 16세 미만 아동 · 청소년에 대한 간음 등) ① 19세 이상의 사람이 13세 이상 16세 미만인 아동 · 청소년(제8조에 따른 장애 아동 · 청소년으로서 16세 미만인 자는 제외한다. 이하 이 조에서 같다)의 궁박(窮迫)한 상태를 이용하여 해당 아동 · 청소년을 간음하거나 해당 아동 · 청소년으로 하여금 다른 사람을 간음하게 하는 경우에는 3년 이상의 유기징역에 처한다.
② 19세 이상의 사람이 13세 이상 16세 미만인 아동 · 청소년의 궁박한 상태를 이용하여 해당 아동 · 청소년을 추행한 경우 또는 해당 아동 · 청소년으로 하여금 다른 사람을 추행하게 하는 경우에는 10년 이하의 징역 또는 1천500만원 이하의 벌금에 처한다.
[본조신설 2019. 1. 15.]

제8조의2는 폭행 · 협박 · 위계 · 위력이 없는 간음행위의 처벌대상이 종래 13세 미만의 아동 · 청소년으로 한정되어 있었으나, 13세 이상인 아동 · 청소년 중에서도 16세 미만인 아동 · 청소년의 경우에는 성적 행위에 대한 분별력이 완성되었다고 보기 어렵고, 특히 자신에게 궁박(窮迫)한 사정이 있는 경우에는 책임있는 의사결정이 더욱 제약되기 때문에 이러한 사정을 이용하여 아동 · 청소년을 간음 · 추행하는 경우에 대한 강화된 처벌이 필요하다는 정책적 요구에 따라 신설된 규정이다.

제8조의2 제1항은 19세 이상의 사람이 13세 이상 16세 미만인 아동 · 청소년의 궁박(窮迫)한 상태를 이용하여 해당 아동 · 청소년을 간음하거나 해당 아동 · 청소년으로 하여금 다른 사람을 간음하게 하는 경우 3년 이상의 유기징역에 처하도록 하고 있다. 제2항은 19세 이상의 사람이 13세 이상 16세 미만인 아동 · 청소년의 궁박한 상태를 이용하여 해당 아동 · 청소년을 추행한 경우 또는 해당 아동 · 청소년으로 하여금 다른 사람을 추행하게 하는 경우 10년 이하의 징역 또는 1천500만원 이하의 벌금으로 처벌하도록 한다. 13세 이상 16세 미만의 장애 아동 · 청소년은 본 조가 아닌 제8조의 적용대상이 된다.

4. 강간 등 상해 · 치상(제9조), 강간 등 살인 · 치사(제10조)

제9조 (강간 등 상해 · 치상) 제7조의 죄를 범한 사람이 다른 사람을 상해하거나 상해에

이르게 한 때에는 무기징역 또는 7년 이상의 징역에 처한다.

제10조 (강간 등 살인 · 치사) ① 제7조의 죄를 범한 사람이 다른 사람을 살해한 때에는 사형 또는 무기징역에 처한다.
② 제7조의 죄를 범한 사람이 다른 사람을 사망에 이르게 한 때에는 사형, 무기징역 또는 10년 이상의 징역에 처한다.

본법 제7조의 죄를 범한 사람이 다른 사람을 상해하거나 상해에 이르게 한 때에는 '무기징역 또는 7년 이상의 징역'에 처한다(제9조). 제7조의 죄를 범한 사람이 다른 사람을 살해한 때에는 '사형 또는 무기징역'에 처하고, 다른 사람을 사망에 이르게 한 때에는 '사형, 무기징역 또는 10년 이상의 징역'에 처한다(제10조). 제7조의 아동 · 청소년에 대한 ① 강간, ② 유사강간, ③ 강제추행, ④ 준강간 · 준강제추행, ⑤ 위계 · 위력에 의한 간음 · 유사성교 · 추행의 죄를 범한 사람이 다른 사람을 상해 · 살인하거나 치상 · 치사의 결과를 야기한 때에 가중처벌하고 있는 것이다.

한편, 성폭력처벌법 제8조 및 제9조는 동법 제7조의 죄, 즉 13세 미만의 미성년자에 대한 강간, 강제추행 등을 범한 사람이 ① 다른 사람을 상해하거나 상해에 이르게 한 때에는 '무기징역 또는 10년 이상의 징역'으로, ② 다른 사람을 살해한 때에는 '사형 또는 무기징역'으로, ③ 다른 사람을 사망에 이르게 한 때에는 '사형, 무기징역 또는 10년 이상의 징역'으로 처벌하고 있다. 이를 본법 제9조 및 제10조와 비교하면, 위 ①은 '무기징역 또는 7년 이상의 징역'보다 더 중하게 처벌하고 있고, 위 ②③은 양자 모두 동일한 법정형을 규정하고 있다. 따라서 13세 미만의 미성년자에 대한 강간 · 강제추행 등의 상해 · 치상의 경우에는 성폭력처벌법 제9조가 적용되어야 하고, 동 살인 · 치사의 경우에는 어느 쪽을 적용하더라도 그 법정형에는 차이가 없다. 다만, 19세 미만의 아동 · 청소년에 대한 성범죄에 적용되는 본법에 비하여 성폭력처벌법 제8조 및 제9조가 13세 미만의 미성년자에 대한 죄에 대해 가중처벌하는 특별법에 해당한다고 볼 수 있으므로 일반적으로는 성폭력처벌법을 적용해야 한다고 말할 수 있을 것이다.

본서 총설 부분에서 언급했던 바와 같이 특별형법의 주요한 문제점으로 지적되는 중복 · 유사처벌규정의 예에 해당하며 그 정비가 필요하다고 본다.

Ⅲ. 그 밖의 아동·청소년에 대한 성범죄

1. 아동·청소년성착취물의 제작·배포 등(제11조)

> **제11조 (아동·청소년성착취물의 제작·배포 등)** ① 아동·청소년성착취물을 제작·수입 또는 수출한 자는 무기징역 또는 5년 이상의 유기징역에 처한다. <개정 2020. 6. 2.>
> ② 영리를 목적으로 아동·청소년성착취물을 판매·대여·배포·제공하거나 이를 목적으로 소지·운반·광고·소개하거나 공연히 전시 또는 상영한 자는 5년 이상의 징역에 처한다. <개정 2020. 6. 2.>
> ③ 아동·청소년성착취물을 배포·제공하거나 이를 목적으로 광고·소개하거나 공연히 전시 또는 상영한 자는 3년 이상의 징역에 처한다. <개정 2020. 6. 2.>
> ④ 아동·청소년성착취물을 제작할 것이라는 정황을 알면서 아동·청소년을 아동·청소년성착취물의 제작자에게 알선한 자는 3년 이상의 징역에 처한다. <개정 2020. 6. 2.>
> ⑤ 아동·청소년성착취물을 구입하거나 아동·청소년성착취물임을 알면서 이를 소지·시청한 자는 1년 이상의 징역에 처한다. <개정 2020. 6. 2.>
> ⑥ 제1항의 미수범은 처벌한다.
> ⑦ 상습적으로 제1항의 죄를 범한 자는 그 죄에 대하여 정하는 형의 2분의 1까지 가중한다. <신설 2020. 6. 2.>

본법 제11조는 아동·청소년성착취물의 제작·배포 등을 그 행위태양별로 구분하여 처벌하고 있다. 세부적으로 보면, ① 아동·청소년성착취물을 제작·수입 또는 수출한 자는 '무기징역 또는 5년 이상의 유기징역', ② 영리를 목적으로 아동·청소년성착취물을 판매·대여·배포·제공하거나 이를 목적으로 소지·운반·광고·소개하거나 공연히 전시 또는 상영한 자는 '5년 이상의 징역', ③ 아동·청소년성착취물을 배포·제공하거나 이를 목적으로 광고·소개하거나 공연히 전시 또는 상영한 자는 '3년 이상의 징역', ④ 아동·청소년성착취물을 제작할 것이라는 정황을 알면서 아동·청소년을 아동·청소년성착취물의 제작자에게 알선한 자는 '3년 이상의 징역', ⑤ 아동·청소년성착취물을 구입하거나 아동·청소년성착취물임을 알면서 이를 소지·시청한 자는 '1년 이상의 징역'에 처하고 있다. 또한 위 ①의 죄에 대하여는 그 미수범을 처벌하며 상습적으로 그 죄를 범한 자는 그 죄에 대하여 정하는 형의 2분의 1까지 가중처벌하도록 하고 있다. 아동·청소년성착취물에 대해 엄벌을 해야 한다는 취지에 따라 최근의 개정으로 전체적으로 법정형을 대폭 강화하고 벌금형을 삭제하는 등의 변화가 이루어졌다.

판례는 제1항의 '제작'과 관련하여 아동·청소년의 동의가 있다거나 개인적인 소지·보관을 1차적 목적으로 제작하더라도 위 '제작'에 해당한다고 본다(대법원 2018. 9. 13 선고 2018도9340). 또한 피고인이 직접 아동·청소년의 면전에서 촬영행위를 하지 않았더라도 아동·청소년성착취물을 만드는 것을 기획하고 타인으로 하여금 촬영행위를 하게 하거나 만드는 과정에서 구체적인 지시를 하였다면, 특별한 사정이 없는 한 아동·청소년성착취물 '제작'에 해당한다고 보았다. 이러한 촬영을 마쳐 재생이 가능한 형태로 저장이 된 때에 제작은 기수에 이르고, 반드시 피고인이 그와 같이 제작된 아동·청소년성착취물을 재생하거나 피고인의 기기로 재생할 수 있는 상태에 이르러야만 하는 것은 아니다.

[대법원 2018. 9. 13. 선고 2018도9340] 아동·청소년의 동의가 있다거나 개인적인 소지·보관을 1차적 목적으로 제작하더라도 청소년성보호법 제11조 제1항의'아동·청소년이용음란물의 제작'에 해당한다고 보아야 한다. 피고인이 직접 아동·청소년의 면전에서 촬영행위를 하지 않았더라도 아동·청소년이용음란물을 만드는 것을 기획하고 타인으로 하여금 촬영행위를 하게 하거나 만드는 과정에서 구체적인 지시를 하였다면, 특별한 사정이 없는 한 아동·청소년이용음란물 '제작'에 해당한다. 이러한 촬영을 마쳐 재생이 가능한 형태로 저장이 된 때에 제작은 기수에 이르고 반드시 피고인이 그와 같이 제작된 아동·청소년이용음란물을 재생하거나 피고인의 기기로 재생할 수 있는 상태에 이르러야만 하는 것은 아니다. 이러한 법리는 피고인이 아동·청소년으로 하여금 스스로 자신을 대상으로 하는 음란물을 촬영하게 한 경우에도 마찬가지이다.

2. 아동·청소년 매매행위(제12조)

제12조 (아동·청소년 매매행위) ① 아동·청소년의 성을 사는 행위 또는 아동·청소년성착취물을 제작하는 행위의 대상이 될 것을 알면서 아동·청소년을 매매 또는 국외에 이송하거나 국외에 거주하는 아동·청소년을 국내에 이송한 자는 무기징역 또는 5년 이상의 징역에 처한다. <개정 2020. 6. 2.>
② 제1항의 미수범은 처벌한다.

본조는 아동·청소년의 성을 사는 행위 또는 아동·청소년성착취물을 제작하는 행위의 대상이 될 것을 알면서 아동·청소년을 매매 또는 국외에 이송하거나 국외에 거주하는 아동·청소년을 국내에 이송한 자를 '무기징역 또는 5년 이상의 징역'으로 처벌하며, 또한 그 미수범을 처벌하고 있다.

형법 제289조는 사람에 대한 '인신매매' 행위를 행위태양별로 구분하여 ① 단순 인신매매를 '7년 이하의 징역', ② 추행, 간음, 결혼 또는 영리 목적의 인신매매를 '1년 이상 10년 이하의 징역', ③ 노동력 착취, 성매매와 성적 착취, 장기적출 목적의 인신매매를 '2년 이상 15년 이하의 징역', ④ 국외에 이송할 목적의 인신매매 등을 '2년 이상 15년 이하의 징역'으로 각각 처벌하고 있다.

형법 제289조 (인신매매) ① 사람을 매매한 사람은 7년 이하의 징역에 처한다.
② 추행, 간음, 결혼 또는 영리의 목적으로 사람을 매매한 사람은 1년 이상 10년 이하의 징역에 처한다.
③ 노동력 착취, 성매매와 성적 착취, 장기적출을 목적으로 사람을 매매한 사람은 2년 이상 15년 이하의 징역에 처한다.
④ 국외에 이송할 목적으로 사람을 매매하거나 매매된 사람을 국외로 이송한 사람도 제3항과 동일한 형으로 처벌한다.

형법과 비교하여 중하게 처벌하고 있는 본조는 19세 미만의 아동·청소년에 대한 죄에 한한다는 점, 아동·청소년의 성을 사는 행위 또는 아동·청소년성착취물을 제작하는 행위의 대상이 될 것을 알면서 아동·청소년을 '매매' 또는 '국외에 이송'하거나 국외에 거주하는 아동·청소년을 '국내에 이송'한 행위에 대하여만 적용된다는 점에서 차이가 있다.

3. 아동·청소년의 성을 사는 행위 등(제13조)

제13조 (아동·청소년의 성을 사는 행위 등) ① 아동·청소년의 성을 사는 행위를 한 자는 1년 이상 10년 이하의 징역 또는 2천만원 이상 5천만원 이하의 벌금에 처한다.
② 아동·청소년의 성을 사기 위하여 아동·청소년을 유인하거나 성을 팔도록 권유한 자는 1년 이하의 징역 또는 1천만원 이하의 벌금에 처한다.
③ 16세 미만의 아동·청소년 및 장애 아동·청소년을 대상으로 제1항 또는 제2항의 죄를 범한 경우에는 그 죄에 정한 형의 2분의 1까지 가중처벌한다. <신설 2020. 5. 19., 2020. 12. 8.>

앞에서 살펴본 바와 같이 '아동·청소년의 성을 사는 행위'란 아동·청소년, 아동·청소년의 성(性)을 사는 행위를 알선한 자 또는 아동·청소년을 실질적으로 보호·감독하는 자 등에게 금품이나 그 밖의 재산상 이익, 직무·편의제공 등 대가를 제공하거나 약속하고 ① 성교 행위, ② 구강·항문 등 신체의 일부나 도구를 이용한 유사 성교 행위, ③ 신체의 전부 또는 일부를 접촉·노출하는 행위로서 일반인의 성적 수치심이나 혐오감을 일으키는 행위, ④ 자위 행위 중의 어느 하나에 해당하는 행위를 아동·청소년을 대상으로 하거나 아동·청소년으로 하여금 하게 하는 것을 말한다.

제2항은 아동·청소년의 성을 사기 위하여 아동·청소년을 유인하거나 성을 팔도록 권유한 자는 '1년 이하의 징역 또는 1천만원 이하의 벌금'에 처하고 있다. 이와 관련하여 판례는 이미 성매매 의사를 가지고 있었던 아동·청소년에게 성을 팔도록 권유하는 행위도 아동·청소년의 성보호에 관한 법률 제10조 제2항에서 정한 '성을 팔도록 권유하는 행위'에 포함된다고 본다(대법원 2011. 11. 10. 선고 2011도3934).

> **[대법원 2011. 11. 10. 선고 2011도3934]** 아동·청소년의 성보호에 관한 법률 제10조 제2항은 '아동·청소년의 성을 사기 위하여 아동·청소년을 유인하거나 성을 팔도록 권유한 자'를 처벌하도록 규정하고 있는데, 위 법률조항의 문언 및 체계, 입법 취지 등에 비추어, 아동·청소년이 이미 성매매 의사를 가지고 있었던 경우에도 그러한 아동·청소년에게 금품이나 그 밖의 재산상 이익, 직무·편의제공 등 대가를 제공하거나 약속하는 등의 방법으로 성을 팔도록 권유하는 행위도 위 규정에서 말하는 '성을 팔도록 권유하는 행위'에 포함된다고 보아야 한다.

제3항은 성적 행위에 대한 분별력이 완성되었다고 보기 어렵거나 부족하다고 할 수 있는 16세 미만이나 장애 아동·청소년에 대한 보호를 강화하기 위하여 최근에 신설된 규정으로, 16세 미만의 아동·청소년 및 장애 아동·청소년을 대상으로 제1항 또는 제2항의 죄를 범한 경우 그 죄에 정한 형의 2분의 1까지 가중처벌하도록 하고 있다.

4. 아동·청소년에 대한 강요행위 등(제14조)

제14조 (아동·청소년에 대한 강요행위 등) ① 다음 각 호의 어느 하나에 해당하는 자는 5년 이상의 유기징역에 처한다.
1. 폭행이나 협박으로 아동·청소년으로 하여금 아동·청소년의 성을 사는 행위의 상대방이 되게 한 자
2. 선불금(先拂金), 그 밖의 채무를 이용하는 등의 방법으로 아동·청소년을 곤경에 빠뜨리거나 위계 또는 위력으로 아동·청소년으로 하여금 아동·청소년의 성을 사는 행위의 상대방이 되게 한 자
3. 업무·고용이나 그 밖의 관계로 자신의 보호 또는 감독을 받는 것을 이용하여 아동·청소년으로 하여금 아동·청소년의 성을 사는 행위의 상대방이 되게 한 자
4. 영업으로 아동·청소년을 아동·청소년의 성을 사는 행위의 상대방이 되도록 유인·권유한 자
② 제1항 제1호부터 제3호까지의 죄를 범한 자가 그 대가의 전부 또는 일부를 받거나 이를 요구 또는 약속한 때에는 7년 이상의 유기징역에 처한다.
③ 아동·청소년의 성을 사는 행위의 상대방이 되도록 유인·권유한 자는 7년 이하의 징역 또는 5천만원 이하의 벌금에 처한다.
④ 제1항과 제2항의 미수범은 처벌한다.

본법 제14조의 '아동·청소년에 대한 강요행위 등'에서는 제1항에서 제1호) 폭행이나 협박으로 아동·청소년으로 하여금 아동·청소년의 성을 사는 행위의 상대방이 되게 한 자, 제2호) 선불금(先拂金), 그 밖의 채무를 이용하는 등의 방법으로 아동·청소년을 곤경에 빠뜨리거나 위계 또는 위력으로 아동·청소년으로 하여금 아동·청소년의 성을 사는 행위의 상대방이 되게 한 자, 제3호) 업무·고용이나 그 밖의 관계로 자신의 보호 또는 감독을 받는 것을 이용하여 아동·청소년으로 하여금 아동·청소년의 성을 사는 행위의 상대방이 되게 한 자, 제4호) 영업으로 아동·청소년을 아동·청소년의 성을 사는 행위의 상대방이 되도록 유인·권유한 자는 '5년 이상의 유기징역'으로 처벌하고 있다. 여기서 '성을 사는 행위의 상대방이 되게 한 자'는 행위자가 직접 성매매의 당사자가 되는 것이 아니라 아동·청소년이 다른 사람의 성매수 대상이 되도록 하는 것을 의미한다.

제2항에서는 제1항 제1호부터 제3호까지의 죄를 범한 자가 그 대가의 전부

또는 일부를 받거나 이를 요구 또는 약속한 때에는 '7년 이상의 유기징역'으로 처벌하고, 제3항에서는 아동·청소년의 성을 사는 행위의 상대방이 되도록 유인·권유한 자를 '7년 이하의 징역 또는 5천만원 이하의 벌금'으로 처벌하고 있다. 제1항과 제2항의 미수범은 처벌한다.

5. 알선영업행위 등(제15조)

제15조 (알선영업행위 등) ① 다음 각 호의 어느 하나에 해당하는 자는 7년 이상의 유기징역에 처한다.
1. 아동·청소년의 성을 사는 행위의 장소를 제공하는 행위를 업으로 하는 자
2. 아동·청소년의 성을 사는 행위를 알선하거나 정보통신망에서 알선정보를 제공하는 행위를 업으로 하는 자
3. 제1호 또는 제2호의 범죄에 사용되는 사실을 알면서 자금·토지 또는 건물을 제공한 자
4. 영업으로 아동·청소년의 성을 사는 행위의 장소를 제공·알선하는 업소에 아동·청소년을 고용하도록 한 자
② 다음 각 호의 어느 하나에 해당하는 자는 7년 이하의 징역 또는 5천만원 이하의 벌금에 처한다.
1. 영업으로 아동·청소년의 성을 사는 행위를 하도록 유인·권유 또는 강요한 자
2. 아동·청소년의 성을 사는 행위의 장소를 제공한 자
3. 아동·청소년의 성을 사는 행위를 알선하거나 정보통신망에서 알선정보를 제공한 자
4. 영업으로 제2호 또는 제3호의 행위를 약속한 자
③ 아동·청소년의 성을 사는 행위를 하도록 유인·권유 또는 강요한 자는 5년 이하의 징역 또는 3천만원 이하의 벌금에 처한다.

본법 제15조의 '알선영업행위 등'에서는 제1호) 아동·청소년의 성을 사는 행위의 장소를 제공하는 행위를 업으로 하는 자, 제2호) 아동·청소년의 성을 사는 행위를 알선하거나 정보통신망에서 알선정보를 제공하는 행위를 업으로 하는 자, 제3호) 제1호 또는 제2호의 범죄에 사용되는 사실을 알면서 자금·토지 또는 건물을 제공한 자, 제4호) 영업으로 아동·청소년의 성을 사는 행위의 장소를 제공·알선하는 업소에 아동·청소년을 고용하도록 한 자를 '7년 이상의 유기징역'으로 처벌하고 있다.

제2항에서는 제1호) 영업으로 아동·청소년의 성을 사는 행위를 하도록 유인·권유 또는 강요한 자, 제2호) 아동·청소년의 성을 사는 행위의 장소를 제공한 자, 제3호) 아동·청소년의 성을 사는 행위를 알선하거나 정보통신망에서 알선정보를 제공한 자, 제4호) 영업으로 제2호 또는 제3호의 행위를 약속한 자를 '7년 이하의 징역 또는 5천만원 이하의 벌금'으로 처벌하고 있다. 제3항은 아동·청소년의 성을 사는 행위를 하도록 유인·권유 또는 강요한 자를 '5년 이하의 징역 또는 3천만원 이하의 벌금'으로 처벌하고 있다.

6. 피해자 등에 대한 강요행위(제16조)

제16조 (피해자 등에 대한 강요행위)   폭행이나 협박으로 아동·청소년대상 성범죄의 피해자 또는 「아동복지법」 제3조 제3호에 따른 보호자를 상대로 합의를 강요한 자는 7년 이하의 유기징역에 처한다.

본법 제16조의 '피해자 등에 대한 강요행위'에서는 폭행이나 협박으로 아동·청소년대상 성범죄의 피해자 또는 아동복지법 제3조 제3호에 따른 보호자를 상대로 합의를 강요한 자를 '7년 이하의 유기징역'으로 처벌하고 있다.

Ⅳ. 기타 규정

1. 형법상 감경규정에 관한 특례(제19조)

음주 또는 약물로 인한 심신장애 상태에서 본법의 아동·청소년대상 성폭력범죄를 범한 때에는 형법 제10조 제1항·제2항 및 제11조를 "적용하지 아니할 수 있다"라는 특례를 두고 있다. 이는 형법 제10조 제1항에서 심신상실자에 대해 책임조각으로 불벌하는 규정이나 동조 제2항에서 심신미약자에 대해 필요적 감경을 하는 규정을 적용하지 아니할 수 있다는 의미인 바, 즉 책임조각이나 감경 규정의 적용 없이 원래의 법정형으로 처벌할 수 있다. 형법 제11조에 해당하는 농아자의 경우에도 필요적 감경 규정을 적용하지 않고 원래의 법정형으로 처벌할 수 있는 것이다.

형법 제10조 (심신장애인) ① 심신장애로 인하여 사물을 변별할 능력이 없거나 의사를 결정할 능력이 없는 자의 행위는 <u>벌하지 아니한다</u>.
② 심신장애로 인하여 전항의 능력이 미약한 자의 행위는 <u>형을 감경할 수 있다</u>.
③ 위험의 발생을 예견하고 자의로 심신장애를 야기한 자의 행위에는 전 2항의 규정을 적용하지 아니한다.

형법 제11조 (청각 및 언어 장애인) 듣거나 말하는 데 모두 장애가 있는 사람의 행위에 대해서는 형을 감경한다.

2. 공소시효에 관한 특례(제20조)

(1) 공소시효의 정지 및 연장(제1항, 제2항)

본법의 아동·청소년대상 성범죄에 있어서는 그 공소시효가 형사소송법 제252조 제1항에도 불구하고 해당 성범죄로 피해를 당한 아동·청소년이 성년에 달한 날 부터 진행한다(제20조 제1항). 한편 본법 제7조의 죄에 있어서는 디엔에이(DNA)증 거 등 그 죄를 증명할 수 있는 과학적인 증거가 있는 때에는 공소시효가 10년 연 장된다(동조 제2항).

(2) 공소시효의 적용배제(제3항, 제4항)

나아가 13세 미만의 사람 및 신체적인 또는 정신적인 장애가 있는 사람에 대 하여 ① 형법 제297조(강간), 제298조(강제추행), 제299조(준강간, 준강제추행), 제301 조(강간등 상해·치상), 제301조의2(강간등 살인·치사)의 죄 또는 제305조(미성년자에 대 한 간음, 추행)의 죄 ② 제9조 및 제10조의 죄, ③ 성폭력범죄의 처벌 등에 관한 특 례법 제6조 제2항, 제7조 제2항 및 제5항, 제8조, 제9조의 죄를 범한 경우에는 공 소시효를 적용하지 아니한다. 또한, ① 형법 제301조의2(강간등 살인·치사)의 죄(강 간등 살인에 한정한다), ② 제10조 제1항의 죄, ③ 성폭력범죄의 처벌 등에 관한 특 례법 제9조 제1항의 죄에 대하여도 공소시효의 적용을 배제하고 있다.[118]

---

118) 본법 제20조에 동일한 내용이 성폭력처벌법 제21조에 규정되어 있다. **성폭력처벌법 제21조 (공소시효에 관한 특례)** ① 미성년자에 대한 성폭력범죄의 공소시효는 「형사소송법」 제 252조 제1항 및 「군사법원법」 제294조 제1항에도 불구하고 해당 성폭력범죄로 피해를 당한 미성년자가 성년에 달한 날부터 진행한다. ② 제2조 제3호 및 제4호의 죄와 제3조부터

제9조까지의 죄는 디엔에이(DNA)증거 등 그 죄를 증명할 수 있는 과학적인 증거가 있는 때에는 공소시효가 10년 연장된다. ③ 13세 미만의 사람 및 신체적인 또는 정신적인 장애가 있는 사람에 대하여 다음 각 호의 죄를 범한 경우에는 제1항과 제2항에도 불구하고 「형사소송법」 제249조부터 제253조까지 및 「군사법원법」 제291조부터 제295조까지에 규정된 공소시효를 적용하지 아니한다. 1. 「형법」 제297조(강간), 제298조(강제추행), 제299조(준강간, 준강제추행), 제301조(강간등 상해·치상) 또는 제301조의2(강간등 살인·치사)의 죄 2. 제6조 제2항, 제7조 제2항, 제8조, 제9조의 죄 3. 「아동·청소년의 성보호에 관한 법률」 제9조 또는 제10조의 죄 ④ 다음 각 호의 죄를 범한 경우에는 제1항과 제2항에도 불구하고 「형사소송법」 제249조부터 제253조까지 및 「군사법원법」 제291조부터 제295조까지에 규정된 공소시효를 적용하지 아니한다. 1. 「형법」 제301조의2(강간등 살인·치사)의 죄(강간등 살인에 한정한다) 2. 제9조 제1항의 죄 3. 「아동·청소년의 성보호에 관한 법률」 제10조 제1항의 죄 4. 「군형법」 제92조의8의 죄(강간 등 살인에 한정한다)

제3절 | 관련판례

○ 제7조(아동·청소년에 대한 강간·강제추행 등)

1. 청소년의 성보호에 관한 법률에서 말하는 '위력'의 의미 및 위력 행사 여부의 판단 방법 (대법원 2008. 7. 24. 선고 2008도4069)

청소년의 성보호에 관한 법률 위반(청소년강간등)죄는 '위계 또는 위력으로써 여자 청소년을 간음하거나 청소년에 대하여 추행한' 것인바, 이 경우 위력이라 함은 피해자의 자유의사를 제압하기에 충분한 세력을 말하고, 유형적이든 무형적이든 묻지 않으므로 폭행·협박뿐 아니라 행위자의 사회적·경제적·정치적인 지위나 권세를 이용하는 것도 가능하며, '위력으로써' 간음 또는 추행한 것인지 여부는 행사한 유형력의 내용과 정도 내지 이용한 행위자의 지위나 권세의 종류, 피해자의 연령, 행위자와 피해자의 이전부터의 관계, 그 행위에 이르게 된 경위, 구체적인 행위 태양, 범행 당시의 정황 등 제반 사정을 종합적으로 고려하여 판단하여야 한다(대법원 1998. 1. 23. 선고 97도2506 판결, 2008. 2. 15. 선고 2007도11013 등 참조).

⇒ 체구가 큰 만 27세 남자가 만 15세(48kg)인 피해자의 거부 의사에도 불구하고, 성교를 위하여 피해자의 몸 위로 올라간 것 외에 별다른 유형력을 행사하지는 않은 사안에서, 청소년의 성보호에 관한 법률상 '위력에 의한 청소년 강간죄'의 성립을 인정한 사례

2. 피고인(15세)이 공범 甲과 어린 학생들을 상대로 금품을 빼앗을 것을 공모한 후, 길에서 만난 乙(여, 14세)을 ○○아파트로 유인한 다음 甲으로 하여금 밖에서 기다리게 한 후 乙을 위 아파트 23층에 있는 엘리베이터 기계실 앞으로 데리고 가 지갑을 강취하였고, 곧이어 乙을 강간하려 하였으나 乙이 반항하여 미수에 그쳤다는 성폭력범죄의 처벌 등에 관한 특례법 위반(특수강도강간등)의 공소사실에 대하여, 위 공소사실 중 '특수강도'(합동강도) 부분에 대하여는 형법상 공갈죄의 공동정범을 인정하고, 한편 '강간미수' 부분에 대하여는 아동·청소년의 성보호에 관한 법률 위반(강간등)죄를 인정한 사례 (서울중앙지법 2010. 10. 15. 선고 2010고합815)

피고인(15세)이 공범 甲과 어린 학생들을 상대로 금품을 빼앗을 것을 공모한 후, 길에서 만난 乙(여, 14세)을 ○○아파트로 유인한 다음 甲으로 하여금 밖에서 기다리게 한 후 乙을 위 아파트 23층에 있는 엘리베이터 기계실 앞으로 데리고 가 지갑을 강취하

였고, 곧이어 乙을 강간하려 하였으나 乙이 반항하여 미수에 그쳤다는 성폭력범죄의 처벌 등에 관한 특례법 위반(특수강도강간등)의 공소사실에 대하여, 위 공소사실 중 '특수강도'(합동강도)부분에 대하여는 피고인이 乙에게 한 폭행이나 협박이 乙을 외포하게 하는 정도에 그치지 않고 그 반항을 억압하거나 항거를 불능하게 할 정도였다고 보기는 어렵고, 공범 甲이 위 범행현장에서 실행행위를 분담하여 피고인이 乙로부터 지갑을 빼앗는 행위에 시간적 · 장소적으로 협동하였다고 볼 수는 없다는 이유로 이의 성립을 부정하면서 형법상 공갈죄의 공동정범을 인정하고, 한편 '강간미수' 부분에 대하여는 피고인에게 위 범행 당시 강간의 고의가 있었다고 추단하기 어렵다는 이유로 이의 성립을 배척하면서 아동 · 청소년의 성보호에 관한 법률 위반(강간등)죄를 인정한 사례

⇒ 피고인(15세)이 ○○아파트 23층에 있는 엘리베이터 기계실 앞에서 乙(여, 14세)을 강간하려다 미수에 그친 후 계단을 내려가면서 자리를 비우자, 위 강간미수 범행으로 인해 공포에 휩싸인 乙이 피고인이나 공범 甲에 의한 추가 강간피해를 모면하기 위하여 위 23층 창문을 열고 뛰어내림으로써 乙을 사망에 이르게 하였다는 강간치사의 공소사실에 대하여, 피고인이 乙에게 가한 폭행 · 협박의 정도가 성폭력범죄의 수단으로서는 그다지 중하지 않았던 점, 乙이 23층에서 뛰어내릴 당시 乙은 이미 급박한 위해상태에서 벗어나 있었던 점, 乙이 ○○아파트 밖에서 기다리고 있던 공범 甲에 의한 추가 범행을 우려한 나머지 이를 피하기 위해 23층 창문을 통하여 도망하려 하였다고 보기도 어려운 점, 乙의 사망은 어린 소녀인 乙이 피고인으로부터 강제추행을 당한 후 그로 인한 극도의 수치심과 절망감을 이기지 못하고 투신자살한 결과일 가능성을 배제할 수 없는 점 등에 비추어, 피고인으로서는 위 乙이 피고인이나 甲으로부터 추가로 당할 수도 있는 강간을 모면하기 위하여 23층에서 뛰어내려 사망에 이르리라고는 예견할 수 없었다고 보는 것이 경험칙에 부합한다는 이유로 강간치사죄의 성립을 부정한 사례

---

3. **강제추행죄에서 '폭행'의 형태와 정도 및 '추행'의 의미와 판단 기준 /추행의 고의로 폭행행위를 하여 실행행위에 착수하였으나 추행의 결과에 이르지 못한 경우, 강제추행미수죄가 성립하는지 여부 [적극] 및 이러한 법리는 폭행행위 자체가 추행행위라고 인정되는 '기습추행'의 경우에도 마찬가지로 적용되는지 여부 [적극] (대법원 2015. 9. 10. 선고 2015도6980, 2015모2524)**

강제추행죄는 상대방에 대하여 폭행 또는 협박을 가하여 항거를 곤란하게 한 뒤에 추행행위를 하는 경우뿐만 아니라 폭행행위 자체가 추행행위라고 인정되는 경우도 포함되며, 이 경우의 폭행은 반드시 상대방의 의사를 억압할 정도의 것일 필요는 없다. 추행

은 객관적으로 일반인에게 성적 수치심이나 혐오감을 일으키게 하고 선량한 성적 도덕
관념에 반하는 행위로서 피해자의 성적 자유를 침해하는 것을 말하며, 이에 해당하는지
는 피해자의 의사, 성별, 연령, 행위자와 피해자의 이전부터의 관계, 행위에 이르게 된
경위, 구체적 행위태양, 주위의 객관적 상황과 그 시대의 성적 도덕관념 등을 종합적으
로 고려하여 신중히 결정되어야 한다.

그리고 추행의 고의로 상대방의 의사에 반하는 유형력의 행사, 즉 폭행행위를 하여
실행행위에 착수하였으나 추행의 결과에 이르지 못한 때에는 강제추행미수죄가 성립하
며, 이러한 법리는 폭행행위 자체가 추행행위라고 인정되는 이른바 '기습추행'의 경우에
도 마찬가지로 적용된다.

⇒ 피고인이 밤에 술을 마시고 배회하던 중 버스에서 내려 혼자 걸어가는 피해자 甲을
발견하고 마스크를 착용한 채 뒤따라가다가 인적이 없고 외진 곳에서 가까이 접근
하여 껴안으려 하였으나, 甲이 뒤돌아보면서 소리치자 그 상태로 몇 초 동안 쳐다보
다가 다시 오던 길로 되돌아갔다고 하여 아동·청소년의 성보호에 관한 법률 위반으
로 기소된 사안에서, 피고인의 행위가 아동·청소년에 대한 강제추행미수죄에 해당
한다고 한 사례

4. [1] 형법 제302조의 위계에 의한 미성년자간음죄에 있어서 위계의 의미 [2] 청소년에
게 성교의 대가로 돈을 주겠다고 거짓말한 행위가 청소년의성보호에관한법률 제10조
제4항 소정의 위계에 해당하지 아니한다고 본 사례 (대법원 2001. 12. 24. 선고 2001
도5074)

형법 제302조의 위계에 의한 미성년자간음죄에 있어서 위계라 함은 행위자가 간음의
목적으로 상대방에게 오인, 착각, 부지를 일으키고는 상대방의 그러한 심적 상태를 이
용하여 간음의 목적을 달성하는 것을 말하는 것이고, 여기에서 오인, 착각, 부지란 간음
행위 자체에 대한 오인, 착각, 부지를 말하는 것이지, 간음행위와 불가분적 관련성이 인
정되지 않는 다른 조건에 관한 오인, 착각, 부지를 가리키는 것은 아니다.

⇒ <u>피고인이 청소년에게 성교의 대가로 돈을 주겠다고 거짓말하고 청소년이 이에 속아
피고인과 성교행위를 하였다고 하더라도</u>, 사리판단력이 있는 청소년에 관하여는 그
러한 금품의 제공과 성교행위 사이에 불가분의 관련성이 인정되지 아니하는 만큼 이
로 인하여 청소년이 간음행위 자체에 대한 착오에 빠졌다거나 이를 알지 못하였
다고 할 수 없다는 이유로 피고인의 행위가 청소년의성보호에관한법률 제10조 제4
항 소정의 위계에 해당하지 아니한다고 본 사례

○ 제11조(아동·청소년성착취물의 제작·배포 등)

5. 아동·청소년을 이용한 음란물 제작을 처벌하는 이유 및 아동·청소년의 동의가 있다거나 개인적인 소지·보관을 1차적 목적으로 제작하더라도 아동·청소년의 성보호에 관한 법률 제11조 제1항의 '아동·청소년이용음란물의 제작에 해당하는지 여부 [적극] / 직접 아동·청소년의 면전에서 촬영행위를 하지 않았더라도 아동·청소년이용음란물을 만드는 것을 기획하고 타인으로 하여금 촬영행위를 하게 하거나 만드는 과정에서 구체적인 지시를 한 경우, 아동·청소년이용음란물 '제작'에 해당하는지 여부 [원칙적 적극]와 그 기수 시기(=촬영을 마쳐 재생이 가능한 형태로 저장된 때) 및 이러한 법리는 아동·청소년으로 하여금 스스로 자신을 대상으로 하는 음란물을 촬영하게 한 경우에도 마찬가지인지 여부 [적극] (대법원 2018. 9. 13. 선고 2018도9340)

아동·청소년의 성보호에 관한 법률(이하 '청소년성보호법'이라 한다)의 입법목적은 아동·청소년을 대상으로 성적 행위를 한 자를 엄중하게 처벌함으로써 성적 학대나 착취로부터 아동·청소년을 보호하고 아동·청소년이 책임 있고 건강한 사회구성원으로 성장할 수 있도록 하려는 데 있다. 아동·청소년이용음란물은 직접 피해자인 아동·청소년에게는 치유하기 어려운 정신적 상처를 안겨줄 뿐만 아니라, 이를 시청하는 사람들에게까지 성에 대한 왜곡된 인식과 비정상적 가치관을 조장한다. 따라서 아동·청소년을 이용한 음란물 '제작'을 원천적으로 봉쇄하여 아동·청소년을 성적 대상으로 보는 데서 비롯되는 잠재적 성범죄로부터 아동·청소년을 보호할 필요가 있다. 특히 인터넷 등 정보통신매체의 발달로 음란물이 일단 제작되면 제작 후 제작자의 의도와 관계없이 언제라도 무분별하고 무차별적으로 유통에 제공될 가능성이 있다. 이러한 점에 아동·청소년을 이용한 음란물 제작을 처벌하는 이유가 있다. 그러므로 <u>아동·청소년의 동의가 있다거나 개인적인 소지·보관을 1차적 목적으로 제작하더라도 청소년성보호법 제11조 제1항의 '아동·청소년이용음란물의 제작'에 해당한다고 보아야 한다. 피고인이 직접 아동·청소년의 면전에서 촬영행위를 하지 않았더라도 아동·청소년이용음란물을 만드는 것을 기획하고 타인으로 하여금 촬영행위를 하게 하거나 만드는 과정에서 구체적인 지시를 하였다면, 특별한 사정이 없는 한 아동·청소년이용음란물 '제작'에 해당한다. 이러한 촬영을 마쳐 재생이 가능한 형태로 저장이 된 때에 제작은 기수에 이르고 반드시 피고인이 그와 같이 제작된 아동·청소년이용음란물을 재생하거나 피고인의 기기로 재생할 수 있는 상태에 이르러야만 하는 것은 아니다. 이러한 법리는 피고인이 아동·청소년으로 하여금 스스로 자신을 대상으로 하는 음란물을 촬영하게 한 경우에도 마찬가지이다.</u>

○ 제12조(아동 · 청소년의 매매행위)

6. 아동복지법상 아동매매죄는 대가를 받고 아동의 신체를 인계 · 인수함으로써 성립하는 지 여부(적극) 및 아동이 명시적인 반대 의사를 표시하지 아니하거나 동의 · 승낙의 의 사를 표시하였다는 사정이 아동매매죄 성립에 영향을 미치는지 여부 [소극] (대법원 2015. 8. 27. 선고 2015도6480)

아동복지법 제17조 제1호의 '아동을 매매하는 행위'는 '보수나 대가를 받고 아동을 다른 사람에게 넘기거나 넘겨받음으로써 성립하는 범죄'로서, '아동'은 같은 법 제3조 제1호에 의하면 18세 미만인 사람을 말한다.

아동은 아직 가치관과 판단능력이 충분히 형성되지 아니하여 자기결정권을 자발적이고 진지하게 행사할 것을 기대하기가 어렵고, 자신을 보호할 신체적 · 정신적 능력이 부족할 뿐 아니라, 보호자 없이는 사회적 · 경제적으로 매우 취약한 상태에 있으므로, 이러한 처지에 있는 아동을 마치 물건처럼 대가를 받고 신체를 인계 · 인수함으로써 아동매매죄가 성립하고, 설령 위와 같은 행위에 대하여 아동이 명시적인 반대 의사를 표시하지 아니하거나 더 나아가 동의 · 승낙의 의사를 표시하였다 하더라도 이러한 사정은 아동매매죄의 성립에 아무런 영향을 미치지 아니한다.

○ 제13조(아동 · 청소년의 성을 사는 행위)

7. 이미 성매매 의사를 가지고 있었던 아동 · 청소년에게 성을 팔도록 권유하는 행위도 아 동 · 청소년의 성보호에 관한 법률 제10조 제2항에서 정한 '성을 팔도록 권유하는 행위' 에 포함되는지 여부 [적극] (대법원 2011. 11. 10. 선고 2011도3934)

아동 · 청소년의 성보호에 관한 법률 제10조 제2항은 '아동 · 청소년의 성을 사기 위하여 아동 · 청소년을 유인하거나 성을 팔도록 권유한 자'를 처벌하도록 규정하고 있는데, 위 법률조항의 문언 및 체계, 입법 취지 등에 비추어, 아동 · 청소년이 이미 성매매 의사를 가지고 있었던 경우에도 그러한 아동 · 청소년에게 금품이나 그 밖의 재산상 이익, 직무 · 편의제공 등 대가를 제공하거나 약속하는 등의 방법으로 성을 팔도록 권유하는 행위도 위 규정에서 말하는 '성을 팔도록 권유하는 행위'에 포함된다고 보아야 한다.

⇒ 피고인이 인터넷 채팅사이트를 통하여, 이미 성매매 의사를 가지고 성매수자를 물색하고 있던 청소년 甲과 성매매 장소, 대가 등에 관하여 구체적 합의에 이른 다음 약속장소 인근에 도착하여 甲에게 전화로 요구 사항을 지시한 사안에서, 피고인의 행위가 아동 · 청소년의 성보호에 관한 법률 제10조 제2항에서 정한 '아동 · 청소년에게 성을 팔도록 권유하는 행위'에 해당한다고 본 원심판단을 수긍한 사례

○ 제15조(알선영업행위 등)

8. 아동 · 청소년의 성을 사는 행위를 알선하는 행위를 업으로 하여 아동 · 청소년의 성보
호에 관한 법률 제15조 제1항 제2호의 위반죄가 성립하기 위하여, 알선행위로 아동 ·
청소년의 성을 사는 행위를 한 사람이 행위의 상대방이 아동 · 청소년임을 인식하여야
하는지 여부 [소극] (대법원 2016. 2. 18. 선고 2015도15664)

아동 · 청소년의 성보호에 관한 법률(이하 '청소년성보호법'이라고 한다)은 성매매의
대상이 된 아동 · 청소년을 보호 · 구제하려는 데 입법 취지가 있고, 청소년성보호법에서
'아동 · 청소년의 성매매 행위'가 아닌 '아동 · 청소년의 성을 사는 행위'라는 용어를 사용
한 것은 아동 · 청소년은 보호대상에 해당하고 성매매의 주체가 될 수 없어 아동 · 청소
년의 성을 사는 사람을 주체로 표현한 것이다. 그리고 아동 · 청소년의 성을 사는 행위
를 알선하는 행위를 업으로 하는 사람이 알선의 대상이 아동 · 청소년임을 인식하면서
알선행위를 하였다면, 알선행위로 아동 · 청소년의 성을 사는 행위를 한 사람이 행위의
상대방이 아동 · 청소년임을 인식하고 있었는지는 알선행위를 한 사람의 책임에 영향을
미칠 이유가 없다.

따라서 아동 · 청소년의 성을 사는 행위를 알선하는 행위를 업으로 하여 청소년성보
호법 제15조 제1항 제2호의 위반죄가 성립하기 위해서는 알선행위를 업으로 하는 사람
이 아동 · 청소년을 알선의 대상으로 삼아 그 성을 사는 행위를 알선한다는 것을 인식하
여야 하지만, 이에 더하여 알선행위로 아동 · 청소년의 성을 사는 행위를 한 사람이 행
위의 상대방이 아동 · 청소년임을 인식하여야 한다고 볼 수는 없다.

9. 아동 · 청소년의 성을 사는 행위를 알선하는 행위를 업으로 하여 아동 · 청소년의 성보
호에 관한 법률 제15조 제1항 제2호의 위반죄가 성립하기 위하여, 알선행위로 아동 ·
청소년의 성을 사는 행위를 한 사람이 행위의 상대방이 아동 · 청소년임을 인식하여야
하는지 여부 [소극] (대법원 2016. 2. 18. 선고 2015도15664)

아동 · 청소년의 성보호에 관한 법률(이하 '청소년성보호법'이라고 한다)은 성매매의
대상이 된 아동 · 청소년을 보호 · 구제하려는 데 입법 취지가 있고, 청소년성보호법에서
'아동 · 청소년의 성매매 행위'가 아닌 '아동 · 청소년의 성을 사는 행위'라는 용어를 사용
한 것은 아동 · 청소년은 보호대상에 해당하고 성매매의 주체가 될 수 없어 아동 · 청소
년의 성을 사는 사람을 주체로 표현한 것이다. 그리고 아동 · 청소년의 성을 사는 행위
를 알선하는 행위를 업으로 하는 사람이 알선의 대상이 아동 · 청소년임을 인식하면서
알선행위를 하였다면, 알선행위로 아동 · 청소년의 성을 사는 행위를 한 사람이 행위의
상대방이 아동 · 청소년임을 인식하고 있었는지는 알선행위를 한 사람의 책임에 영향을

미칠 이유가 없다.

따라서 아동·청소년의 성을 사는 행위를 알선하는 행위를 업으로 하여 청소년성보호법 제15조 제1항 제2호의 위반죄가 성립하기 위해서는 알선행위를 업으로 하는 사람이 아동·청소년을 알선의 대상으로 삼아 그 성을 사는 행위를 알선한다는 것을 인식하여야 하지만, 이에 더하여 알선행위로 아동·청소년의 성을 사는 행위를 한 사람이 행위의 상대방이 아동·청소년임을 인식하여야 한다고 볼 수는 없다.

10. 구 아동·청소년의 성보호에 관한 법률 제2조 제5호의 '아동·청소년으로 인식될 수 있는 사람이 등장하는 아동·청소년이용음란물'인지 판단하는 기준 (대법원 2014. 9. 24. 선고 2013도4503)

국가형벌권의 자의적인 행사로부터 개인의 자유와 권리를 보호하기 위하여 형벌법규는 엄격히 해석되어야 하고 명문의 형벌법규의 의미를 피고인에게 불리한 방향으로 지나치게 확장해석하거나 유추해석하는 것은 죄형법정주의 원칙에 어긋나는 것으로 허용되지 않는 점, 구 아동·청소년의 성보호에 관한 법률(2012. 12. 18. 법률 제11572호로 전부 개정되기 전의 것, 이하 '구 아청법'이라고 한다) 제2조 제5호의 아동·청소년이용음란물 정의 규정 중 '아동·청소년으로 인식될 수 있는 사람이나 표현물'이라는 문언이 다소 모호한 측면이 있고, 일선 수사기관의 자의적 판정으로 뜻하지 않게 처벌의 범위가 지나치게 넓어질 우려가 있게 되자, 그 의미를 분명히 하기 위해서 2012. 12. 18. 법률 제11572호로 구 아청법을 개정하면서 '명백하게'라는 문구를 추가하여 '아동·청소년으로 명백하게 인식될 수 있는 사람이나 표현물'이라고 규정한 점 등 구 아청법의 입법목적과 개정 연혁, 그리고 법 규범의 체계적 구조 등에 비추어보면, 구 아청법 제2조 제5호의 '아동·청소년으로 인식될 수 있는 사람이 등장하는 아동·청소년이용음란물'이라고 하기 위해서는 주된 내용이 아동·청소년의 성교행위 등을 표현하는 것이어야 할 뿐만 아니라, 등장인물의 외모나 신체발육 상태, 영상물의 출처나 제작 경위, 등장인물의 신원 등에 대하여 주어진 여러 정보 등을 종합적으로 고려하여 사회 평균인의 시각에서 객관적으로 관찰할 때 외관상 의심의 여지없이 명백하게 아동·청소년으로 인식되는 경우라야 하고, 등장인물이 다소 어려 보인다는 사정만으로 쉽사리 '아동·청소년으로 인식될 수 있는 사람이 등장하는 아동·청소년이용음란물'이라고 단정해서는 아니 된다.

제8장

특별형법

교통사고처리 특례법

제8장

교통사고처리 특례법

제1절 | 법 개관

Ⅰ. 입법취지 및 제정경위

　　현행 「교통사고처리 특례법(이하 '교특법'이라 약칭함)」은 1981년 12월 31일 자동차의 운전이 국민생활의 기본요소로 되어가는 현실에 부응하여 교통사고를 일으킨 운전자에 대한 형사처벌 등의 특례를 정함으로써 교통사고로 인한 피해의 신속한 회복을 촉진하고 국민생활의 편익을 증진하려는 취지로 제정되었다. 입법 당시의 주요 내용으로는 첫째, 자동차등의 운전자가 업무상과실 또는 중대한 과실로 사람을 상해하거나 타인의 재물을 손괴한 경우 신호위반·중앙선침범·무면허운전·주취운전 등으로 인한 사고를 제외하고는 피해자의 의사에 반하여 당해 운전자를 처벌할 수 없도록 하고, 둘째, 교통사고를 일으킨 자동차 등의 교통사고로 인한 피해에 대한 손해배상금 전액을 보상하는 보험 또는 공제에 가입된 때에는 피해자로부터 처벌을 원하지 아니하는 의사가 있는 것으로 보아 당해 교통사고를 일으킨 운전자를 처벌하지 아니하도록 하며, 셋째, 허위의 보험 또는 공제가입에 관한 증명서류를 발급하거나 이를 행사한 자에 대하여 3년 이하의 징역 또는 300만원 이하의 벌금에 처하도록 하였다.

Ⅱ. 개정 연혁

교특법은 1981년에 제정된 이후, 2016년 12월 2일 개정된 현행법까지 총 6차례의 개정이 있었다. 그중 단순 용어순화와 표현 개선을 내용으로 하는 5차 개정을 제외한 교특법 개정의 주요 내용은 아래와 같다.

1. 1차 개정(1993년 6월 11일, 법률 제4548호)

1차 개정은 1981년 법 제정 당시에 비하여 자동차의 급격한 증가와 도로의 확충 등 교통여건이 변화되었고, 또한 종래에는 종합보험이나 공제에 가입되어 있으면 피해자가 사망한 경우 또는 도주차량의 경우와 중앙선침범 등 8개 예외조항 해당사고가 아닌 한 형사처벌을 면제하게 되어 있어 운전자의 교통사고방지의식이 약화되어 높은 교통사고률의 한 원인이 되어 왔으므로 공소권 면제의 예외범위를 합리적으로 조정함으로써 변화된 교통여건에 효율적으로 대처하고 교통사고 방지기능을 강화하려는 취지의 개정이다. 구체적인 내용은 첫째, 법적용 대상인 차의 범위에 중기를 포함시키고, 중기로 인한 교통사고에 대하여서도 이 법이 적용됨을 명시하였고, 둘째, 업무상과실치상죄 또는 중과실치상죄에 대하여 공소권을 면제하는 예외사유에 무면허중기조종사고·보도침범사고 및 개문발차사고 등 3개 사항을 신설 추가하였다.

2. 2차 개정(1996년 8월 14일, 법률 제5157호)

2차 개정은 1981년 현행 교통사고처리 특례법이 제정된 이후 경제·사회적 여건 변화에 따라 벌금형의 상한을 인상하여 현실화하고, 형법의 개정(1995. 12. 29. 법률 제5057호)에 따라 이 법의 법정형과 형법상의 법정형과의 균형을 도모하려는 취지의 개정이다.

3. 3차 개정(2007년 12월 21일, 법률 제8718호)

3차 개정은 어린이 보호구역 내 교통사고가 매년 증가추세에 있으나 어린이 보호구역 내에서의 교통사고에 대한 처벌수준이 미약하여 교통사고가 줄지 않고 있으며, 운전자의 안전의식도 미약하다고 판단됨에 따라 안전운전의무를 위반하여 어린이의 신체를 상해에 이르게 하는 교통사고가 난 경우 교통사고처리특례에서 제외하려는 취지의 개정이다.

4. 4차 개정(2010년 1월 25일, 법률 제9941호)

4차 개정은 교통사고를 일으킨 차가 종합보험 등에 가입되어 있는 경우에는 업무상과실 또는 중대한 과실로 인한 교통사고로 피해자가 중상해에 이르게 된 때에도 공소를 제기할 수 없도록 규정한 부분에 대하여 헌법재판소가 재판절차 진술권 및 중상해자와 사망자 사이의 평등권을 침해한다는 이유로 위헌결정[헌재 2009. 2. 26. 선고 2005헌마764, 2008헌마118(병합)]함에 따라, 이 경우 피해자가 형법 제258조 제1항 또는 제2항의 중상해에 이르게 된 때에는 공소를 제기할 수 있도록 정비하는 한편, 교통사고 야기자가 술에 취한 상태에서 자동차 등을 운전하였다고 인정할 만한 상당한 이유가 있음에도 경찰공무원의 음주측정요구에 불응할 경우 이 법상 음주운전 교통사고로 처벌할 수 없고 도로교통법상 음주측정거부로 가볍게 처벌할 수밖에 없어 국가의 법집행에 끝까지 불응한 사람이 가벼운 처벌을 받는 불합리한 결과를 초래하므로, 교통사고를 야기한 음주측정 거부자를 음주운전 사고 운전자와 동일하게 처벌함으로써 법집행의 형평성을 도모하려는 취지의 개정이다.

개정의 주요 내용은 다음과 같다. 첫째, 제3조 제2항 단서의 특례규정에 차의 운전자가 업무상과실치상죄 또는 중과실치상죄를 범하고 도로교통법 제44조 제2항을 위반하여 음주측정요구에 불응하는 경우에는 검사가 공소를 제기할 수 있도록 하였다(제3조 제2항 단서). 둘째, 교통사고 피해자가 신체의 상해로 인하여 생명에 대한 위험이 발생하거나 불구(不具) 또는 불치(不治)나 난치(難治)의 질병에 이르게 된 경우에는 검사가 공소를 제기할 수 있도록 하였다(제4조 제1항). 셋째, 영업주가 종업원 등에 대한 관리·감독상 주의의무를 다한 경우에는 처벌을 면하게 함으로써 양벌규정에도 책임주의 원칙이 관철되도록 하였다(제6조).

5. 6차 개정(2016년 12월 2일, 법률 제14277호)

6차 개정은 도로교통법에서 운전 중 자동차의 화물낙하를 방지하기 위해 필요한 조치를 하도록 규정하고 있음에도 불구하고, 자동차의 낙화물 발생건수는 고속도로에서만 연간 20만건 이상으로 집계되고 있으며, 이러한 낙화물은 다수의 교통사고의 원인이 되어 국민의 생명과 재산의 피해를 발생시키고 있다는 현실적인 문제에 대응하기 위하여, 자동차의 화물이 떨어지지 아니하도록 필요한 조치를 하지 아니하고 운전하여 업무상과실치상죄 또는 중과실치상죄를 범한 경우에는 피해자의 의사에 상관없이 공소를 제기할 수 있도록 하여 가해자에 대한 처벌을 강화하려는 것을 내용으로 하는 개정이다. 이에 따라 특례적용인 예외유형에 "자동차의 화물이 떨어지지 아니하도록 필요한 조치를 하지 아니하고 운전한 경우"를 신설하였다(제3조 제2항 제12호 신설).

제2절 ┃ 주요조문 해설

　현행 교특법은 전문 6개조 및 부칙으로 구성되어 있다.

　제1조(목적)에서는 "이 법은 업무상과실 또는 중대한 과실로 교통사고를 일으킨 운전자에 관한 형사처벌 등의 특례를 정함으로써 교통사고로 인한 피해의 신속한 회복을 촉진하고 국민생활의 편익을 증진함을 목적으로 한다."고 하여 이 법이 교통사고로 사람을 다치게(치상) 하거나 물건을 손괴한 경우에 대한 처벌의 특례한다는 취지를 명시하고 있다. 제2조에서는 이 법에서의 객체인 '차'와 '교통사고'에 대한 정의규정을 두고 있으며, 제3조에서는 (처벌의 특례)라는 표제 하에 이 법의 핵심적인 내용인 처벌의 특례의 내용과 특례의 예외인 대상을 열거하여 규정하고 있다. 제4조는 (보험 등에 가입된 경우의 특례)라는 표제 하에 이 법의 또 다른 주요 내용 중의 하나인 교통사고를 일으킨 차가 보험이나 공제에 가입된 경우에 대한 특례를 규정하고 있다.

　제5조와 제6조는 벌칙에 관한 규정으로, 제5조는 보험회사 등이 제4조의 보험가입여부에 관한 서면을 거짓으로 작성하거나 행사하는 경우를 처벌하는 규정이며 제6조는 제5조의 위반행위의 주체가 속한 법인에 대한 양벌규정이다.

Ⅰ. '차'와 '교통사고'의 정의

제2조 (정의)　이 법에서 사용하는 용어의 뜻은 다음과 같다. <개정 2011. 6. 8.>
1. "차"란 「도로교통법」 제2조 제17호 가목에 따른 차(車)와 「건설기계관리법」 제2조 제1항 제1호에 따른 건설기계를 말한다.
2. "교통사고"란 차의 교통으로 인하여 사람을 사상(死傷)하거나 물건을 손괴(損壞)하는 것을 말한다.
[전문개정 2011. 4. 12.]

1. 교특법상 '차'의 정의

교특법에서의 '차'는 도로교통법에 따른 '차'와 건설기계관리법에 따른 '건설기계'를 포괄하는 개념이다. 도로교통법에 의하면 '차'는 사람 또는 가축의 힘이나 그 밖의 동력에 의하여 도로에서 운전되는 것으로 철길, 가설된 선에 의한 것, 유모차, 장애인용 의자차를 제외한 것이다. 그러므로 원동기장치자전거, 경운기, 자전거, 우마차, 손수레 등은 '차'에 해당하지만, 항공기, 선박, 기차, 전동차, 케이블카 등은 '차'에 해당하지 않는다. 건설기계관리법상 '건설기계'란 건설공사에 사용할 수 있는 기계로서 불도저, 굴삭기, 로더, 지게차, 덤프트럭, 콘크리트믹서트럭 등의 건설용 중장비[119]들이 여기에 해당한다.

도로교통법 제2조(정의)　① 이 법에서 사용하는 용어의 뜻은 다음과 같다.

17. "차마"란 다음 각 목의 차와 우마를 말한다.

　　가. "차"란 다음의 어느 하나에 해당하는 것을 말한다.

　　　　1) 자동차

　　　　2) 건설기계

　　　　3) 원동기장치자전거

　　　　4) 자전거

　　　　5) 사람 또는 가축의 힘이나 그 밖의 동력(動力)으로 도로에서 운전되는 것. 다만, 철길이나 가설(架設)된 선을 이용하여 운전되는 것, 유모차와 행정안전부령으로 정하는 보행보조용 의자차는 제외한다.

건설기계관리법 제2조(정의 등)　① 이 법에서 사용하는 용어의 뜻은 다음과 같다.
<개정 2013. 3. 23., 2017. 1. 17.>

1. "건설기계"란 건설공사에 사용할 수 있는 기계로서 대통령령으로 정하는 것을 말한다.

2. 교특법상 교통사고의 정의

교특법은 '교통사고'를 차의 교통으로 인한 사람의 사상(死傷)이나 물건의 손괴(損壞)가 발생한 경우라고 정의한다. 여기서 교통이라 함은 차를 운전하는 행위

---

119) 정확한 건설기계의 종류는 건설기계관리법 시행령 제2조 별표 1에 규정되어 있다.

및 이에 밀접하게 관련된 행위를 포함하는 것이라고 할 수 있으며, 운전은 차 등을 사용하거나 조종하는 행위라고 할 수 있다. 이때 운전의 개념에는 차의 이동목적 달성을 위한 모든 행위를 의미하는 운전관련행위가 포함된다고 할 수 있는데, 유사운전, 타력주행, 승객 승하차 등의 행위가 여기에 포함되며, 사고에 인과관계가 있는 경우에는 주정차상태도 운전관련행위에 포함될 수 있다. 반면 이는 개념상 차의 의도적인 움직임을 전제로 하는 것이므로 차량이 정지한 상태에서 화물을 상하차하는 행위나 과실로 차를 발진케하는 행위는 운전관련행위에 포함될 수 없다.

[대법원 1996. 12. 20. 선고 96도2030] (주차도 운전관련행위에 포함될 수 있다는 사례)

　이 사건 사고가 일어난 곳이 관계 법령에 따라 주차가 금지된 장소가 아니라고 하더라도, 밤중에 도로의 가장자리에 자동차를 주차하는 피고인으로서는 미등과 차폭등을 켜 두어 다른 차의 운전자가 주차사실을 쉽게 식별할 수 있도록 하여야 함은 물론, 다른 교통에 장해가 되지 아니하도록 주차하여야 할 법령상의 의무가 있다고 할 것이고, 위 사고지점의 도로상황에 비추어 피해자 가 심야에 오토바이를 운전하여 진행하다가 사고지점에 이르러 원심력에 의하여 도로 우측으로 진행하면서 1차선이 2차선으로 넓어지기 시작하는 지점의 2차선상에 주차하여 있는 위 화물차를 미처 발견하지 못하고 위 망인의 우측 몸통이 위 화물차 좌측 후사경을 들이받게 된 것으로 볼 수 있으므로, 원심으로서는 과연 위 사고 당시 사고지점 주위에 설치된 가로등이 켜져 있어 전방의 장애물을 식별하기에 어려움이 없었는지를 더 심리하여 보는 등의 방법으로, 피고인이 미등과 차폭등을 켜지 아니하고 그 밖에 주차사실이 식별될 수 있는 다른 표지도 하지 아니하였기 때문에 위 망인이 위 화물차를 뒤늦게 발견하게 됨으로 말미암아 이 사건 사고가 일어난 것인지의 여부에 관하여 조금 더 상세하게 심리를 하였어야 할 것이다.

Ⅱ. 교통사고에 대한 특례규정

1. 교통사고로 형법상 업무상과실치상·중과실치상죄를 범한 운전자에 대한 특례

제3조 (처벌의 특례) ① 차의 운전자가 교통사고로 인하여 「형법」 제268조의 죄를 범한 경우에는 5년 이하의 금고 또는 2천만원 이하의 벌금에 처한다.
② 차의 교통으로 제1항의 죄 중 업무상과실치상죄(業務上過失致傷罪) 또는 중과실치상죄(重過失致傷罪)와 「도로교통법」 제151조의 죄를 범한 운전자에 대하여는 피해자의 명시적인 의사에 반하여 공소(公訴)를 제기할 수 없다.

(1) 교특법의 적용대상

교특법 제3조 제1항에 의하면 차의 운전자가 교통사고로 인하여 형법상 업무상 과실치사상죄나 중과실치사상죄를 범한 경우 5년 이하의 금고 또는 2천만원 이하의 벌금형으로 처벌된다. 동 조항은 형법 제268조와 법정형이 동일하여 처벌에 있어서의 특별규정으로서의 의미는 없다고 할 수 있다. 교특법 제3조 제1항은 교특법의 적용대상이 교통사고를 일으킨 차의 운전자임을 밝히고 있으며 따라서 교특법은 '차' 등을 사용, 조종하는 운전자에게만 적용된다고 할 수 있다.

[대법원 2017. 5. 31. 선고 2016도21034] **(운전자가 아닌 자에게는 교특법을 적용할 수 없다는 사례)**

교통사고처리 특례법 제1조는 업무상과실 또는 중대한 과실로 교통사고를 일으킨 운전자에 관한 형사처벌 등의 특례를 정함으로써 교통사고로 인한 피해의 신속한 회복을 촉진하고 국민생활의 편익을 증진함을 목적으로 한다고 규정하고 있고, 제4조 제1항 본문은 차의 교통으로 업무상과실치상죄 등을 범하였을 때 교통사고를 일으킨 차가 특례법 제4조 제1항에서 정한 보험 또는 공제에 가입된 경우에는 그 차의 운전자에 대하여 공소를 제기할 수 없다고 규정하고 있다. 따라서 <u>특례법 제4조 제1항 본문은 차의 운전자에 대한 공소제기의 조건을 정한 것이다.</u>
그리고 특례법 제2조 제2호는 '교통사고'란 차의 교통으로 인하여 사람을 사상하거나 물건을 손괴하는 것을 말한다고 규정하고 있는데, 여기서 '차의 교통'은 차량을 운전하는 행위 및 그와 동일하게 평가할 수 있을 정도로 밀접하게 관련된 행위를 모두 포함한다.

제1심은 판시와 같은 이유를 들어, (1) 이 사건 사고 당시 트럭이 완전히 정차되어 있었다 하더라도 이 사건 사고는 트럭의 이동과 정차 과정에서 발생한 것으로 특례법 제2조 제2호에서 정한 교통사고에 해당하며, 피고인 2는 위 트럭의 운전자로서, 피고인 1은 피고인 2와 공동하여, 교통사고로 인하여 형법 제268조의 죄를 범하였다고 인정한 다음, (2) 결국 이 사건 공소사실은 특례법 제3조 제1항에 해당하는 죄로서 특례법 제4조 제1항에 의하여 교통사고를 일으킨 차가 같은 항에서 정한 보험에 가입한 경우에 공소를 제기할 수 없는데, 위 트럭이 특례법 제4조 제1항에서 정한 보험에 가입한 사실이 인정되므로 이 사건 공소는 공소제기의 절차가 법률의 규정에 따라 무효인 때에 해당한다고 보아, 피고인들에 대한 공소를 각 기각하는 판결을 선고하였다.

피고인 1에 대한 이 사건 공소사실은, 피고인 1이 공소외 주식회사의 작업팀장으로서 오리의 상하차 업무를 담당하면서, ○○오리농장 내 공터에서 피해자가 사육한 오리를 피고인 2가 운전한 트럭 적재함의 오리케이지에 상차하는 작업을 하였는데, 트럭이 경사진 곳에 정차하였음에도 트럭을 안전한 장소로 이동하게 하거나 오리케이지를 고정하는 줄이 풀어지지 않도록 필요한 조치를 하지 아니한 채 작업을 진행하게 한 업무상의 과실로 이 사건 사고가 발생하였다는 것이다.

즉 피고인 1은 트럭을 운전하지 아니하였을 뿐 아니라 피고인 2가 속하지 아니한 회사의 작업팀장으로서 위 트럭의 이동·정차를 비롯한 오리의 상하차 업무 전반을 담당하면서 상하차 작업 과정에서 사고가 발생하지 않도록 필요한 조치를 제대로 하지 아니한 업무상의 과실을 이유로 기소되었으므로, 이러한 공소사실이 인정된다면 피고인 1이 담당하는 업무 및 그에 따른 주의의무와 과실의 내용이 피고인 2의 경우와 달라 피고인 1은 특례법이 적용되는 운전자라 할 수 없고 형법 제268조에서 정한 업무상과실치상의 죄책을 진다.

교특법의 적용대상이 되는 교통사고의 장소에 대해서는 도로교통법상의 도로에서 발생한 것에 한정할 필요가 없다. 교특법은 과실치상 등 범죄에 의한 처벌의 대상을 경감하고자 하는 것을 주된 취지로 하는 것이므로 적용의 대상을 도로로 한정할 필요가 없다고 할 것이다. 대법원 판례도 같은 취지로 판결하고 있다.

> **[대법원 2004. 8. 30. 선고 2004도3600]**
>   특정범죄가중처벌등에관한법률 제5조의3 소정의 도주차량운전자에 대한 가중처벌규정은 자신의 과실로 교통사고를 야기한 운전자가 그 사고로 사상을 당한 피해자를 구호하는 등의 조치를 취하지 아니하고 도주하는 행위에 강한 윤리적 비난가능성이 있음을 감안하여 이를 가중처벌함으로써 교통의 안전이라는 공공의 이익의 보호뿐만 아니라 교통사고로 사상을 당한 피해자의 생명·신체의 안전이라는 개인적 법익을 보호하고자 함에도 그 입법취지와 보호법익이 있다고 보아야 할 것인바, 위와 같은 규정의 입법취지에 비추어 볼 때 여기에서 말하는 차의 교통으로 인한 업무상과실치상의 사고를 도로교통법이 정하는 도로에서의 교통사고의 경우로 제한하여 새겨야 할 아무런 근거가 없다.

(2) 처벌의 특례

교특법 제3조 제2항은 "업무상과실치상죄 또는 중과실치상죄와 도로교통법 제151조의 죄를 범한 운전자에 대하여는 피해자의 명시적인 의사에 반하여 공소(公訴)를 제기할 수 없다."고 규정하여 대인사고인 업무상 과실치상죄와 중과실치상죄가 교특법에 의한 처벌 특례의 대상임을 규정하고 있으며, 대물사고인 도로교통법상의 업무상 재물손괴 및 중과실 재물손괴를 역시 처벌 특례의 대상으로 규정하고 있다. 교특법은 이러한 사건에 대하여 '반의사불벌죄'로 취급된다는 특례를 규정하고 있다.

즉 교특법에 의한 특례가 적용되는 교통사고의 경우에는 제1심 판결 전까지 피해자(혹은 법정대리인)의 명시적인 처벌불원의 의사가 있는 경우에는 교특법 제3조 제2항에 의하여 운전자를 처벌할 수가 없게 된다. 이 경우 피해자가 처벌불원의 의사를 명시적으로 표현하였다면 이후 이를 철회하는 것은 허용되지 않으며, 공소제기 전 처벌불원의 의사표현이 있는 경우에는 검사는 '공소권없음'의 결정을 하여야 하며, 공소제기 전까지 처벌불원의 의사가 없어서 이미 공소가 제기된 경우라면 피해자의 처벌불원의 의사가 표현되는 것은 해당 재판에 대한 공소기각의 사유가 된다. 이때 피고인에 대해 무죄판단의 여지가 있더라도 공소기각 판결을 하는 것이 원칙이다(형식판단 우선의 원칙).

[대법원 2004. 11. 26. 선고 2004도4693] (형식판단 우선의 원칙)
　　피고인이 신호를 위반하여 차량을 운행함으로써 사람을 상해에 이르게 한 교통사고
로서 교통사고처리특례법 제3조 제1항, 제2항 단서 제1호의 사유가 있다고 하여 공소가
제기된 사안에 대하여, 공판절차에서의 심리 결과 <u>피고인이 신호를 위반하여 차량을 운
행한 사실이 없다는 점</u>이 밝혀지게 되고, 한편 위 교통사고 당시 피고인이 운행하던 차
량은 교통사고처리특례법 제4조 제1항 본문 소정의 <u>자동차종합보험에 가입되어 있었으
므로</u>, 결국 교통사고처리특례법 제4조 제1항 본문에 따라 <u>공소를 제기할 수 없음에도
불구하고 이에 위반하여 공소를 제기한 경우</u>에 해당하고, 따라서 위 공소제기는 형사소
송법 제327조 제2호 소정의 공소제기 절차가 법률의 규정에 위반하여 무효인 때에 해
당하는바, 이러한 경우 법원으로서는 위 교통사고에 대하여 피고인에게 아무런 <u>업무상
주의의무위반이 없다는 점이 증명되었다 하더라도 바로 무죄를 선고할 것이 아니라, 형
사소송법 제327조의 규정에 의하여 소송조건의 흠결을 이유로 공소기각의 판결을 선고
하여야 한다.</u>

　　그러나 이 경우 법원이 실체판단을 하여 무죄를 선고하였다고 하여 이를 위
법한 판결이라고 할 수는 없다(대법원 2015. 5. 14. 선고 2012도11431).

2. 처벌특례의 예외

제3조 (처벌의 특례)　② 다만, 차의 운전자가 제1항의 죄 중 업무상과실치상죄 또는 중
과실치상죄를 범하고도 피해자를 구호(救護)하는 등 「도로교통법」 제54조 제1항에 따
른 조치를 하지 아니하고 도주하거나 피해자를 사고 장소로부터 옮겨 유기(遺棄)하고
도주한 경우, 같은 죄를 범하고 「도로교통법」 제44조 제2항을 위반하여 음주측정 요구
에 따르지 아니한 경우(운전자가 채혈 측정을 요청하거나 동의한 경우는 제외한다)와
다음 각 호의 어느 하나에 해당하는 행위로 인하여 같은 죄를 범한 경우에는 그러하지
아니하다. <개정 2016. 1. 27., 2016. 12. 2.>
1. 「도로교통법」 제5조에 따른 신호기가 표시하는 신호 또는 교통정리를 하는 경찰공무
　　원등의 신호를 위반하거나 통행금지 또는 일시정지를 내용으로 하는 안전표지가 표
　　시하는 지시를 위반하여 운전한 경우
2. 「도로교통법」 제13조 제3항을 위반하여 중앙선을 침범하거나 같은 법 제62조를 위
　　반하여 횡단, 유턴 또는 후진한 경우
3. 「도로교통법」 제17조 제1항 또는 제2항에 따른 제한속도를 시속 20킬로미터 초과하

여 운전한 경우

4. 「도로교통법」 제21조 제1항, 제22조, 제23조에 따른 앞지르기의 방법·금지시기·금지장소 또는 끼어들기의 금지를 위반하거나 같은 법 제60조 제2항에 따른 고속도로에서의 앞지르기 방법을 위반하여 운전한 경우

5. 「도로교통법」 제24조에 따른 철길건널목 통과방법을 위반하여 운전한 경우

6. 「도로교통법」 제27조 제1항에 따른 횡단보도에서의 보행자 보호의무를 위반하여 운전한 경우

7. 「도로교통법」 제43조, 「건설기계관리법」 제26조 또는 「도로교통법」 제96조를 위반하여 운전면허 또는 건설기계조종사면허를 받지 아니하거나 국제운전면허증을 소지하지 아니하고 운전한 경우. 이 경우 운전면허 또는 건설기계조종사면허의 효력이 정지 중이거나 운전의 금지 중인 때에는 운전면허 또는 건설기계조종사면허를 받지 아니하거나 국제운전면허증을 소지하지 아니한 것으로 본다.

8. 「도로교통법」 제44조 제1항을 위반하여 술에 취한 상태에서 운전을 하거나 같은 법 제45조를 위반하여 약물의 영향으로 정상적으로 운전하지 못할 우려가 있는 상태에서 운전한 경우

9. 「도로교통법」 제13조 제1항을 위반하여 보도(步道)가 설치된 도로의 보도를 침범하거나 같은 법 제13조 제2항에 따른 보도 횡단방법을 위반하여 운전한 경우

10. 「도로교통법」 제39조 제3항에 따른 승객의 추락 방지의무를 위반하여 운전한 경우

11. 「도로교통법」 제12조 제3항에 따른 어린이 보호구역에서 같은 조 제1항에 따른 조치를 준수하고 어린이의 안전에 유의하면서 운전하여야 할 의무를 위반하여 어린이의 신체를 상해(傷害)에 이르게 한 경우

12. 「도로교통법」 제39조 제4항을 위반하여 자동차의 화물이 떨어지지 아니하도록 필요한 조치를 하지 아니하고 운전한 경우

[전문개정 2011. 4. 12.]

교특법 제3조 제2항 단서는 피해자의 처벌불원의사가 있다고 하더라도 동조 제2항 본문의 처벌 특례가 적용되지 않는 경우를 규정하고 있다. 그 유형은 세 가지인데 첫째는 도로교통법에 의한 구호조치를 하지 않고 도주하는 도주운전의 경우이고, 둘째는 도로교통법에 의한 음주측정의 요구에 불응한 경우이며, 셋째는 도로교통법의 중대한 위반에 해당하는 12가지 법규위반행위로 인하여 교통사고를 낸 경우이다.

(1) 도주운전의 경우

교특법은 차의 운전자가 교통사고로 "업무상과실치상죄 또는 중과실치상죄를 범하고도 피해자를 구호(救護)하는 등 도로교통법 제54조 제1항에 따른 조치를 하지 아니하고 도주하거나 피해자를 사고 장소로부터 옮겨 유기(遺棄)하고 도주한 경우" 피해자의 처벌불원의 의사에 의한 처벌특례의 적용을 배제하고 있다.

도로교통법 제54조(사고발생 시의 조치)   ① 차 또는 노면전차의 운전 등 교통으로 인하여 사람을 사상하거나 물건을 손괴(이하 "교통사고"라 한다)한 경우에는 그 차 또는 노면전차의 운전자나 그 밖의 승무원(이하 "운전자등"이라 한다)은 즉시 정차하여 다음 각 호의 조치를 하여야 한다. <개정 2014. 1. 28., 2016. 12. 2., 2018. 3. 27.>

1. 사상자를 구호하는 등 필요한 조치
2. 피해자에게 인적 사항(성명·전화번호·주소 등을 말한다. 이하 제148조 및 제156조제10호에서 같다) 제공

---

(2) 음주측정 불응의 경우

교특법은 "도로교통법 제44조 제2항을 위반하여 음주측정 요구에 따르지 아니한 경우(운전자가 채혈 측정을 요청하거나 동의한 경우는 제외한다)"에도 처벌특례의 적용을 배제한다. 도로교통법 제44조 제2항은 경찰공무원이 교통의 안전과 위험방지를 위하여 필요하다고 인정하거나 술에 취한 상태에서 자동차등, 노면전차 또는 자전거를 운전하였다고 인정할 만한 상당한 이유가 있는 경우에는 운전자가 술에 취하였는지를 호흡조사로 측정할 수 있도록 하고 있으며, 이 경우 운전자는 경찰공무원의 측정에 응하여야 한다고 규정하고 있다. 그리고 이에 대해서는 그 자체로 도로교통법 제148조의2에 의하여 1년 이상 3년 이하의 징역이나 500만원 이상 1천만원 이하의 벌금으로 처벌될 수 있는데, 교특법은 그와는 별개로 교통사고를 낸 차의 운전자가 이 규정을 위반한 경우에는 처벌의 특례를 적용받을 수 없도록 하고 있다.

도로교통법 제44조(술에 취한 상태에서의 운전 금지) ② 경찰공무원은 교통의 안전과 위험 방지를 위하여 필요하다고 인정하거나 제1항을 위반하여 술에 취한 상태에서 자동차등, 노면전차 또는 자전거를 운전하였다고 인정할 만한 상당한 이유가 있는 경우에는 운전자가 술에 취하였는지를 호흡조사로 측정할 수 있다. 이 경우 운전자는 경찰공무원의 측정에 응하여야 한다.

(3) 중대 법규위반의 경우

교특법은 12가지의 도로교통법 위반유형을 열거하면서 교통사고를 낸 차의 운전자가 이러한 위반행위에 해당하여 교통사고를 낸 경우에는 처벌의 특례적용을 배제하고 있다.

교특법의 특례규정이 적용되지 않는 이러한 12가지의 위반유형에 대해서는 다음과 같은 쟁점이 있다.

우선 이 규정을 예시규정으로 보아야 하는지, 열거규정으로 보아야 하는지의 문제이다. 여기에 대해서는 교특법에 규정된 위반유형들이 형사처벌의 여부를 실질적으로 좌우하는 중요한 근거와 기준이 되는 내용이므로 죄형법정주의의 원칙상 특례규정이 적용되지 않는 대상을 제한적으로 규정하는 제한적 열거규정이라고 이해하는 것이 타당하다.

다음으로 이러한 열거규정의 법적 성격을 어떻게 이해해야 하는가에 대한 문제인 바, 이러한 규정에 해당하는 경우가 업무상 과실치상죄의 구성요건을 이루는 것이라고 하여 구성요건요소로 파악하는 입장과 열거규정에 해당하는 경우에는 피해자의 처벌불원의사에 의하여 불가능해진 공소제기가 가능하도록 하는 것이라는 공소제기조건설의 입장의 대립이 그것이다. 이에 대해서는 교특법 제3조 제2항은 소극적 소추조건규정이므로 예외사유도 일종의 소추조건으로 보는 것이 타당하다는 측면에서 공소제기조건설의 입장이 타당하다고 할 수 있다(대법원 판례도 같은 입장이다. 대법원 2015. 5. 14. 선고 2012도11431 참조).

또한 이러한 예외사유의 위반이 고의에 의한 것인가 과실에 의한 것인가에 대해 명확한 표현이 없으나, 법 규정의 취지상 예외사유 위반은 고의에 의한 경우와 과실에 의한 경우가 모두 포함되는 것으로 이해하되, 과실도 인정되지 않는 불가항력의 경우만이 배제되는 것으로 이해해야 할 것이다.

[대법원 1985. 9. 10. 선고 85도1407] (부득이한 경우에는 예외사유에 해당하지 않는다는 사례)

　　교통사고처리특례법 제3조 제2항 본문의 처벌특례에 대한 특외규정인 같은 항 제2호에서 도로교통법 제11조의 2 제2항의 규정에 의하여 차선이 설치된 도로의 중앙선을 침범하였을 때라 함은 그 입법취지에 비추어 교통사고의 발생지점이 중앙선을 넘어선 모든 경우를 말하는 것이 아니라, 중앙선을 침범하여 계속적인 침범운행을 한 행위로 인하여 교통사고를 발생케 하였거나 계속적인 침범운행은 없었다 하더라도 부득이한 사유가 없는데도 중앙선을 침범하여 교통사고를 발생케 한 경우를 뜻하는 것이라고 풀이함이 상당하므로 운행당시 객관적인 여건이 장애물을 피행하여야 되는 등 긴박하여 부득이 중앙선을 침범할 수밖에 없었다면 그로 인하여 중앙선을 넘어선 지점에서 교통사고를 일으켰다 하더라도 위 처벌특례의 예외규정에 해당하지 아니한다.

3. 보험 등에 가입된 경우의 특례

제4조 (보험 등에 가입된 경우의 특례) ① 교통사고를 일으킨 차가 「보험업법」 제4조, 제126조, 제127조 및 제128조, 「여객자동차 운수사업법」 제60조, 제61조 또는 「화물자동차 운수사업법」 제51조에 따른 보험 또는 공제에 가입된 경우에는 제3조 제2항 본문에 규정된 죄를 범한 차의 운전자에 대하여 공소를 제기할 수 없다. 다만, 다음 각 호의 어느 하나에 해당하는 경우에는 그러하지 아니하다.
1. 제3조 제2항 단서에 해당하는 경우
2. 피해자가 신체의 상해로 인하여 생명에 대한 위험이 발생하거나 불구(不具)가 되거나 불치(不治) 또는 난치(難治)의 질병이 생긴 경우
3. 보험계약 또는 공제계약이 무효로 되거나 해지되거나 계약상의 면책 규정 등으로 인하여 보험회사, 공제조합 또는 공제사업자의 보험금 또는 공제금 지급의무가 없어진 경우
② 제1항에서 "보험 또는 공제"란 교통사고의 경우 「보험업법」에 따른 보험회사나 「여객자동차 운수사업법」 또는 「화물자동차 운수사업법」에 따른 공제조합 또는 공제사업자가 인가된 보험약관 또는 승인된 공제약관에 따라 피보험자와 피해자 간 또는 공제조합원과 피해자 간의 손해배상에 관한 합의 여부와 상관없이 피보험자나 공제조합원을 갈음하여 피해자의 치료비에 관하여는 통상비용의 전액을, 그 밖의 손해에 관하여는 보험약관이나 공제약관으로 정한 지급기준금액을 대통령령으로 정하는 바에 따라 우선 지급하되, 종국적으로는 확정판결이나 그 밖에 이에 준하는 집행권원(執行權原)상 피보험자 또는 공제조합원의 교통사고로 인한 손해배상금 전액을 보상하는 보험 또는 공제를 말한다.

(1) 보험 등의 가입과 특례

교특법은 교통사고를 일으킨 차가 법규에 의한 보험 또는 공제에 가입되어
있는 경우에는 제3조 제2항 본문의 죄(업무상과실치상죄, 중과실치상죄, 업무상재물손괴
죄, 중과실재물손괴죄)를 범한 운전자에 대하여 공소를 제기할 수 없다는 특례를 규
정하고 있다. 이때의 보험 또는 공제는 사고로 인하여 발생한 피해자의 피해를 전
액 보상할 수 있는 보험 또는 공제를 말하고(제4조 제2항) 운전자에 대하여 공소를
제기할 수 없다는 것은 피해자의 처벌불원의사가 보험 또는 공제의 효력으로 인
하여 의제된다는 것을 의미한다. 피해자의 처벌불원의사가 있는 경우와 마찬가지
로 검사의 처분이나 재판의 종결에 있어서는 형식판단 우선의 원칙이 적용된다.

보험업법 제4조(보험업의 허가) ① 보험업을 경영하려는 자는 다음 각 호에서 정하는 보험종
목별로 금융위원회의 허가를 받아야 한다.
2. 손해보험업의 보험종목
　가. 화재보험
　나. 해상보험(항공·운송보험을 포함한다)
　다. 자동차보험
　(후략)

여객자동차 운수사업법 제60조(조합 및 연합회의 공제사업) ① 조합과 연합회는 대통령령으
로 정하는 바에 따라 국토교통부장관의 허가를 받아 공제사업을 할 수 있다.
<개정 2013. 3. 23.>

제61조(공제조합의 설립 등) ① 여객자동차 운수사업자(터미널사업자는 제외한다. 이하 이
조에서 같다)는 상호 간의 협동조직을 통하여 조합원이 자주적인 경제 활동을 영위할 수 있
도록 지원하고 조합원의 자동차 사고로 생긴 손해를 배상(賠償)하기 위하여 대통령령으로 정
하는 바에 따라 국토교통부장관의 인가를 받아 업종별로 공제조합(이하 "공제조합"이라 한다)
을 설립할 수 있다. <개정 2013. 3. 23.>

화물자동차 운수사업법 제51조(공제사업) ① 운수사업자가 설립한 협회의 연합회는 대통령령
으로 정하는 바에 따라 국토교통부장관의 허가를 받아 운수사업자의 자동차 사고로 인한 손
해배상 책임의 보장사업 및 적재물배상 공제사업 등을 할 수 있다. <개정 2013. 3. 23.>

(2) 보험가입 특례의 예외

교특법은 교통사고를 일으킨 차가 보험 등에 가입된 경우에는 전술한 바와 같은 특례를 규정하고 있지만, 이에 대한 특례 적용을 배제하는 예외도 규정하고 있다. 우선 제3조 제2항 단서의 경우, 즉 교통사고 후 조치의무를 이행하지 않은 도주운전의 경우, 음주측정 요구에 불응한 경우, 12가지의 중대한 도로교통법 위반사항에 해당하여 교통사고를 일으킨 경우에 동일하게 보험 등의 가입으로 인한 특례 적용을 배제한다.

여기에 추가적으로 "피해자가 신체의 상해로 인하여 생명에 대한 위험이 발생하거나 불구(不具)가 되거나 불치(不治) 또는 난치(難治)의 질병이 생긴 경우"라고 하여 피해자에게 중상해의 결과가 발생한 경우에도 특례 적용을 배제하고 있으며, 해당 보험계약이 무효, 해지 등의 이유로 효력을 가지지 않거나 해당 보험계약의 면책사항에 해당하여 보험회사나 공제조합 등의 보험금 지급의무가 없어진 경우에도 이러한 특례의 적용이 배제된다.

4. 12가지 중대한 법규위반

교특법에 의한 처벌 특례의 적용이 배제되는 12가지 중대한 법규위반의 내용을 간략히 정리하면 아래와 같다.

12개 예외사유의 내용

① 신호위반: 신호 또는 안전표지 지시 위반
② 중앙선침범: 중앙선 무단침범, 횡단, 유턴, 후진
③ 속도위반: 제한속도를 시속 20km 초과 운전
④ 앞지르기 위반: 앞지르기 방법, 장소, 시기 및 끼어들기 금지 위반
⑤ 철길건널목 통과방법 위반
⑥ 보행자보호 위반: 횡단보도에서 보행자 보호의무 위반
⑦ 무면허운전
⑧ 음주운전: 음주운전, 약물의 영향에 의한 비정상상태 운전
⑨ 보도침범: 보도가 설치된 도로의 보도를 침범, 횡단방법 위반

⑩ 승객 추락 방지의무 위반
⑪ 어린이보호구역 안전의무 위반
⑫ 화물낙하조치 미흡

제3절 | 관련판례

○ 교특법의 적용대상: 운전자에 한정

1. 대법원 2017. 5. 31. 선고 2016도21034

교통사고처리 특례법 제1조는 업무상과실 또는 중대한 과실로 교통사고를 일으킨 운전자에 관한 형사처벌 등의 특례를 정함으로써 교통사고로 인한 피해의 신속한 회복을 촉진하고 국민생활의 편익을 증진함을 목적으로 한다고 규정하고 있고, 제4조 제1항 본문은 차의 교통으로 업무상과실치상죄 등을 범하였을 때 교통사고를 일으킨 차가 특례법 제4조 제1항에서 정한 보험 또는 공제에 가입된 경우에는 그 차의 운전자에 대하여 공소를 제기할 수 없다고 규정하고 있다. 따라서 <u>특례법 제4조 제1항 본문은 차의 운전자에 대한 공소제기의 조건을 정한 것이다.</u>

그리고 특례법 제2조 제2호는 '교통사고'란 차의 교통으로 인하여 사람을 사상하거나 물건을 손괴하는 것을 말한다고 규정하고 있는데, 여기서 '차의 교통'은 차량을 운전하는 행위 및 그와 동일하게 평가할 수 있을 정도로 밀접하게 관련된 행위를 모두 포함한다.

제1심은 판시와 같은 이유를 들어, (1) 이 사건 사고 당시 트럭이 완전히 정차되어 있었다 하더라도 <u>이 사건 사고는 트럭의 이동과 정차 과정에서 발생한 것으로 특례법 제2조 제2호에서 정한 교통사고에 해당하며, 피고인 2는 위 트럭의 운전자로서, 피고인 1은 피고인 2와 공동하여, 교통사고로 인하여 형법 제268조의 죄를 범하였다고 인정한</u> 다음, (2) 결국 이 사건 공소사실은 특례법 제3조 제1항에 해당하는 죄로서 특례법 제4조 제1항에 의하여 교통사고를 일으킨 차가 같은 항에서 정한 보험에 가입한 경우에 공소를 제기할 수 없는데, 위 트럭이 특례법 제4조 제1항에서 정한 보험에 가입한 사실이 인정되므로 이 사건 공소는 공소제기의 절차가 법률의 규정에 따라 무효인 때에 해당한다고 보아, 피고인들에 대한 공소를 각 기각하는 판결을 선고하였다.

피고인 1에 대한 이 사건 공소사실은, 피고인 1이 공소외 주식회사의 작업팀장으로서 오리의 상하차 업무를 담당하면서, ○○오리농장 내 공터에서 피해자가 사육한 오리를 피고인 2가 운전한 트럭 적재함의 오리케이지에 상차하는 작업을 하였는데, 트럭이 경사진 곳에 정차하였음에도 트럭을 안전한 장소로 이동하게 하거나 오리케이지를 고정하는 줄이 풀어지지 않도록 필요한 조치를 하지 아니한 채 작업을 진행하게 한 업무상의 과실로 이 사건 사고가 발생하였다는 것이다.

즉 <u>피고인 1은 트럭을 운전하지 아니하였을 뿐 아니라 피고인 2가 속하지 아니한 회사의 작업팀장으로서 위 트럭의 이동·정차를 비롯한 오리의 상하차 업무 전반을 담당</u>

하면서 상하차 작업 과정에서 사고가 발생하지 않도록 필요한 조치를 제대로 하지 아니
한 업무상의 과실을 이유로 기소되었으므로, 이러한 공소사실이 인정된다면 피고인 1이
담당하는 업무 및 그에 따른 주의의무와 과실의 내용이 피고인 2의 경우와 달라 피고인
1은 특례법이 적용되는 운전자라 할 수 없고 형법 제268조에서 정한 업무상과실치상의
죄책을 진다.

○ 운전관련행위의 의미

2. 대법원 1996. 12. 20. 선고 96도2030

이 사건 사고가 일어난 곳이 관계 법령에 따라 주차가 금지된 장소가 아니라고 하더
라도, 밤중에 도로의 가장자리에 자동차를 주차하는 피고인으로서는 미등과 차폭등을
켜 두어 다른 차의 운전자가 주차사실을 쉽게 식별할 수 있도록 하여야 함은 물론, 다
른 교통에 장해가 되지 아니하도록 주차하여야 할 법령상의 의무가 있다고 할 것이고,
위 사고지점의 도로상황에 비추어 피해자 가 심야에 오토바이를 운전하여 진행하다가
사고지점에 이르러 원심력에 의하여 도로 우측으로 진행하면서 1차선이 2차선으로 넓
어지기 시작하는 지점의 2차선상에 주차하여 있는 위 화물차를 미처 발견하지 못하고
위 망인의 우측 몸통이 위 화물차 좌측 후사경을 들이받게 된 것으로 볼 수 있으므로,
원심으로서는 과연 위 사고 당시 사고지점 주위에 설치된 가로등이 켜져 있어 전방의
장애물을 식별하기에 어려움이 없었는지를 더 심리하여 보는 등의 방법으로, 피고인이
미등과 차폭등을 켜지 아니하고 그 밖에 주차사실이 식별될 수 있는 다른 표지도 하지
아니하였기 때문에 위 망인이 위 화물차를 뒤늦게 발견하게 됨으로 말미암아 이 사건
사고가 일어난 것인지의 여부에 관하여 조금 더 상세하게 심리를 하였어야 할 것이다.

⇒ 자동차의 '주차'도 운행관련행위이므로, 주차방법에 위법이 있었고 이것이 사고의 원
인이 된 경우에도 교특법의 적용을 받는 교통사고로 볼 수 있다는 취지이다.

3. 대법원 2010. 4. 29. 선고 2010도1920

피고인이 판시와 같이 도로변에 이 사건 자동차를 주차한 후 하차하기 위하여 운전
석 문을 열다가 마침 후방에서 진행하여 오던 피해자 운전 자전거의 핸들 부분을 위 운
전석 문으로 충격하고, 그로 인하여 넘어진 피해자에게 상해를 입게 하고도 아무런 구
호조치 없이 현장에서 이탈하였다면, 자동차의 교통으로 인하여 사람을 다치게 하고도
구호조치 없이 도주한 경우에 해당하며, '교통'의 해석에 관한 법리를 오해한 위법 등이
없다.

⇒ 승객의 승하차도 운전관련행위임을 인정한 판례이다.

4. 대법원 2016. 11. 24. 선고 2016도12407

피고인이 타고 있던 승용차는 정차한 지 약 17분 후에야 후진하기 시작하였고, 피고인의 처가 기어를 중립으로 두고 승용차에서 내리자마자 승용차가 바로 움직이지 아니한 것에 관하여 피고인의 처는 '이 사건 당시 기어를 중립에 두고 습관적으로 사이드브레이크를 살짝 올렸으며 차량이 오래되어 사이드브레이크를 조금만 건드려도 쉽게 풀린다'는 취지로 진술하였는데, 피고인이 이 사건 당시 하였다는 ②항과 같은 행동에 비추어 보면 사이드브레이크가 걸린 상태에서 승용차가 정지하여 있다가 피고인이 움직이는 과정에서 사이드브레이크가 풀려 승용차가 움직이기 시작하였을 가능성도 있어 보이는 점 등에 비추어 보면, 피고인이 타고 있던 승용차가 그와 같이 후진하게 된 것은 도로교통법 제54조 제1항에 규정된 '차의 운전 등 교통'에 해당한다고 보기 어렵다고 할 것이다.

⇒ 차량 밀고가기, 경사로에서의 타력주행 등 차량점유자가 차량을 일정한 의도 하에 움직이도록 하는 행위는 모두 '유사운전'으로 교특법에서의 운전에 포함될 수 있으나, 차량점유자가 의도치 않게(혹은 과실로 인해) 차량이 움직이게 된 경우까지 포함하는 것은 아니라는 취지이다(이 사안에서는 피고인의 차량이 의도치 않게 사이드브레이크가 풀린 것으로 사실을 확정함).

○ 장소적 적용범위: 도로 불문

5. 대법원 2004. 8. 30. 선고 2004도3600

특정범죄가중처벌등에관한법률 제5조의3 소정의 도주차량운전자에 대한 가중처벌규정은 자신의 과실로 교통사고를 야기한 운전자가 그 사고로 사상을 당한 피해자를 구호하는 등의 조치를 취하지 아니하고 도주하는 행위에 강한 윤리적 비난가능성이 있음을 감안하여 이를 가중처벌함으로써 교통의 안전이라는 공공의 이익의 보호뿐만 아니라 교통사고로 사상을 당한 피해자의 생명·신체의 안전이라는 개인적 법익을 보호하고자 함에도 그 입법 취지와 보호법익이 있다고 보아야 할 것인바, 위와 같은 규정의 입법취지에 비추어 볼 때 여기에서 말하는 차의 교통으로 인한 업무상과실치사상의 사고를 도로교통법이 정하는 도로에서의 교통사고의 경우로 제한하여 새겨야 할 아무런 근거가 없다.

⇒ 도로교통법과 교특법은 그 취지와 적용영역이 다르고, 교특법은 차량의 '운행'으로 인하여 일어난 사고에 대한 것이므로 그 장소가 도로법상의 도로일 필요는 없다.

○ **형식판단 우선의 원칙**

---

6. 대법원 2004. 11. 26. 선고 2004도4693

피고인이 신호를 위반하여 차량을 운행함으로써 사람을 상해에 이르게 한 교통사고로서 교통사고처리특례법 제3조 제1항, 제2항 단서 제1호의 사유가 있다고 하여 공소가 제기된 사안에 대하여, 공판절차에서의 심리 결과 피고인이 신호를 위반하여 차량을 운행한 사실이 없다는 점이 밝혀지게 되고, 한편 위 교통사고 당시 피고인이 운행하던 차량은 교통사고처리특례법 제4조 제1항 본문 소정의 자동차종합보험에 가입되어 있었으므로, 결국 교통사고처리특례법 제4조 제1항 본문에 따라 공소를 제기할 수 없음에도 불구하고 이에 위반하여 공소를 제기한 경우에 해당하고, 따라서 위 공소제기는 형사소송법 제327조 제2호 소정의 공소제기 절차가 법률의 규정에 위반하여 무효인 때에 해당하는바, 이러한 경우 법원으로서는 위 교통사고에 대하여 피고인에게 아무런 업무상 주의의무위반이 없다는 점이 증명되었다 하더라도 바로 무죄를 선고할 것이 아니라, 형사소송법 제327조의 규정에 의하여 소송조건의 흠결을 이유로 공소기각의 판결을 선고하여야 한다.

⇒ 교특법상의 특례에 해당하는 경우에는 실체판단을 할 필요 없이 공소기각판결을 하는 것이 원칙이다.

---

7. 대법원 2015. 5. 14. 선고 2012도11431

교통사고처리 특례법 제3조 제1항, 제2항 단서, 형법 제268조를 적용하여 공소가 제기된 사건에서, 심리 결과 교통사고처리 특례법 제3조 제2항 단서에서 정한 사유가 없고 같은 법 제3조 제2항 본문이나 제4조 제1항 본문의 사유로 공소를 제기할 수 없는 경우에 해당하면 공소기각의 판결을 하는 것이 원칙이다. 그런데 사건의 실체에 관한 심리가 이미 완료되어 교통사고처리 특례법 제3조 제2항 단서에서 정한 사유가 없는 것으로 판명되고 달리 피고인이 같은 법 제3조 제1항의 죄를 범하였다고 인정되지 않는 경우, 같은 법 제3조 제2항 본문이나 제4조 제1항 본문의 사유가 있더라도, 사실심법원이 피고인의 이익을 위하여 교통사고처리특례법 위반의 공소사실에 대하여 무죄의 실체판결을 선고하였다면, 이를 위법이라고 볼 수는 없다.

⇒ 공소기각판결을 하는 것이 원칙이라도, 무죄판결을 할 수 있는 상황적 요건(실체심리의 완료)이 갖추어져 있는 경우 피고인의 이익을 위해 무죄판결을 해도 위법이 아니라는 취지이다.

○ 예외사유 위반 여부 판단

---

8. 대법원 2011. 7. 28. 선고 2009도8222

　자동차 운전자인 피고인이, 삼거리 교차로에 연접한 횡단보도에 차량보조등은 설치되지 않았으나 그 <u>보행등이 녹색이고, 교차로의 차량신호등은 적색인데도, 횡단보도를 통과하여 교차로에 진입·우회전을 하다가</u> 당시 신호에 따라 교차로를 지나 같은 방향으로 직진하던 자전거를 들이받아 그 운전자에게 상해를 입힌 사안에서, 위와 같은 경우 피고인은 횡단보도 정지선에서 정지하여야 하고 교차로에 진입하여 <u>우회전하여서는 아니되는데도 교차로의 차량용 적색등화를 위반하여 우회전하다가 사고가 발생하였고, 또한 신호위반의 우회전행위와 사고발생 사이에는 직접적인 원인관계가 존재한다</u>고 보는 것이 타당하므로, 위 사고는 교통사고처리 특례법 제3조 제1항, 제2항 단서 제1호의 신호위반으로 인한 업무상과실치상죄에 해당한다는 이유로, 이와 달리 피고인에게 신호위반의 책임이 없다고 보아 공소를 기각한 원심판결에 도로교통법상 신호 또는 지시에 따를 의무에 관한 법리오해의 위법이 있다.

⇒ 신호를 위반하여 우회전한 경우, 우회전 후에 발생한 사고도 우회전 전의 신호위반 행위와 원인관계가 존재한다는 취지이다.

---

9. 대법원 2012. 3. 15. 선고 2011도17117

　택시 운전자인 피고인이 교통신호를 위반하여 4거리 교차로를 진행한 과실로 교차로 내에서 갑이 운전하는 승용차와 충돌하여 갑 등으로 하여금 상해를 입게 하였다고 하여 교통사고처리 특례법 위반으로 기소된 사안에서, <u>피고인의 택시가 차량 신호등이 적색 등화임에도 횡단보도 앞 정지선 직전에 정지하지 않고 상당한 속도로 정지선을 넘어 횡단보도에 진입하였고, 횡단보도에 들어선 이후 차량 신호등이 녹색등화로 바뀌자 교차로로 계속 직진하여 교차로에 진입하자마자 교차로를 거의 통과하였던 갑의 승용차 오른쪽 뒤 문짝 부분을 피고인 택시 앞 범퍼 부분으로 충돌한 점</u> 등을 종합할 때, 피고인이 적색등화에 따라 <u>정지선 직전에 정지하였더라면 교통사고는 발생하지 않았을 것임이 분명하여 피고인의 신호위반행위가 교통사고 발생의 직접적인 원인이 되었다고 보아야</u> 하는데도, 이와 달리 보아 공소를 기각한 원심판결에 신호위반과 교통사고의 인과관계에 관한 법리오해의 위법이 있다.

⇒ 신호위반과 교통사고의 인과관계에 대해, 신호준수 시의 가정적 사실관계를 엄밀히 따져서 원인관계를 판단해야 한다는 취지이다.

10. 대법원 1985. 9. 10. 선고 85도1407

교통사고처리특례법 제3조 제2항 본문의 처벌특례에 대한 특외규정인 같은 항 제2호에서 도로교통법 제11조의2 제2항의 규정에 의하여 차선이 설치된 <u>도로의 중앙선을 침범하였을 때라 함</u>은 그 입법취지에 비추어 교통사고의 발생지점이 중앙선을 넘어선 모든 경우를 말하는 것이 아니라, <u>중앙선을 침범하여 계속적인 침범운행을 한 행위로 인하여 교통사고를 발생케 하였거나</u> 계속적인 침범운행은 없었다 하더라도 <u>부득이한 사유가 없는데도 중앙선을 침범하여 교통사고를 발생케 한 경우를 뜻하는 것이라고 풀이함이 상당</u>하므로 <u>운행당시 객관적인 여건이 장애물을 피행하여야 되는 등 긴박하여 부득이 중앙선을 침범할 수 밖에 없었다면</u> 그로 인하여 중앙선을 넘어선 지점에서 교통사고를 일으켰다 하더라도 위 처벌특례의 <u>예외규정에 해당하지 아니한다.</u>

⇒ '부득이한 사유'의 인정여부가 관건. 갑자기 끼어든 차 등 장애물과의 충돌을 피하기 위한 경우 등은 긍정되나, 빗길, 눈길, 빙판길 등에서 과속 등으로 미끄러진 경우나 졸음운전 등 선행과실이 있는 경우는 부득이한 경우로 인정하지 않는다.

11. 대법원 1990. 9. 25. 선고 90도536

트럭운전사가 진행방향에 정차 중인 <u>버스를 추월하기 위하여 황색실선인 중앙선을 침범하여</u> 운행중 마주오던 카고트럭과의 충돌을 피하기 위하여 급정거 조치를 취하면서 핸들을 오른쪽으로 꺾어 원래의 자기차선으로 들어왔으나 주행탄력으로 계속 진행하면 도로 옆의 인가를 덮칠 염려가 있는데다가 급회전으로 인하여 차체가 불안정해져서 <u>그 균형을 바로잡기 위하여 다시 핸들을 왼쪽으로 꺾는 바람에 자기차선의 앞에서 막 출발하려는 버스를 충격하여 발생한 교통사고</u>는 트럭운전사의 중앙선침범이란 <u>운행상의 과실을 직접적인 원인으로 하여 발생한 것</u>이라 보아야 하므로 교통사고처리특례법 제3조 제2항 단서 제2호의 "중앙선을 침범한 행위"로 인한 교통사고에 해당한다.

⇒ 중앙선 침범이라는 운행상의 과실이 사고발생의 직접적인 원인일 것이 필요하다.

12. 대법원 2017. 3. 15. 선고 2016도17442

입법취지가 차를 운전하여 <u>횡단보도를 지나는 운전자의 보행자에 대한 주의의무를 강화하여 횡단보도를 통행하는 보행자의 생명·신체의 안전을 두텁게 보호</u>하려는 데 있음을 감안하면, 모든 차의 운전자는 신호기의 지시에 따라 횡단보도를 횡단하는 보행자가 있을 때에는 <u>횡단보도에의 진입 선후를 불문하고 일시정지하는 등의 조치를 취함으</u>

로써 보행자의 통행이 방해되지 아니하도록 하여야 한다. 다만 자동차가 횡단보도에 먼저 진입한 경우로서 그대로 진행하더라도 보행자의 횡단을 방해하거나 통행에 아무런 위험을 초래하지 아니할 상황이라면 그대로 진행할 수 있다.

13. 대법원 2009. 5. 14. 선고 2007도9598

보행신호등의 녹색등화 점멸신호는 보행자가 준수하여야 할 횡단보도의 통행에 관한 신호일 뿐이어서, 보행신호등의 수범자가 아닌 차의 운전자가 부담하는 보행자보호의무의 존부에 관하여 어떠한 영향을 미칠 수 없다. 이에 더하여 보행자보호의무에 관한 법률규정의 입법 취지가 차를 운전하여 횡단보도를 지나는 운전자의 보행자에 대한 주의의무를 강화하여 횡단보도를 통행하는 보행자의 생명·신체의 안전을 두텁게 보호하려는 데 있는 것임을 감안하면, 보행신호등의 녹색등화의 점멸신호 전에 횡단을 시작하였는지 여부를 가리지 아니하고 보행신호등의 녹색등화가 점멸하고 있는 동안에 횡단보도를 통행하는 모든 보행자는 도로교통법 제27조 제1항에서 정한 횡단보도에서의 보행자 보호의무의 대상이 된다.

⇒ 횡단보도에서의 보행자 보호의무는 확대 강화되는 추세임. 횡단보도에서의 보행자 통행에 지장을 주는 행위를 운전자는 해서는 안 되며, 보행자신호의 점멸등 여부(과거 판례에서는 점멸등 상태에서는 보행자가 새로이 진입해서는 안 되므로 이 경우 보행자의 과실을 인정하는 태도를 취함)도 상관없이 운전자는 횡단보도의 정지신호를 준수할 것이 요구된다.

제9장

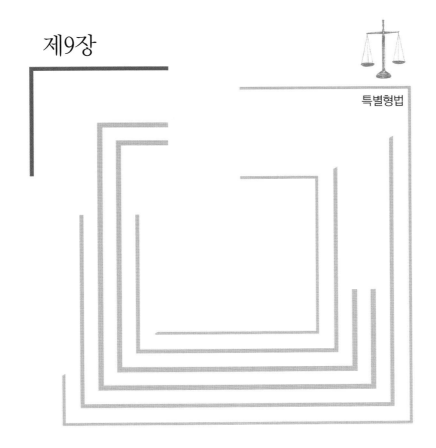

특별형법

변호사법

제9장

변호사법

제1절 | 법 개관

Ⅰ. 입법취지 및 제정경위

「변호사법」은 1949년 11월 7일 변호사제도를 확립함을 목적으로 제정되었다. 입법당시의 변호사법은 "당사자관계인의 위촉 또는 관청의 선임에 의하여 소송에 관한 행위 기타 일반법률사무를 행함"을 변호사의 직무로 정의하고, 변호사의 자격, 변호사의 명부(등록), 변호사의 권리의무, 징계, 변호사회 및 대한변호사협회 등에 대한 규정을 두었다. 특이할 만한 점은 최초의 변호사법은 오늘날과 같은 벌칙규정을 두고 있지 않다는 점이다. 오늘날과 같은 변호사 아닌 자의 법률사무 취급이나 변호사의 의무위반, 공무에 대한 청탁목적 금품수수 등의 형사처벌규정이 처음 도입된 것은 1973년 1월 25일자 일부개정에 의해서였다. 이때 제정된 처벌규정의 내용을 개관하면 첫째, 변호사의 자격이 없는 자가 허위신고를 하여 변호인명부에 등록한 경우, 둘째, 변호사의 계쟁권리 양수 및 소송 상대방으로부터의 이익수수 금지 등, 셋째, 변호사 아닌 자의 법률사무 취급 및 변호사명칭 등의 사용 등, 넷째, 공무원 취급사건 청탁명목 금품수수 등이며 아울러 범죄로 인하여 수수된 금품·이익 등에 대한 필요적 몰수·추징 규정도 두고 있었다.

현행 변호사법과 같은 체계가 갖추어진 것은 1982년 12월 31일자 전부개정에 의한 것으로 '변호사의 사명과 직무'(제1장), '변호사의 자격'(제2장), '변호사의 등록과 개업'(제3장), '변호사의 권리와 의무'(제4장), '법무법인'(제5장), '지방변호사회'(제6장), '대한변호사협회'(제7장), '징계'(제8장), '벌칙'(제9장)으로 구성되었다. 이후 '법무법인(유한)'(현행법 제5장의2), '법무조합'(제5장의3), '법조윤리협의회 및 수임자료의 제출'(현행법 제9장)이 추가되었고 징계에 관한 장의 제목을 '징계 및 업무정지'(현행법 제10장)로 변경하여 오늘날에 이르고 있다.

현행 변호사법은 당사자와 그 밖의 관계인의 위임이나 국가·지방자치단체와 그 밖의 공공기관의 위촉 등에 의하여 소송에 관한 행위 및 행정처분의 청구에 관한 대리행위와 일반 법률사무를 하는 것을 그 직무(제3조)로 하는 변호사에 관한 사항을 규정하고 있으며, 변호사는 공공성을 지닌 법률 전문직으로 독립하여 자유롭게 그 직무를 수행하고(제2조), 기본적 인권을 옹호하고 사회정의를 실현함을 그 사명으로 할 것(제1조 제1항)을 선언하고 있다.

Ⅱ. 개정 연혁

변호사법은 1949년에 제정된 이후, 2021년 1월 5일 개정된 현행법까지 총 38차례의 개정(타법개정 10회 포함)이 있었다. 그중 '변호사법위반의 죄'에 해당하는 형사처벌 규정과 관련한 주요 개정내용은 아래와 같다.

1. 2008년 3월 28일 전문개정 전 벌칙관련 개정내용

현행 변호사법의 벌칙규정을 비롯한 형사처벌 관련 규정은 2008년 3월 28일자로 법 문장을 원칙적으로 한글로 적고, 어려운 용어를 쉬운 용어로 바꾸며, 길고 복잡한 문장은 체계 등을 정비하여 간결하게 하는 등 국민이 법 문장을 이해하기 쉽게 정비한다는 취지로 전체적으로 개정·정비되었다. 그 이전까지 이루어진 형사처벌 관련 규정을 정리하면 다음과 같다.

　1993년 3월 10일자 개정으로 시대의 변화에 따라 그 처벌의 필요성이 요구되는 변호사 아닌 자의 유료 법률상담, 유료 법률관계문서작성 등을 처벌유형에 추가하고, 변호사에게 사건알선 후 금품 등을 수수하는 행위에 대한 처벌규정을 신설하는 내용을 담았으며, 1996년 12월 12일자 개정으로 변호사 아닌 자가 변호사를 고용하여 법률사무소를 개설·운영하는 행위를 금지하는 규정을 신설하였다. 2000년 1월 28일 전부개정에서는 변호사 또는 사무직원은 법률사건 또는 법률사무의 수임에 관한 소개·알선 또는 유인의 대가로 금품·향응 기타 이익을 제공하거나 이를 약속할 수 없도록 하여 법조브로커이용 변호사에 대한 처벌근거를 명확히 하는 규정(제34조)을 두고, 재판 또는 수사업무에 종사하는 공무원은 자기가 근무하는 기관에서 취급중인 법률사건 또는 법률사무의 수임에 관하여 당사자 기타 관계인을 특정 변호사 또는 그 사무직원에게 소개·알선 또는 유인하여서는 안 된다고 규정하였다(제36조). 2007년 3월 29일자 개정에서는 공무원이 취급하는 사건 또는 사무에 관하여 청탁 또는 알선한다는 명목으로 금품을 받는 행위 등에 대한 변호사법위반죄의 적용대상 중 "공무원"의 범위에 "「형법」 제129조 내지 제132조의 적용에 있어서 공무원으로 보는 자"를 포함하는 것임을 명확하게 하였다.

2. 2008년 3월 28일 일부개정, 법률 제8991호

　2008년 3월 28일자 개정에서 도입된 형사처벌 관련 규정은 지방변호사회 임직원의 비밀 준수 의무(제77조의2 신설 및 112조)에 대한 것으로 종전법에는 공직퇴임변호사 및 특정변호사의 수임자료 등 제출 의무 및 모든 변호사의 수임액 보고 의무는 있으나, 해당 업무를 처리하는 지방변호사회의 임직원에 의한 비밀누설 행위를 방지할 규정이 없었다. 이에 지방변호사회의 임직원에 대한 비밀 준수 의무와 위반 시 처벌규정을 신설하고, 아울러 비밀 준수 의무만 부과하고 위반행위에 대한 처벌규정이 없었던 법조윤리협의회 위원 등에 대하여도 처벌조항을 마련하여 변호사의 영업상 비밀 및 의뢰인의 사생활의 비밀 보호를 강화하고자 하였다.

3. 2011년 5월 17일 일부개정, 법률 제10627호

2011년 5월 17일자 개정은 법학전문대학원 졸업 후 변호사시험에 합격한 사람이 법률사무소를 개설하거나 법무법인 등의 구성원이 되려면 6개월 이상 법률사무에 종사하거나 연수를 받도록 하여 21세기 시대상황에 맞는 새로운 법조인 양성제도를 구축함으로써 국가경쟁력의 제고와 국민편익의 증진을 도모하고, 법관, 검사, 군법무관 그 밖의 공무원직에 재직한 변호사는 퇴직 전 1년부터 퇴직한 때까지 근무한 법원, 검찰청, 군사법원, 금융위원회, 공정거래위원회, 경찰관서 등 국가기관이 처리하는 사건을 퇴직한 날부터 1년 동안 수임할 수 없도록 하여 국민의 사법 및 공직에 대한 신뢰성을 높이려는 취지의 개정으로 구체적 내용은 다음과 같다.

① 법학전문대학원 졸업 후 변호사시험에 합격한 자에 대하여 6개월 이상 법률사무종사기관에서 법률사무에 종사하거나 연수하지 않으면 단독으로 법률사무소를 개설하거나 법무법인 등의 구성원이 될 수 없도록 하였다(제21조의2 제1항 신설). ② 법관, 검사, 군법무관 등 그 밖의 공무원직에 재직한 변호사가 퇴직 전 1년부터 퇴직한 때까지 근무한 법원, 검찰청 등 국가기관이 처리하는 사건을 퇴직한 날부터 1년 동안 수임하지 못하도록 하였다(제31조제3항 및 제4항 신설). ③ 법무법인의 설립요건을 변호사 3명 이상, 그중 1명은 5년 이상 일정한 법조경력을 가진 자로 완화하였다(제45조).

4. 2012년 1월 17일 일부개정, 법률 제11160호

2009년 헌법재판소의 무과실책임형 양벌규정에 대한 위헌결정을 반영하여 본법의 양벌규정을 개정하고자 하는 취지의 개정이다. 종전 양벌규정은 문언상 법무법인 등이 소속 변호사에 대한 관리·감독상 주의의무를 다하였는지에 관계없이 법무법인 등을 처벌하도록 하고 있어 책임주의 원칙에 위배될 소지가 있으므로, 법무법인 등에 대한 관리·감독상 주의의무를 다한 경우에는 처벌을 면하게 함으로써 양벌규정에도 책임주의 원칙이 관철되도록 하려는 것이다.

5. 2014년 5월 20일 일부개정, 법률 제12589호

이번 개정은 변호사에 대한 신뢰도를 높이고 검사의 비위 행위를 예방하기 위하여 변호사의 결격사유에 검사가 징계처분에 의하여 면직된 후 2년이 지나지 아니한 경우를 추가하고, 판사·검사 등 공무원으로 재직 중에 행한 위법행위로 인하여 형사소추 또는 징계처분을 받거나 그 위법행위와 관련하여 퇴직한 자에 대해서는 그 위법행위가 직무와 관련이 없는 경우에도 변호사 등록을 거부할 수 있도록 하려는 취지이다. 그 내용으로는 우선 변호사의 결격사유에 검사가 징계처분에 의하여 면직된 후 2년이 지나지 아니한 경우를 추가하여 비위 검사의 개업을 제한할 수 있는 근거를 마련하고(제5조 제6호 신설), 변호사 등록거부 사유 중 위법행위에 대한 직무 관련성을 삭제하여 비위 공직자의 변호사 등록거부 사유를 강화하고, 이 경우 등록이 거부되는 기간은 1년 이상 2년 이하로 정하도록 하였다(제8조 제1항 각 호 외의 부분 후단 및 제4호).

6. 2017년 3월 14일 일부개정, 법률 제14584호

2017년 3월 14일자 개정은 법조윤리협의회의 위원 등에 대하여 벌칙을 적용할 경우 공무원으로 의제하도록 하고, 조세를 포탈하거나 수임제한 등 관계 법령에 따른 제한을 회피하기 위하여 변호인선임서 등의 미제출 변호 금지 규정을 위반한 자를 처벌함으로써 건전한 법조풍토를 조성하고 사건수임 및 변호사활동의 투명성을 강화하려는 취지의 개정이다. 그 구체적 내용은 다음과 같다.

우선 법조윤리협의회의 위원·간사·사무직원으로서 공무원이 아닌 사람은 그 직무상 행위와 관련하여 「형법」이나 그 밖의 법률에 따른 벌칙을 적용할 때에는 공무원으로 의제한다(제89조의10 신설). 그리고 조세를 포탈하거나 수임제한 등 관계 법령에 따른 제한을 회피하기 위하여 변호인선임서 등의 미제출 변호 금지 규정을 위반하여 변호하거나 대리한 자를 1년 이하의 징역 또는 1천만원 이하의 벌금에 처하도록 하였다(제113조제4호 신설).

7. 2017년 12월 19일 일부개정, 법률 제15251호

2017년 12월 19일자 개정은 법관 및 검사의 비위를 예방하고 변호사에 대한 신뢰를 제고하기 위하여 공무원 재직 중 징계처분에 의하여 정직되고 정직기간 중에 퇴직하더라도 해당 정직기간 중에는 변호사 개업을 하지 못하도록 변호사 결격사유로 규정하고자 하는 것으로, 변호사 결격사유로 공무원 재직 중 징계처분에 의하여 정직되고 그 정직기간 중에 있는 자를 추가하였다(제5조 제7호 신설).

8. 2018년 12월 18일 일부개정, 법률 제15974호

2018년 12월 18일자 개정은 공무원이 아닌 법무부 변호사징계위원회의 위원 또는 예비위원이 「형법」 제129조부터 제132조까지의 규정을 위반한 경우 공무원으로 의제하여 처벌하도록 함으로써 변호사 징계의 공정성과 공공성을 강화하려는 취지의 개정으로, 이러한 내용의 명문의 규정을 추가하였다(제94조 제7항 신설).

제2절 | 주요조문 해설

현행 변호사법은 전문 11개장 174개조 및 부칙으로 구성되어 있다. 그중에서 '변호사법위반의 죄'에 해당하는 조문은 벌칙에 대한 장인 제11장에 규정된 제109조부터 제111조까지와 제112조 제1호(타인의 권리양수 등)와 제7호(비밀누설), 제113조 제7호(직무취급자의 사건소개금지), 제114조(상습범), 제115조(법무법인 등의 처벌) 및 제116조(몰수·추징)이다.

제109조는 변호사 아닌 자의 법률사무 취급·알선에 대한 처벌규정(제1호)과 동 법 제33조와 제34조의 규정에 따른 변호사의 독직행위 및 변호사 아닌 자와의 동업 등에 대한 처벌규정(제2호)이다. 제110조는 변호사 등이 사건 관련 공무원과의 교제를 명목으로 금품 등을 수수하는 등의 행위를 처벌하는 규정이다. 제111조는 공무원취급사건에 대한 청탁명목의 금품수수 등을 처벌하는 규정으로 특가법상의 알선수재죄(특가법 제3조)와 유사한 규정이다. 제112조 제1호는 타인의 권리를 양수하여 법적 절차를 통해 그 권리를 실현하는 것을 업으로 하는 행위를 처벌하는 규정으로 변호사 아닌 자의 법률사무 취급을 금지하는 제109조의 규정을 회피하는 수단을 처벌하기 위한 규정이다. 제112조 제7호는 지방변호사회나 윤리협의회의 임원이 직무상 알게된 비밀을 누설하는 행위를 처벌하는 규정이다. 제113조 제7호는 재판이나 수사업무에 종사하는 공무원이 특정 변호사에게 관련 사건의 수임을 소개·알선하는 것을 금지하는 규정이다. 제114조는 제109조 제1호, 제110조 또는 제111조의 죄를 상습적으로 범한 자를 가중처벌하는 규정이다. 제115조는 법무법인의 구성원 등이 해당 법인이 인가공증인으로서 공증한 사건에 관하여는 변호사 업무를 수행한 경우를 처벌하는 규정으로 행위자인 변호사를 처벌함과 동시에 법무법인 등에 대한 양벌규정을 두고 있다. 제116조는 변호사법위반의 죄로 금품수수 등의 행위를 한 경우 해당 금품이나 이익에 대한 필요적 몰수·추징규정이다.

Ⅰ. 변호사 아닌 자의 법률사무 취급·알선죄

제109조 (벌칙) 다음 각 호의 어느 하나에 해당하는 자는 7년 이하의 징역 또는 5천만 원 이하의 벌금에 처한다. 이 경우 벌금과 징역은 병과(併科)할 수 있다.
1. 변호사가 아니면서 금품·향응 또는 그 밖의 이익을 받거나 받을 것을 약속하고 또는 제3자에게 이를 공여하게 하거나 공여하게 할 것을 약속하고 다음 각 목의 사건에 관하여 감정·대리·중재·화해·청탁·법률상담 또는 법률 관계 문서 작성, 그 밖의 법률사무를 취급하거나 이러한 행위를 알선한 자
   가. 소송 사건, 비송 사건, 가사 조정 또는 심판 사건
   나. 행정심판 또는 심사의 청구나 이의신청, 그 밖에 행정기관에 대한 불복신청 사건
   다. 수사기관에서 취급 중인 수사 사건
   라. 법령에 따라 설치된 조사기관에서 취급 중인 조사 사건
   마. 그 밖에 일반의 법률사건

1. 개관과 취지

변호사법은 변호사 아닌 자가 일정한 대가나 이익을 받거나 약속하고 소송사건 등 일반의 법률사건에 대한 법률행위, 법률 관계 문서 작성 등의 법률사무를 취급하거나 이를 알선한 경우 처벌하는 규정을 두고 있다. 본법 제109조 제1호는 "변호사가 아니면서" 금품·향응 또는 그 밖의 "이익을 받거나 받을 것을 약속"하고 또는 제3자에게 이를 공여하게 하거나 공여하게 할 것을 약속하고 법률사건에 관하여 "감정·대리·중재·화해·청탁·법률상담 또는 법률 관계 문서 작성, 그 밖의 법률사무"를 "취급하거나 이러한 행위를 알선"한 자를 "7년 이하의 징역 또는 5천만원 이하의 벌금"으로 처벌하도록 하고 있다.

일반적으로 변호사는 기본적 인권의 옹호와 사회정의의 실현을 사명으로 하여 널리 법률사무를 행하는 것을 그 직무로 하므로 본법에는 변호사의 자격을 엄격히 제한하고 그 직무의 성실, 적정한 수행을 위해 필요한 규율에 따르도록 하는 등 제반의 조치를 강구하고 있는데 그러한 자격이 없고, 규율에 따르지 않는 사람이 처음부터 금품 기타 이익을 얻기 위해 타인의 법률사건에 개입함을 방치하면 당사자 기타 이해관계인의 이익을 해하고 법률생활의 공정, 원활한 운용을 방해하

며 나아가 법질서를 문란케 할 우려가 있으므로 변호사 아닌 자의 법률사무취급을 금지하는 본 죄는 변호사제도의 목적을 달성하기 위한 것이다(대법원 1998. 8. 21. 선고 96도2340).

한편 변호사제도의 목적을 달성하기 위하여 본죄는 법률사무의 변호사 독점을 규정하는 것이지만 변호사 아닌 자의 모든 법률사무 취급을 금지하는 것은 아니고 금품 등 이익을 얻을 목적이 있는 경우만으로 한정된다.

2. 구성요건

(1) 주체

본죄의 주체는 '변호사 아닌 자'이다. 변호사의 자격과 결격사유에 대해서는 본법 제4조와 제5조에 규정되어 있다.

제4조 (변호사의 자격) 다음 각 호의 어느 하나에 해당하는 자는 변호사의 자격이 있다. <개정 2011. 5. 17.>
1. 사법시험에 합격하여 사법연수원의 과정을 마친 자
2. 판사나 검사의 자격이 있는 자
3. 변호사시험에 합격한 자

제5조 (변호사의 결격사유) 다음 각 호의 어느 하나에 해당하는 자는 변호사가 될 수 없다. <개정 2014. 5. 20., 2014. 12. 30., 2017. 12. 19.>
1. 금고 이상의 형(刑)을 선고받고 그 집행이 끝나거나 그 집행을 받지 아니하기로 확정된 후 5년이 지나지 아니한 자
2. 금고 이상의 형의 집행유예를 선고받고 그 유예기간이 지난 후 2년이 지나지 아니한 자
3. 금고 이상의 형의 선고유예를 받고 그 유예기간 중에 있는 자
4. 탄핵이나 징계처분에 의하여 파면되거나 이 법에 따라 제명된 후 5년이 지나지 아니한 자
5. 징계처분에 의하여 해임된 후 3년이 지나지 아니한 자
6. 징계처분에 의하여 면직된 후 2년이 지나지 아니한 자
7. 공무원 재직 중 징계처분에 의하여 정직되고 그 정직기간 중에 있는 자(이 경우 정직기간 중에 퇴직하더라도 해당 징계처분에 의한 정직기간이 끝날 때까지 정직기간

　　중에 있는 것으로 본다)
 8. 피성년후견인 또는 피한정후견인
 9. 파산선고를 받고 복권되지 아니한 자
 10. 이 법에 따라 영구제명된 자

　　변호사 아닌 자가 변호사 아닌 자에게 알선하는 경우는 물론, 변호사 아닌 자가 변호사에게 법률사무를 알선하는 경우도 포함(대법원 2002. 3. 15. 선고 2001도970)되며, 여기서의 변호사 아닌 자에는 변호사 사무직원도 포함(대법원 2001. 7. 24. 선고 2000도5069)된다. 본 죄는 변호사 아닌 자만을 주체로 하므로 반대해석상 변호사가 법률사무를 취급하는 것은 구성요건해당성이 없다.
　　변호사 아닌 자 중 법무사는「법무사법」(제2조)에 의하여 일정한 법률사무를 취급할 수 있으므로 그 범위에서는 본죄가 적용되지 않는다.

법무사법 제2조 (업무)　① 법무사의 업무는 다른 사람이 위임한 다음 각 호의 사무로 한다.
 1. 법원과 검찰청에 제출하는 서류의 작성
 2. 법원과 검찰청의 업무에 관련된 서류의 작성
 3. 등기나 그 밖에 등록신청에 필요한 서류의 작성
 4. 등기·공탁사건(供託事件) 신청의 대리(代理)
 5. 「민사집행법」에 따른 경매사건과「국세징수법」이나 그 밖의 법령에 따른 공매사건(公賣事件)에서의 재산취득에 관한 상담, 매수신청 또는 입찰신청의 대리
 6. 「채무자 회생 및 파산에 관한 법률」에 따른 개인의 파산사건 및 개인회생사건 신청의 대리. 다만, 각종 기일에서의 진술의 대리는 제외한다.
 7. 제1호부터 제3호까지의 규정에 따라 작성된 서류의 제출 대행(代行)
 8. 제1호부터 제7호까지의 사무를 처리하기 위하여 필요한 상담·자문 등 부수되는 사무
 ② 법무사는 제1항 제1호부터 제3호까지의 서류라고 하더라도 다른 법률에 따라 제한되어 있는 것은 작성할 수 없다.

(2) 대가의 수수·약속

본죄는 변호사 아닌 자가 법률사무의 취급 등에 관하여 "금품·향응 또는 그 밖의 이익을 받거나 받을 것을 약속하고 또는 제3자에게 이를 공여하게 하거나 공여하게 할 것을 약속"는 행위가 있어야 성립한다. 형법상의 뇌물죄와 마찬가지로 금품 등 이익을 받는 행위 뿐만 아니라 받을 것을 약속한 경우도 포함되며, 금품 등 이익은 법률사무를 취급하는 행위자가 직접 수수하는 경우 뿐만 아니라 제3자에게 공여하게 하는 경우도 포함된다. 법률사무를 취급하는 행위자가 대가를 수수하면 되는 것이고 대가의 공여자가 누구인지는 제한이 없으므로 해석상 법률사무 취급의뢰자 뿐만 아니라 제3자로부터 제공받는 경우도 본죄의 구성요건에 포함된다.

금품 등 이익의 수수약속과 관련하여 이익의 수수에 대한 약정이 없었다면 본죄는 성립하지 않지만(대법원 1984. 7. 10. 선고 84도1083), 대가의 지급에 관한 약속은 그 방법에 아무런 제한이 없고 반드시 명시적인 것임을 요구하지도 않는다(대법원 2002. 3. 15. 선고 2001도970).

한편 여기서의 '그 밖의 이익'은 재산상 이익은 물론 사람의 수요·욕구를 충족시킬 수 있는 일체의 유형·무형의 이익을 의미한다. 다만 여기서의 '이익'에는 법률사무의 취급에 따른 실비변상을 넘는 이익을 말하므로 단순히 법률사무에 관련한 실비변상을 받았을 때에는 본 죄의 '이익수수'에 해당한다고 할 수 없지만, 외형상 실비변상의 형식을 취하고 있다고 하더라도 사정을 종합하여 볼 때 법률사무 취급의 대가로 경제적 이익을 취득한 것으로 볼 수 있는 경우라면 수수한 이익 전체를 본죄의 '대가'로 본다(대법원 2015. 7. 9. 선고 2014도16204).

(3) 법률사무의 취급·알선

본죄는 대가를 수수 또는 약속하고 법률사무를 취급·알선하는 행위를 하는 경우에 성립한다. 본법의 규정에 의한 법률사무는 '법률사건'에 관하여 "감정·대리·중재·화해·청탁·법률상담 또는 법률관계 문서 작성"과 관련한 그 밖의 법률사무를 말한다. 여기서의 법률사건은 ① 소송사건, 비송사건, 가사조정 또는 심판사건, ② 행정심판 또는 심사의 청구나 이의신청, 그 밖에 행정기관에 대한 불복

신청사건, ③ 수사기관에서 취급 중인 수사사건, ④ 법령에 따라 설치된 조사기관에서 취급 중인 조사사건, ⑤ 그 밖의 일반의 법률사건이다. 그중 '법령에 따라 설치된 조사기관에서 취급 중인 조사사건'은 사인의 공법상 또는 사법상의 권리의무나 법률관계에 대하여 이를 조사하거나 조정 해결하는 절차로써 그 절차에 관여하는 것이 법률사무를 취급하는 변호사의 직역에 속하는 것을 말한다(대법원 1988. 4. 12. 선고 86도5). 그리고 '기타의 일반사건'이라고 함은 법률상의 권리·의무에 관하여 다툼 또는 의문이 있거나 새로운 권리의무관계의 발생에 관한 사건 일반을 말한다(대법원 2001. 11. 27. 선고 2000도513).

법률사무의 취급행위로서 '감정'은 법률상의 전문지식에 기하여 구체적이 사안에 관하여 판단을 내리는 행위를 말하고, 법률 외의 일반 전문지식에 기한 감정은 제외된다.

'대리'는 법률사건에 관하여 본인을 대리하여 사건을 처리하는 제반행위를 말하는데, 본인의 위임을 받아 대리인의 이름으로 법률사건을 처리하는 법률상의 대리뿐만 아니라, 법률적 지식을 이용하는 것이 필요한 행위를 본인을 대신하여 행하거나, 법률적 지식이 없거나 부족한 본인을 위하여 사실상 사건의 처리를 주도하면서 그 외부적인 형식만 본인이 직접 행하는 것처럼 하는 등으로 대리의 형식을 취하지 않고 실질적으로 대리가 행하여지는 것과 동일한 효과를 발생시키고자 하는 경우도 당연히 포함된다(대법원 2007. 6. 28. 선고 2006도4356).

변호사법위반의 죄에 해당하는 '대리'의 예
① 변호사 사무원이 변호사의 지휘감독을 받지 않고 자기 계산 아래 독자적으로 사건을 유치하여 수수료를 받으면서 변호사의 이름으로 그 신청을 대리한 행위(대법원 1981. 7. 7. 선고 80도1445)
② 당사자를 대신하여 당사자 본인이름으로 각종 소송서류를 작성하여주고 법원에서 보내는 각종 송달서류를 직접 수령한 경우(대법원 1990. 4. 24. 선고 90도98)
③ 경찰의 현장검증 등에서 본인을 대신하여 참가하고 의견을 개진하며, 본인 명의로 고소·항고·재항고 등을 하면서 본인을 대신하여 고소장을 작성, 제출한 행위(대법원 1995. 2. 14. 선고 93도3453)
④ 경매사건의 기일연기나 취하를 부탁하고 경매신청취하서를 본인을 대신하여 제출하는 행위(대법원 1996. 4. 26. 선고 95도1244)

⑤ 본인을 대신하여 답변서를 작성·제출하고 그 대가로 채권을 추심하여 그중 일부를 지급받기로 약정한 경우(대법원 2010. 2. 25. 선고 2009도13326)
⑥ 토지 구입을 희망하던 사람에게 경매사건의 대상인 토지를 소개한 후 입찰가격을 정하고 입찰표를 작성해주어 제출하게 하고 낙찰 후 매각대금, 등기비용 등을 납부하고 소유권이전등기를 해 준 경우(대법원 2016. 12. 15. 선고 2012도9672)

'화해'란 법률사건 당사자 사이에서 서로 양보하도록 하여 그들 사이의 분쟁을 그만두게 하는 것으로 재판상 화해 뿐만 아니라 민법상 화해도 포함된다. 예컨대 교통사고의 손해사정인이 피해자들을 대신하여 보험회사와 접촉하여 손해액 결정의 절충을 하고 피해자들이 보험회사와 합의하도록 유도한 경우에는 본죄에 해당한다.

'청탁'은 일정한 사항에 관하여 상대방에게 일정한 행위를 할 것을 부탁하는 것으로 말하는 것으로 명시적 청탁 뿐만 아니라 묵시적 청탁도 가능하다.

'법률상담'은 법적 분쟁이나 사건과 관련하여 실체법적·절차법적 사항에 대하여 조언을 하거나 정보를 제공하는 등의 행위를 말한다. 예를 들어 대가와 소송관련서류를 건네받으면서 소송의 해결에 필요한 실체적·절차적 사항에 관하여 조언하거나 정보를 제공한 경우는 본 죄의 '법률상담'에 해당한다(대법원 2009. 10. 15. 선고 2009도4482).

'법률 관계 문서 작성'은 본인의 법률사건과 관련하여 절차의 진행이나 해결에 필요한 각종 서류를 작성해 주는 것을 말한다. 고소장·의견서·항고장·신청서·소장·답변서·준비서면 등의 서류가 이에 해당한다.

'그 밖의 법률사무'는 법률상의 효과를 발생·변경·소멸시키는 사항의 처리 및 법률상의 효과를 보전하거나 명확화하는 사항의 처리를 말한다(대법원 2008. 2. 28. 선고 2007도1039). 예컨대 상가의 분양 및 임대에 관하여 분쟁이 발생한 이해관계인들 사이에 합의서, 분양계약서 작성 및 등기 등의 사무를 처리한 경우(대법원 1998. 8. 21. 선고 96도2340)나, 부동산권리관계 내지 부동산등기부등본에 등재되어 있는 권리관계의 법적 효과에 해당하는 권리의 득실·변경, 우열관계 등을 분석하는 것이 여기에 해당하지만, 단순히 등기부등본의 열람 및 권리등재 확인을 한 경우는 여기에 해당하지 않는다(대법원 2008. 2. 28. 선고 2007도1039).

'알선'은 법률사건 당사자와 그 사건에 관하여 대리 등의 법률사무를 취급하는 상대방 사이에서 양자 간에 법률사건이나 법률사무에 관한 위임계약 등의 계약을 체결을 중개하거나 그 편의를 도모하는 행위를 말한다(대법원 2002. 3. 15. 선고 2001도970). 현실적으로 위임계약이 체결될 것은 요구하지 않으며, 알선의 보수를 쌍방으로부터 지급받는 경우도 포함된다. 전술한 바와 같이 알선의 상대방이 변호사여도 무방하다.

Ⅱ. 변호사의 사건수임 관련 불법행위

1. 변호사의 독직, 변호사 아닌 자와의 동업 금지 등(제109조 제2호)

제109조 (벌칙) 다음 각 호의 어느 하나에 해당하는 자는 7년 이하의 징역 또는 5천만원 이하의 벌금에 처한다. 이 경우 벌금과 징역은 병과(倂科)할 수 있다.
2. 제33조 또는 제34조(제57조, 제58조의16 또는 제58조의30에 따라 준용되는 경우를 포함한다)를 위반한 자

제33조 (독직행위의 금지) 변호사는 수임하고 있는 사건에 관하여 상대방으로부터 이익을 받거나 이를 요구 또는 약속하여서는 아니 된다.

제34조 (변호사가 아닌 자와의 동업 금지 등) ① 누구든지 법률사건이나 법률사무의 수임에 관하여 다음 각 호의 행위를 하여서는 아니 된다.
1. 사전에 금품·향응 또는 그 밖의 이익을 받거나 받기로 약속하고 당사자 또는 그 밖의 관계인을 특정한 변호사나 그 사무직원에게 소개·알선 또는 유인하는 행위
2. 당사자 또는 그 밖의 관계인을 특정한 변호사나 그 사무직원에게 소개·알선 또는 유인한 후 그 대가로 금품·향응 또는 그 밖의 이익을 받거나 요구하는 행위
② 변호사나 그 사무직원은 법률사건이나 법률사무의 수임에 관하여 소개·알선 또는 유인의 대가로 금품·향응 또는 그 밖의 이익을 제공하거나 제공하기로 약속하여서는 아니 된다.
③ 변호사나 그 사무직원은 제109조 제1호, 제111조 또는 제112조 제1호에 규정된 자로부터 법률사건이나 법률사무의 수임을 알선받거나 이러한 자에게 자기의 명의를 이용하게 하여서는 아니 된다.
④ 변호사가 아닌 자는 변호사를 고용하여 법률사무소를 개설·운영하여서는 아니 된다.
⑤ 변호사가 아닌 자는 변호사가 아니면 할 수 없는 업무를 통하여 보수나 그 밖의 이

익을 분배받아서는 아니 된다.

변호사법 제109조 제2호에 의하여 변호사가 '독직행위의 금지'규정을 위반하거나, '변호사 아닌 자와의 동업 금지' 등의 규정을 위반한 경우에는 "7년 이하의 징역 또는 5천만원 이하의 벌금"으로 처벌된다. 제109조 제2호는 제33조 또는 제34조를 위반한 자를 처벌의 대상으로 하고 있는데, 제33조는 '독직행위의 금지' 규정으로 변호사가 수임하고 있는 사건에 관하여 상대방으로부터 이익을 받거나 이를 요구 또는 약속하는 것을 금지하고 있다. 그리고 제34조는 '변호사가 아닌 자와의 동업 금지 등' 규정으로 금품 등 이익을 매개로 법률사건을 소개·알선·유인하거나 받는 행위와 변호사 아닌 자가 변호사를 고용하는 행위 및 변호사의 업무를 통해 변호사 아닌 자가 보수 등을 분배받는 행위를 금지하고 있다.

(1) 변호사의 독직행위(제33조)

제33조는 변호사가 수임하고 있는 사건에 관하여 상대방으로부터 이익을 받거나 이를 요구 또는 약속하는 것을 금지하고 있고, 이를 위반하여 변호사가 수임사건의 상대방으로부터 이익을 수수, 요구 또는 약속하게 되면 제109조 위반의 죄가 성립하게 된다. 변호사가 수임사건의 의뢰인이 아닌 상대방으로부터 이익을 수수하는 경우 의뢰인과의 신뢰관계를 훼손하는 행위라고 할 수 있어 변호사제도의 신뢰성과 공정성을 보호하기 위하여 마련된 범죄규정이다. 본죄는 당해 사건을 수임한 변호사가 그 사건의 상대방으로부터 이익 등을 수수하는 경우로, 본죄의 주체가 되기 위해서는 '당해 수임사건의 변호사'라는 신분이 필요한 진정신분범이다.

(2) 유료 사건 소개·알선·유인행위(제34조 제1항)

제34조 제1항은 '누구든지' 법률사건이나 법률사무의 수임과 관련하여 "사전에 금품·향응 또는 그 밖의 이익을 받거나 받기로 약속하고", 당사자 또는 그 밖의 관계인을 "특정한 변호사나 그 사무직원"에게 "소개·알선·유인하는 행위"(제1호)나, 당사자 또는 그 밖의 관계인을 특정한 변호사나 그 사무직원에게 "소개·알선·유인한 후 그 대가로 금품·향응 또는 그 밖의 이익을 받거나 요구하는 행위"(제2호)를 금지하고 있다. 이를 위반한 경우 역시 제109조 제2호에 의하여 처벌된

다. 본죄는 금품·향응 또는 그 밖의 이익을 수수하거나 요구·약속 등의 시기가 소개·알선·유인행위의 전·후에 따라 두 개의 행위로 나뉘어 있을 뿐 내용은 대가를 받고(유료로) 특정 변호사나 그 사무직원에게 법률사건이나 법률사무의 수임을 위한 소개·알선·유인행위를 한다는 점에서 동일하다. 다만 대가를 먼저 받는 경우에는 대가를 받거나 약속해야 하지만 대가를 후에 받는 경우에는 대가를 받거나 요구하는 것으로 충분하다. 변호사에게 사건을 알선하고 금품을 수수하는 소위 '사건브로커'를 규제하기 위한 규정이다.

본죄의 주체는 제한이 없으므로, 변호사에게 고용되어 있는 사무직원이 그 소속 변호사에게 이러한 유료 사건알선행위를 행한 경우나, 변호사가 다른 변호사에게 이러한 유료 사건알선행위를 한 경우 모두 본죄에 해당할 수 있다. 그리고 유료로 사건의 알선을 받은 변호사나 그 사무직원은 본죄의 적용대상이 아니라 제34조 제2항의 적용대상이다.

소개·알선·유인행위의 대가는 반드시 소개·알선 등을 받은 특정 변호사나 그 사무직원으로부터 수수할 필요는 없으며, 대가의 약속 등은 방법에 아무런 제한이 없고 반드시 명시적인 것일 필요도 없다. 사건을 소개·알선하고 사후에 금품 등의 대가를 받거나 요구하는 경우 이러한 위반행위의 실행행위 착수시기는 소개의 대가로 금품을 받을 고의를 가지고 변호사에게 소개를 한 시점이다(대법원 2006. 4. 7. 선고 2005도9858전합).

(3) 사건 소개·알선·유인에 대한 대가제공(제34조 제2항)

제34조 제2항은 "변호사나 그 사무직원은 법률사건이나 법률사무의 수임에 관하여 소개·알선 또는 유인의 대가로 금품·향응 또는 그 밖의 이익을 제공하거나 제공하기로 약속하여서는 아니 된다"고 하여 변호사나 그 사무직원이 사건의 소개나 알선 등의 대가로 사건브로커에게 이익 등을 제공하거나 제공할 것을 약속하는 것을 금지하고 있다. 사건브로커를 이용하는 변호사에 대한 처벌의 근거를 명확히 하여 제34조 제1항이 규정하고 있는 사건브로커에 대한 규제의 효과를 제고하고 간접적으로는 변호사 아닌 자가 법률사무를 취급하는 것을 방지하고자 하는 취지의 규정이다.

본죄의 주체는 변호사와 그 사무직원으로 제한되고(진정신분범), 행위는 타인에게 법률사건의 수임에 관하여 소개·알선 또는 유인의 대가를 제공하거나 약속하는 것이다.

(4) 변호사의 불법 명의대여등(제34조 제3항)

제34조 제3항은 "변호사나 그 사무직원은 제109조 제1호, 제111조 또는 제112조 제1호에 규정된 자로부터 법률사건이나 법률사무의 수임을 알선받거나 이러한 자에게 자기의 명의를 이용하게 하여서는 아니 된다"고 하여 법률사건의 불법취급자로부터 사건을 알선받거나 그러한 불법취급자에게 명의를 대여해주는 행위를 금지하고 있다.

제109조 제1호는 변호인이 아닌 자가 대가를 받고 일정한 법률사무를 취급하는 경우이며, 제111조는 공무원 취급사건에 대하여 청탁 또는 알선을 한다는 명목을 대가를 받는 경우이고, 제112조 제1호는 타인의 권리를 양수하여 법정절차를 통해 그 권리를 실현하는 것을 업으로 하는 경우이다. 그러므로 본 죄의 적용대상으로 '알선받는 경우'는 변호사나 그 사무직원이 변호사 아닌 자가 대가를 받고 수임한 법률사건을 알선받거나 의뢰인으로부터 대가를 받고 공무원이 취급하는 사건을 알선하는 자로부터 해당 사건의 알선을 받는 경우이다. 그리고 '명의대여'에 해당하는 경우는 의뢰인으로부터 대가를 받고 법률사무를 취급하는 변호사 아닌 자나, 의뢰인으로부터 대가를 받고 공무원이 취급하는 사건의 청탁·알선을 하려는 자에게 변호사나 그 사무직원이 자신의 명의를 대여해 주는 경우이다. 예컨대 변호사가 사건브로커에게 변호사 명의로 개인회생 및 파산신청사건을 취급하는 사무실 운영을 승낙하면서 그 대가로 매월 금원을 지급받기로 약정한 경우 등이 본죄의 불법명의대여 행위에 해당할 수 있다.

(5) 변호사 아닌 자의 변호사 고용(제34조 제4항)

제34조 제4항은 "변호사가 아닌 자는 변호사를 고용하여 법률사무소를 개설·운영하여서는 아니 된다"고 하여 변호사 아닌 자가 변호사를 고용하는 것을 금지하고 있다. 변호사 아닌 자가 변호사를 고용하여 법률사무소를 개설·운영하게 되면 사실상 변호사 아닌 자가 대가를 받고 법률사무를 취급할 수 있는 길이 생기기 때문에 변호사제도의 확립을 위하여 이를 엄격히 금지하고 있는 것이다.

본죄는 변호사를 고용한 '변호사 아닌 자'를 범죄의 주체로 한다. 그런데 이때 고용된 변호사가 고용행위에 적극적으로 가담한 경우 본죄의 공범으로 처벌될 수 있는가의 문제에 대해 판례는 고용된 변호사를 편면적 대향범으로 해석하여 공범으로 처벌할 수 없다는 입장이다(대법원 2004. 10. 28. 선고 2004도3994). 변호사 아닌 자가 변호사를 고용하여 법률사무소를 개설·운영하는 행위에 있어서는 변호사 아닌 자는 변호사를 고용하고 변호사는 변호사 아닌 자에게 고용된다는 서로 대향적인 행위의 존재가 반드시 필요하고, 나아가 변호사 아닌 자에게 고용된 변호사가 고용의 취지에 따라 법률사무소의 개설·운영에 어느 정도 관여할 것도 당연히 예상되는바, 이와 같이 변호사가 변호사 아닌 자에게 고용되어 법률사무소의 개설·운영에 관여하는 행위는 위 범죄가 성립하는 데 당연히 예상될 뿐만 아니라 범죄의 성립에 없어서는 아니 되는 것인데도 이를 처벌하는 규정이 없다면 변호사를 변호사 아닌 자의 공범으로 처벌할 수는 없다는 것이다.

(6) 변호사 아닌 자의 동업행위(제34조 제5항)

제34조 제5항은 "변호사가 아닌 자는 변호사가 아니면 할 수 없는 업무를 통하여 보수나 그 밖의 이익을 분배받아서는 아니 된다"고 하여 변호사와 변호사 아닌 자의 동업을 금지하고 있다. 전항의 경우와 마찬가지로 편법의 형태로 변호사 아닌 자가 대가를 받고 법률사무를 취급하는 것을 금지하기 위한 규정이다. 변호사가 그 사무직원에게 성과금 등 그 명목에 상관없이 실질적으로는 법률사건의 수임으로부터 얻은 이익을 배분하는 성격의 금원이 지급된 경우에는 본죄에 해당할 수 있다. 최근 IT기술의 발달로 유료 법률상담 서비스를 제공하는 인터넷 플랫폼이 등장하였는데, 이러한 인터넷 플랫폼의 운영자는 통상 유료 법률상담 서비스에 서비스제공자로 참여하는 변호사에게 해당 플랫폼의 사용료를 받고 있다. 그런데 이 사용료가 변호사가 유료 법률상담을 하고 받는 상담료에서 일정한 비율로 책정되어 부과되는 경우에는 변호사의 업무를 통하여 이익의 분배를 받는 경우에 해당하여 변호사법위반의 죄(제109조 제2호)가 성립할 가능성이 있다.

2. 교제명목 금품수수 등(제110조)

> **제110조 (벌칙)** 변호사나 그 사무직원이 다음 각 호의 어느 하나에 해당하는 행위를 한 경우에는 5년 이하의 징역 또는 3천만원 이하의 벌금에 처한다. 이 경우 벌금과 징역은 병과할 수 있다.
> 1. 판사·검사, 그 밖에 재판·수사기관의 공무원에게 제공하거나 그 공무원과 교제한다는 명목으로 금품이나 그 밖의 이익을 받거나 받기로 한 행위
> 2. 제1호에 규정된 공무원에게 제공하거나 그 공무원과 교제한다는 명목의 비용을 변호사 선임료·성공사례금에 명시적으로 포함시키는 행위

제110조는 변호사나 그 사무직원이 "판사·검사, 그 밖에 재판·수사기관의 공무원에게 제공하거나 그 공무원과 교제한다는 명목으로 금품이나 그 밖의 이익을 받거나 받기로 한 경우"나 판사·검사, 그 밖에 재판·수사기관의 "공무원에게 제공하거나 그 공무원과 교제한다는 명목의 비용을 변호사 선임료·성공사례금에 명시적으로 포함시키는 행위"를 한 경우 "5년 이하의 징역 또는 3천만원 이하의 벌금"으로 처벌하도록 하고 있다. 즉 변호사가 재판이나 수사와 관련한 공무원과의 교제를 명목으로 의뢰인 등으로부터 금품 등의 이익을 수수하는 경우를 처벌하는 것으로, 직접 이익을 수수하거나 약속한 경우 뿐만 아니라 그러한 이익을 변호사 선임료나 성공사례금에 명시적으로 포함시켜서 사실상 취득하는 경우를 포함한다. 변호사는 공공성을 지닌 법률전문직으로서 독립하여 자유롭게 그 직무를 행하는 지위에 있음을 감안한 규정이다.

여기서의 '교제'의 의미는 의뢰받은 사건의 해결을 위하여 접대나 향응은 물론 사적인 연고관계나 친분관계를 이용하는 등 이른바 공공성을 지닌 법률전문직으로서의 정상적인 활동이라고 보기 어려운 방법으로 당해 공무원과 직접·간접으로 접촉하는 것을 뜻하는 것이라고 할 수 있고, 변호사가 받은 금품 등이 정당한 변호활동에 대한 대가나 보수가 아니라 교제 명목으로 받은 것에 해당하는지 여부는 당해 금품 등의 수수 경위와 액수, 변호사선임계 제출 여부, 구체적인 활동내역 기타 제반 사정 등을 종합하여 판단하여야 한다(대법원 2006. 11. 23. 선고 2005도3255).

Ⅲ. 공무원취급사건 청탁명목 금품수수등 죄

제111조 (벌칙) ① 공무원이 취급하는 사건 또는 사무에 관하여 청탁 또는 알선을 한다는 명목으로 금품·향응, 그 밖의 이익을 받거나 받을 것을 약속한 자 또는 제3자에게 이를 공여하게 하거나 공여하게 할 것을 약속한 자는 5년 이하의 징역 또는 1천만원 이하의 벌금에 처한다. 이 경우 벌금과 징역은 병과할 수 있다.
② 다른 법률에 따라 「형법」 제129조부터 제132조까지의 규정에 따른 벌칙을 적용할 때에 공무원으로 보는 자는 제1항의 공무원으로 본다.

1. 개관

제111조는 "공무원이 취급하는 사건 또는 사무에 관하여 청탁 또는 알선을 한다는 명목"으로 "금품·향응, 그 밖의 이익을 받거나 받을 것을 약속"한 자 또는 "제3자에게 이를 공여하게 하거나 공여하게 할 것을 약속"한 경우 "5년 이하의 징역 또는 1천만원 이하의 벌금"으로 처벌하도록 하고 있다. 이 경우 징역과 벌금은 병과할 수 있고, 행위자가 수수하거나 제3자에게 공여된 금품 등의 이익은 필요적 몰수·추징의 대상이다(제116조).

본죄의 보호법익은 공무의 공정성과 이에 대한 사회일반의 신뢰성 및 직무의 불가매수성이라고 할 수 있다. 형법상의 알선수뢰죄(형법 제132조)와 비교하여 주체에 제한이 없고 법정형이 더 높게 되어있다는 점에서 차이가 있다. 한편 특가법상의 알선수재죄(특가법 제3조)와는 유사한 형식과 내용으로 되어 있어서 두 죄의 관계가 문제된다(후술하는 '5. 죄수관계' 참조).

본죄의 주체는 아무런 제한이 없다. 따라서 변호사도 본죄의 주체가 될 수 있고, 형법상 알선수뢰죄의 적용대상인 공무원도 본죄의 주체가 될 수 있다. 변호사의 경우 위임의 취지에 따라 수행하는 적법한 청탁이나 알선행위까지 대상으로 하는 것은 아니지만 변호사의 지위 및 직무범위와 무관하다고 평가할 수 있는 경우에는 본죄의 대상이 될 수 있다(대법원 2007. 6. 28. 선고 2002도3600).

2. 공무원이 취급하는 사건 또는 사무

본죄는 '공무원이 취급하는 사건 또는 사무'에 관하여 청탁이나 알선을 한다는 명목인 경우를 적용대상으로 한다. 공무원이 취급하는 사무에는 공무원이 법령상 관장하는 직무 그 자체뿐만 아니라 직무와 밀접한 관계가 있는 행위 또는 관례상이나 사실상 관여하는 직무행위도 포함된다. 구체적인 행위가 공무원이 취급하는 사무에 속하는지 여부는 그것이 공무의 일환으로 행하여졌는가 하는 형식적인 측면과 함께 그 공무원이 수행하여야 할 직무와의 관계에서 합리적으로 필요하다고 인정되는 것이라고 할 수 있는가 하는 실질적인 측면을 아울러 고려하여 결정하여야 한다. 그러므로 공무원이 공무원의 지위가 아닌 개인적인 차원에서 취급하는 사무는 본죄의 대상에서 제외된다.

여기서의 '공무원'은 국가공무원법과 지방공무원법상 공무원 및 다른 법률에 따라 위 규정들을 적용할 때 공무원으로 간주되는 자 외에 법령에 기하여 국가 또는 지방자치단체 및 이에 준하는 공법인의 사무에 종사하는 자로서 노무의 내용이 단순한 기계적·육체적인 것에 한정되어 있지 않은 자를 의미한다. 따라서 공무원에게 채용되어 업무를 보조하는 자에 불과할 뿐, 공무원을 대신하거나 그와 독립하여 업무를 수행하는 자의 지위에 있지 않은 경우 본죄의 적용대상인 공무원이라고 볼 수 없다(대법원 2011. 3. 10. 선고 2010도14394, '집행관사무소의 사무원'은 변호사법 제111조에서 정한 공무원에 해당하지 않는다고 한 사례).

제111조는 제2항을 두어 다른 법률에 따라 형법상의 뇌물죄의 적용을 받는 '의제공무원'의 경우도 제1항의 '공무원'으로 간주한다. 따라서 특가법 제4조와 특가법 시행령 제2조에 의하여 공무원으로 의제되는 '정부관리기관'의 간부직원이 취급하는 사무도 본죄의 '공무원이 취급하는 사무'에 포함된다. 이 점에서 그 적용대상을 단순히 '공무원의 직무에 속한 사항'으로 규정하고 있는 특가법 제3조와 다르다고 할 수 있다.

3. 청탁 또는 알선의 명목

'청탁 또는 알선을 한다는 명목'은 공무원이 취급하는 사건 또는 사무에 관하여 공무원과 의뢰인 사이를 중개한다는 명목을 말한다. 그러므로 "단순히 공무원

이 취급하는 사건 또는 사무와 관련하여 노무를 제공하고, 그 대가로 금품을 수수하였을 뿐인 경우"(대법원 1997. 12. 23. 선고 97도547)나 "금품수수의 명목이 단지 알선행위를 할 사람을 소개시켜준다는 것으로 국한되는 경우"(대법원 2007. 6. 28. 선고 2002도3600)는 본죄에 해당하지 않는다. 그러나 공무원이 취급하는 사건이나 사무에 관하여 청탁한다는 명목과 그와 관련한 노무나 편의를 제공하고 그 대가로 받는 것이라는 점이 결합되어 금품 등을 수수한 경우에는 전체적으로 공무원의 사무에 대한 청탁의 명목으로 금품을 수수한 것으로 평가된다(대법원 2008. 7. 24. 2008도2794).

청탁이나 알선의 대상이 되는 공무원이나 공무원이 취급하는 사무는 금품 등의 수수 당시에 반드시 특정되어 있어야 하는 것은 아니다. 청탁이나 알선의 최종 대상이 공무원이나 공무원이 취급하는 사무이면 되는 것이므로 청탁의 대상이 되는 공무원에게 영향력을 행사할 수 있는 중간인물을 통하는 경우에도 가능하고, 여기서 중간인물은 공무원일 필요는 없다.

본죄는 청탁이나 알선의 '명목으로'라는 표현을 사용하고 있으나 이에 대해 판례는 특가법이나 특경법상의 알선수재의 '알선에 관하여'와 동일한 의미로 해석한다(대법원 2006. 4. 14. 선고 20005도7050). 즉 '청탁 또는 알선을 한다는 명목으로'는 '청탁 또는 알선을 하는 것의 명목으로'의 의미로서 결국 '청탁 또는 알선을 내세우거나 이에 관하여'의 취지와 다르지 않다고 할 것이고, 따라서 청탁 또는 알선의 부탁을 하고, 이를 수락하는 행위와 그 이익을 받거나 받을 것을 약속하는 행위 사이의 관련성 내지 대가성이 인정되는 한 청탁 또는 알선의 부탁을 하고, 이를 수락하는 행위가 먼저 있은 뒤 나중에 그와 관련하여 또는 그 대가로 이익을 받을 것을 약속하거나 이익을 받는 행위가 있었다고 하여 이에 해당되지 않는다고 볼 수 없다고 한다.

그리고 청탁이나 알선의 '명목으로' 금품 등을 수수하면 되는 것이기 때문에 실제로 청탁의 의사를 가지고 있었는지 혹은 실제 청탁이 행해졌는지 등은 본죄의 성립과 관계가 없다. 실제로 청탁할 생각이 없었다고 하더라도 그와 같은 청탁의 명목으로 금품을 교부받은 것이 자기의 이득을 취하기 위한 것이라면 본죄의 성립에 영향이 없다(대법원 2007. 6. 29. 선고 2007도2181).

4. 금품등 수수 또는 약속

본죄는 청탁 혹은 알선행위의 '대가'로 '금품·향응, 그 밖의 이익'을 수수하거나 수수를 약속한 경우에 성립한다. 그러므로 수수하거나 제공된 금품 등의 이익은 청탁 혹은 알선행위와의 대가관계가 인정되어야 한다. 여기서의 '이익'은 뇌물죄에서의 뇌물의 내용인 이익과 마찬가지로 이해되어야 한다. 따라서 금전이나 물품 등의 재산적 이익 뿐만 아니라 사람의 수요나 욕구를 충족시킬 수 있는 일체의 유형·무형의 이익이 포함되고 투기에 참여할 기회와 같이 이익이 현실화되지 않은 '기회의 제공'도 여기서의 '이익'에 포함될 수 있다.

공무원이 취급하는 사무에 대한 청탁의 명목으로 금품을 수수하면 본죄는 이미 기수에 이른 것이고, 수수한 금전 등을 변호사 선임비용이나 채무변제금 등의 실비변상에 해당하는 내용으로 사용했다고 하더라도 본죄가 성립하는 데는 영향이 없다(대법원 2006. 11. 23. 선고 2005도3255).

5. 죄수관계

본죄는 그 형식이나 내용의 면에 있어서 형법상 알선수뢰죄(형법 제132조)나 특가법상의 알선수재죄(특가법 제3조)와 유사하고, 실제 상당한 영역에서 적용대상이 되는 행위가 중복된다고 할 수 있다. 세 조문의 내용을 비교하여 정리하면, 우선 형법상 알선수뢰죄는 공무원을 행위주체로 한정하는 신분범이지만, 특가법상 알선수재죄와 변호사법 제111조는 주체에 제한이 없다. 청탁이나 알선의 명목은 형법상 알선수뢰죄와 특가법상 알선수재죄가 '공무원의 직무에 속하는 사항'이라고 하고 변호사법 제111조는 '공무원이 취급하는 사건이나 사무'라고 표현을 달리하고 있지만 해석상 그 내용은 사실상 같은 것임은 전술한 바와 같다. 금품 등의 수수행태와 관련하여 형법상 알선수뢰죄와 특가법상 알선수재죄는 '수수, 요구, 약속'을 대상으로 하지만 변호사법 제111조는 '수수, 약속'에 한정되어 있다. 그리고 형법상 알선수뢰죄의 경우는 '공무원이 그 지위를 이용한다'는 점이 부가되어 있다. 법정형은 형법상 알선수뢰죄가 '3년 이하의 징역 또는 7년 이하의 자격정지'인 반면 특가법과 변호사법은 공히 '5년 이하의 징역 또는 1천만원 이하의 벌금'으로 규정하고 있는데 변호사법의 경우는 벌금 병과규정을 두고 있다. 이상의 내용을 표로 정리하면 다음과 같다.

구 분	행위주체	청탁·알선 대상	행 위	법정형
형법 제132조 (알선수뢰)	공무원 (신분범)	공무원의 직무사항 (공무원이 취급하는 사건, 사무)	이익의 수수, 요구, 약속	3년 이하 징역 7년 이하 자격정지
특가법 제3조 (알선수재)	비공무원 포함 (비신분범)			5년 이하 징역 1천만원 이하 벌금
변호사법 제111조			이익의 수수, 약속	5년 이하 징역 1천만원 이하 벌금 (벌금 병과 가능)

이와 같이 세 조문 간에는 공통된 영역이 적지 않기 때문에 공통된 영역의 행위를 한 행위자에게 어떤 죄를 적용해야 하는지 문제된다(이에 대한 상세한 설명은 '제3장 제2절 Ⅰ-2-(4)항' 참조).

우선 공무원이 행위주체이어서 형법상 알선수뢰에 해당하는 동시에 변호사법 제111조에도 해당하는 경우에는 두 죄의 법정형이 다르고 형법상 알선수뢰의 경우는 공무원에 대한 특별규정이고 자격정지의 형이 규정되어 있다는 점에서 상상적 경합으로 보아야 한다는 견해와 변호사법의 법정형이 높고 특별입법이라는 점에서 변호사법을 우선 적용해야 한다는 취지에서 법조경합으로 보는 견해가 대립하고 있다.

그리고 특가법의 알선수재죄와 변호사법 제111조가 동시에 성립하는 경우에는 실질적으로 유사한 성격의 범죄이고 법정형도 기본적으로 동일하긴 하지만 두 법률의 성격이 상이하고 어떤 법을 우선 적용할 것인지의 여부에 대한 명확한 기준을 찾기 어려우므로 양 죄는 일개의 행위가 수개의 죄에 해당하는 과형상 일죄로서 상상적 경합관계로 이해하는 것이 타당하다. 이 경우 법정형은 "5년 이하의 징역 또는 1천만원 이하의 벌금"이며 징역과 벌금은 병과할 수 있다고 보아야 할 것이다.

Ⅳ. 기타

1. 타인의 권리양수등(제112조 제1호)

> **제112조 (벌칙)** 다음 각 호의 어느 하나에 해당하는 자는 3년 이하의 징역 또는 2천만원 이하의 벌금에 처한다. 이 경우 벌금과 징역은 병과할 수 있다. <개정 2011. 5. 17.>
> 1. 타인의 권리를 양수하거나 양수를 가장하여 소송·조정 또는 화해, 그 밖의 방법으로 그 권리를 실행함을 업(業)으로 한 자

제112조 제1호는 "타인의 권리를 양수하거나 양수를 가장하여 소송·조정 또는 화해, 그 밖의 방법으로 그 권리를 실행함을 업(業)으로 한 자"를 "3년 이하의 징역 또는 2천만원 이하의 벌금"으로 처벌하도록 하고 있다. 이 규정은 비변호사의 법률사무취급을 금지하는 제109조 제1호를 편법으로 위반하는 탈법행위를 규제하고 국민들의 법률생활상의 이익에 대한 폐해를 방지하며, 민사사법제도의 공정하고 원활한 운영을 확보하고자 마련된 규정이다. 즉 법률에 밝은 자가 업으로서 타인의 권리를 유상 또는 무상으로 양수하여 이를 실행하기 위하여 법원을 이용하여 법적 수단을 취하는 것을 금지함으로써 남소의 폐단을 방지하는 데에 그 입법취지가 있다(헌재 2011. 3. 31. 선고 2009헌바309).

'업(業)으로' 부분의 의미는 반복성과 계속성에 있으므로 타인의 권리를 양수하여 법적 수단을 이용하는 행위가 반복하거나 계속될 의사로 행하여진 경우가 본죄에 해당한다. 그리고 여기서의 '권리'는 채권이냐 물권이냐를 구별하지 않는다.

2. 상습범 처벌규정(제114조)

> **제114조 (상습범)** 상습적으로 제109조제1호, 제110조 또는 제111조의 죄를 지은 자는 10년 이하의 징역에 처한다.

제114조는 제109조 제1호의 변호사 아닌 자의 법률사무 취급·알선죄, 제110조의 교제명목 금품수수등의 죄, 제111조의 공무원 취급사건 청탁명목 금품수수

등의 죄를 상습적으로 범한 경우 "10년 이하의 징역"으로 가중처벌하는 규정이다.

3. 법무법인 등의 처벌(제115조)

> **제115조 (법무법인 등의 처벌)** ① 법무법인·법무법인(유한) 또는 법무조합의 구성원이나 구성원 아닌 소속 변호사가 제51조를 위반하면 500만원 이하의 벌금에 처한다.
> ② 법무법인, 법무법인(유한) 또는 법무조합의 구성원이나 구성원이 아닌 소속 변호사가 그 법무법인, 법무법인(유한) 또는 법무조합의 업무에 관하여 제1항의 위반행위를 하면 그 행위자를 벌하는 외에 그 법무법인, 법무법인(유한) 또는 법무조합에게도 같은 항의 벌금형을 과(科)한다. 다만, 법무법인, 법무법인(유한) 또는 법무조합이 그 위반행위를 방지하기 위하여 해당 업무에 관하여 상당한 주의와 감독을 게을리하지 아니한 경우에는 그러하지 아니하다. <개정 2012. 1. 17.>
> **제51조 (업무 제한)** 법무법인은 그 법인이 인가공증인으로서 공증한 사건에 관하여는 변호사 업무를 수행할 수 없다. 다만, 대통령령으로 정하는 경우에는 그러하지 아니하다. <개정 2009. 2. 6.>

제115조 제1항은 법무법인·법무법인(유한) 또는 법무조합의 구성원이나 구성원 아닌 소속 변호사가, "법무법인이 인가공증인으로 공증한 사건에 관하여는 변호사 업무를 수행할 수 없다"는 제51조의 규정을 위반하여 해당 법인이 인가공증인으로 공증한 사건을 수임한 경우 "500만원 이하의 벌금"으로 처벌하도록 하고 있다. 법인이나 조합을 직접 처벌의 대상으로 하고 있다는 점에서 법인의 범죄능력이나 형벌능력을 직접적으로 인정하는 예외적 규정이다. 법인이나 조합이 아니라 구성원이나 소속 변호사가 제51조의 위반행위를 한 경우 그 변호사가 제115조 제1항의 적용을 받음은 물론이다.

한편 제2항은 법인이나 조합의 구성원이나 소속 변호사가 제1항의 위반행위를 한 경우 그 변호사가 소속된 법인이나 조합도 처벌하도록 하는 양벌규정을 두고 있다. 종전법에서는 아무런 조건없이 법인이나 조합도 처벌하도록 하였으나 무과실책임형 양벌규정은 위헌이라고 판단한 2009년의 헌법재판소 결정을 반영하여 현행법은 법인이 '상당한 주의와 감독의무'를 위반한 경우에만 처벌할 수 있도록 하고 있다.

4. 필요적 몰수·추징(제116조)

> **제116조 (몰수·추징)**　제34조(제57조, 제58조의16 또는 제58조의30에 따라 준용되는 경우를 포함한다)를 위반하거나 제109조 제1호, 제110조, 제111조 또는 제114조의 죄를 지은 자 또는 그 사정을 아는 제3자가 받은 금품이나 그 밖의 이익은 몰수한다. 이를 몰수할 수 없을 때에는 그 가액을 추징한다.

　　제34조(변호사 아닌 자와의 동업금지등)를 위반하거나 제109조 제1호(변호사 아닌 자의 법률사무취급), 제110조(교제명목 금품수수등), 제111조(공무원 취급사건 청탁명목 금품수수등) 또는 제114조(상습범)의 죄를 지은 자 또는 그 사정을 아는 제3자가 받은 금품이나 그 밖의 이익은 필요적 몰수·추징의 대상이 된다.

제3절 | 관련판례

○ 제109조 제1호(변호사 아닌 자의 법률사무 취급 · 알선)

1. 변호사 아닌 자의 법률사무 취급을 금지하는 입법의 취지 (대법원 1998. 8. 21. 선고 96도2340)

일반적으로 변호사는 기본적 인권의 옹호와 사회정의의 실현을 사명으로 하여 널리 법률사무를 행하는 것을 그 직무로 하므로 변호사법에는 변호사의 자격을 엄격히 제한하고 그 직무의 성실, 적정한 수행을 위해 필요한 규율에 따르도록 하는 등 제반의 조치를 강구하고 있는데 그러한 자격이 없고, 규율에 따르지 않는 사람이 처음부터 금품 기타 이익을 얻기 위해 타인의 법률사건에 개입함을 방치하면 당사자 기타 이해관계인의 이익을 해하고 법률생활의 공정, 원활한 운용을 방해하며 나아가 법질서를 문란케 할 우려가 있으므로 비변호사의 법률사무취급을 금지하는 변호사법 제90조 제2호(현행법 제109조 제1호)는 변호사제도를 유지함으로써 바로 그러한 우려를 불식시키려는 취지라고 보아야 할 것이다.

2. 비변호사인 경찰관, 법원·검찰의 직원 등이 변호사인 피고인에게 소송사건의 대리를 알선하고 그 대가로 금품을 받은 행위가 구 변호사법 제90조 제2호 후단 소정의 알선에 해당하는지 여부(적극)(대법원 2002. 3. 15. 선고 2001도970)

구 변호사법 제90조 제2호(현행법 제109조 제1호) 후단에서 말하는 알선이라 함은 법률사건의 당사자와 그 사건에 관하여 대리 등의 법률사무를 취급하는 상대방 사이에서 양자간에 법률사건이나 법률사무에 관한 위임계약 등의 체결을 중개하거나 그 편의를 도모하는 행위를 말하고, 따라서 현실적으로 위임계약 등이 성립하지 않아도 무방하며, 비변호사가 법률사건의 대리를 다른 비변호사에게 알선하는 경우는 물론 변호사에게 알선하는 경우도 이에 해당하고, 그 대가로서의 보수(이익)를 알선을 의뢰하는 자뿐만 아니라 그 상대방 또는 쌍방으로부터 받거나 받을 것을 약속한 경우도 포함하며, 이러한 보수의 지급에 관한 약속은 그 방법에 아무런 제한이 없고 반드시 명시적임을 요하는 것도 아니다.

변호사인 피고인이 소개인들로부터 법률사건의 수임을 알선받으면 그 대가를 지급하는 관행에 편승하여 사례비를 지급하고 비변호사인 소개인들로부터 법률사건의 수임을 알선받은 경우, 소개인들과 사이에 법률사건의 알선에 대한 대가로서의 금품지급에 관한 명시적이거나 적어도 묵시적인 약속이 있었다고 봄이 상당하다.

3. 변호사가 아닌 사람이 실비변상을 빙자하여 법률사무의 대가로서 경제적 이익을 취득한 경우, 변호사법위반죄에 해당하는지 여부(적극) / 이때 일부 비용이 지출되었으나 변호사법위반죄의 범행을 위하여 지출된 비용에 불과한 경우, 법률사무의 대가인 이익의 범위(=수수한 이익 전부)(대법원 2015. 7. 9. 선고 2014도16204)

변호사법 제109조 제1호는 변호사가 아닌 사람이 금품·향응 또는 그 밖의 이익을 받거나 받을 것을 약속하고 법률사무를 하는 행위에 대한 벌칙을 규정하고 있는데, 단순히 법률사무와 관련한 실비를 변상받았을 때에는 위 조문상의 이익을 수수하였다고 볼 수 없다. 그러나 위 조문은 변호사가 아닌 사람이 유상으로 법률사무를 하는 것을 금지하는 데 입법목적이 있으므로, 법률사무의 내용, 비용의 내역과 규모, 이익 수수 경위 등 여러 사정을 종합하여 볼 때 실비변상을 빙자하여 법률사무의 대가로서 경제적 이익을 취득하였다고 볼 수 있는 경우에는, 이익 수수가 외형상 실비변상의 형식을 취하고 있더라도 그와 같이 이익을 수수하고 법률사무를 하는 행위가 변호사법위반죄에 해당한다. 이때 일부 비용을 지출하였다고 하더라도 비용이 변호사법위반죄의 범행을 위하여 지출한 비용에 불과하다면 수수한 이익 전부를 법률사무의 대가로 보아야 하고, 이익에서 지출한 비용을 공제한 나머지 부분만을 법률사무의 대가로 볼 수는 없다.

4. 구 변호사법 제90조 제2호 소정의 '기타 일반의 법률사건'의 의미 및 같은 호 소정의 '화해'에 민법상 화해도 포함되는지 여부(적극)(대법원 2001. 11. 27. 선고 2000도513)

구 변호사법 제90조 제2호에 규정된 '기타 일반의 법률사건'이라 함은 법률상의 권리·의무에 관하여 다툼 또는 의문이 있거나 새로운 권리의무관계의 발생에 관한 사건 일반을 말하고, 같은 호에 규정된 '화해'라 함은 위와 같은 법률사건의 당사자 사이에서 서로 양보하도록 하여 그들 사이의 분쟁을 그만두게 하는 것을 말하며, 이에는 재판상 화해 뿐만 아니라 민법상 화해도 포함된다.

손해사정인이 그 업무를 수행함에 있어 보험회사에 손해사정보고서를 제출하고 보험회사의 요청에 따라 그 기재 내용에 관하여 근거를 밝히고 타당성 여부에 관한 의견을 개진하는 것이 필요할 경우가 있다고 하더라도 이는 어디까지나 보험사고와 관련한 손해의 조사와 손해액의 사정이라는 손해사정인 본래의 업무와 관련한 것에 한하는 것이고, 여기에서 나아가 금품을 받거나 보수를 받기로 하고 교통사고의 피해자측을 대리 또는 대행하여 보험회사에 보험금을 청구하거나 피해자측과 가해자가 가입한 자동차보험회사 등과 사이에서 이루어질 손해배상액의 결정에 관하여 중재나 화해를 하도록 주선하거나 편의를 도모하는 등으로 관여하는 것은 위와 같은 손해사정인의 업무범위에 속하는 손해사정에 관하여 필요한 사항이라고 할 수 없다.

5. 변호사법 제109조 제1호에서 정한 '법률상담'의 의미(대법원 2009. 10. 15. 선고 2009도4482)

민사소송은 그 당사자 사이의 법률상 분쟁과 관련한 법률상 효과의 발생·변경·소멸·보전·명확화와 밀접한 관련이 있는 것이므로, 피고인이 그러한 민사소송을 해결하기 위한 실체적 사항 또는 절차적 사항의 처리를 위하여 공소외 1로부터 소송 관련 서류를 건네받은 것이라면, 그 행위는 그 자체로서 법률상의 효과를 발생·변경·소멸·보전·명확화하는 사항의 처리와 관련된 행위로서 법률사무를 취급하는 행위에 속한다고 할 수 있다. 나아가 피고인이 공소외 1로부터 소송을 한 달 안에 끝내 줄 수 있다고 말하고 그 대가의 일부로 200만 원과 소송 관련 서류를 건네받으면서 소송의 해결에 필요한 실체적 사항 또는 절차적 사항에 관하여 조언하거나 정보를 제공하였다면, 그 행위는 그 자체로 구 변호사법 제109조 제1호에서 정한 '법률상담'에 해당한다고 할 것이다.

6. 변호사법 제109조 제1호에서 말하는 '기타 일반의 법률사건' 및 '기타 법률사무'의 의미/ 부동산등기부등본을 열람하여 등기부상에 등재되어 있는 권리관계 등을 확인·조사하거나 그 내용을 그대로 보고서 등의 문서에 기재하는 행위가 변호사법 제109조 제1호에서 말하는 '법률사무'에 해당하는지 여부(소극)(대법원 2008. 2. 28. 선고 2007도1039)

변호사법 제109조 제1호에서 비 변호사의 사무취급이 금지되는 대상으로 열거하고 있는 '기타 일반의 법률사건'이라 함은, 법률상의 권리·의무에 관하여 다툼 또는 의문이 있거나, 새로운 권리의무관계의 발생에 관한 사건 일반을 의미하고, 같은 조 소정의 '기타 법률사무'라고 함은 법률상의 효과를 발생·변경·소멸시키는 사항의 처리 및 법률상의 효과를 보전하거나 명확화하는 사항의 처리를 뜻한다고 보아야 하므로, 부동산 권리관계 내지 부동산등기부 등본에 등재되어 있는 권리관계의 법적 효과에 해당하는 권리의 득실·변경이나 충돌 여부, 우열관계 등을 분석하는 이른바 권리분석업무는 변호사법 제109조 제1호 소정의 법률사무에 해당함이 분명하다고 할 것이지만, 단지 부동산등기부등본을 열람하여 등기부상에 근저당권, 전세권, 임차권, 가압류, 가처분 등이 등재되어 있는지 여부를 확인·조사하거나 그 내용을 그대로 보고서 등의 문서에 옮겨 적는 행위는 일종의 사실행위에 불과하여 이를 변호사법 제109조 제1호 소정의 법률사무 취급행위라고 볼 수는 없다.

○ 제109조 제2호/제34조(변호사 아닌 자와의 동업금지 등)

7. 변호사법 제109조 제2호, 제34조 제1항 위반죄의 실행의 착수시기(대법원 2006. 4. 7. 선고 2005도9858 전원합의체)

법률사무의 수임에 관하여 당사자를 특정 변호사에게 소개한 후 그 대가로 금품을 수수하면 변호사법 제109조 제2호, 제34조 제1항을 위반하는 죄가 성립하는바, 그 경우 소개의 대가로 금품을 받을 고의를 가지고 변호사에게 소개를 하면 실행행위의 착수가 있다고 할 것이다.

피고인은 공문서위조죄 등으로 징역 10월을 선고받아 2000. 6. 23. 그 형의 집행을 종료한 자로서, 소유권보존등기말소 소송의 수임에 관하여 2002년 7월 초순경 그 원고인 공동피고인 2를 변호사인 원심 공동피고인 (이름 생략)에게 소개하고 2004. 7. 15. 그 대가의 일부로 1억 1천만 원을 지급받았으며, 위 소개 당시 이미 피고인 3과 (이름 생략) 사이에 소개의 대가로 금품을 지급받기로 하는 묵시적 약정이 있었던 사실을 인정할 수 있으므로, 피고인 3은 누범기간 내인 2002년 7월 초순경 판시 변호사법 위반죄의 실행에 착수하였다고 할 것이다.

8. 변호사 아닌 자에게 고용된 변호사를, 변호사 아닌 자가 변호사를 고용하여 법률사무소를 개설·운영하는 행위를 처벌하도록 규정하고 있는 변호사법 제109조 제2호, 제34조 제4항 위반죄의 공범으로 처벌할 수 있는지 여부(소극)(대법원 2004. 10. 28. 선고 2004도3994)

변호사 아닌 자가 변호사를 고용하여 법률사무소를 개설·운영하는 행위에 있어서는 변호사 아닌 자는 변호사를 고용하고 변호사는 변호사 아닌 자에게 고용된다는 서로 대향적인 행위의 존재가 반드시 필요하고, 나아가 변호사 아닌 자에게 고용된 변호사가 고용의 취지에 따라 법률사무소의 개설·운영에 어느 정도 관여할 것도 당연히 예상되는바, 이와 같이 변호사가 변호사 아닌 자에게 고용되어 법률사무소의 개설·운영에 관여하는 행위는 위 범죄가 성립하는 데 당연히 예상될 뿐만 아니라 범죄의 성립에 없어서는 아니 되는 것인데도 이를 처벌하는 규정이 없는 이상, 그 입법 취지에 비추어 볼 때 변호사 아닌 자에게 고용되어 법률사무소의 개설·운영에 관여한 변호사의 행위가 일반적인 형법 총칙상의 공모, 교사 또는 방조에 해당된다고 하더라도 변호사를 변호사 아닌 자의 공범으로서 처벌할 수는 없다.

○ 제110조(교제명목 금품수수 등)

9. 변호사법 제110조 제1호에 정한 '교제'의 의미 및 그 해당 여부의 판단 기준(대법원 2006. 11. 23. 선고 2005도3255)

변호사법 제110조 제1호에서는 변호사가 "판사·검사 기타 재판·수사기관의 공무원에게 제공하거나 그 공무원과 교제한다는 명목으로 금품 기타 이익을 받거나 받기로 한 행위"를 처벌하고 있는바, 변호사는 공공성을 지닌 법률전문직으로서 독립하여 자유롭게 그 직무를 행하는 지위에 있음을 감안하면(변호사법 제2조), 위 처벌조항에서 '교제'는 의뢰받은 사건의 해결을 위하여 접대나 향응은 물론 사적인 연고관계나 친분관계를 이용하는 등 이른바 공공성을 지닌 법률전문직으로서의 정상적인 활동이라고 보기 어려운 방법으로 당해 공무원과 직접·간접으로 접촉하는 것을 뜻하는 것이라고 해석되고, 변호사가 받은 금품 등이 정당한 변호활동에 대한 대가나 보수가 아니라 교제 명목으로 받은 것에 해당하는지 여부는 당해 금품 등의 수수 경위와 액수, 변호사선임계 제출 여부, 구체적인 활동내역 기타 제반 사정 등을 종합하여 판단하여야 한다.

○ 제111조(공무원 취급사건 청탁명목 금품수수 등)

10. 정식으로 법률사건을 수임한 변호사의 금품 등의 수수행위가 특정범죄 가중처벌 등에 관한 법률에서 정한 알선수재죄 및 구 변호사법 제90조 제1호 위반죄를 구성하는 경우(대법원 2007. 6. 28. 선고 2002도3600)

변호사 지위의 공공성과 직무범위의 포괄성에 비추어 볼 때, 특정범죄 가중처벌 등에 관한 법률 제3조 및 구 변호사법 제90조 제1호의 규정은 변호사가 그 위임의 취지에 따라 수행하는 적법한 청탁이나 알선행위까지 처벌대상으로 한 규정이라고는 볼 수 없고, 정식으로 법률사건을 의뢰받은 변호사의 경우, 사건의 해결을 위한 접대나 향응, 뇌물의 제공 등 이른바 공공성을 지닌 법률전문직으로서의 정상적인 활동이라고 보기 어려운 방법을 내세워 의뢰인의 청탁 취지를 공무원에게 전하거나 의뢰인을 대신하여 스스로 공무원에게 청탁을 하는 행위 등을 한다는 명목으로 금품 등을 받거나 받을 것을 약속하는 등, 금품 등의 수수의 명목이 변호사의 지위 및 직무범위와 무관하다고 평가할 수 있는 경우에 한하여 특정범죄 가중처벌 등에 관한 법률 제3조 및 구 변호사법 제90조 제1호 위반죄가 성립한다.

11. 형법 제129조 내지 제132조 및 구 변호사법 제111조에서 정한 '공무원'의 의미/ '집행관사무소의 사무원'이 뇌물죄의 주체인 '공무원'에 해당하는지 여부(소극) (대법원 2011. 3. 10. 선고 2010도14394)

형법 제129조 내지 제132조 및 구 변호사법 제111조에서 정한 '공무원'이란 국가공무원법과 지방공무원법상 공무원 및 다른 법률에 따라 위 규정들을 적용할 때 공무원으로 간주되는 자 외에 법령에 기하여 국가 또는 지방자치단체 및 이에 준하는 공법인의 사무에 종사하는 자로서 노무의 내용이 단순한 기계적·육체적인 것에 한정되어 있지 않은 자를 말한다.

집행관사무소의 사무원은 법원 및 검찰청 9급 이상의 직에 근무한 자 또는 이와 동등 이상의 자격이 있다고 인정되는 자 중에서 소속지방법원장의 허가를 받아 대표집행관이 채용하는 자로서, 법원일반직 공무원에 준하여 보수를 지급받는 한편 근무시간, 휴가 등 복무와 제척사유, 경매물건 등의 매수금지 의무 등에서는 집행관에 관한 법령의 규정이 준용된다는 점에서 형법 제129조 내지 제132조 및 구 변호사법 제111조의 경우 공무원으로 취급되는 집행관의 지위와 비슷한 면이 있기는 하지만, '지방법원에 소속되어 법률이 정하는 바에 따라 재판의 집행, 서류의 송달 그 밖에 법령에 따른 사무에 종사'하는 집행관과 달리 그에게 채용되어 업무를 보조하는 자에 불과할 뿐, 그를 대신하거나 그와 독립하여 집행에 관한 업무를 수행하는 자의 지위에 있지는 않다. 앞서 본 법리와 위 각 법령의 규정, 그리고 피고인에게 불리한 형벌법규의 유추적용은 엄격히 제한되어야 한다는 점 등에 비추어 보면, 집행관사무소의 사무원이 집행관을 보조하여 담당하는 사무의 성질이 국가의 사무에 준하는 측면이 있다는 사정만으로는 형법 제129조 내지 제132조 및 구 변호사법 제111조에서 정한 '공무원'에 해당한다고 보기 어렵다.

12. 수사기관에 구속된 마약사범의 선처를 청탁하는 명목으로 받은 돈의 일부가 위 청탁을 위한 다른 마약사범에 대한 제보와 체포비용 명목인 경우, 변호사법 제111조 위반죄가 성립하는지 여부(적극)(대법원 2008. 7. 24. 선고 2008도2794)

변호사법 제111조 소정의 '공무원이 취급하는 사건 또는 사무에 관하여 청탁 또는 알선을 한다는 명목으로 금품·향응 기타 이익을 받는다' 함은 공무원이 취급하는 사건 또는 사무에 관하여 공무원과 의뢰인 사이를 중개한다는 명목으로 금품을 수수한 경우를 말하는 것으로, 단순히 공무원이 취급하는 사건 또는 사무와 관련하여 노무나 편의를 제공하고, 그 대가로서 금품 등을 수수하였을 뿐인 경우는 이에 포함되지 않으나, 공무원이 취급하는 사건 또는 사무에 관하여 청탁한다는 명목으로서의 성질과 단순히 공무원이 취급하는 사건 또는 사무와 관련하여 노무나 편의를 제공하고 그 대가로서의 성질이 불가분적으로 결합되어 금품이 수수된 경우에는 그 전부가 불가분적으로 공무원이 취급하는 사건 또는 사무에 관하여 청탁한다는 명목으로서의 성질을 가진다. 따라서 수사기관에 마약사범 구속자에 대한 선처를 청탁한다는 명목으로 돈을 받은 경우 그 돈 중 일부가 위 청탁을 위한 다른 마약사범에 대한 제보 및 체포 비용 명목이었다고 하더라도 위 돈 전부에 대하여 변호사법 위반죄가 성립한다.

13. 변호사가 형사사건 피고인으로부터 담당 판사에 대한 교제 명목으로 받은 돈의 일부를 공동 변호 명목으로 다른 변호사에게 지급한 경우, 위 돈을 추징에서 제외할 수 없다고 한 사례(대법원 2006. 11. 23. 선고 2005도3255)

변호사가 형사사건 피고인으로부터 담당 판사에 대한 교제 명목으로 받은 돈의 일부를 공동 변호 명목으로 다른 변호사에게 지급한 경우, 이는 변호사법 위반으로 취득한 재물의 소비방법에 불과하므로 위 돈을 추징에서 제외할 수 없다.

피고인이 공소외 1의 형사사건 담당 재판장에 대한 교제 명목으로 돈을 받은 이상, 그 중 1,000만 원을 담당 재판장과 고등학교, 대학교 동기동창 변호사인 공소외 3에게 공동으로 변호하자고 하여 그 비용 명목으로 지급한 것은 변호사법 위반으로 취득한 재물의 소비방법에 불과하므로, 공소외 3에게 지급한 위 비용을 추징에서 제외할 수는 없다고 할 것이고, 따라서 원심이 같은 취지에서 피고인이 공소외 1로부터 받은 2,000만 원 전부를 피고인으로부터 추징한 조치는 정당하고, 거기에 추징에 관한 법리오해의 위법이 없다.

찾아보기

(ㄱ)

(ㄴ)

(ㄷ)

(ㅁ)

(ㅂ)

(ㅅ)

(ㅇ)

(ㅈ)

(ㅊ)

(ㅋ)

(ㅌ)

(ㅍ)

(ㅎ)

저자약력

이 동 희

- 현 경찰대학 법학과 교수, 치안대학원장
- 경찰대학 행정학과 졸업
- 일본 국립고베대학(神戸大學) 법학석사 및 법학박사
- 일본 도시샤대학(同志社大學) 로스쿨 객원연구원
- 미국 캘리포니아대학 버클리교(UC Berkeley) 로스쿨 방문학자(Visiting Scholar)
  - 한국경찰법학회 회장, 한국CSI학회 회장, 한국셉테드학회 교육원장
  - 한국형사법학회, 한국비교형사법학회, 한국형사정책학회 각 상임이사
  - 대법원 국민참여재판 사법참여기획단 위원, 동 형사사법발전위원회 위원
  - 경찰청 수사정책위원회 위원, 수사구조개혁단 자문위원, 과학수사자문위원
  - 국회 입법고등고시, 중앙인사위원회 국가공무원 채용시험, 행정안전부 채용시험, 경찰청 채용시험 등 출제위원
  - 경기대학교, 경희대학교, 연세대학교 법무대학원, 용인대학교 사회과학대학원, 한양대 법학전문대학원 외래교수

▦ 주요 저서
- 『비교수사제도론』(공저, 박영사)
- 『비교경찰론』(대표저자, 수사연구사)
- 『범죄수사학』(공저, 경찰대학출판부)
- 『핵심요해 범죄수사학』(공저, 경찰공제회)
- 『[로스쿨] 경찰실무 경찰과 법』(대표저자, 경찰대학출판부)
- 『글로벌 스탠다드 마련을 위한 주요국 형사법령 비교연구 I·II』(공저, 한국형사정책연구원)
- 『일본형법이론사의 종합적 연구』(공역서, 동아대학출판부) 등
- (日本) 『現代の刑事弁護 3 「刑事弁護の歴史と展望」』(共著執筆者, 第一法規)
- (日本) 『刑事弁護の原理と実践』(共著執筆者, 現代人文社)

류 부 곤

- 현 경찰대학 법학과 교수
- 고려대학교 법학과 졸업
- 서울대학교 대학원 법학석사 및 법학박사
- 전 한경대학교 법학과 교수
  - 한국형사법학회, 한국비교형사법학회, 한국형사정책학회, 한국경찰법학회 각 상임이사
  - 인사혁신처 국가공무원 채용시험, 서울시 지방공무원 채용시험, 경찰청 채용시험 등 출제위원
  - 경희대학교 법학전문대학원, 이화여자대학교 법학전문대학원, 고려대학교 법무대학원, 경찰수사연수원 외래교수

🔳 주요 저서
- 『한국사법의 근대성과 근대화를 생각한다』(공저, 세창출판사)
- 『통일시대의 형사정책과 형사사법 통합 연구. 3, 통일형법 입법의 이론과 정책』(공저, 한국형사정책연구원)
- 『조선시대의 형사법제 연구: 조선 형사법제와 현행 형법과의 비교법적 검토(각론)』(공저, 한국형사정책연구원)
- 『성범죄자를 위한 치료프로그램 개발 및 제도화방안. 3, 치료프로그램 이수자의 사후관리 방안 연구』(공저, 한국형사정책연구원)
- 『형사재판에서 블랙아웃(black out) 현상에 관한 연구』(공저, 법원행정처)
- 『형사전자소송 도입을 위한 입법방안 등 연구』(공저, 경찰청)

제5판
특별형법

초판발행	2006년 8월 25일
제5판발행	2021년 3월 20일

지은이	이동희 · 류부곤
펴낸이	안종만 · 안상준

편 집	장유나
기획/마케팅	오치웅
표지디자인	벤스토리
제 작	고철민 · 조영환

펴낸곳	(주) **박영사**
	서울특별시 금천구 가산디지털2로 53, 210호(가산동, 한라시그마밸리)
	등록 1959. 3. 11. 제300-1959-1호(倫)

전 화	02)733-6771
f a x	02)736-4818
e-mail	pys@pybook.co.kr
homepage	www.pybook.co.kr
ISBN	979-11-303-3865-1 93360

정 가   30,000원